克罗地亚

本书作者

彼得·德拉奇采维奇（Peter Dragicevich）

安东尼·汉姆（Anthony Ham）

杰西卡·李（Jessica Lee）

中国地图出版社

计划你的行程

IASCIC/SHUTTERSTOCK ©

科帕奇基利特自然公园

见124页

JUSTIN FOULKES/LONELY PLANET ©

韦利基塔博尔城堡

见110页

在路上

目录

海鲜午餐，瓦伦
见189页

了解克罗地亚

生存指南

特别呈现

欢迎来克罗地亚

如果你的地中海之梦是温暖的天气和古城墙下蓝宝石般的海水，那么克罗地亚就是让你梦想成真的地方。

克罗地亚海岸

克罗地亚的海岸线点缀着星罗棋布的岛屿，它们无疑是克罗地亚的魅力所在。清澈的海水令人一见倾心，呈现出祖母绿和蓝宝石的色泽，海边是闪闪发光的白色砾石沙滩。漫长的海岸线上堆积着细沙和鹅卵石，是懒洋洋躺着看休闲小说的最佳去处。如果不喜欢太过懒散的度假方式，这里还有大量吸引人的水上活动——浮潜、潜水、皮划艇、风帆冲浪和帆船，都很适合初学者。

帝国边缘

克罗地亚位于巴尔干地区和中欧之间，在王国、帝国和共和国的征战更迭中历经千年。如果说这种持续的混乱还有一个优点，那就是每代王朝都为这里留下了丰富的文化遗产：威尼斯宫殿紧邻拿破仑城堡，罗马柱矗立在早期的斯拉夫教堂门外，维也纳宅邸正对着社会现实主义雕塑。一流的博物馆展示了从史前到后共产主义的整个欧洲历史的文物，讲述了一个个既精彩又骇人听闻的故事。

内在之美

把迷醉的目光暂时从波光粼粼的水面上移开，看看远处连绵的群山吧。从意大利延伸至阿尔巴尼亚的迪纳拉阿尔卑斯山脉（Dinaric Alps）环抱着克罗地亚的大部分海岸，石灰岩形成了一个由陡峭山峰、溶洞、河谷、瀑布和美丽湖泊组成的梦幻世界。深入内陆，山峦渐趋平缓，连绵不断的农田出现在眼前，热爱运动的游客会发现不计其数的徒步和骑行小径，而更有冒险精神的人可以玩玩攀岩、漂流和高空滑索。

文化盛宴

如果你足够幸运跨越了游客这个身份，被当地人邀请到家中做客，很快就会对不断重复的“Jedi! Jedi! Jedi!”（吃吧！吃吧！快吃吧！）耳熟能详了。分享食物和饮品是当地文化的重要组成部分，与克罗地亚人热情好客的天性和当地优质的农产品相呼应。简单的家常饭菜是家庭经营的小餐馆的特点，但新一代厨师越来越注重餐饮的创新性。同时，克罗地亚的葡萄酒和橄榄油也在全球占有一席之地，获得过顶级大奖。

我为什么喜欢克罗地亚

本书作者 彼得·德拉奇采维奇（Peter Dragicevich）

我的祖父母来自克罗地亚，所以我得承认，我有些偏爱克罗地亚了，可它就是我最喜欢去的地方。对我而言，克罗地亚集合了我喜欢的一切：令人屏息欣赏的自然美景、适合游泳的海滩、夏日阳光、悠久的历史、有趣的建筑、不可思议的葡萄酒、美味的海鲜……一口气可说不完。没错，克罗地亚人不会对陌生人笑脸相迎，但只要打破初识的拘谨，你会发现他们是你遇到过最友好、最热情的人。就算没有家庭因素，我也同样会爱上这个地方。

关于作者的更多信息见407页。

上图：谢尔盖凯旋门（Arch of the Sergii；见133页），普拉

克罗地亚亮点

扎戈列
如明信片景色一般的优美山顶城堡（107页）
萨格勒布
古色古香的咖啡馆沿着鹅卵石街道分布（70页）
莫托文
完美无瑕的伊斯特拉山城（159页）
伊斯特拉
风景如画的美食天堂（130页）
卡梅尼亚克角
充满崎岖之美的荒蛮海岬（136页）
茨雷斯岛
原始、神秘、野生动物众多（184页）
扎达尔
时尚、古老、务实（223页）
克尔卡国家公园
雄伟的大瀑布和眩目的小瀑布（235页）
斯普利特
外表时髦、内心古老的城市（243页）
AUSTRIA 奥地利
SLOVENIA 斯洛文尼亚
ITALY 意大利
LJUBLJANA 卢布尔雅那
Udine 乌迪内
Monfalcone 蒙法尔科内
Portogruaro 波尔托格鲁阿罗
Golfo di Trieste 的里雅斯特湾
Trieste 特里亚斯特
Novo Mesto 新梅斯托
Samobor 萨莫博尔
ZAGREB 萨格勒布
Ptuj 普图伊
Trakošćan Castle 特拉科什查城堡
Veliki Tabor Castle 韦利基塔博尔城堡
Sava 萨瓦河
Kumrovec 库姆罗韦茨
Krapina 克拉皮纳
Zabok 扎博克
Medvednica Nature Park 梅德韦尼查自然公园
Kupa
Karlovac 卡尔洛维克
Portorož 波尔托罗
Buzet 比泽
Grožnjan 格罗日年
Motovun 莫托文
Hum 胡姆
Opatija
Rijeka 里耶卡
V Planik (1272m)
Obruč (1376m)
Viševica (1428m)
Poreč 波雷奇
Pazin 帕津
Riječki Bay
Labin 拉宾
Rabac 拉巴茨
Krk 克尔克岛
Krk 克尔克
Vrbnik 弗尔布尼克
Rovinj 罗维尼
Istra 伊斯特拉
Vodnjan 沃德尼扬
Cres 茨雷斯
Punat 布诺德
Baška 巴什卡
Prvić
Brijuni Islands 布里俄尼群岛
Pula 普拉
Valun 瓦伦
Lopar 洛帕尔
Cres 茨雷斯岛
Rab 拉布岛
Rab Town 拉布城
Cape Kamenjak 卡梅尼亚克角
Unije 乌尼耶岛
Osor 奥索尔
Novalja 诺瓦利亚
Mali Lošinj 小洛希尼
Veli Lošinj 大洛希尼
Lošinj 洛希尼岛
Plitvice Lakes National Park 普利特维采湖群国家公园
Otočac 奥托查茨
Bihać 比哈奇
Una
Šatorina (1623m)
Ozeblin (1657m)
Pag Town 帕格城
Vaganski vrh (1757m)
Pag 帕格岛
Olib
Paklenica National Park 帕克莱尼察国家公园
Gračac
Vir
Starigrad-Paklenica
Molat
Sestrunj
Ugljan
Božava 波扎瓦
Zadar 扎达尔
Dugi Otok 长岛
Ugljan 乌格连岛
Vransko Lake 弗兰斯科湖
Knin 克宁
Krka National Park 克尔卡国家公园
Sali 萨利
Kornati Islands 科尔纳特群岛
Murter 穆尔泰尔岛
Zlarin
Šibenik 希贝尼克
Kornati National Park 科尔纳特国家公园
Zirje
Trogir 特罗吉尔
Drvenik Mali 小德尔韦尼克岛
Drvenik Veli 大德尔韦尼克岛
Šolta 绍尔塔岛
Vis Town 维斯城
Komiža 科米扎
Vis 维斯岛
Biševo 比舍沃岛
ADRIATIC SEA 亚得里亚海
Pesaro 佩萨罗
Senigallia 塞尼加利亚
Ancona 安科纳
Macerata 马切拉塔
Civitanova Marche 奇维塔诺瓦马尔凯
Ascoli Piceno 阿斯科利皮切诺
Foligno 福利尼奥
ITALY 意大利
Teramo 泰拉莫
Pescara 佩斯卡拉
45°N
44°N
43°N
13°E
14°E
15°E

100 km
50 miles
海拔高度
1500m
1000m
700m
500m
300m
200m
100m
0
Lake Balaton
Nagykanizsa 瑙吉考尼饶
Kaposvár 考波什堡
HUNGARY 匈牙利
ROMANIA 罗马尼亚
Koprivnica 科普里夫尼察
Drava 德拉瓦河
Pécs 佩奇
Mohács 莫哈奇
Bjelovar 别洛瓦尔
Virovitica 维罗维蒂察
Danube 多瑙河
Kopački Rit Nature Park 科帕奇基利特自然公园
科帕奇基利特自然公园
观鸟者的湿地天堂(124页)
Osijek 奥西耶克
Duna v
Tisa
Kapovac (790m)
Kutina 库蒂纳
Našice 纳希采
Bačka Palanka 巴奇卡帕兰卡
Novi Sad 诺维萨德
Lonjsko Polje National Park 洛尼亚平原自然公园
Đakovo 贾科沃
Vinkovci 温科夫齐
Vukovar 武科瓦尔
Nova Gradiška 新格拉迪什卡
Ilok 伊洛克
Slavonski Brod 斯拉沃尼亚布罗德
Dunav
Bosut
Sremska Mitrovica 斯雷姆斯卡米特罗维察
Prijedor 普里耶多尔
BEOGRAD 贝尔格莱德
Bosna
Brčko 布尔奇科
Sava 萨瓦河
Banja Luka 巴尼亚卢卡
Šabac 沙巴茨
普利特维采湖群国家公园
瀑布点缀、植被丰茂的乐园(213页)
Drina
SERBIA 塞尔维亚
Vrbas
BOSNIA AND HERZEGOVINA 波斯尼亚和黑塞哥维那
博尔
美好的海滩和冲浪者的游乐场(278页)
Jajce 亚伊采
Travnik 特拉夫尼克
Čačak 查查克
Livno 利夫诺
SARAJEVO 萨拉热窝
姆列特岛
天堂般的小岛，深蓝色的湖泊点缀其间(335页)
Goražde 戈拉日代
Konjić 科尼茨
Neretva
Brela 布雷拉
Sv Jure (1762m)
Pljevlja 普列夫利亚
Mostar 莫斯塔尔
Biokovo Nature Park
Makarska 马卡尔斯卡比奥科沃自然公园
杜布罗夫尼克
被城墙围绕的古城光彩熠熠(310页)
Jelsa
Hvar 赫瓦尔岛
Stari Grad 斯塔里格勒
Metković 梅特科维奇
Piva
Tara
Korčula Town 科尔丘拉城
Pelješac Peninsula 佩列沙茨半岛
Neum 内乌姆
MONTENEGRO 黑山
Lumbarda 卢姆巴尔达
Trsteno Gardens 特尔泰诺植物园
Ston 斯通
Lastovo 拉斯托沃岛
Mljet National Park 姆列特国家公园
Mljet 姆列特岛
Nikšić 尼克希奇
Elafiti Islands 艾拉菲提群岛
Trebinje 特雷比涅
赫瓦尔城
加海滩派对的热门岛屿
81页)
Dubrovnik 杜布罗夫尼克
Cavtat 察夫塔特
Herceg Novi 新海尔采格
PODGORICA 波德戈里察
Kotor 科托尔
ALBANIA 阿尔巴尼亚
18°E

克罗地亚 Top 17

1

壮丽的杜布罗夫尼克

1 杜布罗夫尼克(Dubrovnik;见310页)是克罗地亚最受欢迎的旅游城市,这座被古城墙环绕的城市作为联合国世界文化遗产实至名归。虽然在20世纪90年代的克罗地亚国内战争中曾遭受无休止的炮弹轰炸,但现在,高大的城墙、坚实的塔楼、中世纪修道院、巴洛克式的教堂、优雅的广场和美丽的住宅区都已重现光彩。要想领略这颗亚得里亚海珍珠之美,可以乘坐缆车登上峻峭的塞德山(Srđ)山顶,这里的视野无可比拟。想要近距离欣赏,就沿着城墙漫步,窥探那些隐秘的花园和晾满衣服的古老小巷。图为老城(Old Town;见310页)

普利特维采天堂

2 蓝缎带般的湖泊和奔流的瀑布(如图)点缀着克罗地亚大陆腹地的森林,普利特维采湖群国家公园(Plitvice Lakes National Park;见213页)的景色令人迷醉。从4公里长的科济亚克(Kozjak)湖到被芦苇环绕的池塘,公园内的湖泊多达几十个,每个都因喀斯特地貌的影响而呈现出独特的色彩。被苔藓植物覆盖的石灰岩将湖泊隔开,只要踏上木板小路,你就能进入这个奇妙的水世界。你还可以沿着徒步小径深入山毛榉林、云杉林、枞树林和松树林,远离湖岸的喧嚣。

IHOR PASTERNAK/SHUTTERSTOCK ©

2

KELLY CHENG TRAVEL PHOTOGRAPHY/GETTY IMAGES ©

NATALIADERIABINA/GETTY IMAGES ©

伊斯特拉的葡萄酒和美食

3 "甜蜜的生活"在克罗地亚美食之都伊斯特拉(Istria;见130页)是至高无上的信条。海鲜、松露、野生芦笋和名为boškarin的优质伊斯特拉牛肉闻名遐迩,此外,不计其数的当地特产、屡获大奖的橄榄油和当地小型生产商酿造的葡萄酒同样出名。尝尝最好的美食吧,无论是在海边的高级餐馆,还是在中世纪山顶村庄内传统家庭经营的小酒馆,抑或在绿意葱茏的半岛内陆上的农舍里。如果你一整天连一道松露菜肴都没吃过,就白来了。

酷炫浮华的赫瓦尔

4 盛夏时节,再没有哪里比赫瓦尔城(Hvar Town;见281页)更适合盛装打扮、纵情享乐一番了。在亚得里亚海的日落时分,游艇上走下晒得黝黑的时尚男女,和兴致高昂的背包客在海滩上共度派对时光。富豪们让城里的高级餐馆和鸡尾酒吧生意兴隆,前来享受日光浴的年轻狂欢者则把小型夜店酒吧当作大本营,这就是这里最常见的场景。带上适合跳舞的沙滩装和鞋子,你就万事俱备了。

萨格勒布的咖啡仪式

5 萨格勒布(Zagreb)露天咖啡馆(见70页)已经将喝咖啡提升至宗教式般的高度,在这里品味咖啡是不容错过的体验之一。喝咖啡边观察形形色色的人、闲谈或者发呆,即便花几个小时,侍者也不会催你。想要感受这个城市欣欣向荣的咖啡文化,就在布满咖啡的Tkalčićeva鹅卵石步行街(如图)找张桌子坐下来,或去Trg Petra Preradovića或Bogovićeva的人行道上选张小桌坐下也可以。别错过六上午市中心的špica,这是格勒布每周一次社交活动高潮,边喝咖啡边欣赏人来往已成为这里的一种"仪式"

可错过的维斯

6 维斯（Vis；见291页）虽然是克罗地亚主要岛屿之中最偏远的一个，但它也是罗地亚最迷人的小岛之一。两个可爱的小镇维斯的北部和西部海岸增添了历史感，南部东部则拥有克罗地亚最质朴的小海湾——些是鹅卵石海滩，有些是沙滩，但都令人无抗拒。各式各样的优秀传统小饭馆分布在岛的村庄、农场和偏僻的海滩上，它们提供的品充分展现了岛上的有机农产品和兴旺的统捕鱼业的优势。图为斯提尼瓦（Stiniva；见2页）

精美的科尔丘拉

7 甜美的海滨小城科尔丘拉（Korčula；见342页）就像是微缩版的杜布罗夫尼克，也有高大的城墙和塔楼，游客数量却仅是杜布罗夫尼克的零头。科尔丘拉的亮点是以精美奇特的雕刻装饰而闻名的大教堂（如图）。你只需要一个小时就能走完老城里布局紧凑的所有大理石街道，剩下的大把时间可以去海滩上晒太阳，或者到村里的konoba（小餐馆）吃一顿令你难忘的美食。

6

7

亦动亦静的克尔卡

8 这里有罗马遗迹、古老的水磨坊和两座迷人的修道院（一个在岛上，另一个建在古墓上面），但风景如画的国家公园（见235页）里的克尔卡河（Krka River）才是亮点所在。河水咆哮着流经峡谷，汇入湖泊，造就了无数瀑布。你可以沿着木板小路前行，欣赏不断跳出碧绿色河水的鱼儿。游览结束后找一个巨大的瀑布，然后一头扎进下面的湖里。图为斯卡拉丁斯基瀑布（Skradinski Buk；见235页）

斯普利特的罗马灵魂

9 戴克里先宫（Diocletian's Palace；图）是世界上最宏伟的罗马遗迹之一，经矗立了数千年之久。这里热闹非凡，迷宫的街道是斯普利特（Split；见243页）的灵魂在，街头巷尾满是酒吧、商店和餐馆。在窄巷过道和庭院组成的迷宫中晕头转向，是在克地亚最有趣的经历之一。好在这里很小，用着费多大力气你就能再次走出"迷宫"。游览宫殿围墙后，可以去铺着大理石地面、棕榈成荫的海滨Riva喝上一杯。

8

9

LUCERTOLONE/SHUTTERSTOCK ©

MARCUTTI/GETTY IMAGES ©

闹的扎达尔

0 扎达尔（Zadar；见223页）位于一个指形的半岛上，这座老城有悠久的历史和丰厚的文化淀。罗马遗迹与城中街道映成趣，博物馆和教堂随可见。艺术家、学生和时尚人在酒吧里畅谈古典艺术新潮流，美食家频频出没于流的餐馆。背包族入住极的青年旅舍，举家出行的游直奔海滨度假村，追求浪漫情侣则下榻精品酒店。图为太阳致敬（Sun Salutation；见3页）

美妙的莫托文

11 前往莫托文（Motovun；见159页）的沿途风光与莫托文本身一样迷人。这个景色如画的山顶小城矗立在森林密布的峡谷之上，似乎在21世纪之前都是与世隔绝的状态。数百年历史的房屋坐落在通往小镇城门的街道两边，而这个带围墙小镇的历史比那些房屋还要古老。最后一道城门面朝小镇广场。站在要塞上远眺植被丰茂的林地和连绵的山峰，眼前的景色自要塞建造之日起就丝毫未变。出发，去寻找松露、一流的葡萄酒和更加出色的橄榄油。

绿色小岛姆列特

12 隐藏在茂密松林内的姆列特（Mljet；见335页）是个天堂般的岛屿。传说奥德修斯（Odysseus）曾被放逐于该岛7年，他迟迟不愿离开的原因显而易见。整个岛屿西部是一个国家公园，公园内有两个美丽的深蓝色湖泊和一个修道院，还有静谧如画的小港口Pomena。也别忽略了姆列特岛的东部，那里有几处宁静的小海湾、美丽的海滩和几家极好的餐厅。图为姆列特国家公园（Mljet National Park；见336页）

AMRA PASIC/SHUTTERSTOCK ©

微风习习的海滨城市博尔

13 博尔（Bol；见278页）位于布拉奇岛（Brač Island）南部海岸线，迷人的尖角海滩（Zlatni Rat）就在这里，这个角状海滩上有许多金色的沙砾。美丽的海滨城市博尔（如图）在帆板冲浪爱好者中颇有名气：每年4月至10月，名为maestral的猛烈而稳定的西风为布拉奇和赫瓦尔之间的海峡提供了理想的风力条件。早上风速较缓，此时非常适合冲浪初学者；到了下午，海风强劲，对寻求刺激的人来说堪称完美。

在茨雷斯减压

14 茨雷斯（Cres；见184页）岛上林木郁郁葱葱，人口稀少，游客罕至，这在克罗地亚的亚得里亚海岛中颇为独特。步行穿过岛屿北部的特曼恩塔纳（Tramuntana）地区，你或许会开始相信老一辈人口中那些古代森林里有小精灵出没的故事。在岛的另一端，小小的奥索尔（Osor；如图；见190页）是个被城墙环绕的安静小镇，与沿海地带的其他小镇并无不同。小镇和小镇之间是美丽的海滩、在时光长河中静静伫立的山顶村庄和水粉画般的茨雷斯城港口。

扎戈列的童话城堡

15 别错过风景如明片般完美的扎戈（Zagorje；见107页）中世城堡。虽然历史可追溯到13年，但如今特拉科什查城（Trakošćan Castle；如图；110页）的新哥特式外观却19世纪留下的。你可以在该堡内保存完好的博物馆中了克罗地亚的贵族生活，在占87万平方米的城堡院子里走——异域风情的树木和人湖将这里打造成了浪漫的英花园。走入16世纪的山顶城韦利基塔博尔（Veliki Tabor见110页），五边形的塔楼、色古香的内部装饰和城堡四的田园景色都值得看看。

野的卡梅尼亚克角

16 这座小巧的半岛位于普拉（Pula）的正南方，它的美既天然质朴又给人以世之感，在喜爱沙滩的伊斯特拉人中颇有名。作为未经开发的自然保护区，卡梅尼亚克角Cape Kamenjak；如图；见136页）生长着大药用植物、灌木和野花，花海之中的小径纵横错。半岛的边缘是鹅卵石海湾和人迹罕至的石沙滩，它们被清澈的碧蓝色大海环绕。即便热闹的夏季，找到一片空旷无人的海滩躲避嚣也不是难事，然后再回到热闹的海滩酒吧一杯清凉的饮料。

科帕奇基利特自然公园

17 位于多瑙河和德拉瓦河冲积平原上的科帕奇基利特自然公园（Kopački Rit Nature Park；见124页）是联合国教科文组织生物圈保护区的一部分，有几处欧洲最佳的观鸟地点。你可以参加乘船游，亲眼观看白尾海雕、白肩雕、黑鹳、草鹭和啄木鸟等300多种鸟类。你也可以乘坐独木舟探索水上森林，或者沿天然小径徒步，也许有机会看到该地区常见的哺乳动物，例如马鹿和野猪。图为黑鹳，科帕奇基利特自然公园

16

17

行前参考

了解更多信息，请参见生存指南（见381页）。

货币

库纳（Kuna，KN）

语言

克罗地亚语

签证

中国公民赴克罗地亚旅行须办理签证。持有申根签证可以前往克罗地亚。

现金

自动柜员机随处可见。大多数酒店和餐馆接受信用卡，小餐馆、小商店和私人酒店只接受现金。

手机

已解锁的手机可以使用当地SIM卡，在当地很容易买到。使用国内的电话卡需要支付漫游费。

时区

欧洲中部时间（GMT/UTC加1小时），比北京时间晚7小时，每年3月末到10月末执行夏令时。

何时去

旺季（7月和8月）

➡ 旺季的天气是最好的，赫瓦尔岛的阳光最充沛，其次是斯普利特、科尔丘拉岛和杜布罗夫尼克。

➡ 价格最高，海滨目的地的游客最多。

平季（5月至6月、9月）

➡ 游览海岸的好时机，亚得里亚海的海水温暖，适合游泳，游客不多，价格较低。

➡ 在春季和初夏，猛烈而稳定的西风非常适宜帆船运动。

淡季（10月至次年4月）

➡ 克罗地亚大陆地区的冬天很冷，此时价格低，渡轮班次减少。

➡ 即便大雪纷飞，圣诞节的到来还是使萨格勒布的街头变得热闹起来，何况还可以滑雪。

网络资源

Croatian Tourism（www.croatia.hr）旅游官网，最佳行程规划工具。

Croatia Times（www.croatia-times.com）点击“Like Croatia”便可获得在线导览。

Taste of Croatia（www.tasteofcroatia.org）非常棒的美食网站，信息丰富。

Parks of Croatia（www.parkovihrvatske.hr）涵盖了克罗地亚所有的国家公园和自然公园。

Chasing the Donkey（www.chasingthedonkey.com）一个生活在达尔马提亚的克罗地亚裔澳大利亚家庭的旅行博客。

Lonely Planet（www.lonelyplanet.com/croatia）有目的地信息、提供旅行者论坛、酒店预订和更多服务。

克罗地亚国家旅游局（go2croatia.cn/index.html）中文官方网站。

猫途鹰（www.tripadvisor.cn/）欧洲“克罗地亚”板块提供景点、酒店和餐厅的点评。

走遍欧洲（www.eueueu.com/）城市攻略“克罗地亚”板块提供该国多个城市的攻略。

马蜂窝（www.mafengwo.cn）“克罗地亚”旅游攻略版人气旺盛，提供最新的出游资讯。

重要号码

从外国往克罗地亚打电话，先拨国际接入码，然后依次是克罗地亚国家代码、地区代码（去掉最前面的0）和电话号码。

国家代码	☎385
国际接入码	☎00
一般紧急情况	☎112
救护车	☎194
道路救援	☎1987

汇率

人民币	CNY1	HRK0.96
港币	HKD1	HRK0.84
澳门币	MOP1	HRK0.82
新台币	TWD1	HRK0.21
美元	USD1	HRK6.62
英镑	GBP1	HRK8.42
欧元	EUR1	HRK7.43
新加坡元	SGD1	HRK4.82

通过网站www.xe.com了解实时汇率。

每日花费

经济：低于600KN

- 宿舍床位：100~360KN
- 双人帐篷营地：100~430KN
- 在当地小餐馆吃一顿饭：60KN
- 长途汽车、有轨电车或火车票：10~150KN

中档：600~1400KN

- 酒店双人房：450~900KN
- 在中档餐馆吃一顿饭：120KN
- 骑自行车游览市区：175KN
- 短途出租车：30KN

高档：高于1400KN

- 豪华酒店双人房：900KN起
- 在餐馆吃一顿饭：300KN
- 私人帆船之旅：1000KN
- 小汽车日租金：450KN

营业时间

以下为旺季营业时间，平季或淡季的营业时间通常会缩短。

银行 工作日8:00或9:00~20:00，周六7:00~13:00或8:00~14:00。

咖啡馆和酒吧 8:00或9:00至午夜。

办公室 工作日8:00~16:00或8:30~16:30。

邮局 工作日7:00~20:00，周六7:00~13:00，夏季沿海城镇办公时间延长。

餐馆 正午至23:00或午夜，除旺季之外通常周日歇业。

商店 工作日8:00~20:00，周六至14:00或15:00，有些商店14:00~17:00午休。

抵达克罗地亚

萨格勒布机场 7:00~22:30克罗地亚航空公司的大巴（30KN）每隔半小时或1小时从机场发一趟车。乘坐出租车到市中心需150~200KN。

斯普利特机场 机场大巴直奔长途汽车总站，每天至少14趟（30KN，30分钟）。公交车37路和38路开往特罗吉尔（Trogir；13KN）或者斯普利特（17KN），每20分钟一趟。乘坐出租车前往斯普利特需250~300KN。

杜布罗夫尼克机场 Atlas运营的机场大巴（40KN，30分钟）发车时间与航班到达时间相对应。开往杜布罗夫尼克的公共汽车在Pile Gate和长途汽车站停靠。乘坐出租车约需花费280KN。

当地交通

克罗地亚的公共交通价格合理，效率很高。

小汽车 去公共交通不发达的地区可以选择小汽车。在城市和较大的村镇都能租到车。靠右行驶。

长途汽车 票价合理，覆盖面广，班次频繁。

船 载车渡轮和双体船（速度较快）的航线四通八达，连接着所有的海滨城镇和各个岛屿。

飞机 国内航线密集度惊人。

火车 与长途汽车相比，火车班次少，速度慢，线路也不多。

更多**当地交通**信息，请参见389页。

新线报

精酿啤酒热潮

精酿啤酒近几年在克罗地亚掀起热潮，由此看来，这个国家被这股全球潮流所感染。这股潮流在萨格勒布表现得最为突出，但现在从奥西耶克到杜布罗夫尼克，精酿啤酒也随处有售。（见92页）

新浪潮（Next Wave）咖啡馆

和精酿啤酒一样，专业烘焙咖啡馆也流行起来。萨格勒布的Cogito已经扩张到扎达尔和杜布罗夫尼克，而D16也在斯普利特的戴克里先宫开了分店。（见243页）

增建渡轮线路

如今达尔马提亚中部和南部的交通达到前所未有的便利程度，新的双体船线路前往斯普利特和杜布罗夫尼克，其中一些甚至停靠马卡尔斯卡。（见260页）

城堡逃脱

斯韦特温彻纳特的莫罗斯尼-格里马尼城堡已经被完全改建成一个密室逃脱体验项目。（见166页）

胜利博物馆

这个位于希贝尼克的博物馆是克罗地亚独立后同类博物馆中的第一家，纪念“二战”期间达尔马提亚反法西斯的历史。（见238页）

“当心熊出没”高空滑索

这条单轨高空滑索长达1700米，是欧洲最长的高空滑索。位于里卡地区，普利特维采湖群国家公园以西。（见213页）

与护林员一起度过一天

与以前相比，现在乘坐护林员的四驱车前往乌奇卡自然公园的偏远部分变得容易多了，全程历时6小时。（见183页）

莫托文：历史的变迁

这个私人博物馆附属于一家位于山顶小城中心的酒店，专门收集伊斯特拉内陆地区的传说和传统，并纪念从这里走出去的名人马里奥·安德烈蒂（Mario Andretti）。（见159页）

萨格勒布全景观景台

这个观景台位于市中心一栋建筑的16楼，视野开阔，能看到首都的全貌。（见82页）

圣杰罗姆城堡

由于杜布罗夫尼克旅游业迅速膨胀，越来越多的游客奔向达尔马提亚南部内陆另一个有围墙的城镇。这个城堡是新近被修复并对公众开放的斯通古代防御工事。（见338页）

爱情故事博物馆

这个奇特的博物馆位于阳光灿烂的达尔马提亚城市杜布罗夫尼克，与萨格勒布的失恋博物馆形成鲜明的对比。（见321页）

弗尔布尼克

这个克尔克岛上的小镇已经存在数百年了，但人们对此地历史和葡萄酒文化的兴趣却是新兴的。游客数量日益增长，酒店如雨后春笋般兴建起来。（见199页）

浏览lonelyplanet.com/Croatia了解更多推荐和评论。

如果你喜欢

围郭城镇

虽然是为了防御的目的而建，但景色却令人陶醉，克罗地亚的围郭城镇是这个国家最伟大的财富之一。

杜布罗夫尼克 被城墙环绕的杜布罗夫尼克是欧洲最具视觉冲击力的城市之一。(见310页)

斯通 除了杜布罗夫尼克，斯通的城墙就是克罗地亚最壮观的，覆盖了一整片山坡。(见338页)

特罗吉尔 在这个岛上的袖珍小镇内，保存完好的罗马式和文艺复兴风格建筑随处可见，还有一座美丽的大教堂。(见263页)

科尔丘拉城 克罗地亚位于海边，是最迷人的古城之一，被厚重的城墙包围。(见342页)

莫托文 典型的伊斯特拉山城，四周环绕一圈的城墙要塞足足有两层。(见159页)

奥索尔 小巧低调，默默无闻，但非常美丽。(见190页)

克尔克城 围墙依然环绕着迷宫般的老城中心。(见197页)

拉布城 城墙面朝大海的一侧有众多教堂钟楼，美不胜收。(见205页)

普里莫什滕 曾是一个有防御工事的小岛，美丽的普里莫什滕堪称达尔马提亚北部海岸的明珠。(见240页)

胡姆 虽小但迷人的胡姆隐藏在伊斯特拉山间，城墙面积简直比城区还要大。(见163页)

海滩

脱掉衣服，穿上最时髦的泳装，奔向克罗地亚海岸线上和岛屿之间众多的美丽海滩。

尖角海滩 一块凸出的鹅卵石海滩上挤满了泳装男女、酒吧和各种活动。(见278页)

Pasjača 美丽的世外桃源，隐藏在达尔马提亚海岸最南端的峭壁下方。(见333页)

斯提尼瓦 一片荒无人烟的壮丽海滩位于一圈高耸的悬崖下，满是砾石。(见292页)

Dubovica 位于赫瓦尔岛上的一处清静海滩，蓝色的海水在雪白的鹅卵石映衬下闪闪发光。(见284页)

帕克莱尼群岛 松林掩映下的海滩非常适合裸泳者，当然，对于泳衣游客也很适宜。(见288页)

兹尔采海滩 克罗地亚的夏季夜店之都。(见221页)

卢贝尼采 与世隔绝的弹丸之地，交通不便，但却美妙无比。(见189页)

普拉普拉特诺 佩列沙茨半岛(Pelješac Peninsula)上的美丽沙滩。(见338页)

布雷拉 松林环抱下的长条形鹅卵石海滩。(见271页)

卡梅尼亚克角 长度超过30公里，由小岛、海湾、鹅卵石和岩石组成。(见136页)

特色美食

要想品尝真正的克罗地亚美食，就去寻觅这个国家当地最好的特色食材和传统菜肴。

松露 跟Karlić Tartufi一起寻找松露，体验这种伊斯特拉最负盛名的美食馈赠。(见161页)

橄榄油 沿伊斯特拉山区的观景公路前往Ipša Estate，品尝获过大奖的橄榄油。(见161页)

熏火腿 在赫瓦尔城的3 Pršuta(见287页)品尝当地的美味意式熏火腿，搭配优质葡萄酒。

帕格奶酪 参观Sirana Gligora，了解奶酪，然后买一些在野餐时吃。(见220页)

炉烤章鱼、鱼或肉 维斯的Roki's是掌握了这种传统圆盖烤炉烹饪技术的大师。(见291页)

达尔马提亚风味烤鱼 沿海地区随处可见的菜肴，斯普利特的Konoba Matejuška做得格外好。(见257页)

Pašticada 达尔马提亚的炖肉在特罗吉尔的Konoba Trs被发扬光大。（见268页）

罗布代托海鲜汤 经典的达尔马提亚炖鱼，我们认为Stermasi做得最可口。（见338页）

Čobanac 传统斯拉沃尼亚炖肉，尝尝奥西耶克饭馆Kod Ruže的手艺。（见122页）

蛋奶派 U Prolazu是你品尝萨摩博尔（Samobor）著名蛋奶派的最佳地点。（见103页）

罗马遗迹

克罗地亚曾经非常靠近罗马帝国的核心，一些极好的罗马建筑留存至今。

斯普利特 公元4世纪的戴克里先宫，以及一个小小的神庙和陵墓，坐落在这个城市生机勃勃的市中心。（见243页）

普拉 除了建于1世纪的宏伟圆形竞技场，普拉还有一座完整的神庙和一道凯旋门。（见132页）

萨洛纳 整个古城的遗址，包括大教堂、浴室、城门和一个圆形竞技场。（见266页）

扎达尔 在这个古老的城市，罗马遗迹出现在那些最不可能的地方。（见223页）

布拉奇 在齐克里普（Škrip）村，一座完好无损的陵墓隐藏在博物馆内。（见275页）

姆列特国家公园 巨大的宫殿遗址占据了整个波拉切（Polače）的大部分。（见336页）

克尔卡国家公园 拥有军事圆形竞技场遗址和高架渠遗址的避世角落。（见235页）

波雷奇 漫步穿过会场（Forum）遗址，包括海神殿（Temple of Neptune）。（见149页）

上图：塞蒂纳河上的高空滑索（见270页），奥米茨附近
下图：罗马遗迹，扎达尔（见223页）

户外活动

在克罗地亚，户外活动爱好者有多种选择。可以先在亚得里亚海里游泳，然后参加骑山地自行车、风帆冲浪、划皮划艇、攀岩、漂流等活动。

帕克莱尼察国家公园 克罗地亚首屈一指的攀岩胜地，还有大量徒步小径。（见216页）

博尔 体验帆板、游泳、航海和潜水的好去处，内陆地区适合徒步和骑山地自行车。（见278页）

科帕奇基利特自然公园 观鸟、划独木舟，还有高山滑索，这个冒险乐园适合家庭游客。（见124页）

罗维尼 非常适合浮潜、潜水、划皮划艇、骑车和攀岩。（见143页）

维斯 高水平潜水者的理想胜地，还有很好的海滩，极其适合徒步和划皮划艇。（见292页）

奥米茨 在塞蒂纳河（Cetina River）上漂流和玩高空滑索，海滩和山间小径也不错。（见270页）

里斯尼亚克国家公园 徒步穿过森林，当心棕熊和猞猁。（见179页）

斯普利特 可以玩帆船和皮划艇，以及在Marjan山徒步和攀岩。（见243页）

杜布罗夫尼克 在风景如画的水域划皮划艇，享受美妙的海滩、蹦极，以及乘坐缆车来一场尘土飞扬的趣味游猎。（见310页）

梅德韦尼查山 夏季徒步，冬季滑雪。（见106页）

夜生活

克罗地亚已经成为欧洲夜生活的重镇，从海滩派对到大型夜总会，这里有各种各样的夜生活场所。

赫瓦尔城 酒吧熙熙攘攘，还没天黑就开始热闹起来，而且永不停歇。（见281页）

兹尔采海滩 克罗地亚的帕格岛与西班牙的伊维萨（Ibiza）遥相呼应，这个夏季夜店圣地24小时不打烊。（见221页）

提斯诺 夏季，这个可爱的海滨小城会举办一系列备受瞩目的音乐节，但其他时候非常安静。（见234页）

斯普利特 宫殿的围墙似乎都会随着强劲的音乐一起颤抖，夏季尤其热闹。（见243页）

波雷奇 伊斯特拉的派对之都，夜生活丰富，夜店营业到很晚。（见149页）

萨格勒布 克罗地亚首都的咖啡馆兼酒吧很出彩，颇具艺术气息的音乐产业也在不断发展。（见70页）

国家公园

克罗地亚的魅力根植于大自然：瀑布、森林、山峦和波光粼粼的亚得里亚海。幸运的是，大部分自然财富受到了保护，8个国家公园占地共计961平方公里。

普利特维采湖群国家公园 这个令人震惊的自然景观包括森林环绕的瀑布和绿松石颜色的湖泊。（见213页）

克尔卡国家公园 探寻迷人的瀑布和遗世独立的修道院。（见235页）

帕克莱尼察国家公园 在这个面积巨大的自然公园内徒步穿过山峰、攀登峡谷。（见216页）

里斯尼亚克国家公园 茂密的森林内有阴凉的小路，草地上开满野花。（见179页）

科尔纳提国家公园 这个群岛有一种荒凉绝世之美，没有任何度假村，可以尽享亚得里亚海美景。（见234页）

姆列特岛 安静、原始的小岛，一个绿色天堂。（见335页）

布里俄尼群岛 紧邻伊斯特拉海岸的群岛，岛上有海滩和许多历史遗迹。（见140页）

世外桃源

克罗地亚即使是在旺季游客最多时，也会有一些地方可以让人远离喧嚣。

斯塔里格勒 在赫瓦尔岛上远离赫瓦尔城的一侧，相比之下要安静得多。（见289页）

察夫塔特 美丽的海滨城市，比相邻的杜布罗夫尼克更有“本土”特色。（见331页）

科那弗勒 如果你想寻找一个像杜布罗夫尼克一样但更加安静的城市，就试试这个植被丰茂、出产葡萄酒的地区。（见333页）

卢姆巴尔达 这座海滨城市气氛悠闲，与繁忙的科尔丘拉城相比要安静得多。（见347页）

贝利 离开茨雷斯城，直奔位于海滩上方山顶的古老村庄。（见185页）

巴勒 罗维尼就像是中世纪的巴勒，这座低调的小城是伊斯特拉最隐秘的瑰宝之一。（见142页）

萨莫博尔 逃离克罗地亚首都，来到不远处的萨莫博尔，这个地方充满小镇风情，还有可口的蛋糕。（见103页）

每月热门

最佳节庆

里耶卡狂欢节，2月

时尚音乐节，6月

“这样最好”音乐节，6月

莫托文电影节，7月

超级欧洲音乐节，7月

1月

节假日过后，人们返回城市上班，降雪让公路湿滑难行，内陆的交通变得不太通畅，渡轮的班次因沿海和海岛上的狂风而减少。

在斯列梅滑雪

斯列梅（Sljeme）就在萨格勒布郊外，是梅德韦尼查山（Mt Medvednica）的主峰，这里有滑雪道和缆车。滑雪是许多克罗地亚运动爱好者热衷的休闲活动。（见38页）

博物馆之夜（Night of Museum）

每年1月的最后一个周五，克罗地亚有几十家博物馆和画廊免费对公众开放。

2月

在美丽的雪景中徒步游览克罗地亚内陆地区，但在公路上要小心。凛冽的东北风（Bura）顺着亚得里亚海呼啸而过，渡轮班次减少，海边城镇的许多旅馆都歇业了。

圣布莱斯节（Feast of St Blaise）

每年2月3日，为了纪念杜布罗夫尼克的守护圣人圣布莱斯，人们涌上这座城市的街头，跳起民族舞蹈、举办音乐会、美食节、游行等各种活动。

里耶卡狂欢节（Rijeka Carnival）

想要尽享五颜六色的服饰和斋节之前的狂欢，就去里耶卡吧，这里举办的狂欢节是一年之中的欢庆高潮。扎达尔、斯普利特、杜布罗夫尼克和萨莫博尔也有多姿多彩的狂欢节庆祝活动。（见176页）

3月

白天逐渐变长，气温开始上升，尤其是在海边。冬季的冰雪慢慢融化，此时非常适宜去普利特维采和克尔卡看瀑布。不过，这时仍以室内活动为主。

萨格勒布国际纪录片电影节（Zagrebdox）

一年一度的萨格勒布国际纪录片电影节在萨格勒布举办，放映来自全球的纪录片。电影节从2月末持续到3月，吸引了一小群铁杆纪录片爱好者。（见86页）

4月

在南部岛屿和海边享受阳光和宁静。克罗地亚内陆天气仍然较冷，但树木开始发芽了。河流水位很高，因此特别适合漂流和划皮划艇。

萨格勒布双年音乐节（Music Biennale Zagreb）

从20世纪60年代起，克罗地亚首都每逢奇数年就会举办萨格勒布双年音乐节。它是克罗地亚最知名的现代音乐盛事。“现代”可不意味着“流行”，在这个有名的音乐节上，人们演奏的是现代的经典音乐。（见86页）

野芦笋丰收节（Wild Asparagus Havest），伊斯特拉

早春时节，克罗地亚内陆

地区伊斯特拉的田野和草地上冒出许多野生芦笋。你可以像当地人那样去采一些野生芦笋，带回来制作美味的芦笋煎蛋（fritaja）。

圣周（Holy Week）

赫瓦尔岛和科尔丘拉岛上的圣周庆祝活动尤为丰富。赫瓦尔岛的“跟随十字架”（Following the Cross，见290页）游行已有500年的历史，从耶稣升天节（Holy Thursday）那天的弥撒结束后开始，延续一整晚。这项活动已被纳入联合国教科文组织人类文化遗产名录。

5月

海边阳光灿烂，天气温暖，可以下海。酒店房价相对也很便宜，大批游客尚未到来。萨格勒布和斯普利特的咖啡馆已经人头攒动。

Sudamja

5月7日，纪念斯普利特的守护神圣杜金（St Domnius）的节日。欢庆活动从月初开始，长达1周，期间将举办音乐会、划船比赛、宗教仪式和烟火表演。（见252页）

颠覆节（Subversive Festival）

每年5月举办，为期2周，可以加入那些涌入萨格勒布的欧洲积极分子和革命者之中。第一周放映电影，第二周有左翼活动家的演讲和研讨会。（见86页）

Ljeto na Štrosu，萨格勒布

这个超级有趣的节日从5月末开始，贯穿整个夏季，特点是有免费露天电影、当地乐队的音乐会、艺术工坊、混种狗竞赛和其他奇奇怪怪的活动。举办地点是绿树成荫的Strossmayer大道。（见86页）

酒窖开放节

每年5月的最后一个周日，伊斯特拉一些有名的葡萄酒制造商和葡萄种植园都会敞开酒窖的大门，邀请客人免费品尝，并组织与葡萄酒相关的欢庆活动。

6月

在亚得里亚海游泳，参加全国各地的有趣节庆，享受丰富多彩的户外运动。渡轮开始实行夏季航班时刻表，旺季尚未到来，旅馆也还没到人满为患的程度。

“这样最好”音乐节（Cest is D' Best）

从5月底到6月初的几天里，萨格勒布街头充斥着音乐、舞蹈、戏剧、艺术、体育和其他有趣的活动。这个街头庆典深受人们喜爱，市中心周边有数个舞台，大约有200个来自世界各地的表演者。（见86页）

时尚音乐节（INmusic Festival）

在3天的音乐盛事期间，绿草如茵的雅伦湖（Larun Lake）边搭建了多个舞台和露营地，随着音乐舞动起来吧。这是萨格勒布名气最大的音乐节。（见86页）

萨格勒布设计节（Design District Zagreb）

在这个超小型的设计节期间，各式各样的商铺、工坊、工作室、音乐会空降Martićeva街头。6月举办，为期3天。（见86页）

7月

旅游旺季开始了：海边的旅馆被订满，海滩上游人如织，渡轮班次排到最满，节庆活动丰富。但向内陆进发就能逃离海边的喧嚣。

Hideout

6月末或7月初，兹尔采海滩（Zrće Beach）上的酒吧和夜店都会播放电子舞蹈音乐，有著名DJ打碟，狂欢持续多天。（见221页）

杜布罗夫尼克夏节（Dubrovnik Summer Festival）

自20世纪50年代起，杜布罗夫尼克就有这个节日了，从7月中旬开始，一直持续到8月末。届时，包括劳伦斯城堡（Fort Lawrence）在内的全城多个场所都会上演古典音乐、戏剧和舞蹈。（见324页）

斯普利特夏季音乐节（Split Summer Festival）

在这个港口城市，城里每个露天舞台都会上演戏剧、芭蕾、歌剧和音乐会。音乐节从7月15日持续到8月15日。（见252页）

☆ 超级欧洲音乐节（Ultra Europe）

全球最大的电子音乐节之一，7月在斯普利特的Poljud体育场举办，为期3天，之后在博尔、赫瓦尔和维斯举办4天。（见252页）

☆ 莫托文电影节（Motovun Film Festival）

莫托文电影节是克罗地亚最有趣、最独特的电影节，每年7月末举办，上映独立电影和先锋电影。在山顶的中世纪小城莫托文、露天场所和室内都不间断地放映影片，还会举办音乐会和派对。（见160页）

☆ 舞蹈和肢体戏剧节（Dance & Nonverbal Theatre Festival），斯韦特温彻纳特

7月末举办的戏剧节让平时安静的伊斯特拉小城斯韦特温彻纳特（Svetvinčenat）一下子热闹起来。节日期间有舞蹈、街头戏剧、马戏、哑剧和其他肢体表演。（见167页）

☆ 圆月节（Full Moon Festival）

这个为期3天的节日贯穿仲夏满月（7月末或8月初），扎达尔的码头被火把和蜡烛照得如同白昼，摊贩出售当地美食，船只在码头边排成一行，成了水上鱼市。（见228页）

8月

亚得里亚海的旅游旺季，海滩人头攒动，气温和海水温

上图：里耶卡狂欢节（见176页）
下图：“这样最好”音乐节的火焰表演（见86页）

度都是最高的，物价也是最高的。炎热的萨格勒布已经成为空城，因为人们都到海边消暑去了。

克尔克集市（Krk Fair）

集市在克尔克岛的主镇举办，为期3天。威尼斯风情的活动包括音乐会和中世纪服装展示，还有小摊出售传统饮食和手工艺品。（见198页）

索努斯（Sonus）

帕格岛的兹尔采海滩五天五夜的音乐节由电子音乐界的大腕们领衔，年轻的潮人们在这里狂欢。前几年，John Digweed和Laurent Garnier等名人都来这里表演过。（见221页）

什潘齐尔节（Špancirfest）

8月末举办的综合性节日。届时丰富多彩的活动让瓦拉日丁的公园和广场变得热闹非凡，包括世界音乐（古巴爵士、吉卜赛、探戈等）演奏、杂技、戏剧、传统工艺表演和魔术。（见113页）

9月

夏季的人潮已经退去，但阳光仍然充沛，海水依旧温暖，大多数游客离开了，所以此时是游览克罗地亚的好时机。去海边度假的人回到萨格勒布，这个城市重新焕发生机。

苏博蒂纳节（Festival of Subotina），比泽

这个为期一天的节日在9月第二个周六举办，标志着白松露"狩猎"季的开始。在这里帮忙把巨大的松露煎蛋卷吃掉吧。（见162页）

瓦拉日丁巴洛克晚会（Varaždin Baroque Evenings）

每年9月有两周，巴洛克音乐都会响彻瓦拉日丁城内。当地和国际交响乐队在城里各个教堂和剧院里演出。（见113页）

世界戏剧节（World Theatre Festival）

每年有几周时间（通常持续到10月初），一流的当代戏剧汇集萨格勒布，吸引了这个国家的铁杆戏剧迷们。（见87页）

10月

孩子们开学，父母们上班，这个国家回到了正常运行的轨道上。渡轮的航行时间开始遵照冬季时刻表运营，但天气还算暖和。

萨格勒布电影节（Zagreb Film Festival）

别错过这个每年10月中旬举办的重要文化盛事，届时会放映电影，还会举行派对，来自各国的电影导演们还要争夺炙手可热的Golden Pram奖。（见87页）

11月

内陆气候寒冷，海边虽然也不暖和，但阳光仍然很充沛。许多沿海旅馆和餐馆在这个季节歇业。

圣马丁节（Feast of St Martin）

11月11日，克罗地亚全国出产葡萄酒的地区都会庆祝圣马丁节。届时有葡萄酒庆典、各种盛宴和新酒品尝活动。

12月

到处都很冷，但海边略好些。在这个普遍信奉天主教的国家，圣诞节的上午，教堂里就挤满了等待做午夜弥撒的信徒。

弗里拉涅（Fuliranje）

耶稣降临节（Advent）期间的流动市场，萨格勒布人购买加入香料的热葡萄酒和街头小吃以抵御寒冷。（见87页）

人权电影节（Human Rights Film Festival），萨格勒布

这个电影节揭示全球人权问题。每年12月在萨格勒布的Kino Europa举办，为期1周。（见88页）

ANDREY OMELYANCHUK/500PX ©

计划你的行程

旅行线路

Trogir
特罗吉尔
Split
斯普利特
Brač
布拉奇岛
Bol 博尔
Hvar Town
赫瓦尔城
Hvar
赫瓦尔岛
Korčula
科尔丘拉岛
Korčula Town
科尔丘拉城
Dubrovnik
杜布罗夫尼克
BOSNIA AND HERZEGOVINA
波斯尼亚和黑塞哥维那
MONTENEGRO
黑山
ADRIATIC SEA
亚得里亚海

克罗地亚精华之旅

这条线路注重于体验克罗地亚的精华，沿着达尔马提亚海岸游览各个阳光岛屿，途中经过3处联合国教科文组织世界文化遗产。线路的两端都有国际机场，在旅途中，我们设想你以乘坐渡轮为主。

首先，从风景如画的围郭城镇**特罗吉尔**开始，在铺着大理石的街道上闲逛。要么在这儿住一晚，要么直奔克罗地亚第二大城市——生机勃勃的**斯普利特**。戴克里先宫是这个海滨城市的心脏，那个古老的城区拥有220栋历史建筑和大约3000名居民。观光加上体验夜生活，你需要在斯普利特住上一两晚。

在跳上开往布拉奇（Brač）岛**博尔**的快船（或者先坐上开往苏佩塔尔的载车渡轮，再换乘长途汽车）。这个美丽的小港口以尖角海滩闻名，500米长的鹅卵石海滩延伸进入亚得里亚海。

接下来，乘坐双体船去往历史悠久的**赫瓦尔城**，这个生机盎然的城镇是同名岛屿的首府。

Peristil（见247页），戴克里先宫，斯普利特

赫瓦尔城景色优美，既有欧洲的魅力，也有喧闹的酒吧。

赫瓦尔城全年有船开往**科尔丘拉城**，一个美不胜收的围郭城镇，坐落在同名半岛的亚得里亚海边。从5月到10月中旬，双体船从科尔丘拉开往杜布罗夫尼克，其他时间得先乘坐开往位于佩列沙茨半岛（Pelješac Peninsula）上的奥雷比奇（Orebić）的载车渡轮，然后再换乘长途汽车。

第一眼看到被高大的城墙和闪闪发光的蔚蓝色亚得里亚海水环绕的**杜布罗夫尼克**老城时，你一定会意乱情迷。接下来的两天游览这里的景点。

ITALY
意大利
SLOVENIA
斯洛文尼亚
ZAGREB
萨格勒布
HUNGARY
匈牙利
SERBIA
塞尔维亚
Plitvice Lakes National Park
普利特维采湖群国家公园
Pag Island
帕格岛
Zadar
扎达尔
Krka National Park
克尔卡国家公园
Šibenik
希贝尼克
BOSNIA AND HERZEGOVINA
波斯尼亚和黑塞哥维那
Split
斯普利特
Trogir
特罗吉尔
ADRIATIC SEA
亚得里亚海
Hvar Town
赫瓦尔城
ITALY
意大利
MONTENEGRO
黑山
Mljet
姆列特岛
Dubrovnik
杜布罗夫尼克

从首都到海边

用2周的时间将克罗地亚的重要景点一网打尽，包括首都、3个国家公园和达尔马提亚海岸线附近那些宝石般的小岛。

从首都**萨格勒布**出发，留出2天时间品味这个城市长盛不衰的咖啡馆文化、先锋艺术、灯红酒绿的夜生活和有趣的博物馆。往南去的路上会经过世界文化遗产**普利特维采湖群国家公园**，可以花一天时间探访公园内星罗棋布的宝蓝色湖泊和奔腾的瀑布。

径直穿过韦莱比特山（Velebit）直奔海边，前往**帕格岛**，尝尝气味刺鼻的著名奶酪，并在夏季海滩夜店纵情欢乐。接下来去克罗地亚最被低估的城市之一**扎达尔**，这里古老与现代并存，魅力十足。

第二天，经过**克尔卡国家公园**时驻足，在连接碧绿色河流中诸多小岛的木板环路上走走，大约需要1小时。最后在公园内最大的瀑布斯卡拉丁斯基瀑布（Skradinski Buk）下游泳。继续前往另一个宝石般的古城**希贝尼克**（Šibenik），城里有一座宏伟的大教堂。

接下来的一天，在**特罗吉尔**逗留，欣赏这个小岛城市中被列入世界文化遗产的城墙。然后往南行进，前往喧闹的达尔马提亚城市——**斯普利特**，在那里住两天，重点游览戴克里先宫。

如果你租了车，就在这儿还车，换乘开往**赫瓦尔城**的渡轮。去体验赫瓦尔城的夜生活，在帕克莱尼群岛（Pakleni Islands；紧邻赫瓦尔城海边）享受日光浴——裸体或穿泳衣随你选。

搭乘开往博梅纳（Pomena）的渡轮来到姆列特国家公园的门户、美丽的**姆列特岛**，在船上就能看到科尔丘拉城风光。步行穿过森林，绕过盐湖，然后租一辆小汽车，驶向岛的东端，并在那里过夜。第二天上午在博梅纳还车后，乘坐渡轮前往**杜布罗夫尼克**。接下来的两天探访老城中亮晶晶的大理石小巷、热闹的街头生活和精美的建筑。

注意：赫瓦尔—博梅纳—杜布罗夫尼克的渡轮仅5月至10月中旬运营。其他时间最方便的走法是，不去姆列特，乘坐渡轮返回斯普利特，然后换乘长途汽车去杜布罗夫尼克。

：姆列特岛（见335页）

：萨格勒布老城的餐馆（见90页）

1周 伊斯特拉亮点

游览伊斯特拉半岛的海滨度假胜地，欣赏这里美丽的海滩、山顶的中世纪城镇，品尝一流的美食和获过大奖的葡萄酒，并体验可爱的乡村旅馆。

普拉是伊斯特拉半岛的首府城市，城市港口的上方有保存相当完好的罗马圆形竞技场，当地人称之为"竞技场"，曾经是角斗士比赛的场地，能容纳2万名观众。今天，你可以游览竞技场遗址，并参观位于楼下房间内的小博物馆。在普拉住两天，去周边看看其他罗马遗址。至少用一个下午步行或骑车探索附近的海岬**卡梅尼亚克角**。这个海岬位于伊斯特拉最南端，完全无人居住，连绵的群山上野花竞放（有30种兰花），盛产药草，周围30公里内全都是原始海滩和小海湾。

在迷人的**巴勒**停下脚步，这个不同寻常的小城是伊斯特拉最隐秘的瑰宝之一，堪称世外桃源。直奔**罗维尼**，至少用两天时间游览这个经典的海滨度假城市。沿着陡斜的鹅卵石街道和广场走向圣尤菲米娅教堂（St Euphemia's Church），这座教堂60米高的塔楼是伊斯特拉半岛的最高建筑。除绿树成荫的海滩外，与罗维尼群岛隔海相望的14个郁郁葱葱的小岛也同样值得一游。

沿着蜿蜒的海岸线来到**波雷奇**，看看那里的世界文化遗产尤弗拉西安教堂，它是欧洲保存最完好的拜占庭建筑范本之一，内部装饰有十分精美的公元6世纪壁画。

剩下的几天去被森林覆盖的半岛内陆看看。先去音乐无处不在的**格罗日年**（Grožnjan），然后去同样具有艺术气息的**莫托文**，这个山顶中世纪艺术小镇以夏季电影节闻名。山顶城市**比泽**被称为伊斯特拉的松露之都，你可以把它当作探访周边克罗地亚美食村庄的大本营。

停下来，逛一逛"全世界最袖珍的小镇"——可爱的**胡姆**。前往西南方向的**帕津**，穿过曾为儒勒·凡尔纳（Jules Verne）提供灵感的著名裂谷。在返回普拉的途中，最后一站是风景如画的**斯韦特温彻纳特**。步行游览城里的文艺复兴时期广场和城堡。

SIARHEI KELNIK/EYEEM/GETTY IMAGES ©

ZVONIMIR ATLETIC/SHUTTERSTOCK ©

上图：罗马圆形竞技场（见133页），普拉
下图：尤弗拉西安教堂（见149页）祭坛装饰画细节，波雷奇

SLOVENIA
斯洛文尼亚
Buzet 比泽
Grožnjan
格罗日年
Hum
胡姆
Motovun
莫托文
Poreč
波雷奇
Pazin
帕津
Rovinj
罗维尼
Svetvinčenat
斯韦特温彻纳特
Bale
巴勒
ADRIATIC SEA
亚得里亚海
Pula
普拉
Cape Kamenjak
卡梅尼亚克角

ITALY 意大利
SLOVENIA
斯洛文尼亚
Volosko 沃洛什科
Opatija
奥帕蒂亚
Rijeka
里耶卡
Cres
茨雷斯岛
Rab
拉布
Lošinj
洛希尼岛
Plitvice Lakes
National Park
普利特维采湖群
国家公园
Paklenica
National
Park
帕克莱尼
察国家公园
BOSNIA AND
HERZEGOVINA
波斯尼亚和黑塞哥维那
ADRIATIC
SEA
亚得里亚海
Zadar
扎达尔

XBRCHX/SHUTTERSTOCK ©

PETR NOVACEK/SHUTTERSTOCK ©

里耶卡（见173页）
帕克莱尼察国家公园（见216页）

10日 克瓦内尔湾和达尔马提亚北部

探索克罗地亚北部海岸和荒凉的内陆，从克瓦内尔湾出发，向南走，到达拥有各种迷人景观的达尔马提亚北部。

从克瓦内尔湾首府城市**里耶卡**出发。里耶卡是克罗地亚的第三大城市，也是一个兴旺的港口，气氛悠闲安逸，咖啡馆里总是坐满了人。用一天时间探索游人罕至的里耶卡城，第二天去优雅的海边度假城市**奥帕蒂亚**看看，迷人的美好时代风格别墅群建于奥匈帝国末期，当时这座城市是维也纳名流寻欢作乐的地方。到达奥帕蒂亚后，你一定要留出时间去海滨长廊（Lungomare）走一走，这条景色优美的小路沿着海边蜿蜒前进，穿过充满异域风情的灌木丛和茂密的竹林，通往克罗地亚美食圣地——美丽的渔村**沃洛什科**（Volosko）。你一定要在这里的某一家出名的餐馆里吃顿午餐或晚餐。

下一站，去克瓦内尔湾群岛中的某个岛屿住两晚——相互连接的**茨雷斯岛**和**洛希尼岛**是最独具特色的两个岛。茨雷斯岛比较原始，植被覆盖率较高，有露营地、田园风光般的海滩、几个中世纪村庄和远离尘嚣的幽静气氛。洛希尼岛的居民和游客都比较多，岛上有两个美丽的港口小镇，还有一连串秀丽的海湾以及遍布于此的多种植物，包括110种植物和230种药用香草，其中许多种类是海员从遥远的地方带到这里的。再花两天时间去**拉布**休息一下，洛帕尔（Lopar）半岛的沙滩舒服极了，拥有古代石头小巷和4座钟塔的拉布城风景如画，不容错过。

回到陆地，如果你喜欢冒险，可以步行穿过山区小路和**帕克莱尼察国家公园**内惊人的峡谷。接下来直奔**扎达尔**，在这座生机勃勃的城市里，罗马遗址、哈布斯堡王朝建筑和可爱的海滨相映成趣，需要两天时间游览。返回内陆，用一天时间探索**普利特维采湖群国家公园**内令人眼花缭乱的自然奇景，这里有美丽的宝蓝色湖泊，湖泊之间还有一连串的瀑布。

另辟蹊径：克罗地亚

胡姆

伊斯特拉有很多美丽的围郭山顶城镇，但迷你的面积（基本上只有一条街）和隐秘的位置是胡姆最迷人之处。（163页）

普列兹维察葡萄酒之路

游览过可爱的红顶房屋村落之后，在沿途的家庭经营葡萄酒厂驻足。这条线路位于萨格勒布西侧的乡村，萨莫博尔以南20公里处。（106页）

斯塔拉巴什卡

得知连克尔克岛这样热闹的岛屿也有比较安静的小海湾真是个好消息。例如这个遍布鹅卵石和砂砾的海滩，从一条小路延伸至布诺德南边。（200页）

卢恩的橄榄园

这个地区在帕格岛北端附近，听起来像一本奇幻小说的名字。标识清晰的步行小径穿过果园，有指示牌标出了那些珍贵的树种。（223页）

锡尔巴岛

在众多的亚得里亚海岛屿中显得有些名不见经传，但它通渡轮，还有海滩和一座富有传奇色彩的塔。（225页）

弗兰斯科湖自然公园

弗兰斯科湖虽然是克罗地亚最大的天然湖，却不被游客熟知。只有观鸟者才会把这里当作必游之地。（233页）

洛尼亚平原自然公园

位于斯拉沃尼亚边缘，众多野生动物出没的沼泽四周是大片遗产小村庄。（116页）

冬宫

这座迷人的建筑隐藏在布拉奇岛的偏僻山谷中，前身是个修道院，只有一条狭窄的石头路通往这里。（277页）

科那弗勒

绿草如茵的边境地区，山峦层叠，柏树郁郁葱葱，拥有美丽的海滩、小城堡和非常好的乡村餐馆。（333页）

沃尔博斯卡

赫瓦尔岛熙熙攘攘，但这个甜美的小镇罕有游客。城里有一些有趣的景点，包括一个难得一见的要塞教堂、运河和一个葡萄酒厂。（289页）

斯提尼瓦（见292页）

计划你的行程

户外活动

克罗地亚既有清澈的海水，也有陡峭的山峰，为热爱运动的旅行者提供了数之不尽的选择。壮丽的海岸线和众多岛屿是出名的水上爱好者的乐园，内陆有四通八达的步行和骑行小径，连接森林环抱的湖泊、翠绿的山谷和辽阔的高地。

最佳体验

维斯

在空无一人的海湾游泳。

普利特维采湖群国家公园

沿湖边小路散步，游人不太多的时候非常惬意。

帕兰扎纳自行车小径

伊斯特拉的偏僻骑行小径，长78公里。

红岛

在位于罗维尼附近的岛屿岸边岩石密布的海边浮潜。

斯普利特

驾驶帆船乘风破浪一整天。

杜布罗夫尼克

在皮划艇里欣赏落日余晖中的老城。

博尔

在布拉奇岛尝试风帆冲浪。

帕克莱尼察国家公园

挑战这个公园的攀岩道。

塞蒂纳河

在奥米茨附近的河上漂流。

游泳

如果在克罗地亚度假期间只能进行一种活动，我们敢打赌非游泳莫属。赤日炎炎，克罗地亚清澈的海水令人无法抗拒，而且欧洲环境署（European Environment Agency）测定，克罗地亚有98%的游泳地点水质达到优。夏季，水温可能会超过25℃，6月至10月水温通常都在20℃上。

整个海岸和全部岛屿都有很好的游泳点。这里有不同质感的海滩：有沙子的，也有小石子和岩石的。最好的海滩之中还有大块但光滑的白色鹅卵石，例如维斯岛的斯提尼瓦（Stiniva；见292页）和赫瓦尔岛的杜波维察（Dubovica；见284页）。当地人比较喜欢鹅卵石海滩，部分原因在于许多沙质海滩太浅了，尤其是拉布岛的洛帕尔（Lopar；见210页）周边。但是维斯岛（见291页）东端的沙滩和佩列沙茨半岛（Pelješac Peninsula）的普拉普拉特诺（Prapratno；见338页）等地点略好些。

夏季的亚得里亚海不像大海，倒更像个大水池，然而一旦到了冬季，被称为bora的凛冽寒风会掀起大浪。旺季时通常比较安全，主要的危险是栖息在岩石浅层的海胆。为了防止被海胆刺伤，许多人会穿塑料游泳鞋。

除了海边，受欢迎的游泳地点还有克尔卡国家公园（见235页）里的一些湖泊、萨格勒布的雅伦湖（Jarun Lake；见83页）以及位于武科瓦尔（Vukovar）附近多瑙河上的阿达（Ada）岛。

徒步

在克罗地亚徒步，可以选择在普利特维采的木板路或维护良好的湖滨小路上从容轻松地散步，也可以选择在帕克莱尼察国家公园（见216页）迎接挑战、艰难冲顶。当地的旅游和国家公园部门有充足的小册子，能推荐适合你时间和体力的步行活动。许多部门自己印制免费的步行地图，或出售较偏远地区的详细地图。如果你打算来一场高难度远足，可以考虑联系**克罗地亚登山协会**（Croatian Mountaineering Association, Hrvatski planinarski savez; ☎01-48 23 624; www.hps.hr; Kozarčeva 22, Zagreb; ⏲周一至周五8:00~16:00），他们能提供信息，帮你找到山区小屋。也可以参加由专营探险旅游的旅行社组织的徒步导览游。

春季、初夏和秋季是最好的徒步时间，因为人又少又不那么热。7月和8月，喀斯特地貌的海边山区非常炎热，几乎没有树荫和水源，此时普利特维采和克尔卡虽然有绿荫小径但人满为患。在这两个月，尝试前往游人较少的里斯尼亚克国家公园（Risnjak National Park；见179页）或内陆腹地。

萨莫博尔附近的宗白拉克萨莫博尔斯科

山自然公园(Žumberak Samoborsko Gorje Nature Park；见103页)是克罗地亚内陆最好的徒步去处，公园内有森林、洞穴、河谷、瀑布和9个山区小屋。萨格勒布以北的梅德韦尼查自然公园(Medvednica Nature Park；见107页)也不错。

在伊斯特拉(见130页)，比泽(见160页)和波雷奇(见149页)周边有一些小径，还有一条以格拉契什彻(Gračišće；见170页)为起点的标识清晰的11.5公里长环线。克瓦内尔湾地区的乌奇卡自然公园(Učka Nature Park；见183页)和里斯尼亚克国家公园(Risnjak National Park；见179页)都有曲径通幽的徒步路线。我们推荐里斯尼亚克国家公园的莱斯卡小路(Leska Path)，这条小径长4.2公里，轻松好走，穿过森林，途中甚至还能看到野生动物。茨雷斯岛、洛希尼岛(见191页)和拉布岛(见204页)也有很多条不错的小径。

达尔马提亚的选择多不胜数，但徒步亮点显然在普利特维采湖群国家公园(见213页)、克尔卡国家公园(见235页)、帕克莱尼察国家公园(见216页)和比奥科沃自然公园(Biokovo Nature Park；见273页)内。前两个公园有大量轻松好走的湖滨步道，但夏季都人满为患。帕克莱尼察和比奥科沃都有山地，可以俯瞰海岸和岛屿，欣赏美景。布拉奇(见274页)、赫瓦尔(见280页)、维斯(见291页)、拉斯托沃(Lastovo；见347页)、姆列特(见335页)和奥米茨(Omiš；见270页)的岛上，以及奥雷比奇(Orebić；见340页)的山中都有极好的步道。

骑车

无论是独自出行还是参加有组织的团体，骑车旅行在克罗地亚都日益流行。租自行车非常容易，相对安静的道路也有很多，尤其是在岛上。尽量避免走亚得里亚海岸的主要公路，因为那些公路没有自行车道，也几乎没有过路的路口，而且车流量极大。好在大部分路段可以搭乘渡轮——载车渡轮可以搭载自行车，须额外付费，但双体船不能搭载自行车。

滑雪

斯列梅滑雪场(Ski Resort Sljeme；见107页)距离萨格勒布仅20分钟路程，它坐落在梅德韦尼查山的山坡上，缆车将滑雪者送到5条雪道的上方。2月份雪层最厚，但使用造雪设备的话，滑雪季可以延长3~4个月。也可以夜间滑雪。

普利特维采湖群国家公园(见213页)

3月、4月、9月和10月气候温暖，大多数日子不下雨，是最好的骑行月份。6月至8月车流量比较大，而且非常热。

斯拉沃尼亚(Slavonia)有一两条很不错的长距离骑行小径：奥西耶克和塞尔维亚的Sombor之间80公里长的潘诺尼亚和平线(Pannonian Peace Route；见122页)，以及沿着匈牙利和塞尔维亚边境的138公里长的多瑙河线(Danube Route；见122页)。

但是，最好的骑行道是帕兰扎纳自行车小径(Parenzana Bike Trail；见154页)，这条小路与从前连接意大利的里亚斯特(Trieste)和伊斯特拉的波雷奇的铁路线平行，克罗地亚国内段长度为78公里。同样是

在格罗日年骑山地自行车（见158页）

在伊斯特拉，比泽、帕津、波雷奇和罗维尼都有自行车小径，普拉至Medulin的海岸环线长60公里，平坦好走。

克瓦内尔湾也是一个适合骑行者的地区，奥帕蒂亚、乌奇卡自然公园以及茨雷斯岛、洛希尼岛、克尔克岛和拉布岛，共有19条线路，在《骑行克瓦内尔湾》（*Kvarner by Bicycle*）中有详细的介绍，这本小册子在当地旅游办事处可以找到。

在达尔马提亚，姆列特岛和拉斯托沃岛有观景骑行小径。小册子《骑行达尔马提亚中部》（*Central Dalmatia Bike*）详细介绍了马卡尔斯卡里维埃拉（Makarska Riviera）的6条线路，其中既有轻松的15公里长的马卡尔斯卡（Makarska）周边小径，也有61公里长的上坡山路，终点是海拔1749米的比奥科沃山顶。比奥科沃也很适合骑山地自行车，科尔丘拉岛和布拉奇岛同样如此，小径通往岛上的最高点维多瓦山（Vidova Gora；海拔778米）。

www.pedala.hr（克罗地亚语网站）和www.istria-bike.com等网站为骑行者提供实用的信息。

潜水和浮潜

亚得里亚海最令人称奇之处在于其水质的清澈。几乎任何地方都可以浮潜，但罗维尼附近的红岛（Crveni Otok；见145页）等地点格外出色。

从古代沉船残骸，到“二战”时坠毁落水的飞机，不计其数的水下景点反映出该地区的动荡历史。飞机残骸在维斯（见291页）的近海，那里还能看到双耳细颈椭圆土罐和沉船，但这里最有趣的东西在大海深处，对潜水技术有一定的要求。

其他出名的沉船包括：建造于1899年，在杜布罗夫尼克海边被“二战”水雷击沉的意大利商船塔兰托号（Taranto）；姆列特岛近海海底的一艘公元3世纪的罗马船；一艘德国的“二战”鱼雷船；拉布岛海底的罗萨号（Rosa）；克尔克海底的一艘60米长的Peltastis号希腊货轮；以及“一战”期间在罗维尼附近触雷沉没

XBRCHX/SHUTTERSTOCK ©

在扎达尔驾驶帆船（见223页）

的奥地利蒸汽客船高希男爵号（Baron Gautsch）。

沉船上方有大量等待你探索的珊瑚礁、悬崖和洞穴。海洋生物包括海鳗、海螺、海蛞蝓、章鱼、龙虾、罕见的巨蚌、红珊瑚、红色的柳珊瑚扇和五颜六色的海绵。

海边随处可见潜水中心，最热门的地点当属伊斯特拉的波雷奇、罗维尼、普拉和布里俄尼群岛（Brijuni Islands）；克瓦内尔湾地区的克尔克岛、茨雷斯岛、洛希尼岛和拉布岛；达尔马提亚的长岛（Dugi Otok）、布拉奇岛、赫瓦尔岛、维斯岛和姆列特岛；以及杜布罗夫尼克。

通过**克罗地亚潜水协会**（Croatian Diving Association; www.diving-hrs.hr）网站进一步获取信息，网站只有克罗地亚语。

最佳时间

春季 最适合在科帕奇基利特自然公园攀岩、漂流、观鸟的季节。天气适宜徒步、骑行和风帆冲浪。

夏季 游泳、潜水、皮划艇、帆船和平缓水域漂流的最佳季节。

秋季 适合在科帕奇基利特徒步、骑行、风帆冲浪和观鸟，也适合游泳、漂流、潜水和皮划艇。

冬季 显然适合滑雪，但也适合在克尔卡国家公园观鸟。

帆船

在偏僻小岛和只有坐船才能到达的海滩上流连，然后找个好地方痛饮一晚——还有比这更惬意的吗？

帆船一度是富人的专属品，但现在克罗地亚提供相对亲民的机会，既有一日帆船游，也有多日的帆船团队游。Sail Croatia（见392页）等机构甚至推出了针对年轻背包族的航线。

如果你更愿意独立驾驶帆船，包条船是很容易的事，可以带船长，如果你经验丰富，也可以只包“裸”船。能提供帮助的机构包括旗下拥有22个码头的**亚得里亚海克罗地亚国际俱乐部**（Adriatic Croatia International Club; www.aci-marinas.com）和下列包船公司：

Cosmos Yachting（www.cosmosyachting.com）

Nautika Centar Nava（见246页地图；☎021-407 700; www.navaboats.com; Uvala baluni 1）

Sunsail（www.sunsail.com; ACI Marina Dubrovnik, Na skali bb, Mokošica; ⌚周一至周五 8:00~16:00，周六和周日 9:00~19:00）

Ultra Sailing（见246页地图；☎021-398 578; www.ultra-sailing.hr; ACI Marina Split, Uvala Baluni 6a; ⌚周一至周六 8:00~16:00）

Yacht Rent（☎098 726 065; www.yacht-rent.com; Braće Stipčić 41, Rijeka）

Yacht Charter Croatia（www.croatiacharter.com）

皮划艇

在克罗地亚，海上皮划艇和河流皮划艇都是非常热门的活动。出租皮划艇的地点不计其数，许多专业机构组织短途脚踏船和多

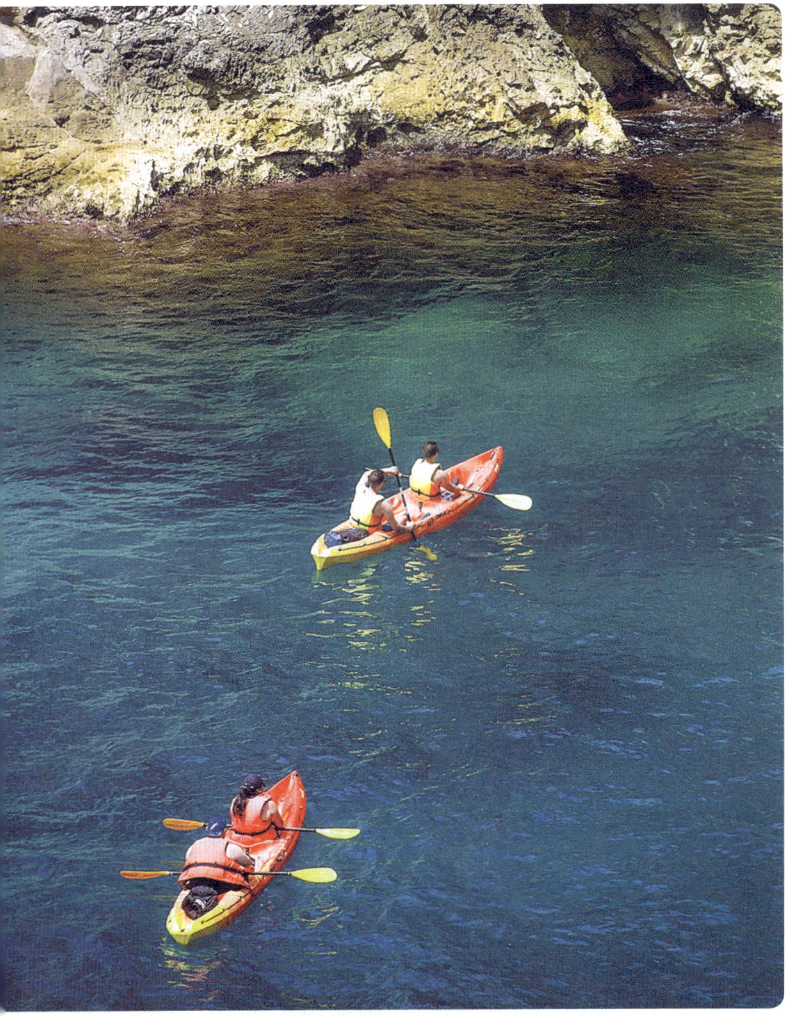

上图：在杜布罗夫尼克岸边划皮艇（见324页）

下图：潜水探索罗维尼附近的高希男爵号沉船（见145页）

AQUAPIX/SHUTTERSTOCK ©

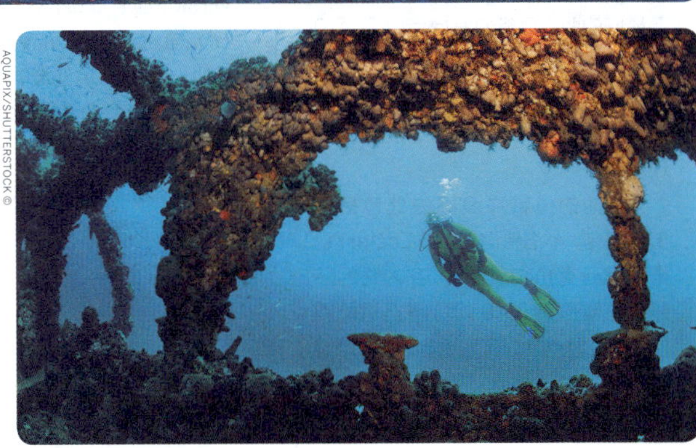

日跳岛远足活动。

皮划艇运动在杜布罗夫尼克特别流行，那里有大批参加皮划艇团队游的人——日落脚踏船之旅尤其火爆。斯普利特、卡梅尼亚克角、罗维尼、波雷奇，以及科尔丘拉岛、维斯岛、赫瓦尔岛和拉布岛都有很不错的组织。

至于内陆，别错过在武科瓦尔的多瑙河和萨格勒布的雅伦湖（见83页）上划皮划艇的机会。

极限运动

寻求刺激的游客在克罗地亚各地都能找到让他们满意的惊险活动。

让我们从比较温柔的项目开始，例如杜布罗夫尼克的缆车（见321页），它驶往海拔405米的高处，在那里可以一望无际地俯瞰著名的老城风光。科帕奇基利特自然公园的扎尔塔纳格雷达（Zlatna Greda；见124页）高空滑索是另一个适合全家老小玩的项目。奥米茨附近的塞蒂纳（Cetina）峡谷也有8条高空滑索道，但更加刺激：最高的有150米，最长的有700米。欧洲最长的高空滑索（1700米）位于里卡地区，叫作“当心熊出没”（Beware of the Bear；见213页），名副其实。伊斯特拉的Pazin Chasm洞深达100米，一条高空滑索（见164页）从上空越过。

Paragliding Kvarner（见203页）总部位于里耶卡附近的茨里克韦尼查（Crikvenica），提供双人滑翔伞，从亚得里亚海上空770米处开始滑翔。伊斯特拉的莫托文（见159页）也有双人滑翔伞活动，斯洛沃尼亚Parafreek（www.parafreek.hr）的跳伞地点在宗白拉克萨莫博尔斯科山脉的最高峰Japetić（海拔879米）附近。

克尔克岛的Cable Krk Wakeboard Center（见198页）提供水上滑板和滑水活动。如果你想尝试一把跳伞，可以联络**Croatian Aeronautical Federation**（www.caf.hr）。另一个值得考虑的当地极限运动协会是**Cro Challenge**（www.crochallenge.com）。

与克罗地亚的所有活动一样，让专业极限运动机构帮你做计划是最简单的。下面是一些值得考虑的运营商：

Alter Natura（见294页）总部设在维斯的极限运动专业机构，组织滑翔伞、探洞、皮划艇和滑绳速降活动。

CroActive & Adventure（见252页）斯普利特城外的皮划艇、漂流、徒步、攀岩、骑行、溪降、帆船、高空滑索和桨板之旅。

Huck Finn（www.huckfinncroatia.com）专营极限之旅，组织多种刺激的克罗地亚国内团队游：河流皮划艇、海上皮划艇、漂流、独木舟、骑行、徒步和帆船。

Hvar Adventure（见283页）帆船、皮划艇、骑行、徒步、跳伞、四驱车游猎和三项全能训练。

Outdoor（www.outdoor.hr）极限和团建之旅。

Portal Trogir（☎021-885 016；www.portal-trogir.com；Bana Berislavića 3, Trogir；⏲5月至9月 8:00~20:00，10月至次年3月 周一至周五 9:00~13:00，4月 周一至周六 9:00~16:00）四轮摩托游猎、漂流、潜水和溪降。

Red Adventures（见252页）总部设在斯普利特，组织海上皮划艇、攀岩、徒步和骑行团队游。

风帆冲浪

布拉奇岛的博尔（见278页）和佩列沙茨半岛**奥雷比奇**（Orebić；见340页）附近的维加尼（Viganj）是克罗地亚最好的两个风帆冲浪地点。4月至10月，每天从早晨到下午，稳定而猛烈的西风maestral吹过这两个地方。5月末/6月初和7月末/8月初，风力条件最理想。

其他的风帆冲浪好去处包括马卡尔斯卡、小洛希尼（Mali Lošinj）、卡梅尼亚克角和波雷奇，在内陆的萨格勒布雅伦湖（见83页）甚至也能冲浪。上述地点都能租到帆板，也有冲浪课程。

攀岩

克罗地亚最好的攀岩地点在帕克莱尼察国家公园（见216页），岩面分为各种等级，适合各个层次的攀岩者，有72条较短的运动攀线路，250条比较长的线路。这里也有救援服务。在达尔马提亚，位于斯普利特市中心的Marjan Hill有适合攀岩的峭壁。

往海岸方向，克尔克岛的巴什卡（Baška；见201页）附近有一两个攀岩地点。伊斯特拉最好的攀岩去处是罗维尼附近已经废弃的威尼斯（Venetian）采石场，那里有80条线路。比泽和帕津附近有机会体验自由攀岩。

萨格勒布以西，宗白拉克萨莫博尔斯科山脉的普列兹维察（Plešivica）地区也是一个著名的攀岩地带。

3月、4月和5月是最佳攀岩时间，之后就是炎热的夏季了，秋季和冬季有风。

最简单的方式是咨询当地旅游办事处或联系当地的专业极限旅游机构。克罗地亚登山协会（见37页）的克罗地亚语网站上也有一些信息。

漂流

塞蒂纳河（见270页）是克罗地亚首屈一指的漂流地点，河水穿过陡峭的峡谷，在奥米茨汇入亚得里亚海。在这个美丽的小城参加漂流之旅很方便，河边就有招揽生意的漂流活动组织机构。斯普利特和马卡尔斯卡有声誉良好的专业极限运动旅行社，为游客提供往返接送和远足之旅。

漂流在4月至10月进行，4月大雨过后水流最急。夏季，水流比较平缓，更适合入门者。

观看野生动物

斯拉沃尼亚的科帕奇基利特自然公园（见124页）位于多瑙河和德拉瓦河的冲积平原，是一块重要的湿地，也是在克罗地亚观看野生动物的最佳去处。在这里发现了将近300种鸟类，包括白尾海雕、白肩雕、黑鹳、凤头䴙䴘、紫鹭、篦鹭、大雁和啄木鸟。另外还有44种鱼和21种不同的蚊子（带上驱蚊剂）。如果你够幸运，或许能看到马鹿、

DIAMIRSTUDIO/GETTY IMAGES ©

在帕克莱尼察国家公园攀岩（见216页）

野猪、河狸、松貂和狐狸等哺乳动物。观鸟的最佳时间是鸟类迁徙的春季（3月至5月）和秋季（9月至11月）。

克瓦内尔湾地区也有大量野生动物。茨雷斯岛、克尔克岛和普尔维奇岛（Prvić）栖息着凶猛的欧亚兀鹫，洛希尼岛上有专门的海龟和海豚保护中心。里斯尼亚克国家公园（见179页）以猞猁命名，它们跟棕熊、狼、鹿和野猪一起生活在原始森林中。这种森林里的明星动物不太可能看到，但你或许能在步道沿线的喂食站看到鹿，以及500种左右的蝴蝶。乌奇卡自然公园（见183页）内也有棕熊、野猪、狍和金雕。

虽然夏季游客很多，但普利特维采湖群国家公园（见213页）深处有熊、狼、鹿、野猪、兔子、狐狸和獾。如果你还有精力从瀑布美景中分神，也许能看到鹰、猫头鹰、布谷鸟、翠鸟、野鸭、鹭、黑鹳和鹗。

在达尔马提亚，帕克莱尼察国家公园（见216页）是多种猛禽的家园，克尔卡国家公园（见235页）有鹰和涉禽候鸟。

赫瓦尔城（见281页）

计划你的行程

克罗地亚的岛屿

克罗地亚常被誉为“千岛之国”，尽管这种旅游营销方式的形容过于夸张，但对于克罗地亚而言，这个称呼当之无愧。实际上，克罗地亚共有1244个岛屿。如果可能的话，往你的旅程里加入其中一两个。

何时去

5月、6月、9月、10月

游人相对较少的平季是最佳游览时间，但在6月和9月游客已经越来越多了。5月水温够暖，游泳没问题，大多数商家已经开始营业。

7月和8月

旺季气候最好，渡轮班次最频繁，各种游玩活动正当时。缺点是物价最贵，而且许多酒店有最少入住天数要求。热门目的地人满为患，等渡轮的队伍排得很长。

11月至次年4月

游人少、住处价格便宜，但渡轮班次减少，而且几乎所有的营业场所都关门了。比较大的城镇至少有一家konoba（小餐馆）和一家咖啡馆兼酒吧仍然营业，但其他的都歇业了，包括酒店和博物馆。还有，天气很冷，风很大。

跳岛游

克罗地亚的渡轮线路（见390页）覆盖面广，而且高效快捷，因此一天之内去多个岛上游玩十分轻松惬意。乘坐渡轮是一种悠闲的旅行方式，不像海岸公路那么拥挤，而且每条线路都能看到十分优美的景色。

从杜布罗夫尼克或斯普利特出发比较合理，因为这两个达尔马提亚城市生机勃勃，有最繁忙的国际机场，是主要的渡轮枢纽，同时本身也是极好的旅游目的地。最简单的方式是乘坐飞机从其中一个城市进、另一个城市出，只玩两个城市之间的岛屿。用这种方式旅游，沿途游览艾拉菲提群岛（Elafiti Islands）、姆列特、科尔丘拉、维斯、赫瓦尔和布拉奇，3周的时间就可以轻松地度过了。这条覆盖达尔马提亚精华景点的水上线路，还可以加入特罗吉尔岛上的世界文化遗产小镇，也有船连接这里和斯普利特。

扎达尔和里耶卡也可以作为跳岛度假的出发点，从其中一个城市出发，用一周时间走一条大环线，回到另一个城市。船从扎达尔开往北边的洛希尼，大桥连接它和茨雷斯岛。渡轮从茨雷斯开往克尔克，那里有另一座大桥连接克尔克和里耶卡附近的大陆。从里耶卡往南，去拉布岛，然后去帕格岛，后者也有桥跟扎达尔附近的大陆相连。

注意，达尔马提亚北边和中部不通船。要往来这两个地区，你需要乘坐长途汽车，斯普利特和扎达尔之间单程约需3小时。

渡轮分为两种：载车渡轮和仅载客的双体船，国营亚德罗里尼亚公司（Jadrolinija）两种服务均可提供，同时还有几家私人公司（见390页）经营载客双体船。船只通常保养良好，乘坐舒适。大多数配备咖啡厅兼酒吧，有些比较长的线路还设有餐厅。比较大的船只提供室内和露台座位，为忙于工作的人提供桌子和电源。免费Wi-Fi是标准配置。

5月至9月，渡轮班次增加，7月和8月达到高峰。冬季也可以跳岛度假，但有些快船不开，天气恶劣的时候尚在运营的快船也可能会取消班次。比较慢的载车渡轮发船相对稳定，全年运营，但冬季班次减少。

找到你的完美岛屿

面对这么多选择，如何挑选？只想在一个岛上消磨时间也好，打算在线路里多纳入几个岛也罢，下面的指南供你参考。

海滩最佳

几乎所有的克罗地亚大岛都有很好的游泳地点，因此以“海滩”作为甄选标准，能被淘汰的岛屿不多（就这点而言，拉斯托沃是少有的令人失望的岛屿之一）。也就是说，如果硬要选出最好的3个岛，我们就选有各种各样鹅卵石和沙子小海湾的维斯岛；以尖角海滩（见278页）闻名的布拉奇岛，而且在苏佩塔尔周边有很多更好的海滩；以及去帕克莱尼群岛海岸很便利的赫瓦尔岛，那里拥有像Dubovica一样美丽的白色鹅卵石小海湾。

最适合全家

所有的克罗地亚岛屿都很适合全家游玩，但就老幼皆宜的度假而言，我们认为克瓦内尔湾最棒。拉布岛北端的洛帕尔（见210页）有极浅的细沙海滩，最适合幼儿玩耍，但不适合青少年。克尔克（见197页）更适合青少年，拥挤的巴什卡海滩有水滑梯，附近还有高空滑索。洛希尼（见191页）也是个不错的选择，岛上有很多海滩和亲子酒店，还有一个海龟救助中心和一个海洋教育中心。

最幽静

拉斯托沃（见347页）地处偏僻，游客数量远远低于克罗地亚其他任何一个有人居住的岛。茨雷斯（见184页）也有相似的魅力，尤其那些在海边或山顶的小村庄。还有一个好选择是姆列特（见335页），大多数一日游游客直奔位于岛上西端的国家公园，所以植被丰茂的岛东端相对安静。科尔纳提群岛（Kornati；见234页）还有140座无人岛，但需要乘坐游艇才能到达。

历史和文化最佳

古老的围郭老城和宏伟的大教堂使科尔丘拉城（见342页）卓尔不群。姆列特（见335页）有古罗马遗迹，也是传说中奥德赛和圣保罗到过的地方。赫瓦尔（见281页）有两座围郭小城，田野间还能找到古希腊时期的边境线。克尔克、茨雷斯、拉布和帕格都有美丽的围郭小城，而历史悠久的教堂和修道院几乎随处可见。

饮食最佳

首选显然是帕格（见219页），气味冲鼻的绵羊奶酪和香料腌制的羊腿在克罗地亚境内都很有名气。

古老的捕鱼传统和相对偏僻的地理位置，使维斯（见292页）成为品尝传统达尔马提亚美食的最佳去处，用peka（圆盖烤炉）上的热炭烤出的食物独具特色。维斯城还有一家特别时尚的餐馆。

在拉布岛捕鱼（见204页）

科尔丘拉（见342页）岛内陆也有一些不错的konobe（小餐馆）。这里还以出产克罗地亚最好的白葡萄酒闻名，在Čara、Smokvica和卢姆巴尔达（Lumbarda）的酒窖以及全克罗地亚的餐厅都能喝到。

夜生活最佳

铁杆夜店爱好者只需要去帕格岛的兹尔采（Zrće；见221页）就够了，因为兹尔采海滩被称为“克罗地亚的伊维萨”，海滩上的夜店好评如潮。这里夜店的气氛跟赫瓦尔岛（见280页）上同名小城里的夜店截然不同。日落时分，背包族和开游艇的富翁在兹尔采的海滩酒吧里混在一起，之后他们去老城的小酒吧喝酒跳舞。专门来泡夜店的人可以乘坐穿梭船，前往属于帕克莱尼群岛的Marinkovac，因为那里的夜店Carpe Diem Beach（见289页）通宵营业。

尖角海滩，博尔（见278页）

水上运动最佳

正如你所想，任何一个主岛都不缺水上活动。布拉奇（见274页）尤为值得一提：博尔有一流的风帆冲浪地点，也适合牵引帆伞、桨板、海上皮划艇、划船和潜水。在位于岛另一侧的苏佩塔尔，还能玩水上滑板、滑水和喷气式滑水车。

维斯（见291页）很适宜海上皮划艇，那里有许多海中洞穴和小海湾，水下甚至还有一个南斯拉夫时代的潜水艇基地。热爱刺激的高调人士应该直奔克尔克（见196页），那里有个中心提供机械钢缆牵引的水上滑板和滑水活动。维斯和克尔克都有经验丰富的潜水机构。

帆船最佳

科尔纳提国家公园（Kornati National Park；见234页）超过300平方公里的海域范围内分布着诸多岩石小岛，可以乘坐游艇惬意地探索多日。除了几家接待过往船只的海鲜餐馆之外，岛上几乎没有人类活动的痕迹。

拉斯托沃（见347页）是个例外，它被受保护的拉斯托沃群岛自然公园（Lastovo Archipelago Nature Park）环绕着，是海豚、海龟和尖嘴鸥的栖息地。主岛上有安全的停泊港，大多数停泊港的码头都有至少一个能停泊游艇的餐馆。

说到群岛，紧邻赫瓦尔的帕克莱尼群岛（见288页）也不能错过。岛屿之间海水清澈，水域受到保护，像是环礁游泳池一样。岛上餐馆很不错，带泊船码头。

徒步和骑车最佳

布拉奇（见274页）岛有极好的小径，通往偏远而夺目的冬宫（见277页）和全岛制高点维多瓦山（Vidova Gora；见277页）瞭望台的小径尤其出色。

绿色的小岛拉斯托沃（见347页）适合骑车游览，这个幽静的岛上没多少小汽车和游客，但是山路较多。

在亚得里亚海对岸，拉布岛（见204页）上有100公里长的徒步小路和80公里长的骑行小径，拉布岛旅游办事处提供的地图上有详细介绍。岛上的多样化环境使之成为一个

上图：韦利基拉弗林塔（见343页），科尔丘拉城

下图：斯塔拉巴什卡（见200页），克尔克

"地质公园",而步行和骑车是探索这种环境的绝佳方式。

茨雷斯岛、洛希尼岛、克尔克岛、赫瓦尔岛、维斯岛和姆列特岛也有很好的选择。

自然环境最佳

植被最茂密的姆列特(见335页)诸岛显然能够拔得头筹。岛的一半是国家公园,但另一半也被森林覆盖,而且人口稀少。姊妹岛茨雷斯和洛希尼(见191页)也拥有丰富多样的野生动物,包括欧亚兀鹫,在周边水域里还生活着亚得里亚海已知唯一的常驻海豚群。目前洛希尼岛东端是一个海豚保护区。拉斯托沃(见347页)也有一个海洋保护区,旨在保护海豚、海龟、珊瑚和罕见的海蛞蝓。

TROFIMENKO NICKOLAI/SHUTTERSTOCK ©

亚得里亚海的海豚

露营最佳

克瓦内尔湾诸岛的露营地维护得格外好。茨雷斯岛(见184页)上的露营地最佳,茨雷斯城、瓦伦(Valun)、卢贝尼采、Martinšcica和奥索尔也有不错的露营地。在这方面,克尔克(见197页)也很好,既有适合家庭的露营地,也有裸体露营地,二者都很有名。

往南,科尔丘拉(见341页)的露营者最快乐,露营地种类多,有小的,也有适合家庭的。我们最喜欢的露营地隐藏在岛的西北端,过了韦拉卢卡(Vela Luka)就是。

最适合背包族

奇怪的是,克罗地亚最华丽酷炫的岛,居然也是青年旅舍最多的地方。来赫瓦尔城(见281页)的背包族简直挑花了眼,但这里的青年旅舍价格比别的地方高很多。毫不意外的是这里也有最棒的酒吧,但是当心:要酒疯和在公共场合裸体将遭到巨额罚款。

其次是布拉奇岛(见274页),博尔有一家非常好的青年旅舍,苏佩塔尔也有一家,气氛友好,但比较简陋。

最豪华

在赫瓦尔城(见281页),将这个城市的餐馆和度假村价格拉高的富豪旅客与背包族擦肩而过。附近的布拉奇(见274页)也有豪华住处和餐馆。但说到高端酒店的最佳选择,克尔克岛(见196页)拔得头筹,马林斯卡、克尔克城、弗尔布尼克(Vrbnik)和巴什卡都有极好的选择。

一日游最佳

紧邻杜布罗夫尼克海岸的洛克卢姆(Lokrum;见318页)显然是克罗地亚最热门的一日游岛屿,岩石海滩、花园和林间小路使来自拥挤不堪的古城的游客眼前一亮。同样是在杜布罗夫尼克附近,各种各样的"游览三岛加吃鱼野餐"团队游都包含艾拉菲提群岛的3个主要的岛屿——科洛切普(Koločep;见334页)、洛普德(Lopud;见334页)和希潘(Šipan;见334页)。

大布里俄尼(Veli Brijun)同样很好,它是伊斯特拉布里俄尼群岛中最大的岛,从普拉或罗维尼来这里很方便。它曾是铁托(Tito)和来访高官的私人度假地,现在是布里俄尼群岛国家公园(Brijuni Islands National Park)内交通最便利的区域。

克罗地亚岛屿

克尔克岛

无论想全家露营，还是想住豪华酒店，克尔克都能满足你的要求。此外历史悠久的围郭老城也值得探索，还有多种水上运动。（196页）

茨雷斯岛

人口稀少的茨雷斯岛有古老的围郭小城、偏僻的村庄和大片令人陶醉的自然美景。很适合露营度假。（184页）

拉布岛

非常适合带孩子的年轻夫妇、徒步者，以及地质、历史和建筑爱好者。（204页）

帕格岛

帕格岛的出名之处很多：奶酪、羊肉、蕾丝、盐田、“月球坑”地貌和狂野的海滩夜店。（219页）

0 100 km
0 50 miles

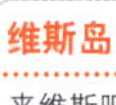

维斯岛

来维斯吧，这里有美好的海湾可以游泳，还有两座老城和传统达尔马提亚美食，也能玩海上皮划艇和潜水。(291页)

布拉奇岛

精力充沛的旅行者会爱上布拉奇的海滩、徒步小径和多种多样的水上运动。岛上有各种住宿选择，从青年旅舍到精品酒店，应有尽有。(274页)

Banja Luka 巴尼亚卢卡

BOSNIA AND HERZEGOVINA 波斯尼亚和黑塞哥维那

赫瓦尔岛

从富豪旅行者到背包族，从历史迷到海滩迷，从“派对动物”到大自然爱好者，每个人在赫瓦尔都能找到自己想要的。(280页)

Knin 克宁

Krka National Park 克尔卡国家公园

SARAJEVO 萨拉热窝

Sinj 锡尼

Kaštela 卡什泰拉

Split 斯普利特

Trogir 特罗吉尔

Omiš 奥米茨

Drvenik Veli 大德尔韦尼克岛

Brački Channel

Drvenik Mali 小德尔韦尼克岛

Šolta 绍尔塔岛

Supetar 苏佩塔尔

Brač 布拉奇岛

Biokovo Nature Park 比奥科沃自然公园

Makarska 马卡尔斯卡

Bol 博尔

Pakleni 帕克莱尼群岛

Hvar 赫瓦尔城

Vrboska 沃尔博斯卡

Hvar 赫瓦尔岛

Viški Channel

Vis Town 维斯城

Vis 维斯岛

Šćedro

Metković 梅特科维奇

Malo Sea

Proizd

Biševo 比舍沃岛

Korčula 科尔丘拉岛

Korčula Town 科尔丘拉城

Pelješac Peninsula 佩列沙茨半岛

Lastovski Channel

Ston 斯通

Jakljan

Koločep 科洛切普

Mljet National Park 姆列特国家公园

Mljetski Channel

Mrčara

Susac 苏沙克岛

Kopište

Mljet 姆列特岛

Šipan 希潘

Lastovo 拉斯托沃岛

Elafiti Islands 艾拉菲提群岛

Lopud 洛普德

Dubrovnik 杜布罗夫尼克

MONTENEGRO 黑山

科尔丘拉岛

除了迷人的围郭古镇科尔丘拉城，岛上还有宜人的海滩、葡萄酒厂、家庭经营的露营地和各种档次的乡村餐馆。(341页)

拉斯托沃岛

虽然没有海滩，也缺乏基础设施，但世外桃源般的幽静弥补了这些缺点。适合帆船爱好者、骑行者和徒步旅行者。(347页)

姆列特岛

林木葱郁，景色优美，岛上有罗马遗迹、咸水湖、徒步小路和骑行小径，以及几个不错的游泳地点。(335页)

海之风琴（见223页），扎达尔

计划你的行程

带孩子旅行

安全的海滩、适合各类游客的徒步和骑车小径、几个互动博物馆，以及诸多等待着小骑士和小公主去探索的古城和城堡，克罗地亚让孩子们乐在其中。

最适合孩子的地区

达尔马提亚北部

扎达尔以大自然的力量为动力的两处景点“向太阳致敬”和“海之风琴”令孩子们着迷；希贝尼克举办的儿童节非常精彩。

杜布罗夫尼克和达尔马提亚南部

小家伙们可以在机动车禁入的杜布罗夫尼克和科尔丘拉老城内自由自在地玩耍。

斯普利特和达尔马提亚中部

在迷宫般的戴克里先宫闲逛，然后直奔马卡尔斯卡里维埃拉的海滩。

伊斯特拉

探访附近的洞穴、恐龙公园和海滩。

克瓦内尔湾

拉布岛有适合幼儿的海滩；克尔克、茨雷斯和洛希尼的海滩男女老幼都适合。

萨格勒布

乘坐缆车，参观这里众多的博物馆，在雅伦和Bundek游玩，然后徒步攀登上斯列梅山顶。

克罗地亚内陆

在Vuglec Breg和Grešna Gorica体验克罗地亚的乡村生活，游览互动形式的克拉皮纳尼安德特人博物馆，参观中世纪城堡。

孩子们的克罗地亚

克罗地亚有许多开放区域、游乐园和远离机动车的步行区。大多数海滨城镇都有一条离海边有段距离的海滨步道（riva），非常适合散步，小孩子们也可以跑来跑去。

虽然有些“沙滩”实际上只是有陡峭石壁的岩地，但看起来也颇有海滩的感觉。许多沙滩周围的海水特别浅，适合幼童玩水，但不太适合青少年。不计其数的鹅卵石海滩更适合游泳。

记住：对想找乐子的青少年来说，克罗地亚的许多海滨小镇太过安静，他们更喜欢有热闹咖啡馆和季节性乐园的海滨城市（他们高兴，父母自然也就高兴了）。

从博物馆门票到旅馆床位，儿童折扣随处可见。分界线通常是9岁，超过9岁就是学生优惠价了。许多景点对幼儿免票。

孩子们的亮点

海滩

巴什卡，克尔克岛（见201页）2公里长的新月形海滩，一端有个小小的水上公园。

洛希尼岛和茨雷斯岛（见184页）海滩上有许多适合全家人的露营地。

红岛，罗维尼（见146页）两个相连的小岛，有鹅卵石海滩。

洛帕尔（Lopar），拉布岛（见210页）浅水和沙滩都非常适合幼儿。

姆列特国家公园，姆列特岛（见336页）比较小的盐水湖很温暖，很适合婴儿。

一日游

克尔卡国家公园（见235页）在瀑布下方的冷水湖里扎个猛子。

普利特维采湖群国家公园（见213页）沿着小路漫步，欣赏绿松石颜色的湖泊、高高的瀑布和茂密的森林。

洛克卢姆（Lokrum；见318页）逃离喧嚣，来到这个森林覆盖的岛屿，带孩子去盐水湖游泳。

梅德韦尼查山（见106页）前往萨格勒布最受欢迎的山峰，走在满眼绿色的步道上，让孩子们尽情挥霍旺盛的精力。

景点

克拉皮纳尼安德特人博物馆，克拉皮纳（见111页）近距离亲身接触我们祖先的邻居。

向太阳致敬，扎达尔（见223页）日落时分来看这个奇妙的灯光夜景，孩子们在这里兴奋地跑来跑去。

库姆罗韦茨斯塔罗塞洛博物馆，扎戈列（见109页）有趣的传统乡村生活。

伊斯特拉兰蒂亚（见158页）在诺维格勒（Novi-grad）东北方向的大型水上公园里玩水滑梯和各

种水上项目。

幻觉艺术博物馆，萨格勒布（见81页）各种视错觉、镜子和全息图片。

计划行程

何时去

➡ 6月末或7月初，沿海城市希贝尼克会举办闻名遐迩的国际儿童节（International Children's Festival; www.mdf-sibenik.com），节日期间有手工工坊、音乐、舞蹈、儿童电影和戏剧、木偶戏以及游行等活动。

➡ 7月和8月正好是欧洲中小学的假期，因此他们会特别为孩子们提供贴心服务。

➡ 如果你喜欢安静和低价，6月和9月更理想，因为海水的温度同样适合游泳，而且白天阳光也很不错。

住宿

➡ 不妨考虑租一间私人公寓，这种公寓通常比旅馆房间便宜些，而且更自由。一定要先问清楚各项设施的详细情况：有没有空调，厨房用具是否齐全，是否有洗衣设备，离海滩有多远，诸如此类。

➡ 酒店或许能提供婴儿床，但数量总是有限，而且有时会另外收费。3岁以下幼童通常住宿免费，9岁以下的儿童也能享受很大的折扣。

➡ 克罗地亚大多设施都接待带孩子的家庭，但并非专门面向家庭的。在少有的家庭型酒店中，最好的是罗维尼的Amarin Family（见146页）、扎达尔的**Club Funimation Borik**（☎023-555 600; www.borik.falkensteiner.com; Majstora Radovana 7; 房间 含全膳 1400KN起; P ❄ @ 📶 🏊）和小洛希尼的**Hotel Vespera**（☎051-667 300; www.losinj-hotels.com; Sunčana Uvala bb; 标单/双 1050/1400KN起; P ❄ 📶 🏊）。

罗特尔许查克塔和缆车（见74页），萨格勒

需带物品

不用太担心行李打包，因为忘带的东西在到达克罗地亚后基本上都能买到。海滩装必须带上，包括遮阳帽和塑料水鞋（防止被海胆刺伤）。

行前须知

➡ 乘坐小汽车时，5岁以下的儿童需要坐儿童座椅。租车时一定要跟租车公司说清楚这一点。

➡ 来克罗地亚旅行无须注射任何疫苗。

计划你的行程

像当地人一样吃喝

克罗地亚饮食能反映出历史上不同文化对这个国家的影响。海边接近意大利饮食，内陆偏重匈牙利、奥地利和土耳其菜口味，区别甚大。但无论是什么风味，你吃到的美味食物都是由新鲜的应季食材制作的。

就餐体验

虽然克罗地亚人在烹饪方面并非激进的实验派，但他们对食物持有异乎寻常的热情。他们会花几个小时讨论羊腿的质量或鱼的等级，以及为何其他国家的食物与自家食物相比都黯然失色。受"慢食"（slow-food）运动的影响，美食文化不断兴起，强调使用新鲜、地产和应季的食材，并享受慢节奏的进餐。伊斯特拉和克内瓦尔湾地区很快登上美食巅峰，但其他地方也没落下多远。葡萄酒和橄榄油产量得到恢复，全国各地标识清晰的小径组成了四通八达的网络，沿着那些小径可以去往出产上述优质农产品的地方。

一种新型餐馆为人们提供可以用餐数小时的机会，尽情享用慢食大餐，或者大厨们的创意菜肴。当地人的消费能力有限，所以大多数餐馆是中档价位，便宜得令人难以置信或贵得离谱的地方都很少见。无论你的预算有多少，在克罗地亚任何一个地方就餐都不太可能得出"难吃"的结论。这里还有一个优势：天气暖和的时候，几乎每家餐馆都设有露天座位。

毕生难忘的一餐

Pelegrini（见240页）位于希贝尼克的老街，供应地中海风味盛宴。

Restaurant 360°（见326页）杜布罗夫尼克最好

美食年历

虽然秋季才是美食节和葡萄酒节的高潮，但任何时候来克罗地亚都可以大快朵颐。

春季（3月至5月）

在伊斯特拉，芦笋正当时，芦笋节随之而至。4月，科尔丘拉的餐馆开始供应招牌菜。5月下旬，伊斯特拉的葡萄酒庄开放酒窖。

夏季（6月至8月）

在海边吃刚捕获的海鲜，用冰激凌和鸡尾酒解暑。

秋季（9月至11月）

在美食节上唱主角的有松露（伊斯特拉）、自制格拉巴酒（rakijaa；也是伊斯特拉）、栗子（克瓦内尔湾）和葡萄酒（随处可见）。别错过10月的杜布罗夫尼克美食节（Good Food Festival）。

冬季（12月至次年2月）

享用大份圣诞和狂欢节美食的时间到了。

的当代美食餐馆，就位于著名的城墙上。

Meneghetti（见142页）伊斯特拉是克罗地亚首屈一指的美食地区，而这家葡萄酒厂餐馆是伊斯特拉最好的餐馆之一。

Konoba Marjan（见257页）朴实无华的斯普利特小餐馆，可以说是达尔马提亚最好的传统海鲜菜肴餐馆了。

便宜的美食

要品尝当地的快餐，你可以试试ćevapčići（牛肉、羊肉或猪肉肉糜辣味小丸子）、pljeskavica（南斯拉夫做法的汉堡小肉饼）、ražnjići（猪肉烤串）或burek（塞肉泥、菠菜或奶酪的馅饼）。这些小吃在快餐摊都能买到。

地区特色美食

萨格勒布和扎戈列

萨格勒布和克罗地亚西北部跟维也纳人的口味相似，最喜欢大份的肉食。味美多汁的pečenje（坑烤肉和煎肉）使用羊肉（janjetina）、猪肉（svinjetina）和鸭肉（patka）为原料，常佐以烤面条（mlinci）或烤土豆（pečeni krumpir）。用peka（圆盖烤炉）慢烤的肉菜特别好吃，但许多餐馆只有预订才会提供。

火鸡（purica）配烤面条是萨格勒布和扎戈列的家常菜，与另一道高热量的特色美食zagrebački odrezak（塞火腿和奶酪之后裹上面包糠焦炸的炸小牛肉排）同食。Štrukli（一种奶酪馅饺子）在扎戈列地区最受欢迎。Sir i vrhnje（新鲜农夫奶酪加奶油）也是一种当地人常吃的食物，当地市场有售，跟面包同食。

对于爱吃甜食的人而言，卷各种馅料、蘸各种酱汁的薄煎饼（palačinke）是常见的甜品。

烹饪课程

烹饪课程在克罗地亚越来越流行。**Culinary Croatia**（www.culinary-croatia.com）是个很好的信息来源，提供多种烹饪课程以及烹饪和葡萄酒团队游，主要在达尔马提亚。其他不错的选择包括萨格勒布的Kuhaona（见84页）和Zagreb Bites（见84页），以及总部设在普拉附近的Eat Istria（见136页）。

斯拉沃尼亚

因为大量使用红辣椒和大蒜，斯拉沃尼亚的食物比其他地区的辣。东北部主要受匈牙利风味的影响，许多经典的菜肴，例如čobanac（一种炖肉），实际上是匈牙利红烩牛肉（gulaš）的另一个版本。附近的德拉瓦河出产鲜鱼，例如鲤鱼、梭鱼和鲈鱼，它们用红辣椒酱炖，跟面条一起吃，这道菜被称为fiš paprikaš。另一道特色菜是在开放式炉子上烤出来的叉烤鲤鱼(šaran u rašljama)，完全靠鱼自身的油脂，不另外放油。当地的香肠极为出名，尤其是kulen(红辣椒味的香肠)，这种香肠要熏制9个月，通常搭配农夫奶酪、辣椒、番茄和酸泡菜(turšija)一起吃。

伊斯特拉

近年来，有长期美食传统、使用新鲜原料且独具一格的伊斯特拉饮食吸引着不少国际美食家。经典菜肴包括maneštra——类似蔬菜浓汤的大块蔬菜和豆子汤，fuži——手卷意面，通常跟松露（tartufi）或野味（divljač）同食，以及fritaja——通常搭配野芦笋等应季蔬菜的煎蛋卷。松露是大多数菜肴的原料，甚至能制作冰激凌和巧克力蛋糕。

寻找用boškarin（一种本土牛）制作的菜肴。晾干的伊斯特拉熏火腿（pršut）薄片——达尔马提亚的也不错——通常当作开胃菜，因为熏制过程久，而且需要人精心打理，所以价格比较高。伊斯特拉的橄榄油广受好评，且屡获国际大奖。旅游局标出了一条橄榄油线路，沿途能拜访当地的橄榄种植者并品尝刚榨出来的油。最好的应季食材包括秋季收获的白松露和春季采摘的野芦笋。

克瓦内尔湾和达尔马提亚

克瓦内尔湾和达尔马提亚的沿海饮食是典型的地中海风味，大量使用橄榄油、大蒜、平叶欧芹、月桂叶和各种海鲜。最受喜爱的菜肴包括烤全鱼、煎墨鱼（lignje；有时候会填奶酪和熏火腿）以及章鱼或者生牛肉片（hobotnica；要么做沙拉生吃，要么用圆盖烤炉烤）。

一餐通常以一道浇着海鲜的意面或烩饭（rižot）开始。要想吃比较特别的开胃菜，就试试来自帕格岛的气味刺鼻的硬山羊奶酪paški sir。茨雷斯岛和帕格岛的羊肉堪称全克罗地亚最棒的，那些羊平时吃新鲜的香草，因此羊肉有种特殊的味道。

其他受欢迎的达尔马提亚菜包括brodet——一种微辣的炖海鲜配玉米粥，在沿海不同地方也被称为brodetto、brudet或brujet，还有pašticada——葡萄酒、西梅干和香料炖牛肉，配土豆团子。最典型的配菜是blitva（莙达菜搭配土豆泥，浇橄榄油和蒜汁）。

何时吃和去哪吃

何时吃

南斯拉夫时期，人们的早餐（doručak）都是馅饼（burek；用肉、菠菜或奶酪做馅儿）。当代克罗地亚人选择更加清淡的早餐，通常只有一杯咖啡、一块点心配酸奶和新鲜水果。如果你住青年旅舍或私人民宿，最简单的办法是在咖啡馆买杯咖啡，再去蛋糕房买面包。英式的热早餐很难买到。如果你住酒店，只能吃到冷的自助早餐，包括玉米片、面包、酸奶、各种冷切熟食和奶酪，以及用果味粉冲的“果汁”。比较高级的酒店提供种类齐全的冷、热自助餐，有时还可以现场点新鲜制作的煎蛋卷或培根煎蛋。

餐馆正午前后出售午餐（ručak），通常一直供应到午夜，所以如果你在深更半夜到达，或者想在海边多消磨一会儿时间，也不怕没有东西吃。克罗地亚人往往要么在上午吃marenda或gablec（充饥的便宜午餐），要么在下午吃丰盛的午餐。从市场上买来的水果蔬菜，加上从杂货店买来的奶酪、面包和火腿，就是一顿健康的中午野餐食物。如果你客气地要求，超市里卖熟食的店员通常会帮你做一个奶酪（sir）或熏火腿（pršut）三明治（克罗地亚语为sendvič），而你只要支付食材的价钱即可。

Burek（填肉馅或奶酪的馅饼）

晚餐（večera）通常很清淡，但大多数餐馆为满足游客的需求而加以调整，因为他们在晚上会吃很多。很少有克罗地亚人富裕到可以时常下馆子，多是周六夜晚或周日下午的大家族聚餐。

去哪吃

在克罗地亚的餐馆就餐，非常高级的场所应该提前预订，尤其是夏季的旺季和周末。其他情况下，基本上无须预订即可到店用餐。

Restoran 站在“食物链”顶端的餐厅，通常给人一种很正式的用餐体验，葡萄酒单也很上档次。

Konoba或gostionica 通常是传统的家庭经营小饭馆，食材或许就来自后院的花园。

Kavana 咖啡馆兼酒吧，一杯咖啡能消磨好几个小时，幸运的话，店里还出售蛋糕和冰激凌。

Slastičarna 出售蛋糕和水果馅饼的面包店，有时也卖冰激凌或咖啡。

素食和严格素食

“Ja ne jedem meso”（意为“我不吃

海鲜烩

肉”）这句话有用，但即便说了，或许还是会给你端上一份漂着火腿粒的汤。素食正缓慢地渗透进克罗地亚的饮食，但仅限大城市。奥西耶克、萨格勒布、波雷奇和斯普利特现在都有专门的素食餐馆，且杜布罗夫尼克有一家严格素食餐馆。一些大城市的餐馆开始提供素食菜单，但许多素菜似乎只用盐调味。

素食者在北部（扎戈列）和东部（斯拉沃尼亚）或许比较难找到食物，这两个地方传统上以肉食为主。不使用肉的特色食物包括maneštra od bobića（豆子和鲜玉米汤）、juha od krumpira na zagorski način（扎戈列土豆汤）和štrukli（奶酪馅饺子）。沿海地带有多种不加肉的比萨、意面和烩饭。

葡萄酒

对于国际消费者而言，克罗地亚出产的葡萄酒或许不出名，但其实该地区的葡萄酒酿造史已经超过2500年，葡萄酒早已成为克罗地亚人日常生活的一部分。今天，经过专注于保护本土品种和振兴祖先酒庄的几代人的努力，这个传统正在重新焕发生机。葡萄酒的质量在不断提升，出口量在增加，荣获的国际大奖越来越多，喜欢克罗地亚葡萄品种和独特产区的国际葡萄酒爱好者与日俱增。

克罗地亚可以大致上分为4个葡萄酒产区：气候比较凉爽的大陆产区的斯拉沃尼亚和克罗地亚高地（Uplands），以及地中海气候的亚得里亚海边的伊斯特拉/克瓦内尔湾和达尔马提亚。每个产区都由多个小产区（vinogorje）组成，16个小产区各具特色，被欧盟认定为“受保护的原产地”（Zaštićena oznaka izvornosti）。在这些地理区域使用特定种类葡萄酿造葡萄酒，标签上会标明ZOI字样。

大陆产区

大陆产区主要出产graševina、traminac、白皮诺（pinot blanc）、霞多丽（chardonnay）和长相思（sauvignon blanc）等白葡萄酒。不同地区的酒各具风味，从北部寒冷地区的水果味、淡香和清新，到比较暖和的斯拉沃尼亚地区的浓郁、香滑和年份久，还有芳香的餐后甜酒（predikatno）也是如此。Kutjevo是一个特别可爱的葡萄种植区，许多葡萄酒厂就建在那里。

梅吉穆尔耶（Međimurje）、普列兹维察（Plešivica）和扎戈列都坐落在田园风光的山区，克罗地亚高地出产适合食用的脆白葡萄（但也出产黑皮诺）。除了graševina和本土的škrlet，也适宜霞多丽、白皮诺、灰皮诺和长相思等外国品种生长。至于冰酒（ledeno vino），一瓶珍贵的Bodren葡萄酒会是非常好的纪念品。

沿海产区

伊斯特拉是亚得里亚海岸北部的明珠，也是malvazija istarska的产地。这个品种酿造的葡萄酒获过诸多奖项，从清淡单薄到丰满甜美，从涩口的未在橡木桶里熟成的葡萄酒，到在金合欢木桶陈酿的葡萄酒和橙色葡萄酒，有很多变种。伊斯特拉还有一种浓烈的招牌红葡萄酒teran。

紧靠伊斯特拉南部的是克瓦内尔湾，出产žlahtina，一种非常适合搭配海鲜的白葡萄酒，在克尔克的产量尤为丰富。

再往南，地势崎岖但风景优美的达尔马提亚拥有一些岛屿葡萄园（赫瓦尔岛、维斯岛、布拉奇岛和科尔丘拉岛），一系列本土葡萄品种在地中海气候下茁壮生长，酿造出酒体饱满、口感丰富的葡萄酒。仙粉黛（crljenik kašteljanski）和默默无闻的dobričić嫁接出的plavac mali是红葡萄酒之王。贴“Dingač”标签的葡萄酒来自佩列沙茨半岛（Pelješac Peninsula）特定海拔高度的山坡上生长的plavac mali，那里被普遍认为是克罗地亚最好的红葡萄酒产地，产量少，品质优，价格很贵。

其他值得了解的本土葡萄品种有babić（红葡萄酒）、pošip（优雅的白葡萄酒，最好的产于科尔丘拉岛）、grk（水果味白葡萄酒，仅出产于科尔丘拉的卢姆巴尔达）和malvasija（产于杜布罗夫尼克附近的克瓦内尔湾地区的白葡萄酒，不要跟malvazija弄混，二者一个字母之差，前者是“s”，后者是“z”）。至于休闲葡萄酒，达尔马提亚出产的可爱的桃红葡萄酒非常适合打发地中海岸边懒洋洋的时光。

葡萄酒的品质

克罗地亚的葡萄酒按照3个质量等级分类和标记：stolno vino（餐桌酒）、kvalitetno vino（品质酒）和vrhunsko vino（优质酒）。来自受保护产地的葡萄酒贴有ZOI（Zaštićena oznaka izvornosti）字样的标签。

地区速览

萨格勒布

咖啡馆
建筑
美食

咖啡馆文化

就咖啡馆的氛围而言，萨格勒布除了跟维也纳非常相似，还多少能看出些威尼斯和土耳其的影子。对很多人来说，每周社交活动的高潮是周六上午的“špica”。

建筑多样化

萨格勒布城中心是中世纪风格的建筑，层层向外依次是哈布斯堡王朝风格和社会主义风格。随便走走，就能看到哥特式教堂、分裂主义的住宅、艺术装饰风格的酒店和野兽派公寓楼。形形色色的街头艺术让最阴暗的角落也熠熠生辉。

当代克罗地亚美食

说到美食，克罗地亚的首都值得好好探索一番，近年来食物种类更为多元化。克罗地亚有几家餐厅烹饪风格，是独特的杰出代表，使用来自全国各地的顶尖食材烹饪。

见70页

克罗地亚内陆

建筑
野生动物
风光

城堡

仿佛来自童话世界的城堡点缀在田园牧歌的苍翠山峦之间。新哥特式的特拉科什查（Trakošćan）城堡规模不大，让你有机会近距离了解古代克罗地亚贵族的生活。而庞大的韦利基塔博尔（Veliki Tabor）城堡有塔楼、炮台和其他装饰，在葱郁的山顶上俯瞰着下方。瓦拉日丁、瓦拉日丁温泉镇（Varaždinske Toplice）、武科瓦尔（Vukovar）和伊洛克（Ilok）还有更多这样的城堡。

观鸟

科帕奇基利特自然公园位于多瑙河和德拉瓦河交汇处的冲积平原上，是欧洲最重要的湿地之一。鸟的种类之多世界闻名，春秋两季鸟类迁徙时最宜参观。

乡村风景

斯拉沃尼亚种满葡萄的山丘、茂密的森林，扎戈列青翠的田野和如同姜饼小屋般的村庄，让这里看起来就像是童话世界。越向南走游人越少，也越适合感受克罗地亚传统的农场生活。

见102页

伊斯特拉

美食
建筑
海岸

伊斯特拉美食

享受伊斯特拉式的甜蜜生活，品尝用创新方式和当地顶级食材制作的美食。从白松露和野生芦笋到获过大奖的橄榄油和葡萄酒，应有尽有。任何时候来，吃喝都是克罗地亚的亮点，是个适合老饕的地方。

历史建筑

伊斯特拉是建筑的大杂烩，包括举世闻名的古罗马圆形竞技场、拜占庭教堂、威尼斯风格的别墅和中世纪的山顶小镇。各式建筑在这个小小的半岛上鳞次栉比，令人赏心悦目。

海滩

从距离普拉、罗维尼和波雷奇仅一步之遥的喧闹鹅卵石海滩，到卡梅尼亚克角的荒凉海岸和一连串人迹罕至的海湾，伊斯特拉拥有很好的海滩，不过没有沙子海滩。

见130页

克瓦内尔湾

建筑
大自然
美食

中世纪城镇

克尔克城中心的中世纪建筑保存完好。拉布城虽小，但格局完美，拥有数个古老的教堂和钟楼。茨雷斯城、大洛希尼和小洛希尼都展现出强烈的威尼斯风格。

野生动物

洛希尼岛的野生动物项目值得一看：大洛希尼有个迷人的亚得里亚海海豚研究中心，而小洛希尼则成立了一个专门的海龟救助中心。棕熊在里斯尼亚克国家公园（Risnjak National Park）和乌奇卡自然公园自由自在地生活。

美食村庄

位于奥帕蒂亚和里耶卡之间的小村沃洛什科和凯斯塔夫（Kastav）是美食天堂，传统和时尚的克罗地亚食物都能吃到，村里有几个气氛十足的一流家庭小餐馆和餐厅。

见171页

达尔马提亚北部

大自然
城市
帆船

山和湖

大多数游客是奔着达尔马提亚的海边来的，但这个地区的内陆同样魅力十足。克尔卡和普利特维采国家公园有可爱的湖泊和优美的瀑布。要欣赏高山并进行徒步，就直奔帕克莱尼察吧。

生机勃勃的老城

达尔马提亚北部的两座城市有丰富的文化和历史，且远离旅游观光区。希贝尼克拥有克罗地亚最优雅的大教堂和非常古老的城区，被古城墙围绕的扎达尔则拥有罗马遗迹、迷人的景色、时尚的酒吧和许多餐馆。

岛屿星罗棋布的水域

欣赏地中海的亘古风光，驾驶帆船往来于科尔纳提国家公园的诸岛之间。科尔纳提群岛是亚得里亚海最大、密度最高的群岛，由140个无人岛组成。

见211页

斯普利特和达尔马提亚中部

海岸
建筑
活动

海滩

从斯普利特知名的城市海滩——乐趣无穷的Bačvice，到布拉奇岛上形如其名的尖角海滩，再到维斯岛上可爱的鹅卵石海湾和多沙的海湾，达尔马提亚中部拥有几个克罗地亚最好的海滩，既热闹又远离喧嚣的道路。

古城中心

达尔马提亚中部有两个联合国教科文组织世界文化遗产，相距不远：位于斯普利特的戴克里先宫是罗马时代的遗迹，颇为热闹；在小小的特罗吉尔岛上，紧凑的围郭老城内有各式各样的建筑。

户外乐趣

帆船、骑山地车、海上皮划艇、潜水、徒步、漂流、攀岩、高空滑索或帆板冲浪，精力充沛的游客可以换着花样感受达尔马提亚中部的多样化环境。

见242页

杜布罗夫尼克和达尔马提亚南部

历史
大自然
葡萄酒

古老的城墙小镇

作为全世界位置最奇特、历史最悠久的城市之一，杜布罗夫尼克看起来如梦似幻，让人流连忘返，不忍离去。科尔丘拉城和斯通(Ston)虽然小得多，但魅力不减，也给人留下类似的感受。

岛屿

人口稀少、松林环抱的姆列特岛和科尔丘拉岛景色优美，海滩迷人。也别忘了去看看小小的洛克卢姆岛和可爱的艾拉菲提群岛。

达尔马提亚葡萄酒

佩列沙茨半岛是克罗地亚首屈一指的葡萄酒产区。参观享有盛誉的Postup和Dingač葡萄园，尝尝口感丰富、柔滑的当地葡萄品种plavac mali。附近的科尔丘拉以出产用pošip和grk葡萄酿造的白葡萄酒闻名，而杜布罗夫尼克以南的科那弗勒(Konavle)地区则出产自有的白葡萄酒malvasija。

见308页

IZTOK KVEDER/500PX ©

克罗地亚海岸

从伊斯特拉的顶端，到炫目的杜布罗夫尼克，克罗地亚拥有整个地中海地区最美的海滩。水晶般清澈的海水恒久不变，而它的背景则从群山和城墙环绕的城镇，到低矮的岛屿，再到群山，周而复始，更迭变换。

目录

上图：泊在帕格岛海边的船（见219页）

城墙环绕的小镇

自古以来，生活在这片海岸的人们就在城市周围筑起了坚固的城墙，抵御频繁而至的侵袭。虽然当时纯粹是为了防御，但最终成了一道壮观的风景，这些从海面上升起的石头堡垒，是亚得里亚海沿岸最令人难忘的画面之一。即使大部分城墙已然不复存在，露出了里面纵横交错的中世纪街道，但它们依然给人留下了深刻的印象。

大多数人都知道杜布罗夫尼克，但还有许多迷你“杜布罗夫尼克”散落在沿海。其中最迷人的要数斯普利特以西的特罗吉尔，它占据着一座小岛，由桥梁与陆地相连。斯普利特本身就是一座保卫着古罗马皇宫的古老要塞——尽管从海面上很难分辨出四周的城墙。希贝尼克固若金汤的老城坐落在一座小山上，成就了一座壮观的城堡。而在斯通，防御工事高高耸立，越过群山，终止于佩列沙茨半岛。

历史悠久的罗维尼曾经是一座岛屿，一条狭窄的水道将其与大陆分隔开来，随后又被填平——就像杜布罗夫尼克。在扎达尔，城墙围绕着半岛的顶端，如今只有半数保存了下来。岛屿上同样有许多令人震撼的遗址，茨雷斯、克尔克、拉布、帕格和科尔丘拉的老城就是其中的佼佼者。

除了所有著名的景点之外，你也许会发现自己正身处一座可爱的围墙小城之中。就像寂静的小城奥索尔，看守着将茨雷斯岛和洛希尼岛分隔开来的水道，抑或可爱的小城普里莫什滕（Primošten），从希贝尼克以南的一块岩石海岸伸展出来。

1. 中世纪街道，希贝尼克（Šibenik；见237页） 2. 斯通围墙（Ston Walls；见338页） 3. 卡梅尔伦戈城堡（Kamerlengo Castle；见265页），特罗吉尔

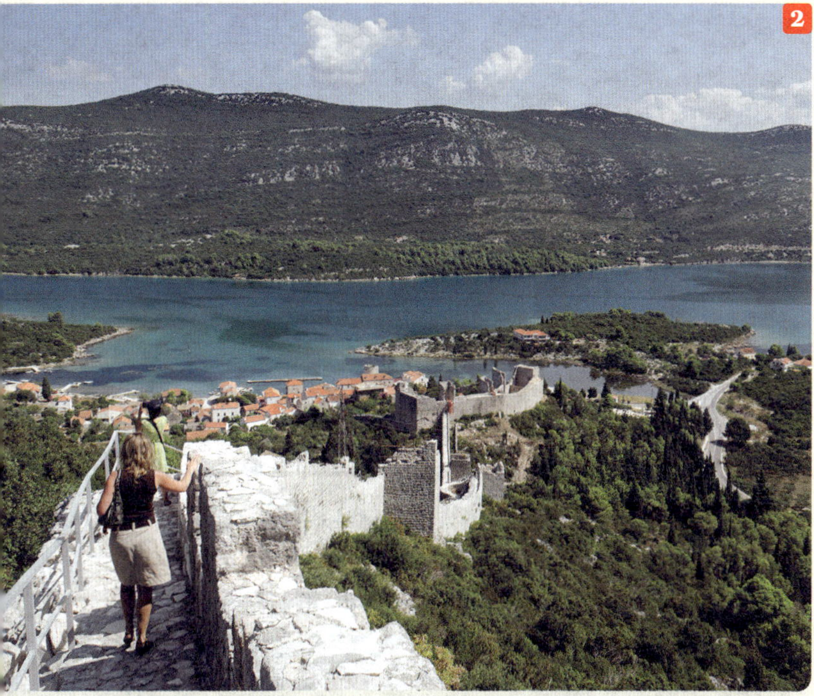

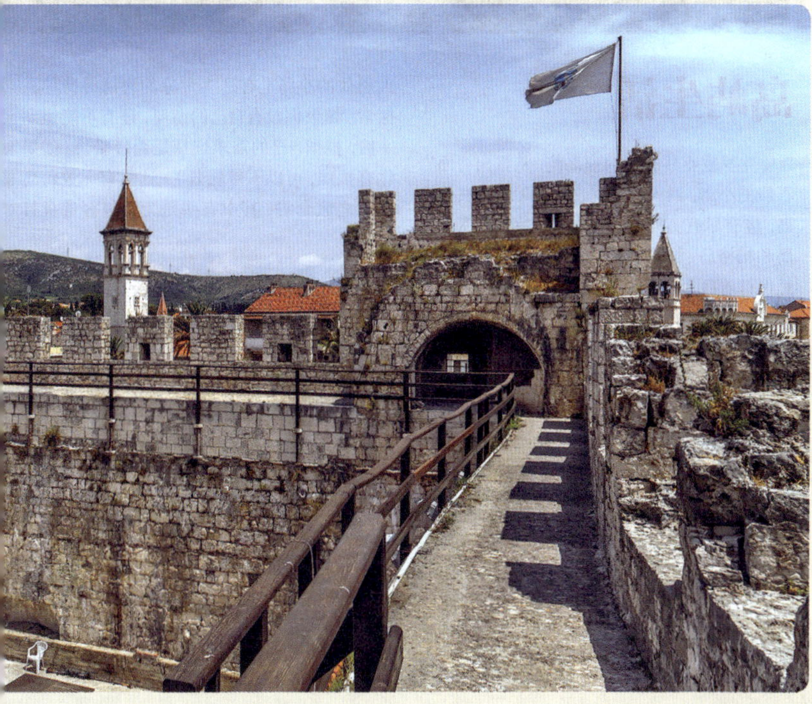

BORISB17/SHUTTERSTOCK ©

岛屿生活

克罗地亚共有1244座岛屿，从露出海面岩石般的小岛，到人口密集、小镇众多的农业大岛，应有尽有。其中两座最大的岛屿是克尔克岛和帕格岛，都由桥梁与大陆相连，但它们仍然保持着自己独特的文化和生活方式。

越是受人欢迎、人口密集的岛屿，交通就越便利，全年都有渡轮，但在7月、8月，以及6月和9月的周末，乘坐载车渡轮要排长队。如果你打算在上述时间登岛，最好选择坐船前往，抵达之后租一辆汽车或轻便摩托车。注意，当地人谈到载车渡轮时只用“ferries”这个词，客船速度更快，在时刻表中被称为“双体船”（catamarans）。

对一些小岛来说，例如Kornatis，有组织的团队游很受欢迎，你可以去旅行社、旅游办事处和沿海任何一个码头打听详细信息。乘坐游艇的人们会觉得自己仿佛在天堂航行，无人居住的小岛上有许多荒凉的海湾等待你去探索。如果你没有自己的游艇，还有可能租到一艘，根据自己的需求选择是否带船长（如果你有执照，可以不带船长）。这里有无数跨岛航海之旅套餐，其中有些是为背包客量身打造的。

海滩

虽然直线距离只有600公里，但如果你算上所有曲折和数不清的岛屿，克罗地亚的亚得里亚海海岸线长度应该是1778公里。因这里清澈的海水和温和的气候，每年夏天吸引了成千上万的游客涌入海滩，在7月和8月欧洲学校放假的时候达到顶峰。

如果你期待像邦代（Bondi）、马里布（Malibu）或者科帕卡巴纳（Copacabana）那样的海滩，那么你一定会失望。大部分地方都是可爱的小岩石海湾或鹅卵石海湾，周围生长

1. 往来于大陆和赫瓦尔岛（Hvar Island）的亚德罗里尼亚公司（Jadrolinija）渡轮（见281页） **2.** 连接克尔克岛（Krk Island；见196页）和大陆的桥

着松树、橄榄树或矮小的灌木丛。也有一些美丽的沙滩，主要在岛上，但通常海水很浅，而且要走很远的路才能到达。这在一定程度上解释了为什么当地人更喜欢去岩石海湾。

沿着海岸一路走来，最令人难忘的是海水的透明度和颜色，有时看上去几乎是不自然的蓝色或绿色。目前克罗地亚国内有89处蓝旗海滩（是对水质和环境标准的一种衡量），其中大多数分布在伊斯特拉和克瓦内尔湾地区。

游泳的人应该小心海胆，它们在沿海很常见，一旦踩上，刺痛难忍，如果刺进肉里还会引起感染。如果你打算游泳，最好穿上水鞋，在海胆为患的海滩上很容易买到。

克罗地亚不乏能够无所顾忌尽情释放的地方，沿海的裸体海滩通常都伴有露营地。寻找“FKK”的标志，它代表“freikörperkultur”，在德语中是“解放身体文化”的意思。别忘了穿水鞋！

浮潜和潜水

为自己戴上面具和潜水呼吸管，去拥抱清澈温暖的大海，与成群的小鱼做伴。潜水迷们也大有施展的舞台，这里有无数的沉船（从古代到“二战”时期）、陡坡和洞穴。热门地点包括杜布罗夫尼克附近的塔兰托号（Taranto）沉船、苏沙克（Susak）附近的玛格丽塔礁（Margarita Reef）、拉布岛附近的罗萨号（Rosa）沉船以及布拉奇岛、维斯岛、长岛和洛希尼岛周边。

1

2

JGA/SHUTTERSTOCK ©

1. 布拉奇岛博尔（见278页）附近的幽静海滩

2. 海胆（见387页）在克罗地亚海岸很常见

在路上

ZAGREB
萨格勒布
70页

Inland Croatia
克罗地亚内陆
102页

Kvarner
克瓦内尔湾
171页

Istria
伊斯特拉
130页

Northern Dalmatia
达尔马提亚北部
211页

Split & Central Dalmatia
斯普利特和达尔马提亚中部
242页

Dubrovnik & Southern Dalmatia
杜布罗夫尼克和达尔马提亚南部
308页

萨格勒布

☎01/人口803,700

包括 ➡

最佳餐饮

- Bistro Apetit（见90页）
- Mali Bar（见90页）
- Zinfandel’s（见92页）
- Heritage（见91页）

最佳住宿

- Studio Kairos（见88页）
- Hotel Jägerhorn（见88页）
- 4 City Windows（见88页）
- Rooms Zagreb 17（见88页）
- Swanky Mint Hostel（见88页）
- Esplanade Zagreb Hotel（见89页）

为何去

萨格勒布是一座适合漫步的城市。穿过上城区（Upper Town）的鹅卵石街道，两边是鳞次栉比的红顶房子，教堂的尖塔错落其中。翘首远观下城区（Lower Town）那些分离主义、新巴洛克和艺术装饰等风格建筑的拱顶和楼顶装饰。找找城里比较灰暗的角落，那些丑陋的水泥墙已经被当地街头艺术家涂上了五颜六色的壁画。边走边看，不虚此行。

然后，像当地人那样走进一家咖啡馆。这里的咖啡文化只是萨格勒布生机勃勃的街头生活的一个侧影，接二连三的活动贯穿全年，有活动的日子，广场和公园里就会出现音乐演出、集市和食物小摊。即使没有活动，克罗地亚首都的市中心也像年轻人一样充满活力，因此大批短期度假的游客蜂拥而至也就不奇怪了。别看它小，但潜力无限。

何时去

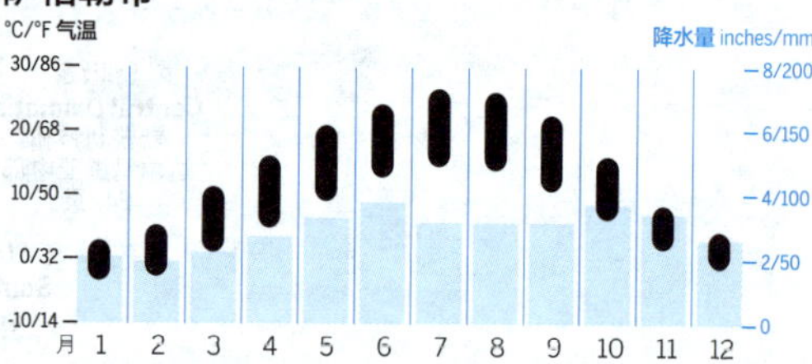

4月 酒店价格划算，天气比较暖和，当地人纷纷走入人行道咖啡馆。

7月 跟人群一起，享受灿烂的阳光，参加街头的节日庆祝活动。

12月 欧洲最好的圣诞集市之一，市中心仿佛冰雪童话世界。

历史

有记载的萨格勒布历史始于中世纪，发源地为两座山：一座是Kaptol，即今萨格勒布大教堂所在地；另外一座是Gradec。1850年，两处定居点合并，萨格勒布从此诞生。

如今被称为耶拉其恰广场（Trg Bana Jelačića）的地方，昔日曾是萨格勒布热闹的集市，周围修建了许多房屋。19世纪，服装贸易兴起，一条铁路连接了萨格勒布、维也纳及布达佩斯，经济随之快速发展，城市的文化生活也繁荣起来。

萨格勒布也是伊利里亚（Illyrian）运动的中心。特拉科什查城堡（Trakošćan Castle）的主人扬科·特拉科什查（Janko Drašković）公爵在1832年发表了用伊利里亚语书写的声明，号召整个克罗地亚民族实现复兴。第一次世界大战后，克罗地亚及其首都萨格勒布加入塞尔维亚、克罗地亚和斯洛文尼亚王国，特拉科什查的梦想得以成真。

两次世界大战之间，铁路和萨瓦河（Sava River）之间出现了萨格勒布的工人阶级社区，梅德韦尼查山（Mt Medvednica）的南坡上则是新建的住宅区。1941年4月，德国入侵南斯拉夫，长驱直入萨格勒布。安特·帕韦利奇（Ante Pavelić）和乌斯塔沙（Ustaše；见361页）迅速宣布成立以萨格勒布为首都的克罗地亚独立国（Independent State of Croatia；Nezavisna Država Hrvatska）。虽然帕韦利奇坐镇萨格勒布，直到1944年一直维持着其法西斯政权，但他从未得到过来自首都的支持——首都一直支持铁托（Tito）的游击队。

在战后的南斯拉夫，萨格勒布（很郁闷地）成为贝尔格莱德之下的第二大城市，但城市规模在不断扩大。萨格勒布于1991年成为克罗地亚首都，同年克罗地亚获得独立。

景点

作为萨格勒布最古老的城区，上城区（Upper Town，Gornji Grad）包括Gradec和Kaptol两个社区，拥有萨格勒布早期的标志性建筑和教堂。上城区和火车站之间的地带是下城区（Lower Town，Donji Grad），萨格勒布最有趣的艺术博物馆和精美的19世纪和20世纪的建筑都坐落在这里。

上城区

★失恋博物馆 博物馆

（Museum of Broken Relationships；www.brokenships.com；Ćirilometodska 2；成人/学生40/30KN；⏲6月至9月9:00~22:30，10月至次年5月 至21:00）从枯萎的爱情，到破碎的家庭，这个奇妙的博物馆收藏恋情结束后的遗留物。展品来自世界各地的人的捐赠，被摆放在一排纯白色的房间内，每件展品都有附带的介绍。展品有的令人发笑（为了让前任再也没法烤面包而遭到破坏的烤面包片机），有的令人心碎（某位母亲的绝命书）。有趣、辛酸和感动，人生况味不过如此吧。

这些独特的展品曾在全世界巡展，最后被永久地放置在这里。别忘了逛逛隔壁的商店（“糟糕记忆橡皮擦”卖得最火）和舒适的咖啡馆，还提供人行道上的露天餐桌。夏季和秋季的每周四晚上是爵士乐之夜。

★美乐高 墓地

（Mirogoj，Aleja Hermanna Bollea 27；⏲4月至10月 6:00~20:00，11月至次年3月 7:30~18:00）欧洲最美丽的墓地之一，位于梅德韦尼查山脚，由市中心向北开车10分钟，或沿绿树成荫的街道步行30分钟即可到达。1876年，生于奥地利的建筑师赫尔曼·波利（Herman Bollé）设计了这座墓地，他还设计了萨格勒布周边不计其数的建筑。宏伟的拱廊上方有一连串圆屋顶，从外面看起来很像个城堡，院内非常优雅安静。

墓地内青草如茵，小路纵横交错，草坪上矗立着雕塑和设计得颇富美感的墓碑。亮点包括诗人Petar Preradović的坟墓和Vladimir Becić的半身像，出自伊万·梅什特罗维奇（Ivan Meštrović）之手。

在圣母玛利亚升天大教堂（Cathedral of the Assumption of the Blessed Virgin Mary）乘坐106路公交车可前往该墓地。

★克罗地亚稚拙艺术博物馆 博物馆

（Croatian Museum of Naïve Art，Hrvatski Muzej Naivne Umjetnosti；☎01-48 51 911；www.hmnu.hr；Ćirilometodska 3；成人/优惠 25/15KN；

萨格勒布亮点

❶ **卡特里宁广场**（见74页）在这个广场上饱览红顶房屋美景，然后在上城区的小巷漫步，探索萨格勒布最古老的部分。

❷ **美乐高**（见71页）这个墓地的宏伟建筑、独特的墓穴和地下室令人叹为观止。

❸ **Tkalčićeva**（见88页）咖啡馆兼酒吧步行街，喝杯咖啡或鸡尾酒休息一下，看人群来来往往。

❹ **多拉茨市场**（见74页）一头扎进熙熙攘攘的萨格勒布市中心农贸市场。

❺ **克罗地亚稚拙艺术博物馆**（见71页）欣赏克罗地亚本土艺术形式的代表作品。

❻ **失恋博物馆**（见71页）用展品揭示人性深处的怪诞、美好和痛苦。

❼ **精酿啤酒**（见92页）在Opatovina沿线挨家品尝，细细品味这个城市的精酿啤酒文化。

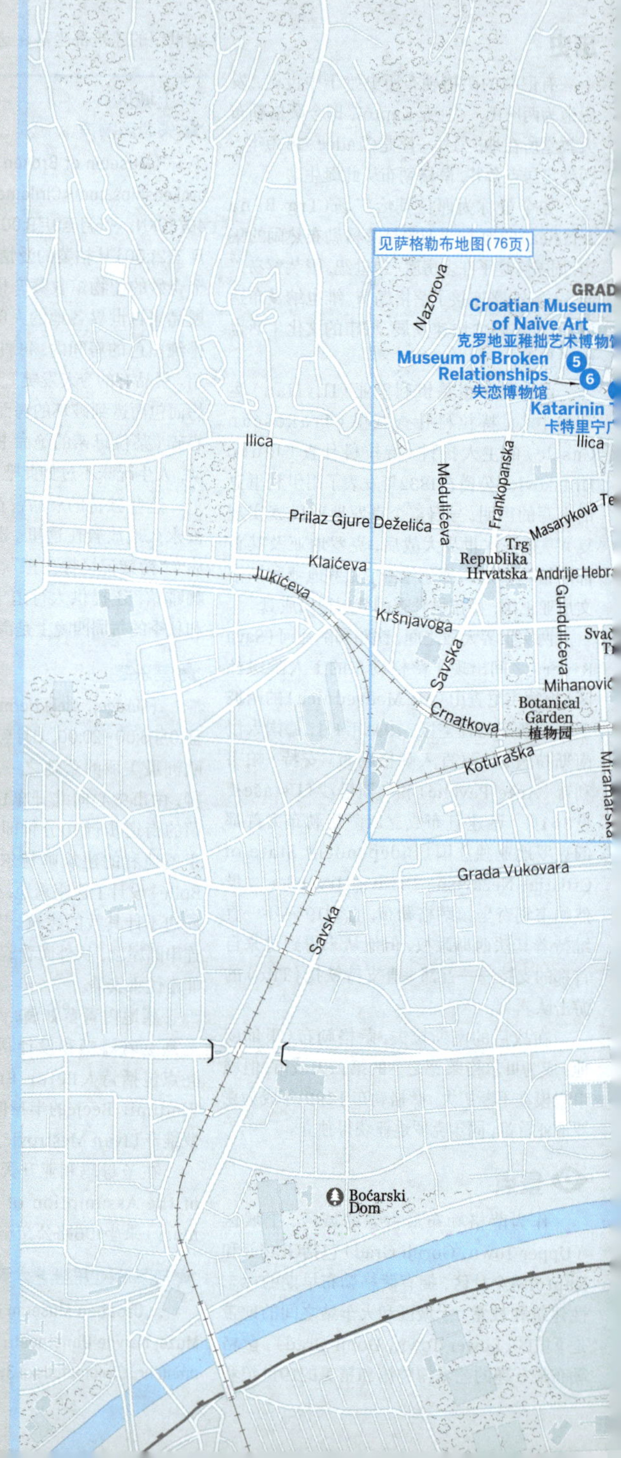

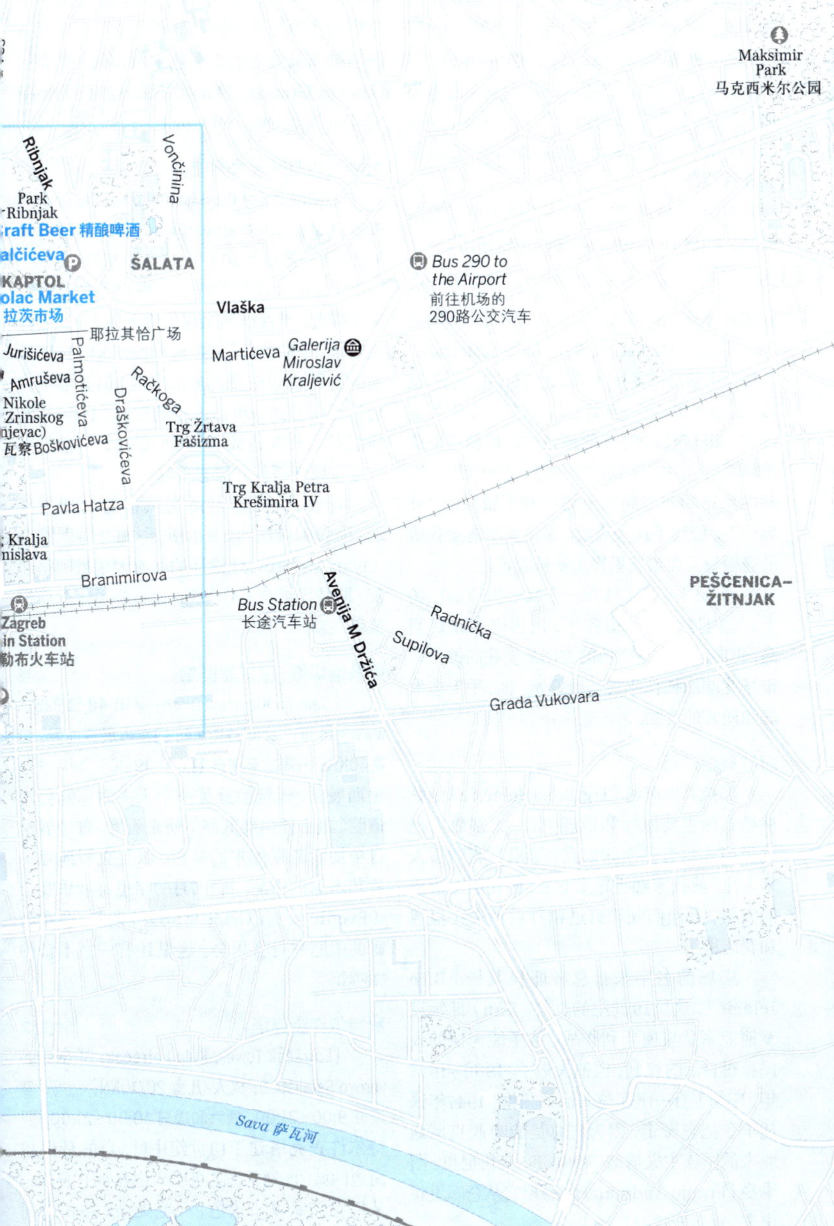

去 2 Mirogoj 美乐高
Maksimir Park
马克西米尔公园
Ribnjak
Vončinina
Park Ribnjak
raft Beer 精酿啤酒
alčićeva
ŠALATA
KAPTOL
olac Market
拉茨市场
Vlaška
Bus 290 to the Airport
前往机场的290路公交汽车
耶拉其恰广场
Jurišićeva
Palmotićeva
Martićeva
Galerija Miroslav Kraljević
Amruševa
Račkoga
Nikole Zrinskog
njevac)
瓦察
Boškovićeva
Draškovićeva
Trg Žrtava Fašizma
Trg Kralja Petra Krešimira IV
Pavla Hatza
Kralja
nislava
Branimirova
PEŠČENICA–ŽITNJAK
Bus Station
长途汽车站
Avenija M Držića
Radnička
Zagreb
in Station
勒布火车站
Supilova
Grada Vukovara
Sava 萨瓦河
0
1 km
0
0.5 miles
OVI
GREB
勒布新城
去Museum of Contemporary Art
当代艺术博物馆(500m)

⏲周一至周六10:00~18:00，周日至13:00）克罗地亚的稚拙艺术在20世纪60年代和70年代风靡国内外，但在那之后有些式微，这座小博物馆将为稚拙的艺术迷们提供一场盛宴。馆内陈列了80幅作品（藏品则多达1900幅），图案五颜六色，通常质朴空灵，符合这个艺术类型的风格。这个流派的最重要的艺术家，例如Generalić、Mraz、Rabuzin和Smajić，都有作品在这里陈列。

2018年初馆方宣布，为了展示更多的馆藏品，要在Vranicanijeva建一座新馆，离本馆仅一步之遥。

多拉茨市场 市场

（Dolac Market；紧邻Trg Bana Jelačićah；⏲露天市场周一至周六 6:30~15:00，周日 至13:00，室内市场周一至周五7:00~14:00，周六 至15:00，周日 至13:00）熙熙攘攘的萨格勒布果蔬市场就在市中心。始建于20世纪30年代，当时的萨格勒布当局在上城区和下城区的“分界线”上修建了这个集市。来自克罗地亚各地的商贩每天在市场里售卖新鲜农产品。

市场的主要区域在一个高于街道的广场上，室内摊位与街道齐平，出售肉类和奶制品，再向前更靠近广场的方向是卖花的摊位。市场北端的摊位出售当地蜂蜜、油、手工艺术品和便宜的食物。

耶拉其恰广场 广场

耶拉其恰广场（Trg Bana Jelačića）是萨格勒布的主要地标和地理中心，大多数人把这里当作约会见面的地点。如果你喜欢看人来人往，就找家咖啡馆坐下来，面朝熙熙攘攘的人群，看他们互相打过招呼后消失在报摊和花店里。

广场的名字来自总督耶拉其恰（Ban Jelačić），这位19世纪的总督（Ban）带领克罗地亚军队与匈牙利作战，希望能为他的人民赢得自治的权利，但他失败了。1866~1947年，广场上有一座耶拉其恰的**骑像**，1947年铁托下令把它搬走，因为它总是能唤起克罗地亚人的民族主义情绪。1990年，弗拉尼奥·图季曼（Franjo Tuđman）政府把它从仓库里找出来，重新安放在广场上。

卡特里宁广场 观景点

（Katarinin trg）这个广场在圣凯瑟琳耶稣会教堂（Jesuit Church of St Catherine）后面，是城里最佳观景地点之一，从红顶房屋到大教堂一览无余。在上城区散步，卡特里宁广场作为起点和终点都很完美。这里也是萨格勒布最著名的街头艺术所在地，废弃的Galerija Gradec大楼正面是法国艺术家Etien的3D立体画《鲸》（*Whale*）。

圣母玛利亚升天大教堂 教堂

（Cathedral of the Assumption of the Blessed Virgin Mary, KatedralaMarijinaUznešenja；Kaptol 31；⏲周一至周六 10:00~17:00，周日 13:00~17:00）这座大教堂的两个尖塔似乎是从城市凌空拔起，然而修复工程仿佛无休无止。它曾被叫作“圣斯蒂芬”（St Stephen's），虽然最初的哥特式结构经过多次修复，但圣器室内仍然可以见到一组13世纪的壁画。1880年的地震对大教堂造成了严重的破坏，20世纪初教堂按照新哥特式风格重修。

在教堂内部，巴洛克风格的大理石祭坛、雕像和讲坛，以及由伊万·梅什特罗维奇（Ivan Meštrović）设计的红衣大主教阿洛耶茨·斯特皮纳奇（Alojzije Stepinac）之墓都值得一看。

克洛维切维·德沃里画廊 画廊

（Galerija Klovićevi Dvori；☎01-48 51 926；www.gkd.hr；Jezuitskitrg 4；门票因展览而异，最高40KN；⏲周二至周日 11:00~19:00）全年举办短期展览，建筑前身是一个天主教耶稣会修道院。赶上任何展览都不妨来看看。曾经展出过毕加索和夏加尔的画作，以及克罗地亚一流艺术家的作品。每年7月的格里奇音乐晚会（Evenings on Grič；见86页）期间，会在画廊的中庭举行音乐会。这里还有一家不错的咖啡馆。

罗特尔许查克塔 历史建筑

（Lotrščak Tower, Kula Lotrščak；Strossmayerovo Šetalište 9；成人/儿童 20/10KN；⏲周一至周五 9:00~21:00，周六和周日 10:00~21:00）罗特尔许查克塔建于13世纪中叶，目的是保护南边的城门。通常游人可以入内参观并登顶，从塔顶俯瞰城市景色，一览无余。路正对面的**缆车**（funicular railway, Tomiceva；单程 4KN；⏲6:30~22:00）建于1888年，用来连接下城区和上城区。

100年来，每天正午，塔上的加农炮都要开炮，以纪念15世纪中叶的某一天——那天正午，人们用加农炮攻击萨瓦河边驻扎的土耳其人，炮弹落下的时候正好击中一只公鸡，据说它被打成了碎片，这让土耳其人灰心丧气，于是决定不攻打这座城市了。另一种不怎么有趣的解释是：开炮是为了让教堂里的人校对时钟。

酷刑博物馆

博物馆

（Tortureum, Museum of Torture; ☎01-64 59 803; www.tortureum.com; Tkalčićeva 13，1楼；成人/儿童/家庭 40/30/100KN; ⊙11:00~19:00）喜欢恐怖刺激的人会爱上馆内70多件仿真尺寸的古老刑具。但是观看、触摸和亲身体验1792年的断头台复制品、钟摆、绞刑架或“铁处女”，会让人对酷刑产生更直观的感受。博物馆的多感官体验室，例如光线昏暗的“魔术室”或“地牢”，复原了这些刑具营造的恐怖感。

在Tkalčićeva有标识指向博物馆，但从Radićeva也能进来。

萨格勒布八十年代博物馆

博物馆

（Zagreb 80's Museum; www.zagreb80.com; Radićeva 34，1楼；成人/儿童 40/25KN; ⊙10:00~22:00）在这个纪念20世纪80年代萨格勒布的博物馆，让你得以重温那个年代。馆内的4间展厅复制了当年典型的民居客厅和厨房，一个展厅专门展示电子游戏机，包括Commodore 64和Atari，此外还有大量纪念物。博物馆鼓励游客与展品互动，孩子们可以穿80年代的“时装”，还可以试着研究如何使用当年那些低科技含量的小玩意。

石门

大门

（Stone Gate, Kamenita Vrata; Kamenita）一定要看看这座石门，它是古老的Gredec城的东入口，现在是一个神龛。传说，1731年的一场大火将木门烧毁殆尽，然而上面的绘画《圣母和圣子》（*Virginand Child*；作者是一位17世纪画家，姓名不详）保留了下来。人们相信这幅绘画拥有不可思议的魔力，所以他们定期前来祈祷、点蜡烛并供奉鲜花。广场的石板上刻满了对圣母的感恩和赞颂。

石门的西侧正面有一座多拉（Dora）雕像，她是一部18世纪历史小说里的主人公，跟父亲一起住在石门隔壁。

圣凯瑟琳耶稣会教堂

教堂

（Jesuit Church of St Catherine, Crkva Svete Katarine; Katarinintrg bb; ⊙弥撒周一至周五 18:00，周日 11:00）这座美丽的巴洛克风格教堂建于1620~1632年。虽曾先后遭受过火灾和地震的破坏，但教堂的正面依然熠熠生辉，教堂内部（仅弥撒时间开放）1762年的圣坛也保存完好，内部的粉饰灰泥作品是于1720年创作的。一定要看看教堂正厅天花板上描述圣凯瑟琳生平的18世纪圆形饰物。

艺术公园

公园

（Art Park; 紧邻Tomićeva）**免费** 6月至10月，这个小公园举办不计其数的大型活动，包括现场音乐表演、放电影和适合全家参与的壁画创作。公园内也有简单的游乐设施。从格里奇隧道（Grič Tunnel）或紧邻Tomićeva的小巷进入公园。

格里奇隧道

隧道

（Grič Tunnel; ⊙9:00~21:00）**免费** 2016年夏天，神秘的格里奇隧道对公众开放。它连接两条街道：Mesnička和Radićeva，建于1943年，是“二战”时期的防空洞，但几乎并未被使用过（除了1993年举办过一次富有传奇色彩的狂野派对）。现在，这条350米长的地道可以随意进出。

隧道内没什么可看的，但在下城区的地下行走，可以避开炽热的阳光。从Mesnička或下方的艺术公园进入，出口是一条紧邻Ilica的走廊，就在NAMA百货商场隔壁。这里还有一项雄心勃勃的规划：将隧道改建成一个互动感官博物馆。

圣马可教堂

教堂

（St Mark's Church, Crkva Svetog Marka; Trg Svetog Marka 5; ⊙弥撒周一至周五 7:30和18:00，周六 19:30，周日 10:00、11:00和18:00）建于13世纪的圣马可教堂是萨格勒布最具代表性的建筑之一。彩色的砖瓦屋顶建于1880年，左侧是克罗地亚、达尔马提亚和斯拉沃尼亚中世纪的盾形纹章，右侧是萨格勒布的徽章。哥特式门廊由15座浅浮雕人像组成，是14世纪的作

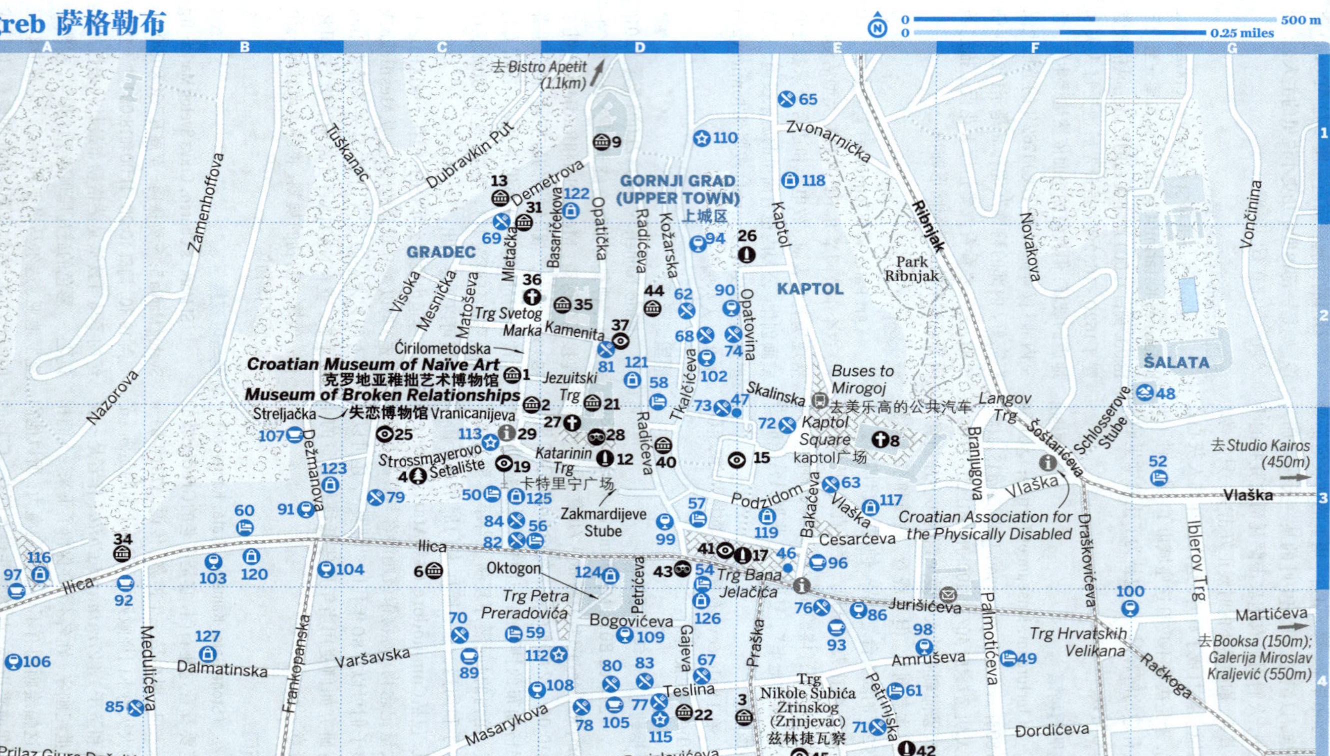
Zagreb 萨格勒布
0 500 m
0 0.25 miles
去Bistro Apetit (1.1km)
GORNJI GRAD (UPPER TOWN) 上城区
GRADEC
KAPTOL
ŠALATA
Park Ribnjak
Croatian Museum of Naïve Art 克罗地亚稚拙艺术博物馆
Museum of Broken Relationships 失恋博物馆
Buses to Mirogoj 去美乐高的公共汽车
Kaptol Square kaptol广场
Katarinin Trg 卡特里宁广场
Croatian Association for the Physically Disabled
去Studio Kairos (450m)
去Booksa (150m); Galerija Miroslav Kraljević (550m)
Trg Svetog Marka
Jezuitski Trg
Strossmayerovo Šetalište
Zakmardijeve Stube
Trg Bana Jelačića
Trg Petra Preradovića
Trg Nikole Šubića Zrinskog (Zrinjevac) 兹林捷瓦察
Trg Hrvatskih Velikana
Langov Trg
Schlosserove Stube
Oktogon
Ilica
Tuškanac
Dubravkin Put
Zamenhoffova
Nazorova
Demetrova
Mletačka
Basaričekova
Opatička
Radićeva
Kožarska
Kaptol
Zvonarnička
Ribnjak
Novakova
Vončinina
Visoka
Mesnička
Matoševa
Kamenita
Ćirilometodska
Streljačka
Vranicanijeva
Dežmanova
Tkalčićeva
Opatovina
Skalinska
Podzidom
Bakačeva
Vlaška
Cesarčeva
Branjugova
Šoštarićeva
Draškovićeva
Iblerov Trg
Martićeva
Jurišićeva
Palmotićeva
Amruševa
Petrinjska
Račkoga
Đorđićeva
Berislavićeva
Praška
Gajeva
Teslina
Petrićeva
Bogovićeva
Masarykova
Varšavska
Frankopanska
Dalmatinska
Medulićeva
Prilaz Gjure Deželića

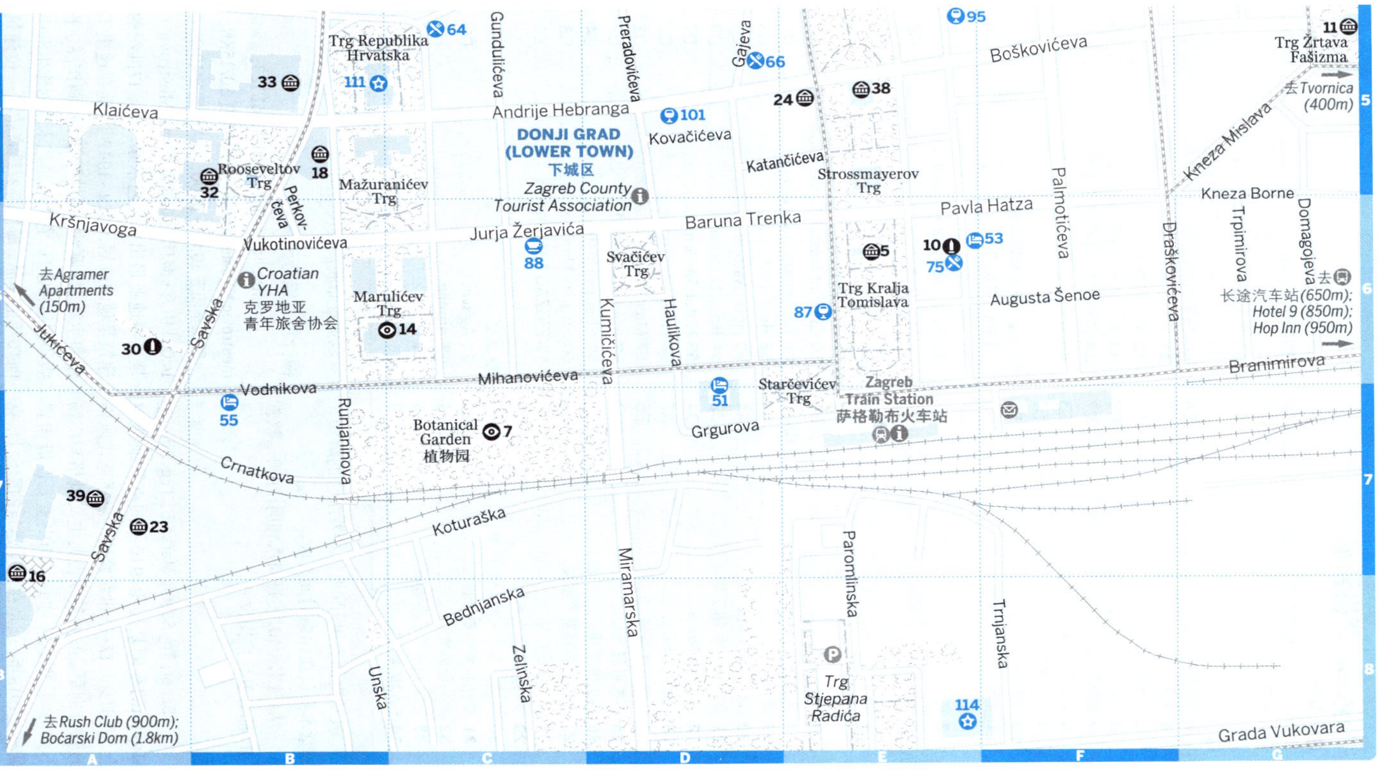
Trg Republika Hrvatska
Gundulićeva
Preradovićeva
Gajeva
Boškovićeva
Trg Žrtava Fašizma
去 Tvornica (400m)
Klaićeva
Andrije Hebranga
DONJI GRAD (LOWER TOWN) 下城区
Kovačićeva
Katančićeva
Strossmayerov Trg
Kneza Mislava
Rooseveltov Trg
Mažuranićev Trg
Zagreb County Tourist Association
Kneza Borne
Palmotićeva
Pavla Hatza
Kršnjavoga
Perkovčeva
Jurja Žerjavića
Baruna Trenka
Vukotinovićeva
Svačićev Trg
Draškovićeva
Trpimirova
Domagojeva
去 Agramer Apartments (150m)
Croatian YHA 克罗地亚青年旅舍协会
Marulićev Trg
Trg Kralja Tomislava
Augusta Šenoe
去长途汽车站(650m); Hotel 9 (850m); Hop Inn (950m)
Jukićeva
Savska
Kumičićeva
Haulikova
Mihanovićeva
Vodnikova
Starčevićev Trg
Zagreb Train Station 萨格勒布火车站
Branimirova
Runjaninova
Botanical Garden 植物园
Grgurova
Crnatkova
Koturaška
Paromlinska
Miramarska
Bednjanska
Trnjanska
Zelinska
Unska
Trg Stjepana Radića
去 Rush Club (900m); Boćarski Dom (1.8km)
Grada Vukovara

Zagreb 萨格勒布

重要景点

1 克罗地亚稚拙艺术博物馆 C2
2 失恋博物馆 C3

景点

3 考古博物馆 E4
4 艺术公园 C3
5 艺术宫 E6
6 贝科迷你快车 C3
7 植物园 C7
8 圣母玛利亚升天大教堂 E3
9 城市博物馆 D1
10 城市瀑布壁画 E6
11 克罗地亚艺术家协会 G5
12 克罗地亚发明家壁画 D3
13 克罗地亚自然历史博物馆 C1
14 克罗地亚国家档案馆 C6
15 多拉茨市场 D3
16 德拉赞·皮特洛维奇纪念博物馆 A7
17 骑像 E3
18 民族博物馆 B5
法金壁画 .... （见102）
19 缆车 C3
20 Galerija Greta A4
21 克洛维切维·德沃里画廊 D2
22 Galerija Nova D4
23 Galerija SC A7
24 当代艺术画廊 E5
25 格里奇隧道 C3
26 格列佛壁画 E2
27 圣凯瑟琳耶稣会教堂 D3
28 卡特里宁广场 D3
29 罗特尔许查克塔 C3
30 梅迪卡潜水和缤纷梦想壁画 A6
31 梅什特罗维奇艺廊 C1
32 米马拉博物馆 B5
33 艺术和手工艺品博物馆 B5
34 错觉博物馆 A3
35 议会 D2
36 圣马可教堂 C2
37 石门 D2
38 斯特罗斯马约古典大师美术馆 E5
39 尼古拉·特斯拉技术博物馆 A7
40 酷刑博物馆 D3
41 耶拉其恰广场 D3
42 衣笠螺壁画 E4
43 萨格勒布全景观景台 D3
44 萨格勒布八十年代博物馆 D2
45 兹林捷瓦察 E4

活动、课程和团队游

46 Blue Bike Tours E3
47 Kuhaona D3
48 Sports & Recreational Centre Šalata G2

住宿

49 4 City Windows F4
50 Chillout Hostel Zagreb Downtown C3
51 Esplanade Zagreb Hotel D6
52 Hostel 63 .... G3
53 Hotel Astoria E6
54 Hotel Dubrovnik D3
55 Hotel Garden B7
56 Hotel Jägerhorn C3
57 Main Square Apartment D3
58 Rooms Zagreb 17 .... D2
59 Shappy Hostel C4
60 Swanky Mint Hostel B3
61 ZIGZAG Apartments E4

就餐

62 Agava D2
63 Amelie E3
64 b041 .... C5
65 Baltazar E1

品。教堂内部有伊万·梅什特罗维奇的雕塑。教堂本身仅在弥撒时间开放。

从4月末至10月，每周六和周日正午，教堂门口都有卫兵换岗仪式。

议会 历史建筑

（Sabor; Trg Svetog Marka 6）Trg Svetog Marka的东侧是建于1910年的克罗地亚议会，其前身是17~18世纪修建的巴洛克式风格的联排别墅。虽然其新古典主义风格与广场不太协调，但这座建筑的历史重要性毋庸置疑——1918年，就是在这座建筑的阳台上，克罗地亚宣布脱离奥匈帝国。

梅什特罗维奇艺廊 画廊

（Meštrović Atelier; ☎01-48 51 123; www.mestrovic.hr; Mletačka 8; 成人/儿童 30/15KN; ⏰周二至周五 10:00~18:00，周六和周日 10:00~14:00）伊万·梅什特罗维奇（Ivan Meštrović）是克罗地亚最出名的艺术家。这座17世纪的建筑是他的故居，1922~1942年，他在这里工作和生活。馆藏约100件雕塑、绘画作品、平版印刷品和家具，它们都是艺术家创作生涯中前40年的作品。梅什特罗维奇也是一位建筑

66 Bistro Fotić D5
67 Boban D4
68 Curry Bowl D2
69 Didov San C1
70 Green Point C4
71 Heritage E4
72 Kaptolska Klet E3
73 La Štruk D3
74 Lanterna na Dolcu D2
75 Lari & Penati E6
Le Bistro .... （见51）
Mali Bar .... （见52）
76 Mundoaka Street Food E4
77 Pingvin D4
78 Ribice i Tri Točkice D4
79 Stari Fijaker 900 .... C3
80 Time Pastry Shop D4
81 Trilogija D2
82 Vincek C3
83 Vinodol D4
84 Vis à Vis C3
Zinfandel's .... （见51）
85 Zrno A4

饮品和夜生活

86 Art Kino Grič E4
87 Bacchus E6
88 Cafe u Dvorištu C6
89 Cogito Coffee Shop C4
90 Craft Room D2
91 Dežman Bar B3
92 Eliscaffe A3
93 Express E4
94 Funk D2
95 Hotpot E5
96 Johann Franck E3
97 Kava Tava A4
Kino Europa .... （见112）
98 Kolaž E4
99 MK Krolo D3
100 Mojo F4
101 Old Pharmacy Pub D5
102 Pivnica Mali Medo D2
103 Pivnica Medvedgrad B3
104 Pupitres B3
105 Quahwa D4
106 Sedmica A4
107 Velvet B3
108 Vimpi C4
109 Vinyl D4

娱乐

110 Booze & Blues D1
Cibona Tower .... （见16）
111 克罗地亚国家剧院 B5
112 Kino Europa D4
113 Strossmarte C3
114 瓦特罗斯拉夫·利辛斯基音乐厅 E8
115 萨格勒布青年剧院 D4

购物

116 古玩市场 A3
117 Aromatica E3
118 Bornstein E1
Boudoir .... （见58）
119 Cahun E3
120 Cerovečki Umbrellas B3
121 Galerija Link D2
I-GLE .... （见123）
122 Koza D1
123 Love, Ana B3
124 Salon Croata D3
125 Take Me Home C3
Vintesa .... （见52）
126 Znanje D4
127 Zvonimir B4

师，这座房屋的部分结构是他本人设计的。

克罗地亚自然历史博物馆 博物馆

（Croatian Natural History Museum，Hrvatski Prirodoslovni Muzej；☎01-48 51 700；www.hpm.hr；Demetrova 1；成人/儿童30/20KN；⏲周二、周三和周五 10:00~17:00，周四 10:00~20:00，周六 10:00~19:00，周日 10:00~13:00）这座博物馆既有从克拉皮纳（Krapina）的尼安德特人洞穴出土的史前工具和骨头，也有展示克罗地亚动植物进化的展览。临时展览通常以某个特定地区为主题。

城市博物馆 博物馆

（City Museum，Muzej Grada Zagreba；☎01-48 51 926；www.mgz.hr；Opatička 20；成人/儿童/家庭 30/20/50KN；⏲周二至周六 10:00~19:00，周日 10:00~14:00；👪）原是建于17世纪的圣克莱尔女修道院（Convent of St Claire），1907年起成了城市博物馆。博物馆用形形色色的展品展示了这座城市的历史。展品包括20世纪90年代修复老建筑时出土的考古文物，老城规划图、平面印刷品和文件，来自大教堂和圣马可教堂的圣坛和砌石，以及社会主义时期的物品。展品有简短的英文介绍。

下城区

克罗地亚艺术家协会

画廊

（Croatian Association of Artists, Hrvatsko Društvo Likovnih Umjetnika; ☎01-46 11 818; www.hdlu.hr; Trg Žrtava Fašizma 16; 门票价格不定，最高65KN; ⊙开放时间依展览而定）这座美术馆在市中心以东，是伊万·梅什特罗维奇为数不多的建筑作品之一，除了艺术品展览，全年还举办各种文化节活动，因此是萨格勒布文艺圈的圣地。可以看看你在萨格勒布期间这里正在举办什么展览。建筑本身的故事也是该地区历史的缩影。

展览馆最初由梅什特罗维奇于1938年设计，目的是献给塞尔维亚、克罗地亚和斯洛文尼亚王国的君主彼得国王（King Petar Karađorđević），此举引起了克罗地亚民族主义者的反感。法西斯政府成立后，该建筑在1941年5月更名为"萨格勒布艺术家中心"（Zagreb Artists' Centre）。几个月后，克罗地亚的法西斯统治者安特·帕韦利奇（Ante Pavelić）下令把所有的艺术品搬出美术馆，并把美术馆变成了一座清真寺（声称这样能让当地的穆斯林找到家的感觉）。艺术家们提出反对，无奈声音太小，建筑还是被大规模重建，最后增加了3座宣礼塔。

社会主义的南斯拉夫建国后，清真寺立刻被关闭，建筑恢复了原本的用途，但是改名为人民解放博物馆（Museum of the People's Liberation）。馆内布置了永久性展览，1949年政府拆除了宣礼塔。1951年，一位名叫VRichter的建筑师开始着手让建筑恢复成最初梅什特罗维奇设计的样式。

从那之后，该建筑一直被用作展览馆，非营利性的克罗地亚艺术家协会在楼内办公。虽然1991年新政府将建筑重新命名为"克罗地亚艺术家协会"，但萨格勒布人都称它为"老清真寺"。

艺术宫

画廊

（Art Pavilion, Umjetnički Paviljon; ☎01-48 41 070; www.umjetnicki-paviljon.hr; Trg Kralja Tomislava 22; 成人/儿童/家庭50/30/130KN; ⊙周二至周四、周六和周日 11:00~20:00，周五至21:00）新艺术风格的艺术宫是一栋宏伟的黄色大楼，馆内的当代艺术展经常更新。这里曾展出过罗丹（Rodin）和米罗（Miró）的重要作品。登录网站查询你在萨格勒布期间，馆内举办什么展览。

当代艺术画廊

画廊

（Gallery of Modern Art, Moderna Galerija; ☎01-60 41 040; www.moderna-galerija.hr; Andrije Hebranga 1; 成人/儿童/家庭 40/30/70KN; ⊙周二至周五 11:00~19:00，周六和周日至14:00）在此可以领略近200年来克罗地亚艺术家的辉煌成果，包括19~20世纪Bukovac、Mihanović和Račić等艺术大师的杰作。通过这个画廊的展品，可以看出克罗地亚艺术界生机勃勃的艺术氛围。

兹林捷瓦察

广场

（Zrinjevac, Trg Nikole Šubića Zrinskog）官方名称为Trg Nikole Šubića Zrinskog，兹林捷瓦察是当地人对其的爱称。这个绿草如茵的广场是晴天周末里人们的主要休闲去处，夏季广场上会支起许多小咖啡摊。许多节日和活动也在这个广场举行，大多集中在始建于1891年的装饰性音乐礼堂周围。

兹林捷瓦察是"绿色马掌"（Green Horseshoe）的一部分，又叫"里努奇马掌"（Lenuci Horseshoe），是一片马蹄形状的绿地，将7个带公园的城市广场串联起来。

考古博物馆

博物馆

（Archaeological Museum, Arheološki Muzej; ☎01-48 73 101; www.amz.hr; Trg NikoleŠubića Zrinskog 19; 成人儿童/家庭30/15/50KN; ⊙周二、周三、周五和周六 10:00~18:00，周四至20:00，周日至13:00）博物馆共3层，展出从史前时代到中世纪的文物。2层的展览最有趣，讲解文字也清楚明白。这里陈列着精美的罗马小众艺术品，例如装饰性梳子和油灯，而金属诅咒板的出名程度毫不逊色于更加常见的大理石雕塑。克罗地亚中世纪早期比耶洛波布尔多（Bijelo Brdo）文化展，则集中展出了20世纪20年代墓中出土的大量物件。

3楼摆放青铜和铁器时代的文物，以及埃及文物，后者包括一个美丽精致的托勒密王

不要错过

搜索萨格勒布的街头艺术

在萨格勒布街头漫步，要睁大双眼。你会发现这个城市的艺术品并非都收藏在美术馆里。寻找水泥和砖楼外侧的壁画（巨大且有趣），感受街头艺术的生机和有趣的配色。下面是我们喜欢的一些街头艺术品：

衣笠螺壁画（Xenophora；Đordićeva）Lonac创作的像照片一般栩栩如生的巨大贝壳图案，装饰着Đorđićeva和Petrinjska交叉路口那栋建筑的砖墙。

城市瀑布壁画（City Waterfall；Petrinjska）沿Petrinjska走，找到这幅高度逼真的黑白壁画。创作者是Miron Milić。

格列佛壁画（Gulliver；Opatovina）在Opatovina山顶的公园，你将看到这幅30米长的壁画，画中被小人国居民捆住的格列佛在睡觉。由Boris Bare和Dominik Vuković合作完成。

克罗地亚发明家壁画（Croatian Inventors；Katarinin trg）Boris Bare和Dominik Vuković还共同创作了这两幅壁画：电气先驱尼古拉·特斯拉（Nikola Tesla）和自动铅笔的发明者Slavoljub Penkala。壁画在连接Strossmayerovo和卡特里宁广场（见74页）的台阶小路的侧面墙上。

法金壁画（Fakin；Tkalčićeva）免费 Pivnica Mali Medo（见92页）北墙上的这些为Medvedgrad Brewery创作的摇滚小鸡，是由Boris Bare和Miroslav Petković Modul共同创作的。

“睁大眼睛使劲看”壁画（Open My Eyes That I May See；Većeslava Holjevca）一出当代艺术博物馆（见83页）的门，就能看到西墙上的这幅蒙太奇风格壁画。长度90米，创作者是OKO。

梅迪卡潜水和缤纷梦想壁画（Medika Diving & Technicolour Dream；紧邻Savska）要想寻找萨格勒布最优秀的两件街头艺术品，就从Rooseveltov Trg出发，沿Savska往南，经过威斯汀酒店（Westin Hotel）及其南侧的DM百货商场。过DM百货商场之后右转，进入一个小花园。你将看到Lonac的《梅迪卡潜水》（*Medica Diving*）壁画，是一个穿着鲜艳的黄绿色调潜水服的潜水员肖像，墙顶的烟囱构成了他的呼吸管，营造出3D立体效果。对面的墙上是《缤纷梦想》（*Technicolour dream*）壁画，由Lonac和Chez 186合作完成，画面是一个沉睡的散发着蓝色光芒的女孩。

朝葬礼面具。1楼是钱币展，有26万枚硬币、金属币和圆形徽章，是欧洲最重要的钱币展厅之一。

幻觉艺术博物馆 博物馆

（Museum of Illusion；www.muzejiluzija.com；Ilica 72；成人/优惠/家庭 40/25/100KN；⏲9:00~22:00）这个奇特的博物馆为各个年龄段的访客提供有趣的感官体验，儿童尤其开心。共有70多个项目，如设计精巧的展品、全息图片、迷宫和教育游戏等，其中包括“斜房子”和“魔镜屋”，都是趣味盎然的大脑训练项目。博物馆商店出售3D立体迷宫和博弈游戏，这些有教育意义的玩具都是极好的纪念品。

米马拉博物馆 博物馆

（Museum Mimara，Muzej Mimara；☎01-4828 100；www.mimara.hr；Rooseveltovtrg 5；成人/儿童 40/30KN；⏲7月至9月周二至周五 10:00~19:00，周六 至17:00，周日 至14:00，10月至次年6月 周二、周三、周五和周六 10:00~17:00，周四至19:00，周日 至14:00）这座新文艺复兴风格的建筑前身是一所学校，馆内展出安特·托皮奇·米马拉（Ante Topić Mimara）从全球各地收集而来的私人藏品。虽然米马拉一生中的大部分时间在奥地利的萨尔茨堡度过，但他把3750多件无价珍宝捐赠给了故乡萨格勒布。除了亚历山大的托勒密王朝玻璃制品，精美的清朝翡翠和象牙装饰品，以及镶嵌半宝石的14世纪木质装饰十字架，还有大量欧洲绘画，包括卡拉瓦乔（Caravaggio）、伦勃朗（Rembrandt）、博斯（Bosch）、委拉斯开兹（Velázquez）、戈雅（Goya）、雷诺阿（Renoir）和德加（Degas）等艺术家的杰作。

植物园 花园

（Botanical Garden, Botanički Vrt; ☎01-48 98 060; Marulićev trg 9a; ⏲4月至10月周一和周二9:00~14:30，周三至周日 9:00~19:00）免费 如果你看腻了博物馆和画廊，来这个满目青翠的可爱花园里休息一下吧。这个1890年建造的植物园内有1万种植物，还有许多宁静的角落和小径。

克罗地亚国家档案馆 建筑

（Croatian State Archives; www.arhiv.hr; Marulićev trg 21; 成人/儿童 20/10KN; ⏲仅团队游 周一至周五 13:00和14:00）萨格勒布最宏伟的装饰艺术风格建筑，屋檐四个角有巨大的象征智慧的猫头鹰雕像。建于1913年，用作皇家图书馆兼土地档案馆。如今成为国家档案馆，每天组织两次团队游，让游客得以欣赏壮观的建筑内部。大阅览室（Great Reading Room）是游览的亮点，室内悬挂着巨大的枝形吊顶，墙上是弗拉霍·布科瓦茨（Vlaho Bukovac）的作品“克罗地亚文化发展”（Development of Croatian Culture），画面中有克罗地亚历史上主要人物的肖像。

萨格勒布的现代艺术

萨格勒布充满创造力的艺术氛围，要归功于那些满怀壮志的年轻艺术家和美术馆馆长。本土艺术品在这个城市的很多场馆展出。如果你想找到克罗地亚的新艺术潮流，可以参观：

Galerija Greta（www.greta.hr; Ilica 92; ⏲周一至周六 17:00~20:00）免费

Galerija SC（Galerija Studentski Centar; ☎01-45 93 602; www.sczg.unizg.hr/kultura; Savska 25; ⏲周一至周五正午至20:00，周六 10:00~13:00）

Galerija Nova（☎01-48 72 582; www.whw.hr/galerija-nova; Teslina 7; ⏲周二至周五 正午至20:00，周六 11:00~14:00）免费

Lauba（见83页）

Galerija Miroslav Kraljević（www.g-mk.hr; Šubićeva 29; ⏲周二至周五正午至19:00，周六 11:00~13:00）免费

克罗地亚艺术家协会（见80页）

注意：上述场所大部分在8月关闭，因此去之前请先确认。

斯特罗斯马约古典大师美术馆 画廊

（Strossmayer Gallery of Old Masters, Strossmayerova Galerija Starih Majstora; Trg Nikole Šubića Zrinskog 11; 成人/儿童/家庭 30/10/50KN; ⏲周二 10:00~19:00，周三至周五 10:00~16:00，周六和周日 10:00~13:00）这座博物馆位于新文艺复兴风格的19世纪克罗地亚艺术和科学学院（Croatian Academy of Artsand Sciences）2楼，展出的精美画作是红衣大主教斯特罗斯马约（Bishop Strossmayer）1884年捐赠给萨格勒布的。馆内陈列有14~19世纪意大利大师的作品，例如丁托列托（Tintoretto）、委罗内塞（Veronese）和提埃彼罗（Tiepolo），此外也有像小布鲁盖尔（Brueghelthe Younger）等荷兰和佛兰芒（Flemish）画派画家的作品，以及梅杜里奇（Medulić）和班科维奇（Benković）等克罗地亚古典画家的作品。

内庭里的**巴什卡石碑**（Baška Tablet, Bašćanska Ploča）是一块来自克尔克岛的石板，上面刻有最古老的格拉哥里（Glagolitic）文字，可追溯到1102年。院内还有一座伊万·梅什特罗维奇创作的**斯特罗斯马约红衣大主教雕像**。

萨格勒布全景观景台 观景点

（Zagreb 360° Observation Deck; ☎01-48 76 587; www.zagreb360.hr; Ilica 1a, 16楼; 成人/儿童/家庭 60/30/150KN; ⏲周一10:00~17:00，周二 14:00~22:00，周三至周日 10:00~23:00）这里可不是那种让人头晕目眩的高空观景台，论高度，萨格勒布最高的建筑跟其他地方的摩天大厦简直不在同一量级。然而，这个位于16层、在咖啡厅兼酒吧外缘的露天平台足够你俯瞰整个城市的风光了，正下方就是耶拉其恰广场。持票可无限次进入观景台和咖啡厅，你可以傍晚再上来一次，欣赏日落和夜景。

艺术和手工艺品博物馆　博物馆

（Museum of Art & Crafts, Muzej za Umjetnost i Obrt；☎01-48 82 123；www.muo.hr；Trg Republike Hrvatske 10；成人/儿童/家庭40/20/70KN；⏲周二至周六 10:00~19:00，周日 至14:00）从精美的桃木家具和奢华的洛可可风格装饰品，到祈祷圣衣和还愿的神像，这座博物馆收藏了从中世纪至今的工艺品。亮点是2楼的黑白摄影展，可以让人们了解20世纪50年代之前的克罗地亚。每个展厅入口附近都有英文的展品介绍彩页。博物馆还经常举办临时展览。

民族博物馆　博物馆

（Ethnographic Museum, Etnografski Muzej；☎01-48 26 220；www.emz.hr；Mažuranićev trg 14；成人/儿童/家庭20/15/50KN；⏲周二至周五 10:00~18:00，周六和周日 至13:00）这座民族博物馆位于一栋1903年建成的拱顶建筑内，民族志遗产被分门别类地摆放。7万多件藏品中有2750件正在展出，包括陶瓷、珠宝、乐器、工具、武器和民族服饰（例如来自斯拉沃尼亚的绣金边围巾和来自帕格岛的蕾丝花边）。克罗地亚探险家Mirko和Stevo Seljan的捐赠让参观者可以看到来自南美洲、埃塞俄比亚、中国、日本和澳大利亚的文物。

其他街区

Lauba　画廊

（☎01-63 02 115；www.lauba.hr；Baruna Filipovića 23a；成人/儿童 25/10KN；⏲周一至周五和周日14:00~22:00，周六11:00~23:00）坐落在萨格勒布西部工业区，建筑前身是一个纺织厂。这个私人画廊慧眼识珠，收藏从20世纪50年代至今的克罗地亚当代艺术品。陈列品常换常新。这里还常常举办各类活动，包括周六免费的儿童创意学习班（无须预约）。时髦的Lauba Bistro（见92页）就在馆内。

雅伦湖　湖泊

（Jarun Lake, Jarunska）无论何时，位于萨格勒布南部的雅伦湖都是居民休闲的好去处，夏季尤其热闹，因为清澈的湖水很适合游泳。虽然部分湖面被围起来用于（划船、皮划艇和独木舟）比赛，但可以游泳的水域也足够大。其他休闲活动包括骑自行车和轮滑，还有儿童游乐园。到达湖边后，左边的Malo Jezero可以游泳，能租到独木舟和脚踏船，右边的Veliko Jezero是鹅卵石沙滩，可以玩帆板冲浪。

乘坐5路或17路有轨电车，在雅伦下车，然后按照路标走到jezero（湖）。

当代艺术博物馆　博物馆

（Museum of Contemporary Art, Muzej Suvremene Umjetnosti；☎01-60 52 700；www.msu.hr；Avenija Dubrovnik 17；成人/优惠 30/15KN；⏲周二至周五和周日 11:00~18:00，周六 11:00~20:00）这个时髦的博物馆占地17,000平方米，举办克罗地亚和外国艺术家的个人展览或主题展览，其所在的地标性建筑由本地明星建筑师Igor Franić设计。这里的永久性展览被称为“Collectionin Motion”，包括由240位艺术家（其中大约一半来自克罗地亚）创作的620幅先锋作品。馆内全年都有丰富的活动，包括电影、戏剧、音乐会和表演艺术。

在博物馆内，留意比利时艺术家Carsten Holler的趣味互动幻灯片“Double Slide”，以及克罗地亚最知名艺术家萨尼娅·伊维克维奇（Sanja Iveković）的“Ženska Kuća”艺术装置展，以“施加在女性身上的暴力”为主题，发人深省。

每月的第一个周三免费参观。夏季每周六举办天台音乐会。

马克西米尔公园　公园

（Maksimir Park；☎01-23 20 460；www.park-maksimir.hr；Maksimirski perivoj bb；⏲信息中心周二至周五 10:00~16:00，周六和周日 10:00~18:00）安静的马克西米尔公园占地18公顷，在耶拉其恰广场（Trg Bana Jelačića）乘坐11路和12路有轨电车即可到达。该公园于1794年对公众开放，是东南欧第一个公共绿地。这里的景色很像一个英式花园，有步道、草坪和人工湖。公园内最上镜的建筑是建于1843年的精巧的“美景亭”（Bellevue Pavilion），园内还有一个“回音亭”（Echo Pavilion）和一栋仿若瑞士乡村木屋的房子。

尼古拉·特斯拉技术博物馆　博物馆

（Technical Museum Nikola Tesla, Tehnički Muzej Nikola Tesla；www.tehnicki-muzej.hr；Savska 18；成人/儿童 20KN/免费；⏲周二至周五

9:00~17:00，周六和周日 至13:00）从蒸汽机火车头到按比例缩小的卫星模型，还有矿山复制品，以及关于农业、地质、能源和交通的展品，科学迷和孩子们会喜欢馆内这些形形色色的东西。天文馆（另收门票15KN）很适合年纪大一点的孩子。

德拉赞·皮特洛维奇纪念博物馆 博物馆

（Dražen Petrović Memorial Museum；☎01-48 43 146；www.drazenpetrovic.net；Trg Dražena Petrovića 3；成人/儿童30/10KN；⏲周一至周五 10:00~17:00，周六 至14:00）篮球是萨格勒布的流行运动，这个城市也是Cibona篮球队的主场。在德拉赞·皮特洛维奇纪念博物馆向这位著名球员致敬，馆内有多种篮球纪念品。附近的Cibona Tower（☎01-48 43 333；www.cibona.com；Savska 30；门票10~150KN）经常举行比赛。

萨格勒布动物园 动物园

（Zoo Zagreb；wwwzoo.hr；Maksimir Park；成人/儿童/7岁以下 30/20KN/免费；⏲9:00~20:00，售票处至18:30）萨格勒布动物园里有来自世界各地的动物，但种类不多。每天有喂养海豹、海狮、水獭和水虎鱼的活动。扩建后，许多动物的笼圈面积变大，生活条件也改善了。周一门票有优惠。

☞ 团队游

Secret Zagreb 步行

（☎097 67 38 738；www.secret-zagreb.com；每人 75KN；⏲11月至次年3月周二和周五 19:00，4月 周五 21:00，5月至10月外加周三和周日）向导伊娃·西拉（Iva Silla）是一个人种学者，很会讲故事，她为游客讲述很多萨格勒布的神奇传说和独有的历史特点。参加她的“萨格勒布幽灵和龙”（Zagreb Ghosts and Dragons）步行团队游，深入隐藏在市中心的秘密角落和废弃墓地。

Secrets of Grić 团队游

（☎091 46 15 672；www.tajnegrica.hr；成人/儿童€20/14；⏲7月至9月周六21:30，5月至6月和10月 21:00）扎克尔卡（Zagorka）的《格里奇女巫》（*The Witch of Grić*）系列小说以18世纪的萨格勒布为背景，是克罗地亚文学的经典之作。戏剧风格的夜间一小时团队游带领客人走进扎克尔卡的小说，探索都市传说和上城区历史，沿途了解真实的历史人物和小说里的虚拟人物。

Old Zagreb Tour 团队游

（☎95 65 46 544；www.oldzagreb.com；乘车 200KN起）跟上优雅复古的潮流，乘坐1908年的福特T型老爷车游览萨格勒布。一号线路（Route 1）是条环线，穿越Gornji Grad，从卡特里宁广场到达Kaptol。也可以选择经过下城区各大公园的环线。

Zagrebee Tours 步行

（☎091 40 00 306；www.zagrebee.com；120KN；⏲4月至9月周二、周三和周五 17:00，10月至次年3月 10:00）“萨格勒布街头艺术”（Zagrebee’s Street Art）团队游会带你领略这个城市活跃的室外艺术，你将看到最好的壁画，还能了解许多关于萨格勒布街头艺术的背景知识。

Kuhaona 饮食

（☎01-41 04 841；www.kuhaona.com；Opatovina 13；美食团队游 每人€75；⏲美食团队游周一至周六 10:00）Kuhaona组织的萨格勒布美食团队游犹如一本克罗地亚美食入门教程，深受吃货们的喜爱。4小时的美食之旅将带你领略这个国家的美味，保持旺盛的食欲很有必要。在距离多拉茨市场（Dolac Market）咫尺之遥的工作室内举办烹饪课堂，有多种克罗地亚地方菜肴供你挑选。

Zagreb Bites 饮食

（☎091 52 88 723；www.zagrebites.com）私人组织的步行团队游，拜访各个萨格勒布美食、葡萄酒和精酿啤酒热点。创建者是两个克罗地亚的知名美食博主。他们还提供萨格勒布附近的葡萄酒产区远足游和烹饪课程。价格根据团队人数而定。

Funky Zagreb Tours 团队游

（☎091 16 02 222；www.funky-zagreb.com；步行和品酒团队游 1~4人/4人以上每人€64/60）私人团队游，从品尝葡萄酒的城市步行游（2.5~3小时，450KN）到包含烹饪课程的美食团队游（双人 每人€140），有各种主题。

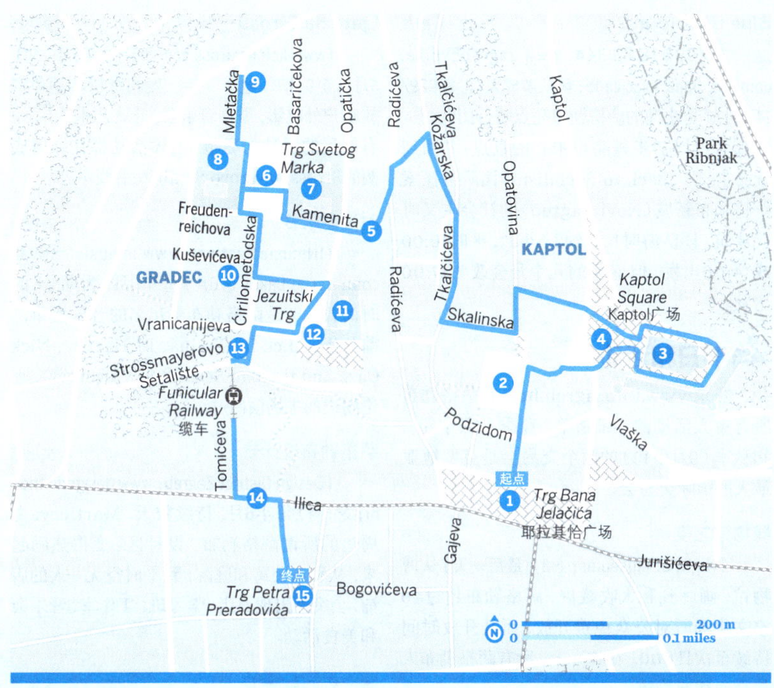

城市漫步
步行游览：建筑、艺术和街头生活

起点：耶拉其恰广场

终点：Trg Petra Preradovića

距离：1公里；1.5小时

任何在萨格勒布城里的步行活动都是从热闹的❶**耶拉其恰广场**（见74页）开始的，那里是萨格勒布的中心和主要约会地点。登上台阶，走到❷**多拉茨市场**（见74页），买些水果或小吃后前往新哥特风格的❸**圣母玛利亚升天大教堂**（见74页）。穿过林立着17世纪建筑的❹**Kaptol广场**，沿Skalinska来到Tkalčićeva。漫步街头，登上台阶，前往迷人的神坛❺**石门**（见75页），它也是中世纪的Gradec城的东门。接下来，从Kamenita向上走可到达Trg Svetog Marka，萨格勒布的标志性建筑之一、有彩色马赛克屋顶的建于13世纪的❻**圣马可教堂**（见75页）赫然现于眼前。这里还有❼**议会**（见78页）和❽**总统府（Banski Dvori）**。

在上城区的蛇形街道上漫步，走进❾**梅什特罗维奇艺廊**（见78页），进一步了解克罗地亚最著名的艺术家伊万·梅什特罗维奇。返回Trg Svetog Marka，沿Ćirilometodska往前走，进入这个国家最奇特的博物馆：❿**克罗地亚稚拙艺术博物馆**（见71页）。然后穿过Jezuitski Trg，进入⓫**克洛维切维·德沃里画廊**（见74页），那里有当地和国际当代艺术展览。看够了艺术品之后，去参观美丽的⓬**圣凯瑟琳耶稣会教堂**（见75页），最后登上建于13世纪中叶的⓭**罗特尔许查克塔**（见74页），俯瞰令人陶醉的全城风光。附近是古老的缆车，建于1888年，连接上城区和下城区。饱览美景之后，可以乘坐缆车下山，也可以沿着绿树成荫的台阶走下山。无论乘缆车还是步行，都要经过萨格勒布的商业中心⓮**Ilica**。

穿过商业中心Ilica，可以走到当地人称为Cvjetni trg的⓯**Trg Petra Preradovića**，在那里的某个露天咖啡馆休息一下。

Blue Bike Tours 骑车

(☎098 18 83 344; www.zagrebbybike.com; Trg Bana Jelačića 15; 团队游成人/儿童 €29/14.50)颇受欢迎的萨格勒布亮点骑行团队游，参加者可以初步领略市中心的景点。"回到社会主义"(Back to Socialism)团队游探索萨格勒布新城(Novi Zagreb)的社会主义时代建筑。团队游时长大约2.5小时，平时10:00或14:00出发，但盛夏的几个月会改为17:00出发。

节日和活动

登录www.infozagreb.hr查看萨格勒布所有重大活动的详细清单。春季(4月中旬)和秋季(9月中旬)的两个交易会是克罗地亚最大的国际交易会。

博物馆之夜 文化节

(Night of Museums; ⌚1月最后一天)从博物馆、画廊到私人收藏展，萨格勒布超过40家文化场所对公众免费开放，而且开放时间持续至次日1:00。在这一天，所有萨格勒布人都会涌往博物馆。

萨格勒布国际纪录片电影节 电影节

(Zagrebdox; http://zagrebdox.net; ⌚2月末至3月初)一年一度的萨格勒布纪录片节。

萨格勒布双年音乐节 音乐节

(Music Biennale Zagreb; www.mbz.hr; ⌚4月)克罗地亚最重要的现代音乐节，所谓"现代"并非"流行乐"，而是致力于现代古典音乐的权威盛事。每逢奇数年的4月举办。

颠覆节 文化节

(Subversive Festival; www.subversivefestival.com; ⌚5月)5月的两周时间内，欧洲的激进分子和哲学家会成群结队地来到萨格勒布，播放电影、举办讲座。

"这样最好"音乐节 文化节

(Cestisd' Best; www.cestisdbest.com; ⌚5月至6月)这个街头文化节让萨格勒布的居民在每年的5月末到6月初都能开心好几天。市中心周边有6个舞台，来自世界各地约200名表演者将表演音乐、舞蹈、戏剧，展示艺术作品，还有体育运动。

Ljeto na Štrosu 文化节

(www.ljetonastrosu.com⌚5月末至9月中旬)5月末至9月末，这个一年一度的奇特活动免费放映户外电影，举办音乐会，开放艺术工厂，还有好玩的混种狗赛跑。上述活动都在绿树成荫的Strossmayerovo Šetalište沿线举办。

时尚音乐节 音乐节

(INmusic Festival; www.inmusicfestival.com; Jarun Lake; ⌚6月)每年6月，为期3天的时尚音乐节是萨格勒布最出名的音乐盛事。前几年，Alice in Chains、PJ Harvey、Nick Cave and the Bad Seeds和St Vincent曾在雅伦湖边的主场演出过。

萨格勒布设计节 文化节

(Design District Zagreb; www.designdistrict.hr; ⌚6月)每年6月，持续数天，Martićeva街周边的所谓萨格勒布"设计区"变得热闹起来，从私人公寓和庭院，到平时空无一人的店铺，会突然出现商店、学习班、工作室、音乐会和美食活动。

国际民间故事节 文化节

(International Folklore Festival; www.msf.hr; ⌚7月)1966年开始在萨格勒布举办，这个节日的亮点是克罗地亚国内外音乐家和舞者通过表演展示文化和传统。有两个主要的表演场地，分别位于耶拉其恰广场和上城区，但市中心也会举行各种活动。

格里奇音乐晚会 音乐节

(Evenings on Grič; ⌚7月)每年7月，这个音乐节在上城区循环上演音乐会。克洛维切维·德沃里画廊(Galerija Klovićevi Dvori; 见74页)的天井和位于Gradec的舞台是古典音乐、爵士乐、蓝调和世界音乐的表演场地。

萨格勒布动画节 电影节

(Animafest Zagreb, World Festival of Animated Film; www.animafest.hr; ⌚6月)从1972年起，萨格勒布就开始举办这个闻名遐迩的电影节了。每年6月举办，奇数年专门放映剧情片，偶数年则放映短片。

庭院音乐节 文化节

(Courtyards; Dvorišta; www.dvorista.in; ⌚7月)萨格勒布上城区的庭院都很古老，其中许多

孩子们的萨格勒布

萨格勒布是个适合儿童生活的城市，有些很好的景点就是为孩子们打造的，5月至9月的旺季期间还有一系列的免费社交活动在市中心举行。总而言之，这个城市的幼儿基础设施良好，所有的人行道路口都有路堤，但是有轨电车的台阶太高了，上车有点麻烦。

7岁以下儿童乘坐公共交通工具免费，有些景点对5岁以下儿童免费，对5岁以上儿童半价，还有优惠的家庭票。乘坐出租车的话，Ekotaxi（见101页）的出租车提供婴幼儿座椅，但你必须提前2小时预订，并明确告知孩子的年龄。如果你想带孩子骑自行车，Bike.com（见99页）出租儿童自行车和儿童头盔。在萨格勒布，骑车人要走人行道，而不是机动车道，一些比较宽的人行道上设有标志清晰的自行车道。

幻觉艺术博物馆（见81页）未来的科学家们高兴地探索错觉屋、镜子和全息图。

贝科迷你快车（Backo Mini Express；☎01-48 33 226；www.backo.hr；Gundulićeva 4；成人/儿童/家庭 22/20/70KN；⊙周四至周六 10:00~18:00）这个大型火车模型吱吱嘎嘎地响着，经过风景布景，小孩子们都着迷了。

酷刑博物馆（见75页）大多数少年都喜欢死亡主题的展品。

萨格勒布八十年代博物馆（见75页）没有网络的“古”代让孩子们有些不知所措，但小孩子们会喜欢穿上那个年代的服装。

Boćarski Dom（Prisavlje 2）这个公园最适合幼儿，有一流的游乐设备、游乐场地、轮滑坡道和一条Sava River河边的休闲小径。乘坐往西开的17路有轨电车，在Prisavlje站下车。

马克西米尔公园（Maksimir Park；见83页）有两个游乐场和一个动物园。

Sports & Recreational Centre Šalata（☎01-46 17 255；www.sportskiobjekti.hr；SchlosseroveStube 2；2日票成人/儿童/家庭周末 30/20/60KN，平时 20/15/40KN；⊙公共泳池6月至9月周一至周五 13:30~18:00，周六和周日 11:00~19:00）离开车水马龙的城市街道，在这里的水池消暑。

雅伦湖（Jarun Lake；见83页）夏季周末，跟当地家庭一起游泳和划船。

庭院通常是不对公众开放的，但每年7月有10天敞开大门，成为一系列音乐会和表演的展示场地，此外还有美食和啤酒，气氛欢乐。

国际木偶剧节 艺术节

（Puppet International Festival；www.pif.hr；⊙9月）从1968年前后开始，这个一流的木偶剧节一般在9月举办，届时将看到著名的木偶组合、木偶工坊和木偶戏展览。

世界戏剧节 戏剧节

（World Theatre Festival；www.zagrebtheatrefestival.hr；⊙9月至10月）每年9月（有时持续至10月初）的两周时间里，萨格勒布会上演一流的当代戏剧。

25 FPS节 电影节

（25 FPS Festival；www.25fps.hr；⊙9月末/10月初）这个独特的艺术节在9月末或10月初举办，为期1周，其间会上映各种视觉实验影片。

萨格勒布电影节 电影节

（Zagreb Film Festival；www.zff.hr；⊙10月至11月）这个重要的文化盛事为期9天，市中心多个地点将上映100多部电影。在主要的竞赛环节，导演们竞相角逐Golden Pram奖。

弗里拉涅 圣诞市场

（Fuliranje；www.adventzagreb.com；⊙12月）获过大奖的萨格勒布圣诞市场，在包括耶拉其恰广场和兹林捷瓦察在内的市中心多个地点设有摊位，虽然气温在0℃以下，但时间持续整个12月，是耶稣降临节庆祝活动的一部分。集市以街头食物、香料热葡萄酒、工艺品和现场音乐表演为主，还有让孩子们乐此不疲的各种活动。

人权电影节 电影节

（Human Rights Film Festival；www.humanrightsfestival.org；⏲12月）每年12月在Kino Europa举行，为期1周，播放讨论世界范围内人权问题的电影。

住宿

萨格勒布的住宿种类很多，最好的选择大多位于市中心，或者离市中心步行很近的地方。注意：全年房价都不稳定，上下浮动极大。除了繁忙的5月至9月中旬之外，大多数经济型房价会降一半。

上城区

★Swanky Mint Hostel 青年旅舍 €€

（☎01-40 04 248；www.swanky-hostel.com/mint/；Ilica 50；铺170~200KN，标单/双400/600KN；❄@📶🏊）由一个19世纪的纺织厂改建而成，住满了背包族，附设一个非常活跃的酒吧。宿舍房间很小，但贴心地安装了储物柜、私人遮帘和阅读灯。独立的房间光线明亮，面积大。但是这家青年旅舍的魅力来自店里极其热情友好的氛围，为新入住的客人提供rakija（格拉巴酒，果渣白兰地），还有秩序井然的小酒吧。店内就有家旅行社。

Hostel 63 青年旅舍 €

（☎01-55 20 557；www.hostel63.eu；Vlaška 63/7；铺/双/公寓 €22/65/75；🚭❄📶）这家以黄灰色和白色为主题的青年旅舍井井有条，一尘不染，员工乐于助人，经营有方。4张床位的宿舍房间配备储物柜、私人遮帘和独立卫生间；甚至有2间双床宿舍房间，适合情侣入住。早餐收费€4。旅舍位于一个紧邻主路的庭院里，十分安静，睡觉不会受到打扰。

Chillout Hostel Zagreb Downtown 青年旅舍 €

（☎01-48 49 605；www.chillout-hostel-zagreb.com；Tomićeva 5a；铺130~145KN，双400KN；P❄@📶）位于一条紧邻Tomićeva的蛇形小巷内，这家青年旅舍的酒吧、宿舍房间和标间都很好。宿舍房间面积适中，设施齐全，每个铺位都有储物柜、电源插座、阅读灯和行李架。餐厅的气氛友好而活跃，旅舍会提供一日游和免费步行团队游。

Rooms Zagreb 17 精品酒店 €€

（☎091 17 00 000；www.sobezagreb17.com；Radićeva 22；房间 €60~80，公寓 €120；❄📶）位于市中心，房间宽敞，楼下就是咖啡馆林立的Tkalčićeva。店主Irena注重细节，因此酒店个性十足。虽然大量运用了白色，但有趣而生意盎然的艺术品、小冰箱和塑胶座椅让人感到温暖。所有房间都配备卫星电视（多个国际频道）和烧水壶。推荐航海主题的2号房间。

★Hotel Jägerhorn 历史酒店 €€€

（☎01-48 33 877；www.hotel-jagerhorn.hr；Ilica 14；标单/双/套 950/1050/1500KN；P❄@📶）萨格勒布最古老的酒店（1827年左右开业），静谧而个性十足。18间客房陈设雅致，蓝色调搭配柔和的中性装饰、超大床、烧水壶和时尚的卫生间。顶层的客房能俯瞰绿树成荫的Gradec。员工很迷人，在结束了一天的游览之后，楼下的台阶咖啡厅是你打发时间的绝佳去处。

下城区

Shappy Hostel 青年旅舍 €

（☎01-48 30 483；www.hostel-shappy.com；Varšavska 8；铺 170KN，双550KN起；P🚭❄📶）这个小小的的青年旅舍隐藏在一个庭院里，是一片安静的绿洲。标间用灰色和白色装饰。宿舍房间（共用一个干净的卫生间）有四张床位，面积是城里所有青年旅舍之中比较大的。如果你想乘凉，阳光斑驳的门廊既悠闲又隐蔽。

★Studio Kairos 民宿 €€

（☎01-46 40 690；Vlaška 92；标单/双/标三/四 €36/50/65/70起；❄📶）这家可爱的民宿酒店位于一栋公寓楼内，4个整洁的房间按不同的主题装饰：作家、工艺品、音乐和复古。舒适的公共空间同时也作为早餐室，房东非常热情，能提供萨格勒布各个方面的信息，令人感觉宾至如归。民宿还可以租赁自行车。

4 City Windows 民宿 €€

（☎0188 97 999；www.4citywindows.com；Palmotićeva 13；标单/双 €55/90；P❄📶）这家温馨的民宿位于市中心，店主Tanja和Ivo提供个性化服务，因此客人感觉不像是住酒店，倒像是跟两个特别了解萨格勒布的人合住。

短租公寓

如果你希望像当地人那样感受这个城市，萨格勒布有大量短租公寓可供选择。

管理得井井有条的当地机构**Irundo**（☎01-88 95 433；https://irundo.com；前台在Petrinjska 9；公寓 €57~100；P❄📶）和**InZagreb**（☎091 65 23 201；www.inzagreb.com；公寓€65~95；❄📶）掌握遍布市中心的公寓名单，这些公寓有多种房型，从情侣到大家庭都能找到适合自己的。

想直接跟公寓房东订房，可联系获过奖的**Main Square Apartment**（☎091 15 11 967；www.accrommodation.com；Trg Bana Jelačića 3；1~2/3/4人 €80/90/100；❄📶），它就矗立在主广场上。对于独自旅行者和情侣而言，**Agramer Apartments**（☎091 60 90 764；https://agramerzagreb.wordpress.com；Jukićeva 34；每晚/每周 €40/250；P🚭❄📶）的套房设施齐全，性价比优于城里的酒店。

房间宽敞，充满艺术气息，由于墙壁较厚，所以能保证睡眠质量。早餐丰富，包括štrukli（烤奶酪饺子）、煎饼和自制果酱。

Hotel Astoria 商务酒店 €€

（☎01-48 08 900；www.hotelastoria.hr；Petrinjska 71；标单/双 €80/90起；P🚭❄📶）选择Hotel Astoria准没错，因为它离火车站很近。作为连锁酒店品牌Best Western Premier的成员，这家酒店的房间光线明亮，配备办公用具、烧水壶、电视和面积很大的卫生间。员工超级友好，很乐意提供帮助。

Hotel Garden 酒店 €€

（☎01-48 43 720；www.gardenhotel.hr；Vodnikova 13；双/标三 €95/105；❄📶）就在植物园旁边（因此得名），粉刷成白色，非常整洁。我们喜欢以床头的黑白印刷画为代表的柔和中性装饰。角落房间（所谓"经济双人房"）比标准间小多了，价格也低€10。如果你担心火车经过时会有噪音，就住背街的房间。

Hotel Dubrovnik 商务酒店 €€

（☎01-48 63 555；www.hotel-dubrovnik.hr；Gajeva 1；双 €110起；P🚭❄📶）这座酒店是萨格勒布的主广场上的城市地标。员工友好，房间新近翻修过，宽敞舒适，配备大电视（有许多英语频道）、比较大的床和现代化的卫生间。试着订一间可以欣赏耶拉其恰广场风景的房间，看看窗下往来的人群。

Esplanade Zagreb Hotel 历史酒店 €€€

（☎01-45 66 666；www.esplanade.hr；Mihanovićeva 1；房间 €130起；P🚭❄@📶）这栋装饰艺术风格的代表建筑是1925年专门为接待东方快车（Orient Express）的乘客建造的，从宽阔的大理石台阶和精美的彩色玻璃窗，到辉煌的翡翠舞厅（Emerald Ballroom），许多当时的建筑细节现在仍保留着。客房散发着无法磨灭的优雅气息——正如你想象中的那种可摇铃召唤仆人的地方，毕竟许多国王和政客都曾在此下榻。

其他街区

Hotel 9 精品酒店 €€

（☎01-56 25 040；www.hotel9.hr；Avenija Marina Držića 9；房间 €90起；🚭❄📶）这家时髦的现代化酒店就在长途汽车站马路对面。房间宽敞，大多带阳台。墙上镶嵌着长条镜子，装修色调要么是白色，要么是银色或金色。因为是双层玻璃窗，所以即使朝马路的房间也很安静。早餐在屋顶天台上吃，食物种类丰富。

就餐

萨格勒布的餐馆以传统克罗地亚和意大利美食为主，但也有许多以多拉茨市场所售农产品为食材的餐厅佳肴。要想少花钱，可以去蛋糕房、小吃店和快餐店集中的市中心就餐。许多餐馆8月关门休假，歇业时间通常为2周至1个月。

上城区

La Štruk 克罗地亚菜 €

（www.facebook.com/La-Struk；Skalinska 5；

主菜29~40KN；⊙11:00~22:00；❄📶✍）倾尽全力，只卖一道菜štrukli（烤奶酪饺子）。有传统的加咸奶酪或甜奶酪的kuhani（煮饺），也有创新的烤辣椒或松露zapečeni（烤饺），后者吃起来更像是加了超多奶酪的烤宽面条。如果店内没有空位，就去位置隐蔽的花园里坐着吃——穿过旁边一条小巷就是。

Amelie 咖啡馆 €

（www.slasticeamelie.com；Vlaška 6；蛋糕17~19KN；⊙8:00~23:00；❄📶）许多当地人认为这家咖啡馆是萨格勒布最好的咖啡蛋糕店之一。夏季的梅子蛋糕等应季特色甜品尤其美味。天气晴朗的时候，可以坐在街对面台阶上的位子。

Curry Bowl 斯里兰卡菜 €

（☎01-55 79 175；www.srilankancurrybowl.com；Tkalčićeva 44；主菜39~55KN；⊙周日至周四11:00~23:00，周五和周六至午夜；❄✍）想吃辣的？可以来这里试试斯里兰卡的火辣菜肴。点一份kotthu（烤面包、蔬菜和蛋混合），佐以菠萝酸辣酱或pol sambol（椰子调味料）。别忘了来一瓶在斯里兰卡最受欢迎的狮牌（Lion）啤酒，边吃边喝。

★Mali Bar 西班牙小吃 €€

（☎01-55 31 014；www.facebook.com/Mali Bar Zagreb；Vlaška 63；菜肴45~150KN；⊙周一至周六12:30至午夜；✍）这座大地色系的餐厅是明星大厨Ana Ugarković开的。制作各种小盘菜，深受地中海、中东和亚洲等地经典菜肴的影响。可以一次品尝3种菜：放在甜菜和烤甜菜根上面的labneh（经过过滤的酸奶酪）丸子、藏红花调味的烟熏金枪鱼和中国猪肉馅饺子。

Lanterna na Dolcu 克罗地亚菜 €€

（☎01-48 19 009；www.lanterna-zagreb.com；Opatovina 31；主菜55~95KN；⊙周二至周六11:00~23:00，周日和周日16:00~23:00；📶）经典克罗地亚家常菜的现代化版本和无懈可击的服务，使这家餐馆在市中心诸多餐馆之中脱颖而出。坐在有砖拱顶的小地下室里，品尝填梅子馅的猪里脊配白兰地和梅子汁，或泡椒酱牛排等主菜。店内的葡萄酒单也很不错。

Trilogija 地中海菜 €€

（☎01-48 51 394；www.trilogija.com；Kamenita 5；主菜88~140KN；⊙周一至周四11:00至午夜，周五和周六至22:00，周日至16:00；❄）就在石门旁边，那里的餐馆大多“短命”，但这家开得似乎比较久。秘诀在于热情的员工以及甜菜根牛排和芒果烤大虾等地中海风味菜肴。

Didov San 达尔马提亚菜 €€

（☎01-48 51 154；www.konoba-didovsan.com；Mletačka 11；主菜95~140KN；⊙10:00至午夜；❄）这家田园风格的餐馆位于上城区，食物以达尔马提亚内陆的内雷特瓦河（Neretva River）三角洲传统风味为主，烤鳗鱼、烤蜗牛玉米粥和用熏火腿包裹的烤青蛙是不可错过的三道特色菜。

Kaptolska Klet 克罗地亚菜 €€

（☎01-48 76 502；www.kaptolska-klet.eu；Kaptol 5；主菜80~170KN；⊙11:00至午夜）这个餐馆专营中欧传统风味，室内装修和巨大的露天门廊都略显古板，还烹制应季的特色美食，例如铺在炖红球甘蓝上面的焦炸鸭肉丸子。

Stari Fijaker 900 克罗地亚菜 €€

（☎01-48 33 829；www.starifijaker.hr；Mesnička 6；主菜66~150KN；⊙周一至周六11:00~23:00，周日至22:00；❄）这个优雅的餐馆曾占据萨格勒布餐饮业至高无上的地位，是在旧时光氛围中品尝克罗地亚和中欧美食的绝佳去处。大分量的斯拉沃尼亚地区牧羊人炖菜、萨格勒布风味炸肉排和火鸡mlinci（烤面条）是传统特色菜。

★Bistro Apetit 欧洲菜 €€€

（☎01-46 77 335；www.bistroapetit.com；Jurjevska 65a；主菜132~202KN；⊙周二至周日10:00至午夜；❄）这家餐馆位于别墅林立的Jurjevska街高处，老板是曾在哥本哈根Noma餐厅工作过的大厨Marin Rendić，烹制全萨格勒布最新潮的菜肴。先以加梨子和芝麻的金枪鱼糜饼开胃，然后品尝用胡萝卜和开心果点缀的豆酱牛脸肉。你也可以选择包含多重口味在内的品尝套餐（5/7道菜420/620KN）。

Agava

各国风味 €€€

（☎01-48 29 826；www.restaurant-agava.hr；Tkalčićeva 39；主菜 77~200KN；⏲9:00~23:00；❄📶）前面的台阶最适合午后边晒太阳边懒洋洋地就餐，还能俯瞰下面的人行道。菜单精选世界各国风味，包括粗麦粉配芝麻酱金枪鱼排、绵羊奶酪梨子调味饭和一些经典克罗地亚菜。

Baltazar

克罗地亚菜 €€€

（www.facebook.com/restoranbaltazar；Nova Ves 4；主菜 90~200KN；⏲周一至周六 正午至午夜，周日 正午至17:00；❄）一家老式高级餐馆，烤肉按照扎戈列和斯拉沃尼亚的方式烤制。夏季可以坐在天台上，伴着满天星光就餐。

下城区

Heritage

克罗地亚菜 €

（Petrinjska 14；主菜 18~39KN；⏲周一至周六 11:00~20:00；❄）这个小餐馆只有一个餐台和几张吧台凳，出售克罗地亚风味的西班牙小吃，包括用当地产原料制作的奶酪和肉类菜。尝尝来自Zagorad的熏火腿面包，来自Ika的黑松露面包和奶酪，或者搭配烤辣椒和奶油奶酪的kulen（辣味香肠）。服务热情友好。

Time Pastry Shop

甜品 €

（www.facebook.com/timepastry；Teslina 14；蛋糕 30~40KN；⏲周一至周六 10:00~23:00）把这家高级巴黎风格蛋糕房的艺术品似的小点心吃进肚里，感觉像是在犯罪，但如果你不在乎犯罪，我们愿意跟你一起组队。

b041

冰激凌 €

（www.facebook.com/nacestib041；Masarykova 25；1球 11KN；⏲9:00至午夜；❄📶）萨格勒布口感最香醇丰满的冰激凌，除了多种令巧克力迷们高兴的口味，还有比较奇特有趣的口味，例如桔子奶酪蛋糕和苦杏仁酒。

Vincek

甜品 €

（www.vincek.com.hr；Ilica 18；蛋糕和面包 10~24KN；⏲周一至周六 8:30~23:00）萨格勒布老牌slastičarna（面包店），从1978年开业时起就是城里牙医的财神。在鹅卵石街道上走累了，来这里吃松软的樱桃冻奶糊、核桃蛋糕或冰淇淋球，真是太惬意了。

Vis à Vis

甜品 €

（www.vincek.com.hr；Tomićeva 2；蛋糕和面点 12~24KN；⏲周一至周六 9:00~22:00；🖉）小小的Vis à Vis是Vincek的姊妹咖啡馆，但点心都是无糖、无麸的。出售的蛋糕之中许多还是用胡萝卜和杏仁做的素蛋糕，我们尤其要为姜饼蛋糕点赞。

Pingvin

三明治 €

（Teslina 7；三明治18~30KN；⏲周一至周六 10:00至次日4:00，周日 18:00至次日2:00）没尝过这家的Pingvin三明治，就等于没来过萨格勒布。从1987年开始，这家快餐店一直出售炸鸡块、用皮塔饼加大量泡菜制作的汉堡，以及沙拉。

Vinodol

克罗地亚菜 €€

（☎01-48 11 427；www.vinodol-zg.hr；Teslina 10；主菜85~160KN；⏲11:30至午夜；❄）精致的中欧风味食物经现代化改良，深受当地人和外国侨民喜爱。天气暖和的时候，可以坐在有棚的露台（经紧邻Teslina的藤蔓缠绕的门廊进入）里就餐。餐单亮点包括用peka（圆盖烤炉）烤制的、味美多汁的土豆烤羊肉或小牛肉，以及杏仁脆皮鳟鱼。

萨格勒布的素食

萨格勒布传统上是一个肉食爱好者的乐园，从来都不是素食者的圣地。但近年来，城里许多餐馆都增加了素菜品种，因此要吃素食不必苦苦寻觅。还有几家专门为素食和全素客人开设的餐馆，但饭菜只有咸味，因为不用其他调味料。

吃素食，我们首选Curry Bowl（见90页），店里所有的美味咖喱都能做成素的。Mali Bar（见90页）的无肉菜肴种类很多。若想吃全素食物，得去**Zrno**（www.zrnobiobistro.hr；Medulićeva 20；主菜59~75KN；⏲周一至周六 正午至21:00；❄🖉）或**Green Point**（www.green-point.hr；Varšavska 10；菜肴24~39KN；⏲周一至周六 9:00~22:00；❄📶🖉）。

Mundoaka Street Food 各国风味 €€

（01-78 88 777; www.lanterna-zagreb.com; Petrinjska 2; 主菜 75~200KN; 周一至周四11:00~23:30，周五和周六至午夜；）菜单囊括全球美食，但主要是经典美式食物，例如纽约肉丸三明治、汉堡和刷烧烤酱的烤排骨。素馅饼和日式饺子种类比较少，但非常适合素食者。经常客满，因此晚餐最好提前预订。

Boban 意大利菜 €€

（01-48 11 549; www.boban.hr; Gajeva 9; 主菜 65~148KN; 周一至周四 11:00~23:00，周五和周六 至午夜，周日 正午至23:00；）这家意式风味餐馆位于地下室，名字来自店主——克罗地亚足球明星兹沃尼米尔·博班（Zvonimir Boban）。尽情享用大份家常意大利面和土豆丸子，也有很不错的儿童菜肴（48~62KN）。

Bistro Fotić 法式小馆 €€

（01-48 10 476; www.bistrofotic.com; Gajeva 25; 主菜 55~90KN; 周一至周六 8:00~23:00；）这家法式小馆布置得很温馨，架子上随意摆放着旧照相机和收音机，墙上挂着黑白照片。可以大快朵颐tiramola比萨（玛格丽塔比萨，意大利熏火腿片就挂在盘子上方的绳子上），也有相对清淡的乳蛋饼。

Ribice i Tri Točkice 海鲜 €€

（01-56 35 479; www.ribiceitritockice.hr; Preradovićeva 7/1; 主菜 70~110KN; 9:00~23:00；）爬上楼梯到这家有趣的海鲜餐馆品尝鲜鱼。四周是五颜六色的海洋主题壁画。提供简单但美味的达尔马提亚家常菜，包括乌贼和鱿鱼炖菜、金枪鱼和土豆丸子。

Lari & Penati 克罗地亚菜 €€

（01-46 55 776; www.laripenati.hr; Petrinjska 42a; 主菜 40~90KN; 周一至周六正午至23:00）这个个性鲜明的小餐馆是中午吃简餐的好去处，菜单上除了沙拉和开放三明治，还有类似西班牙小吃的大盆菜。

Zinfandel's 各国风味 €€€

（01-45 66 644; www.zinfandels.hr; Mihanovićeva 1; 主菜165~230KN起; 周一至周六 6:00~23:00，周日 6:30~23:00；）Zinfandel's是萨格勒布最高档的餐馆之一，让你在Esplanade Zagreb Hotel（见89页）内的高级餐厅品尝主厨Ana Grgić的创意菜肴。别忘了试试油封乳鸽配甜菜根和大黄酱樱桃。餐后走到外面的Oleander Terrace喝一杯，看看Starčevićev Trg的往来人群。

Le Bistro 法国菜 €€€

（www.lebistro.hr; Mihanovićeva 1; 主菜 95~270KN; 9:00~23:00；）Esplanade Zagreb Hotel（见89页）内的时尚休闲餐厅，带领厨师团队的是行政主厨Ana Grgić。中午的3道菜套餐（160KN）很受当地商务人士的欢迎。以štrukli（乡村奶酪馅饺子）和经典法式菜肴出名。

其他街区

Lauba Bistro 法式小馆 €€

（01-63 02 140; www.lauba.hr; Baruna Filipovića 23a; 主菜 50~150KN; 周一至周五 14:00~22:00，周六 11:00~22:00）这家时髦的法式小馆位于萨格勒布最酷的艺术空间之一的大堂。如果你的胃口很小，这里的招牌面包是个好选择，迷你长条面包（藜麦和啤酒面包）配上美味的蘸酱非常好吃。比较正式的菜肴包括美味的炖菜和每天更换的主菜。

饮品和夜生活

在上城区，时尚的Tkalčićeva有许多酒吧和咖啡馆，下城区的Trg Petra Preradovića（当地人称"Cvjetni trg"）和Bogovićeva之间还有六七家酒吧和路边咖啡馆，一到夏季的夜晚就变成了露天大派对。但是午夜后各家夜店都安静下来，7月中旬至8月末，这些地方更加安静。

上城区

Craft Room 精酿啤酒

（www.facebook.com/craftroombeer; Opatovina 35; 10:00至次日2:00；）只要你对克罗地亚的精酿啤酒感兴趣，就一定要来这家酒吧。位于市中心，既有多种当地啤酒，也有大量国际品牌啤酒。

Pivnica Mali Medo 精酿啤酒

（www.pivovara-medvedgrad; Tkalčićeva

当地知识

同性恋在萨格勒布

与之前相比，萨格勒布的同性恋场所公开多了，但也没到大肆宣传的地步。城里有十几家同性恋的聚会场所。你也可以看看Le Zbor（www.lezbor.com）的表演，这个克罗地亚女同性恋和女权主义者合唱团很活跃。一年之中，唯一的大型同性恋活动是萨格勒布同性恋大游行（Zagreb Pride；www.zagreb-pride.net）。城里主要的同性恋活动场所如下：

Hotpot（Petrinjska 31；⏲周五和周六 23:00至次日5:00）友好的男同性恋酒吧兼夜店，饮品性价比高。

Kolaž（Amruševa 11；⏲周一至周五 8:00至次日2:00，周六 10:00至次日2:00，周日 18:00至次日2:00）这家酒吧很热闹，用闪闪发光的灯泡装饰，对文艺气质的同性恋和直男群都很有吸引力。

Rush（www.facebook.com/rushzg；Savska Cesta 120；⏲周六 午夜至次日5:00）周六的晚上，比较年轻的同性恋群体离开市中心，来这里举行派对。

Vimpi（www.facebook.com/Caffebarvimpi；Prolaz Sestara Baković 3；⏲8:00至次日1:00）萨格勒布的女同性恋集会之地。

36；⏲周一至周三 10:00至午夜，周四至周六至次日1:00，周日 正午至23:00；📶）Pivnica Medvedgrad的姊妹店，占据所在的步行街的路口显著位置，挤满了享用自酿啤酒的客人，直至深夜。对于那些本打算只小酌一杯，但发现店里太舒服了以至于不想换地方的人来说，这里的下酒菜也很棒。

MKKrolo 酒吧

（Radićeva 7；⏲周一至周六 9:00至次日1:00，周日 至23:00）这家非主流酒吧是艺术家、波希米亚潮人、媒体人和当地酒鬼的聚集处，极具趣味。

Funk 夜店

（www.facebook.com/funkklub；Tkalčićeva 52；⏲11:00至次日2:00）白天相当安静无趣，但一到晚上就活跃起来。沿螺旋形台阶走下去，你就知道当地人为何对这个有求必应的地方如此热爱了。周四、周五和周六的夜晚，在拱形石质天花板的小地下室里，DJ们为快乐的舞者播放浩室音乐、爵士乐、放克和碎拍。

Velvet 咖啡馆

（Dežmanova 9；⏲周一至周五 8:00~22:00，周六 8:00~15:00，周日 8:00~14:00）店主Saša Šekoranja是萨格勒布最酷的花商。店内装饰时尚，爪哇咖啡和小吃味道很好（但很贵）。隔壁的Velvet Gallery酒吧外号"Black Velvet"，营业至23:00（周日除外）。

Dežman Bar 酒吧

（www.dezman.hr；Dežmanova 3；⏲周一至周四 8:00至午夜，周五和周六 至次日1:00）这家咖啡馆兼酒吧隐匿于通往半原始森林Tuškanac的怡人小路上，远离喧嚣，室外的狭窄露台雅致休闲，是喝鸡尾酒的好去处。提供"盖亚花园"牌（Les Jardins de Gaia）有机茶和英国"酿酒狗"牌（Brewdog）生啤。

Johann Franck 咖啡馆

（www.johannfranck.hr；Trg Bana Jelačića 9；⏲周一至周四和周日 8:00至次日2:00，周五和周六 至次日4:00）位置，位置，还是位置。从时尚的年轻人，到聊天的老太太和逛博物馆的游客，都聚集在这家酒店前面的露台上或摆满时髦沙发的一楼（店名来自克罗地亚的烘焙咖啡倡导者及同名咖啡品牌）喝咖啡、鸡尾酒或啤酒。

下城区

Pupitres 葡萄酒吧

（☎098 165 80 73；http://pupitres.hr；Frankopanska 1；⏲周一至周四 9:00~23:00，周五和周六 至次日1:00；📶）一个由顶级侍酒师经营的葡萄酒吧，可想而知这家酒吧有多专业。要想尝试克罗地亚的各种葡萄酒，这家由Jelene Šimić Valentić经营的店是城里最好的地方，装修时尚，气氛随意。服务热情殷勤，葡萄酒单（不出所料）收入了国内榜上有名的最佳窖藏，此外也有一些国际品牌葡萄酒。

Pivnica Medvedgrad 精酿啤酒

（Medvedgrad Brewery; www.pivnica-medvedgrad.hr; Ilica 49; ⏲周一至周六 10:00至午夜，周日正午至午夜；📶）从泡沫丰富的拉格到经典的麦啤，共有5种经典自酿啤酒（14~17KN）。这家热闹而有趣的酒吧带一个大庭院，栗子树为院子遮挡阳光，提供相对便宜但好吃的下酒菜。穿过紧邻Ilica的购物走廊，进入酒吧。

Quahwa 咖啡馆

（Teslina 9; ⏲周一至周四 9:00~21:00，周五和周六 至22:00，周日 10:00~17:00；📶）践行自家口号——"只为热爱咖啡的人"，Quahwa的阿拉比卡咖啡豆位于萨格勒布品质最佳之列，从极香醇的拿铁，到传统土耳其咖啡都有。这里是咖啡爱好者的天堂。

Cogito Coffee Shop 咖啡馆

（www.cogitocoffee.com; Varšavska 11; ⏲周一至周五 8:00~20:00，周六 9:00~19:00；📶）这家小小的柏林风格咖啡馆超酷，位于一条走廊的尽头。出售在Cafe u Dvorištu用当地Cogito牌咖啡烘焙机烘烤的咖啡，也卖好吃的Medenko冰激凌。8月营业时间缩短。

Old Pharmacy Pub 小酒馆

（www.pub.pondi.hr; Andrije Hebranga 11; ⏲周日至周四 8:00至午夜，周五和周六 至次日1:00）这家传统英式小酒馆位于一栋奥匈帝国时代的联排住宅楼内，但一走进去就能感受到地道的英式气氛：吧台后面的镜子、与药店有关的摆设和褪色的照片，以及木头和皮革的装饰。

Vinyl 酒吧

（www.vinylzagreb.com; Bogovićeva 3; ⏲周日至周二 8:00至午夜，周三和周四 至次日2:00，周五和周六 至次日4:00）当地人非常喜欢这家酒吧，全天营业。所在之处是咖啡馆和夜店聚集的地区，人流量很大。白天和晚上的活动都很有趣，包括现场音乐表演、读书会以及书籍和黑胶唱片展，例如周一晚上的"记忆大师"（Masters of Memories）。别错过周末夜晚的DJ打碟（仅黑胶唱片）和种类繁多的威士忌。

Kava Tava 咖啡馆

（www.kavatava.com; Britanskitrg bb; ⏲7:00至午夜）这家时髦的红黑两色装饰的咖啡馆是全家人或一群好友聚在一起打发时间的好去处。要想好好欣赏往来人群，就坐在马路对面露台上的位子，周围都是市场摊位。靠在椅背上喝杯啤酒（17~28KN）或格拉巴酒（16KN），欣赏市场的繁忙景象。

Express 咖啡馆

（Petrinjska 4; ⏲周一至周四 7:00~21:00，周五和周六 至23:00，周日 11:00~19:00）一个有露天座位的小咖啡馆，出售萨格勒布最好的咖啡和茶。8月逢周日歇业。

Mojo 酒吧

（www.facebook.com/MojoBarZG; Martićeva 5; ⏲周一至周六 7:00至次日2:00，周日 8:00至午夜）每天晚上，烟雾缭绕的地下室里有乐队现场演奏和DJ打碟。酒吧提供70种rakija（格拉巴酒）和利口酒，天气暖和的夜晚，你可以坐在门口的人行道边品尝。

Sedmica 酒吧

（http://caffebar-sedmica.com; Kačićeva 7a; ⏲周一至周四 8:00至次日1:00，周五和周六 至次日2:00，周日 17:00至次日1:00）这个低调的酒吧隐藏在一条紧邻Kačićeva的小巷内，入口处标志是一个健力士啤酒（Guinness）的大广告牌。作为萨格勒布小资知识分子的聚会地点，酒吧内部空间狭小，有一个夹层，外面还有一个院子，天气暖和的时候院子里很热闹。

Cafe u Dvorištu 咖啡馆

（Jurja Žerjavića 7/2; ⏲周一至周六 9:00至午夜，周日 11:00~19:00；📶）这家美好的咖啡馆坐落在一个庭院里，出售优质有机和公平贸易咖啡（在店内用Cogito烘焙机烘烤）和茶。偶尔举办读书会和艺术展。7月末至8月逢周日歇业。

Kino Europa 咖啡馆

（www.kinoeuropa.hr/cafe; Varšavska 3;

⏲周一至周五 8:30至午夜，周六和周日 至次日2:00；📶）这个有趣的集咖啡馆、葡萄酒吧和格拉巴酒吧于一体的小店就位于萨格勒布最古老的电影院（见96页；建于20世纪20年代）的前厅，晚上吸引着形形色色的客人。咖啡很不错，啤酒价格17~24KN，有30多种格拉巴酒，欢迎品尝。服务态度略显冷淡。

Art Kino Grič
酒吧

（www.artkinogric.hr；Jurišićeva 6；⏲8:00~23:00；📶）装修相当复古，前身是个老式电影院，现在被改建成一个花花绿绿的双层咖啡馆兼酒吧和一个小小的地下室夜店（仅周末营业）。温馨的放映厅内偶尔举办艺术展或播放电影。

Eliscaffe
咖啡馆

（www.eliscaffe.com；Ilica 63；⏲周一至周六 8:00~19:00，周日 9:00~14:00；📶）百分之百采用阿拉比卡咖啡豆的获奖咖啡是你的不二之选。重度咖啡因爱好者务必试试这里的triestino（一种的里亚斯特风味大杯玛奇朵，通常用玻璃杯装）。

Booksa
咖啡馆

（www.booksa.hr；Martićeva 14d；⏲周二至周日 10:00~21:00；📶）书虫和诗人、作家和演员、怪人和艺术家……全萨格勒布有文艺细胞的人几乎都来这家可爱的图书主题咖啡馆聊天、喝咖啡、阅览图书、用免费Wi-Fi上网和听人阅读。这里也有英文书，详情见其网站。从7月中旬起歇业1个月。注意：你需要支付一次性会员费10KN。

Bacchus
酒吧

（www.facebook.com/bacchusjazzbar；Trg Kralja Tomislava 16；⏲周一至周五 11:00至午夜，周六 正午至午夜）如果能在这座萨格勒布最有情调的庭院找到一张空桌子，那可谓幸运至极。酒吧位于长廊尽头的装饰性大门后面。晚上常有爵士乐现场表演。

其他街区

Garden Brewery
精酿啤酒

（www.thegarden.hr/the-garden-brewery；Slavonska avenija 22f；⏲周一至周四和周日 正午至20:00，周五和周六 至次日2:00；📶）这个精品自酿鲜啤坊兼酒吧位于萨格勒布东侧工业区一栋老旧的红砖厂房内，出售店内自酿的啤酒（试试有花香味的Session Ale或果香四溢的Kettle Sour）。周六有现场音乐表演，周日还有适合全家参与的活动。

Hop Inn
精酿啤酒

（Dubravkintrg 3；⏲16:00至午夜；📶）如果你热爱精酿啤酒，又想远离夜店的喧闹，你或许会愿意来这家低调的小酒吧。店里只卖当地自酿啤酒（大杯15~34KN），味道很不错。Nova Runda、Zmajsko和Garden Brewery等当地品牌货量充足，从长途汽车站步行过来只要2分钟。

☆ 娱乐

萨格勒布的剧院和音乐厅全年举办多种活动。每月出版一刊的《萨格勒布活动和表演》（*Zagreb Events & Performances*）手册上列出了一些活动，这本手册可在各大旅游办事处获取。也可以看看免费月刊*Zagreb 4 You*，上面刊登了萨格勒布的各种潮流活动。

Booze & Blues
现场音乐

（www.booze-and-blues.com；Tkalčićeva 84；⏲周日至周二 8:00至午夜，周三至周六 至次日2:00；📶）这家店位于熙熙攘攘的Tkalča地带的制高点，周末有各种现场音乐表演，爵士乐、蓝调和灵魂乐是其中翘楚，名副其实。店内装修成传统的美国蓝调和爵士乐俱乐部风格，摆放着与音乐史有关的纪念品。喜力（Heineken）鲜啤从一个可以吹奏的萨克斯里"弹奏"出来。

Tvornica
现场音乐

（www.tvornicakulture.com；Šubićeva 2；⏲咖啡馆周一至周五 7:00~23:00，周六和周日 16:00~23:00，夜店周日至周四 20:00至次日2:00，周五和周六 至次日4:00）一流的多媒体场所，店里的现场音乐表演从波斯尼亚的sevdah民族音乐到非主流的朋克摇滚，丰富多彩。可通过其网站了解节目详情。

Strossmarte
现场音乐

（www.ljetonastrosu.com；Strossmayerovo Šetalište；⏲5月至9月）夏季，上城区的Strossmayer大道临时搭起许多酒吧，几乎每天晚

上都有现场音乐表演。形形色色的观众、美丽的城市夜景和绿树成荫的环境使这里成为夜晚消磨时间的好去处。

Kino Europa　电影院

（www.kinoeuropa.hr；Varšavska 3）萨格勒布最古老的电影院，"字幕星期二"（Subtitled Tuesdays）活动就是播放带英语和克罗地亚语字幕的电影（多为艺术片）。

萨格勒布青年剧院　剧院

（Zagrebačko Kazalište Mladih，简称ZKM；☎01-48 72 554；www.zekaem.hr；Teslina 7；⏲售票处周一至周五 10:00～20:00，周六 10:00～14:00，外加表演开始前1小时）萨格勒布青年剧院（Zagreb Youth Theatre）又名ZKM，被认为是克罗地亚现代戏剧的摇篮。这里每年举办数个戏剧节和多场来自世界各地的巡演。

克罗地亚国家剧院　剧院

（Croatian National Theatre；☎01-48 88 415；www.hnk.hr；Trg Republika Hrvatska 15；⏲售票处周一至周五 10:00～19:00，周六 10:00～13:00，外加表演开始前1小时）这座新巴洛克式风格的剧院建于1895年，定期上演歌剧、芭蕾舞和戏剧。留意门口伫立的伊万·梅什特罗维奇的雕塑作品《生命之井》（*The Well of Life*，1905年）。

瓦特罗斯拉夫·利辛斯基音乐厅　音乐厅

（Vatroslav Lisinski Concert Hall；☎01-61 21 166；www.lisinski.hr；Trg Stjepana Radića 4；⏲售票处周一至周五 10:00～20:00，周六和周日 10:00～14:00和18:00～20:00）城里最负盛名的音乐厅，举办交响乐音乐会、爵士乐和世界音乐演出。此外也有戏剧演出。

购物

Ilica是萨格勒布的主要购物街，古板的建筑里国际时尚大牌济济一堂。城里各处都有精品商店，包括当地品牌时装店、鞋店和工艺品店。萨格勒布的市场不多，但每个都很经典。

上城区

Galerija Link　设计

（www.facebook.com/GalerijaLink；Radićeva 27；⏲10:00～20:00）瓷器、亚麻、服装和家居装饰品都出自克罗地亚设计师之手。

Love, Ana　设计

（www.loveanadesign.com；Dežmanova 4；⏲周一至周五 14:00～20:00，周六 正午至14:00）国际知名设计师Ana Tevšić在她这家纯白色的工作室兼店铺出售招牌家居用品，包括便携灯、水桶包和沙滩巾。

Boudoir　时装和饰品

（www.boudoirzagreb.com；Radićeva 22；⏲周一至周五 11:00～19:00，周六 10:00～14:00）沿铺着鹅卵石路的Radićeva一直向前走，看到写着"按铃喝香槟"（press for champagne）的门铃就到了。这是一间超凡的设计师时装店，丝绸、绉纱和蕾丝服饰都是手工制作的。店主Morana和Martina姐妹俩制作的服装有一种独特的优雅和前卫感，还带着一丝巴黎红磨坊的风情。

Koza　时装和饰品

（Basaričekova 18；⏲周一至周六 11:00～19:00）这个工作室兼商店位于上城区一条安静的街道，面积虽小，但手工皮包以及钱包、腰带和人字拖等配件都极好。包包全部使用克罗地亚原料制作，包括优质皮革，优雅、时尚、造型奇特。

I-GLE　时装和饰品

（www.i-gle.com；Dežmanova 4；⏲周一至周五 10:00～20:00，周六 至15:00）买一件由Nataša Mihaljčišin和Martina Vrdoljak Ranilović设计的饰品吧，简直就像雕塑一般精致，他们从20世纪90年代开始就是克罗地亚时尚产业的领军人物。

Cahun　帽子

（www.cahun.hr；Podzidom 8；⏲周一至周五 9:00～19:00，周六 至14:00）这个家庭经营的帽子店有80年历史了，散发着萨格勒布旧时代的气息。帽子是按照传统方法手工精心制作的，但加入了时尚元素。有各式各样的适合男女老幼、一年四季戴的帽子：钟形女帽、浅顶软呢帽、巴拿马帽、软毡帽、贝雷帽、牛仔帽和鸭舌帽等。现金支付可享折扣。

Take Me Home　礼品和纪念品

（www.takemehome.hr；Tomićeva 4；⏲周一

当地知识

市场

古玩市场(Antiques Market; Britanski trg; ⏲周六 7:00~14:00周日 7:30~14:30)周末的Britanskitrg古玩市场是在萨格勒布旅游的乐趣之一。在摆满小玩意的桌子之间穿梭，然后在广场边缘的咖啡座喝杯咖啡。

阁楼小市场(Mali Plac s Tavana; Little Market from the Attic, Mali Placna Tavanu; www.mali-plac.org; ⏲时间不定)阁楼小市场是一个每周一次的食品集市，最初开在美食博主兼设计造型师耶莱娜·尼克利奇(Jelena Nikolić)家的阁楼里，之后就一直在城里换不同的地点。小贩们叫卖各种商品，从有机柑橘和鼠尾草蜂蜜，到大麻籽油和鹰嘴豆酱，还有手工制作的天然化妆品。

赫雷里奇(Hrelić; ⏲周三、周六和周日 7:00~15:00)克罗地亚最大、最有趣的跳蚤市场，出售汽车配件、古董家具、服装、唱片和厨房用具等。当然了，所有商品都是二手货，买货的人肯定要讲价。除了购物，逛这个市场本身就能获得在萨格勒布其他地方体验不到的经历：市场里有许多罗姆人(Roma)，有热闹的音乐，食物区还散发着烤肉的香气。如果你是在夏天来的，要戴上帽子并涂抹防晒霜，因为市场里没有阴凉。从火车站后面乘坐295路公交车(15KN，20分钟，仅周日运营)到Sajam Jakuševac。如果是坐有轨电车，就乘坐开往Sopot方向的6路有轨电车，在桥附近下车，沿萨瓦河步行15分钟，就到赫雷里奇了；或者乘坐14路有轨电车，在终点站Zapruđe下车，同样也要再步行15分钟。

至周五 9:30~20:00，周六 10:00~15:00)这里的炫酷纪念品都是克罗地亚设计师的作品。

Aromatica 化妆品

(www.aromatica.hr; Vlaška 7; ⏲周一至周五 8:00~20:00，周六 8:00~15:00)连锁店的旗舰店，出售用天然原料制成的美容产品，包括手工香皂和本地香草做成的精油。礼品篮也很不错。

Bornstein 酒类

(www.bornstein.hr; Kaptol 19; ⏲周一至周五 9:00~20:00，周六 9:00~16:30)如果你已经爱上了克罗地亚的葡萄酒和烈酒，来这里就对了。白兰地、葡萄酒和美食种类多得惊人。店内还有一个葡萄酒吧。

Vintesa 酒类

(www.vintesa.hr; Vlaška 63; ⏲周一至周五 9:00~21:00，周六 至20:00)这家先锋葡萄酒商店隐藏在一个庭院里，店内的砖木货架上整齐地摆放着当地葡萄酒，堪称葡萄酒的宝库。员工特别热情，不仅向客人推荐适合他们口味的葡萄酒，还能讲述每种葡萄、每个年份和每瓶葡萄酒背后的故事。自称有来自克罗地亚各个红酒产区的180多种葡萄酒，其中一些是独家限量版。

下城区

Znanje 书籍

(www.znanje.hr; Gajeva 1; ⏲周一至周五 8:00~21:00，周六 至16:00)萨格勒布最好的外文书店。楼下有大量英文小说、旅行指南和少量德语书。

Cerovečki Umbrellas 时装和饰品

(wwwkisobrani-cerovecki.hr; Ilica 49; ⏲周一至周五 8:30~20:00，周六 至14:30)优异的质量、出色的设计和品牌故事确保这家店铺的雨伞在世界品牌的环伺之中安然无恙。走入这家店，仿佛进入了另一个年代，店内摆放着独一无二的、获过大奖的且行销全球的雨伞。红色带有图案的Šestine伞已经成为萨格勒布的代表。想要高调一把，就选采用大量精美蕾丝制成的女士阳伞。

Zvonimir 鞋

(www.facebook.com/balerinke; Dalmatinska 12; ⏲周一至周五 9:00~13:00和17:00~20:00，周六 9:00~15:00)Nataša Trinajstić是这个萨格勒布著名家族的第三代鞋匠。参观她的小商店兼作坊能看到她在那里结合传统工艺和时尚招牌元素制作的“艺术品”。在半成品鞋（牛津皮鞋、芭蕾舞鞋、轻便帆布鞋、奶奶鞋、细高跟鞋）、拖鞋和靴子中挑选，或者请Nataša为你量身定做。

Salon Croata 服装

（www.croata.hr; Ilica 5, Oktogon Passage, Ilica 5; ⏲周一至周五 8:00~20:00，周六 8:00~15:00）自从领结在克罗地亚诞生，它就成了最好、最正宗的旅游纪念品——在这家店里买一个吧。当地出产的真丝领结售价400~2000KN。

实用信息

折扣卡

如果你在萨格勒布待1天或3天，使用**萨格勒布卡**（Zagreb Card; www.zagrebcard.fivestars.hr; 24/72小时 98/135KN）是省钱的好方法。持卡可免费进入失恋博物馆、萨格勒布全景观景台、当代艺术博物馆、萨格勒布城市博物馆、艺术和手工艺品博物馆和萨格勒布动物园，购买其他博物馆门票享受5~9折，去一些餐馆、商店和酒吧也能享受折扣。持卡还能免费乘坐缆车。

该卡在旅游总局以及某些青年旅舍、酒店和商店有售。

医疗服务

Emergency Health Clinic（☎01-63 02 911; Heinzelova 87; ⏲24小时）

KBC Rebro Hospital（☎01-23 88 0298:00~16:00; www.kbc-zagreb.hr; Kišpatićeva 12; ⏲24小时）很好的公共医院，有急诊科，也是萨格勒布大学（University of Zagreb）的教学医院。

邮局

邮政总局（☎01-72 303 304; Branimirova 4; ⏲7:00至午夜）有留存邮件服务，就在火车站旁边。

邮局（☎072 303 304; Jurišićeva 13; ⏲周一至周五 7:00~20:00，周六 至14:00）

旅游信息

旅游总局（☎咨询 0800 53 53，办公室 01-48 14 051; www.infozagreb.hr; Trg Bana Jelačića 11; ⏲周一至周五 8:30~20:00，周六 9:00~18:00，周日 10:00~16:00）提供免费的城市地图和小册子。城里设有几个办事处。

罗特尔许查克塔旅游办事处（Lotrščak Tower Tourist Office; ☎01-48 51 510; Strossmayerovo Šetalište; ⏲6月至9月周一至周五 9:00~21:00，周六和周日 10:00~21:00，10月至次年5月周一至周五 9:00~17:00，周六和周日 10:00~17:00）

长途汽车总站旅游办事处（Main Bus Station Tourist Office; ☎01-61 15 507; Avenija M Držića 4; ⏲周一至周五 9:00~21:00，周六和周日 10:00~17:00）

火车总站旅游办事处（Main Railway Station Tourist Office; Trg Kralja Tomislava 12; ⏲周一至周五 9:00~21:00，周六和周日 10:00~17:00）

萨格勒布机场旅游办事处（Zagreb Airport Tourist Office; ☎01-62 65 091; Zagreb Airport; ⏲周一至周五 9:00~21:00，周六和周日 10:00~17:00）

萨格勒布旅游协会（Zagreb County Tourist Association; ☎01-48 73 665; www.tzzz.hr; Preradovićeva 42; ⏲周一至周五 8:00~16:00）提供萨格勒布周边景点的信息和宣传画册，包括葡萄酒小路和自行车小径。

旅行社

Atlas Travel Agency（☎01-48 07 300; www.atlas-croatia.com; Zrinjevac 17; ⏲周一至周五 8:00~20:00，周六 9:00~14:00）组织从萨格勒布出发的一日团队游和克罗地亚境内的多日大巴车团队游。

Croatia Express（☎01-49 22 224; www.croatia-express.com; Trg Kralja Tomislava 17; ⏲周一至周五 8:00~18:30，周六 9:00~13:00）专营国际火车票，也代为预订火车票，出租小汽车，预订飞机和渡轮票，以及预订国内酒店。

Croatian YHA（☎01-48 29 294; www.hfhs.hr; Savska 5; ⏲周一至周五 8:30~16:30）总部设在萨格勒布的克罗地亚青年旅舍协会（Croatian Youth

> **车票和通票**
>
> 在售报亭或跟司机购买限一次使用的车票，价格为4KN（30分钟）或10KN（90分钟）。持同一张车票可换乘有轨电车或公共汽车，但必须是同方向。夜班有轨电车的同类车票价格15KN。
>
> 乘坐有轨电车或公交车之前确保你的车票有效，上车时在车辆前面的黄色车票激活盒那里刷一下卡（开始计时）——另一个盒子是刷多用途交通卡的。

Hostel Association）提供克罗地亚全境的青年旅舍信息，附设的旅行部门可以协助订房。

到达和离开

飞机

萨格勒布机场（Zagreb Airport；☎01-45 62 170；www.zagreb-airport.hr；Rudolfa Fizira 21, Velika Gorica）位于萨格勒布东南方向17公里处，在2018年超现代化的航站楼投入使用之后成为克罗地亚最大的机场，起降多班国际和国内航班。

长途汽车

萨格勒布长途汽车站（☎060 313 333；www.akz.hr；Avenija M Držića 4）在火车站以东1公里处。由于长途汽车线路四通八达，速度较快，班次也比较多，所以乘坐长途汽车比火车更快捷。如果你要存包，站内有**行李寄存处**（Garderoba；1~4小时每小时5KN，超过4小时 每小时2.5KN）。

买票之前先问清楚到达时间，有些长途汽车走普通公路，沿途每个城镇都停车。

火车

火车站（www.hzpp.hr；Trg Kralja Tomislava 12）在市中心的南边。一出火车站，正对着你的就是一连串公园和艺术馆，沿着它们走就能到市中心。

火车通常只有两三节车厢，所以座位有限，最好提前订票。如果你要存包，火车站里有行李寄存处（储物柜每24小时 15KN）。

当地交通

抵离机场

克罗地亚航空公司的大巴（Croatia Airlines bus；www.plesoprijevoz.hr）7:00~22:30（30KN，40分钟）每隔半小时或1小时（根据航班时间）从机场发往萨格勒布长途汽车站。返回机场的大巴运营时间为4:00~20:30。

290路公交车（8KN，1.25小时）连接市中心正东的Kvaternik Trg和机场，4:20至午夜每35分钟发一趟车。

从机场到市中心，出租车费用为150~200KN。

自行车

Bike.com（☎周一至周五95 90 10 507，周六和周日 98 774 574；www.bike.com.hr；A Kačića Miošića 9；成人自行车/儿童自行车每天100/50KN；⏲周一至周五 5:00~22:00，周六和周日 8:00~22:00）这家当地的自行车租赁公司很不错，由真正热爱骑行的人经营，除了各种城市、全地形和山地自行

从萨格勒布出发的火车

国内目的地	票价（KN）	时长（小时）	每日车次
奥西耶克（Osijek）	132~150	4.5~5.5	4
里耶卡（Rijeka）	111~118	4~5	3
希贝尼克（Šibenik）	187~194	6~10	6（非直达）
斯普利特（Split）	208	6~7.75	3
瓦拉日丁（Varaždin）	65~81	2.25~3	14
扎达尔（Zadar）	197~203	7~16	3（非直达）

国际目的地	票价（KN）	时长（小时）	每日车次
贝尔格莱德（Belgrade）	184	6.5	1
布达佩斯（Budapest）	214	6~7	3
采列（Celje）	67	1.75	1
卢布尔雅那（Ljubljana）	68	2.5	5
马里博尔（Maribor）	89	2.75	1
慕尼黑（Munich）	214	8~9	1
维也纳（Vienna）	223	6.5	1
苏黎世（Zurich）	289	14.75	1

车之外，也有儿童自行车。多日租用的话，可以享受很高的折扣。如果你想骑好几天，店里也出租车筐和其他装备。

NextBike（www.nextbike.hr）这个共享单车体系在市中心设有数个站点。可以直接去站点注册，也可以网上或通过手机App注册。针对游客的标准租金是每天79KN。

公共汽车

萨格勒布的公交车连接市中心和郊区，线路网虽然四通八达，但旅行者几乎用不上。但从Kaptol开往美乐高（Mirogoj）的**106路公交车**是个例外。

小汽车和摩托车

萨格勒布城市不大，开车可以轻松游览（主街宽敞，市中心的停车位虽然不多，但停车费仅为每小时6KN）。留神周围呼啸而过的有轨电车。

萨格勒布有许多国际租车公司，例如**赫兹**（Hertz；☎01-72 72 7277；www.hertz.hr；Grada Vukovara 274；每天€26起；⏲周一至周五 7:00~18:00，周六 8:00~18:00，周日 8:00至正午）。当地租车公司通常价格比较便宜。当地租车公司如**Oryx**（☎01-61 15 800；www.oryx-rent.hr；Grada Vukovara 74；每天88KN起；⏲周一至周五 7:00~20:00，周六 8:00~14:00，周日 8:00至正午）在机场和Esplanade Hotel设有柜台。**Hrvatski Autoklub**（HAK，Croatian Auto Club；☎24小时道路救援01-1987，交通信息07-27 77 777；www.hak.hr）的克罗地亚交通信息App（有英语、德语和意

从萨格勒布出发的长途汽车

注意：下列线路在非旺季时班次有所减少。

国内目的地	票价（KN）	时长（小时）	每日车次
杜布罗夫尼克（Dubrovnik）	188~231	9.5~11	12
科尔丘拉（Korčula）	275	11	1
克尔克（Krk）	141	3~4.5	7~8
马卡尔斯卡（Makarska）	168~207	6.5~7	12~15
小洛希尼（Mali Lošinj）	216	6.75	2~5
奥西耶克（Osijek）	133~139	4	17
普利特维采（Plitvice）	85~105	2~3	11~15
波雷奇（Poreč）	141~176	4~4.5	12
普拉（Pula）	121~192	3.5~5.5	23
拉布（Rab）	207~236	4~5	1~6
里耶卡（Rijeka）	80~121	2.5~3	20~35
罗维尼（Rovinj）	126~189	4~6	16
希贝尼克（Šibenik）	136~151	4.5~7	17
斯普利特（Split）	120~176	5~8.5	32~37
瓦拉日丁（Varaždin）	61~87	1~2	19~28
扎达尔（Zadar）	89~126	3.5~5	30

国际目的地	票价（KN）	时长（小时）	每日车次
贝尔格莱德（Belgrade）	230	6~6.5	6
卢布尔雅那（Ljubljana）	40~205	2.5~3	18
米兰（Milan）	435~609	9~10	2
慕尼黑	139~228	7~8	13~19
萨拉热窝（Sarajevo）	198~226	7~8	4~5
维也纳	150~179	5	10

大利语）提供最新交通信息，如果车辆有故障，也提供道路救援。

出租车

Taxi Cammeo（☎1212, 01-62 88 926; https://cammeo.hr/en/cities/zagreb; 起步价 6KN，之后每公里 6KN）计价最便宜的出租车公司，等候费用为每小时40KN。

Ekotaxi（☎1414, 060 77 77; www.ekotaxi.hr; 起步价 8.80KN，之后每公里 6KN）等候费用为每小时43KN。

Radio Taxi（☎1717; www.radiotaxizagreb.com; 起步价10KN，之后每公里6KN）市中心随处可见的电话叫车（通常停在有蓝色出租车标志的地方）。等候费用为每小时40KN。

萨格勒布也有Uber。

有轨电车

萨格勒布的公共交通（www.zet.hr）基于高效率的有轨电车系统，只不过市中心结构相当紧凑，除非去长途汽车站或火车站，否则基本不需要乘坐有轨电车。各大车站都张贴着有轨电车路线图，坐车基本没有问题。

2路和6路有轨电车从长途汽车站开往火车站。6路有轨电车开往耶拉其恰广场（Trg Bana Jelačića）。

克罗地亚内陆

包括 ➡

最佳餐饮

- Kod Ruže（见122页）
- Josić（见126页）
- Mala Hiža（见116页）
- Klet Kozjak（见108页）

最佳住宿

- Maksimilian（见121页）
- Vuglec Breg（见109页）
- Park Boutique Hotel（见114页）
- Kućica（见108页）

为何去

虽然克罗地亚的这个区域被大多数游客遗忘了，但它其实很适宜公路旅行。扎戈列北部地区田园风光宜人，小巧玲珑的村庄星罗棋布，被葡萄园覆盖的山区除了可爱的中世纪城堡，还有温泉小镇。在内陆东端，邻近匈牙利的地方，瓦拉日丁是一个拥有巴洛克式风格的美丽小城，不仅环境幽静宜人，在历史上还占有重要地位。

潘诺尼亚平原和平坦的斯拉沃尼亚农田一直向东南方向的塞尔维亚延伸。这片传统的农耕地区在奥西耶克的精美建筑、武科瓦尔的两座博物馆和贾科沃宏伟大教堂的衬托下，更添一丝文化气息。再往前，穿过乡间，又出现了更多的葡萄酒小路，还可以乘船游览科帕奇基利特自然公园的大片湿地。

与人声鼎沸的海边度假胜地相比，你会发现在这个地区旅行要有个性得多。

何时去

奥西耶克

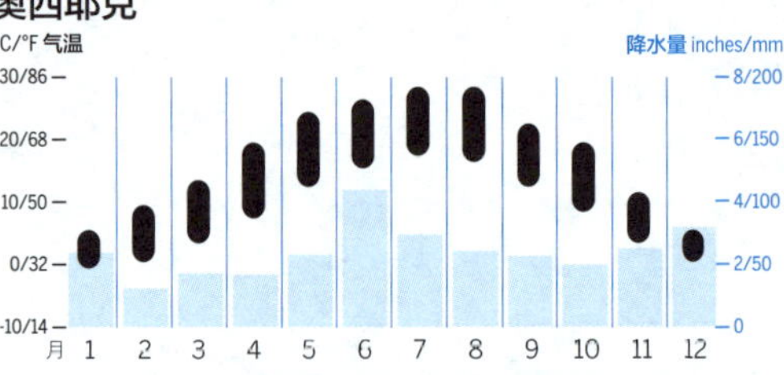

4月和5月 野花成片，在乡野的山间连绵，仿佛五彩的地毯。

7月和8月 气温上升，游客涌向海边。在贾科沃的民俗节尽情地唱歌跳舞。

9月 在瓦拉日丁音乐节期间感受巴洛克音乐文化。

萨格勒布周边（AROUND ZAGREB）

萨格勒布周边古老的克罗地亚中心地带是徒步、滑雪和美食胜地的门户。

萨莫博尔（Samobor）

☎01 / 人口 37,600

压力重重的城市居民来到萨莫博尔放松身心，美味的食物、香滑的蛋糕和可爱的景色是治愈良方。饱餐一顿kremšnite（蛋奶派）之后，在蜿蜒穿过市中心的浅溪Gradna边散步，欣赏水粉画一般的建筑和教堂，享受无所事事的悠闲时光，这里是从萨格勒布出发的轻松半日游目的地。

景点和活动

宗白拉克萨莫博尔斯科山自然公园 自然公园

（Žumberak Samoborsko Gorje Nature Park; www.park-zumberak.hr）免费 要去宗白拉克萨莫博尔斯科山徒步，萨莫博尔是很好的接驳点。宗白拉克萨莫博尔斯科山连接阿尔卑斯的多个高峰，拥有喀斯特溶洞和迪纳拉山脉（Dinaric Range）的深谷。被草场和森林覆盖的宗白拉克萨莫博尔斯科山是本地区最受欢迎的徒步胜地，从1875年起，就是克罗地亚有组织的登山活动的摇篮。

这片占地333平方公里的区域因其生物多样性、森林、喀斯特溶洞、河谷和4个瀑布，于1999年成为一座自然公园。大多数徒步线路轻松好走，标识清晰，9栋山区小屋是宜人的休息站。大多数山区小屋仅供周末使用（7月至8月的旺季除外）。

宗白拉克萨莫博尔斯科山脉分为3段：中间的Oštrc群山、西边的Japetić群山和东边的普列兹维察（Plešivica）群山。乘坐开往Lipovec方向的144路公交车到达山间木屋兼餐馆Šoićeva Kuća，位于萨莫博尔以西10公里处，从Šoićeva Kuća可以进入Oštrc群山和Japetić群山。想要前往中世纪山顶要塞Lipovec，需要沿着陡峭的山路向上攀爬30分钟，去Oštrc顶峰（海拔752米）要1小时，那里还有一座山间木屋。

另一条热门徒步线路是从Šoićeva Kuća到萨莫博尔群山的最高峰Japetić（海拔879米），全程需要1小时30分钟，山顶是著名的滑翔伞地点（登录www.parafreek.hr查阅具体信息）。从Oštrc也可到达Japetić（2小时）。普列兹维察群山不仅有一个中世纪要塞遗址和一个受保护的森林公园，它同时也是出名的攀岩去处。你可以从Rude村前往那里（143路公交车开往Rude和Braslovje）。从Rude往东，走到位于Poljanice山腰的狩猎木屋Srndać（12公里），之后沿陡峭的山路徒步40分钟才能到达普列兹维察山顶（海拔37米）。

除了公园网站上的信息，克罗地亚登山协会（Croatian Mountaineering Association；见37页）也提供徒步的详细信息。

就餐

Slatka Tvornica Medenko 冰激凌 €

（Mirka Kleščića 1; 12~28KN; ⊙9:00~21:00）别错过这家奇妙的冰激凌店，它是克罗地亚最好的冰激凌店之一。冰激凌用传统方式制作，不添加人工香料、色素或防腐剂，口味都很独特，例如南瓜油、芹菜、蓝纹奶酪和胡萝卜等口味。

U Prolazu 甜品 €

（Trg Kralja Tomislava 5; 蛋糕 7~12KN; ⊙7:00~23:00）就在主广场上，以出售城里最好吃的kremšnite（蛋奶派，9KN）出名。

Gabreku 1929 克罗地亚菜 €€

（www.gabrek.hr; Starogradska 46; 主菜 55~150KN; ⊙正午至午夜）经典的当地餐馆，离镇中心很近，步行几分钟就到了。从20世纪20年代起就由同一个家族经营。出名之处是40种甜品和美味的palačinke（薄煎饼）。

实用信息

旅游办事处（☎01-33 60 044; www.tz-samobor.hr; Trg Kralja Tomislava 5; ⊙周一至周五 8:00~16:00，周六和周日 9:00~17:00）这个办事处位于镇中心，除了大量介绍萨莫博尔的小册子和地图，还提供萨莫博尔斯科山和Žumberačko Gorje（附近另一个山脉）的地图和步行信息。

到达和离开

乘坐公共交通工具前往萨莫博尔很方便。

克罗地亚内陆亮点

❶ **奥西耶克**（见119页）饱览美好的建筑和生机勃勃的咖啡馆文化。

❷ **瓦拉日丁**（见111页）在紧凑的市中心漫步，街道两边是优雅的巴洛克建筑，一栋带角楼的城堡占据了城市最高点。

❸ **科帕奇基利特自然公园**（见124页）划独木舟穿过湿地，沿途欣赏鹭、鹳和大雁。

❹ **武科瓦尔**（见126页）在克罗地亚最好的博物馆中追溯历史。

5 **巴拉尼亚**(见124页)沿着葡萄酒小路自驾,探访酒庄和小村庄。

6 **贾科沃**(见118页)引颈观摩大教堂里的多彩壁画。

7 **洛尼亚平原自然公园**(见116页)探寻传统村庄和白鹳。

8 **克拉皮纳**(见110页)逛逛博物馆,然后欣赏浮华繁杂的巴洛克式风格的教堂装饰。

9 **萨莫博尔**(见103页)品尝kre-mšnite(蛋奶派),然后沿普列兹维察葡萄酒之路探索乡村和酒庄。

在萨格勒布的长途汽车总站乘坐Samoborček或Autoturist Samobor大巴（31KN，40分钟，约每30分钟1班）即可。从**Samobor长途汽车站**（141 Samoborske Brigade HV）前往主广场的路程仅1.5公里。

梅德韦尼查山(Mt Medvednica)

梅德韦尼查山骄傲地矗立在萨格勒布背后，对当地人而言，它是一个交通方便的休闲去处，冬季可滑雪，其他月份山峰青翠，适合徒步。除了享受新鲜空气、森林美景和户外活动，一日游的游客还可以游览山区的中世纪要塞和巨大的山洞，之后跟当地人一起在山坡上的山区木屋吃午餐。

景点

熊堡 要塞

（Medvedgrad；☎01-45 86 317；www.pp-medvednica.hr；15KN；⊙4月至9月周二至周日 11:00~19:00，10月至12月周二至周日 10:00~18:00，1月至3月周六和周日 10:00~17:00）这个中世纪要塞位于梅德韦尼查山南麓，就在城市上方，是萨格勒布最重要的中世纪纪念建筑，于1249年至1254年为抵抗鞑靼人的入侵而建。现在能看到重建的厚厚的城墙和塔楼，以及一个有壁画和故土圣龛（Shrine of the Homeland）的小礼拜堂，这个圣龛纪念为解放克罗地亚而牺牲的人。天气晴朗的日子，在要塞上可以俯瞰萨格勒布及周边的美景。

在萨格勒布的Britanskitrg（市中心以西的Ilica路上）乘坐102路公交车，到Šestine的教堂下车，然后沿徒步小路轻松步行1小时即可到达熊堡。

Veternica Cave 洞穴

（www.pp-medvednica.hr；成人/儿童/家庭 40/20/70KN；⊙4月至10月周六和周日 10:00~

另辟蹊径

普列兹维察葡萄酒之路（PLEŠIVICA WINE ROAD）

沿着蜿蜒的“普列兹维察葡萄酒之路”去品味一番乡村生活吧，还能品尝到优质的农产品，一路上尽是转瞬即逝的红顶房屋小村庄、成片的葡萄园和翠绿的山峰。萨莫博尔以南20公里（即萨格勒布以北45公里）的地方聚集了超过20家葡萄酒庄，所以端起葡萄酒杯，准备好敏锐的嗅觉，来品酒吧。下面是我们最喜欢的几个酒庄：

Korak（☎01-62 93 088；www.vino-korak.hr；Plešivica 34；葡萄酒品尝 100KN；⊙需预约）普列兹维察产区最好的酒庄之一，葡萄园占地5公顷。我们强烈建议你尝尝这里的霞多丽和黑皮诺。参加团队游，参观整个葡萄酒酿造设施，最后在挂着普列兹维察的黑白老照片的温馨品酒室结束游览。

Režek（☎091 56 46 240；www.rezek.hr；Plešivica 39；⊙周五至周日 10:00~20:00，周一至周四需预约）这个家族已经有4代人从事葡萄酒酿造业。参加团队游，穿过酒窖区域，然后品尝蓝波特斯基（portugizac；Blauer Portugieser）、灰皮诺和霞多丽。这里也出产清新宜人的起泡白葡萄酒。品尝不同品种，收费各异。

Šember（☎01-62 82 476；www.sember.hr；Donji Pavlovčani 11b，Jastrebarsko；葡萄酒品尝 50KN；⊙需预约）这个位于普列兹维察地区的家庭经营酿酒厂值得你驻足，雷司令和霞多丽都很不错。品酒价格包括配酒的当地产奶酪。

La Gradi（☎099 62 93 315；www.lagradi.com；Vlaškovec 156，Jastrebarsko；⊙需预约）获过铜奖的麝香葡萄酒最出名，但此外也出产水果味的雷司令和口感丝滑的灰皮诺。不同的品酒团队游收费各异，在预约时要问清楚。

几乎所有的品酒团队游都要求提前预约，这样的话酒庄能事先做好准备。Zagreb County Tourist Association（见98页）提供免费但仅有基础信息的《普列兹维察葡萄酒之路》（*Plešivica Wine Road*）地图，上面列出了所有的葡萄酒庄园。

16:00）克罗地亚第六大洞穴，从4月中旬起，整个夏季的周末对游客开放。洞内的前380米可以参加1小时的导览游参观，你将看到造型奇特的钟乳石和化石。该洞穴位于梅德韦尼查西侧部分，Glavica Mountain Hut也在那里。

从萨格勒布来这个洞穴的走法是：在Črnomerec乘坐124路公交车，到Gornji Stenjevec下车（约15分钟），然后沿着Dubravica溪边的标号为"3"的小径往山上走20分钟左右，到达Veternica即是（要去Glavica的话还得再走15分钟）。

活动

梅德韦尼查自然公园　徒步

（Medvednica Nature Park；www.pp-medvednica.hr）梅德韦尼查自然公园在萨格勒布正北方，公园内有多条一流的徒步线路，其中几条标识清晰，极受欢迎。走任何一条线路都要做好需要3小时的准备，还要记住：这座山森林密布，很容易迷路。克罗地亚登山协会（见37页）和Bliznec公园入口处的**信息点**（Info Point；☎01-45 86 317；www.pp-medvednica.hr；Bliznec 70）提供地图。

轻松好走的Leustekov小径（标号"14"）是最火的线路之一，终点是位于梅德韦尼查山顶的斯列梅（Sljeme）。沿途可以在斯列梅最古老的山区木屋之一**Runolist**（☎01-45 57 519；主菜 35~65KN；⏲8:00~20:00）小憩，在那里俯瞰萨格勒布美景并享用传统饮食。

或者，往Puntijarka（见本页）和Hunjka这两个山区小屋方向走。Bikčevićeva小径（标号"18"）比较短，但更陡更难走，起点是Bliznec公园入口。

要去迷人的梅德韦尼查山东侧，可以在萨格勒布的**Dubrava公交总站**（Avenija Dubrava）乘坐205路或208路公交车，到Bidrovec村或Vidovec村下车后，走标号"24"或"25/25a"的小径前往Gorščica的山区木屋，从那里再走大约2小时即可到达。

自带水和保暖衣物，而且一定要在太阳落山之前返回。春季山里有传染疾病的蜱虫，因此要穿长裤和长袖，徒步结束后也要检查一下身体。

斯列梅滑雪场　滑雪

（Ski Resort Sljeme；☎01-45 53 382；www.sljeme.hr；白天缆车票成人/儿童平日70/40KN，周末100/50KN；⏲9:00~16:00，周二和周四 夜间滑雪19:00~22:00）萨格勒布并非冬季运动胜地，但你可以在位于梅德韦尼查主峰的斯列梅（Sljeme）镇外滑雪。这个滑雪场有5条雪道、2个滑雪缆车和一部3人升降椅。红坡（Red Slope）和白草地（White Meadow）有夜间滑雪场。红坡山脚下出售通票。

食宿

Hižena Bregu　木屋 €€

（☎098 92 90 881；www.hizenabregu.com；Hižakovec 2/1, Donja Stubica；木屋 €90；Ⓟ）Hižakovec村（在Donja Stubica附近）里的Hižena Bregu是梅德韦尼查山北坡的世外桃源。传统扎戈列（Zagorje）木屋最多能住5人，主屋里有两间双人房，此外还有一间不带卫浴的独栋木屋。要求最少入住两晚。

Puntijarka　克罗地亚菜 €

（☎01-45 80 384；主菜 35~85KN；⏲周一至周五 9:00~21:00，周六和周日 7:00~21:00）这个山区小屋周末特别火，人们坐在田园环境里享用传统家常克罗地亚菜。

到达和离开

梅德韦尼查山位于萨格勒布边缘，从城里过去很方便。14路有轨电车坐到终点，再换乘15路有轨电车坐到终点（Dolje）。步行穿过隧道，直达Bliznec公园入口。

如果自驾前往，自然公园的所有入口都有停车场。

扎戈列（ZAGORJE）

扎戈列地区就在萨格勒布旁边，但前者是一派乡村的田园风光。密林山峦、葡萄园和玉米地郁郁葱葱，小村庄散落其间，中世纪的城堡公路交通方便，与南部熙熙攘攘的地中海海岸相比，这里气氛悠闲宜人。此地人口稀少，但夏季周末时会涌入大量来自首都的举家出行的游客。

扎戈列地区北起萨格勒布附近的梅德韦

值得一游

乡野桃源

近年来，提供食宿、葡萄酒和休闲服务的乡间度假村在扎戈列周边如雨后春笋般涌现。周末从萨格勒布来此一日游的人往往下榻于此，但如果在平日里来，基本相当于包场了。

Bolfan Vinski Vrh（☎099 70 31 797；www.bolfanvinskivrh.hr；Gornjaki 56, Hraščina；⊙需预约）要品尝获过大奖的葡萄酒，就来Hraščina村里的（Zlatar镇附近）Bolfan Vinski Vrh。这个klet（传统扎戈列木屋）坐落于美丽的山顶，下面的山坡上除了葡萄园，还有扎戈列最美的景色。附设一个很棒的餐厅（☎099 70 31 797；主菜 75~110KN；⊙周三至周六 正午至20:00，周日 至18:00；❄）。

Kućica（☎099 62 92 985；www.kuchica.com；Luka；双 平时/周末 €60/100；P）这家童话风格的度假村在山区，与萨格勒布相距35公里，是一栋用120年树龄的橡木搭建而成的传统农舍。这里有果园、葡萄园、有机花园和吊床，室内有炭路和五颜六色的质朴装饰品。外面的长条木桌和烧烤架使"这栋小屋"颇受家庭和团队游客的喜爱。

Majsecov Mlin（☎049-288 092；www.majsecov-mlin.com；Obrtnička 47, Donja Stubica；主菜 55~90KN；⊙9:00~23:00；P❄📶）拥有Donja Stubica村附近的两间传统木屋，供应当地常见菜肴，以时令食材为原料，厨师是萨格勒布最好的厨师之一。尝尝搭配炸荨麻条和萨格勒布风味青酱的美味牛排。

Klet Kozjak（☎049-228 800；www.klet-kozjak.hr；Kozjak 18a, Sveti Križ Začretje；主菜 55~110KN；⊙8:00~22:00）位于克拉皮纳东南方向11公里处的Sveti Križ Začretje，这个可爱的小木屋供应该地区的传统食物，例如加奶酪和蔬菜汁的家常荨麻意大利面。在露台上看到的山丘和峡谷景色同样令人陶醉。

尼查山（Mt Medvednica；海拔1035米），西侧延伸至斯洛文尼亚边境，北边最远处连接瓦拉日丁，那里有许多巴洛克式风格建筑。无论你想在朴实无华的餐馆里大快朵颐，还是想感受乡村生活或游览古代城堡，扎戈列都是绝佳目的地。

克拉涅茨（Klanjec）

☎049 / 人口 2740

在宜人的小城克拉涅茨能看到一些美妙的雕塑，这里是克罗地亚名人、纽约联合国大厦门口"和平纪念碑"（Monument to Peace）的创作者——雕塑家安吞·奥古斯汀奇茨（Antun Augustinčić, 1900~1979年）的出生地，也是**安吞·奥古斯汀奇茨美术馆**（Antun Augustinčić Gallery；Trg Antuna Mihanovića 10；成人/儿童 25/15KN；⊙4月至9月 9:00~17:00，10月至次年3月周二至周日 至15:00）所在地。

这里还有一座1630年由著名的Erdödy兄弟建造的17世纪**巴洛克教堂**（Mihanovićev Trg 11；10KN）。隔壁的圣方济各修道院内有两座经过修复的Erdödy家族石棺，石棺藏在教堂地下室内，是巴洛克年代留下的精美艺术品。

通过**旅游办事处**（tourist office；☎049-550 235；www.klanjec.hr；Trg A Mihanovića 3；⊙周一至周五 8:00~16:00，周六 至13:00）安排教堂和修道院的参观活动，但是需要注意：旅游办事处的上班时间有时候跟官方宣布的时间并不一致。

ℹ 到达和离开

平日每天有两趟长途汽车从萨格勒布开往克拉涅茨的库姆罗韦茨站（Kumrovec；51KN，1~1.5小时）。周末没有车次。

克拉平斯凯托普利采（Krapinske Toplice）

☎049 / 人口 5100

温泉小镇克拉平斯凯托普利采位于克拉皮纳（Krapina）西南约17公里处，即萨格勒布以北54公里处，地处扎戈列乡村地区，四周是连绵的山峰。值得一游的景点是4个地热温泉，水中富含镁和钠，水温从未超过39℃。小镇本身乏善可陈，没什么可看的，也冷清，来的主要是参加各种康复项目的老年人。但是，后建的温泉水疗中心Aquae Vivae比较时尚，为小镇注入了一丝活力，如果旅行途中想泡泡温泉，这里是个好地方。

活动

Aquae Vivae 温泉洗浴

（☎049-501 999；www.aquae-vivae.hr；Ulica Antuna Mihanovića 1a；成人/儿童平时 70/50KN，周末 90/60KN；⏲9:00~21:00）这个时尚的温泉洗浴中心为克拉平斯凯托普利采注入了新鲜活力，占地18,000平方米，是克罗地亚最现代化的室内温泉池群，造浪池、水滑梯和专门的儿童池可以让孩子们玩得不亦乐乎，此外还有一个大的露天池，甚至还有一个专门的水肺潜水池。

食宿

★ Vuglec Breg 旅馆 €€

（☎049-345 015；www.vuglec-breg.hr；Škarićevo 151, Škarićevo；房间 €80起；P 📶）这家环境优美的乡村旅馆位于Škarićevo村内，与克拉平斯凯托普利采相距4公里。5栋传统木屋（有卧室和卫浴）坐落在葡萄园和森林之间。院子里有网球场、徒步小径和一个葡萄酒庄，还有供孩子们尽情玩耍的游乐场、羽毛球场和骑小马活动。免费提供山地骑行车。

餐厅烹制扎戈列特色菜肴（主菜95~120KN），例如purica s mlincima（慢炖火鸡配烤面条）和štrukli（烤奶酪饺子）。可以在阳台上边吃边欣赏一览无余的景色。

Villa Magdalena 水疗酒店 €€€

（☎049-233 333；www.villa-magdalena.net；Mirna 1；双 €145起；P ❄ 📶 🏊）每个房间都配备按摩浴缸，窗户对着青翠的山峰，在这家温泉酒店可以让人充分放松身心。客人大多是来避暑的，会做一两次按摩（€24起），并充分利用3楼的水疗和健身设施（住店客人免费）。除了水疗和健身设施，3楼还有泳池、桑拿和日光浴平台。

餐厅供应意大利风味和法国风味菜肴以及扎戈列特色菜肴。登录网站了解网络订房的优惠价和全包价。

到达和离开

从萨格勒布到克拉平斯凯托普利采一日游，乘坐长途汽车很方便，平日每天10趟，周末每天6趟（42~52KN，1.25小时）。通过网站www.akz.hr

值得一游

库姆罗韦茨（KUMROVEC）

库姆罗韦茨位于斯拉沃尼亚边境附近的苏特拉（Sutla）河谷深处，现在已经被改建为一个露天的民族学博物馆——**库姆罗韦茨斯塔罗塞洛博物馆**（Kumrovec Staro Selo Museum；www.mss.mhz.hr；Josipa Broza 19，Kumrovec；成人/儿童/家庭 25/15/55KN；⏲4月至9月 9:00~19:00，11月至次年2月 至16:00，3月和10月周一至周五 9:00~16:00，周六和周日 至18:00）。由19世纪村庄翻建而成的斯塔罗塞洛博物馆包括40栋经过修复的房屋和畜棚，它们是用压实的泥土和木头建造的。这个村庄也是前南斯拉夫总统铁托（Josip Broz Tito）的出生地。他的故居现在是个博物馆，馆内陈列着当时的家具、来自外国领导人的书信和其他纪念物，外面还有一座等身铜像。

一条潺潺的小溪穿过博物馆，农耕传统和乡村生活得以生动再现。这些传统扎戈列木屋（hiže）内摆满家具、假人、玩具、葡萄酒压榨器和烤具（以上这些都有英文说明），一切都唤起了人们对该地区传统艺术、手工艺和服饰的回忆。在4月至9月的某些周末，博物馆会举办打铁、制蜡烛、制陶和织麻展示。铁托的生日5月25日那天，村里会挤满来自前南斯拉夫各国的铁托追随者。

要来这里，你最好自驾，因为每天只有两趟长途汽车连接萨格勒布和库姆罗韦茨（57KN，1.25小时；仅工作日发车）。

查询最新长途汽车发车时刻表。

克拉皮纳(Krapina)

☎049 / 人口 12,100

这个小镇是地区中心，极为整洁，表面看上去平平无奇，但隐藏着两个值得一看的景点。耶路撒冷圣母玛利亚教堂(Church of Virgin Mary of Jerusalem)坐落在镇背后的山顶，教堂内壁有大量壁画。另一个景点是克拉皮纳的出名之处——克拉皮纳尼安德特人博物馆(Museum of the Krapina Neanderthal)。1899年，克拉皮纳Hušnjakovo山的一个洞穴出土了公元前10万年至公元前3.5万年

不要错过

扎戈列的大城堡

中世纪城堡是扎戈列地区的代表，这些城堡保护克罗地亚腹地不受东部和北部敌人的侵袭。瓦拉日丁和瓦拉日丁温泉镇(Varaždinske Toplice)都有自己的城堡，但这个地区最宏伟的城堡是位于乡间的韦利基塔博尔城堡(Veliki Tabor)和特拉科什查城堡(Trakošćan)。

五边形的**韦利基塔博尔城堡**(www.veliki-tabor.hr; Košnički Hum 1, Desinić; 成人/儿童/家庭 25/15/55KN; ⏲4月至9月周一至周五 9:00~17:00, 周六和周日 至19:00, 11月至次年3月周三至周日 9:00~16:00, 10月周一至周五 9:00~16:00, 周六和周日 至17:00)位于萨格勒布西北方向57公里处。越接近这座山顶城堡，你的视野就越开阔，可将山峦、玉米田、葡萄园和森林的景色尽收眼底。16世纪，为了抵御土耳其人的进攻，克罗地亚贵族开始在这个地区修建要塞城堡。韦利基塔博尔城堡所在的院子属于16世纪初的一个中世纪早期建筑，后来增建了4座半圆形塔楼。

金黄色的城堡矗立在山顶的战略要地，是一栋标准的中世纪城邑领主城堡：有塔楼、教楼及墙上的孔(用以向敌人浇沥青和热油)。城堡里甚至有Veronika Desinić的头骨，根据当地民间传说，这个穷苦的乡下女孩因为跟城主的儿子谈恋爱而遭到惩罚，身体被砌进墙里。

光是乡村景色，这里就值得一游，何况附近还有传统美食餐馆。坐在田园风味的小餐馆**Grešna Gorica**(☎049-343 001; www.gresna-gorica.hr; Taborgradska Klet 3, Desinić; 主菜40~80KN; ⏲9:00~21:00; 👪)的露天餐桌旁，边吃饭边从远处欣赏城堡。

该城堡是**塔博尔电影节**(Tabor Film Festival; www.taborfilmfestival.com; ⏲6月/7月)举办地。

从萨格勒布开往Desinić的长途汽车(62~70KN, 1.5~2小时)周一至周六每天8趟，周日4趟。下车后往西北方向走3公里就到韦利基塔博尔城堡。

特拉科什查城堡(☎042796 281; www.trakoscan.hr; Trakošćan 1; 成人/优惠40/20KN; ⏲4月至10月 9:00~18:00, 11月至次年3月 9:00~16:00)位于萨格勒布西北80公里处，其藏品丰富的博物馆和迷人的院落值得一游。该建筑的确切起源无从得知，但对它的第一次正式记载是在1334年。19世纪中叶，它被翻建成新哥特风格，当时最初的罗马风格细节已经所剩无几了。占地87公顷的城堡院落被绿化成为浪漫的英式花园，栽满了异国树木，还修了一片人工湖。

1944年之前，贵族Drašković家族居住在这个城堡里，现在这里有3层楼的展室用来陈列这个家族用过的家具、大批肖像画和武器藏品中的各种剑，地下室还有一间当年的厨房。从新文艺复兴式到哥特式和巴洛克式，房间的风格皆不相同。

饱览完历史之后，沿着绿树成荫的小路散步，走到湖边的木码头上，在那儿租一艘双人脚踏船(30分钟30KN)。

萨格勒布和特拉科什查之间没有公交车，但除周日外，瓦拉日丁每天有车开往特拉科什查，因此你可以从瓦拉日丁到这里来进行一日游。

前生活在这里的尼安德特部落的人类骨头化石和动物遗骸。除了旧石器时代的石质工具和武器，还发现了共计876具人类的遗骨，包括属于几十个不同个体的196颗牙齿。这里发现的尼安德特人化石在全欧洲是最多的。

景点

★耶路撒冷圣母玛利亚教堂 教堂

（Church of Virgin Mary of Jerusalem；☎看门人 095 52 86 213；M Krieže bb；⏲周日 8:00~10:00）这个建于1761年的巴洛克教堂是萨格勒布最重要的朝圣地点之一，虽然从镇过来要走一段上山路，但辛苦是值得的。教堂外立面的壁画描绘了显现的奇迹，祈祷者将奇迹的应验都归功于圣母玛利亚。内部是令人炫目的巴洛克壁画（Antun Lerchinger创作）和装饰性圣龛，18世纪的风琴还摆放在原处。

克拉皮纳尼安德特人博物馆 博物馆

（Museum of the Krapina Neanderthal；www.mkn.mhz.hr；Šetalište Vilibalda Sluge bb；成人/儿童/家庭 60/30/120KN；⏲4月至10月周二至周日 9:00~19:00，11月至次年3月 至17:00）带孩子的旅客应该火速前往这个探索宇宙、地球和人类历史的奇妙博物馆。一系列趣味、多彩和高科技的展品讲述了1899年出土尼安德特人骨骼化石的故事。从宇宙大爆炸到尼安德特人的日常生活，展览覆盖尼安德特的消亡和智人的兴起，还能看到有趣的挖掘现场的沙盘。

对尼安德特人抱有浓厚兴趣的游客或许会有点失望，因为挖掘成果虽然包括超过800件化石，但几乎没有在馆内展出。虽然克拉皮纳是全世界尼安德特人出土遗迹最多的地方，也颇具科学意义，但大部分化石是骨骼碎片，当作展品的话，外行人并没有多大兴趣。不过馆内的一个展厅的确陈列着从世界各地的重要考古地点出土的尼安德特人头骨。

走出博物馆，你可以步行登上出土遗迹所在的山峰，现在那里有一座尼安德特人使用的棍棒的雕塑。

食宿

Hostel Barrock 青年旅舍 €

（☎098 18 23 863；www.hostel-barrock.com；Magistratska 36；铺成人/儿童120/75KN；❄@📶）离主广场仅2分钟步行路程，这个友好的小青年旅舍有3间纤尘不染的宿舍房间，其中两间有4张床位，另一间能住7个人，此外还有小厨房和公共区域、带烧烤架的后院以及很酷的咖啡厅兼酒吧。

Pod Starim Krovovima 克罗地亚菜 €

（☎049-370 871；Trg Ljudevita Gaja 15；主菜25~80KN；⏲6:00~22:00）位于克拉皮纳镇中心，平时是吃便宜美味的gablec（午餐）或地道传统晚餐的首选之地。如果你想找住处，楼上有8间朴素但干净的独立房间。

实用信息

旅游办事处（☎049-371 330；www.tzg-krapina.hr；Magistratska 28；⏲周一至周五 8:00~15:00，周六 至正午）乏善可陈，只能提供几种小册子和空洞的信息。

到达和离开

周一至周六每天有几班长途汽车从萨格勒布开往克拉皮纳（36~43KN，1小时），周日仅晚上发一班。工作日每天有14趟列车从萨格勒布开往这里（40KN，1.5小时），中途要在扎博克（Zabok）换车。

火车站和长途汽车站都在镇中心的Frana Galovića。从火车站出发，沿Frana Galovića直行1公里就是克拉皮纳尼安德特人博物馆。

瓦拉日丁（Varaždin）

☎042/人口46,300

瓦拉日丁市中心历史悠久，装饰一新，有各种经过精心修复的巴洛克建筑及雅致的花园和公园。多年来，瓦拉日丁一直被游客忽略，只被当作往返匈牙利的中转站，但现在的旅行者开始意识到瓦拉日丁的魅力，从萨格勒布（瓦拉日丁以南81公里处）来这里一日游的游客日益增多。

作为18世纪克罗地亚的首都和最繁华的中心，这里格外精美的18世纪建筑让人大饱眼福。步行街以托米斯拉夫广场（Trg Kralja Tomislava）为圆心，向周围放射性分布。步行游览的高潮是参观白得耀眼的带角楼的斯塔里格勒（Stari Grad），里面是城市博物馆。

历史

Garestin城(今瓦拉日丁)在克罗地亚的历史上曾经扮演过重要的角色。1181年,在国王贝拉三世(King Bela Ⅲ)执政期间,它首次成为地区行政中心。1209年它进一步成为国王安德鲁二世(King Andrew Ⅱ)的皇家自治领地,有了自己的印章和盾形纹章。

克罗地亚被土耳其人包围期间,瓦拉日丁成为最强有力的大后方和掌握决策权的将军们的驻地。奥斯曼土耳其人撤退后,瓦拉日丁成为克罗地亚的文化、政治和贸易中心。由于地理位置接近欧洲北部,瓦拉日丁有很多这个时期在欧洲流行的巴洛克风格建筑。一流的艺术家和建筑师蜂拥而至,他们在这里设计了众多豪宅、教堂和公共建筑。

1767年,这个城市成为克罗地亚首都,直到1776年被大火夷为平地,克罗地亚总督(ban)收拾好行装,把行政中心搬到了萨格勒布。依然生机勃勃的城市很快按照巴洛克风格重建起来,保留至今。

景点

瓦拉日丁的市中心有各式各样的巴洛克式建筑,其中许多被翻建成了博物馆。为了申请联合国教科文组织的世界文化遗产,许多充满艺术气息的住宅和优雅的教堂得到维修。大多数建筑的门口都有牌子,上面用英语、德语和克罗地亚语介绍该建筑的历史,方便游客了解。

城市博物馆 城堡

(Town Museum, Gradski Muzej; www.gmv.hr; Strossmayerovo Šetalište3; 成人/优惠25/15KN; ⏲周二至周五 9:00~17:00, 周六和周日9:00~13:00)这个位于斯塔里格勒内的雪白色城堡是中世纪防御建筑的瑰宝,周围是草坪整齐的公园。城堡始建于14世纪,现在的哥特-文艺复兴风格建筑建于16世纪,当时这里是防御土耳其人进攻的地区要塞。

建筑在1925年之前属私人所有,如今它成了一座博物馆,收藏数个世纪积累的家具、绘画、手表、玻璃制品、装饰物件、勋章和武器,展厅超过30间。比古董展品更有趣的是建筑本身:你可以从吊桥进入这个宏伟的城堡兼要塞,四处转转,参观拱廊、庭院和小教堂。

瓦拉日丁墓地 墓地

(Varaždin Cemetery; Hallerova Aleja 8; ⏲5月至9月 7:00~21:00, 3月、4月和10月 至20:00, 1月、2月、11月和12月 至17:00)从斯塔里格勒往西走10分钟,你就可以来到这个静谧的园艺胜地,它是1905年由维也纳建筑师赫尔曼·赫尔默(Hermann Helmer)设计的。墓地里除了墓碑,还有小径、步道和7000多棵树,包括木兰、山毛榉和桦树。

圣母升天大教堂 天主教堂

(Cathedral of the Assumption, Katedrala Uznesenja Marijina; Pavlinska4; ⏲7:00~12:30和15:30~19:30)这座大教堂位于托米斯拉夫广场(Trg Kralja Tomislava)的东南方向,建于1646年,前身是耶稣会教堂。正门的门廊带有明显的早期巴洛克特征,门上有贵族Drašković的盾形家徽。教堂大厅中央是雕刻图案十分繁复的圣坛,圣坛上面还摆放着一幅圣母升天的镀金画。由于声学效果突出,这个大教堂在瓦拉日丁巴洛克晚会(Baroque Evenings; 见113页)音乐节期间被用作音乐会演奏场所。

市政厅 历史建筑

(Town Hall, Gradska Vijećnica; Trg Kralja Tomislava 1)这座宏伟的罗马—哥特式风格建筑自16世纪起便一直是市政厅的所在地。可留意塔楼脚下的瓦拉日丁市盾徽和1792年的雕花门廊。5月中旬至10月中旬,每周六11:00有卫兵换岗仪式。

圣方济各教堂和施洗约翰修道院 教堂

(Franciscan Church & Monastery of St Johnthe Baptist, Crkva Svetog Ivana Krstitelja; Franjevački Trg 8; ⏲6:30至正午和17:30~19:30)这个巴洛克式风格的教堂建于1650年,是在一个早期建筑的原址上建造的。教堂有全城最高的钟楼(54.5米),教堂内古代药房里的天花板上绘有18世纪壁画。

格古尔·宁斯基主教铜像 雕像

(Statue of Bishop Grgur Ninski)中世纪克罗地亚主教格古尔·宁斯基的塑像出自克罗地亚著名雕塑家伊万·梅什特罗维奇之手,是这位艺术家对其斯普利特原始铜像的复制品。据说摸摸铜像的脚趾,你就会得到好运。

Varaždin 瓦拉日丁

昆虫世界 博物馆

（World of Insects, Entomološka Zbirka；Franjevački Trg 6；成人/儿童35/15KN；⏲周二至周五 9:00~17:00，周六和周日 至13:00）这个有趣的昆虫博物馆位于古典主义风格的Hercer Palace内，有将近4500件昆虫展品，包括1000件不同的昆虫标本。孩子们对大自然的兴趣被唤起，昆虫巢穴、栖息地和繁殖习惯等方面的展品陈设优雅。几乎没有英文介绍，但提供语音导览器。

节日和活动

什潘齐尔节 文化节

（Špancirfest；www.spancirfest.com；⏲8月）8月末，瓦拉日丁的公园、街道和广场上活跃着来自世界各国的音乐家和街头表演艺术家，此外还会上映戏剧。人们可以看到独具创意的作坊、传统手工艺品和现代艺术品。

瓦拉日丁巴洛克晚会 音乐节

（Varaždin Baroque Evenings；www.vbv.hr；⏲9月）瓦拉日丁的巴洛克音乐节很出名，每年9月举办，为期两周多。当地和国际交响乐队在主教座堂、教堂和城里各处剧院演奏。票价75~250KN（具体视活动内容而定），音乐会开演前1小时可通过旅行社或**瓦拉日丁音乐会管理局**（Varaždin Concert Bureau；☎042-212 907；Auga Cesarca 1, Croatian National Theatre）购票。

Varaždin 瓦拉日丁

景点

1 圣母升天大教堂 B2
2 圣方济各教堂和施洗约翰修道院 B2
3 格古尔·宁斯基主教铜像 B2
4 市政厅 B1
5 城市博物馆 A1
6 昆虫世界 B2

住宿

7 Maltar B3
8 Park Boutique Hotel B2

就餐

9 Bedem A1
10 Palatin A2
11 Restoran Raj B2

饮品和夜生活

12 Kavana Grofica Marica B2
13 My Way B1

值得一游

瓦拉日丁温泉镇（VARAŽDINSKE TOPLICE）

自1世纪罗马人在这里修建了第一个疗养院开始，富含硫化物、温度在58℃（136°F）的温泉就一直吸引着游客来到瓦拉日丁温泉镇。如今它是一个悠闲而安静的温泉小镇，被林木茂密的山丘环抱，镇里有各色教堂和古老建筑，包括巴洛克城堡（现为镇博物馆）。来这儿的人大多是泡温泉的，隶属于疗养院的一部分。不幸的是这个建筑很难看，但如果你正好经过，又对历史感兴趣，建于1世纪和4世纪之间的罗马温泉遗迹值得驻足参观。

住宿

★Park Boutique Hotel
精品酒店 €€

（☎042-420 300；www.park-boutique-hotel.eu；Jurja Habdelića 6；标单/双/标三/四 550/610/830/930KN起；P❄📶）瓦拉日丁最时髦的酒店。这家精品酒店的19间客房都以金色木板装饰，色彩鲜艳，还安装了落地窗。房间分3种类型：现代（以"公园"命名）、复古和套间（跃层房间，住一家四口毫无压力）。要想欣赏绿树成荫的景色，就住面对公园的房间。

Maltar
家庭旅馆 €€

（☎042-311 100；www.maltar.hr；Prešerna 1；标单/双/标三250/500/600KN，公寓 €70起；P❄📶）这个家庭经营的旅馆经营有方，令人感觉宾至如归。老式房间有木板墙和狭小的卫生间，除了一间带小厨房的套间（能住2~3人），沿着门口的路往前走，另一栋建筑里还有几套公寓房。

就餐

Restoran Raj
克罗地亚菜 €

（☎042-213 146；Ivana Gundulića 11；主菜25~65KN；⏲周一至周五和周日 9:00~22:00，周六 至次日2:00；📶）这个餐馆面积很大，分为好几个餐室，装饰以木质为主，周一至周日（直到13:30）供应的午餐很不错，菜单上有大量肉类菜肴（尤其是猪肉）。饮品单上有多种啤酒和格拉巴（rakija）。天气暖和的时候，被紫藤覆盖的后院天台上也有座位。

Bedem
克罗地亚菜 €€

（☎042-557 545；www.bedem-varazdin.com；Vladimira Nazora 9；主菜 43~140KN；⏲周一至周四和周日 10:00~22:00，周五和周六至23:00；📶）两位当地厨师尝试用当地产原料制作美食，例如塞鹅肝的千层酥和夹南瓜子的猪五花肉。天气暖和的时候可以坐在楼下的有棚露台，俯瞰绿地和远处的老城棚户区。工作日出售的gableci（传统午餐；供应至15:00）性价比很高。

Palatin
克罗地亚菜 €€

（☎042-398 300；www.palatin.hr；Braće Radića 1；主菜55~140KN；⏲周一至周六 7:30~23:00，周日 至22:00；❄📶）就菜肴的质量而言，这家餐馆在全城拔尖。特色菜包括伊斯特拉松露牛排和山葵酱鲈鱼。酒水单上有50多种葡萄酒，每天还有好吃的午餐特价菜和自制冰激凌。你可以在拱顶地下室或有棚的户外露台上坐享美食。

饮品和夜生活

Kavana Grofica Marica
咖啡馆

（Trg Kralja Tomislava 1；⏲7:00~22:00；📶）城里最好的咖啡馆。像当地人一样，在门口找个座位坐下来，欣赏往来的人群。

My Way
酒吧

（Trg Miljenka Stančića 1；⏲周一至周四 6:30~23:30，周五和周六 至次日4:00，周日 7:30~23:30）阳光灿烂的周日，这家咖啡馆兼酒吧会把桌椅摆在广场上，生意火爆。服务殷勤，饮品种类丰富，包括价格合理的啤酒（9.50~22KN）。

实用信息

旅游办事处（☎042-210 987；www.tourism-varazdin.hr；Ivana Padovca 3；⏲5月至10月周一至周五 8:00~18:00，周六 10:00~17:00，11月至次年4月周一至周五 8:00~16:00，周六 10:00~13:00）提供大量信息和各种花花绿绿的小册子。也能帮旅行者预订私人住处。

瓦拉日丁音乐会管理局（Varaždin Concert Bureau；见113页）出售瓦拉日丁巴洛克音乐晚会门票。

到达和离开

长途汽车

长途汽车站（Zrinskihi Frankopanabb）在市中心西南方。可以在车站**行李寄存处**（Garderoba；每个包7KN；⌚周一至周五 4:30~20:30，周六和周日 6:30~20:30）寄存行李。

往北开的长途汽车始发站是萨格勒布，经停瓦拉日丁，但无论在萨格勒布上车还是在瓦拉日丁上车，票价都是相同的。开往海边的长途汽车大多穿过萨格勒布。注意：周末开往特拉科什查城堡（Trakošćan Castle）和瓦拉日丁温泉镇（Varaždinske Toplice）的车次大大减少。

目的地	票价（KN）	时长	车次
柏林（德国）	520	15小时	每周1班
马里博尔（斯洛文尼亚）	60~65	1.75小时	每天2班
慕尼黑（德国）	185~215	8小时	每天1~3班
特拉科什查城堡	36	1小时~1.25小时	每天9班
瓦拉日丁温泉镇	21	30分钟	每小时1班
维也纳（奥地利）	135	5小时	每天1班
萨格勒布	61~81	1.5小时	每小时1班

火车

火车站（Kolodvorska 17）在城东，与位于城西的长途汽车站遥遥相对。火车站设有**行李寄存处**（Garderoba；每天15KN；⌚6:25~18:25）。

每天有12趟火车开往萨格勒布（65KN，2.75小时）。萨格勒布有火车开往沿海。开往匈牙利布达佩斯的火车每天2班（222KN，6.5小时），要在科普里夫尼察（Koprivnica）换乘。

当地交通

周一至周六，小巴（5~15KN）从长途汽车站开往城里各地和附近的村庄。

梅吉穆尔耶（MEĐIMURJE）

连绵起伏的梅吉穆尔耶向瓦拉日丁的东北方向延伸，直到匈牙利和斯洛文尼亚的边境。驾车穿过肥沃的田野、小村庄和被葡萄园覆盖的山区，地广人稀，心旷神怡。几家欣欣向荣的酒庄是有趣的途中落脚点，一天的驾车结束之后，在温泉村庄Sveti Martin泡泡温泉，放松一下。

活动

Lovrec Vineyard　　酒庄

（☎040-830 171；www.vino-lovrec.hr；Sveti Urban 133，Štrigova；团队游和品酒80KN；⌚需预约）想在地道的当地家庭氛围中品尝本地区最好的葡萄酒，不妨直奔Lovrec Vineyard酒庄，位于地区首府城市Čakovec西北20公里处的Sveti Urban村。这家乡村酒庄的导览游（英语、法语或德语）将带你了解该酒庄精品葡萄酒的有趣历史，已经有6代制酒人为之奋斗。

你将看到有300年历史的葡萄酒窖、古老的葡萄酒压榨法和酒桶，在两棵参天的法国梧桐树下乘凉，游览占地6公顷的葡萄园，品尝从霞多丽到本地Graševina等大约10种不同的葡萄酒。多花20KN，还能吃到一些小吃，例如奶酪、萨拉米香肠和面包棒，以及一瓶葡萄酒。

Cmrečnjak　　酒庄

（☎098 295 206；www.cmrecnjak.hr；Sveti Urban 273，Štrigova；⌚周一至周六 8:00~16:00，需预约）该地区最好的家庭酒窖之一，从1884年就出产葡萄酒了。酒庄提供团队游，品酒室充满乡村气息，还有一个能看到全景的露台。

Life Class Terme Sveti Martin　　温泉洗浴

（www.spa-sport.hr；Izvorska，Sveti Martin Na Muri；泳池白天使用成人/儿童平日 60/35KN，周末 80/52KN；⌚周一至周四和周日 8:00~20:00，周五和周六至23:00）Sveti Martin Na Muri村是四星级温泉Life Class Terme Sveti Martin所在地，有一系列室内外的温泉池，还有水上公园、网球场、森林小径、商店、餐厅和高尔夫球场。健康中心设有桑拿，专注提供多种身体护理，包括泥浴和薇姿（Vichy）产品按摩。

另辟蹊径

洛尼亚平原自然公园（LONJSKO POLJE NATURE PARK）

被提名为联合国教科文组织世界遗产的洛尼亚平原自然公园（☎044-672 080; www.pp-lonjsko-polje.hr; Krapje 18, Čigoč 26; 10KN; ⊙4月至10月 9:00~17:00）是一块占地506平方公里的沼泽地（polje意即“地”），位于波萨维纳（Posavina）地区、萨瓦河（Sava River）和Moslavačka Gora山之间。公园的名字来自萨瓦河的支流，也是该公园所在的河边。巨大的盆地以动植物多样性闻名。周边的村庄拥有传统的19世纪木建筑，春夏两季，观鸟者（好吧，其实是观鹳者）可以在这里看整整一天。

该地区分为数个村庄。齐戈什（Čigoć）是世界闻名的“鹳观察点”，鹳就在齐戈什村可爱的木屋房顶筑巢。3月末和4月初，鹳成群飞来，在空中盘旋，捕食沼泽昆虫。到了8月末，它们再用2~3个月的时间飞回南非。齐戈什村是公园信息咨询处和售票处所在地，其中的Sučić家族还举办了一个小型民族学展览（5KN）。

遗产村庄克拉佩亚（Krapje）以保存完好的传统木屋及广阔的捕鱼和狩猎地带闻名。这里的农舍有室外的凉棚台阶、门廊和柱子，以及各式各样的马厩、晾晒房、猪圈和鸡舍。Palaić家族的小型民族志展览值得一看，他们也提供几间客房。4月至10月，其中一间木屋兼做信息中心，中心内的向导乐于帮助你了解该地区的文化遗产。看看当地特有的波萨维纳马，它们在洛尼亚平原的橡树林内吃草。穆济洛夫契查（Mužilovčica）村也值得一游，这个村子以燕子出名。别错过Ravlić家庭农场的美味佳肴。

公园有3个入口，分别在齐戈什、克拉佩亚和Repušnica。克拉佩亚和Repušnica的游客中心出租自行车和独木舟游（自行车日租金80KN，独木舟KN50，最多3小时）。

洛尼亚平原在萨格勒布东南方向50公里处。要到这里来，最好是自驾或者跟团，因为来这里的公共交通极少，没有机动车在公园内活动也很困难。公园内各式各样的木屋都是私人酒店。可通过其网站进一步了解该公园。我们推荐的既幽静、又有食宿的地方包括Tradicije Čigoć、Etno Selo Stara Lonja和Ekoetno Selo Strug。

食宿

Regina Apartments 度假村 €€

（☎040-371 111; www.spa-sport.hr; Grkaveščak bb, Sveti Martin Na Muri; 公寓双/四 €45/70起; P ❄ 📶 🏊 🐾）Sveti Martin Na Muri水疗和温泉最宜人的住处，这些公寓颇受来度周末的萨格勒布家庭的喜爱。公寓有设施齐全的厨房（包括滴滤咖啡机），所有的房间都有露台或阳台。比较大的公寓足够一家四口舒适地居住。

★Mala Hiža 克罗地亚菜 €€

（☎040-341 101; www.mala-hiza.hr; Balogovec 1, Mačkovec; 主菜 65~135KN; ⊙周一至周六 10:00~22:00, 周日 正午至18:00）老饕们从萨格勒布来到Čakovec村的Mala Hiža，为的是这家餐馆好评如潮的应季美食，位置就在Čakovec以北4公里处。餐馆在一栋古老的梅吉穆尔耶木屋内，特色是蜗牛、štrukli和采用当地产的常用食材烹制的创意菜肴，此外还有150多种葡萄酒，其中至少有30种产自梅吉穆尔耶。

到达和离开

要游览这个地区，你需要自驾，因为几乎不通公共交通。

斯拉沃尼亚（SLAVONIA）

斯拉沃尼亚地势平坦，境内有多条河流，是克罗地亚的农业中心。方方正正的绿色农田和黄色的油菜田在公路两侧绵延数公里，驾车经过时如果能够分神凝视，或许还能看到一两只站在田野里的鹰。虽小但活跃的城市——奥西耶克是首选的旅游大本营，从那里可直奔科帕奇基利特（Kopački Rit）的湿地或巴拉尼亚（Baranja）地区的葡萄酒庄（见124页）。

战争对斯拉沃尼亚东南部的毁坏最为严重，古老的武科瓦尔（Vukovar）因为拥有两个博物馆，吸引着越来越多的游客，而位于塞尔维亚边境线上的伊洛克（Illok）则逐渐受到葡萄酒爱好者们的重视。

斯拉沃尼亚地处3条主要河流（萨瓦河、德拉瓦河和多瑙河）的交汇处，历史上一直与匈牙利、塞尔维亚和德国有紧密的联系。斯拉沃尼亚的最大魅力在于其纷繁复杂的文化交融，就文化联系来讲，相比克罗地亚沿海地区，反而更接近中欧。

历史

在造成数万居民流离失所的1991年战争之前，斯拉沃尼亚拥有欧洲民族最多元的居民人口。7世纪，斯拉夫部落在此定居，16世纪这个地区被土耳其人占领。信仰天主教的居民四散奔逃，而由于土耳其人对待东正教相对宽容，所以塞尔维亚东正教徒大批迁往该地区。

1690年，支持维也纳的塞尔维亚人因与土耳其人交战失败，离开了科索沃（Kosovo），定居在武科瓦尔周边的Srijem地区。1699年，土耳其人把这块土地割让给奥

品尝斯拉沃尼亚的葡萄酒

斯拉沃尼亚的葡萄种植史已有数千年之久，据说“巴拉尼亚”（Baranja）这个名字就来自匈牙利语，意即“葡萄酒母亲”。经过一段时间的停滞之后，该地区的葡萄种植产业正在大规模复兴。用graševina等当地葡萄酿造的白葡萄酒很有名气，此外出产富有土壤芳香的红葡萄酒，原料主要使用弗兰戈维卡（frankovka/blaufränkisch）、美乐（merlot）和赤霞珠（cabernet sauvignon）等种类的葡萄。提前给以下葡萄酒庄打电话，以确保有人会在那里接待你。

Kutjevo（☎034-255 075; www.kutjevo.com; Kralja Tomislava 1, Kutjevo; 导览游和品酒30KN; ⊙需预约）位于同名村庄内，古老的中世纪葡萄酒窖始建于1232年，前身是个西多会修道院。你可以在导游的带领下跟团游览，并品尝这里出产的葡萄酒。

附近有两家斯拉沃尼亚顶尖葡萄酒庄，**Krauthaker**（☎034-315 000; www.krauthaker.hr; Ivana Jambrovića 6, Kutjevo; 品酒 40KN; ⊙需预约）出产的graševina和甜葡萄酒经常获奖，而**Enjingi**（☎034-267 200; www.enjingi.hr; Hrnjevac 87, Vetovo; 品酒和团队游 50KN; ⊙需预约）是克罗地亚一流的生态酿酒商之一，酿酒史从1890年就开始了（推荐获过大奖的Venje混合白葡萄酒）。要了解Kutjevo的所有葡萄酒种类，可以拜访位于镇中心的葡萄酒商店兼品酒室**Vina Čamak –Kolijevka Graševine**（☎034-255 689; Republike Hrvatske 56, Kutjevo; ⊙需预约）。

在巴拉尼亚，Kneževi Vinogradi周围的山丘也重新开始种植葡萄。集中在Zmajevac村和Suza村的新兴葡萄酒酿酒厂位于带有清晰标记的葡萄酒小路边。**Gerstmajer**（☎091 35 15 586; www.vina-gerstmajer.weebly.com; Petefi Šandora 31, Zmajevac⊙需预约）坚持古法酿酒，团队游包括参观占地11公顷的葡萄园酒窖。山下是本地区最大的葡萄酒制造商**Josić**（☎031-734 410; www.josic.hr; Planina 194, Zmajevac⊙需预约），店里还附设一个不错的餐厅。**Kolar**（☎031-733 006; MaršalaTita 94, Suza; 品酒24KN; ⊙需预约）位于Suza附近的主路边，百年酒窖里既有餐厅兼商店，也有品酒服务。**Vina Belje**（☎091 17 90 118; www.vinabelje.hr; Šandora Petefija 2, Kneževi Vinogradi; 团队游和品尝3~4种葡萄酒 45~90KN; ⊙10:00~17:00）也不能错过，它有古老的酒窖和景色优美的葡萄园。

伊洛克Iločki Podrumi（见129页）的古代酒窖，以及Dalj和Erdut（武科瓦尔北边）的葡萄酒酿酒厂，也是斯拉沃尼亚的出名之处。其中最好的是**Vina Antunović**（☎031-590 350; www.vina-antunovic.hr; Braće Radić 17, Dalj; ⊙需预约），它有一间可爱的品酒室，客人们可以品尝多种白葡萄酒。

地利，成为哈布斯堡王朝（Habsburgs）的军事前线。

穆斯林人离开了，但更多的塞尔维亚人到来了，随之而来的还有德国商人，匈牙利、斯洛伐克和乌克兰的农民，以及信仰天主教的阿尔巴尼亚人和犹太人。许多土地被卖给德国和匈牙利贵族，这些贵族在奥西耶克、武科瓦尔和伊洛克周边建造了巨大的巴洛克和古典风格宅邸。

数量众多的塞尔维亚人口鼓动斯洛博丹·米洛舍维奇（Slobodan Milošević）把该地区并入"大塞尔维亚"（Greater Serbia）。袭击行动于1991年开始，首先是摧毁武科瓦尔和炮轰奥西耶克。1992年双方基本停止交火，但直到1998年1月，这个地区才依照《代顿和平协定》（*Dayton Peace Accords*）重归克罗地亚。

战争或许已经结束，但战争的影响仍然深远。在武科瓦尔等城镇，塞尔维亚人和克罗地亚人几乎互不往来。政府努力让两个民族和解，但到目前为止收效甚微。

贾科沃（Đakovo）

☎031 / 人口 26,400

被农田包围的贾科沃是一个热闹的地区中心城镇，在奥西耶克以南，二者相距仅35公里，所以很适合作为从奥西耶克出发的一日游目的地。矗立在主广场上的新罗马式大教堂令人印象深刻，是贾科沃的王牌景点，多彩壁画完全将外墙覆盖了（而且与许多克罗地亚教堂不同，这里定点开放，所以适宜参观）。欣赏过宗教艺术之后，去Ergela看看该城的利皮赞纳马（Lipizzaner horse），这种重金难求的纯种宝马就是在那里受训的。

景点

★贾科沃圣彼得大教堂 天主教堂

（Đakovo Cathedral of St Peter; ☎031-802 306; Strossmayerov Trg 6; ⌚6:30至正午和15:00~19:30）贾科沃引以为傲的红砖大教堂，84米高的钟楼矗立在城中。1862年由斯特罗斯马约（Strossmayer）主教下令建造，花了4年竣工，又用了12年时间装饰它。一旦走入这座新罗马式建筑，你就会觉得眼花缭乱。教堂内部有大量鲜艳的壁画，描绘《旧约》场景和圣彼得的生平。

Ergela 农场

（☎031-822 535; www.ergela-djakovo.hr; Auga Šenoe 45; 成人/儿童 20/10KN; ⌚3月至10月周一至周五 7:00~17:00，周六和周日 9:00~13:00，11月至次年2月周一至周五 7:00~15:00）贾科沃以培育利皮赞纳马闻名，这种纯种马血统高贵，谱系可追溯到16世纪。马匹在Ergela接受训练，最终将成为优质的载货和骑术用马。每天大约有30匹马受训，欢迎游客前来参观。提供30分钟的导览游，成人30KN，儿童20KN，客人也可以坐一小会儿老式马车（150KN）。

如果你真的喜欢马，那么城外6公里处的**Ivandor**种马场也值得一游，小马驹和未成年公马开始受训之前都在那里生活。马场里大约有150匹利皮赞纳马。提供参观养马设施的导览游。

节日和活动

贾科沃刺绣节 文化节

（Đakovački Vezovi; Đakovo Embroidery; ⌚7月）贾科沃刺绣节上有利皮赞纳马展示和民俗表演，每年7月的第一个周末举办，届时将有舞蹈和传统歌曲等活动。

就餐

Bistro Mon Ami 克罗地亚菜 €

（Luke Botića 12; 主菜 30~90KN; ⌚9:00~23:00; ❄）大教堂背后的斯拉沃尼亚美食餐馆。乡土气息的大盘子里盛着好吃的烤肉，适合看重菜肴味道而不在乎拍照是否上镜的食客。

实用信息

旅游办事处（www.tz-djakovo.hr; Kralja Tomislava 3; ⌚周一至周五 7:00~15:00，周六 8:00~13:00）办公室虽小，员工可是极为热情，可以提供地图、小册子、小贴士和建议。

到达和离开

从奥西耶克到贾科沃（34KN，45分钟），一日游或半日游都很方便，两地有长途汽车相连，平时

21:00之前大约每小时发1趟车，周末每天6趟。通过网站www.panturist.hr查询最新的长途汽车时刻表。**长途汽车站**（Splitska bb）在镇中心，离大教堂仅2分钟步行路程。

往来于萨格勒布和奥西耶克之间的长途汽车都经停贾科沃。

奥西耶克（Osijek）

☎031/人口104,600

绿树成荫的古老大学城奥西耶克位于宽阔的德拉瓦河边，这里有一条河滨步道和一座宏伟的18世纪城堡，是斯拉沃尼亚最有趣的旅游目的地。

奥西耶克在20世纪90年代饱受塞尔维亚人的炮轰，许多建筑的外观至今仍能看到弹坑，但大多数美丽的建筑都经过了修复。步行穿过市区，从分离主义房屋的新艺术风格俗艳装饰，到城堡区广场对面的精美巴洛克建筑，带你享受一场建筑美学的盛宴。

如果仅仅欣赏建筑还不能使你满意，那么这个地区的首府城市还有着萨格勒布以东最热闹的氛围，大批学生每晚都会涌入咖啡馆。在探索周边地区的时候，可以把奥西耶克当作舒适宜人的大本营。

历史

奥西耶克位于德拉瓦河畔、德拉瓦河和多瑙河（克罗地亚语为Dunav）的交汇处附近，因此两千多年来一直是战略要地。“奥西耶克”这个名字是斯拉夫定居者起的，21世纪之前它曾是个繁华的集市城市。1526年，土耳其人摧毁奥西耶克，按照奥斯曼风格重新建造城市，把这里当作行政中心。

1687年，奥地利人把土耳其人赶走，穆斯林逃到波斯尼亚，塞尔维亚人、克罗地亚人、德国人和匈牙利人进入这个城市。但奥地利人仍担心土耳其人可能会进攻，于是在18世纪初修建了特尔夫贾（Tvrđa），这座城堡矗立至今。

在20世纪90年代的战争之前，奥西耶克是南斯拉夫的重要工业中心。1991年战争爆发，南斯拉夫联邦军队和塞尔维亚辅军在奥西耶克北边的巴拉尼亚（Baranja）地区大量集结。1991年7月，飞机从德拉瓦河对面的塞尔维亚阵地起飞，投下了第一批炸弹。同年11月武科瓦尔沦陷，联邦军队和塞尔维亚军队把奥西耶克当作目标，用弹药反复轰炸，数千居民逃离城市。灾难性的轰炸持续到1992年5月，但这个城市从未沦陷。

景点

特夫尔贾 古迹

（Tvrđa）作为哈布斯堡王朝抵御土耳其人进攻的工事，小小的奥西耶克18世纪城堡在20世纪90年代的战争中受到的破坏相对较小。鹅卵石街道、宽敞的广场和宏伟的宅邸组成了巴洛克风格的城堡，展示了惊人的建筑之美，看起来就像个露天博物馆。虽然至今仍有人居住，但许多房屋已经改为大学院系和中学了，因此这里的咖啡馆兼酒吧总是洋溢着活跃的青春气息。

水门和北城垛 大门

（Water Gate & Northern Battlements, Fakultelska）特尔夫贾的水门建于1715年，位于北城墙。门内的台阶通往杂草丛生的废墟顶部，在那里往西走，前往砖砌的水塔（穿包住脚的鞋，小路上有碎玻璃和大量垃圾），或者沿着废墟往东走，地势越来越低，直到Jagića街。

★斯拉沃尼亚考古部博物馆 博物馆

（Museum of Slavonia Archaeology Department, Muzej Slavonije; www.mso.hr; Trg Svetog Trojstva2; 成人/儿童 20/15KN; ⏲周二至周六10:00~18:00）作为克罗地亚最早的博物馆，斯拉沃尼亚博物馆（Museum of Slavonia）位于经过翻修的城市护卫楼内，拱形天井上方有一块玻璃圆顶。馆内按照不同历史时期展示斯拉沃尼亚的历史。从2楼开始的新石器部分开始，然后一路看过去。从古朴的人像和殡葬器物到陶瓷和金属制品，展品介绍详细，除了1楼最后几间展室外，其他展室都有英文介绍。

接下来，去广场对面的博物馆第二展厅，建筑前身是从前的奥西耶克地方官办公楼。院子里“拉皮达瑞宫”（Lapidarium）中摆放着许多罗马石柱和墓碑。1楼展示特尔夫贾历史，也举办一些临时展览。

圣三一纪念碑 纪念碑

（Holy Trinity Monument; Trg Svetog

Osijek 奥西耶克
500 m
0.25 miles
去Kompa
(600m)
Strossmayera
Ribarska
Šamačka
Lučki Prilaz
Zimska Luka
去Zoo Osijek
奥西耶克动物园
(1.5km)
Kardinala Franje Šepera
Drava
德拉瓦河
去Kopački Rit Nature Park
帕科奇基利特自然公园
(12km)
Trg Ante Starčevića
Pavla Pejačevića
Kapucinska
Trg L Mirskog
Adamovića
Museum of Fine Arts
艺术博物馆
Lorenza Jägera
Jägerov prolaz
Školska
D Neumana
Kardinala Alojzija Stepinca
Perivoj Kralja Tomislava
Trg Svetog Trojstva
Trg J Križanića
Museum of Slavonia Archaeology Department
斯拉沃尼亚考古部博物馆
Franjevačka
Franje Markovića
Franje Kuhača
Kamila Firingera
Europska Avenija 欧洲大街
Park Kralja Petra Krešimira IV
Park Kralja Držislava
Kralja Zvonimira
Hrvatske Republike
Ružina
Županijska
Trg LJ Gaja
Sunčana
Stjepana Radića
Trg Baruna Trenka
Ivana Gundulića
Zrinjevac
J Andrića
Reljkovitma
Zagrebačka
Vukovarska
D Cesarića
Istarska
Kneza Trpimira
Trg A Šenoe
Reisnerova
Vinkovačka
A Kačića M
Trg L Ružičke
Bartola Kašića
Osijek Train Station 奥西耶克火车站

Osijek 奥西耶克

重要景点
1 斯拉沃尼亚考古部博物馆 F1

景点
2 圣彼得和圣保罗教堂 B1
3 乌拉妮娅电影院 C1
4 欧洲大街 C1
5 葛洛莉亚·马里斯 G1
6 圣三一纪念碑 F2
7 斯拉沃尼亚博物馆 G2
8 特夫尔贾 F1
9 水门和北城垛 G1

住宿
10 Hostel Street Osijek D3
11 Hotel Osijek C1
12 Maksimilian G2
13 Waldinger B2

就餐
14 Kod Ruže F2
Lumiere （见3）
15 Slavonska Kuća F2
16 Vege Lege C2

饮品和夜生活
17 Caffe Bar Kafka E3
18 Gajba C3

Trojstva）这块精美的巴洛克石碑是1729年为纪念18世纪死于蔓延全城的瘟疫的居民而立的。

葛洛莉亚·马里斯 博物馆

（Gloria Maris Museum；www.gloria-maris.hr；Svodovibb；成人/儿童 20/10KN；周二、周三和周五 10:00~16:00，周四 10:00~20:00，周六和周日 10:00~13:00）这个博物馆在老城堡内，专门陈列贝壳及海洋和淡水生物。它是Vladimir Filipović的爱心之作，他花了48年时间，从世界各地收集了100万件贝壳。可从教堂右侧的拱顶小巷进入博物馆。

建议看看毒性最强的海洋生物（一只来自菲律宾的章鱼残骸）、6.5亿年前的化石、一颗巨大的牙齿和各种古怪的贝壳。

欧洲大街 建筑

（Europska Avenija）如果你喜爱20世纪早期的建筑，可以沿欧洲大街步行，大街两侧是鳞次栉比的新艺术风格装饰房屋。这条街上还有建于1912年的**邮局**（Kardinala Alojzija Stepinca 17；周一至周六 7:00~20:00）大楼和粉红色的新艺术风格**乌拉妮娅电影院**（Cinema Urania；Stjepana Radića bb）。

圣彼得和圣保罗教堂 教堂

（Church of St Peter & Paul；031-310 020；Pavla Pejačevića 1；周一 13:00~19:00，周二至周日 7:00~19:00）这座新哥特风格的红砖教堂矗立在奥西耶克市中心，塔高90米，仅次于萨格勒布大教堂的高度。建于19世纪90年代，教堂内部40扇维也纳风格的精美彩绘玻璃窗和克罗地亚画家米尔科·拉赤基（Mirko Rački）创作的颜色鲜艳的壁画是它的特色。

奥西耶克动物园 动物园

（Zoo Osijek；www.zoo-osijek.hr；Sjevernodravska Obala 1；成人/儿童 20/10KN；9:00~20:00）如果看腻了博物馆和教堂，可以在Gornji Grad的河滨乘坐船身带kompa标志的免费渡轮（一种以水流为动力的木质载客渡轮）前往位于德拉瓦河对岸的奥西耶克动物园。它是克罗地亚最大的动物园，坐落于河边，占地超过11公顷，园内绿树成荫，有80种动物和一个饲养着各种爬行动物的水族馆。

免费渡轮的运营时间是4月至10月每天9:00~19:00。

住宿

★ Maksimilian 客栈 €

（031-497 567；www.maksimilian.hr；Franjevačka 12；标单250~350KN，双350~450KN，家庭550KN，均含早餐；）这家出色的客栈位于老城中心，由一个态度热情、会说英语的团队经营。14间客房都在一栋1860年的老建筑内，房间温馨、简单但有个性，有高高的天花板和卫星电视。同价位还有一间无障碍的残障人士客房，必须点赞！

店里还有大量“惊喜”：有厨房、免费咖啡和茶、分量十足的早餐，出租自行车，还提供关于该地区骑行的大量信息。

Hostel Street Osijek 青年旅舍 €

（☎031-327 743；www.hostel-street-osijek.com；Ivana Gundulića 5；铺/标单/双/标三无单独卫浴 145/180/290/390KN；❄📶）7间明亮整洁的三人间既可做宿舍房间，也可做独立房间，共用极其干净的现代化卫生间。客人以骑行者居多，长途汽车站和火车站步行可达。入口在一个紧邻街道的庭院内。

Waldinger 酒店 €€

（☎031-250 450；www.waldinger.hr；Županijska 8；公寓标单/双290/340KN，酒店标单550~650KN，双750~850KN；P❄@📶）这家小酒店由2栋楼组成。主楼面朝街道，客房有种老式的魅力，高脚床、家具和墙上的油画显得很上档次。后面的公寓房间比较简朴，小花园里有鱼池和柳树。淡季房价会暴跌。

宽敞的餐室内供应早餐，酒店还附设一个高级餐厅和一个古色古香的咖啡厅。

Hotel Osijek 商务酒店 €€€

（☎031-230 333；www.hotelosijek.hr；Šamačka 4；标单/双850/955KN，高级房900/1015KN；P❄@📶）这种用玻璃和水泥建成的高楼就在河边，是奥西耶克最时髦的酒店。双人标间能看到德拉瓦河风光，商务酒店的风格和设施应有尽有，但卫生间略小。高级房的卫生间比较大（有浴缸），但大多只能看到城景。位于14层的健康中心有土耳其浴室、按摩浴缸和桑拿。

在斯拉沃尼亚骑自行车

在该地区，骑车成为越来越受欢迎的活动，Bilje和奥西耶克之间有一条自行车道。连接奥西耶克和塞尔维亚城市Sombor的骑行路线**潘诺尼亚和平线**（Pannonian Peace Route）就在多瑙河边，穿过科帕奇基利特，全长80公里。可通过当地环境保护协会的网站www.zeleni-osijek.hr了解详情并获取地图。138公里长的**多瑙河线**（Danube Route）也很受欢迎，这条路线与匈牙利和塞尔维亚的边境线平行，是克罗地亚最东端的道路。

就餐

当地食物深受邻国匈牙利的影响，大量使用红椒。特尔夫贾区的两家餐馆是品尝fiš paprikaš（红椒酱炖河鱼配面条）等当地特色菜的最佳地点。要想边吃饭边欣赏德拉瓦河风光，河滨大道沿线有几家水上餐厅，但食物并不出色。

Vege Lege 素食 €

（Trg Ljudevita Gaja 4；主菜 18~32KN；⏲周一至周六 9:00~19:00）这个小餐馆只有几张餐桌和长条椅子，出售素食和全素汉堡、优质沙拉以及美味的炸豆丸子卷饼（菜单上写的是“墨西哥薄饼”）。

Slavonska Kuća 斯拉沃尼亚菜 €

（☎031-369 955；Kamila Firingera 26；主菜 45~70KN；⏲周一至周六 10:00~23:00，周日 11:00~17:00）品尝地道斯拉沃尼亚美食的好地方，供应多种pečena riba（烤鱼），包括美味的鲶鱼。价格适中，分量足。边吃边品尝果香四溢的白葡萄酒graševina。

★**Kod Ruže** 斯拉沃尼亚菜 €€

（☎031-206 066；Kuhačeva 25a；主菜 40~135KN；⏲10:00~23:00；❄📶）我们从不拒绝任何一个坐在毛绒老鹰下的桌子旁、手持高脚杯、由穿着老式领结的侍者倒酒的机会。这个古色古香的餐馆是品尝斯拉沃尼亚风味的好地方，尤其是周末，有乐队演奏民间音乐。尝尝čobanac（传统炖肉）或alas salata（河鱼沙拉）。

Lumiere 欧洲菜 €€

（Franje Šepera 8；主菜 70~220KN；⏲11:00~23:00；❄📶）这家餐馆深受奥西耶克时髦男女的喜爱，供应经典海鲜和肉类主菜，例如圆盖烤炉（peka）烤章鱼和维也纳风味牛排，此外还有国内各地出产的多种葡萄酒。室内装修是时尚休闲风格，有舒适的灰色椅子和结实的大桌子，但我们更喜欢坐在街边的小露台上。

饮品和夜生活

热门的咖啡馆兼酒吧集中在Hotel Osijek周围的河边、Ivana Gundulića以北的

危险和麻烦

奥西耶克及其周边埋有大量20世纪90年代遗留的地雷。虽然城里和主要公路沿线郊区的地雷已经被清除，非常安全，但在德拉瓦河（通往科帕奇基利特）北岸的沼泽里步行可能就不太明智了。大多数有地雷的地区都有标记，你要注意观察。

夏季，科帕奇基利特蚊子成群。建议穿长袖长裤，或者全身涂抹驱蚊剂。

Stjepana Radića路段，以及位于Trg Svetog Trojstva的特尔夫贾。特尔夫贾的酒吧是奥西耶克学生群体最喜欢去的地方。

Caffe Bar Kafka 咖啡馆

（Zagrebačka 1；周一至周六 7:00~22:00；）这家街区咖啡馆兼酒吧有个室外小露台，咖啡很不错，也提供几种啤酒，适合傍晚时来一杯。

Gajba 精酿啤酒

（Sunčana 3；周一至周六 正午至23:00）啤酒爱好者的据点，小露台紧邻一条僻静的步行街。尝尝当地特产精酿啤酒，例如奥西耶克的黑帽（Black Hat）牌。

实用信息

旅游总局（Main Tourist Office；031-203 755；www.tzosijek.hr；Županijska 2；6月中旬至9月中旬周一至周五 8:00~18:00，周六 8:00至正午，9月中旬至次年6月中旬周一至周五 8:00~16:00，周六 8:00至正午）信息丰富，提供多种彩页、手册和地图，也接受电话咨询。

奥西耶克临床医疗中心（Osijek Clinical Medical Centre，Klinički Bolniki Centar；031-511 511；Josipa Huttlera 4；24小时）在市中心东边。

旅游办事处（031-210 120；www.tzosijek.hr；Trg Svetog Trojstva 5；周一至周五 10:00~16:00，周六 9:00~13:00）特尔夫贾的信息咨询处，态度友好，但是经常不开门。

到达和离开

飞机

奥西耶克机场（Osijek Airport；060 339 339；www.osijek-airport.hr）在奥西耶克通往武科瓦尔的公路边，距离奥西耶克20公里。是一个非常小的机场，只有几班飞往杜布罗夫尼克和萨格勒布的克罗地亚航空公司的航班在此起降。

长途汽车

奥西耶克的**长途汽车站**（060 353 353；Bartola Kašića bb）有车次开往当地城镇，也定点开往萨格勒布。通过当地长途汽车公司**Panturist**（www.panturist.hr）和**Čazmatrans**（www.cazmatrans.hr）的网站查询最新时刻表。

国内目的地	票价（KN）	时长	车次
贾科沃	34	40分钟	平时每小时至少1班；周末每天6班
伊洛克	61	1.5小时	除周日外每天2班
科帕切沃	23	20分钟	平时每天7班
里耶卡	265~277	7小时	每天9班
斯拉沃尼亚布罗德（Slavonski Brod）	64	1.75小时	每天12班
斯普利特	290	11.5小时	每天2班
武科瓦尔	34	50分钟	平时每天7班；周末每天2班
萨格勒布	125~133	3.75~4.25小时	每天15班

国际目的地	票价（KN）	时长	车次
布尔格莱德	134	3.5小时	每天4班
维也纳	185~230	10小时	每天3班
苏黎世	386~480	19小时	每天1~3班

奥西耶克的**火车站**（Bartola Kašića）在市中心南侧。开往萨格勒布的火车平时每天4趟，周末每天3趟（132~150KN，4.5~5小时）。每天还有一趟火车开往里耶卡（Rijeka；232KN，8.75小时）。

当地交通

抵离机场

机场大巴的时刻表与航班到达的时间相吻合，大巴开往市中心。发车时间比第一班飞机的到达时间早2.5小时，票价30KN。Sunce公司的出租车从同一地点发车，单程收费50KN。

公共交通、出租车和自行车

奥西耶克有两条有轨电车线路。2号线连接火车站、长途汽车站和市中心的Trg Ante Starčevića（但有点绕路，会先去城郊再转回市区），1号线开往特尔夫贾。票价10KN，跟司机买票。

公共汽车连接奥西耶克和附近的Bilje：在长途汽车站乘坐开往贝利马纳斯蒂尔（Beli Manastir）或巴蒂纳（Batina）的Panturist大巴，在Bilje下车（16KN，20分钟）。

出租车公司**Cammeo**（☎031-205 205；www.taxi-cammeo.hr；前5公里起步价20KN，之后每公里5KN）有现代化的车辆，价格亲民，在城里转转只要20KN。

要想骑自行车前往科帕奇基利特自然公园，可以试试联系**Športza Sve**（☎031-208 135；Istarska1；自行车日租金40KN；⏲周一至周五 9:00~13:00）。

巴拉尼亚（Baranja）

☎031

巴拉尼亚位于德拉瓦河和多瑙河的交汇处，是克罗地亚东北远端的三角地带，东起接近塞尔维亚的奥西耶克，北至贝利马纳斯蒂尔，西南方向挨着贾科沃。这个地区深受匈牙利的影响，所有的城镇都有双语名字。

虽然并非热门旅游目的地，但这个以农业为主的地区拥有沼泽、葡萄园、果园和麦田，风景如画。因为几条不错的骑行小径、几家葡萄酒庄、明星景点及观鸟胜地科帕奇基利特（KopačkiRit），到访的人越来越多。只要你喜欢远离人群的幽静，就一定会享受来这里的旅行。

科帕奇基利特自然公园（Kopački Rit Nature Park）

科帕奇基利特自然公园（www.pp-kopacki-rit.hr；成人10KN，2岁以下儿童免费；⏲4月至10月 9:00~17:00，11月至次年3月 8:00~16:00）位于奥西耶克东北方12公里处，是欧洲最大的湿地之一，生活着超过290种鸟类，水下生物和植被种类也很丰富，例如睡莲、鸢尾、浮萍和黑麦草，此外还有橡树林和杨树林。这片广阔的冲积平原位于德拉瓦河和多瑙河交汇处，由一连串池塘、死水潭和两个主湖——Sakadaško和Kopačevo——组成。德拉瓦河和多瑙河，加上穆拉河（Mura），构成了这个联合国教科文组织名录中的生态圈保护区。

景点

科帕奇基利特水下生活着44种鱼，包括鲤鱼、鳊鱼、狗鱼、鲶鱼和河鲈。水上生活着21种蚊子（别忘了带驱蚊剂！）。陆地上有赤鹿、野猪、水獭、松貂和狐狸等动物。但这里最出名的还是鸟类，你能看到珍稀的黑鹳、白尾海雕、凤头鸊鷉、草鹭、篦鹭和大雁。秋季鸟类迁徙时是来这儿观鸟的最佳时机。

战争期间公园内被埋下大量地雷，导致公园关闭了好多年。大多数地雷已经被清除，凡是安全的小路都有标记。公园的主要入口处有一个**游客中心**（☎031-445 445；http://pp.kopacki-rit.hr；⏲4月至10月 9:00~17:00，11月至次年3月 8:00~16:00），就在Bilje-Kopačevo路的路边。这个可爱的讲解中心由一排茅草屋顶的小屋组成，室内有互动展品和一个咖啡厅。你可以沿木板路走步行2公里，然后乘船游览Sakadaško湖。乘坐大船、含途经城堡在内的团队游成人80KN，儿童和学生60KN。野生动物团队游乘坐小船每小时100KN（每团最多4人），乘坐独木舟80KN。团队游从距离游客中心约1公里的湖边登船地点（木板路区域尽头）出发。到达公园后在游客中心预订。

在公园北端、距离游客中心12公里处，有一座兼用为生物技术研究站的奥匈帝国城堡Dvorac Tikveš。这座城堡曾经是铁托的狩猎“行宫”，20世纪90年代被塞尔维亚人占领。城堡周围的森林里仍埋有地雷，因此你不要自己随意乱走。

活动

科帕奇基利特自然公园游客中心出租自行车（每小时/每天 20/100KN），因此你可以骑车探索公园内湿地周围的乡村地区。

Zlatna Greda 探险

（☎031-565 181；☎091 42 11 424；www.

zlatna-greda.org；Zlatna Greda 16；徒步摄影巡游每人€23；⏲需预约）Zlatna Greda组织的科帕奇基利特公园团队游非常不错，而且这家公司在科帕奇基利特边界上的一个废弃村庄（奥西耶克以北28公里处，现已改成受保护的文化遗产景点）里还建有自己的生态中心。徒步、观鸟、摄影游猎和独木舟冒险之旅都从那里出发。那里还有一个很刺激的公园，可以玩高山滑索（仅周末）。

食宿

位于奥西耶克以北5公里处的**Bilje**是奥西耶克的郊外住宅区，有大量住处供你选择。要去科帕奇基利特的人也可以把Bilje当作大本营。**Mazur**（☎031-750 294；Kneza Branimira 2，Bilje；标单/双240/360KN；Ⓟ❄📶🏊）和**Crvendać**（☎091 55 15 711；www.crvendac.com；Biljskesatnije ZNG RH 5，Bilje；房间每人 154KN）都是家庭经营的民宿，也都是不错的选择。热爱大自然的人也可以选择**Zlatna Greda**（☎031-565 181；www.zlatna-greda.org；Zlatna Greda 16；铺每人 €17，标单/双 €25/42；Ⓟ），它在公园边缘，有青年旅舍风格的房间。

Kormoran　斯拉沃尼亚菜 €

（☎031-753 099；www.restorankormoran.com；Podunavlje bb；主菜 50~98KN；⏲10:00~22:00）菜肴种类多，鲤鱼、鲶鱼和鹿肉都按照当地口味制作。位于科帕奇基利特自然公园北侧。

Didin Konak　斯拉沃尼亚菜 €€

（☎031-752 100；www.didinkonak.hr；Petefi Šandora 93，Kopačevo；主菜 55~150KN；⏲8:00~22:00）安静的Kopačevo村位于科帕奇基利特边缘，优秀的地区餐馆Didin Konak就在村里。气氛淳朴，食物美味。别错过烤鲶鱼和烤鲈鱼。有些菜肴，例如炖鹿肉和土炉烤肉，需要预订。

到达和离开

Kopačevo村位于科帕奇基利特边缘，从奥西耶克开往那里的长途汽车平时每天7趟（23KN，20分钟）。车辆都经过Bilje，其中几趟还继续开往巴蒂纳（Batina）。从Kopačevo的汽车站出发，走到科帕奇基利特的游客中心只有1.5公里的路程。

你也可以在奥西耶克的**Športza Sve**（见124页）租辆自行车。

巴拉尼亚北部 (Northern Baranja)

巴拉尼亚的北部是一片山丘地带，这里有美丽的路边村庄和被称为surduci的传统葡萄酒小路。几个村子出产优质葡萄酒，Karanac、Suza、Zmajevac和Kneževi Vinogradi等地区餐馆都不错。这个地区适合租车自驾游览，悠闲地度过一整天。

景点

民族村庄和农业社区**卡拉纳茨**（Karanac）位于贝利马纳斯蒂尔（Beli Manastir）以东8公里处，是一个地地道道的斯拉沃尼亚村庄，精心筹备以欢迎游客的到来。除了成排的樱桃树和整洁可爱的花园，村里还有3个教堂（分别是改革派、天主教和东正教教堂）和一些保存完好的潘诺尼亚（Pannonian）建筑。

巴蒂纳纪念碑　纪念碑

（Batina Monument）这座高大的社会主义时代纪念碑位于巴蒂纳的三国（克罗地亚、塞尔维亚和匈牙利）接壤处，创作者是克罗地亚知名雕塑家安吞·奥古斯汀奇茨（Antun Augustinčić）。它是为纪念"二战"中一场由苏维埃主导的关键胜仗而立的。登上高高的基座，你可以远眺多瑙河，纪念碑附近的葡萄酒吧是品尝当地葡萄酒的好去处。

食宿

Ivica i Marica　农家乐 €

（☎091 13 73 793；www.ivica-marica.com；Ivo Lola Ribara 8a，Karanac；标单/双 350/450KN；Ⓟ📶）这个仍在耕种的农场位于卡拉纳茨村边缘，主人夫妇热情友好，提供宽敞的砖质客房和套房，还出租自行车（每天100KN），以及深受孩子们喜爱的乘坐马拉车（每小时350KN）等农场活动。

Tri Mudraca　斯拉沃尼亚菜 €

（☎091 21 01 212；www.trimudraca.com；Ive Lole Ribara 27，Karanac；主菜 40~90KN；⏲周四至周日 10:00~23:00）这个可爱的餐馆位于一

个传统斯拉沃尼亚salaš(农场)内,如果提前致电预订,可以吃到制作工序非常复杂的菜肴,例如涂满蜂蜜的烤鸭蘸美乐葡萄酱,以及根茎蔬菜炖猪颈肉。哪怕不经预约直接进店,赶上厨师做什么就吃什么也很好。坐在后花园里,看着连绵的田野和葡萄园。

餐馆老板一家人还根据需要组织探险团队游(091 21 01 212; www.trimudraca.com; Ive Lole Ribara 27, Karanac)。

Kovač Čarda 斯拉沃尼亚菜 €

(Maršala Tita 215, Suza; 主菜40~60KN; 10:00~23:00)在小村Suza内,由匈牙利人经营。这家朴实无华的路边餐馆以烹制巴拉尼亚最好吃的fišpaprikaš闻名。菜很辣,所以如果你不吃辣,告知厨师少放辣椒。

★Josić 斯拉沃尼亚菜 €€

(031-734 410; www.josic.hr; Planina 194, Zmajevac; 主菜29~90KN; 周二至周四和周日 13:00~22:00,周五和周六 13:00至午夜)在Zmajevac村,地处一条通往陡峭山峦的古老surduk(葡萄酒小路)边,是一家有拱形天花板的高级餐馆,肉类菜肴是招牌,尝尝炖鸭perkelt,务必在葡萄酒窖里品尝当地产graševina。9月和10月需要提前订座。

Piroš Čizma 斯拉沃尼亚菜 €€

(031-733 806; Maršala Tita 101, Suza; 主菜 50~95KN; 周一至周四和周日 7:00~22:00,周五和周六 13:00至午夜)这家餐馆位置就在进Suza村的路边,用独特的配方烹制斯拉沃尼亚美食,例如用柠檬、蜂蜜和芥末混合酱腌过的鲶鱼和用弗兰戈维卡(frankovka)葡萄酒制作的牛排。

餐馆同时也是酒店,2栋楼内共有25间宜人的客房(单人房/双人房280/480KN),所有房间设施齐备。早餐有当地产的新鲜奶酪、果酱和熟食冷盘,例如kulen(辣味香肠)。

Baranjska Kuća 斯拉沃尼亚菜 €€

(031-720 180; www.baranjska-kuca.com; Kolodvorska 99, Karanac; 主菜45~95KN; 周一至周四 11:00~22:00,周五和周六 至次日1:00,周日 至17:00)Baranjska Kuća是一家极好的餐馆,供应许多传统菜肴,例如炖肉和炖鱼。栗子树遮阴的后院里有畜棚、铁匠铺和其他制作老式工艺品的小屋。周末晚上有民间传统音乐表演。

到达和当地交通

巴拉尼亚北部的长途汽车线路不多。平时每天有5趟长途汽车从巴蒂纳开往奥西耶克(32KN,1.25小时),途中经过Bilje、科帕切沃(Kopačevo)、Suza和Zmajevac。只有自驾才能充分游览这个地区。

武科瓦尔(Vukovar)

032/人口24,200

你如今在游览武科瓦尔时,很难想象出这个美丽的多瑙河畔城市在战前的样子。那时,街道两边是优雅的巴洛克宅邸、艺术馆和博物馆,但1991年这里被围攻,一切都变了:经济、文化、基础设施、社会和谐和人心都被摧毁了。

自从1998年回归克罗地亚后,武科瓦尔的重建工程取得了很大的进展。如今,城里的两大博物馆——狼谷文化博物馆(Vučedol Culture Museum)和埃尔茨堡(Castle Eltz)——都经过翻建,成为城里的文化场所,值得一观。许多留着弹孔的残垣断壁还保留着。通往伊洛克的公路边原本有个水塔,现在成了那场灾难的见证。

景点和活动

★狼谷文化博物馆 博物馆

(Vučedol Culture Museum; 032-373 930; www.vucedol.hr; Vučedol 252; 成人/儿童/家庭 40/30/60KN; 周二至周日 10:00~18:00)这家博物馆位于武科瓦尔下游5公里处,是欧洲意义最重大的考古发现之一,展示了最重要的古代文化(虽然你之前可能闻所未闻):红铜时代的狼谷文化创造了欧洲第一步历法,还酿造了欧洲第一杯啤酒。在各种高科技展品中,动画重建了狼谷文化黄金时期的村落,包括在此处出土的墓碑、刻有象征图案的陶器、一件武科瓦尔房屋复制品和一间摆放头骨的展室。

公元前6000年就有农耕民族在这里的河边居住,公元前3000年至公元前2500年狼谷文化达到兴盛。19间展室内的展品都有双语文字介绍，也提供英语导览游（每人40KN）。主馆参观结束之后，你可以步行5分钟到达Megaron——这栋有天窗的建筑看起来像个车厢，沙坑里堆放着骨骼，包括用于萨满教仪式的一副鹿的骨架。在Megaron的天台能远眺河边景色和周围的绿地。

乘坐出租车从武科瓦尔到这里约需20KN。参观结束后，博物馆员工乐于帮忙叫出租车来接你。

埃尔茨堡 博物馆

（Castle Eltz, Gradski Musej Vukovar; www.muzej-vukovar.hr; Županijska 2; 成人/儿童/家庭40/30/60KN; ⌚周二至周日 10:00~18:00）建于18世纪的埃尔茨堡在战后关闭了数年，于2014年作为一家迷人的博物馆重新开放。沿台阶走到一楼，从猛犸象化石到青铜时代的游牧部落，从出土的中世纪比耶洛波布尔多（Bijelo Brdo）文化殡葬物品到20世纪中期社会文明，一路看过来，了解令人眼花缭乱的斯拉沃尼亚历史。2楼的电影播放着武科瓦尔之围和该城的毁灭。

全部展品都有详尽的英文介绍。你也可以参加英语导览游（100KN）。

纪念地：武科瓦尔医院1991 博物馆

（Place of Memory: Vukovar Hospital 1991; ☎091 45 21 222; Županijska 37; 成人/儿童15/7KN; ⌚周一至周五 8:00~15:00）这个多媒体博物馆回顾了1991年武科瓦尔被围期间发生在这个医院里的悲惨事件。团队游可以带你参观一系列用沙包围起来的走廊。走廊上用投影仪打出介绍战争的文字，还有弹孔和狭窄的防空洞——当年人们就把新生儿和护士们的孩子藏在这里。博物馆内还有许多小隔间，你可以聆听受害者和幸存者的采访记录和发言。

奥夫恰拉惨案纪念馆 纪念馆

（Ovčara Memorial; Ovčara bb; 5KN; ⌚10:00~17:00）距城区6公里的武科瓦尔至伊洛克公路上有个出口通往奥夫恰拉惨案纪念馆，从出口出来后继续前行4公里即达。1991年11月，该城投降后从武科瓦尔医院里被赶出来的194名被害人就是在这里遭到殴打和折磨的。黑黢黢的房间里用投影仪展示受害者的照片，屋子中央只有一根蜡烛。这些人的遇害地点在1.5公里之外的玉米地，现在那里有一块被蜡烛和鲜花覆盖的黑色大理石墓碑。

武科瓦尔之围

战前的武科瓦尔是个多民族混居的城市，人口大约有44,000，其中克罗地亚人占44%，塞尔维亚人占37%。1991年初，随着克罗地亚逐渐脱离前南斯拉夫，两个民族间的矛盾骤然升级。1991年8月，为了包围这座城市，南斯拉夫联邦军队发起了一场全面的炮兵和步兵袭击。

到8月末，大约有15,000名武科瓦尔居民逃离。那些留下来的人蜷缩在防空洞里，仅凭罐头食物和少量的水维生，街道上堆满了尸体。在长达几个月的包围中，这座城市寡不敌众，苦苦支撑。

经过数周短兵相接的战役，武科瓦尔于11月18日投降。11月20日，塞尔维亚－南斯拉夫士兵进入武科瓦尔医院，赶出共计400名病人、员工及其家人，其中194人被杀害于附近的奥夫恰拉（Ovčara）村。他们的尸体被扔进附近一个巨大的坟坑里。2007年，在海牙的战争审判法庭上，两名南斯拉夫军官马尔·姆尔克希奇（Mile Mrkšić）和万斯林·什利万扎宁（Veselin Šljivančanin）因参与这场大屠杀分别被判入狱20年和10年。

在武科瓦尔包围战中，估计共有2000人（包括1100名平民）遇害，4000人受伤，数千人失踪（或许葬身在大坟坑里），2.2万人被迫背井离乡。

在今天的武科瓦尔，塞尔维亚人和克罗地亚人生活在两个无交集的敌对世界，在各自的生活圈内交朋友。孩子们上不同的学校，他们的父母要么去塞尔维亚咖啡馆，要么去克罗地亚咖啡馆。国际组织试图让两个民族和解，但对于那些失去了家人和童年蒙受阴影的人来说，原谅绝非易事。

Vukovar Waterbus Bajadera 划船

（☎098 344 741；www.danubiumtours.hr/redplovidbe；Parobrodska bb；成人/儿童 55/45KN）乘坐**Danubium Tours**（☎032-445 455；www.danubiumtours.hr；Olajnica 6/21；⊙周一至周五 9:00~17:00）的玻璃天棚小船，泛舟多瑙河上。观景游45分钟，每天17:00发船。周末的班次需要预订。

食宿

Hostel 101 Dalmatinac 青年旅舍 €

（☎032-616 109；www.101dalmatinac.com；Europske Unije 11；铺/标单/双 120/150/300KN；P ❄ 📶）这家青年旅舍离河边咫尺之遥，一眼就能看到（房子外墙上画着达尔马提亚的著名景点）。有9个宿舍房间和1间双人房，每个房间都有独立卫浴。房间是时髦的黑、白色调，宿舍床位配备阅读灯、电源插座和行李架。在全克罗地亚的同等价位住处中，这里的淋浴空间是最宽敞的。

Pansion Villa Vanda 客栈 €€

（☎098 896 507；Dalmatinska 3；标单 380~430KN，双 490~530KN；📶）这个家庭经营的客栈位于一条安静的小巷，但步行前往市中心并不远。友好的猫咪四处游荡，楼下有个鹦鹉笼，走廊还摆放着古老的小玩意，这些都营造出独特的个性。房间宽敞，大多数带阳台。热情的房东说德语（和极有限的一点点英语）。

Hotel Lav 酒店 €€

（☎032-445 100；www.hotel-lav.hr；JJ Strossmayera 18；标单/双/标三490/780/1050KN起；P ❄ 📶）武科瓦尔唯一上档次的酒店，井井有条，服务友好，位于市中心。房间很大，蓝色的地毯和柠檬黄色的墙壁显得有点复古，家具都很整洁，而且纤尘不染。附设酒吧、咖啡厅、餐厅和小健身房，露台面朝河。

> **博物馆通票**
>
> 武科瓦尔有一种售价60KN的通票，持票可进入埃尔茨堡（Gradski Musej Vukovar）和狼谷文化博物馆。两个博物馆的售票处均出售该通票。

Stari Toranj 克罗地亚菜 €

（Trg Republike Hrvatske 7；主菜 35~65KN；⊙11:00~23:00）这家当地餐馆肯定是得不到“最美摆盘”奖，因为烤海鲜和大块烤肉在盘子里堆得高高的，简直要放不下了。看着虽然缺乏美感，但绝对能填饱肚子。也提供意面和多种比萨（是的，比萨也很大）。

实用信息

旅游办事处（☎032-442 889；www.turizamvukovar.hr；JJ Strossmayera 15；⊙周一至周五 7:00~15:00，周六 8:00~13:00）提供还不错的城市地图。

到达和离开

武科瓦尔的**长途汽车站**（Kardinala Alojzija Stepinca bb）有车次开往附近城镇、首都以及一两个外国城市。长途汽车开往萨格勒布（165KN，5小时，每天3趟）、伊洛克（Ilok；34KN，1小时，每天8趟）和奥西耶克（Osijek；34KN，50分钟，平时每天8趟，周末每天3趟），也有车次开往塞尔维亚的贝尔格莱德（99KN，2.5小时，每天2趟）。

当地交通

武科瓦尔的**Cammeo**（☎032-330 040；www.taxi-cammeo.hr；前5公里起步价20KN，之后每公里5KN）出租车服务高效而价格低廉，没有自己的车但想去狼谷文化博物馆的人可以乘坐出租车。没有固定的出租车等候点，因此你得打电话叫车。

伊洛克（Ilok）

☎032/人口7000

甜美的中世纪小镇伊洛克是克罗地亚最东端的城市，城里绿树成荫，它所坐落的山头可以俯瞰多瑙河，连对岸的塞尔维亚伏伊伏丁那（Vojvodina）地区景色也一览无余。伊洛克与西边37公里之外的武科瓦尔都属于克罗地亚的斯雷姆（Srijem）地区。伊洛克的周围是出产红酒的Fruška Gora群山——它们从罗马时代起就以栽培葡萄而闻名。曾经坚不可摧的城墙如今只剩下一两处，此外还有保存完好的奥德斯卡奇宫（Odescalchi Palace；现为城市博物馆）以及两个罕见的奥斯曼遗迹：16世纪的hammam（土耳其浴室）

和土耳其贵族turbe(墓地)。

20世纪90年代初，伊洛克被塞尔维亚占领，1998年重新并入克罗地亚。从那之后红酒产业得以恢复，现在这个地区有20个红酒厂可供游客参观。随着近期考古挖掘的展开，原为防御工事的市中心也得到了修复。

景点

城市博物馆 博物馆

(City Museum, Muzej Grada Iloka; www.mgi.hr; Šetalište Oca Mladena Barbarića 5; 成人/儿童40/20KN; 周二至周四 9:00~15:00, 周五 9:00~18:00, 周六 11:00~18:00)这座城市博物馆位于多瑙河上方的奥德斯卡奇宫(Odescalchi Palace)内，坐拥绝美的多瑙河景致，是伊洛克最主要的景点。城堡建在15世纪的旧址上，今天看到的巴洛克—古典主义风格建筑是意大利的奥德斯卡奇家族后来重建的。馆内的展品摆放整齐，有图文并茂的英文说明。将展品依次看过去，可以了解到从古至今在不同统治下伊洛克的历史。顶层的人种学展厅陈列着美丽的服饰。

活动

Ilok Wine Cellar 酒庄

(Iločki Podrumi; 032-590 088; www.ilocki-podrumi.hr; Šetalište OM Barbarića 4; 团队游 30KN; 7:00~23:00)这个与城堡一墙之隔的古老葡萄酒窖值得一游。一定要尝尝扎敏纳斯(traminac)，这种干白葡萄酒曾出现在英女王伊丽莎白二世的加冕典礼上。30分钟的团队游带你游览古色古香的地下酒窖，你还能看到酒窖里的橡木桶。这里附设一个极好的葡萄酒商店。英文团队游需要提前预约。

Čobanković Winery 酒庄

(Vinarija Čobanković; Vladimira Nazora 59; 周一至周五 9:00~17:00, 需预约)Čobanković家族拥有50公顷葡萄园，几代人一直从事葡萄酒酿造业，如今以带绿色光泽的silvaner葡萄酒和深蓝色的franconian葡萄酒闻名。如果你想尝尝，就致电预约。

Rakije Barbarić 酿酒厂

(032-593 359; www.rakije-barbaric.hr; Vladimira Nazora 27; 品酒周二和周四 8:00~17:00)如果你对品尝葡萄酒已经厌倦了，就来这个家庭经营的格拉巴(rakija)酿酒厂尽情品尝各种口味吧，从葡萄和蜂蜜，到樱桃和李子，各种口味都有。提前致电预约，以确保有人为你介绍这种酒的基础知识。品酒价格不定，取决于品尝的种类有多少。

住宿

Stari Podrum 酒店 €

(032-590 088; www.ilocki-podrumi.hr; Šetalište OM Barbarića 4; 标单/双250/430KN; P ✱ @ 📶)这个汽车旅馆风格的酒店在Ilok Wine Cellar背后，有18个现代化的大房间。所有的房间都能看到多瑙河。

附设餐厅，以木板和巨大的橡木桶为装饰，这样的环境很适合你饱啖伊洛克猪肉香肠和炖肉锅配饺子(主菜30~95KN)。这里的酒单堪称无敌。

Hotel Dunav 酒店 €€

(032-596 500; www.hoteldunavilok.com; Julija Benešića 62; 标单/双 300/500KN; P ✱ 📶)这家不错的酒店就在多瑙河边，有16个面朝绿地的迷人房间，其中几间带有能俯瞰河景的阳台，还有一个面朝多瑙河的露台咖啡厅。

实用信息

旅游办事处(032-590 020; www.turizamilok.hr; Trg Sv Ivana Kapistrana 5; 周一至周五 8:00~16:00)可以推荐乡村酒店、组织伊洛克周边的步行团队游，并提供大量当地信息。来之前先打电话，因为工作时间不定。

到达和离开

长途汽车从伊洛克山脚下没有标识的**停车场**(Vladimira Nazora bb)发车，那里离博物馆只有很短的步行路程(去博物馆是往山上走)。通过网站www.cazmatrans.hr查询最新的长途汽车发车时刻表。

从伊洛克开往奥西耶克的长途汽车平时每天3趟，周六1趟(61KN, 1.75小时)。开往武科瓦尔的车次平时每天9趟，周六4趟(34KN, 1小时)。

伊斯特拉

☎052

包括 ➡

最佳餐饮

- Meneghetti（见142页）
- Marina（见155页）
- Restaurant Zigante（见161页）
- Konoba Vela Vrata（见165页）

最佳住宿

- Meneghetti（见142页）
- Villa Borgo（见160页）
- Apartments & Rooms Dores（见164页）
- B&B Tinka（见157页）

为何去

伊斯特拉（Istria，克罗地亚语为Istra）是克罗地亚内陆与亚得里亚海交界的地方，位于克罗地亚西北部。这个半岛占地3600平方公里，连绵的山丘和肥沃的平原充满田园情趣，热爱美食和文化的游客偏爱伊斯特拉的山顶村庄、乡间酒店和农场餐馆，而植被丰茂的海边则吸引了大批喜欢晒太阳和游泳的人。虽然海边和海滩上的大型酒店并非克罗地亚最好的住处，但设施齐备、海水清澈，而且不乏令人身心放松的僻静角落。

伊斯特拉最火的海滩夏季充斥着来自中欧的游客，但在半岛内陆，即使是8月中旬也很安静。著名的美食（新鲜海鲜、高级白松露、野生芦笋、一流的橄榄油和出名的葡萄酒）加上历史的魅力，会让你感觉恍若身在天堂。

何时去

普拉

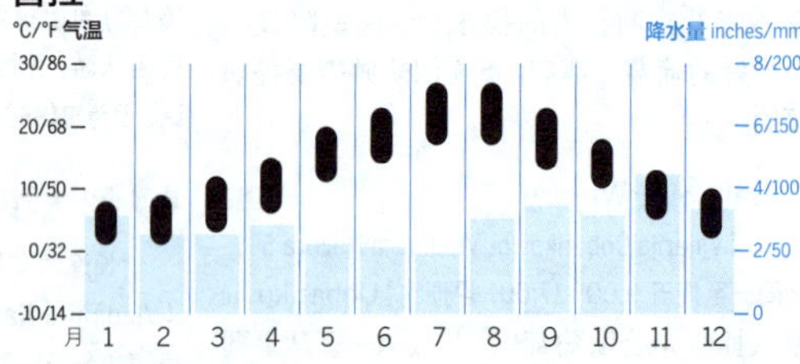

4月 去田野里摘野生芦笋，庆祝春天的到来。

6月至8月 适合在海边游玩的天气，又适逢音乐节、电影节和网球比赛等一系列活动。

9月 比泽的苏博蒂纳节标志着白松露季节的开始。

伊斯特拉亮点

❶ **莫托文**（见159页）被悠闲安静的青翠景色和历史感震撼，然后在寻找松露时深入森林秘境。

❷ **罗维尼**（见143页）在克罗地亚海岸线上最美的老城看夕阳。

❸ **布里俄尼群岛**（见140页）在铁托的海岛乐园感受社会主义的别致之美。

❹ **普拉**（见132页）沉醉于城内遍布的古老遗址。

❺ **波雷奇**（见149页）欣赏尤弗拉西安教堂超凡的细瓷镶嵌画。

❻ **胡姆**（见163页）徒步或是骑行，沉浸于这个山顶小村庄的宁静氛围之中。

❼ **拉宾和拉巴茨**（见167页）徘徊于颇具历史感的山城和伊斯特拉最好的海滩之间。

历史

公元前2000年即将结束的时候，说伊利里亚语的伊斯特拉部落在这个地区定居下来，在海边高处和内陆的山顶上修建了要塞村庄。公元前177年，罗马人横扫伊斯特拉，把这里当作一个军事前哨，开始修建公路和更多的山区要塞。

539~751年，伊斯特拉处于拜占庭统治之下，这个时期留下的最壮观的建筑遗迹是位于波雷奇的尤弗拉西安教堂。在接下来的时间里，统治权在斯拉夫部落、弗兰克人和德国人之间更替，直到日益强大的威尼斯在13世纪初以武力夺得对伊斯特拉海岸的控制权。

1797年威尼斯没落后，伊斯特拉被奥地利统治，然后是法国（1809~1813年），之后再度被奥地利统治。19世纪和20世纪初，伊斯特拉几乎只是奥匈帝国一个不受重视的边陲地区罢了。

第一次世界大战结束时奥匈帝国分裂，意大利很快接手伊斯特拉。1918年11月，意大利军队占领普拉。1922年，根据《拉帕洛条约》(*Treaty of Rapallo*)，塞尔维亚、克罗地亚和斯洛文尼亚王国把伊斯特拉连同扎达尔和几个岛屿一起割让给意大利，作为在"一战"中加入协约国的回报。

3万至4万意大利人从墨索里尼当政的意大利搬到克罗地亚居住，同时许多克罗地亚人因为害怕法西斯主义而离开。他们的恐惧不是没有道理的，因为伊斯特拉的意大利领导人用禁止斯拉夫语、斯拉夫教育和文化活动的办法来加强集权，甚至禁止给新生儿起斯拉夫名字，成年人也被迫使用意大利语拼写自己的姓氏。

在第二次世界大战中战败后，意大利结束了对这个地区的控制。伊斯特拉随之成为南斯拉夫的领土，这促成了又一次移民潮——意大利人和许多克罗地亚人逃离了铁托的社会主义国家。在1954年之前，的里雅斯特和伊斯特拉半岛的西北角一直处于对峙状态，最终这个地区移交给了意大利。作为铁托重整南斯拉夫的结果，伊斯特拉半岛的北半部分并入斯洛文尼亚，至今仍然属于斯洛文尼亚的领土范围。

伊斯特拉西海岸 (ISTRIA' S WEST COAST)

西海岸是伊斯特拉的旅游招牌。这里有不计其数的海滩、3个迷人的古老城镇，以及铁托的私人乐园——美丽的布里俄尼群岛国家公园。旅游设施完善，住宿场所很多，也有一些不错的餐馆。海对面就是意大利，由于伊斯特拉深受意大利影响，因此看起来跟意大利几乎没什么两样。意大利语是伊斯特拉的第二语言，许多伊斯特拉人持有意大利护照，而且每个城镇的名字都有意大利语拼法。

普拉(Pula)

人口 57,500

要不是拥有大量古罗马建筑遗迹，普拉（古名为Polemsium，意大利语为Pola）只不过是个繁忙而乏味的工作小镇而已，但这些财富让它在克罗地亚中型城市中脱颖而出。在普拉的古罗马建筑遗址中，最耀眼的明珠就是保存相当完好的罗马圆形竞技场（Roman amphitheatre）。它位于城市中心，在街道中间显得鹤立鸡群，同时也被用作夏季音乐会和节庆活动的举办地点。

除了历史景点，普拉也是海边一个热闹的商业城市，尽管如此，这里仍不乏小镇的优雅魅力。乘坐公交车，没多远就能看到韦卢代拉半岛（Verudela Peninsula）南部度假酒店前面的一连串海滩。海岸上点缀着一些住宅和度假设施，松林、海边咖啡馆和美味餐馆也不少。

要想探索南边受保护的卡梅尼亚克角（Cape Kamenjak），以及北边的布里俄尼群岛国家公园（Brijuni Islands National Park），普拉是一个很好的大本营。

历史

公元前177年，罗马征服伊斯特拉，普拉成为重要的殖民中心。尤利西斯·恺撒（Julius Caesar）在位期间，这个城市的人口达到3万左右。

西罗马帝国衰亡之后，普拉先后被东歌德族（Ostrogoths）、拜占庭人和弗兰克人占领，直到1148年威尼斯人夺得控制权。在1797

年之前除了曾短暂被比萨、热那亚、阿奎莱亚大公（Patriarchate of Aquileia）夺走，普拉一直由威尼斯人统治，。

1853年，在奥匈帝国统治期间，帝国的君主选择普拉作为帝国最大的海上中心。港口的建设和1886年大型船坞的开放，使普拉人口剧增、经济飞涨，从而成为一个军事和工业重镇。

1918~1943年的意大利统治期间，这个城市被德国人占领，经济再次衰退。第二次世界大战后期，普拉受英美军队控制，到1947年时成为战后南斯拉夫的一部分。普拉因巴尔干战争而受损的经济基础近来逐渐恢复，如今的普拉仍然是造船、纺织、金属和玻璃等工业的重要中心。

景点

城里历史最悠久的部分是围绕着市中心城堡的古罗马时代规划的街道。最好的海滩在南边的韦卢代拉半岛。

市中心

★罗马圆形竞技场 历史建筑

（Roman Amphitheatre; Flavijevska bb; 成人/儿童 50/25KN，语音导览 40KN; ⏲7月和8月 8:00至午夜，4月至6月、9月和10月 8:00~20:00，11月至次年3月 9:00~17:00）这个1世纪的椭圆形竞技场外观宏伟，是普拉最著名的景点，位于老城的东北部，俯瞰着港口。角斗场巨大而宏伟，建筑材料几乎全部来自当地出产的石灰石，当地人称之为“竞技场”（Arena）。它是为了举办角斗比赛而修建的，能容纳2万名观众。在举办音乐会和电影节期间，这里会被用作大众娱乐场所。

普拉的罗马圆形竞技场长133米，宽105米，高32米，是全世界第六大竞技场。墙顶的水槽可以收集雨水。至今仍能看到用于加固的纤维顶棚石板，而这个纤维顶棚能让观众不被太阳暴晒。在场地外面绕一圈能够欣赏竞技场的外观，但买门票之后，你可以沿石阶而下，游览地下的屋子。那里曾用于豢养野兽，死去的角斗士也会被拖进去，现在变成了展厅，陈列双耳细颈椭圆土罐和古代榨橄榄油的设备。

夏季，晚会Spectacvla Antiqva（成人/儿童 80/40KN）每周至少一场，不仅重现古代的角斗场景、罗马风格的服装、发型，还有食物、饮料。

★奥古斯都神殿 寺庙

（Temple of Augustus, Augustov hram; Forum; 成人/儿童 10/5KN; ⏲9:00~19:00）这个神殿虽小，但比例完美，建造时间大概在公元前2年至公元14年之间。前面高大的门廊由6根柯林斯柱支撑。基督教时期，它因为被改建成教堂，所以逃过一劫，但在1944年毁于一枚炸弹。随后，神殿被重新建造，因此它恢复了接近于原始面貌的外观，现在里面是一个考古学小展厅。

会场（Forum）前面先后有过两座神殿，分别是罗马时代和中世纪普拉的公民活动场所，但现在仅存戴安娜神庙（Temple of Diana），它跟旁边13世纪城墙的后墙连成一体。

伊斯特拉历史和海事博物馆 博物馆

（Istria Historical & Maritime Museum; Povijesni i pomorski muzej Istre; ☎052-211 566; www.ppmi.hr; Gradinski uspon 6; 成人/儿童 20/5KN; ⏲4月至9月 8:00~21:00，10月至次年3月 9:00~17:00）从古代起，位于普拉老城的34米高山上就一直建有要塞工事。现在看到的星形城堡是17世纪30年代由威尼斯人修建的。如今它被用作博物馆，陈列一系列历史主题的展览（主题变化不定，本书调研时的主题包括“反法西斯”和“本地搏击俱乐部”），但建筑本身就值得一观。城堡背后是一个古代小型罗马剧场的遗迹。

圣方济各修道院和教堂 基督教修道院

（St Francis' Monastery & Church; Samostan i crkva sv Franje; Uspon sv Franje Asiškog 9; 成人/儿童 9KN/免费; ⏲9:00~18:00）普拉的圣方济各修道院建于1285年，教堂内部的祭坛后面有一个非比寻常的15世纪镀金装饰品，但它并非这座教堂唯一的宝物，甚至连最古老的都算不上。经罗马风格回廊进入一个哥特式房间，地上的海马和万字符图案的细瓷砖画才是这里历史最悠久的珍宝。

谢尔盖凯旋门 遗迹

（Arch of the Sergii, Slavoluk Sergijevaca; Sergijevaca）这个宏伟的拱门又名“金门”

Pula 普拉

0 200 m
0 0.1 miles

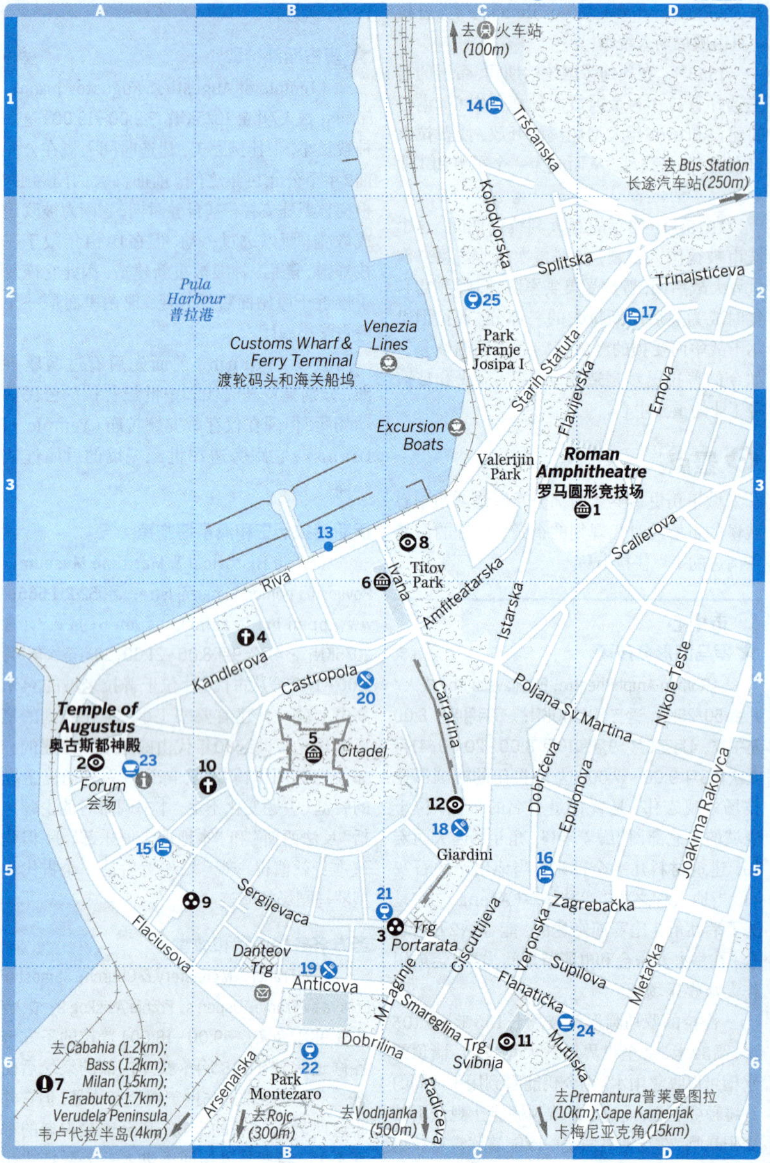

(Golden Gate, Zlatna vrata)，建于公元前27年前后，纪念参加亚克兴(Actium；未来的奥古斯都大帝在此击败马克·安东尼和克里奥佩特拉)海战的塞尔吉乌斯(Sergius)家族三兄弟。凯旋门矗立在老城入口，Trg Portarata附近和Carrarina沿线还能看到残存的城墙。

Tržnica 市场

(☎052-218-122; www.trznica-pula.hr; Narodni trg 9; ⊙周一至周六 7:00~13:00，周日至

Pula 普拉

正午）普拉市民的生活围绕着这个建于1903年的仿古市场以及市场周边的农产品摊位和咖啡馆。

灯光巨臂 公共艺术

（Lighting Giants; Pulaharbour; ⏲黄昏至22:00）不容错过的普拉明星夜景是一场惊人的灯光表演，在建于19世纪的Uljanik造船厂（世界上最古老的码头之一）内上演。著名的灯光设计师迪恩·斯基拉（Dean Skira）用16,000种不同的彩色图案点亮了造船厂的标志性起重臂。每小时点亮1次，每次15分钟。

游击队纪念碑 纪念碑

（Partisan Memorial; Titov Park）这座纪念碑的正式名称为"民族解放抵抗战士和伊斯特拉法西斯恐怖主义受害者纪念碑"（National Liberation Resistance Fighters & Fascist Terror Victims in Istria Memorial），纪念"二战"期间在伊斯特拉牺牲的几万游击队员和他们的支持者。主建筑后面是一排胸像，描绘由铁托领导的游击队著名人物。寻找Ruža Petrović，即戴着头巾的那位。1944年，她遭受意大利法西斯政权的酷刑折磨，眼睛被活活挖掉，战后她创立了一个盲人协会。

伊斯特拉现代艺术博物馆 画廊

（Istria Museum of Contemporary Art, Muzej suvremene umjetnosti Istre; ☎052-351 541; www.msu-istre.hr; Sv Ivana 1; 成人/儿童 10KN/免费; ⏲6月至8月 10:00~22:00，9月至次年5月 至19:00）是一个艺术场所，陈设凌乱，前身是建于1862年的出版社，特别适合这个前卫画廊。

圣母玛利亚升天大教堂 主教座堂

（Cathedral of the Assumption of the Blessed Virgin Mary, Katedrala uznesenja Blažene Djevice Marije; Trg Sv Tome 2; ⏲时间不定）始建于4世纪，15世纪之前持续扩建。普拉大教堂的地板上有5世纪和6世纪的细瓷镶嵌画。主祭坛上的石棺里保存着一位3世纪的罗马圣人遗骨。1707年，人们用来自圆形竞技场的石头建造了这个大教堂的钟楼。

罗马地板细瓷镶嵌画 遗迹

（Roman Floor Mosaic; Sergijevaca 12后面）**免费** 普拉最有趣的事情之一，就是突然出现在最不可能之地的罗马遗迹。这幅保存完好的3世纪细瓷镶嵌画地板隐藏在Flaciusova一个停车场后面（注意看棕色标志）。中央图板被保存完好的几何图案包围，图板上的画描绘了希腊神话中的坏女孩Dirce受到惩罚（跟公牛角绑在一起）的故事。

零号街地下隧道 地道

（Zerostrasse; ☎052-211 566; www.ppmi.hr; Carrarina 3a; 成人/儿童 15/5KN; ⏲6月中旬至9月中旬 10:00~22:00）这个地下隧道系统建于

值得一游

卡梅尼亚克角（CAPE KAMENJAK）

荒凉的卡梅尼亚克角位于普拉以南10公里处的**普莱曼图拉半岛**（Premantura Peninsula）上，是伊斯特拉的最南端。这里美丽原始，无人居住，有可爱的群山、野花（包括30种兰花）、低矮的地中海灌木丛、果树和草药，还有大约30公里长的原始海滩，以及一些礁石遍布的游泳点。碎石公路和小路四通八达，步行或骑自行车四处走走很方便。

半岛南端有个**观景台**，可眺望茨雷斯岛和韦莱比特山（Velebit）顶峰，景色无与伦比。附近有个海滩酒吧，房子破破烂烂的，半掩在灌木丛后面，看上去像是冲到海边的漂浮物。旁边的峭壁常有胆子大的人来玩跳水，他们游泳穿过海边的浅洞。如果在海岬南边的海里游泳，要注意海浪。

乘小汽车前往卡梅尼亚克角是最方便的，但要慢速行驶，否则会扬起尘土，对环境造成危害。5月至9月，驾车进入海岬收费40KN，7:00~21:00在入口处支付。

另一种方式是乘坐28路公交车从普拉前往普莱曼图拉（15KN，35分钟，每天5~9趟），停车站就在入口处。然后步行或在**Windsurf Centar Premantura**（☎091 51 23 646；www.windsurfing.hr；Arena Stupice Campsite，Selo 250；帆板装备/课程每小时80/200KN起）租辆自行车。

第一次世界大战之前，在“一战”时用于保护市民和储存弹药。现在，游客可以步行穿过几条岔路，所有的岔路都通往隧道中央，那里有个照片展，介绍普拉的早期航空业。这里有3个入口，最好找的那个挨着Giardini的出租车停靠站。

韦卢代拉（Verudela）

普拉水族馆 水族馆

（Pula Aquarium；☎052-381 402；www.aquarium.hr；Verudella bb；成人/儿童100/70KN；⏲5月至10月9:00~21:00，11月至次年3月 至16:00，4月 至18:00）这个不同寻常的水族馆不只有水族箱，它占据了整整一栋19世纪的军事城堡（保卫奥匈帝国主要海军基地的55座工事之一），一座老炮台中甚至还有几条鲨鱼。展品按照主题排列，重点关注环境问题。馆方尽自己的绵薄之力，运营着一个海龟救护中心。其他引人入胜的还有蝠魟、螃蟹、鳗鱼、海星、海葵、海马、水母、凯门鳄、章鱼和一条巨大的印度蟒。

活动

Istria Bike的网站（www.istria-bike.com）提供骑行小径、自行车商店和组织骑行之旅的机构的信息。旅游办事处备有大量介绍普拉及周边的Istria Bike地图，地图上标了29条骑行小径，包括从普拉到梅杜林（Medulin）的60公里处的海岸岩石小路。

Orca Diving Center 潜水

（☎098 99 04 246；www.orcadiving.hr；Verudella 17）位于韦卢代拉半岛的Hotel Plaza Histria楼下，可以安排船只和沉船潜水，也出租皮划艇和站立式冲浪板。

Eat Istria 烹饪

（☎095 85 51 962；www.eatistria.com）Eat Istria提供烹饪课程，美食博主Goran Zgrablić在位于梅杜林和Ližnjan村之间的一个家庭农场里做烹饪示范（价格包括普拉往返交通）。该机构还组织半岛周边的葡萄酒团队游。

Martinabela 划船

（☎098 99 75 875；www.martinabela.hr；Riva bb）这家公司只有一艘船，是普拉少有的能组织布里俄尼群岛国家公园之旅的机构之一，但实际上也只能到达主岛而已。仅在夏季组织各类活动。

节日和活动

普拉电影节 电影节

（Pula Film Festival；www.pulafilmfestival.hr；⏲7月）这个电影节每年7月举办，如今已经办了

60多年了。它是普拉最重要的活动，在罗马圆形竞技场（见133页）和城里的其他地点主要放映来自克罗地亚的影片，也有一些国际影片。

海浪音乐节 音乐节

（Seasplash Festival；www.seasplash.net；⏲7月末）每年7月最后一周举办的流行音乐节，为期4天，届时会有各种现场音乐表演——从雷鬼和牙买加传统音乐，到舞厅音乐和嘻哈乐。举办地点是普拉西北方向的Štinjan的Punta Christo Fort。

展望音乐节 音乐节

（Outlook Festival；www.outlookfestival.com；门票 €150~175；⏲9月）欧洲规模最大的低音音乐和音响系统文化节，每年9月初在普拉郊区Štinjan的Punta Christo Fort举办，时长超过5天。举办开幕式晚会的场地是罗马圆形竞技场（见133页）。

住宿

普拉整个夏季都十分热闹，但7月和8月人流量到达巅峰。比较小的酒店集中在老城内，大型海滩度假村都在南边3公里之外的韦卢代拉半岛。私人公寓和别墅通常性价比更高，但要去一些景点可能需要自驾。详见www.pulainfo.hr。

Crazy House Hotel 青年旅舍 €

（☎091 51 84 200；www.crazyhousehostel.com；Tršćanska 1；铺/双 €20/58起；❄📶）疯了？差不多。这家青年旅舍在一栋老公寓楼的低层，宿舍房间能住6~10人，光线明亮，铺位带独立拉帘，储物柜数量多，此外也有几个独立房间和双人房。所有房间都使用公共卫生间，厨房和大露台也是公用的。

★ Guest House City Centre 客栈 €€

（☎099 44 05 575；Sergijevaca 4；房间 €84起；P❄📶）美丽的建筑就在会场（Forum）旁边，当你沿着摇摇晃晃的石头台阶往上走时，感觉自己就像个当地人。房间宽敞，有个性，而且晚上出乎意料的安静。女主人非常热情。没有自己的网站，要通过Booking.com订房。

Hotel Galija 酒店 €€

（☎052-383 802；www.hotelgalija.hr；Epulonova 3；标单/双 608/798KN起；P❄📶）这家井井有条的酒店由两部分组成，距离市中心的市场只有一箭之遥。比较豪华的房间位于路对面的建筑内，价格比较亲民的房间在前台楼上，虽然面积不大，但干净整洁。

Hotel Scaletta 酒店 €€

（☎052-541 599；www.hotel-scaletta.com；Škaleta 1；标单/双含早餐 512/746KN；P❄📶）这个温馨的酒店有种家的感觉。房间小，但宜人，提供自助式早餐。步行去罗马圆形竞技场也很近。

Park Plaza Arena Pula 度假村 €€€

（☎052-375 000；www.parkplaza.com/arena；Verudella 31；标单/双 1006/1320KN；⏲5月至9月；P❄📶🏊）这家高级酒店是韦卢代拉最好的度假村，位于松林之中，面朝一个美丽的鹅卵石小海湾，四周是精心修剪的草坪。除了占地面积广阔的酒店大楼，花园里还有一栋双床套房。

Park Plaza Histria Pula 度假村 €€€

（☎052-590 000；www.parkplaza.com；Verudella 17；房间 €157起；⏲4月至12月；P❄@📶🏊）外表看起来有点"前南斯拉夫"的感觉，但房间经过彻底翻修，很时髦。门口就是海滩，设有室内和室外游泳池，还有健身房和水疗，离韦卢代拉半岛度假村群的所有设施都很近，例如网球场、超市、理发店和咖啡馆等。

就餐

Corso 各国风味 €

（Giardini 2；主菜 40~70KN；⏲周一至周三 7:00至午夜，周四至周六 至次日2:00；📶）这家咖啡厅兼酒吧深受欢迎，楼上的餐室提供西班牙小吃、猪肋排、炸薯条和春卷，但最好吃的是夹着各种食材的Corso汉堡以及美味的薯条。你肯定会吃得嘴角流油。

Fresh 三明治 €

（☎052-418 888；Anticova 5；小吃 21~26KN；⏲周一至周五 8:30~16:30；🌱）要吃健康的快餐小吃，这家小小的三明治沙拉吧再好不过了。出售三明治、烤帕尼尼、卷饼和特别新鲜的现做沙拉。如果心情低落，早上来一份

"Imuno"果汁奶昔一定能治愈。

★Konoba Batelina
海鲜 €€

（☎052-573 767；Čimulje 25，Banjole；主菜75~125KN；⏲周一至周六 17:00~23:00）这个家庭经营的餐馆位于普拉市中心以南6公里处的Banjole村，虽然有点儿远，但值得走一趟。只卖海鲜菜肴，有全伊斯特拉最好吃、最有创意和摆盘最漂亮的海鲜菜肴。没有菜单，侍者会把特色海鲜和新鲜鱼摆到客人面前以供挑选。需要预约，只收现金。

Farabuto
地中海菜 €€

（☎052-386 074；www.farabuto.hr；Sisplac 15，Veruda；主菜 75~160KN；⏲周一至周六 正午至23:00；❄📶）这家餐馆在市中心西南方向1.5公里处的住宅区，虽然走起来有点儿远，但富有个性的装饰还是吸引了许多食客。更重要的是这里一流的地中海美食颇有创意。每天都有特价菜，葡萄酒种类经过了精心策划。留点肚子，尝尝巧克力慕斯加松露冰激凌。

Vodnjanka
伊斯特拉菜 €€

（☎052-210 655；D Vitezića 4，Monte Zaro；主菜 40~100KN；⏲周一至周六 正午至17:00和19:00~22:00）一家朴实无华的餐馆，当地人为其物美价廉的家常菜所倾倒。价格便宜，气氛休闲，只收现金。菜肴种类不多，专注于以肉食为主的简单的伊斯特拉美食。绝不使用冰冻食材，就连意面也是前一晚做的。离市区有点远，要来的话，从Radićeva往南步行到Vitezića。

Jupiter
比萨 €€

（☎052-214 333；www.pizzeriajupiter.com；Castropola 42；主菜 30~150KN；⏲周一至周五 11:00~23:00，周六和周日 13:00开始）客人们可以在楼上的露台享用美味的克罗地亚薄边比萨和好吃的意面。

Milan
伊斯特拉菜 €€

（☎052-300 200；www.milanpula.com；Stoja 4，Stoja；主菜 95~295KN；⏲正午至23:00）高雅的氛围、应季的特色菜肴、懂行的斟酒侍者和1位橄榄油专家使这家位于城市贫民区的酒店餐厅成为城里最好的正餐馆之一。套餐种类很多（195~385KN），包括使用大量熏火腿的4道主菜的伊斯特拉风味套餐。

🍷 饮品和夜生活

最好的夜店大多在市中心之外的地方，但天气暖和的时候，会场和Trg Portarata人来人往，很热闹。普拉最文艺范的小资酒吧在Veruda住宅区的Širolina。至于海滩酒吧，得去韦卢代拉。要想跟普拉的年轻人打成一片、喝几杯啤酒，就去海滨地带Lungomare。

★Cabahia
酒吧

（www.facebook.com/CabahiaPula；Širolina 4，Veruda；⏲周一至周六 7:00至午夜，周日 10:00至午夜；📶）这家充满艺术气息的酒吧位于市中心以南2公里处的Veruda，室内以木条装饰，墙上挂着摇滚明星的肖像，光线昏暗，地上铺着南美风情的瓷砖，后面还有一个很不错的花园天台。周末店内举办现场音乐表演，客人如织。

★Bass
酒吧

（☎099 83 19 051；www.facebook.com/basscaffe；Širolina 3，Veruda；⏲周一至周六 8:00至午夜，周日 10:00开始；📶）占据着一栋破败的哈布斯堡时代大宅的门廊，店内陈设乱糟糟的，却颇有小资情调，鸡尾酒种类很多，客人们慵懒闲散。

Cvajner
咖啡馆

（Forum 2；⏲8:00至午夜）位于会场，所在的建筑曾经是个银行（咖啡馆原来是储藏室）。普拉最时尚的咖啡馆，有随意摆放的铁托时代家具、壁画残迹、彩绘天花板木梁、艺术气息十足的当地人和伶俐的侍者。天气暖和的时候，在前面的院子里找个座位，感受愉悦的气氛。

Caffe Uliks
酒吧

（☎052-219 158；www.facebook.com/caffe.uliks；Trg Portarata 1；⏲周日至周三 7:00至午夜，周四至周六 至次日2:00）一座詹姆斯·乔伊斯（James Joyce）雕像在酒吧门口欢迎客人，店名就出自他的著名小说（小说在乔伊斯曾教授过英文的那栋建筑的一楼）。店内全部是黄铜、彩绘玻璃、深色木头和与海洋有关的小玩意。要不是店里烟味太浓了，还是很宜人的。

Cyber Cafe
咖啡馆

(www.facebook.com/cybercafepula; Flanatička 14; ◷周一至周六 8:00至午夜，周日 至22:00; 📶) 这家艺术气息浓厚的咖啡馆与其老土刻板的店名完全不同。没错，店里有一两台可以免费上网的电脑，但大多数人来这儿是去后面的花园喝咖啡或者啤酒的。

Club Uljanik
夜店

(☎095 90 18 811; www.clubuljanik.hr; Dobrilina 2; ◷周四至周六 21:00至次日6:00) 这家富有传奇色彩的普拉夜店自20世纪60年代就很出名，从主题周末派对到周四的学生之夜，多种多样的活动吸引着大量年轻的客人。

Pietas Julia
酒吧

(☎098 181 19 11; www.pietasjulia.com; Riva 20; ◷周日至周四 8:00~21:00，周五和周六至22:00; 📶) 这家位于港口的时髦酒吧就在人声鼎沸的夜店隔壁，夏季周末直到深夜还很热闹，到清晨5:00才打烊。白天供应早餐和小吃，人行道座位是小酌的绝佳之地。

Zeppelin
海滩酒吧

(Saccorgiana bb, Verudella; ◷周一至周四 9:00至午夜，周五和周六 至次日5:00，周日 至22:00; 📶) 在沙滩上玩了一天之后，到这个位于韦卢代拉半岛Saccorgiana海湾的海滩酒吧喝上一杯吧。店内挂着革命者的大幅照片[格瓦拉、铁托、胡志明、迈克尔·柯林斯(Michael Collins)]，还有桌面足球和直至深夜的派对。

☆ 娱乐

尽量看一场在宏伟的罗马圆形竞技场(见133页)举行的音乐会。旅游办事处会提供时间表，普拉城里也会张贴现场音乐表演的海报。

Rojc
艺术中心

(http://rojcnet.pula.org; Gajeva 3) 要体验地下艺术文化，可以来Rojc。这个兵营经过改建后成为一个多媒体艺术中心兼工作室，时常举办音乐会、展览和其他活动。

ℹ 实用信息

全城(奥古斯都神殿、Portarata、Giardini、Flanatičkastreet、Kaštel和Narodnitrg)都有免费Wi-Fi。

普拉总医院 (Pula General Hospital, Opća bolnica Pula; ☎052-376 500; www.obpula.hr; Alda Negrija 6; ◷24小时)

旅游办事处 (☎052-219 197; www.pulainfo.hr; Forum 3; ◷7月和8月 8:00~21:00，4月至6月和9月 周一至周五 8:00~18:00，周六 10:00~16:00，10月至次年3月 周一至周六 9:00~16:00) 员工知识面广，而且态度热情，提供地图、小册子及各种活动的时间安排表。两份小册子很有用：*Domus Bonus*中列出了优质的私人酒店，《伊斯特拉美食》(*Istra Gourmet*)列出了餐馆名单。6月中旬至9月中旬还出售普拉卡(Pula Card；成人/儿童90/40KN)，持该卡可以免费进入重要景点。

ℹ 到达和离开

飞机

普拉机场(Pula Airport, PUY; ☎052-550 926; www.airport-pula.hr)位于市区东北6公里处。夏季有几十个航班从这里起飞，但全年有航班在此起降的航空公司只有克罗地亚航空公司(Croatia Airlines;飞往萨格勒布和扎达尔)、Trade Air(飞往斯普利特和奥西耶克)以及欧洲之翼(Eurowings;飞往杜塞尔多夫)。

船

Venezia Lines (☎052-422896; www.venezialines.com; Riječki Gat, Sv Petra bb; 成人/儿童 €62/40起) 运营开往威尼斯的快船(3小时45分钟)，6月至9月每周2~4班。

游船从附近发船。

长途汽车

普拉的**长途汽车站** (☎052-544 537; Trg 1 istarske brigade 1) 在市中心以北1公里处。每天有车次开往罗维尼(37KN，40分钟，每小时1趟)、里耶卡(100KN，2小时30分钟，每天最少13趟)、萨格勒布(164KN，5小时30分钟，每天最少9趟)、扎达尔(235KN，7小时，每天最少2趟)和斯普利特(345KN，10小时30分钟，每天最少2趟)。

火车

火车从普拉的**火车站** (☎052-541 982; www.hzpp.hr; Kolodvorska 7) 发车，分别直达沃德尼扬(12KN，16分钟，每天8趟)、帕津(36KN，1小时15分钟，每天8趟)和洛奇(54KN，1小时45分钟，每天4趟)。

当地交通

机场巴士（30KN）由**Brioni Pula**（☎052-356 500；www.brioni.hr）运营，从长途汽车站发车，发车时间与航班起降的时间相呼应。开往普拉、罗维尼、波雷奇、诺维格勒、乌马格和拉巴茨。乘坐出租车前往机场，费用为180~200KN。

公共汽车由**Pulapromet**（☎052-222 677；www.pulapromet.com）运营。对游客来说，城市公交车有开往Stoja露营地的1路及开往韦卢代拉的2A路和3A路。这些公交车的发车频率不一样，有的是15分钟一班，有的是半小时一班（5:00~23:30）。车票跟司机买，价格为11~15KN。

布里俄尼群岛（Brijuni Islands）

布里俄尼（Brijuni，意大利语为Brioni）群岛由伊斯特拉海岸2个被大片松林覆盖的岛屿和12个小岛组成，就在普拉西北、3公里宽的法扎纳海峡（Fažana Channel）对面。这里有草地、公园、橡树林和桂树林，还有诸如野黄瓜和水罂粟之类的珍稀植物，并于1983年成为国家公园。

通过位于法扎纳的**国家公园办公室**（National Park Office；☎052-525 882；www.np-brijuni.hr；Brijunska 10，Fažana；船和团队游 成人/儿童 210/105KN；⏲8:00~19:00）预订，可以乘船前往群岛之中最大的岛——**大布里俄尼**（Veli Brijun）。价格包括导览游和各景点门票。**小布里俄尼**（Mali Brijun）只能在夏季的**尤利西斯戏剧节**（Ulysses Theatre；☎052-525 829；www.ulysses.hr）期间才能游览，届时废弃的城堡里将举办演出。

注意：乘船团队游大多从普拉码头出发，到小岛**Sveti Jerolim**后野餐，但到了主要岛屿周围只能远观，不允许上岸。

景点

乘船15分钟穿过法扎纳海峡，来到大布里俄尼，在相连的Hotel Neptun（1912年）和Hotel Istra（1962年，铁托的贵宾曾经在此下榻）门口上岛。导游将用4个小时的时间带着你乘坐**旅游小火车**游览该岛，首先从占地9公顷的**野生动物园**（Safari Park）开始（园内动物是各界名流赠予铁托的）。团队游的其他站点包括一栋**罗马乡村住宅**（Roman Country House）的废墟（始建于公元前1世纪）、一个位于16世纪威尼斯凉亭内的**考古博物馆**（Archaeological Museum）和如今成为美术馆的**圣日耳曼教堂**（St Germain Church，1481年；展出伊斯特拉各个教堂中世纪壁画的复制品）。

最有趣的是位于Hotel Karmen后面一栋建筑内的**“铁托在布里俄尼”展览**（Titoon Brijuni Exhibition）。各种动物标本占据了1楼的空间，它们都是在野生动物园里自然老死的。楼上是铁托跟约瑟芬·贝克（Josephine Baker）、索菲亚·罗兰（Sophia Loren）、伊丽莎白·泰勒（Elizabeth Taylor）和理查德·波顿（Richard Burton）等电影明星及世界各国领导人[包括印度的甘地（Gandhi）和菲德尔·卡斯特罗（Fidel Castro）]的合影。室外有一辆1953年的凯迪拉克轿车，是铁托带领贵宾参观该岛用的车。

活动

游览过大布里俄尼之后，大多数夏季游客会直奔海滩。除了**浮潜**和**水肺潜水**，还有一个对公众开放的**高尔夫球场**（建于1921年，一局260KN）。

住宿

国家公园经营大布里俄尼岛上两家中档酒店（Hotel Netpun-Istra和Hotel Karmen）以及3家拥有私人海滩、高尔夫球车和自行车的豪华别墅。房费包含停车和乘船从法扎纳往返的交通费用。小布里俄尼岛上没有住处。

到达和离开

在普拉乘坐21路长途汽车前往法扎纳（15KN，25分钟，每天7~14趟）。

国家公园的船只从法扎纳驶向大布里俄尼，3月至10月每天10班或11班，11月至次年2月每天只有3班。最好提前订票，尤其是夏季，并要求安排英文导游。

夏季在小布里俄尼岛上有戏剧演出，乘船前往，船票包含表演票。

不计其数的旅行和团队游公司组织从普拉、罗维尼或波雷奇前往布里俄尼群岛的一日游。

当地交通

游览大布里俄尼岛的唯一方式是骑自行车（每小时35KN或每天110KN）和电动车（每小时300KN）。

沃德尼扬（Vodnjan）

人口 6120

探索死亡和追求刺激的人不应该错过位于普拉以北10公里处的沃德尼扬（意大利语为Dignano）。这处陈列着圣人木乃伊的阴森森的教堂是城里的主要旅游景点。

沃德尼扬另一个出名之处在于它是Cesta Maslinova Ulica（橄榄油之路）途中的一站，这条旅游小路经过不计其数的本地橄榄油榨油厂，旅游办事处提供介绍小册子。一些榨油厂设有商店并组织团队游，但大多只是家庭作坊，那种只要敲门就应该买上一瓶自制产品的地方。

城里的其他地方就没什么可看的了，这里有伊斯特拉最多的罗马人。市中心是Narodni trg，广场由几个新哥特式宫殿组成，但都处于不同程度的毁坏状态。广场周围能看到有趣的涂鸦，既有现代的也有古代的，都是用红油漆写的游击队口号，多少有些褪色了。

景点

圣布莱斯教堂 教堂

（St Blaise's Church, Crkva sv Blaža；☎052-511 420；www.zupavodnjan.com；Župni trg 1；整个建筑群成人/儿童€10/5，木乃伊€7/3.50，博物馆€7/3.50，教堂€2/1；⊙6月至9月 周一至周六 9:30~19:00，周日 正午至17:00，10月至次年5月需预约）这个俏丽的新巴洛克式教堂于1800年完工，整座教堂足足修建了40年，当时的威尼斯是伊斯特拉修造建筑的范本。圣布莱斯教堂63米高的钟楼仿造威尼斯圣马可教堂钟楼而建，是伊斯特拉最大的教区教堂，单是宏伟的圣坛就值得一观。木乃伊在主祭坛后面，放在一个被帘子围起来的区域。

在昏暗的灯光下，Nikolosa Bursa、Giovanni Olini和Leon Bembo的完整遗体像木头人偶一样躺在玻璃容器中，此外还有另外三位圣人的部分肢体。仔细观察早已死去的躯体的皮肤、毛发和指甲，广播里播放介绍他们生平的英文讲解。Nikolosa的遗体被认为是欧洲保存最完好的木乃伊，据说这具遗体能散发出直径32米的能量圈，曾奇迹般地治愈了50个人的疾病。

如果圣人木乃伊不能满足你对圣物遗迹的爱好，就直奔圣器收藏室内的祭礼艺术品展览（Collection of Sacral Art; Zbirka Sakralne Umjetnosti）。那里有属于150位圣人的几百件遗骨，包括装着圣女玛利埃及（St Mary of Egypt）舌头的匣子。

就餐

Vodnjanka 伊斯特拉菜 €€

（☎052-511 435；www.vodnjanka.com；Istarska 22；主菜 65~150KN；⊙周一至周六 11:00~23:00；✎）这家优秀的地区餐馆有几个田园风情的餐室，提供个性化服务和美味食物。特色包括上面放松露的fuži（自制鸡蛋意面），牛排配牛肝菌和松露，以及多种fritaja

铁托和布里俄尼群岛

虽然岛上从罗马时代就开始有人居住，但这个岛的出名要归功于铁托——这位个性鲜明的南斯拉夫领袖将布里俄尼群岛变成了自己的私人度假地。

从1947年开始，直到1980年铁托逝世，他每年都要在布里俄尼疗养6个月。为了创造一个豪华舒适的环境，他引进了亚热带植物，还用各国领导人赠送的外国动物修建了一个野生动物园。在草地上漫步的索马里绵羊来自埃塞俄比亚，而另一只非洲大羚羊则由某个赞比亚领导人赠送。

铁托在这个夏季“乐园”里接待了90位国家首脑和许多电影明星。位于大布里俄尼的Bijela Vila是铁托的“白宫”，用于发布法令、宣言，以及享乐。这个群岛目前仍用于接待正式访问的外国领导人，但越来越多的人把这里作为国际游艇的一站，从不知名小国的王室成员到普通的富翁，因为喜欢岛上那种昔日的辉煌，都选择这里作为度假地。

（煎蛋卷）。在露台上能看到老城的屋顶和教堂塔楼。

购物

Brist
食品

（☎095 56 24 111；www.brist-olive.hr；Trgovačka 40；团队游 150KN；⊙6月至9月 周一至周五 10:00~16:00，周六 至14:00，10月至次年5月 周一至周六 10:00~14:00）与沃德尼扬许多家庭作坊不同，这个位于主街的可爱小店出售5种极好的初榨橄榄油。来这里品尝，还可以在Paul O' Grady的带领下游览橄榄种植园。

Cadenela
食品

（☎099 64 93 844；www.cadenela.com；1 Maja 5；⊙9:00~21:00）在一栋位于郊区的看起来平平无奇的房子里，出售一级初榨橄榄油，原料来自家族的种植园。冬季提前致电，店方可以安排橄榄园游览活动。

Chiavalon
食品

（☎052-511 906；www.chiavalon.hr；Vladimira Nazora 16；⊙周一至周五 10:00~18:00，周日 至14:00）拜访这家出售大量顶级产品的橄榄油榨油商（冬季敲敲门试试运气），或者提前致电，让店方安排团队游（85KN起）。项目包括45分钟的团队游和橄榄油品尝，或者包含品尝奶酪和腊肉的60分钟团队游。也能安排五道主菜的餐食。

实用信息

旅游办事处（☎052-511 700；www.istra.hr/vodnjan；Narodni trg 10；⊙5月至9月 周一至周六 8:00~20:00，周日 9:00~13:00，10月至次年4月 周一至周五 8:00~16:00）

到达和离开

沃德尼扬有长途汽车分别开往普拉（24KN，10分钟，每天14趟）、罗维尼（37KN，30分钟，每天14趟）、波雷奇（50KN，1小时15分钟，每天5趟）、里耶卡（115KN，2小时30分钟，每天5趟）和萨格勒布（150KN，5小时，每天7趟）。

沃德尼扬有火车直达普拉（12KN，16分钟，每天8班）、帕津（27KN，55分钟，每天8班）和洛奇（45KN，1小时30分钟，每天4班）。

巴勒（Bale）

人口936

走在狭窄的巴勒（意大利语为Valle）鹅卵石街道上，你不由自主地会以为自己走进了电影布景。中世纪房屋围绕属于本博（Bembo）家族的哥特－文艺复兴风格城堡而建。但是，巴勒的起源远远比那要早：罗马人在这里修建了一座城堡，而在他们之前，伊利里亚人也修建了一座城堡。

巨大的圣母往见堂（Church of the Visitation）几乎占据了整个小镇，教堂的钟楼高达36米。镇里各地还有其他许多古代教堂，都分布在带有14世纪凉廊的市政厅沿线。最近的海滩在6公里之外的海边，堪称伊斯特拉最淳朴的海滩。

巴勒吸引着精力充沛的小资青年，旅游小册子上可没注明这一点。来这儿寻找志同道合的朋友，跟他们聊天、喝酒、做梦和涂鸦，这样的时光似乎永无尽头。

食宿

★Meneghetti
精品酒店 €€€

（☎052-528 800；www.meneghetti.hr；Stancija Meneghetti 1；房间 €279起，主菜 190~290KN；⊙4月至12月；P ❄ 📶 ≈）无论是优质葡萄酒和橄榄油，还是客房楼，这家乡村酒店专注于对品质的追求。所在的建筑历史悠久，**餐厅**提供现代化的伊斯特拉菜肴。步行穿过葡萄园，只需25分钟，即可到达私属海滩。感觉好极了。

酒店位于巴勒西南方向8.5公里处。

Hotel La Grisa
精品酒店 €€€

（☎052-824 501；www.la-grisa.com；La Grisa 23；标单/双/套 694/945/1672KN起；P ❄ 📶 ≈）这家精品酒店位于老城边缘，8栋互相连通的建筑内共有28个品位高雅的房间和套房，餐厅立志做到最好（尝尝boškarin菜肴），此外还有带桑拿（每小时160KN）、按摩浴缸和按摩服务的小型水疗。

Kamene Priče
伊斯特拉菜 €€

（☎052-824 235；www.kameneprice.com；Castel 57；主菜 90~160KN；⊙10:00~14:00和18:00~23:00）你可以边享受用当地应季食材

制作的菜肴，边欣赏品位高雅的室内装饰。店名来自爵士乐名人。幸运的话，你还能赶上读诗会、戏剧演出或即兴戏剧表演。楼上的房间甚至提供住宿，18世纪40年代卡萨诺瓦（Casanova）就在这里引诱了一位当地淑女。

到达和离开

有长途汽车从普拉（31KN，20分钟，每天11趟）、沃德尼扬（26KN，12分钟，每天11趟）、罗维尼（30KN，18分钟，每天12趟）、里耶卡（124KN，3小时，每天3趟）和萨格勒布（150KN，5小时30分钟，每天3趟）开往巴勒。

罗维尼（Rovinj）

人口14,300

罗维尼（意大利语为Rovigno）是伊斯特拉海岸的明星景点。虽然夏季可能会挤满游客，而且景点不多，但它仍不失为一个非常迷人的城市。老城在一个蛋形的半岛上，城里鹅卵石街道和小广场纵横交错。高高的教堂塔楼是制高点。罗维尼起初只是一个小岛，直到1763年将之与大陆隔开的狭窄海峡才被填平。

罗维尼的主要住宅区在老城后面，在周围的山上依山势而建，度假村风格的酒店则集中在从北到南的海边。这里人太多的话，罗维尼群岛的14座岛屿都是打发下午时光的宜人去处。

历史

罗维尼曾先后被伊利里亚人、罗马人和拜占庭人占领，第一批斯拉夫人在7世纪到达。至此，罗维尼开始发展渔业和海事工业。1199年，为保护自己的海上贸易，罗维尼与杜布罗夫尼克合作，但到了13世纪，海盗的威胁迫使罗维尼转向威尼斯寻求保护。

16~18世纪，由于土耳其人占领波斯尼亚和克罗地亚内陆，大量人口逃往罗维尼，致使岛上人口剧增。老城（有威尼斯人修建的城墙）已经无法满足要求，城市开始向老城之外的地方扩张。1763年，这个小岛与大陆相连，老城成了一个半岛。

虽然罗维尼的海事工业在17世纪非常兴盛，但奥地利在1719年决定把的里雅斯特和里耶卡建成自由港，这对罗维尼造成了很大的冲击。帆船需求量的减少使罗维尼的造船业进一步衰退，到了19世纪中期，普拉的造船厂完全取代了罗维尼。与伊斯特拉其他城镇一样，罗维尼先后经历了奥地利、法国、奥地利和意大利的统治，最终成为战后南斯拉夫的一部分。罗维尼的意大利人口相当多，他们说一种独特的方言。

景点

罗维尼城市博物馆 博物馆

（Rovinj City Museum, Muzej grada Rovinj; ☎052-816 720; www.muzej-rovinj.hr; Trg Maršala Tita 11; 成人/儿童 6月至8月 65/40KN，9月至次年5月 15/10KN; ⏲6月至8月 10:00~22:00，9月至次年5月 周二至周六 至13:00）这个博物馆位于一栋17世纪的巴洛克宫殿内，1楼为临时展区，2楼是20世纪和当代艺术品，顶层是16~19世纪的作品。克罗地亚艺术家的作品也有很多，它们与雅各布·巴萨诺（Jacopo Bassano）等威尼斯大画家的作品陈列在一起。

★圣尤菲米娅教堂 教堂

（St Euphemia's Church, Crkva Sv Eufemije; Trg sv Eufemije bb; 塔楼20KN; ⏲6月至9月 10:00~18:00，5月 10:00~16:00，4月 10:00~14:00）免费 这座宏伟的教堂建于1725~1736年，是伊斯特拉最大的巴洛克教堂。位于老城中央的山顶，是罗维尼的制高点。61米高的钟楼比现在看到的教堂要早，建筑工程始于1654年，持续了26年。它仿造威尼斯圣马可教堂的钟楼，顶部是4米高的圣尤菲米娅铜像，铜像安装在轴上，风一吹，铜像就能指出风向。

教堂内有大量著名艺术品，祭坛上方的天花板还有壁画。

右侧圣坛后面的古罗马石棺据说是圣尤菲米娅的长眠之处。304年，罗维尼的守护女神因信仰基督教而被皇帝戴克里先（Emperor Diocletian）施刑后扔进狮子笼。她的遗体一直保存在君士坦丁堡（今伊斯坦布尔），直到7世纪为防止遗体被异教徒破坏而被转移。根据当地传说，她的遗体后来出现在罗维尼海边一艘幽灵般的船里。城里的人

Rovinj 罗维尼

Rovinj 罗维尼

重要景点
1 圣尤菲米娅教堂 A1

景点
2 巴比拱门 B2
3 Grisia A2
4 罗维尼城市博物馆 B2

活动、课程和团队游
5 Adistra D3

就餐
6 Bookeria C2
7 Kantinon C3
8 Grota B1
9 Puntulina A2
10 Maestral D4
11 Monte A2
12 Pizzeria Da Sergio B2
13 Ulika B2
14 Veli Jože A2

饮品和夜生活
15 Batel B2
16 Circolo Aperitiv Bar C2
17 Havana C3
18 Limbo B2
19 Mediterraneo A2
20 Monte Carlo A2
21 Valentino A2

购物
22 Diva A2
23 Galerija Brek B2
24 Galerija Zdenac B2
25 绿市场 B1
Sirena .... （见22）

无法挪动沉重的石棺，直到一个牵着两头小牛的小男孩把石棺搬到了山顶。

巴比拱门 纪念碑

（Balbi Arch; Garzotto bb）这道精美的拱门建于1679年，当时作为主城门。拱门上方的外侧和内侧分别以一个土耳其人的头像和威尼斯人的头像为装饰。顶部的双翼狮是威尼斯的象征，但这只很罕见，因为你能看到它的生殖器。

Grisia 街道

这条鹅卵石街道通往山顶，穿过老城到达圣尤菲米娅教堂，街道两边有许多画廊和纪念品商店。窗户、阳台、门廊和广场呈现出各种各样的建筑风格，包括哥特、文艺复兴、巴洛克和新古典主义等，虽然令人眼花缭乱，却也让人乐在其中。注意看独特的fumaioli（户外烟囱）：在历史上人口剧增的时期，整个家庭都住在同一间带壁炉的房子里。

金角森林公园 公园

（Golden Cape Forest Park; Park šuma Zlatni Rt）这一大片绿地是奥地利海军上将Hütterott男爵（Baron Hütterott; 他在红岛上有栋别墅）于1890年兴建的。公园内种植着橡树、松树和十余种柏树。海湾位于公园内3个海岬——Punta Montauro、Punta Corrente和Punta Scaraba的交汇处，你可以在岩石边游泳。从港口出发，步行或骑行沿海边往南，到该森林公园的路很好走。

活动和团队游

夏季，海边的旅行社都能组织前往红岛和斯韦塔卡塔琳娜（Sveta Katarina; 见146页）以及利姆斯基运河（Limski Kanal; 见147页）的乘船游。主要的潜水景点是高希男爵（Baron Gautsch）号沉船残骸，1914年，这艘奥地利蒸汽客船因遇到水下40米处的水雷而沉没。周边地区很适合骑自行车、攀岩和观鸟。

Rovinj Sub 潜水

（☎052-821 202; www.rovinj-sub.hr; Braće Brajkovića bb）专业的潜水公司，组织乘船潜水，去往岸边的多个沉船地点。价格从75KN（海岸潜水）到338KN（多个沉船潜水）不等，设备另收费188KN。

Stupica Excursions 游船

（☎091 90 37 805; www.stupica-excursions.com; ⏲半天/全天 €20/40）这个家庭经营的旅行社组织全天的"鲜鱼野餐"利姆斯基运河团队游，客人们乘坐一艘小船前往一个私人海湾和罗维尼群岛，费用包括3个游泳地点、早餐、午餐和不限量饮品。另有半天的日落游船可选。

Excursions Delfin 游船

（☎091 51 42 169; www.excursion-delfin.com; Šetalište vijeća Europe bb）提供前往利姆斯基运河的乘船游（150KN）和罗维尼群岛周边乘船游（75KN），包括日落乘船游。

Adistra 皮划艇

（☎095 83 83 797; www.adistra.hr; Carera 69）组织皮划艇团队游，包括9公里的罗维尼群岛游和14公里的利姆斯基运河远足游。二者都是280KN，费用包含中午的野餐和浮潜设备。这家公司还推出一项日落划船游活动，价格190KN，包括葡萄酒、奶酪和橄榄，并出租船只、自行车、滑板车和浮潜设备。

节日和活动

Summer Atmosphere with Music & Traditions 文化节

（Ljetni ugođaj uz glazbu i tradiciju; ⏲6月至8月）整个夏季，主广场上举办一系列晚会，有当地音乐、民俗传统和美食。

罗维尼夏日音乐节 音乐节

（Rovinj Summer Music Festival; ⏲6月至8月）Porton Biondi海滩和红岛举办4场大型音乐会，参加者有爵士乐、流行乐和灵魂乐界的名人。

Grisia Art Show 艺术节

（⏲8月）8月的第二个周日是罗维尼最有名的文化活动Grisia Art Show，到时狭窄的Grisia会变成露天艺术展场所。从孩子到专业画家，人人都会在教堂、工作室和街头展示自己的大作。

住宿

Roundabout Hostel 青年旅舍 €

（☎052-817 387; www.roundabouthostel.com; Trg na križu 6; 铺 140~187KN; P❄📶）一

个简单的青年旅舍，铺位带独立阅读灯，还有储物柜和一个公用小厨房。位于罗维尼市区边缘的的大环岛处，离老城约1公里。

Porton Biondi 露营地 €

(☎052-813 557; www.portonbiondirovinj.com; Aleja Porton Biondi 1; 每个人/帐篷/露营车54/46/90KN; ⌚4月至10月; 🐾)这个占地7公顷的海边露营地位于老城以北约700米处，能住1000人。附设餐厅和小吃店，有大片绿地。

Villa Dobravac 酒店 €€

(☎052-813 006; www.villa-dobravac.com; Karmelo 1; 房间 €100~128; P❄📶)除了制作葡萄酒和橄榄油，在罗维尼住宅区这栋可爱的桃粉色老式别墅内，Dobravac家族还出租10间宽敞的现代化客房。大多数房间带露台，能看到海景。

Villa Baron Gautsch 民宿 €€

(☎052-840 538; www.villabarongautsch.com; IM Ronjgova 7; 房间 730KN起; ⌚4月至10月; ❄📶)这家德国人经营的客栈在一条绿树成荫的街道边，有17个极其整洁的房间，其中一些带阳台，可以看到可爱的海景和老城景色。在后面的小天台上享用早餐。

★ **Casa Alice** 酒店 €€€

(☎052-821 104; www.casaalice.com; Paola Deperisa 1; 房间 €200~220; P❄📶🏊)逃离人群，来到这家位于罗维尼郊区的有10个房间的可爱酒店。到市中心步行要20分钟，但到海边只要5分钟。如果你懒得走路，也可以懒洋洋地躺在铺着蓝色瓷砖的泳池里，随意享用咖啡和蛋糕。有些房间带露台，大多数房间配备水疗浴缸。

Monte Mulini 酒店 €€€

(☎052-636 000; www.montemulinihotel.com; Antonija Smaregliabb; 房间 €550起; P❄📶🏊🐾)这家时髦的天价酒店在接近Lone湾(Lone Bay)的山坡上，沿Lungomare步行10分钟即可走到老城。所有房间都带阳台，都能看到海景，而且细节处尽显奢华。水疗和附设的餐厅Wine Vault都好极了。还有3个户外游泳池。

Amarin Family 度假村 €€€

(☎052-805 500; www.maistra.com; Val de Lesso 5; 房间 €272起; P❄📶🏊)虽然父母们喜欢富有个性的设施和鹅卵石海滩，但那些都不是重点。前台的木马玩具、带滑梯的泳池、文娱设备，以及儿童迪斯科舞厅、剧院和健身房都非常适合孩子们，父母们或许要费很大力气才能把孩子们拖走。位于罗维尼市中心以北4公里处，房价包含三餐。

就餐

罗维尼拥有一些在伊斯特拉最出名的餐

值得一游

红岛和斯韦塔卡塔琳娜（CRVENI OTOK & SVETA KATARINA）

可爱的红岛（Red Island）与罗维尼海湾相距仅2公里，因此它是最受欢迎的一日游目的地。跨度仅1.9公里的红岛实际上由2个小岛组成：**圣安德烈**（Sveti Andrija）和**马什金**（Maškin），两个小岛之间有堤道相连。19世纪，圣安德烈成为Hütterott男爵的私人财产，他把这个岛改造成了一个树林茂密的公园。岛上有几片小小的沙砾海滩、一个游乐场和大型度假村风格的酒店**Island Hotel Istra**（☎052-800 250; www.maistra.com; Crveni Otok 1; 房间 €224起; ⌚5月至9月; ❄📶🏊），因此很受全家出游的游客喜爱。马什金比较安静，树木也更多，还有大量幽静的海滩。要想到岛屿周围的岩石海滩潜水，需要自带面罩。

斯韦塔卡塔琳娜（圣凯瑟琳）离罗维尼更近，几乎就在海港旁边。1905年一位波兰公爵在岛上栽种了树木，现在岛上有一家大型酒店。

夏季，每天从5:30至午夜，每小时有1班船从罗维尼开往红岛（成人/儿童 40/20KN，20分钟）和斯韦塔卡塔琳娜（成人/儿童 30/15KN，10分钟）。发船地点都是Delfin渡轮码头（见144页地图）。

馆，其中几家同时也是最贵的。港口沿线都是餐馆，老城里也有很不错的餐馆。**绿色市场**（green maret；见149页）附近的小亭子出售便宜的burek（塞肉或奶酪的大份馅饼）。

市中心

Pizzeria Da Sergio 比萨 €

（052-816 949；www.facebook.com/DaSergioRv；Grisia 11；比萨 35~82KN；11:00~15:00和18:00~23:00；）这家两层楼的老式比萨店出售罗维尼最好吃的薄边比萨，尽管经常需要等位，但值得一试。提供多种馅料供客人选择。也出售不错的佐餐葡萄酒。

Bookeria 咖啡馆 €

（052-817 399；www.bookeria.net；Trg Pignaton 7；40~80KN；5月至9月 9:00~21:00，10月至次年4月 至18:00）这家甜美的小咖啡馆把桌子摆在广场上，桌上有小花点缀，是罗维尼最火的吃早餐去处。早餐选择包括鸡蛋、吐司、玛芬蛋糕和茄子酱配羊角面包。白天的菜单上除此之外还提供汉堡和意面。

Grota 三明治 €

（Valdibora bb；三明治 15~20KN；周一至周六 7:00~20:00，周日 至14:00）这个小小的餐馆就在绿市场旁边，是喝咖啡、吃三明治和看人群往来的好地方。在海滩晒够太阳之后，下午来喝杯葡萄酒，吃吃当地产奶酪和熏火腿。食物就摆在葡萄酒桶做成的"餐桌"上。

Kantinon 伊斯特拉菜 €€

（052-816 075；Alda Rismonda bb；主菜 60~180KN；周二至周日 正午至22:00）这家一流的餐馆就在港口，经营者是一个大厨团队。食物尽量采用当地产的新鲜原料，有大量用传统配方制作的海鲜菜肴。炖海鲜粥真的很好吃。

Veli Jože 伊斯特拉菜、海鲜 €€

（052-816 337；www.velijoze.net；Sv Križa 3；主菜 59~190KN；11:00至午夜）供应常见的伊斯特拉美味食物，可以坐在装修时尚、摆满小物件的室内就餐，也可以去户外吃，能看到海景。

Maestral 伊斯特拉菜 €€

（052-830 565；Vladimira Nazora bb；主菜 65~160KN；4月至10月 11:00至午夜）这家餐馆位于水边，找个露台座位坐下来，就着简单的食物欣赏老城美景。这里是观看日落的好地方。如果你只是想来吃点小吃，就试试ribarska pogača——来自达尔马提亚维斯岛的类似比萨的馅饼，中间夹有咸鱼和番茄。

值得一游

利姆斯基运河（LIMSKI KANAL）

利姆斯基运河长约10公里、宽600米，陡峭的山壁高达100米，是伊斯特拉最壮观的地质景点。这个峡湾形成的原因是：冰河时代末期，伊斯特拉海岸线下沉，海水因此灌入德拉加山谷（Draga Valley）。深绿色的水域适合捕鱼、养殖牡蛎和贻贝，以及远足游玩。

要到这里远足，从罗维尼、普拉或波雷奇出发皆可，或者沿着前往利姆斯基运河的路标，经过Sveti Lovreč村后就到了。小型游船沿运河行驶，单程1小时，每人收费80KN（可以讲价），7月和8月定点发船，6月和9月偶尔发船。

Monte 伊斯特拉菜 €€€

（052-830 203；www.monte.hr；Montalbano 75；3/4/6道主菜的套餐 619/719/849KN；5月至9月 18:30~23:00；）克罗地亚首家米其林星级餐馆，提供3种不同主题的6道主菜的伊斯特拉套餐，其中一种只用当地产食材，一种全素，另一种采用现代烹饪技术。或者也可以点3道或4道主菜的餐食，菜肴是前三种套餐的排列组合。

Puntulina 伊斯特拉菜 €€€

（052-813 186；www.puntulina.eu；Sv Križa 38；主菜 100~220KN；正午至22:00；）要寻找浪漫吗？来这个家庭经营的餐馆吧！要一张老城上方悬崖边岩石露台上的桌子，下面不远处就是海水，日落时景色特别美。菜单以威尼斯风味的伊斯特拉食物为主，有多种意面和海鲜菜肴。

Ulika 地中海菜 €€€

（098 92 97 541；Porečka 6；主菜 120~200KN；12:30~15:00和18:00至午夜）这个美

丽的小餐馆隐藏在老城的一条小巷内，出售精美但价格不菲的地中海食物。但如果季节不对，你可能吃不到。这里服务也不错。

周边

Barba Danilo 地中海菜 €€

（☎052-830 002；www.barbadanilo.com；Polari 5；主菜 110~125KN；⊙周一至周六 18:00~23:00）在距离市中心3.5公里的露营地内竟然有罗维尼最佳餐馆之一，太不可思议了。菜单总在变化，菜样也只有十几个，主打新鲜海鲜。夏季只有45个座位，因此必须提前订位。

Konoba Bruna 伊斯特拉菜 €€

（☎098 95 67 836；Monsena 7a；主菜 50~130KN；⊙5月至9月 周二至周日 17:00~23:00）乘坐出租车，行驶4公里后出城，来到这个仅在夏季营业的家庭经营餐馆。出售使用自产蔬菜、鱼和肉为原料的应季菜肴，包括peka（圆顶金属盖烤炉菜肴）。餐桌分散在橄榄园周围。

饮品和夜生活

Mediterraneo 鸡尾酒吧

（www.facebook.com/mediterraneo.rovinj；Sv Križa 24；⊙4月至9月 9:00至次日2:00；📶）这个美丽的小酒吧在老城海边的峭壁上，是一处隐秘的瑰宝。当然，它不算罗维尼的时尚去处，不是那种把粉嫩颜色的长条凳放在海边的酒吧。店里有一种非常悠闲的亚得里亚海的韵味，侍者友好，鸡尾酒也不错。

Batel 咖啡馆

（☎052-813 360；Zdenac 22；⊙7:00至次日1:00；📶）早上，当地人在这家老城内的咖啡馆兼酒吧旁边找个座位坐下来，在清晨喝杯咖啡，下午再进入光线昏暗但氛围舒适的店内喝杯酒。

Circolo Aperitiv Bar 酒吧

（www.facebook.com/aperitivbarcircolo；Trg Campitelli 1；⊙4月至9月 8:00~14:00和17:00至次日2:00，10月至次年3月 周一至周六 8:00~14:00和18:00至次日1:00；📶）罗维尼最狂野的现场音乐酒吧，环境热闹，所在的古老大楼有一个非常宜人的前院。夏季每晚店里都有DJ、乐队、比赛或喜剧表演，但全年周五晚上必定有现场演奏。

Valentino 鸡尾酒吧

（☎052-830 683；www.valentino-rovinj.com；Sv Križa 28；⊙5月至9月 18:00至午夜）在这家高端酒吧，优质鸡尾酒和香槟看起来就像沁人心脾的毒药。海边摆放着许多垫子，你可以坐在垫子上赏无限美景。

Havana 鸡尾酒吧

（☎091 58 83 470；www.facebook.com/havanarovinj；Aldo Negribb；⊙6月至9月 9:00至次日2:00）以朗姆酒为基酒的鸡尾酒、古巴雪茄、草编阳伞和松树投下的阴凉使这家露天酒吧成为一个受欢迎的地方。

Limbo 酒吧

（Casale 22b；⊙5月至9月 周一至周六 11:00至午夜，周日 16:00开始）温馨的咖啡馆兼酒吧，餐桌上摆着小蜡烛，铺着垫子的台阶通往老城山顶。供应美味小吃和很好的普罗塞克葡萄酒。

Monte Carlo 鸡尾酒吧

（Sv Križa 21；⊙5月至9月 10:00至次日1:00）这家低调的咖啡馆兼酒吧就在水边，客人能看到亚德里亚海美景并远眺对面的斯韦塔卡塔琳娜。

购物

Diva 时装和配饰

（Sv Križa 39；⊙4月至9月 11:00至午夜）这家可爱的女性时装小店出售克罗地亚和国际设计师作品，包括有趣的亚麻床单和围巾，以及一些珠宝和包包。

Sirena 珠宝

（Sv Križa 39）听从内心的呼唤，走入这家粉刷着海洋和美人鱼图案的店铺。店内出售当代珍珠手镯和项链，全部商品都是在店内制作的。

Galerija Brek 艺术

（Fontika 2；⊙6月至9月 10:00至午夜）Galerija Brek出售罗维尼和伊斯特拉照片，以及少量当地艺术家的作品。

Galerija Zdenac
陶瓷

(☎095 547 735; www.facebook.com/brakovicceramics; Zdenac 13; ⏲5月至9月 10:00~20:00)占据了老城内一栋房屋的1楼，出售美丽的瓷器。

绿色市场
市场

(Green Market; Trg Valdibora; ⏲7:00~18:00)这个上面有遮蓬、四周开放式的市场虽然还是一个新鲜农产品市场，但许多摊位以出售纪念品食物为主，例如橄榄油、果酱和松露产品等。

实用信息

医疗中心(Medical Centre; ☎052-840 702; Istarskabb; ⏲24小时)

旅游办事处(☎052-811 566; www.rovinj-tourism.com; Pina Budicina 12; ⏲7月和8月 8:00~22:00，5月中旬至6月和9月 至20:00)

到达和离开

船

Venezia Lines(☎052-422 896; www.venezialines.com; Giordana Paliage bb; 成人/儿童 €57/37起)经营开往威尼斯的快船(3小时45分钟)，5月至9月发船。

开往红岛和斯韦塔卡塔琳娜的船从Delfin码头发船。

长途汽车

长途汽车站(☎060 333 111; Trg na lokvi 6)就在老城东南处。目的地包括普拉(37KN，40分钟，每小时1趟)、波雷奇(43KN，45分钟，每天4趟)、里耶卡(100KN，2小时15分钟，每天5趟)、萨格勒布(150KN，4小时30分钟，每天10趟)和瓦拉日丁(208KN，7小时，每天2趟)。

波雷奇(Poreč)

人口16,700

古罗马城市波雷奇(意大利语为Parenzo)及其周边的地区完全是一个夏季旅游胜地。波雷奇是旅游度假村的中心，那些度假村沿着伊斯特拉西部海岸线自北向南一字排开，6月至9月会吸引上万名度假游客。

大规模旅游业意味着波雷奇绝不是一个安静的旅游景点(除非你淡季时来)，但城里有个名列世界遗产的教堂，建筑是哥特、罗马和巴洛克式杂糅的风格。旅游设施开发得很完善，绿意盎然的伊斯特拉内陆交通也很便利。近年来，波雷奇成为伊斯特拉的派对之都，吸引了来自欧洲和世界各地的年轻派对爱好者。

历史

公元前2世纪，罗马人征服了该地区，并将波雷奇建造在400米长、200米宽的半岛上。城区被分为两个长方形区域，两个区域之间南北向的街道叫作Decumanus，东西向的叫作Cardo。这种街道规划保留至今。

随着西罗马帝国的衰亡，波雷奇在6世纪至8世纪之间被拜占庭统治。以美丽壁画闻名的尤弗拉西安教堂(Euphrasian Basilica)就修建于这个时期。1267年，波雷奇被迫臣服于威尼斯统治者。

威尼斯衰败后，波雷奇处于奥地利和法国的轮流统治之下，1918~1943年又被意大利占领。意大利投降后，波雷奇被德国占领，1944年遭到盟军轰炸，后来成为战后南斯拉夫的一部分。

景点

布局紧凑的老城位于商店和餐馆鳞次栉比的小小的半岛上。3座15世纪威尼斯人建造的塔楼——**圆塔**(Round Tower; Narodni trg)、哥特式的**五角塔**(Pentagonal Tower; Decamanus)和**北塔**(Northern Tower)——标志着城区的东墙。古罗马时期的街道Decumanus是穿过半岛中央的主街，石头都被磨得发亮。

★尤弗拉西安教堂
宗座圣殿

(Euphrasian Basilica; Eufrazijeva 22; 成人/儿童 40/20KN; ⏲11月至次年3月 周一至周五 9:00~16:00，周六 至14:00，4月至6月、9月和10月 周一至周六 至18:00，7月和8月 至21:00)来波雷奇的游客主要就是为了欣赏建于6世纪的尤弗拉西安教堂。它不仅是世界遗产，也是欧洲保存最完好的拜占庭艺术典范之一。尤弗拉西安教堂建在一个4世纪的小礼拜堂遗址上，包括一个教堂、一个中庭和一个**洗礼堂**。

后殿墙上闪闪发光的6世纪细瓷镶嵌画是亮点。穿过八边形的洗礼堂可以登上塔楼，在塔楼顶端近距离俯瞰老城，景色令人心旷神怡。

凝视细瓷镶嵌画，注意看拱顶处的一排12位女性圣人，在她们的烘托之下，顶部的耶稣和门徒显得非常平衡得宜，"上帝的羔羊"们也在顶部。最大的群体图案在后殿的曲线处，正中间是圣母和圣子，四周是天使、圣人和下令建造该教堂的主教尤弗拉西安（左侧，手里托着一个教堂模型）。细瓷镶嵌画下方的圣龛由雕刻着几何花纹的美丽大理石制成。还要注意看支撑正厅内罗马风格拱顶的柱子，每对柱子都不一样，雕刻着花鸟和水果图案。

一定要去隔壁的主教宫（Bishop' s Palace）看看，里面展出古代石雕、宗教绘画和从小礼拜堂原址出土的4世纪细瓷镶嵌画。

马拉弗尔广场 广场

（Trg Marafor）今天的马拉弗尔广场上曾经有一个古罗马会厅，即公众集会场所。广场北侧成排的房屋围绕着人行道而建。

海神殿 遗迹

（Temple of Neptune; Romanieka bb）免费 1世纪，这个伟大的罗马神庙为供奉海神而建，现仅存残迹。

圣尼古拉 岛屿

（Sveti Nikola）圣尼古拉岛在半岛以南500米处。5月至10月，过海的小型客船（成人/儿童 25/15KN; ⏲5月至10月 每30分钟一趟）从位于Maršala Tita的码头出发。上岛之后，等待你的是鹅卵石和水泥海滩、岩石防波堤、松林投下的阴凉以及对面小镇的美丽风光。

活动和团队游

你希望参加的活动要么在Plava Laguna，要么在城中心以南的Zelena Laguna，例如网球、篮球、排球、风帆冲浪、划船、蹦极、彩弹球、高尔夫、滑水、帆伞、卡丁车和独木舟。想了解更详细的情况，可在旅游办事处（见155页）拿一份每年更新的小册子，上面列出了该地区所有的娱乐机构。

Fiore Tours 户外

（☎052-431 397; www.fiore.hr; Mate Vlašića 6）提供各种伊斯特拉各地的多日自助或带导游徒步、骑行、皮划艇和多项运动团队游，包含住宿。也有主题（活动、文化、艺术、美食等主题）一日游。

值得一游

洞穴和酒庄

如果你能出海，不妨花一两个小时探访波雷奇岛。只需一上午或一下午，下列洞穴和酒庄就全都能逛完。

Baredine Cave（Baredine jama-grotta; ☎052-421 333; www.baredine.com; Gedići 55, Nova Vas; 成人/儿童 75/45KN; ⏲3月 11:00~14:00, 4月至10月 10:00~17:00, 11月至次年2月 需预约11:00）水下洞穴Baredine Cave有石笋和钟乳石，从波雷奇岛过来很方便。常规游览方式是参加30分钟的导览游，沿照明良好的走廊进入水下60米。这里还有一个探洞中心（www.speleolit.com）和一个更刺激的拖拉机博物馆。

Cossetto（☎052-455 204; www.cossetto.net; Roškići 10, Kaštelir）这家酒庄位于波雷奇东北方向12公里处，出产的红葡萄酒和白葡萄酒在伊斯特拉都是非常好的。玛尔维萨（malvazija）尤其出色，此外也出产霞多丽和赤霞珠。预约品酒须提前致电。

Geržinić（☎052-446 285; www.gerzinic.com; Ohnići 9）这家获过奖的酒庄在波雷奇东北方向14公里之外的Ohnići村，100年来一直由同一个家族经营。葡萄园占地10公顷，种植一系列葡萄品种（霞多丽、特朗、西拉、一种特别好的玛尔维萨、黄麝香和赤霞珠），还制作rakija（格拉巴，果渣白兰地）和位列全球前100名的橄榄油。建议在这里驻足，尝尝美酒，但是最好提前致电预约。

Poreč 波雷奇

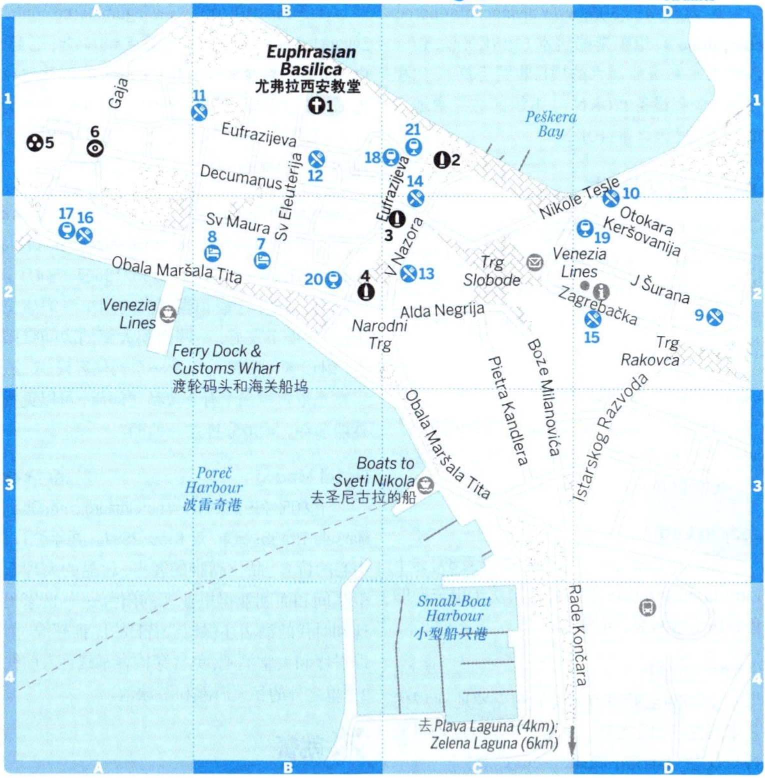

Poreč 波雷奇

重要景点

1 尤弗拉西安教堂 B1

景点

2 北塔 C1
3 五角塔 C2
4 圆塔 B2
5 海神殿 A1
6 马拉弗尔广场 A1

住宿

7 Hotel Mauro B2
8 Valamar Riviera B2

就餐

9 Artha Bistro D2
10 Burgerija D2
11 Gourmet B1
12 Konoba Aba B1
13 Konoba Ćakula C2
14 Konoba Ulixes C2
15 Nono D2
Restoran Peterokutna Kula .... （见 3）
16 Sv. Nikola A2

饮品和夜生活

17 Epoca A2
18 Fuego Wine & Bites C1
19 Le Mat Corner D2
20 Saint & Sinner B2
Torre Rotonda .... （见 4）
21 Vinoteka Bacchus C1

Diving Center Poreč 潜水

（052-433 606；www.divingcenter-porec.com；Brulo 4）组织乘船潜水（135KN起，包含洞穴潜水和沉船潜水的项目收费更高），出租设备（全套设备220KN），组织前往浮潜地点的快艇游（含设备140KN）。

节日和活动

Concerts in Euphrasiana 音乐节

（www.poup.hr；50KN；7月和8月）波雷奇大学（Poreč University）举办的古典音乐演奏会，夏季每周数次，地点是尤弗拉西安教堂。

Poreč Open Air Festival 表演艺术节

（www.porecopenair.com；7月至9月中旬）城里各地和圣尼古拉岛的露天舞台上有音乐会、戏剧和电影。

Jazz in Lap 音乐节

（www.poup.hr；7月中旬至8月末）Lapidarium旁边的地区博物馆院子里举办的免费爵士音乐会，每周1场。

Poreč Annale 艺术节

（8月至9月中旬）最早的克罗地亚现代艺术展之一，围绕单一主题，举办地点是伊斯特拉议会（Istrian Parliament）。

住宿

波雷奇的住处很多，但有可能早就预订一空了，所以如果你打算在7月或8月前来，一定要提前订房。老城内有十几家酒店，但大多数露营地、酒店、公寓和度假村都在南北走向的波雷奇海边。旺季时如果入住少于3晚，有些酒店会另收20%的附加费。

Polidor 露营地 €

（052-219 495；www.campingpolidor.com；Bijela uvala 12，Funtana；每个人/露营点/小屋€9/20/45起；）以克罗地亚标准而言，面积很小，略逼仄，但是无论如何还是会挤进来许多露营者。公共浴室楼铺着地暖，一道滑梯能让孩子们直接滑到楼下。甚至有一间专门的儿童卫生间，还有宠物淋浴头。位于地下室的酒吧可以按要求制作鸡尾酒，并送到泳池边。位于波雷奇市中心以南5公里处。

Camping Zelena Laguna 露营地 €

（052-410 700；www.lagunaporec.com；Zelena Laguna；每个成人/露营点 €8/14起；4月中旬至9月；）这个巨大的露营地在老城外5公里处，能住2700人，但在旺季时仍需提前预订。在诸多活动之中，有带滑梯的泳池和多个海滩（包括一个天体海滩）。

Valamar Riviera 酒店 €€€

（052-465 000；www.valamar.com；Obala Maršala Tita 15；标单/双 €135/186起；4月至10月；）这家相当时尚的四星级酒店位于港口，服务友好，一些面朝大海的房间带阳台。附设餐厅和酒吧以及一系列住客设施。酒店在圣尼古拉岛上有一块私属海滩，可以免费乘船前往，每30分钟发一趟船。

Hotel Mauro 精品酒店 €€€

（052-219 500；www.hotelmauro.com；Obala Maršala Tita 15；标单/双 €159/259起；）市中心的位置、品位高雅的客房、超酷的大理石卫生间和面朝亚得里亚海的阳台——这家奥地利时代的酒店还保留着昔日的优雅辉煌。附设餐厅和大堂酒吧，免费穿梭客车载客人前往2公里之外的私属海滩和游泳池。

就餐

Artha Bistro 素食 €

（052-435 495；Jože Šurana 10；主菜40~80KN；5月至10月 周一至周六 11:00~15:00和18:00~22:00，周日 10:00~15:00；）这家无肉餐馆为素食者、严格素食者和想尝试素食的人提供多种选择。餐馆在主广场附近一条小巷深处。选择一些伊斯特拉风味菜肴，例如经典的松露意面，或者美味豆腐、天妇罗或麸质食物。午餐时也提供便宜但能吃饱的三明治（22KN起）。

Burgerija 汉堡 €

（095 51 49 703；www.facebook.com/burgerija；Nikole Tesle 8；主菜 16~59KN；正午至23:00；）这个明亮的小店内充斥着震耳欲聋的摇滚乐声，出售十多种不同的肉食汉堡和一种素食汉堡，以及当地产的生啤。肉食爱好者可以选择50克、130克或最大的160克分量的肉饼。

在伊斯特拉脱光光

19世纪末20世纪初从拉布岛（Rab Island）开始的克罗地亚天体主义经历了一段漫长而脆弱的历史。在德国的裸体文化（freikörperkultur, FKK，可以理解为“解放身体文化”）运动影响下，天体主义很快在奥地利人中流行起来。后来，奥地利人Richard Ehrmann在拉布岛洛帕尔的天堂海滩（Paradise Beach）开设了第一家天体营地。但亚得里亚海天体主义的真正创始人是爱德华八世（Edward Ⅷ）和华利斯·辛普森（Wallis Simpson），1936年两人在拉布海岸边光着身子游泳，从而使天体主义流行起来。

如今，克罗地亚最大、开发最完善的天体度假村和露营地中有不少就在伊斯特拉海边。

Valalta Naturist Camp（☎052-804 800; www.valalta.hr; Cesta za Valaltu, Lim 7; 每个人/露营点/小屋 95/258/372KN起; ）这个裸体露营地位于罗维尼以北的Lim Channel，面积大，设施全，人们态度友好。

Naturist Camping Ulika（☎052-410 102; www.lagunaporec.com; Červar bb; 每个人/露营点59/129KN起; ⌚4月中旬至9月; ）这个巨大的裸体露营地在波雷奇以北5公里处，占据了整个海岬，营地内有海滩、酒吧、餐厅，甚至还有一家超市。除了559个露营点，也出租大篷车和房车。

Naturist Resort Solaris（☎052-404 000; www.valamar.hr; Solaris 1, Tar; 标单/双 €86/93起; ⌚5月至9月; ）如果你是更愿意住公寓的裸体主义者，那么这家占地49公顷的度假村再理想不过了，只是楼房外表看起来平平无奇。位于波雷奇以北12公里处的Lanterna半岛（Lanterna Peninsula），度假村内也有露营地。

CampingIN Kanegra FKK（☎052-709 000; www.istracamping.com; Kanegra 2; 每个人/露营点 50/33/109KN起; ⌚5月至9月中旬; ）这个裸体露营地有193个露营点，分散在乌马格东北方8公里处的长条形鹅卵石海滩上。

Nono 比萨 €

（☎052-453 088; Zagrebačka 4; 比萨 35~70KN; ⌚正午至23:00; ）当心，比萨特别大，一张足够两人吃，尤其是如果你还点了沙拉。有些比萨加入松露碎末，所有的比萨都很美味。另外，还有意面和烤肉出售。气氛悠闲、友好、十分家常。

★Konoba Daniela 伊斯特拉菜 €€

（☎052-460 519; www.konobadaniela.com; Veleniki 15a; 主菜 65~150KN; ⌚正午至午夜）这个家庭经营的小餐馆位于波雷奇以东5公里外的可爱的小村子里，鞑靼牛排、大份牛排、蘑菇馅意大利饺子和时令伊斯特拉家常菜很出名，果酱肉桂饺子作为一餐的甜点。提供两间客房（480KN起）。

Konoba Aba 地中海菜 €€

（Matka Vlačića 2; 主菜 75~185KN; ⌚5月至10月 正午至午夜）要吃波雷奇最美味的海鲜，就沿着狭窄的小巷直奔这家专营当地产海鲜、意大利调味饭和松露菜肴的小馆子。食物美味，侍者有礼貌，但一些主菜的分量略少。

Konoba Ćakula 伊斯特拉菜 €€

（☎052-427 701; www.konobacakula.com; Vladimira Nazora 7; 主菜 65~180KN; ⌚10:00~23:00; ）这家餐馆出售有趣的开胃凉菜和大分量的主食，尝尝双人鱼类菜肴，全部采用新鲜渔获制作。这里还是品尝西班牙小吃的好地方，吃的时候再来杯葡萄酒。

Gourmet 意大利菜 €€

（☎098 255 164; Eufrazijeva 26; 主菜 63~160KN; ⌚11:00至次日1:00）各种形状和配料（短管状通心粉、干面条、螺旋形意大利面、马铃薯团子之类）的意大利食物令人满意。还有炭烤比萨、肉类和海鲜。夏季的夜晚，气氛

两轮，三国

帕兰扎纳自行车小径（Parenzana Bike Trail；☎052-351 603；www.parenzana.net）与一条废弃的窄轨铁路平行，那条铁路在1902年至1935年之间曾连接了的里雅斯特和波雷奇。今天，这条自行车小径穿过3个国家：意大利、斯洛文尼亚和克罗地亚（克罗地亚段长78公里），因为沿途能看到伊斯特拉诸多美景（特别是春秋两季），所以在这条路上骑行的人越来越多。

特别好，餐桌都摆到广场上去了。

Konoba Ulixes 地中海菜 €€

（☎052-451 132；Decumanus 2；主菜85~165KN；⏲6月至9月 正午至16:00和18:00至午夜）这家可爱的餐馆就在主街旁边，环境温馨，出售很不错的鱼类和贝类菜肴。食物通常令人惊艳，但有人抱怨服务不够殷勤，多种伊斯特拉葡萄酒应该能平息你的怨气。

Sv. Nikola 地中海菜 €€€

（☎052-423 018；www.svnikola.com；Obala Maršala Tita 23；主菜 77~179KN；⏲11:00至次日1:00；👪）这家超级时髦的餐馆位于水边地带，但并不偏僻，面朝同名岛屿。服务很好，甚至还有儿童菜单。自制意大利干面条加入野芦笋和松露，吸引了大批美食迷。餐馆也出售牛排、鸭肉和多种海鲜特色菜。

Restoran Peterokutna Kula 伊斯特拉菜 €€€

（☎098 97 79 222；www.kula-porec.com.hr；Decumanus 1；主菜 80~220KN；⏲正午至午夜）这家高级餐馆在中世纪的五角塔内，石头拱顶下有两个天井，房顶有一个能看到美景的天台。环境非常宜人，提供各种意面、鱼类和肉类菜肴。

🍷 饮品和夜生活

Le Mat Corner 酒吧

（☎095 87 82 366；www.facebook.com/TheCornerCaffe；Otokara Keršovanija 2；⏲7:00至次日2:00）昏暗的光线、古怪的艺术品、不配套的椅子、小圆桌子、金属罩大灯、包厢座位、生啤充足的冰箱和音响里PJ Harvey的音乐声，这里是波雷奇最嬉皮的酒吧。侍者脾气有点坏，反而增加了几分波希米亚情调。

Fuego Wine & Bites 葡萄酒吧

（Eufrazijeva 7；⏲10:00至次日1:00）在小巷里找张椅子坐下来，享受这家葡萄酒吧的迷人气氛、美味葡萄酒和侍者的服务。也出售烤面包三明治、烤面包片、松露馅肉和奶酪馅饼。

Vinoteka Bacchus 葡萄酒吧

（☎052-433 539；Eufrazijeva 10；⏲10:00至次日1:00；📶）这个甜美的小葡萄酒吧在气氛悠闲的小巷内摆放了几张餐桌，你可以试试玛尔维萨（malvazija）和refošk等当地葡萄酒，用biska（槲寄生格拉巴葡萄酒）治愈心灵，边喝边吃开胃菜。

Torre Rotonda 酒吧

（☎098 255 731；www.torrerotonda.com；Narodni trg 3a；⏲10:00至次日1:00；📶）冬天，说到喝葡萄酒，再没有比这家位于中世纪塔楼内的温馨烛光酒吧更惬意的地方了。夏季，人们沿陡峭的台阶走到屋顶，看人群来来往往。

Byblos 夜店

（☎091 29 25 678；www.byblos.hr；Zelena Laguna 1；⏲5月至8月 逢活动 23:00至次日6:00）夏季周末，知名客座DJ在这个位于城南3公里处的超大露天夜店播放电子浩室音乐。举办盛大活动的夜晚，门票可能会高达€25。

Saint & Sinner 酒吧、夜店

（☎099 22 11 811；www.saint-sinner.net；Obala Maršala Tita 12；⏲20:00至次日4:00）这间酒吧位于海边，室内装饰以黑白色塑料为主。年轻的俊男靓女白天来喝咖啡，夜里来喝酒。从店名就能猜出来，气氛有点低俗下流。在Zelena Laguna的Hotel Delfin设有一个海滩酒吧，在乌马格和罗维尼也有姊妹店。

Epoca 酒吧

（☎098 367 942；www.epoca.hr；Obala Maršala Tita 24；⏲8:00至次日2:00；📶）坐在这

个低调的海边咖啡馆兼酒吧里欣赏日落，并点一杯意式浓缩咖啡，天黑之后再来一杯悠闲的鸡尾酒。

实用信息

整个城区都有免费Wi-Fi。

邮政总局（Main Post Office；Trg Slobode 14；⌚6月至9月 周一至周六 8:00~21:00，10月至次年5月 周一至周五 8:30~17:30）

波雷奇医疗中心（Poreč Medical Centre；☎052-451 611；Maura Gioseffija 2）

旅游办事处（☎052-451 293；www.myporec.com；Zagrebačka 9；⌚6月至9月 8:00~21:00，10月至次年5月 周一至周六 至18:00）

到达和离开

船

5月至9月**Venezia Lines**（☎052-422 896；www.venezialines.com；Zagrebačka 7；成人/儿童€57/37起；⌚5月至9月 8:00~20:00，10月至次年4月 周一至周五 至15:00）几乎每天都有1班快速双体船开往威尼斯（2小时45分钟），发船地点是**渡轮码头**和**海关船坞**（Ferry Dock & Customs Wharf；Obala Maršala Tita 5）。

长途汽车

长途汽车站（☎060 333 111；Karla Huguesa 2）就在老城边上，站内有行李寄存设施。连接波雷奇和罗维尼的长途汽车经过利姆斯基运河（见147页）。乘坐往南开的车坐右侧靠窗座位，往北开的车坐左侧靠窗座位，可以更清楚地看到峡湾。

也有车次开往普拉（60KN，1小时30分钟，每天最少5趟）、罗维尼（43KN，45分钟，每天最少4趟）、里耶卡（100KN，1小时30分钟，每天最少4趟）、萨格勒布（160KN，4小时，每天最少6趟）和奥西耶克（300KN，8小时15分钟，每天2趟）。

当地交通

自行车日租金为100KN左右。4月至10月，旅游大巴沿海岸大道开往周边的度假村，票价15~25KN。

乌马格（Umag）

人口13,500

与斯拉沃尼亚交界的乌马格（意大利语为Umago）是一座位于亚得里亚海旁边的小型古城，被13~18世纪的古城墙包围。它不像罗维尼那么美，也没有普拉或波雷奇那种历史景点，这里的生活节奏比较缓慢，海边的岩石小海湾那里还有一些幽静的海滩。

乌马格自罗马时代起就有人居住，曾先后被不同的欧洲强权（拜占庭、威尼斯、奥地利、法国和意大利）统治，1954年被南斯拉夫合并。“一战”前，意大利人占据了城里人口的大多数，但今天这个比例已经下降到刚刚超过18%。

景点

圣佩里格林教堂 教堂

（St Peregrine's Church, Crkva sv Peregrina）这个巴洛克风格教堂紧邻大得令人称奇的乌马

值得一游

诺维格勒海鲜小馆

海边小镇诺维格勒（Novigrad）恰好位于波雷奇和乌马格中间，是个繁忙的小渔港兼码头，有一两家很不错的海鲜餐馆。

Marina（☎052-726 691；Sv Antona 38, Novigrad；套餐 350KN起；⌚周三至周一 正午至15:00和19:00~23:00）这家创意餐馆位于码头，大厨也叫“码头”（Marina Gaši；Marina意为“码头”），制作既有趣又精致的海鲜菜肴。菜的分量适中，因此吃完8道主菜的套餐并不会撑得难受。葡萄酒单也很不错。

Damir & Ornella（☎052-758 134；www.damir-ornella.com；Zidine 5, Novigrad；套餐500~650KN；⌚周二至周日 12:30~15:30和18:30~23:30）这个小馆位于港口附近一条不起眼的小巷尽头，有28个座位，以采用活蹦乱跳的海鲜原料烹制的特色菜肴出名。地中海风味的生鱼片特别好吃。

格主广场，独立钟楼（建于1651年）高达33米。如果门锁着，通常可以透过玻璃前门窥探里面的色彩柔和的装饰品和天花板上的壁画。

乌马格城市博物馆 博物馆

（Umag Municipal Museum, Muzej grada Umaga；052-720 386；www.mgu-mcu.hr；Trg sv Martina 1；15KN；6月至9月 周二至周六 10:00~13:00和18:00~21:00，周日 10:00~13:00，10月至次年5月 周二、周三、周六和周日 10:00至正午，周四和周五 10:00至正午和17:00~20:00）虽小但讲解详细的乌马格博物馆几乎就在老城所在半岛的边缘，陈列着周边出土的从罗马时代到17世纪的考古学发现。此外也有乌马格老照片展和雕塑展品。

节日和活动

克罗地亚公开赛 体育运动

（Croatia Open；www.croatiaopen.hr；7月）国际职业网球联合会（ATP）世界巡回赛的一部分，同时也是克罗地亚顶级男子网球锦标赛，7月中旬举办，为期10天。曾获冠军的选手包括马林·西里奇（Marin Čilić）和卡洛斯·莫亚（Carlos Moyá）。

住宿

CampingIN Park Umag 露营地 €

（052-713 740；www.istracamping.com；Ladin gaj 132a；每个人/露营点 53/142KN起；5月至9月；）仅仅用一个"大"字无法恰如其分地形容这个位于乌马格以南8公里处的超大海滨露营地。巨大的面积意味着营地内能进行多种体育和娱乐活动，游泳池里甚至还有一艘海盗船。

Villa Badi 酒店 €€

（052-756 402；www.badi.hr；Umaška 12, Lovrečica；房间 738KN起；）这家私密的家庭经营酒店位于乌马格以南约6公里处的渔村Lovrečica，有22间现代化的客房、一个灯光明亮的露天游泳池、一个小型水疗区域和自助早餐。离海边和村子中心都只有200米。

Villa La Rossa 民宿 €€

（052-720 626；Istarska 19, Punta；房间€63起；）如果不想住海边的大型度假酒店，这家民宿也是很好的选择。房间舒适，有大阳台，服务员热情。多付点钱就可以享受到自助早餐，但通常都是包含在房费内的。没有网站，要通过缤客（Booking.com）订房。

餐饮

Konoba Rustica 地中海菜 €€

（052-732 053；www.konoba-rustica.com；Sv Marija na Krasu 41；主菜 50~195KN；周四至周二 正午至23:00）位于与斯洛文尼亚交界的公路旁边，与乌马格相距5公里。这家好评如潮的餐馆出售最美味的薄边比萨、意面和当地产的熟成牛排。正如店名所说，店内装修是田园风格的，环境也与之相应，很有乡村情调。

Konoba Lorenzo 地中海菜 €€€

（095 90 74 762；www.konoba-dalorenzo.com；Šetalište Vladimira Gortana 72, Punta；主菜 75~175KN；正午至23:00）就在码头后面，从老城往北，步行20分钟即可到达。这家休闲餐馆尽量使用当地产的原料烹制美味菜肴。亚得里亚海生鱼片和松露冰激凌非常好吃。

Buoni Amici 酒吧

（095 90 48 583；www.facebook.com/Buoni Amici 2016；G Garibaldi 15；9:00至次日2:00；）这家时髦的酒吧位于老城南端，面朝大海，出售多种生啤，墙上挂着Bowie和Lou Reed的照片，各种黄铜器具从天花板垂下。留意店里可能会举办现场音乐和DJ表演。

实用信息

旅游办事处（052-741 363；www.coloursofistria.com；Trgovačka 6；5月至9月 8:00~20:00，10月至次年4月 周一至周五 8:00~15:00，周六和周日 9:00至正午）

到达和离开

船

7月和8月，**Venezia Lines**（052-422 896；www.venezialines.com；Obala Josipa Broza Tita 1；成人/儿童 €67/42）每周有一趟快艇开往威尼斯（2小时30分钟）。

伊斯特拉 乌马格

另辟蹊径

巴察尼加（BAŠANIJA）

如果你驾车来到乌马格，而且无所事事，那么伊斯特拉的西北端倒是有一两个低调但值得一游的景点。

萨武德里亚灯塔（Savudrija Lighthouse, Savudrijski svjetionik; www.lighthouses-croatia.com; Svjetionicarska 1, Bašanija）这座优雅的石头灯塔坐落在克罗地亚最西端，是伊斯特利亚最古老的灯塔，建于1818年。不对公众开放，但附属的守塔人木屋内有几套客房可供出租（760KN起）。

Degrassi（☎052-759 250; www.degrassi.hr; Podrumarska 3, Bašanija; 团队游 128KN; ⏲2月至12月 周一至周六 9:00~16:00）Degrassi酒庄在乌马格以北6公里处，出产一系列葡萄酒，包括当地的玛尔维萨、特朗和莱弗斯科（refosco）。提前预约团队游，可品尝5种葡萄酒和1种小吃，或者在酒庄附设的迷人酒吧里按"杯"购买。

长途汽车

长途汽车站（☎060 317 060; Joakima Rakovca 11）在老城以东800米处。有车开往普拉（90KN，2小时30分钟，每天5趟）、罗维尼（78KN，1小时45分钟，每天6趟）、波雷奇（42KN，50分钟，每天6趟）、里耶卡（98KN，2小时30分钟，每天5趟）和萨格勒布（225KN，5小时，每天7趟）。

伊斯特拉中部和东部（CENTRAL & EASTERN ISTRIA）

从伊斯特拉海岸往内陆走，你会注意到人群逐渐消散，大型酒店越来越少，取而代之的是安静的乡村、中世纪的山顶小镇、松树林、肥沃的山谷和种满葡萄的山丘。内陆的生活节奏相当缓慢，游人稀少，种植葡萄、寻找松露、采摘野生芦笋和栽种橄榄树才是内陆居民的生活。农庄敞开大门，欢迎想要寻找真正度假体验的人，荒野上的乡村餐馆供应慢炖美食，克罗地亚顶级红酒商让你有机会在他们的酒窖里品酒。看起来仿佛建在废墟上的偏僻的山顶村庄吸引着大批艺术家、工匠和富有的外国人。虽然许多人把这个地方跟托斯卡纳（Tuscany）相提并论（意大利对这个地区的影响也的确不可忽视），但它自有其魅力。

莫姆延（Momjan）

人口283

莫姆延（意大利语为Momiano）是个很容易被忽视的小镇，它地处伊斯特拉西北角（即斯洛文尼亚边境南侧）的山顶，能远眺伊斯特拉内陆和海岸风光。具有历史意义的亮点包括一座15世纪的教堂和一个13世纪的峭壁城堡遗址。在去往其他城镇的路上也可于此地驻足小憩，吃饭、品酒和闲逛。

景点

Kozlović 葡萄酒厂

（☎052-779 177; www.kozlovic.hr; Vale 78; ⏲4月至10月 周一至周六 10:00~19:00，11月至次年3月 至16:00）坐落在一条汩汩流淌的小河旁边的青葱峡谷之中，品酒室所在的建筑非常迷人，因此这里成为伊斯特拉最令人难忘的葡萄酒庄。提供多种"葡萄酒体验"，包括品酒和酒庄团队游（请垂询价格），或者直接致电购买一瓶招牌麝香葡萄酒、玛尔维萨、长相思或特朗。

住宿

★ **B&B Tinka** 民宿 €€

（☎098 17 58 279; www.bb-tinka.com; Dolinja Vas 23; 标单/双 €55/90; P❄📶）3间客房纤尘不染，装饰富有想象力，每间都以当地某个葡萄品种为主题，卫生间很不错。早餐在楼下的餐厅吃，食物都是自家用当地农产品做的，品种丰富。

Agroturizam San Mauro 民宿 €€

（☎052-779 033; www.sinkovic.hr; San Mauro 157; 标单/双 297/475KN; P📶🐾）这个农庄就在莫姆延的山坡上，出租8间带小厨房的客房，其中几间还有露台，能看到海景。早餐包括自制果酱、蜂蜜和果汁。属于Senković家族葡萄酒庄，哪怕只是为了品尝格外美味的麝香葡萄酒或者在露台上吃顿饭，也值得来一趟。别忘了跟热情的松露猪Pepa打声招呼。

就餐

Konoba Rino 伊斯特拉菜 €

（☎052-779 170；Dolinja Vas 23；主菜60~150KN；⊙周三至周一 正午至22:00；📶🅿）田园风情的餐馆，有沉重的木梁和石头拱顶，出售松露面丸以及boškarin或pulićem（小驴的肉）意面等当地特色。

Stari Podrum 伊斯特拉菜 €€€

（www.staripodrum.info；Most 52；主菜70~200KN；⊙周四至周二 正午至22:00）这家高级餐馆坐落在距离莫姆延5分钟车程的美丽山谷中，独具创意，供应伊斯特拉家常菜。价格高于同类餐馆，因此店外停的车辆也比较高档。可想而知，菜肴中大量使用松露，有名的菲力牛排也不会让你失望。

到达和离开

需要自驾才能去莫姆延，因为这里不通长途汽车。

格罗日年（Grožnjan）

人口736

在20世纪60年代之前，位于波雷奇东北方向27公里处的小城格罗日年（意大利语为Grisignana）几乎默默无闻。这个山顶小镇于1102年首次出现在文字记载中。对于14世纪的威尼斯人而言，它是个有战略性地位的要塞。威尼斯人修建了城墙和城门、凉廊、谷仓，以及几座精美的教堂。18世纪，威尼斯帝国分崩离析，格罗日年的重要性有所降低，人口也随之减少。

1965年，雕塑家Aleksandar Rukavina和几个艺术家“发现”了格罗日年的中世纪魅力，把废弃的建筑改建成工作室。小镇逐渐恢复生机，吸引了艺术家培训机构青年音乐家国际文化中心（Jeunesses Musicales International）的注意。1969年，格罗日年成立了音乐家暑期学校，每年的夏季课程、独唱会、城堡里举办的音乐会和绿树成荫的广场使这个小镇的名气与日俱增。

> **值得一游**
>
> **伊斯特拉兰蒂亚（ISTRALANDIA）**
>
> 如果你的孩子已经看够了海滩，就带着他们直奔伊斯特拉兰蒂亚（☎052-866 900；www.istralandia.hr；紧邻A9；成人/儿童 210/160KN；⊙6月至9月10:00~18:00；👪）吧。这个大型水上公园位于诺维格勒东北方向7公里处，除了造浪池和水滑梯，全天还有各种按时刻表进行的娱乐活动。如果你14:00之后来，门票还会便宜一点。

景点

城里所有的景点都附有牌子，上面带英文说明。城里有30多家画廊和工作室，大多数仅夏季开门。

圣维图、圣莫德斯特和圣克里森提亚教堂 教堂

（Church of Sts Vitus,Modest & Crescentia, Župna crkva sv Vida, Modesta i Krešencije; Trg Jozip Broza Tita）这个教区大教堂的黄色砂岩钟楼高高地矗立着，构成了小镇的天际线。对该教堂的记载最初出现于1310年，1748~1770年被翻修成巴洛克式风格。如果关门，你可以透过前门的玻璃窗向内窥探。圣坛上方的大型绘画描绘了3位早期殉道者在罗马竞技场遇到他们的神的场景。

Fonticus Gallery 画廊

（Gradska galerija Fonticus; Trg Lođe 3; ⊙周二至周日 10:00~13:00和17:00~20:00）城里最大的画廊，力推克罗地亚主要艺术家的近作。位于一栋建于1597年的建筑内，曾先后用作法院、监狱和粮仓。虽然没有永久性展品，但有个小型徽章展。

节日和活动

夏季音乐会由青年音乐家（Jeunesses Musicales; www.hgm.hr）当地分会主办，活动免费，也无须提前订位。音乐会通常在教堂、主广场、凉廊或城堡里举办。

一日骑行线路帕兰扎纳自行车小径（Parenzana Bike Trail；见154页）就经过门口。此外这家公司还能预订松露采摘活动、开往威尼斯的船票、住宿和租车。

节日和活动

莫托文电影节 电影

（Motovun Film Festival；www.motovunfilmfestival.com；⏲7月）7月末举办，为期5天，其间有大约4万人涌入莫托文。这个电影节创立于1999年，上映独立和先锋电影，此外还不间断播放露天和室内电影以及举行音乐会和派对。

住宿

Motovun Camping 露营地 €

（☎052-681 557；www.motovun-camping.com；Rižanske skupštine 1a；帐篷/房车露营点123/195KN；P 🛜 🏊）这个小露营地就在小镇的山坡下方，沙砾地面停车区域供房车使用，小块绿地供扎帐篷。没什么树荫，但有一个小泳池。

★ **Villa Borgo** 民宿 €€

（☎052-681 708；www.villaborgo.com；Borgo 4；标单/双/公寓 485/647/811KN起；P ❄ 🛜）美丽的房子位于老城边缘的山坡上，10间客房的风格和陈设各不相同，一些使用公共卫生间，一些能看到360度景观，还有一些面朝街道。此外1楼还有能住4人的公寓房间。站在可爱的公共露台上，饱览一览无余的山谷美景，最适合边喝葡萄酒边欣赏日落。

Hotel Kaštel 酒店 €€

（☎052-681 607；www.hotel-kastel-motovun.hr；Trg Andrea Antico 7；房间 €105起；P ❄ 🛜 🏊）城里唯一真正算得上“酒店”的地方，位于一栋经过修复的17世纪宫殿内，有32个简单装修的房间。还有一个极好的房间，床是四柱床，墙上和天花板上还保留着原始的浮雕。餐厅不错，出租自行车（每天110KN），还有水疗中心、可爱的室内泳池和室外日光平台。

就餐

Pod Napun 伊斯特拉菜 €€

（☎052-681 767；www.antique-motovun.com.hr；Gradizol 33；主菜 53~205KN；⏲正午至22:00；📝）这家私密而友好的餐馆在通往外墙城门的路边，在露台上能看到一览无余的山谷美景。出售来自该地区的精美传统菜肴。店主在城里还有几处房屋和客房供出租。

★ **Konoba Mondo** 伊斯特拉菜 €€€

（☎052-681 791；www.konoba-mondo.com；Barbacan 1；主菜 75~195KN；⏲正午至15:30和18:00~22:00；📝）这家侧面有个小露台的小餐馆就在外墙城门旁边，出售构思充满想象力、看起来十分精致的伊斯特拉家常菜，其中许多以松露为原料。如果你爱吃松露，甚至可以再单点一份！边吃边喝当地酒庄出产的葡萄酒。

购物

Miro Tartufi 食品和饮品

（☎052-681 724；www.miro-tartufi.com；Kanal 27）这家可爱的店铺出售松露、橄榄油、奶酪和香肠。但是，客人们来的主要原因是店方能安排松露采摘（3小时的体验含午餐每人€65左右）活动。楼上还有4套公寓房间供出租。

实用信息

旅游办事处（☎052-681 726；www.tz-motovun.hr；Trg Andrea Antico 1；⏲6月至8月 9:00~21:00，4月、5月和9月 至19:00，3月、10月和11月 至17:00）在主广场上。

到达和离开

如果没有自己的小汽车或自行车，去莫托文也不容易。开往波雷奇（37KN，42分钟）和罗维尼（69KN，1小时45分钟）的长途汽车每天只有一趟。

当地交通

城里有3个停车场。第一个在村子山脚下，停车后要沿陡峭的山路步行2公里到达城门。第二个在老城下方300米处。4月至10月，这两个停车场收费都是每天20KN。第三个在鹅卵石街道交错的老城内，仅限居民和酒店客人使用。

比泽（Buzet）

人口1680

这里山不高，周围景色也不像莫托文那

餐饮

Konoba Pintur　伊斯特拉菜 €

（☎052-776 397；Mate Gorjana 9；主菜35~100KN；⊙10:00~20:00）这个家庭经营的餐馆在主广场上，桌椅摆在室外，食物和啤酒物美价廉。楼上的房间可供出租。

Bastia　伊斯特拉菜 €€

（☎052-776 370；1 Svibnja 1；主菜 65~180KN；⊙5月至9月 8:00至午夜，10月至次年4月 周三至周一 正午至21:00）城里年头最久的餐馆，就在绿树成荫的主广场上。店内装修明亮宜人，菜单上食物种类很多，许多菜都加了松露。

Cafe Vero　酒吧

（Trg Cornera 3；⊙6月至8月 8:00至次日2:00，9月至次年5月 至午夜；📶）这家咖啡馆兼酒吧位于村子边缘，在露台上看到的壮美的山谷景色是它最大的魅力所在。也出售冰激凌。

实用信息

旅游办事处（☎052-776 131；www.tz-groznjan.hr；Umberta Gorjana 3；⊙周二至周日 10:00~13:00和17:00~20:00）

到达和离开

你得有自己的汽车才能前往格罗日年，因为这里不通公交。如果你从莫托文出发，不要在第一个"Grožjan"（格罗日年）路标处下主路，因为那个出口封闭了，反而绕得更远。沿着公路再走几公里，就会看到另一个"Grožjan"路标，这个出口更方便。

莫托文（Motovun）

人口 484

莫托文（意大利语为Montona）是一个迷人的带围墙的小镇，位于米尔纳河谷（Mirna River valley）上方277米高的山上。环境极好，山谷青翠，小镇看起来就像童话书中的插图，悠闲安逸的气氛是它的主要魅力所在。潮湿阴暗的莫托文森林（Motovun Forest）也颇有魔力，何况那里还是一个隐秘的宝库，藏着著名的伊斯特拉松露。

14世纪，威尼斯人决定在这里设立防御要塞，因此建造了两层厚厚的城墙。城墙内是一排排古色古香的罗马风格和哥特风格房屋，现在被艺术家的工作室、餐馆和旅游纪念品商店占据。后建的房屋和商铺聚集在通往老城的山坡上。

莫托文的出名之处是每年夏季举办的人气极高的电影节。

景点

莫托文：历史的变迁　博物馆

（Motovun: A History in Motion, Motovun: Povijest u pokretu；Trg Andrea Antico 7；成人/儿童25/15KN；⊙9:00~17:00）这个小博物馆在Hotel Kaštel的院子里，有趣的展品介绍了据说生活在莫托文森林内的传奇巨人、被迫成为威尼斯船夫的当地农夫的悲惨命运、松露和橄榄油工业、电影节以及出生于莫托文的传奇赛车手马里奥·安德雷蒂（Mario Andretti）。

城墙　墙

（Gradske zidine；☎091 26 81 616；Trg Andrea Antico bb；成人/家庭 25/40KN；⊙6月至8月 9:00~21:00，4月、5月和9月 至19:00，3月、10月和11月 至17:00）只要10分钟左右，就能绕莫托文的城墙残迹走一圈，如果步行绕小城一周，还能免费欣赏周边乡村的风光。在城墙上能看到一些可爱的隐秘花园，还能进入外墙城门上方角楼内的当地风景照片展室。在旅游办事处买票。

圣斯蒂芬教堂　教堂

（Church of St Stephen, Crkva svetog Stjepana；Trg Andrea Antico bb；⊙时间不定）这个巨大的文艺复兴风格教堂位于小镇正中央，据说是由威尼斯建筑师Andrea Palladio设计的。内部简单朴素，完全符合那个时期的特点。

活动

Paragliding Tandem Istria　滑翔伞

（☎098 92 28 081；www.istraparagliding.com；700KN起）玩串列滑翔伞（跟教练一起），从莫托文山顶跳下，俯瞰广袤的美景。需要预订。

Montona Tours　自行车

（☎052-681 970；www.montonatours.com；Kanal 10；⊙时间不定）这家当地的旅行社出租多种自行车，位置非常好（幸亏在山脚下），

“阿拉丁宝洞”位于建于1907年的优雅建筑Narodni Dom（人民之家）的地下室，店内有大量闪闪发光的玻璃瓶、时髦的格拉巴葡萄酒坛、烈酒和果酱罐，这些都是在店内制作的。这里是购买伊斯特拉传统biska（槲寄生格拉巴）的好地方，也提供品酒和团队游。

Zigante Tartufi 食品

（☎052-663 340；www.zigantetartufi.com；Trg Fontana 3；⏲9:00~20:00）这家小店隐藏在小城山脚下那个大环岛附近的山洞里，出售各种形状和储存方式的松露，例如浸泡在橄榄油中，或者与奶酪、橄榄酱和香肠混合。也卖葡萄酒和格拉巴，并提供品酒。在Buje、Livade、莫托文和格罗日年均设有分店。

ℹ 实用信息

旅游办事处（☎052-662 343；www.tz-buzet.hr；Šetalište Vladimira Gortana 9；⏲周一至周五8:00~15:00）在Vela Vrata隔壁的时髦建筑内，提供住宿方面的信息，以及大量介绍地区活动的地图和小册子。

ℹ 到达和当地交通

➡ 长途汽车从比泽的**长途汽车站**（☎052-663 285；Riječka 26/1）发车，目的地包括洛奇（26KN，14分钟，每天2趟）、波雷奇（51KN，1小时，每天2趟）、罗维尼（89KN，2小时45分钟，每天1趟）、里耶卡（60KN，1小时，每天2趟）和萨格勒布（146KN，4小时，每天2趟）。

➡ 比泽的火车站离城区太远了，不方便旅客使用。

➡ 老城内停车要求严格，即使是冬季也要收费。在山坡正中间的地方，墓地旁边有个停车场。

洛奇（Roč）

人口153

安静而宜人的小城洛奇在比泽东南方向8公里处，城墙建于15世纪。在城里漫步，游览11世纪的**圣安东尼教堂**（St Anthony's Church）、14世纪的**圣巴塞洛缪教堂**（St Bartholomew's Church）和**圣洛奇教堂**（St Roč's Church）、15世纪的**文艺复兴风格房屋**，以及**15世纪城门**内的罗马文字雕刻图案。

Ročka Konoba（☎091 72 99 716；www.facebook.com/rockakonoba；Roč 14；主菜 30~130KN；⏲5月至9月 周二至周日 正午至22:00，10月至次年4月 周五至周日 正午至22:00）位于城里一栋石头建筑内，这家地区餐馆值得品尝。有露天座位，也有室内的火炉边座位，是品尝fuži（伊斯特拉意面）、自制香肠和maneštra（炖蔬菜）等伊斯特拉特色美味的好去处。

ℹ 实用信息

旅游办事处（☎092 16 94 598；www.istria-buzet.com；Ročbb；⏲5月至10月 9:00~17:00）有城里所有教堂的钥匙，如果你想参观教堂内部，就得先来这里。

ℹ 到达和离开

开往比泽（26KN，14分钟，每天2趟）、里耶卡（50KN，50分钟，每天2趟）和萨格勒布（146KN，3.5小时，每天1趟）的长途汽车停靠在离城400米的公路路口。

洛奇的火车站在城西北1公里处，每天有火车开往普拉（54KN，1小时45分钟，每天4趟）、沃德尼扬（45KN，1小时30分钟，每天4趟）和帕津（23KN，38分钟，每天6趟）。

胡姆（Hum）

人口28

自称“全世界最小的小镇”胡姆在地图上只是一个点，镇里基本上只有一条与古代围墙平行的街道。但是，就气氛而言，这里非常迷人。传说，建造伊斯特拉的巨人用剩下的石头建造了胡姆。

人一多，就感受不到幽静了。要想好好地体验温馨和安静就淡季时来，或者在这儿住一晚。

景点

绕城一圈只需大约5分钟，即使停下脚步把看到的重要建筑的多语言介绍铭文都看一遍，也只需要30分钟。

圣杰罗姆小教堂 教堂

（St Jerome's Chapel，Crkvica svetog Jeronima）这个12世纪的罗马风格小教堂位于城墙外侧的墓地内，墙上还留存着原始壁画，而古代格拉哥里(Glagolitic)文字的涂鸦是16世纪之前留下的。如果关门了,就找餐馆要钥匙。

格拉哥里小巷 地标

(Glagolitic Alley, Aleja Glagoljaša)从洛奇到胡姆的道路又名格拉哥里小巷,因为沿途有11座雕像,它们曾见证了此地作为格拉哥里字母表(一种古斯拉夫文字,在克罗地亚部分地区使用,直到19世纪)中心的重要地位。

克特里 村庄

(Kotli)别错过这个几近荒弃的村庄,它与洛奇相距2.5公里,紧邻公路。村庄建立在一条到了夏天就会干涸的小溪边,但其他季节水量充足,有些浅滩适合游泳。桥边是景色如画的房屋废墟,包括受到保护的庭院、室外台阶、拱顶走廊和烟囱。

住宿

★Apartments & Rooms Dores 客栈 €

(☎091 56 66 661; www.facebook.com/app.rooms.doresHum; Hum 9; 房间/公寓 €50/65起; P❄📶)这家迷人的客栈与胡姆城一样娇小和可爱,古老的房子里有两间清新而现代化的带独立卫浴的客房。楼下是纪念品商店,楼上住着年轻的房主。房主在胡姆还出租3套带厨卫的套房(其中一套是栋独立木屋),还有一套在洛奇,自带泳池。

餐饮

Humska Konoba 伊斯特拉菜 €

(☎052-660 005; www.hum.hr; Hum 2; 主菜32~55KN; ⊙6月至9月 11:00~22:00, 4月、5月和10月 周二至周日 11:00~22:00, 11月至次年3月 周一至周五 11:00~22:00; 📶)城里的餐馆,有个能看到全景的可爱的室外露台,提供一流的伊斯特拉家常菜。吃饭之前先喝一杯biska(白槲寄生格拉巴)。接下来尝尝maneštra s kukuruzom(豆子和玉米汤),然后是上面放松露的fuži(卷成独特形状的自制鸡蛋意面),最后是kroštuli(炸馅饼蘸糖)。

Raboš 葡萄酒吧

(☎091 26 60 003; www.facebook.com/wine.bar.and.shop.rabos; Hum 11; ⊙6月至9月 10:00~21:00, 4月、5月、10月和11月 周三至周一 10:00~21:00, 12月至次年3月 周六和周日 10:00~21:00; 📶)古老的凉廊曾是威尼斯时代胡姆人的生活中心,幸亏这家友好的小酒吧,凉廊才能够保存至今。路过时尝尝当地产的葡萄酒和格拉巴,用含有松露的开胃菜下酒。

到达和离开

要去胡姆你得有自己的车辆,因为没有经过这里的公共交通工具。

帕津(Pazin)

人口 4390

位于伊斯特拉中部的帕津是一个平淡无奇的小镇,除了中世纪城堡,最出名的地方是为儒勒·凡尔纳(Jules Verne)提供灵感的裂罅。游客主要是来游览裂罅和城堡的,但城市小而幽静,街道上几乎看不到外国游客,也自有其魅力。城中心大部分是步行区域,郊区是连绵的伊斯特拉乡村,但景色略显平淡。

帕津是伊斯特拉的行政重镇,公路和铁路都很发达,车次可以前往半岛上任何一个城镇。但是,酒店和餐馆不多,也就是说,来这里一日游比较好——乘小汽车的话,帕津离伊斯特拉其他任何城镇都不到1小时路程。帕津周边的乡村活动很丰富,例如徒步、自由攀岩、高空滑索、骑行和拜访当地养蜂人。

景点

城堡 城堡

(Castle, Kaštel; ☎052-622 220; Trg Istarskog Razvoda 1; 成人/儿童 25/15KN; ⊙5月至9月 10:00~18:00, 10月至次年4月 至15:00)帕津的城堡是整个伊斯特拉最大、保存最完好的中世纪建筑,就在裂罅上方。这个城堡始见于983年的记载,之后的几个世纪有不同风格的增建。持门票可进入两个有趣的博物馆:**帕津城博物馆**(Pazin Town Museum; www.muzej-pazin.hr)和**伊斯特拉人种学博物馆**(Istrian Ethnographic Museum; www.emi.hr)。

帕津城博物馆陈列了中世纪的教堂钟、邮票、钞票、乐器、武器、盔甲和刑具(在地牢里),还有一间介绍1407年和1570年农民起义的有趣展室。

美妙的菌类

松露贸易不仅仅是商业，它更像是一种能带来高额利润的狂热崇拜。松露贸易围绕着一种据说具有神奇力量的天价地下块菌展开，这种块菌要去黑森林里寻找，然后运到国外，并以低利润销售。松露爱好者们宣称只要你尝过这种小小的坚果形状的美味，就不再想吃其他的味道了。

世界上有70种松露，其中34种产自欧洲。意大利、法国和西班牙都有松露出产，伊斯特拉森林里也出产3种黑松露（夏松露、冬松露和noble松露）和1种大型白松露（全世界最贵的食物之一，每公斤售价€4500左右）。克罗地亚最大的伊斯特拉松露出口商是Zigante Tartufi（见163页），它的出口份额占克罗地亚的90%左右。1999年，这家公司的老板Giancarlo Zigante和他的爱犬Diana一起发现了当时全世界已知的最大的松露——它重达1.31公斤，被收入吉尼斯世界纪录。Livade村的Restaurant Zigante（见161页）里有这块松露的模型。

伊斯特拉的松露贸易史相对较短。1932年，伊斯特拉被意大利占领期间，一个来自松露之都Alba的意大利士兵注意到故乡和伊斯特拉的植被很相似。退役后他回到这里，带着经过特殊训练的狗，狗一边嗅，他一边挖，终于发现了这种珍贵的商品。

由于埋有松露的地方在地面上没有任何标志，人是无法发现的，因此狗（传统上用猪）就成了能否成功挖出松露的关键。伊斯特拉狗血统虽然不够纯，但受过严格的训练。小狗从2个月开始就接受训练，但其中只有大约20%能够胜任追踪松露的重任。

莫托文森林几乎全年都出产黑松露，但白松露采摘季节从9月开始，仅持续到来年1月。其间至少有3000人和9000~12,000只狗在潮湿的莫托文森林里出没。

有些人相信松露是春药，但科学研究未能证实这一点。你可以亲自试试！

人种学博物馆收集了4000件文物，游客能够了解历史上的伊斯特拉乡村生活。藏品包括家具、民族服装、工具和瓷器，此外也有介绍斯拉夫节日和移民的展区。

帕津洞 洞穴

（Pazin Chasm，Pazinska jama）这个落差约100米的深渊无疑是帕津最负盛名的景点。Pazinčica河在这里沉入地下，变成地下河，形成了3个地下湖泊。深不可测的洞穴激发了儒勒·凡尔纳（Jule Verne）和不计其数的克罗地亚作家的灵感。游客可以在这个天然峡谷内步行，1.3公里长的小路设有标识，大约需要45分钟方可走完，沿途有几段比较和缓的爬山路。

帕津洞有两个入口，一个在Hotel Lovac旁边，另一个在连接城堡和帕津洞的100米长的人行天桥那里。如果提前通过旅游办事处安排，你可以跟随专业人士进洞（190KN）。如果你不想进入深渊，城堡外面就有个观景台。

活动

帕津的旅游办事处提供徒步小径地图、养蜂场地图（你可以拜访养蜂人并品尝美味的洋槐蜜）和介绍帕津周边葡萄酒窖的小册子。

★ ZipLine Pazinska Jama 极限运动

（☎091 54 37 718；Šime Kurelića 4；2次短线 80KN，2次长线 120KN，全含 160KN；⏲5月至8月 10:00~19:00）挂在80米长的线缆上，猛地向深渊俯冲。也可以挂在220米长或280米长的线缆上，分别以40公里或50公里的时速向下冲。

就餐

★ Konoba Vela Vrata 伊斯特拉菜 €€

（☎052-622 801；Beram 41；主菜 45~100KN；⏲周二至周日 正午至23:00）位于帕津西北方向5公里之外的山顶小村Beram，这个乡下餐馆烹制非常好吃的自制意面、面丸和松露菜肴。冬季，店内温暖舒适，夏季去露台上

一道文学鸿沟

法国科幻作家儒勒·凡尔纳（Jules Verne，1828~1905年）把其27本海洋探险系列小说中的一本——《桑道夫伯爵》（*Mathias Sandorf*，1885年）的背景设在帕津城堡（Pazin Castle）和帕津洞（Pazin Chasm）。这位以环游地球80天、到达地球内核并且在海底航行了2万里而闻名的作家在伊斯特拉的中心找到了灵感。

在小说里（后来拍成了电影），马西亚斯·桑道夫（Mathias Sandorf）伯爵和他的两位同伴被奥地利警察逮捕，以革命活动的罪名关进帕津城堡。桑道夫沿着避雷针往下爬，但由于被闪电击中，他掉进奔腾的Pazinčica河里。河水载着他进入幽深的帕津洞，但我们勇敢的主人公很快抓住一根树干。6小时后，河水的旋涡把他冲到平静的里姆斯卡德拉加峡湾（Limska Draga Fjord）入口。他步行前往罗维尼，小说的最后一幕是他在子弹扫射中从峭壁上跳入大海。

实际上，凡尔纳从未来过帕津，而是根据照片和游客的口述编写了桑道夫的历险记，但这不能阻止帕津一有机会就利用这部小说大肆宣传自己。城里甚至有条街道以儒勒·凡尔纳的名字命名。

欣赏伊斯特拉中部的乡村美景。别忘了尝尝妙不可言的松露巧克力蛋糕。

实用信息

旅游办事处（052-622 460；www.central-istria.com；Velog Jože 1；周一至周五 10:00~17:00，周六 至13:00）

到达和离开

长途汽车

长途汽车从最大的**长途汽车站**（060 306 040；Miroslava Bulešića 2）开往波雷奇（42KN，35分钟，每天6趟）、普拉（55KN，50分钟，每天5趟）、罗维尼（47KN，1小时，每天4趟）、里耶卡（47KN，1小时，每天5趟）和萨格勒布（124KN，3~4小时，每天10趟）。周末车次减少。

火车

火车站（052-624 310；www.hzpp.hr；Od stareh kostanji 3）在城中心东侧。列车的目的地包括普拉（36KN，1小时15分钟，每天8趟）、沃德尼扬（27KN，55分钟，每天8趟）和洛奇（23KN，38分钟，每天6趟）。

当地交通

城区比较小，从东端的火车站到西端的城堡只有1公里多一点。长途汽车站在火车站西侧200米处，从城堡往上走200米的区域属于老城。

斯韦特温彻纳特（Svetvinčenat）

人口 267

位于伊斯特拉南部的斯韦特温彻纳特在帕津和普拉的正中间，是个可爱的小镇，镇子中心是一个文艺复兴风格的市政广场。这里有大片的柏树林、布局整齐和谐的建筑和悠闲的氛围，路过此地时，不妨愉快地散散步。

景点

莫罗斯尼-格里马尼城堡 城堡

（Morosini-Grimani Castle；052-384 318；www.grimanicastle.com；Svetvinčenat 47；成人/儿童 50/25KN；5月至9月 10:00~20:00）主广场的北部被这个保存完好的13世纪的美丽宫殿占据。目前看到的建筑包括塔楼，是16世纪由威尼斯人增建的。夏季，整个城堡变成一个巨大的“密室逃脱”，人们就在城堡内解谜题。可以预订一顿中世纪美餐（150~400KN），或者一场以比剑表演和烧死女巫为特色的晚间表演（80KN）。

天使报喜教堂 教堂

（Church of the Annunciation，Župna crkva Navještenja；Gradski trg；时间不定）这个16世纪的教区教堂位于主广场东部，文艺复兴风格的正立面采用当地石材，教堂内部有5个精美的威尼斯大理石祭坛。

节日和活动

舞蹈和肢体戏剧节 表演艺术节

（Dance & Nonverbal Theatre Festival, Festival plesa i neverbalnog kazališta; www.svetvincenatfestival.com; ⏲7月）月末举办，为期4天，以现代舞、街头戏剧、马戏和哑剧表演为特色，还有各种肢体表演形式。艺人来自欧洲各国。

食宿

最好的住处和餐馆都离城区有点远，但即使你没车，在城中心也饿不着。

Stancija 1904 公寓 €€€

（☎098 738 974; www.stancija.com; Smoljanci 2; 公寓/独栋 1220/3550KN; P）这栋传统的伊斯特拉石屋是瑞士荣誉领事的住宅，位于斯韦特温彻纳特以西3公里处的Smoljanci村。出租两套个性十足的公寓房间和一栋独立的房屋，四周是香气扑鼻的香草花园，高大的古树遮住了阳光。还提供烹饪课程。

Konoba Klarići 伊斯特拉菜 €

（☎052-579 137; www.konobaklarici.fullbusiness.com; Klarići 83; 主菜 35~60KN; ⏲周二至周日 11:00~23:00）这个宜人的石屋餐馆在斯韦特温彻纳特以南10公里处的小村里，供应极美味的自制伊斯特拉意面和自产葡萄酒。冬季，室内熊熊燃烧的火炉看起来就温暖舒适。

> **值得一游**
>
> **格拉瓦尼公园（GLAVANI PARK）**
>
> 在**格拉瓦尼公园**（☎099 85 60 626; www.glavanipark.com; Glavani 10; 每项活动 50KN; ⏲5月至9月 9:00~20:00，10月至次年4月 至17:00），你可以玩高空滑索、巨臂秋千、钢丝独轮车和伊斯特拉最高的室外攀岩墙，可以单买每个项目的票，也可以买7个项目的通票（300KN）。项目都很刺激，射程长达75米的人体弹弓（250KN）也只能算是热身。这里位于格拉瓦尼村（Glavani），即斯韦特温彻纳特东南方向13公里处。

Konoba puli Pineta 伊斯特拉菜 €€

（☎098 99 11 795; www.konoba-pulipineta.com; Karlov vrt 1, Žminj; 主菜 60~120KN; ⏲7月和8月 17:00~22:00，9月至次年6月 周一至周五 16:00~22:00，周六和周日 13:00~22:00）位于斯韦特温彻纳特以北7公里处的Žminj镇边缘，这家餐馆在伊斯特拉有些名气，因为自制意面和烤肉非常美味。

实用信息

旅游办事处（☎052-560 349; www.tz-svetvincenat.hr; Svetvinčenat 20; ⏲6月至9月 周一至周五 8:00~16:00，周日 11:00~13:00，10月至次年5月 周一至周五 8:00~16:00）预订私人住宅，提供小册子和骑行小径地图（上面标出了从斯韦特温彻纳特出发的35公里环线），信息布告板上有关于当地历史和动植物的英文介绍。

到达和离开

每天有一趟长途汽车从普拉（37KN，25分钟）、沃德尼扬（30KN，15分钟）、罗维尼（38KN，1小时15分钟）、帕津（35KN，25分钟）和萨格勒布（132KN，3小时30分钟）开往斯韦特温彻纳特。

拉宾和拉巴茨（Labin & Rabac）

坐落在海岸上方的山顶小城拉宾，与其古老的行政中心都是伊斯特拉东部毋庸置疑的亮点。在迷宫般的老城里，陡峭的街道、鹅卵石小巷和用石头装饰的色彩柔和的房屋交织在一起。

老城下方是随着采煤业兴起而出现的脏兮兮的新城（Podlabin）。拉宾在20世纪70年代之前一直是伊斯特拉的煤矿之都，因过度挖掘山体，致使城区开始崩塌。采矿活动在1999年停止，政府采取了必要的修复措施，城镇也呈现出一派旅游胜地的新气象。

海滨度假胜地拉巴茨在拉宾西南方向5公里处的一个浅湾，过去是个渔村，鹅卵石海滩很漂亮。有点儿开发过度，主要表现在人口越来越多，说德语的游客尤其多。

景点

景点大多集中在山顶老城，在中世纪街道漫步绝对是游览的亮点。商店和服务场所大多位于新城。

凉廊 历史建筑

（Loggia; Titov trg bb）这个建于1550年的凉廊在16世纪曾是拉宾的社区中心。新闻和法庭裁决在这里发布，人们在这里举办市集，不走正道的恶徒在耻辱柱上受刑。

圣母玛利亚诞生教堂 教堂

（Church of the Nativity of the Blessed Virgin Mary, Župna crkva rođenja Blažene Djevice Marije; 1 Maja bb; ⌚时间不定）拉宾的教区教堂，始建于11世纪，但在18世纪之前一直有增补。主门上方有威尼斯狮子，教堂内的大理石祭坛是巴洛克式风格。注意看天花板的视觉陷阱效果，会让人产生"它是镶嵌进去的"错觉。

拉宾公共博物馆 博物馆

（Labin Public Museum, Narodni muzej Labin; 1 Maja 6; 成人/儿童 15/10KN; ⌚7月和8月 周一至周六 10:00~13:00和18:00~22:00，6月和9月 周一至周六 10:00~13:00和17:00~20:00，5月 周一至周六 10:00~13:00）这个博物馆位于18世纪的巴洛克风格巴蒂埃拉-拉扎里尼宫（Battiala-Lazzarini Palace）内，一楼专门陈列考古学发现，楼上收藏带有趣味特征的乐器。乍一看，这里就是个普通的地区博物馆。但是，这个博物馆建在煤矿上方，煤坑已经被改造成了一个真实的煤矿"展品"。城市美术馆就在广场对面。

要塞 观景点

（Fortress; Fortica bb）拉宾的要塞是老城最高点。要塞已经荡然无存了（虽然还留下一门加农炮），但你可以步行穿过鹅卵石街道，来到要塞上，俯瞰海岸、乌奇卡（Učka）山脉和茨雷斯岛，景色一览无余。

Plaža Girandella 海滩

大型度假村Valamar Girandella门口那一连串鹅卵石小海湾是拉巴茨最好的海滩。度假村把这片海滩管理得井井有条，但大部分区域只对住店客人开放。一些区域专门供家庭游客使用，而其他则仅限成年人进入。

节日和活动

"拉宾艺术共和国"艺术节 艺术节

（Labin Art Republika; www.labin-art-republika.com; ⌚7月至8月）有30多位艺术家在拉宾居住和工作，夏季，"拉宾艺术共和国"艺术节在街头举办。其间，城里有街头戏剧、音乐会和小丑等表演，音乐工作室也会开放。每周二21:30，带导游的免费团队游（多种语言）从位于老城的旅游办事处（见170页）出发，带游客欣赏城里的各个亮点。

住宿

拉宾城里没有酒店，但一到拉巴茨，选择就很丰富了。大多数住处是大型星级度假村，也有一些比较小的酒店。这个地区还有许多私人房屋供出租，联系旅游办事处（见170页）获取详情。

Stari Hrast Hostel 青年旅舍 €

（☎098 17 55 763; www.facebook.com/hostelstarihrastrabac; Obala Maršala Tita 33; 铺€17; 📶）极其简陋的青年旅舍，就在拉巴茨中心，有12间简单的宿舍，房间内只有上下铺和一两张桌子而已。

★ Valamar Sanfior 度假村 €€€

（☎052-465 000; www.valamar.com; Lanterna 2; 标单/双 €147/195起; P❄📶🏊🐾）这家大型度假村坐落在拉巴茨一块美丽的鹅卵石和沙砾海滩上，设施非常适合全家出行的游客。房间时尚而现代化，室内和室外游泳池都有，房价包含丰盛的自助早餐和自助晚餐。此外还有游乐园和婴儿看护服务，晚上酒吧还有现场音乐表演。

Villa Annette 酒店 €€€

（☎052-884 222; www.villa-annette.com; Raška 24; 套 €155起; P❄📶🏊）这家艺术气息浓厚的豪华酒店位于拉巴茨上方的山上，有12间现代化的大套房，在露天泳池能看到美丽的海湾景色。多花€29，酒店会提供一顿正餐，在酒店的餐厅或橄榄树下面就餐皆可。

乡下乐趣

农家乐在伊斯特拉内陆日益流行开来。有些农家乐是仍在使用的农场，出产葡萄酒、蔬菜和家禽，有些是乡间宅邸，有公寓房间可供出租，还有一些则是带游泳池的时髦的现代别墅。

伊斯特拉旅游办事处（www.istra.hr）提供的小册子上有伊斯特拉各地乡间度假村的照片和介绍。你需要有自己的汽车，因为许多度假村都在偏僻荒凉的地方。入住少于3晚通常要多交一笔附加费。

Casa Matiki（☎098 299 040；www.matiki.com；Matiki 14；公寓 €90；P 📶 🏊）这家大型乡村旅馆位于伊斯特拉腹地的小镇Žminj，3只友好的狗狗、一个迷人的女主人和一群小鸡（排着队）对客人表示欢迎。主楼内有3套宽敞的公寓，橄榄种植园后面还有两栋甜美的小木屋和一片可爱的池塘。

Agroturizam Ograde（☎052-693 035；www.agroturizam-ograde.hr；Katun Lindarski 60；房屋 每周 €1500；P 📶 🏊）这个养了许多动物的农场位于Katun Lindarski村，即帕津以南10公里处，有2栋独立的房屋（一间能住8人，另一间能住12人）提供出租。7月和8月需要提前数周预订。这里的食物才是真正吸引人的原因：来自花园的蔬菜、自养动物和从酒窖里取出的葡萄酒。

Pruga（☎091 78 17 263；www.apartments-pruga.com；Lovrinići 14；公寓含早餐 €100；⏲5月至10月；P 📶 🏊）这家可爱的乡村旅馆在帕津以南8公里处的Lovrinići村，是个世外桃源。传统石灰岩伊斯特拉民居内有两套经过翻建的美丽公寓，每套都按照从前的样子布置，并配备全套厨房设备。早餐提供当地产奶酪、自制果酱和蛋糕，客人们坐在室外的水果树下面享用佳肴。

Hotel Parenzana（☎052-777 458；www.hotelparenzana.com；Volpija 3；标单/双/标三 €49/76/95；P ❄ 📶）这家乡村小旅馆在Buje以北3公里处的安静小村Volpia内，16个简朴的房间以充满田园情趣的木头和石头装饰，供应伊斯特拉食物的konoba（小餐馆）很受喜爱。如果你沿帕兰扎纳自行车小径骑行，那么这家旅馆正好能解决你的食宿问题。

San Rocco（☎052-725 000；www.san-rocco.hr；Srednja 2，Brtonigla；房间/套 €199/390起；P ❄ 📶 🏊）这个世外桃源般的精品酒店位于Buje东南方5公里处的Brtonigla村，有14间个性十足的客房，每间都不一样，但都配备现代化设施，而且细节看起来都独具匠心，例如沉重的木梁和裸露的砖墙。有露天游泳池、一流的餐厅和小小的水疗中心。

就餐

拉宾以krafi闻名，这种类似意大利饺子的面食要么是甜的，要么是咸的。拉巴茨有许多供应常见海鲜菜肴的应季餐馆，但大多数味道平平，只能让不挑剔的游客吃饱而已。

Velo Kafe 咖啡馆 €€

（Titov trg 12；主菜 55~125KN；⏲7:00~23:00；📶）这家葡萄藤缠绕的多功能餐馆占据了拉宾的铁托广场（Tito Square）。从早午餐到牛排，什么都卖。在街道上找个位置坐下来，喝杯咖啡，或者吃块蛋糕，也可以尝尝当地的面食或其他有松露成分的菜肴。

Restaurant Kvarner 伊斯特拉菜 €€€

（☎052-852 336；www.kvarnerlabin.com；Šetalište San Marco bb；主菜 75~195KN；⏲10:00~23:00）这个餐馆在拉宾老城内，露台面朝大海，提供地道的伊斯特拉美食和端庄优雅的就餐环境。自制fuži（伊斯特拉意面）是这家餐馆的主要特色，但其他菜肴也一定是当地风味的，尤其是含有松露的菜肴。店方也出租客房和公寓。

另辟蹊径

格拉契什彻（GRAČIŠĆE）

位于帕津东南方向8公里处的格拉契什彻是一个群山围绕的安静的中世纪小城，也是伊斯特拉最隐秘的瑰宝之一。城里的古代建筑包括朴实谦逊的罗马式**圣尤菲米娅教堂**（St Euphemia's Church，建于1383年），被优雅的石头走廊包围的小**圣玛丽教堂**（St Mary's Church，建于1425年），以及15世纪威尼斯–哥特风格的**萨拉蒙宫**（Salamon Palace）遗址。**圣维图斯教区教堂**（Parish Church of St Vitus）相对而言历史较短（建于1769年），院子里的视野一流。

骑车在小城里转一圈最多30分钟，但小镇景色宜人。11.5公里长的**圣西蒙小路**（Path of St Simeon，Pješačka staza sv Šimuna）以这里为起点，沿途有清晰的路标。

饮品和夜生活

拉巴茨是那种可以来喝一杯或者寻找深夜娱乐活动的地方。美丽的港口旁边有一连串咖啡馆兼酒吧。

Movie Bar 酒吧

（☎099 50 89 460；www.moviebar.hr；Maršala Tita 81；⏲5月至8月 10:00至次日1:00）这个露天酒吧在鹅卵石沙滩Sv Andrija的松林下方，是拉巴茨最好的饮酒去处。晚上经常有现场音乐表演。

Beat 酒吧

（☎052-388 304；www.facebook.com/TheBeatBeachClubRabac；Obala Maršala Tita 75；⏲5月至9月 10:00至次日10:00）时髦的拉巴茨海滩夜店，木头露台环绕着一个小泳池。供应鸡尾酒。

实用信息

旅游办事处（☎052-852 399；www.rabac-labin.com；Titov trg 2/1；⏲5月至9月 周一至周五 8:00~21:00，周六和周日 10:00~14:00和18:00~21:00，10月至次年4月 周一至周六 9:00~15:00）在老城入口处。

到达和离开

拉宾交通方便，有车次从这里开往普拉（48KN，55分钟，每天14趟）、里耶卡（54KN，1小时30分钟，每天15趟）、萨格勒布（146KN，4小时15分钟，每天8趟）、扎达尔（205KN，7小时，每天5趟）和斯普利特（280KN，9小时30分钟，每天5趟）。

当地交通

长途汽车在新城的Trg 2 Marta设有一站，可以在那里乘坐公交车去往老城。旺季时，公交车到达老城后，继续开往拉巴茨。

克瓦内尔湾

☎051

包括 ➡

最佳餐饮

- Plavi Podrum（见180页）
- Kukuriku（见181页）
- Konoba Valle Losca（见180页）
- Konoba Nono（见198页）
- Konoba Nebuloza（见177页）

最佳住宿

- Design Hotel Navis（见180页）
- Hotel-Vinotel Gospoja（见200页）
- Hotel Miramar（见182页）
- Hostel Dharma（见176页）

为何去

群山环抱下的克瓦内尔湾一直以来以其温和的气候和深蓝色的海水受到游客的青睐，而它的魅力绝不仅限于迷人的海滩。在奥匈帝国统治时期，有钱人在此修建了度假别墅，为里耶卡（Rijeka）和奥帕蒂亚（Opatija）等地留下了丰富的哈布斯堡王朝时期的建筑遗产。从这两座相邻的城镇出发，你可以轻松前往位于乌奇卡自然公园（Učka Nature Park）和里斯尼亚克国家公园（Risnjak National Park）内的森林保护区的徒步小径。

茨雷斯岛（Cres）、洛希尼岛（Lošinj）、克尔克岛（Krk）和拉布岛（Rab）都有别具风情的海港古镇，原始的海岸线上点缀着星罗棋布的偏远小海湾，是游泳的绝佳场所。此外，野生动物也频频现身：茨雷斯岛是重要的秃鹫栖息地，洛希尼岛上有一个旨在保护亚得里亚海的海豚和海龟的海洋中心，而在乌奇卡和里斯尼亚克都有可能看到熊（虽然概率较小）。

何时去

里耶卡

1月至3月 历时两周的狂欢活动将里耶卡变成了“欧洲的里约热内卢”。

5月和6月 在紧邻洛希尼岛海岸的海水中经常能看到海豚。

7月和8月 露天表演、中世纪风格的集市和熙熙攘攘的海滩。

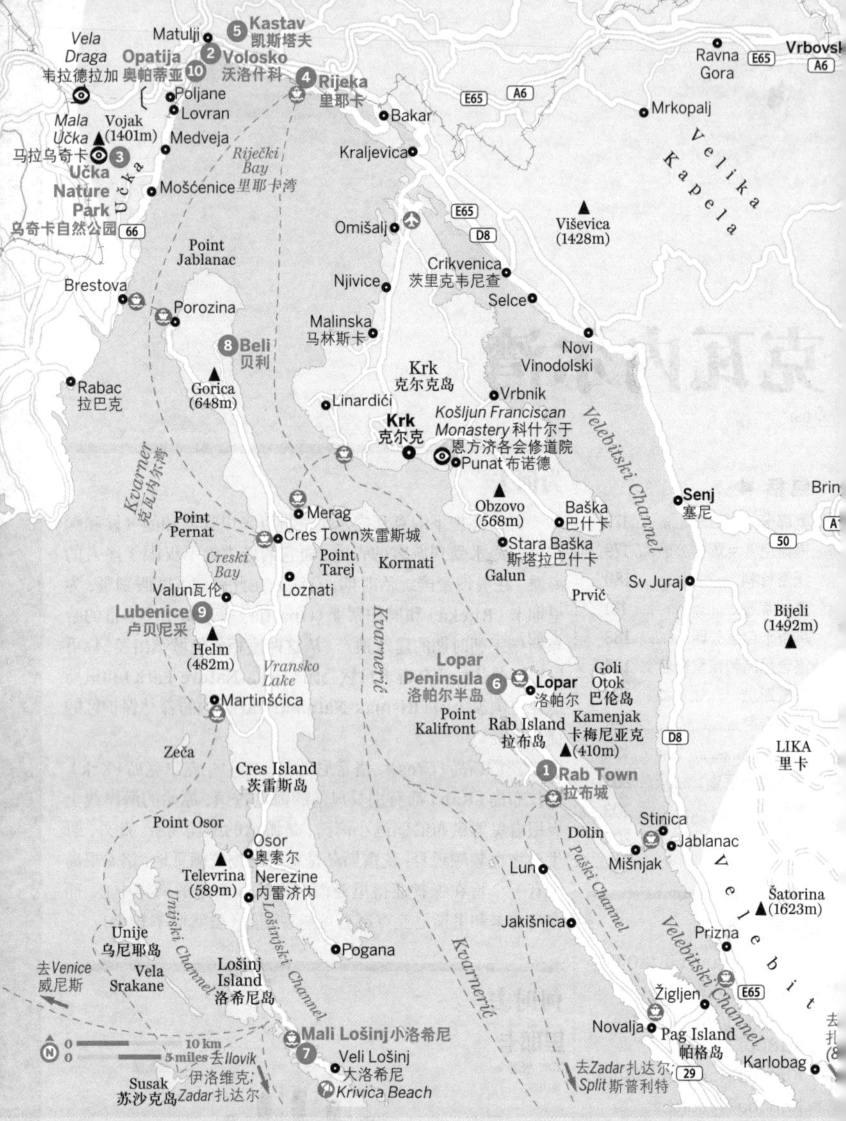

克瓦内尔湾亮点

❶ **拉布城**（见205页）在古城的鹅卵石街道上漫步。

❷ **沃洛什科**（见180页）克罗地亚的美食之城。

❸ **乌奇卡自然公园**（见183页）在高地乡村寻找熊和美景。

❹ **特尔萨特城堡**（见173页）在城堡上欣赏**里耶卡**的风光。

❺ **Kukuriku**（见181页）直奔山顶，在**凯斯塔夫**享用难忘的一餐。

❻ **洛帕尔半岛**（见210页）寻觅僻静的半岛海滩。

❼ **小洛希尼**（见191页）夏季沉迷于海边的热闹气氛之中。

❽ **贝利**（见185页）在美妙的茨雷斯岛这处安静角落里迷失自我。

❾ **卢贝尼采**（见189页）克罗地亚最偏僻幽静的海湾。

❿ **奥帕蒂亚**（见181页）像哈布斯堡王朝时期的人那样昂首挺胸地走在大街上。

里耶卡（RIJEKA）

☎051/人口120,855

作为克罗地亚的第三大城市，里耶卡集20世纪港口城市的生机勃勃与意大利哈布斯堡王朝的雄伟恢宏于一身。大多数人都来去匆匆，将这里作为前往岛屿或达尔马提亚（Dalmatia）的中转站，但如果你在此停留，就会发现它特有的魅力、文化、丰富多彩的夜生活、有趣的庆典和克罗地亚最引人入胜的狂欢活动。

虽然郊区也有一些令人难忘的建筑，但大多数华丽的奥匈帝国风格的建筑都集中在市中心。里耶卡以克罗地亚最大的港口为中心，船只、货物和起重机在码头上排列开来，一旦离开这个由混凝土浇筑而成的中心地带，你会惊喜地发现，它其实是一座绿意盎然的城市。

此外，里耶卡还是一个重要的交通枢纽，但是因为城内没有真正的海滩，所以多数人都会选择在附近的奥帕蒂亚落脚。

历史

罗马人在成功征服当地的伊利里亚利比里亚人（Illyrian Liburnians）之后，在这里建了一座港口，取名为Tarsaticae。7世纪，斯拉夫部落迁至该地区，并在老罗马城内建立了一个新的定居点。

15世纪末，在城市领主由德国贵族变成了克尔克的弗兰克潘公爵（Frankopan dukes of Krk）之后，这座城市成了奥地利的一部分。奥地利人将里耶卡视为重要的出海口，并在1725年修建了一条连接维也纳和克瓦内尔湾的新路。这大大刺激了当地经济的增长，尤其是造船业。从那以后，工业一直是里耶卡的经济支柱。

1750年，里耶卡遭遇了一场毁灭性的大地震，中世纪建造的市中心几乎被毁坏殆尽。30年后，老城城墙被拆除，取而代之的是一个更加现代的商业中心。里耶卡的主要步行街Korzo就是在被拆除的城墙遗址上修建的一条宽阔的林荫路。

伴随着奥匈帝国二元君主制的诞生，1867年里耶卡由匈牙利政府管辖。雄伟的市政建筑拔地而起，新建的连接萨格勒布（Zagreb）、布达佩斯（Budapes）和维也纳（Viennas）的铁路为克瓦内尔湾带来了第一批游客。

从1918年意大利军队占领里耶卡和伊斯特拉（Istria），到1945年里耶卡成为战后南斯拉夫的一部分，该市几经易主，也曾短暂地成为一座自由城市[使用意大利名字阜姆（Fiume）]。1991年，里耶卡成为独立的克罗地亚的一部分，但仍保留有数量相当的有良好组织的意大利裔少数民族，他们还发行了自己的报纸《人民之声》（*La Voce del Popolo*）。

景点

在里耶卡的老城中心，迷宫一样的街道和广场上都有清晰的路标，以多种语言介绍每处景点的历史。

★特尔萨特城堡 城堡

（Trsat Castle, Trsatska Gradina; Petra Zrinskoga bb; 成人/儿童 15/5KN; ⏲6月至10月 9:00~20:00, 11月至次年5月 9:00~17:00）这座大半已被损毁的13世纪要塞高耸于城市上方，从堡垒和城墙上俯瞰里耶卡，能将Rječina河谷、码头、亚得里亚海和远处的克尔克岛尽收眼底。现在的建筑是由克尔克弗兰克潘公爵修建的，不过在1824年，生于爱尔兰的Laval Nugent伯爵在奥地利军队任指挥官时买下了这座城堡，并按照浪漫的新古典主义彼德麦式设计对其进行了整修，这也是对该城堡进行的最后一次整修。

古希腊式的Nugent家族陵墓由蛇怪守护，内有一个画廊，在一座废弃的地牢内偶尔会举办展览。每逢夏季都会在城堡举办音乐会、戏剧表演和时装秀。露天咖啡馆酒吧（夏季开放至午夜）是观看演出的好地方。

圣维特大教堂 主教座堂

（St Vitus' Cathedral, Katedrala Sv Vida; Trg Grivica 11; ⏲周一至周五 6:00~19:00, 周六 至正午, 周日 9:00~13:00）免费 这座与众不同的圆形大教堂位于罗马拱门（Roman Arch, Rimski Luk; Stara Vrata）北侧。1638年，耶稣会会士命人在一座教堂的旧址上修建了圣维特大教堂，以献给里耶卡的守护神。如果你看它眼熟，可能是因为100库纳背面印的就是

Rijeka 里耶卡

0 200 m
0 0.1 miles

去Opatija奥帕蒂亚 (14km)
Pomerio
Laginjina
Lorenzov Prolaz
Park Vladimira Nazora
Šetalište Vladimira Nazora
Muzejski Trg
Park Nikole Hosta
Our Lady of Lourdes Capuchin Church
Ivana Dežmana
Erazima Barčića
Frana Kurelca
Frana Supila
Sloginkula
Ciottina
Dolac
R Strohala
Kružna
Bus Station–Intercity 城际长途汽车站
Trg Žabica
Trpimirova
Jadranski Trg
Zadarska
Splitska
Riva
Zanonova
Trg Riječke Revolucije
Marina
Korzo
Trg Ivana Koblera
Petra Zoranića
Jadroagent
Trg Grivica
Gornja Vrata
Stara Vrata
Kalvarija
Ivana Grohovca
Žrtava Fašizma
Školjić
Đure Šporera
Užarska
Sokolkula
Agatićeva
Pavla Rittera Vitezovića
Fiumara
Mrtvi Canal
Ante Starčevića
Jelačićev Trg
Scarpina
Adamićeva
I Henckea
Matije Gupca
Veslarska
Bus Station–Local 本地公共汽车站
Titov Trg
Križanićeva
Milana Smokvine
Franje Brentinija
Strossmayerova
Andrije Kačića Miošića
Cindrića
Rječina River
Bulevar Oslobođenja
去Our Lady of Trsat Church 特尔萨特圣母教堂(450m); Trsat Castle特尔萨特城堡 (600m)
去Hotel Jadran (1.2km); Hostel Dharma (2.4km)
Rijeka Harbour 里耶卡港
Jadrolinija 亚德罗里尼亚公司
Riva Boduli
Verdieva
Vatroslava Lisinskog
Ivana Zajca
Kazališni Park
Trninina
Zagrebačka
Demetrova
Wenzelova

1 2 3 4 5 6 7 8 9 10 11 12 13 14 15 16 17 18 19 20 21 22 23 24 25 26 27 28

Rijeka 里耶卡

景点

1 城市之塔……D3
2 海事和历史博物馆……D1
3 近现代艺术博物馆……C2
4 自然历史博物馆……D1
5 Petar Kružić Stairway……F2
6 里耶卡城市博物馆……D1
7 罗马拱门……D2
8 圣维特大教堂……D2

住宿

9 Carnevale……C2
10 Grand Hotel Bonavia……C2

就餐

11 城市市场……D3
12 Conca D'Oro……C2
13 Feral……E3
14 Konoba Nebuloza……F2
15 Maslina Na Zelenom Trgu……D2
16 Mlinar……C1
17 Mornar……D3
18 Na Kantunu……D4
19 Placa 51……D3

饮品和夜生活

20 Bačva……C2
21 CukariKafe……D2
22 Filodrammatica Bookshop Cafe……C2
23 Samovar Bar……E3
24 Tunel……F1
25 Život……G1

娱乐

26 伊万扎耶奇克罗地亚国家剧院……E4

购物

27 Paška Sirana……E3
28 Šta Da?……E2
VBZ……（见22）

这个建筑。巨大的罗马柱支撑着中央圆顶，下方是巴洛克式圣坛和一个13世纪的哥特式十字架。

海事和历史博物馆 博物馆

（Maritime and History Museum，Pomorski i Povijesni Muzej；☎051-553 667；www.ppmhp.hr；Muzejskitrg 1；成人/儿童 20/15KN；⏲周一 9:00~16:00，周二至周六 至20:00，周日 16:00~20:00）该博物馆的亮点是建筑本身，这里曾经是奥匈帝国总督的官邸。大气的楼梯、璀璨的枝形吊灯和众多经过修复的奢华房间无不展现出匈牙利建筑的恢宏。海事展品包括罗马双耳陶罐、船只模型、航海图、导航仪器和船长的肖像。馆内几乎没有英文标注。

自然历史博物馆 博物馆

（Natural History Museum，Prirodoslovni Muzej；www.prirodoslovni.com；Lorenzov Prolaz 1；成人/儿童 10/5KN；⏲周一至周六 9:00~19:00，周日 9:00~15:00）该博物馆位于一座极其华丽的19世纪别墅内，介绍亚得里亚区域的地质特征、植物和海洋生物。馆内有一个不大的水族馆，陈列有鲨鱼展品、动物标本和许多昆虫。不要错过与之相邻的植物园，那里有2000多种原生植物。

特尔萨特圣母教堂 教堂

（Our Lady of Trsat Church，Crkva Gospe Trsatske；Frankopanski trg；⏲8:00~17:00）传说，13世纪末，天使将圣母玛利亚的家从拿撒勒（Nazareth）迁到这里，之后又迁往亚得里亚海对面的意大利洛雷托（Loreto）。一开始，来此朝圣的信徒并不多，1367年教皇捐赠了一尊圣母玛利亚圣像（被供奉于主圣坛上，主圣坛在一扇大铁门的后面），随后朝圣者蜂拥而至。至今该教堂每年还吸引着大量朝圣者。

在巴洛克式风格的走廊里随处可见信徒们奉献的礼物。可以预约参观宝库内弥足珍贵的宗教艺术展，在那里你还能观看一部时长15分钟的教堂介绍短片。

跟随朝圣者的脚步，可以从Titovtrg爬上**Petar Kružić Stairway**，它是在1531年为前往教堂的信徒修建的，沿途还布满了小教堂，它们曾经是朝圣者的休息站。乘坐2路城市公交车前往特尔萨特更加省时。

近现代艺术博物馆 美术馆

（Museum of Modern&Contemporary Art，Muzej Moderne i Suvremene Umjetnosti；☎051-334 280；www.mmsu.hr；Dolac 1；成人/儿童 20/10KN；⏲周二至周五 11:00~20:00，周六和周日 11:00~13:00和17:00~20:00）这个小博物馆位于

一所大学图书馆的楼上，会举办高水平的巡回展览，从街头摄影到当代绘画和雕塑作品，应有尽有。

城市之塔 塔

（CityTower, Gradski Toranj; Korzo）该塔是在1750年大地震中幸存下来的为数不多的建筑之一，这座独特的黄色建筑最初是从码头通向老城中心的一扇门。大地震之后，哈布斯堡王朝为其添加了巴洛克风格的装饰，包括带有盾形纹章的正门和帝王半身像。在塔上，1873年安装的时钟仍在工作。

里耶卡城市博物馆 博物馆

（Rijeka City Museum, Muzej Grada Rijeke; ☎051-336 711; www.muzej-rijeka.hr; Muzejskitrg 1/1; 成人/儿童 15/10KN; ⏲周一至周六 10:00~20:00，周日 至15:00）这个小型博物馆位于20世纪70年代的一座四四方方的建筑内，展览的主题从艺术到当地历史，不断变换。没必要穿过城区特意来一趟，但如果你刚参观完隔壁的博物馆，不妨过来看看。

节日和活动

★里耶卡狂欢节 狂欢节

（Rijeka Carnival, Riječki Karneval; www.rijecki-karneval.hr; ⏲1月中旬至3月初）没有里约热内卢那么热闹，却是克罗地亚最盛大的狂欢节，届时将有露天表演、街舞、音乐会、化装舞会、展览和游行。敲钟人（Zvončari）头戴面具，身披动物皮，边跳舞边敲钟来驱赶恶魔。狂欢节从1月中旬一直持续到圣灰星期三（复活节前的第7个星期三）。

里耶卡仲夏之夜 戏剧节

（Rijeka Summer Nights, Riječke Ljetne Noći; ⏲6月和7月）除了克罗地亚国家剧院（Croatian National Theatre）之外，在Korso和海滩的露天舞台上也会举办戏剧演出和音乐会。

住宿

★Hostel Dharma 青年旅舍 €

（☎051-562 108; www.dharmahostels.com; Spinčićeva 2; 铺/标单/标双 136/270/372KN; P❄📶）这家我们强烈推荐的住处位于城市东端，由过去的炼铁厂成功转型为一个极好的青年旅舍，内有一个瑜伽工作室和素食餐馆。以一堂免费瑜伽课开启你新的一天，你可以吃一顿丰盛的素食早餐，再去郁郁葱葱的花园呼吸一下新鲜空气。

★Carnevale 青年旅舍 €

（☎051-410 555; www.hostelcarnevale.com; Jadranskitrg 1; 铺/房间 200/365KN; ❄📶）房间的墙壁被刷成金属银色，天花板以织物作为装饰，亚麻床单上印着动物图案，艺术品无处不在。这家青年旅舍地处市中心，位置绝佳，气氛十分喜庆。这里提供毛巾（并定期更换），还贴心地为客人准备了大储物柜。唯一的缺点是没有厨房。

Grand Hotel Bonavia 酒店 €€

（☎051-357 100; www.bonavia.hr; Dolac 4; 房间 475KN起; P❄📶）这座像玻璃盒子一样的建筑就坐落在市中心，有将近140年的历史，非常醒目。舒适的现代化房间设施齐全，比你想象的还要时尚。酒店内有一个餐厅、一个水疗中心和一个小健身房。

Hotel Jadran 酒店 €€€

（☎051-216 600; www.jadran-hoteli.hr; Šetalište XIII Divizije 46; 标单/双 625/780KN起; P❄@📶）这家纤尘不染的四星级酒店位于市中心以东2公里处，紧挨着亚得里亚海上方的一个悬崖，你可以订一个海景房，在阳台上眺望辽阔壮观的海景。酒店下方还有一个混凝土筑边的海滩。

就餐

★Mlinar 面包房 €

（☎091 23 88 555; www.mlinar.hr; Frana Supila; 小吃8KN起; ⏲周一至周五 5:30~20:00，周六 6:30~15:00）这是城里最好的面包房，有美味的法式长面包、全麦面包、羊角面包和burek（以肉、菠菜或奶酪为馅的酥皮点心）。在城里和克罗地亚其他城市设有几家分店。

Maslina Na Zelenom Trgu 意大利菜 €

（☎051-563 563; www.pizzeria-maslina.hr; Koblerov trg bb; 比萨 32~65KN，主菜 27~135KN; ⏲周一至周六 11:00至午夜）这家小意大利餐馆位于市中心，有新艺术风格的装修和铺瓷砖

的桌子，比萨最好吃，深受里耶卡的意大利人喜爱。夏季坐在室外，边吃边欣赏里耶卡的"城市之塔"（见176页）。

城市市场 市场 €

（City Market, Tržnica; Ivana Zajca 3; ⏲周一至周六 7:00~14:00，周日 至正午）城里最好的市场之一，出售应季水果和蔬菜。

★Konoba Nebuloza 克罗地亚菜 €€

（☎051-374 501; www.konobanebuloza.com; Titov trg 2b; 主菜 50~120KN; ⏲周一至周五 11:00至午夜，周六 正午开始）这家高档的河畔小餐馆经营现代和传统的克罗地亚美食，除了大量海鲜之外，还有精选牛肉和火鸡菜肴。本店特色包括苏见（sousvide）旗鱼，还有嫩牛排配意大利熏火腿和奶酪。大厨似乎对饲用甜菜情有独钟，你或许从未吃过（或听说过）这种菜。

★Mornar 法式小馆 €€

（☎051-312 222; www.facebook.com/bistromornar; Riva Boduli 5a; 主菜 40~115KN; ⏲正午至23:00）里耶卡港口的工业区看起来灰扑扑的，但这个白色的木头房子小餐馆很可爱。供应极好的鱼类菜肴、几种烤肉和意面。服务友好，菜肴品质令人放心。鱼汤特别好喝。

Na Kantunu 克罗地亚菜、海鲜 €€

（☎051-313 271; Demetrova 2; 主菜 50~110KN; ⏲周一至周六 8:00~23:00）这是一家通风、明亮的餐厅，新鲜的海鲜是本店的特色，由于紧邻港口，所以周围环境有点儿脏。你可以来此品尝用传统方法烹制的鱼或炖章鱼，还可以再来点儿松脆的水果馅饼。

Conca D' Oro 海鲜、意大利菜 €€

（☎051-213 782; www.facebook.com/concadorori; Kružna 12; 主菜 50~150KN; ⏲周一至周六 11:00~23:00; 🐾）你可以来这家正式但装修有点古怪[屋里有高迪（Gaudí）风格的柱子和固定于墙壁上的石头]的海洋主题餐厅，品尝精心烹制的海鲜、意大利面、调味饭以及克罗地亚葡萄酒。黑板上用粉笔标明了每日特价菜肴，例如烤章鱼（pečenahobotnica）。

Feral 克罗地亚菜 €€

（☎051-212 274; www.konoba-feral.com; Matije Gupca 5b; 主菜 60~180KN; ⏲周一至周六 8:00至午夜，周六 正午至18:00）这家朴实无华的餐馆白天是当地人喜爱的咖啡馆，菜肴也特别可口——尝尝烤蔬菜或者熏沙丁鱼，别错过口感完美的烤鱼和海鲜。

Placa 51 克罗地亚菜 €€€

（☎051-546 454; Riva Boduli 3a; 主菜 59~190KN）熟成的达尔马提亚牛肉、优质的金枪鱼排、美味的章鱼开胃菜——这家餐馆提供多种克罗地亚北部风味和几种很不错的意大利美食。店内小而温馨。

饮品和娱乐

要喝酒最好去Riva和Korzo的主街，那两条街上从休闲酒吧到简陋的小酒馆都有。

★Samovar Bar 咖啡馆

（☎051-215 521; www.samovar.hr; Trg Matije Vlačića Flaciusa; ⏲周一至周六 7:00~22:00）这家温馨的折中风格的咖啡馆供应多种茶、香浓咖啡以及招牌玫瑰柠檬水等饮料。装饰从枝形吊灯到玩具小熊都有，风格复古。

★Tunel 酒吧、夜店

（Školjić12; ⏲周二和周三 9:00至午夜，周四至次日2:00，周五 至次日3:00，周六 19:00至次日3:00; 📶）这家店位于一条隐藏在铁轨下方真正的隧道内，白天是咖啡馆，同时也是喜剧和现场音乐的表演场所，到了深夜又变身为夜店。这里很受欢迎，周末会变得拥挤不堪。

Bačva 酒吧

（Rudolfa Strohala 3; ⏲周一至周三 正午至午夜，周四 至次日1:00，周五和周六 至次日2:00）生啤和外国啤酒、一流的音乐以及有趣的装饰使这里成为热门酒吧。某些周末有现场音乐表演，届时气氛会变得相当热烈。

Život 夜店

（☎051-335 882; www.facebook.com/KlubZivot; Ružićeva 2; ⏲周五和周六 22:00至次日5:00）时尚而复古的夜店，仅周末营业，店内播放20世纪80年代和90年代金曲等音乐。装修风格是祖母级古董加上嬉皮士颓废感。

Cukari Kafe 酒吧

（☎099 58 38 276；Trg Jurja Klovica 2；⊙周一至周四 7:00至午夜，周五和周六 至次日2:00，周日 10:00~22:00）这家里耶卡最酷的咖啡馆兼酒吧藏身于老城的一条小巷内。带顶棚的户外用餐区有尺寸超大的白色木质家具，室内摆放着稀奇古怪的新艺术风格小装饰品。伴随着舒缓的音乐，享用美味咖啡和蛋糕。

Filodrammatica Bookshop Cafe 咖啡馆、酒吧

（☎051-211 696；Korzo 28；⊙7:00~23:00）这是一家布置豪华的咖啡馆兼酒吧，有舒适的沙发，后面有一个克罗地亚最大出版商VBZ（☎051-324 010；www.vbz.hr；Korzo 32；⊙周一至周五 7:30~19:30，周六 至17:00）书店。令这家店引以为傲的是它的特色咖啡和来源纯正的新鲜咖啡豆。该店还经营三明治和小吃。

伊万扎耶奇克罗地亚国家剧院 剧院

（Croatian National Theatre Ivan Zajc，Hrvatsko Narodnog Kazalištel vanapl Zajca；☎051-337 114；www.hnk-zajc.hr；Verdieva 5a）1885年，这座大剧院的首场演出拉开了这座城市夜生活的序幕。如今这里上演克罗地亚语和意大利语戏剧，还有歌剧和芭蕾演出。天花板上的部分壁画出自古斯塔夫·克林姆（Gustav Klimt）之手。

购物

★Paška Sirana 奶酪

（☎051-734 205；www.paskasirana.hr；Scarpina 3）想买野餐食品？这家小商店不错，出售各种克罗地亚奶酪，买之前通常可以先尝尝。

> **旅游卡**
>
> **里耶卡和奥帕蒂亚旅游卡**（Rijeka & Opatija Tourist Card；www.touristcard.hr）是一种优惠卡，有效期分别为24小时、48小时和72小时，价格依次为45KN、75KN和105KN。持卡可免费参观两个城市的博物馆以及免费停车和乘坐公交。在里耶卡（见173页）或奥帕蒂亚（见181页）的旅游局办事处购买。

Šta Da? 礼品和纪念品

（Užarska 14；⊙周一至周五 10:00~20:00，周六 至13:00）“šta da?”的字面翻译是“what yes?”，是里耶卡特有的俗语，意思大概是“什么？”“真的吗？”。这家时尚小店出售T恤、首饰和钟表，其中许多商品上面都刻有本店的标识和当地特有的橘色公共汽车。

实用信息

里耶卡临床医院中心（Clinical Hospital Center Rijeka，Klinički Bolničkicentar Rijeka；☎051-658 111；www.kbc-rijeka.hr；Krešimirova 42）

旅游办事处（Touristoffice；☎051-335 882；www.visitrijeka.hr；Korzo 14；⊙周一至周六 8:00~20:00，周日 至14:00）提供详细的彩色城市地图、几种宣传册和私人住宿的列表。

到达和离开

飞机

里耶卡机场（Rijeka Airport，Zračna Luka Rijeka；☎051-841 222；www.rijeka-airport.hr；Hamec 1，Omišalj）位于克尔克岛上，与克尔克城相距30公里，只用于4月至10月的季节性航班起降。有飞往伦敦、奥斯陆（Oslo）、华沙（Warsaw）等地的国际航班。唯一经营国内航线的**Trade Air公司**（☎091 62 65 111；www.trade-air.com），有飞往杜布罗夫尼克、斯普利特和奥西耶克的航班。

船

Jadroagent（☎051-212 466；www.jadroagent.hr；Trg Ivana Koblera 2；🅘）有克罗地亚所有船只的信息。

亚德罗里尼亚公司（Jadrolinija；☎051-211 444；www.jadrolinija.hr；Riječki Lukobran bb）每天有从里耶卡开往拉布城（Rab Twon；80KN，1小时45分钟）和帕格岛（Pag）上诺瓦利亚（Novalja；80KN，2小时45分钟）的双体船。

长途汽车

城际长途汽车站（☎051-660 300；Trg Žabica 1）位于市中心。开往奥帕蒂亚（28KN，20分钟）的车辆从**当地公共汽车站**（Jelačićeva trg）发车。

总部设在里耶卡的**Autotrans**（☎051-660 660；www.autotrans.hr）有车次开往伊斯特拉、萨格勒布、瓦拉日丁和克瓦内尔湾。也可以试试**Flixbus**（https://www.flixbus.com）。

茨雷斯 110KN，2小时20分钟，每天最多4趟
杜布罗尼克 348KN起，12小时30分钟，每天2趟
克尔克 64KN，1小时20分钟，每小时1趟
普拉 89KN，2小时30分钟，每天最多18趟
罗维尼 115KN，2小时20分钟，每天最多5趟
斯普利特 236KN起，8小时，每天最多7趟
扎达尔 156KN，4小时，每天9趟
萨格勒布 85KN起，2小时30分钟，每小时至少1趟

火车

从市中心向东走10分钟就是**火车站**（Željeznički Kolodvor; www.hzpp.hr; Trg Kralja Tomislava 1）。有直达车次前往以下目的地：

卢布尔雅那 129KN，3小时，每天2趟
奥西耶克 232KN，9小时，每天1趟
萨格勒布 119KN，3小时45分钟，每天3趟

当地交通

抵离机场

里耶卡机场在克尔克岛上，距离里耶卡30公里。

机场巴士能满足旅客搭乘任意航班的需要，它到城内长途汽车站只需30分钟。机场巴士在航班起飞前2小时20分钟开往机场，你可以在车上买票（50KN）。

从机场乘坐出租车前往市中心，收费255KN，最多可乘坐4人。

公共汽车

里耶卡的橘色城市公交车遍布全市，由**Autotrolej**（☎051-311 400; www.autotrolej.hr）运营，从当地的**公共汽车站**发车。在任何一个书报亭（tisak）都能买到双程车票，票价15.50KN。从驾驶员处购买单程车票需要10KN。

这家公司还运营24小时彩色敞篷双层观光巴士（成人/儿童 50/35KN），往返于里耶卡市中心、特尔萨特和奥帕蒂亚之间，乘客可以随时上下车。持该车车票也可以乘坐所有的城市公交车。

出租车

里耶卡的出租车收费非常合理（只要你找的是正规出租车）。**Cammeo**（☎051-313 313; www.taxi-cammeo.hr）的出租车非常现代化，车费不贵，车上设有计程表，我们强烈推荐。在市中心地区转一转，收费约25KN。

里耶卡周边（AROUND RIJEKA）

里耶卡周边多山，山区里生活着狼、熊、猞猁和大量鸟类。在优雅的奥帕蒂亚或许能看到银狐，但也只能看到这种动物。

里斯尼亚克国家公园（Risnjak National Park）

尽管位于里耶卡东北部的**里斯尼亚克国家公园**（Risnjak National Park, Nacionalni Park Risnjak; ☎051-836 133; www.np-risnjak.hr; 2日通票 成人/儿童 45/25KN）距离里耶卡只有32公里，但它位置偏僻，人迹罕至。公园占地63平方公里，最高峰Veliki Risnjak海拔1528米。这片土地连接阿尔卑斯山和巴尔干山脉，公园内林木茂密（以山毛榉和松树为主），绿草铺地，野花盛开。山中微风徐徐，令人神清气爽，是躲避沿海热浪和人潮的绝佳场所。园内大部分为原始森林，只有数个小村落。观赏野生动物是一大亮点。

活动

来这儿的游客主要是为了徒步，轻松好走的莱斯卡小路最吸引一日游游客。要想去更远处的里斯尼亚克或Snježnik的山丘，需要联系公园管理处，咨询他们的建议。徒步前往库帕泉（Kupa Spring）是另一大亮点。也可以钓鱼和骑山地自行车。

莱斯卡小路（Leska Path） 徒步

有树荫遮凉的莱斯卡小路全长4.2公里，走起来很轻松，起点是公园信息办公室（Park Information Office）。途中有几十个说明性的展板（有英文翻译），介绍公园的历史、地形、地质和动植物。完成整条线路需要2小时。

你将穿过清澈的小溪和茂密的杉树林，还会路过奇形怪状的岩石层、一个饲鹿站和带有一张野餐桌的山上小屋。

住宿

Hotel Risnjak 酒店 €€

（☎051-508 160; www.hotel-risnjak.hr;

Lujzinska 36；标单/双 370/620KN；🅿📶）这幢3层的黄色建筑魅力十足，内部有21个稍显陈旧的房间、一家餐厅（以野味著称）、一家咖啡馆兼酒吧和一个健身房。该酒店还组织各种活动（包括滑翔、漂流、划独木舟、彩弹射击、射箭、滑雪和参观峡谷），10人及以上成团。你不妨问问有没有人愿意拼团。

ℹ 实用信息

公园信息办公室（☎051-836 133；www.np-risnjak.hr；Bijela Vodica 48，Crni Lug；⏰9:00~17:00；📶）公园信息办公室就在Crni Lug村西侧。附设一个餐厅，楼上还有5个简单、干净的民宿房间，单人房每晚300KN，双人房480KN，也有含半膳或全膳的报价。

ℹ 到达和离开

如果是驾车前往公园，在代尔尼采（Delnice）离开萨格勒布-里耶卡公路，然后按照路标行驶。

没有开往公园的长途汽车，但开往下列地点的长途汽车在代尔尼采设有站点：

奥帕蒂亚 60KN，1小时10分钟，每天2趟

普拉 139KN，3小时30分钟，每天2趟

里耶卡 48KN，45分钟，大约每小时1趟

萨格勒布 99KN，2小时，每天9趟

里斯尼亚克（RISNJAK）的野生动物

里斯尼亚克国家公园内生活着3种神奇的哺乳动物：棕熊、狼和欧亚猞猁，后者是一种耳朵上有毛簇的中型野生猫科动物。这个公园还被认为是克罗地亚最后的猞猁保护区之一，公园也因此而得名（克罗地亚语ris意为"猞猁"）。3种动物都很难看到，得有向导带领，或者在公园内住上许久，才有可能见到它们。其他野生动物包括野猫、野猪、鹿、麂和500种蝴蝶。

根据最近一次的统计，里斯尼亚克有记录的鸟多达114种，有幸看到松鸡、游隼、花头鸺鹠、长尾林鸮、灰林鸮、白背啄木鸟和三趾啄木鸟的观鸟者一定会非常激动。

里耶卡也有火车开往代尔尼采（43KN，1小时15分钟，每天6趟）。

沃洛什科（Volosko）

☎051/人口 315

位于奥帕蒂亚以东约2公里处的渔村沃洛什科地处克瓦内尔湾海边，是周边最美丽的地方之一，近几十年来已经成为美食热点。但它并非旅游度假胜地，依然保持着浓郁的当地氛围：男人们在小海港修补渔网，石屋的阳台上摆满鲜花，俯瞰海岸，狭窄的小巷错综复杂。途经此地，无论是喝点东西，还是吃顿美味大餐，都一定会喜欢这种气氛和美妙的环境。

🛏 食宿

★ Design Hotel Navis 设计酒店 €€€

（☎051-444 600；www.hotel-navis.hr；Ivana Matetića Ronjgova 10；标单/双 1400/1900KN；🅿❄@📶）看起来似乎是挂在峭壁正面的，很壮观。拱形的房间个性十足，落地窗面朝亚得里亚海。酒店内有水疗、健身中心和很不错的餐厅。

★ Konoba Valle Losca 克罗地亚菜 €€

（☎095 58 03 757；Andrije Štangera 2；主菜90~100KN；⏰11:30~14:00和17:00至午夜）konoba一词通常是指由家庭经营的小餐馆，它们的菜单大多数都是一样的。而这家店则是将法国和意大利的烹饪方法与上好的当地食材相结合，烹制出了完全不同的美食。赶时间的人不要来这家餐馆——坐在石墙餐室内，会说多种语言的侍者端上美食，细品美妙的田园菜肴，可是很耗时的。

Skalinada 克罗地亚菜 €€

（☎051-701 109；www.skalinada.org；Uz Dol 17；小吃和主菜 25~110KN起；⏰周日、周一、周三和周四 13:00至午夜，周五和周六 15:00至次日2:00）这是一家私密的餐厅兼酒吧，感光照明和裸露的石墙营造出极好的氛围。该店使用应季当地食材烹制出极富创意的克罗地亚主菜及小食，还供应玻璃杯装的当地葡萄酒。

★ Plavi Podrum 克罗地亚菜 €€€

（☎051-701 223；www.plavipodrum.com；

不要错过

去凯斯塔夫的KUKURIKU

如果你喜欢的是美食，那么值得驾车去一趟古色古香的山顶要塞小镇凯斯塔夫，城里有许多石头教堂和广场。凯斯塔夫与里耶卡相距10公里，与奥帕蒂亚相距7公里。

作为慢食运动的开创者——Nenad Kukurin创建的**Kukuriku**（☎051-691 519；www.kukuriku.hr；Trg Lokvina 3，Kastav；6道菜套餐 420~600KN；⏰7:00至午夜；P ❄ 📶）没有菜单，所以你需要完全相信店员，告诉他们你喜欢肉、鱼还是蔬菜，还要说明有什么特别不喜欢的东西或特殊的饮食需求（或预算限制）。然后你就坐等享用一道道经过改良、品相和味道俱佳的当地美食吧。

这里最大的亮点在于15间极为别致的客房。如果你打算品尝一下本店推荐的美酒的话，住在这里非常方便。想知道为什么周围的一切都与公鸡有关吗？那是因为kukuriku在克罗地亚语中就是"公鸡喔喔叫"的意思。

Obala Frana Supila 6；主菜 220KN起；⏰正午至午夜）克瓦内尔湾最好的餐馆之一，创意烹饪手法与一流的葡萄酒和橄榄油相得益彰。出名的菜肴包括鳌虾松露（或野芦笋）烩饭，海鲈鱼配鹅肝和南瓜香菜酱，以及撒咖啡粉和伊斯特拉黑松露粉的烤鳌虾串配鮟鱇鱼片和苹果酱。

ℹ 到达和离开

从奥帕蒂亚出发，沿海滨大道步行30分钟，穿过树丛、棕榈林、无花果园、橡树林和壮观的别墅群。如果乘坐公交工具，任何一辆往来于里耶卡（25KN，25分钟）和奥帕蒂亚的长途汽车都可以。确认你上的不是快车，否则它不在沃洛什科停车。

奥帕蒂亚（Opatija）

☎051 / 人口 11,145

安静古朴的奥帕蒂亚位于里耶卡以西13公里处，是奥匈帝国时期名流最爱的海滨度假胜地——保留下来的许多"美好年代"时期的别墅就是力证。虽然在南斯拉夫时期，这座小镇失去了往日的一些光彩，但它粉饰一新后，以其豪华的温泉酒店、绝佳的位置和全年宜人的气候再次吸引了大批人群。许多一流餐馆如雨后春笋般涌现出来，迎合了游客的需求，在不远处漂亮的沃洛什科（Volosko）尤为集中。

这座小镇沿树木茂密的小山和波光粼粼的亚得里亚海之间的海岸延伸，整个海滨由一条步道连接。对这里的海滩不要期望过高（海滩数量不多），但平静的海湾还是很适合游泳的。

历史

19世纪40年代之前，奥帕蒂亚不过是一个小渔村，只有35栋房屋和一座教堂，后来，里耶卡富豪Iginio Scarpa的到来改变了这一切。他修建了安吉丽娜别墅（Villa Angiolina；以他妻子的名字命名），又在周围种植了从国外引进的亚热带植物。许多欧洲贵族（包括奥地利皇后玛丽娅·安娜，斐迪南一世的妻子）成为这座别墅的座上客，奥帕蒂亚从此声名鹊起。

奥帕蒂亚的发展也得益于1873年维也纳直达铁路线的建成。奥帕蒂亚修建了第一家酒店——Quarnero（今天的Hotel Kvarner），富有的游客纷至沓来。似乎每个人都争相前往奥帕蒂亚，这其中也包括罗马尼亚和瑞典的国王、俄国沙皇和当时的各界名流。

今天的奥帕蒂亚仍然是一个优雅的（也许有人会说它是保守的）度假胜地，深受德国和奥地利老年人的青睐。

👁 景点

克罗地亚旅游博物馆 博物馆

（Croatian Museumof Tourism，Hrvatski Muzej Turizma；☎051-603 636；www.hrmt.hr；Park Angiolina 1；成人/儿童 15/7KN；⏰7月和8月 周二至周日 10:00~13:00和17:00~21:00，4月至6月、9月、10月和12月 周二至周日 10:00~18:00，11月和1月至3月 周二至周日 10:00~17:00）这个极

好的博物馆分布在3座历史建筑中，馆内的永久性展览展示了老照片、明信片、宣传册和追溯旅游业历史的海报，该博物馆还经常举办旅游主题展。但说句实话，这个博物馆最大的亮点是建筑本身。经过修复的**安吉丽娜别墅**（Villa Angiolina）是奥帕蒂亚最富丽堂皇的建筑之一，虽然后安装的现代窗户是它最大的败笔，但这里有一幅奇妙的错视壁画，还有科林斯式圆柱、镀金镜子和几何图案的马赛克地板。

别墅周围的花园一片葱郁，种满了银杏树、水杉、圣栎和日本山茶（这是奥帕蒂亚的象征），这里还有一个露天小剧场，举办盛装演出。旁边的**Swiss House**（1875年）是别墅的附属建筑，其中的一部分是储藏室。继续向西，经过圣詹姆斯教堂（StJames' Church），就是**Juraj Šporer Artistic Pavillion**（1900年），它原本是一个蛋糕店。

海滨长廊　　海滨大道

（Lungomare）这条道路有一个比较正式的名字：弗兰茨·约瑟夫一世海滨大道（Franz Joseph I Promenade）。壮观的别墅和葱郁的花园分列两侧，妙不可言，能满足窥视者的遐想，也让行人欣喜不已。大道沿海岸蜿蜒迂回，沿途是一幢接着一幢的别墅，从沃洛什科到Lovran全长12公里，经过Ičići村和Ika村。一路上你可以观摩有钱人的府邸，惊叹于他们海滨宫殿的雄伟。

这条路穿过极具异域风情的灌木丛、茂密的竹林、一个小船坞和岩石海湾，在这个海湾，你可以带条毛巾，跳进海里畅游，与奥帕蒂亚的水泥海滨相比，这里更适合游泳。

住宿

Autocamp Medveja　　露营地 €

（☎051-710 444；www.liburnia.hr/en/camping-medveja；Medvejabb；3人露营点400KN，房间1100KN；⏲复活节至10月中旬；P ❄ @）由于奥帕蒂亚的便宜酒店数量有限，所以这个安静的露营地值得考虑。这里有崭新的移动房屋和简单但设施齐全的房间。它位于奥帕蒂亚以南10公里处，置身于一个枝繁叶茂的山谷内，从这里可以通往一个美丽的鹅卵石海湾。多交点钱，营地管理方能提供半膳或全膳。设施保养良好。

Borka　　民宿 €€

（☎051-712 118；Maršala Tita 192；标单/双 420/525KN；📶）奥帕蒂亚最便宜的正式住处，这家古老的民宿位于一栋粉色别墅内，房间设施简单，卫生间铺着棕色瓷砖，花园里开满鲜花。

★Hotel Miramar　　酒店 €€€

（☎051-280 000；www.hotel-miramar.info；Ive Kaline 11；房间 1800KN起；P ❄ @ 📶 🏊）这里华丽得近乎庸俗，主要接待说德语的客人。但不管怎样，酒店房间宽敞，分布在5座色彩柔和的建筑中，四周是美丽的花园。这里有一个小型的岩石海滩、室内和室外游泳池和一个水疗中心，大大小小的枝形吊灯点缀于各处。

Villa Ariston　　酒店 €€€

（☎051-271 379；www.villa-ariston.hr；Maršala Tita 179；房间 1500~2000KN；P ❄ 📶）这家历史悠久的酒店位置极佳，紧挨着一个岩石海湾，许多名人曾经下榻于此（例如可可·香奈儿和肯尼迪家族）。酒店内部依然保留着旧日的豪华，宽阔的楼梯、枝形大吊灯和十足的时代感都令人印象深刻。许多房间面朝大海，但就其价位而言，斜坡屋顶的房间略嫌狭小。

餐饮

★Kaneta　　伊斯特拉菜 €€

（☎051-291 643；Nova 80；主菜 50~120KN；⏲周一至周六 10:00~23:00，周日 正午至19:00）这是一家不起眼的家庭餐厅，专门经营味美量足的菜肴，包括烤牛肉、烤章鱼、炖野味、火鸡、自制意面和意大利调味饭。这里的葡萄酒也是精选过的。

Pizzeria Roko　　比萨 €€

（☎051-711 500；www.roko-opatija.com；Maršala Tita 114；主菜 45~110KN；⏲11:00至午夜）这是奥帕蒂亚少有的价格亲民的餐馆，好吃的除了馅料十足的大比萨，还有焗饭、海鲜和蛋糕。食物富有创意，分量大，服务好。餐厅只有简单粉刷的砖墙，厨房是开放式的，任何人都可以看到食物是怎么做出来的。

★ Bevanda 欧洲菜 €€€

（☎051-493 888；www.bevanda.hr；Zert 8；套餐 690~390KN，主菜 210~385KN）一条大理石通道一直通向餐厅，面朝大海的大露台、希腊圆柱和时尚的黑白座椅打造出一个令人惊艳的空间。菜单上有诸多佳肴，餐厅供应特别新鲜的鱼和肉菜，包括许多奢侈的美味（龙虾等）。2017年荣膺克罗地亚美食餐厅榜（Good Restaurants）全国第七名。

Hemingway 鸡尾酒吧

（☎051-711 205；www.hemingway.hr/opatija；Zert 2；⌚正午至深夜）这个非常时髦的酒吧特别适合举办鸡尾酒会，你可以坐在酷酷的餐位上眺望远方里耶卡的天际线。如今遍布全国的连锁店当初就是从这里起家的。在它旁边还有一家餐馆。

购物

Kredenca 礼品和纪念品

（☎091 54 47 294；www.kredenca.com；Maršala Tita；⌚9:00~18:00）城里比较好的购物去处，出售葡萄酒、橄榄油、果酱、一些克罗地亚手工艺品、化妆品和配饰。

实用信息

手机应用商店可免费下载“发现奥帕蒂亚里维埃拉”（Discover Opatija Riviera）App。

Da Riva（☎051-272 990；www.da-riva.hr；Nova 10）是一个很好的信息源，提供私人住宅和克罗地亚短途旅行的信息。

Kvarner Touristik（☎051-703 723；www.kvarner-touristik.com；Maršala Tita 162）预订奥帕蒂亚和克罗地亚北部城镇的住处，举办各种活动并提供各种出租服务。

旅游办事处（☎051-271 310；www.visitopatija.com；Maršala Tita 128；⌚6月中旬至8月 周一至周六 8:00~20:00，周日 11:00~19:00，其他月份工作时间缩短）这个办事处的工作人员知识渊博，还提供大量地图、宣传单和小册子。

到达和离开

32路长途汽车从里耶卡开往奥帕蒂亚（25KN，20分钟），大约每30分钟一趟，最远可至Lovran，有的会继续向南，沿海岸行驶。

其他目的地包括：

普拉 90KN，2小时，每天6趟

罗维尼 124KN，3小时，每天2趟

萨格勒布 112KN，3小时15分钟，每天4趟

乌奇卡自然公园（Učka Nature Park）

这座占地160平方公里的自然公园是克罗地亚最鲜为人知、自然风光保存最完好的世外桃源之一，它距离奥帕蒂亚里维埃拉（Riviera）只有30分钟的路程。这座公园包括乌奇卡山丘和毗邻的Ćićarija高原，是克瓦内尔湾和伊斯特拉之间的官方分界线。Vojak（海拔1401米）是园内最高峰，在晴朗的日子里，站在山顶能够看到意大利阿尔卑斯山和的里雅斯特湾的美景。

园内的大部分地区都被山毛榉覆盖，但也栽有甜栗、橡树和角树，以及四十余种兰花。在这里，羊群在高山草甸吃草，金鹰在头顶盘旋，棕熊、野猪和狍子到处闲逛，特有的吊钟花遍地盛开。

Poklon隘口是公园的主要入口。

景点

韦拉德拉加 峡谷

（Vela Draga）壮观的韦拉德拉加峡谷在公园东部，这里堪称奇观，谷底散落着石灰岩柱，它们也被称为“精灵烟囱”。在公园里，你能够看到在热气流中盘旋的红隼和游隼，大雕和红翅旋壁雀也会不时现身。从公路沿一条有路标的小路向下走15分钟，你就可以来到一处观景台，俯瞰峡谷。

马拉乌奇卡 村庄

（Mala Učka）这个被半废弃的村庄海拔995米，非常迷人。5月到10月有少数牧羊人在此居住，你可以去村庄尽头的小溪边镶着绿色窗户的房屋买美味的羊奶酪，只要询问是否有sir（奶酪）就行。

活动和团队游

通过网站www.pp-ucka.hr下载名为“Učka-Bike”的PDF文件，了解有关山地自行车小径的信息。

★ Day With Ranger 团队游

(☎051-299 643; www.pp-ucka.hr/en/information-for-visitors/guided-tours; PoklonInformation Centre; 每人 200KN; ⊙5月至10月 10:00~16:00)参加6个小时的"Day With Ranger"团队游，步行或乘坐四驱车跟随公园护林人探索这个公园。这是了解该公园的极佳方式，能去其他游客到不了的地方。10:00出发，起点和终点都是Poklon信息中心(Poklon Information Centre)。必须预订。

Electric Bike Rental 骑车

(☎051-299 643; www.pp-ucka.hr; 1/3/6/9小时租金 40/90/150/180KN; ⊙7月和8月 9:00~19:00, 6月和9月 周一至周五 9:00~17:00, 周六和周日 至19:00, 5月和10月 9:00~17:00)在Poklon信息中心或最大的公园信息办公室租辆电动自行车，去山间游玩。

食宿

公园内有7家客栈和几个仅周末开放的山区避难所。详见公园网站(www.pp-ucka.hr)的"游客须知"(Information for Visitors)页面。

Dopolavoro 克罗地亚菜 €€

(☎051-299 641; www.dopolavoro.hr; Učka 9; 主菜 59~145KN; ⊙正午至23:00)供应绝佳野味，有鹿肉配蓝莓、野猪肉配森林蘑菇和炖野味，还有自制意面和美味的甜品拼盘。

实用信息

公园办公室(Park Office; ☎051-293 753; www.pp-ucka.hr; Liganj 42, Lovran; ⊙周一至周五 8:00~16:30)会帮你制定行程。还有两个季节性信息站，分别位于**Poklon**(☎051-299 643; ⊙6月中旬至9月中旬 9:00~18:00)和**Vojak**(☎091 89 59 669; ⊙6月中旬至9月中旬 9:00~18:00)。

到达和离开

当地的32路长途汽车从奥帕蒂亚开往Poklon，发车时间分别是9:30和14:05，返回时间分别是10:30和15:45。从里耶卡开来的长途汽车经过位于公园东端的Lovran(32KN, 30分钟，每天9趟)。**Poklon信息中心**有停车场。

洛希尼岛和茨雷斯岛 (LOŠINJ & CRES ISLANDS)

这两座岛屿之间仅隔着一条11米宽的运河，由一座桥连接，岛上人口稀少，风景优美。它们属于克瓦内尔群岛，通常被当作单一岛屿。虽然它们地形不同，但有着相同的历史。

这里是自然爱好者的天堂，可供徒步和骑车的小路纵横交错，周围的海域是唯一已知的亚得里亚海海豚固定栖息地。东海岸附近的大部分海域被划为洛希尼海豚保护区(Lošinj Dolphin Reserve)，它是整个地中海地区第一个海豚保护区。

青翠的茨雷斯岛(意大利语为Cherso)更加荒凉原始，岛上有偏远的露营地，还有质朴的海滩、几个中古村落和真正的世外桃源之感。31公里长的洛希尼岛(意大利语为Lussino)人口较多，旅游业相对比较发达，植被也更茂盛。

历史

考古发掘的出土文物表明，早在石器时期到青铜器时期，洛希尼岛和茨雷斯岛上就出现了文明。古希腊人称其为Apsyrtides。两个岛先后受罗马和拜占庭的统治，6世纪和7世纪，斯拉夫部落在此定居。

接下来，这两座岛屿由威尼斯人统治，随后由克罗地亚–匈牙利国王治理，后来统治权再次回到威尼斯人手中。1797年威尼斯陷落，大洛希尼城和小洛希尼城成为重要的海事中心，而茨雷斯岛则致力于发展酿酒业和橄榄油压榨业。

19世纪，洛希尼岛的造船业盛极一时，但随着汽船的出现，旅游业代替造船业成为这里的支柱产业。与此同时，茨雷斯岛也遇到了困难，葡萄根瘤蚜在葡萄园肆虐传播。随着1922年《拉帕洛条约》(*Treaty of Rapallo*)的签署，两岛成为意大利的附属，从此陷入贫困。1945年，它们成为南斯拉夫的一部分，1991年又归克罗地亚所有。

今天，除了位于洛希尼岛北部内雷济内(Nerezine)的一家小船厂以及茨雷斯岛上的橄榄树种植、养羊和捕鱼业之外，两岛的主要收入来源就是旅游业。直到最近，养羊(该岛的羊羔肉味道鲜美，远近闻名)仍然是

骑车游克瓦内尔湾

克瓦内尔湾地区为骑车爱好者提供了多种选择，有平缓路段，也有让人心跳加速的陡坡。奥帕蒂亚周围有多条路径，两条始于凯斯塔夫山（Mt Kastav，海拔360米）的路线都比较轻松，而一条从Lovran到乌奇卡自然公园（Učka Nature Park）、历时4.5小时的路线则颇具挑战性。洛希尼岛（Lošinj）上有一条难度适中的路线，起点和终点都在小洛希尼，全程需要2.5小时。克尔克岛的路线则比较轻松，从克尔克城出发，途经草地、田野和少有游客到访的海岛村庄。始于拉布城的一条骑车路线将带你深入Kalifront Peninsula的原始森林。在茨雷斯岛上有一条50公里的小路，从茨雷斯城的小船坞出发，途经中世纪山顶村庄卢贝尼采（Lubenice）和海滨明珠瓦伦（Valun）。

若想详细了解这些路线，可以去任何一个旅游办事处索取《骑车游克瓦内尔湾》（*Kvarner by Bicycle*）宣传册，那上面有该地区19条骑行路线的简介。也可以登录网站www.kvarner.hr和www.pedala.hr了解详情。

茨雷斯岛人的主要收入来源之一，但为了狩猎而引入的野猪破坏了岛上独特的环境，一种古老的文化如今正慢慢消失。

到达和离开

船

亚德罗里尼亚公司（Jadrolinija；☎051-231 765；www.jadrolinija.hr；Riva Lošinjskih Kapetana 22, Mali Lošinj）运营Brestova（在内陆，距离奥帕蒂亚以南29公里）和茨雷斯岛的Porozina之间（成人/儿童/小汽车 18/9/115KN，20分钟，每天7~13趟）、克尔克岛的Valbiska和茨雷斯岛的Merag之间（成人/儿童/小汽车 18/9/115KN，25分钟，每天9~13趟）主要的载车渡轮。小洛希尼和扎达尔之间（成人/儿童/小汽车 59/30/271KN，7小时）的载车渡轮每周一趟（7月和8月每天运营），在沿途一些小岛停靠。

每天有一班只搭载乘客的双体船连接小洛希尼和里耶卡（60KN，4小时），途经茨雷斯城（45KN，2小时30分钟）。此外还有一艘搭载乘客的渡轮，从小洛希尼到乌尼耶岛（1.5小时）和苏沙克岛（1小时），绕行一圈，每天两趟。

长途汽车

岛上多数长途汽车都将大洛希尼（Veli Lošinj）作为起点（或终点），在小洛希尼和茨雷斯岛停车。所到近海岛屿包括克尔克岛上的马林斯卡（130KN，2小时45分钟，每天2趟）、奥帕蒂亚（185KN，3小时45分钟，每天2趟）、里耶卡（154KN，4小时，每天3趟）和萨格勒布（175KN起，7小时，每天3趟）。

贝利（Beli）

☎051/人口 35

贝利是茨雷斯岛上最古老的定居点之一，它依偎着一座130米高的小山，下方是一片可爱的鹅卵石海滩。曲折的小巷和植物丛生、简朴的石头洋房浸透了4000年的历史。围着这个小定 居点走上一圈大约只需要5分钟，它会唤起你对过往的回忆，在观景台停下来眺望亚得里亚海和陆地上的群山，此情此景令人心动不已。

尽管居住人口很少，但贝利仍然是岛屿北端特曼恩塔纳（Tramuntana）地区的主要定居点。古老的原始森林、废弃的村庄、孤独的教堂和关于善良精灵的神话让人感觉这里的时间仿佛是静止的。贝利的绝大部分都被茂密的橡树、角树和栗树林覆盖，受保护的动物秃鹫经常盘旋在空中。

景点

贝利海滩　　海滩

（Beli Beach）在美丽的小村庄贝利下方130米处，是一个典型的亚得里亚海滩：偏僻、幽静、铺满鹅卵石。

秃鹫救护中心　　动物保护区

（Rescue Centre for Griffon Vultures；☎095 50 61 116；www.facebook.com/BeliVisitorCentre；Beli 4；成人/儿童 40/20KN；⏲10:00~16:00）这个救护中心位于贝利游客中心（Beli Visitor Centre），最近一次的资讯是有6只未成年秃

特曼恩塔纳羊

茨雷斯岛半野生的特曼恩塔纳羊是该岛所独有的，特别适应这里的喀斯特牧场，这种牧场最早是1000多年前由伊利里亚人建造的。但如今岛上自由放牧的文化正在消失。几十年前，茨雷斯有10万头特曼恩塔纳羊，但现在大概只有1.5万头。特曼恩塔纳羊数量减少的一个主要原因是克罗地亚颇具影响力的狩猎游说团引进了野猪。野猪的数量成倍增长（它们甚至已经扩散至小洛希尼的露营地），它们会捕食羊和羔羊。

羊的减少对环境产生了许多影响。羊的腐尸是秃鹫赖以生存的食物，如今食物数量严重不足，秃鹫只能在喂食点靠志愿者喂食。牧场变小，杜松和荆棘丛代替了原生草和野花，导致植物品种减少。过去牧民们修建的低矮石墙（gromače）纵横交错，起到了挡风和防止水土流失的作用，但如今由于疏于维护，许多石墙都已经坍塌了。

鹫正准备绑上监控环并放归野外。中心内有介绍这种动物的趣味展览，你可以走到外面看看秃鹫笼子。

活动和团队游

贝利游客中心提供7条徒步小路（长度从1公里到8公里不等）、6条主题游览步行小路和3条骑行小径（长度从8.5公里到18公里不等）的信息。在游客中心询问如何租用自行车，或者联络Tramontana Outdoor。

观鸟者应该垂询游客中心，问问在哪能看到野生秃鹫。

Tramontana Outdoor 团队游

（☎051-840 519；www.tramontana-outdoor.com；Beli 2）这家旅行社管理有方，提供特曼恩塔纳地区的多种团队游，除了常见的游览项目之外还有一些有趣的选择：站立式桨板之旅、半天的当地美食游和“选择你的海滩”远足活动。也出租自行车。

食宿

Pansion Tramontana 民宿 €€

（☎051-840 519；www.beli-tramontana.com；标单 375~563KN，双 450~675KN；⏲3月至12月；P ❄ @ 📶）这个迷人的地方靠近贝利，楼上有12个舒适的房间，楼下是一家精致的乡村餐馆（主菜 55~175KN），提供美味的大块烤肉，此外还有鱼、意面、意大利调味饭和美味的有机沙拉。同时也组织多种冒险运动，包括观看秃鹫和登山。

Konoba Beli 克罗地亚菜 €€

（☎051-840 515；www.beli-cres.com；Beli 6；主菜 45~120KN；⏲10:00~22:00）这家石头餐厅内摆满了农耕用具，营造出的复古田园风情与当地口味的烤鱼和肉类菜肴很相称。天黑后，你可以坐在露台上就餐。

实用信息

贝利游客中心（☎095 50 61 116；www.facebook.com/BeliVisitorCentre；Beli 4；⏲10:00~16:00）除了介绍秃鹫，这个游客中心还提供各种当地活动的信息。

到达和离开

2趟Autotrans（www.autotrans.hr）的长途汽车连接贝利和茨雷斯（36KN，30分钟），发车时刻表见其网站。否则，你就得自驾去贝利。

茨雷斯城（Cres Town）

☎051/人口 2879

色彩柔和的联排住宅和威尼斯豪宅紧挨着茨雷斯城的中世纪港口，长满松树和亚得里亚海灌木的青山环抱着隐蔽的港湾。漫步在海滨大道和韵味十足、纵横交错的老城街道上，你会发现意大利统治时期留下的痕迹无处不在，包括威尼斯豪门的盾徽和文艺复兴风格的门廊。

意大利对这座城市的影响可以追溯到15世纪，当时奥索尔（Osor）瘟疫蔓延，威尼斯人迁居至此。公共建筑和贵族宫殿都是沿港口修建的，16世纪这里又增建了一座城墙。

Trg Frane Petrića 广场

这个城市的主广场就在港口旁边，在威尼斯统治时期，这里曾经是公告、金融交易和举行节日庆典的场所，如今则是出售水果和蔬菜的早市。你可以留意优雅的16世纪大门，上方有一个表面为蓝色的时钟和盾徽。

St Mary of the Snow Church 教堂

（Sv Marije Snježne; Trg Frane Petrića; ⌚只在弥撒期间开放）教堂位于主港口的大门内，文艺复兴风格的正面外观非常醒目，上面有圣母和圣子的浮雕。教堂只在弥撒期间开放，但你可以透过大厅的落地窗向里面看。如果教堂的门是开着的，你可以去看看左边圣坛上15世纪的木雕圣母怜子图（如今上面有一个玻璃保护罩）。

茨雷斯博物馆 博物馆

（Cres Museum, Creski Muzej; ☎051-344 963; Ribarska 7; 门票 10KN; ⌚6月中旬至9月中旬 周二至周日 10:00~13:00和19:00~23:00，4月至6月中旬和9月中旬至10月中旬 周二至周六 9:00至正午）这个地方博物馆位于紧邻港口的Arsan Renaissance宫殿内，门票不贵，所在的16世纪威尼斯建筑和反映当地生活诸多方面的展览都值得一看。

活动

在海湾的西侧有一条迷人的海滨大道，那里有日光浴专区，还能游泳，在Hotel Kimen酒店周围有美丽的海滩。你可以顺便去旅游办事处拿份地图，上面有茨雷斯岛周边的徒步和骑车路线。

濒危的秃鹫

欧亚秃鹫（Eurasian griffon vulture）的翅膀全部展开，长近3米，头到尾的体长约1米，体重7~9公斤，看上去驮几个人都没问题。它以每小时40公里至每小时75公里的速度舒适地飞行，最高时速能达到160公里。秃鹫强有力的喙和长长的脖颈非常适合翻找猎物的内脏，死羊最有可能成为它们的捕食对象。

对秃鹫来说，寻找珍贵的死羊需要团队合作。通常一群鸟一起出发，呈梳形编队，飞至1000米高空后分开。如果其中一只秃鹫发现了羊的尸体，就开始盘旋，向同类发出信号，然后一起享用美食。牧羊人并不介意秃鹫，他们认为秃鹫能够防止死羊的疾病传染给其他牲畜。

根据2017年的普查，克罗地亚已知的秃鹫共有108个繁殖对（几年前这个数字是140）和76只雏鸟，其中多半栖息在茨雷斯岛海岸的悬崖上，其他一小部分栖息在克尔克岛（Krk Island）和普尔维奇岛（Prvić Island）。秃鹫的食性特征决定了它们会跟随羊群，不过它们也吃其他哺乳动物的尸体。但这很危险：帕克莱尼察国家公园（Paklenica National Park）仅存的秃鹫在吃了被毒死的狐狸之后也死了。

秃鹫是克罗地亚的濒危动物，受法律保护。捕杀一只秃鹫或干扰它们筑巢将被罚款€5000。故意捕杀的行为并不常见，但由于幼鸟在无风情况下飞行高度不会超过500米，游客乘坐快艇会惊扰它们起飞，通常会威胁到它们的生命安全，筋疲力尽的鸟儿会掉入海中淹死。

繁殖习性也阻碍着秃鹫数量的增长，一对秃鹫一年只生一只幼鸟，而幼鸟5年才能发育成熟。在这段时间里，成长中的秃鹫四处游走：一只带着帕克莱尼察国家公园标签的秃鹫在4000公里以外的乍得（Chad）被发现。当秃鹫将近5岁的时候，将返回茨雷斯岛（有时甚至是它们出生的那块岩石），在那里寻找一个伴侣，共度一生。

圈养的秃鹫能活55年，但在野外，它们通常只能活二三十年。秃鹫幼鸟面临的危险包括被猎人捕杀、中毒、触碰电线，但到目前为止，最大的问题是由于茨雷斯岛牧羊数量的急剧下降（见186页），秃鹫的食物来源一天天减少。

如果你想了解更多有关克罗地亚秃鹫的信息，可以参观位于贝利的秃鹫救护中心（Rescue Centre for Griffon Vultures; 见185页）。

Diving Cres

潜水

(☎051-571 706; www.divingcres.de; Melin 1/20; 船潜含装备 €40)这家德国公司位于Kamp Kovačine，提供专业潜水教练协会(Professional Association of Diving Instructors，简称PADI)和国际潜水学校(Scuba Schools International，简称SSI)课程，并会组织沉船潜水活动。

住宿

Kamp Kovačine

露营地 €

(☎051-573 150; www.camp-kovacine.com; Melin 1/20; 露营每个成人/露营点 104/100KN，标单/双 400/745KN，小屋 700KN起; ⊙复活节至10月中旬; P@令)这一大片露营地的位置极佳，它在一个树木丛生的小半岛顶端，位于城镇西南大约1公里。这里有极好的浴室、海滨游泳平台和一家餐馆，还能承办多种活动。营地四分之一的区域，包括部分海滩在内，是留给裸体主义者的。Tamaris是海边的一个小客栈，提供私人住宿。

Villa Neho

民宿 €€

(☎051-571 868; www.villaneho.com; Zazid 5; 房间 625KN; ❄令)这家客栈就在港口后面，房间清新可爱，但略小，家具很时尚。虽然缺少当地特点，但标准间水准高于克罗地亚民宿平均值，早餐分量大，包半膳每天仅需多花110KN，十分合理。只收现金。

Hotel Kimen

酒店 €€€

(☎051-573 305; www.hotel-kimen.com; Melin 1/16; 标单 €59~112，双 €70~134; P❄令)这家南斯拉夫时期的大酒店在十几年前经过彻底翻新，位于海滩附近，位置绝佳。院子里松树成荫，128个带有阳台的房间看上去清爽宜人。附楼的Depandance房间比较便宜，但主楼房间的条件更好。

就餐

★Konoba Bukaleta

克罗地亚菜 €€

(☎051-571 606; Loznati 99; 主菜42~120KN; ⊙4月至9月 正午至23:00)这家实实在在的乡村餐馆30多年来一直由同一个家族经营，招牌菜是茨雷斯羔羊肉。你可以尝尝外面裹着面包屑的烤肉或羊肉串，还能享用自制的团子和意面。该店位于Loznati，茨雷斯城以南5公里，公路上有路标。

Gostionica Belona

克罗地亚菜 €€

(Šetalište 23, Travnja 24; 主菜 55~150KN; ⊙11:00~23:00)这家极好的当地餐馆制作茨雷斯海鲜、羊肉菜肴、烤肉和沙拉。路边天台位置的视野不算最好，所以不如到室内就座。服务一流，克罗地亚葡萄酒单很不错，而且离港口只有很短的步行距离。

实用信息

Cresanka(☎051-750 600; www.cresanka.hr; Varozina 25)预订私人住宿、公寓、露营地和酒店。

克罗地亚旅行社(Tourist Agency Croatia; ☎051-573 053; www.cres-travel.com; Cons 10; ⊙周一至周六 8:00~13:00和16:00~19:00，周日 10:00~13:00)安排私人住宿，能上网，出租船只、自行车、汽车和小型摩托车。

旅游办事处(☎051-571 535; www.tzg-cres.hr; Cons 10; ⊙6月至8月 周一至周六 8:00至正午和15:30~20:00，周日 9:00~13:00，9月至次年5月 周一至周五 8:00~14:00)提供地图、宣传册和带照片的住宿信息列表。

到达和离开

茨雷斯有长途汽车开往下列城镇：

贝利 36KN，30分钟，每天2趟

小洛希尼 60KN，1小时15分钟，每天最多7趟

奥索尔 44KN，45分钟，每天4趟

里耶卡 110KN，2小时15分钟，每天3趟

瓦伦 32KN，20分钟，每天1趟

大洛希尼 65KN，1小时30分钟，每天4趟

当地交通

Gonzo Bikes(☎051-573 107; Turion 8; 每小时/天 25/100KN; ⊙3月至12月 9:00~16:00)位于茨雷斯岛的总部出租高品质自行车和露营装备，也在Hotel Kimen和各露营地出租自行车。

瓦伦(Valun)

☎051/人口 72

美丽的海滨村庄瓦伦位于茨雷斯城西南14公里处，它藏身在悬崖脚下，被鹅卵石海滩包围。宁静是其魅力所在：它的餐馆很少有坐

满的时候，街道上也很清静，没有那么多的纪念品摊。

你可以将车停在村庄上方的停车场内，然后沿着陡峭的台阶走下来。港口的右边有一条小路通向海滩和露营地。反方向大约700米处还有一片被松树环绕的鹅卵石海滩。

景点

圣马可教堂 教堂

（St Mark's Church）这座教区教堂内有该村的主要看点——11世纪的瓦伦碑（Valun Tablet）。这块墓碑上的格拉哥里语和拉丁语铭文记载了当时岛上的种族构成，那时候茨雷斯居住着罗马人的后代和说克罗地亚语的后来者。可惜，教堂的开放时间不定。

瓦伦海滩 海滩

（Valun Beach）在村子西北方向的海岬那里，能看到一片可爱的被松树环绕的鹅卵石海滩。与城东的海滩相比，这里安静多了。

食宿

Camping Zdovice 露营地 €

（☎051-571 161；每个成人/儿童115/55KN；⊙5月至9月；🐾）这个田园诗般的露营地占据着古老的梯田，旁边是一个特别适合游泳的海滩。这里还有一个排球场和一个干净的公共厕所。茨雷斯城的Cresanka代理处负责处理预订事宜。

Konoba Toš-Juna 海鲜 €€

（Obala Stjepan Mesić；主菜 45~100KN；⊙10:00~23:00）在瓦伦的十几家餐馆当中，它以海鲜著称，迷人的阳台以格拉哥里文字书法作为装饰。餐厅是一个经过改造、墙砖裸露的橄榄油厂，旁边是港口和教堂。

到达和离开

瓦伦的公共交通并不发达。每天各有一趟长途汽车抵离茨雷斯城（32KN，20分钟）。

卢贝尼采（Lubenice）

☎051 / 人口25

这个中世纪的山顶村庄坐落在海岛西岸378米高的一块岩石裸露在外的山脊上，是茨雷斯岛上最令人回味的地方之一。卢贝尼采城市的大半部分已被废弃，迷宫一样的古老石屋和教堂似乎与海岛本身的基岩已融为一体。狭窄的道路两边是石头篱笆、橄榄园和笔直的松树。

景点

停车场西端上方的岩石是俯瞰小村景色的最佳地点，在那里能看到海滩。

★卢贝尼采海滩 海滩

（Lubenice Beach）克瓦内尔湾最偏远、最美丽的海滩之一，一条陡峭的小路穿过灌木丛通向一处平静的海湾。45分钟的下坡路并不费力，但返程的上坡就没那么轻松了（你可以考虑在瓦伦或茨雷斯乘坐计程船前往）。

就餐

Konoba Hibernicia 克罗地亚菜 €

（Lubenice 17；主菜 45~100KN；⊙正午至22:00）这个不起眼的小吃店极具乡村特色，石墙和露台深受村庄里猫咪的喜爱，本店的羊肉和当地产火腿非常有名。

到达和离开

如果你有时间也有兴趣，最好步行至此：从瓦伦出发徒步至此需要1个小时。

如果是自己开车，你要集中精神应对狭窄、曲折的公路。要在村口停车，摩托车、小汽车和房车的停车费用分别是每天10KN、15KN和30KN。

海滨露营

Campsite Slatina（☎051-661 124；www.camps-cres-losinj.com；Martinšcica；露营每个成人/露营点 67/63KN起，露营套间 850KN起；⊙5月至9月）藏身于茨雷斯岛西岸一个名为Martinšćica的不起眼渔村中，从这里可以进入两个美丽的鹅卵石海滩。该营地综合设施包括一家比萨餐馆、几家咖啡馆、一家杂货店和一所潜水学校，还有船只和自行车租赁处。虽然它规模很大（有500个露营地），但空间安排得极好，你一点儿也感觉不到拥挤。管理方要求7月和8月最少入住7晚。

夏季，有长途汽车连接卢贝尼采和茨雷斯城（34KN，30分钟，周一至周六每天2趟）。

奥索尔（Osor）

☎051/人口60

有围墙的小镇奥索尔是你能想象到的最平静的地方之一，尽管它的过去并不平凡。这个村庄坐落在狭窄的运河边，这条运河（据说是由罗马人开凿的）将茨雷斯岛和洛希尼岛分隔开来，因此，奥索尔过去控制着这条关键的航海线路。如今这座小镇就像一个博物馆，教堂、户外雕塑、可以追溯到15世纪的镇中心和其向外延伸的小巷都值得一看。

历史

6世纪，这里建立了一个主教辖区，整个中世纪，这两个海岛都在它的控制之下。在15世纪之前，奥索尔在商业、宗教和政治等方面都是该地区的翘楚，但在鼠疫、疟疾和新航线的联合打击下，城市经济损失惨重，奥索尔慢慢衰落。

景点

从运河上的门进入，你会经过老城墙和一座残留的城堡，然后到达镇中心。留意伊万·梅什特罗维奇（Ivan Meštrović）的雕塑《远方的和弦》（*Daleki akordi*），它是小镇内众多以音乐为主题的现代雕塑之一。

圣母升天教堂 教堂

（Church of the Assumption，Crkva Uznešenja；⏲6月至9月 10:00至正午和19:00~21:00）这座大教堂于1498年建成，其华丽的文艺复兴风格大门正对着主广场。教堂内，巴洛克式圣坛上有奥索尔的守护神圣高登雪（StGaudentius）的浮雕。

奥索尔考古收藏 博物馆

（Osor Archaeological Collection，Arheološka Zbirka Osor；☎051-237 346；www.muzej.losinj.hr；Gradska Vijećnica；成人/儿童 35/25KN；⏲6月中旬至9月中旬 周二至周日 10:00~13:00和19:00~22:00，其他月份开放时间缩短，10月至次年复活节需预约）它是洛希尼博物馆的前哨，位于主广场上15世纪的市政厅内，馆内陈列着许多石块、浮雕、瓷器和来自罗马、早期基督教会及中世纪时期的雕塑。

节日和活动

奥索尔音乐之夜 音乐

（Osor Musical Evenings，Osorske Glazbene Večeri；☎051-237 110；www.osorfestival.eu；⏲7月中旬至8月中旬）已有150年历史的音乐节，克罗地亚高水准的艺术家将在主广场和大教堂内演奏古典音乐。

食宿

Camping Bijar 露营地 €

（☎051-237 147；www.camps-cres-losinj.com；每个成人/露营点 67/79KN；⏲5月至9月；P 📶）这个迷人的露营地位于一座美丽的鹅卵石海湾的松林之中，距离奥索尔500米，是游泳的好地方，这里还能打乒乓球、排球和篮球。附设餐厅，前台有Wi-Fi。

Konoba Bonifačić 克罗地亚菜 €€

（Osor 64；主菜 50~110KN；⏲正午至23:00）可以在迷人的花园餐厅品尝家常菜，例如美味的意大利调味饭、烤肉、烤鱼以及用鼠尾草烹制的传统风味猪肉。你还可以再来一杯接骨木花格拉巴酒。

到达和离开

一天有2~8趟长途汽车经奥索尔去往茨雷斯城（44KN，45分钟）、内雷济内（20KN，5分钟）、小洛希尼（37KN，30分钟）和大洛希尼（40KN，45分钟），具体班次视一年中的时间和一周中的时间而定。

如果你驾车从洛希尼岛前往奥索尔，可能需要等待横跨Kavuada运河（Kavuada Canal）的吊桥放落，该吊桥每天升起两次（9:00和17:00），让船只通过。

内雷济内（Nerezine）

☎051/人口415

小小的内雷济内是茨雷斯岛大桥洛希尼这一侧历史上第一个城镇，美丽的港口两边是色彩柔和的房屋和几家咖啡馆兼酒吧。它是洛希尼第三大城镇，说是“第三大”，其实也没多大。沿公路主路行驶的长途汽车都经停这里，如果你是自驾，这里是里耶卡、茨雷斯和南边城市之间的驿站，没什么可看的，不过可以喝杯咖啡，吃顿午饭，或者看看亚得里亚海。

食宿

Hotel Manora 酒店 €€€

（☎051-237 460；www.manora-losinj.hr；Magdalenska 26b；标单 465~660KN，双 680~1315KN；P ❄ 📶 🏊）这个气氛欢快的酒店位于内雷济内郊区，很适合家庭入住。有美丽的游泳池、桑拿房和露天游乐场，如果天气不好，孩子们还可以在游戏室内玩耍。客房铺着优雅的木地板，照明颇有格调。

Konoba Bonaparte 克罗地亚菜 €€

（Trg Studenac 1；主菜 45~130KN；⏲11:00~23:00）这家温馨的田园主题餐馆位于城里的主广场上，是内雷济内最好的就餐去处。如果刚从渔网上摘下来的鲜鱼和海鲜诱惑不了你，牛排和炸肉排也是超级美味的。7月和8月，晚餐可能需要订位。

到达和离开

长途汽车从内雷济内开往下列城镇：

茨雷斯 46KN，1小时，每天最多7趟

小洛希尼 34KN，30分钟，每天最多8趟

里耶卡 154KN，3小时~3小时30分钟，每天最多4趟

大洛希尼 37KN，40分钟，每天最多8趟

小洛希尼（Mali Lošinj）

☎051/人口 8200

洛希尼岛上最大的城市小洛希尼人见人爱：稍稍褪色但不失优雅的中世纪洋房和连绵的青山环抱着一个长长的天然海港。这座小镇处于海岛最窄的部分，横跨两岸，位于一个长期受保护的海港顶端。海滨有一连串建于19世纪的船长住宅，非常壮观。即使是在游人如织的夏季，小镇的老城区仍然保持着它特有的魅力和氛围。

度假酒店都在城外，紧邻**苏恩察那乌瓦拉**（Sunčana Uvala，意为“阳光海岸”）和**契卡特**（Čikat）的鹅卵石海滩。这片绿树成荫的地区于19世纪末开始兴盛起来，当时维也纳的富人和布达佩斯的名流纷纷来到小洛希尼呼吸“健康的空气”，人们开始在契卡特周围兴建别墅和豪华酒店。一些豪宅保存至今，但如今多数酒店都是现代建筑，四周松树环绕。

景点和活动

骑行和徒步在洛希尼岛越来越受欢迎。因为海水能见度高，海洋生物丰富，因此这个岛很适合潜水。水下有一艘在1917年失事的沉船，那里的海湾又大又浅，适合初学者。紧邻苏沙克岛的玛格丽塔礁（Margarita Reef）也很不错。契卡特是风帆冲浪的好地方，那里有一片狭长的鹅卵石海滩，风力很大。

弗里特齐宫 博物馆

（Fritzy Palace，Palača Fritzy；www.muzej.losinj.hr；Vladimira Gortana 35；成人/儿童 35/25KN；⏲6月中旬至9月中旬 周二至周日 10:00~13:00和19:00~22:00，其他月份开放时间缩短）它是洛希尼博物馆（Lošinj Museum）3个分馆中最大的一个[另外两个分别在奥索尔（见190页）和大洛希尼（见194页）]，位于豪宅内，有3个不同的展区：一个比较平庸，以17世纪和18世纪的绘画为主；一个比较有趣，陈列着20世纪初的摄影作品；还有一个展出20世纪的艺术品，令人陶醉。

值 得 一 游

洛希尼的南端

岛屿在小洛希尼以南形成了一个拇指形的美丽半岛，它人烟稀少，有精致的天然港湾，特别适合徒步。从旅游办事处（见193页）取一份地图。一条偏僻的道路沿着树木茂密的小山蜿蜒向下，最终消失在洛希尼岛的尽头Mrtvaška。如果有条件，可以花一整天的时间，徒步绕半岛一周，在荒凉的小海湾停下来游泳。如果你只想去海滩，不妨驱车5公里前往**克里维查**（Krivica），从停车场步行下山走30分钟，就会来到这个田园诗般的海湾，它处于松树的环抱之中，非常安静，翠绿色的海水特别适合游泳。

最迷人的展品也是最小的展品之一是一尊10厘米高、来自公元前7世纪的泥塑，可能出自伊特鲁利亚人之手，被称为“契卡特女士”（Ladyof Čikat）。你可以去现代展厅寻找20世纪克罗地亚最重要的3位雕刻家——伊万·梅什特罗维奇、弗拉奈·科尔什尼奇（Frano Kršinić）和Antun Augustinčić的作品。

Garden of Fine Scents 花园

（Miomirisni Otočki Vrt；www.miomirisni-vrt.hr；Bukovica 6；⏲7月和8月 8:30~12:30和18:00~21:00，3月至6月和9月至12月 8:00~15:00）免费 这个芬芳的“天堂”位于城镇南部边缘，有250多种原生植物和100个外来品种，所有植物都用gromač（传统的石围栏）隔开。园内还出售天然香料、盐和酒。

海龟救助中心 野生动物保护区

（Sea Turtle Rescue Centre，Oporavilište za Morske Kornjače；www.blue-world.org；Sunčana Uvala bb；⏲6月至9月 周一至周五 10:00~14:00）免费 这个受伤海龟的康复中心虽然不大，但特别有趣。多数海龟都是被塑料袋或渔网缠住而受伤的。这里没有太多展览，但工作人员会通过他们的工作内容为你讲解。你甚至还能看到一些受伤的海龟。它介于Adriatic酒店和Vespera酒店之间，沿海滨大道向上走即可到达。

基督诞生教堂 教堂

（Church of the Nativity，Župna Crkva Male Gospe；Sv Marije bb）这座教区教堂（建于1696~1775年）矗立在小镇上方的山脊上。教堂内有许多著名的艺术作品，包括一幅18世纪威尼斯画家创作的基督诞生图和圣罗穆卢斯（St Romulus）的遗骸。教堂通常只在弥撒期间开放。

课程

Sunbird 水上运动

（☎095 83 77 142；www.sunbird.de）这家德国公司就在Hotel Bellevue酒店附近的海滩上，提供教授风帆冲浪（1000KN起）和驾驶双体船（675KN起）技能的课程。它还出租帆板（每小时 70KN起）、皮划艇（每小时/天 35/150KN）和自行车（25/100KN）。

Subseason 潜水

（☎098 294 887；Del Conte Giovanni 1）该中心设在契卡特海滨，提供“探索”（Discovery）课程和SSI开放水域认证。

住宿

Camping Village Poljana 露营地 €

（☎051-231 726；www.campingpoljana.com；Rujnica 9a；每个露营点160KN，房间 550KN起；P❄📶）这片露营地在小洛希尼以北，四周都是成熟的树木，有电力设施完备、带空调的小房间，还有一家餐馆和一个超市。这里还有一片小鹅卵石海滩和供裸泳者使用的岩石区。

Alaburić 民宿 €€

（☎051-231 343；Stjepana Radića 17；房间450KN起；P📶🐾）这个由家庭经营的客栈热情好客，提供简单但设施齐全的房间和公寓，都带浴室，其中的两个还能看到远处的海景。它位于郊区，就在Garden of Fine Scents的下方。早餐另收50KN。

★ Boutique Hotel Alhambra 酒店 €€€

（☎051-260 700；www.losinj-hotels.com；Čikat 16；房间 3900KN起；P❄@📶🏊）这家酒店的豪华房，尤其是海景房，或许价格偏贵，但韵味、面积和精致程度是别处所没有的。外观既优雅又自然，服务一流。

★ Mare Mare Suites 酒店 €€€

（☎051-232 010；www.mare-mare.com；Riva Lošinjskih Kapetana 36；标单/双/公寓900/950/1400KN；P❄@📶）这座历史悠久的建筑朝向海港北端，位置优越，经过改造的房间一尘不染，风格各异，还有一个带私人阳台的公寓。酒店有屋顶水疗池和供免费使用的皮划艇和自行车。酒店在附近还经营其他住处。

餐饮

Porto 克罗地亚菜、海鲜 €€

（Sveti Martin 33；主菜 45~130KN；⏲8:00~23:00）越过小镇东侧的小山，这家精致的家庭经营的海鲜馆坐落于美丽的海湾，旁边有

值得一游

紧邻洛希尼的岛屿

从小洛希尼出发，附近的无车岛苏沙克岛（Susak）、伊洛维克岛（Ilovik）和乌尼耶岛（Unije）是最受欢迎的一日游目的地。袖珍小岛**苏沙克**（人口150人，面积3.8平方公里）拥有独一无二的厚沙层，铺在石灰岩上，形成了一流的海滩。岛上的文化独特而有趣。岛上居民有自己的方言，其他克罗地亚人几乎听不懂。在节日或婚礼上，你能看到身着传统彩裙（有点像芭蕾舞短裙）和红色绑腿的当地妇女。当你看到岛上古老的石屋时，不妨想象一下，每块石头都是人们徒手从小洛希尼运来的。在过去的几十年间，岛上的人口逐渐减少（1948年岛上居民超过1600人），许多居民都迁到了新泽西（New Jersey）的霍博肯（Hoboken）。

与平坦的苏沙克岛相比，**伊洛维克**（人口85人，面积5.8平方公里）是一座多山的岛屿，以缤纷的鲜花著称。夹竹桃、玫瑰和桉树漫山遍野，是乘船游览的热门地。此外，这里还有许多平静的小海湾，适合游泳。

最大的岛屿**乌尼耶岛**（人口85人，面积18平方公里）地势起伏，生长着茂密的地中海灌木，有鹅卵石海滩以及无数海湾和入海口。岛上唯一的定居点是一个风景如画的渔村，村内都是带山墙的石屋。

小洛希尼的旅行社组织海岛游，或者你也可以仔细研究停泊在海港的船只，看看哪条船能带你出海。

另外，亚德罗里尼亚公司（Jadrolinija；见185页）有一班只搭载乘客的环线渡轮，从小洛希尼去往乌尼耶岛（成人/儿童 16/8KN，1小时30分钟）和苏沙克岛（成人/儿童16/8KN，1小时），每天两班。每天早上有一班快船从小洛希尼开往里耶卡，途中经停乌尼耶（20KN，30分钟）。

一座教堂。海胆和鱼片是本店的招牌菜，此外，所有海鲜都是经过精心烹制的。

Baracuda

克罗地亚菜、海鲜 €€

（☎051-233 309；Priko 31；主菜 59~159KN；⏲正午至午夜）优雅温馨的Baracuda以其新鲜的鱼、技艺超群的厨师和魅力十足的侍者而广受好评。这里有一个大露台，通常黑板上用粉笔写着一两道特价菜。大部分鱼类按公斤计价。

Restaurant Rosemary

海鲜 €€€

（☎051-231 837；www.facebook.com/restaurant.rosemary；Čikat 15；主菜 110~220KN；⏲正午至23:00）从松露鱼肉意面到精致的金枪鱼泥，这家热情的小餐馆用尽各种方式烹制鱼类菜肴。自制面包和美丽的花园也是这里的特色。

Priko

酒吧

（Priko 2；⏲周一至周四 11:00~23:00，周五和周六 至深夜；📶）在夏季的夜晚，这个港畔酒吧的露台是休闲的好地方，夜晚经常有现场音乐表演。

ℹ 实用信息

Cappelli（☎051-231 582；www.cappelli-tourist.hr；Lošinjskih Brodograditelja 57）代为预订茨雷斯岛和洛希尼岛上的住处，还可组织航行和短途旅行活动。

Manora（☎051-520 100；www.manora-losinj.hr；Priko 29）这家热情的中介公司与内雷济内的**Hotel Manora**（见191页）有联系，出租摩托车和山地车。

Sanmar（☎051-238 293；www.facebook.com/sanmar.agencija；Priko 24）出租私人住宅、山地车（每天70KN）、电动自行车（250KN）和船只（1000KN起，需要驾驶证）。还能兑换货币。

旅游办事处（☎051-231 547；www.visitlosinj.hr；Priko 42；⏲6月至9月 周一至周六 8:00~20:00，周日 9:00~13:00，10月至次年5月 周一至周五 8:00~15:00）这个办事处非常有用，员工知识渊博，还有大量宣传单（既漂亮又实用）和地图，此

岛上徒步

旅游办事处（见193页）制作的宣传册《海滨大道和小径》（*Promenades & Footpaths*）特别实用，有250公里长的小径地图和精确的步行时间。群岛的5座岛屿（洛希尼、茨雷斯、伊洛维克、苏沙克和乌尼耶）全部被包含在内。你可以登上最高峰Televrina峰（海拔589米）欣赏美景，也可以徒步前往小洛希尼以南的偏僻小海湾（见191页）或进入苏沙克岛的神秘港湾。

外还有一份详细的住宿信息列表，上面注明了店主的电子邮箱和网站。

到达和离开

岛上的长途汽车抵离大洛希尼（12KN，12分钟，每小时至少1班）、内雷济内（34KN，30分钟，每天2~9班）、奥索尔（37KN，20~30分钟，每天8班）和茨雷斯城（60KN，1小时15分钟，每天最多7班）。

当地交通

4月末到10月中旬，每小时都有一趟班车（10KN）从镇中心开往苏恩察那乌瓦拉和契卡特的酒店区。

开车进入小洛希尼城镇中心必须付费（2小时20KN）。

大洛希尼（Veli Lošinj）

☎051/人口915

虽然名叫大洛希尼（在克罗地亚语中，"veli"为大，"mali"为小），但与小洛希尼相比，它面积更小，经济更萧条，居民也不多。它在小洛希尼的西北方，两者相距仅4公里。大洛希尼景色极美，色彩柔和的住宅、咖啡馆、酒店和店铺鳞次栉比，围绕着一个小小的海港。4月和5月，海豚有时会进入狭窄的海湾口。不要错过步行前往Rovenska的机会，沿着一条海岸小路向东南方向走10分钟即可到达这个田园诗般的小海湾。

和它的近邻一样，很多富有的船长在这里建造了别墅，周围的花园里种满了他们从遥远异域带回来的植物。从港口沿着陡峭的街道向上走时，你可以瞥见沿途的这些别墅。

景点

★洛希尼海洋教育中心　博物馆

（Lošinj Marine Education Centre；☎051-604 666；www.blue-world.org；Kaštel 24；成人/儿童 20/15KN；⌚7月和8月 10:00~21:00，6月 至20:00，5月和9月 周一至周五 10:00~18:00，周六 至14:00，10月至次年4月 周一至周五 10:00~14:00）**免费** 这里是蓝色世界（Blue World）开展实际保护工作的姊妹机构，这个颇具启发性的景点旨在让当地人和游客了解海洋环境以及它所面临的威胁。中心有一部内容翔实的视频（有各种语言的版本）和长达11米的长须鲸幼鲸骨骼，还有一些多媒体展览，包括声学室，在那里你能听到海豚交流的声音。

圣安东尼隐士教堂　教堂

（Church of St Anthony the Hermit，Obala Maršala Tita）这座粉色的巴洛克式教堂由当地海员建于1774年，非常漂亮，精心装饰的教堂内有大理石圣坛、众多意大利绘画（包括天花板上的作品）、一架管风琴和圣乔治的遗骸。教堂通常只在周日弥撒期间对外开放，但你可以透过它的铁门看看里面。

塔博物馆　博物馆

（Tower Museum，Kula-Lošinjski Muzej；Kula Kastel bb；成人/儿童 35/25KN；⌚7月和8月 周二至周日 10:00~13:00和19:00~22:00，其他月份开放时间缩短）这个壮观的防御塔置身于迷宫一样的街道中，背靠海港，它是威尼斯人在1455年修建的，用来保护城镇，抵御海盗的袭击。如今，它是洛希尼博物馆一个分馆的所在地（另一个分馆在小洛希尼；见191页），主要介绍该岛的海事历史。你可以看一眼古罗马的陶瓷碎片、军刀和以前的明信片，然后登上城堞欣赏无与伦比的大洛希尼老城风光。

住宿

Youth Hostel Veli Lošinj　青年旅舍 €

（☎051-236 234；www.hfhs.hr；Kaciol 4；铺135KN；⌚5月至10月；📶）这座经过改造的洋房是克罗地亚最好的青年旅舍合营酒店之一，氛围友好，管理人员热情好客。宿舍（都配有保险箱）宽敞，以松木作为装饰的私人住宿非常经典，前露台是聚会喝酒的好地方。

Hotel Vila Conte 酒店 €€

（051-268 697; www.hotel-vilaconte.com; Garina 14; 房间 445~1180KN; ）这家优雅的酒店是城里最好的中档酒店，房间刷得雪白。离港口很近，服务一流，附设餐厅。

Villa Mozart 民宿 €€

（098 97 80 051; www.villamozartvelilosinj.com; Kaciol 3; 房间600~740KN; ）这家迷人的客栈有18间个性十足的客房，房间都不大，但配有电视和小浴室。值得多花点钱，住能看到海港风光的房间。你可以在早餐区的露台俯瞰波光粼粼的港口水面和教堂。7月和8月如果只住一晚，需要加收120KN。

餐饮

★ Bora Bar 意大利菜 €€

（051-867 544; www.borabar.net; Rovenska Bay 3; 主菜 65~174KN; 3月至10月正午至22:00）这家时尚漂亮的餐馆是大洛希尼最好的餐馆，简直就是松露天堂，有一位意大利大厨，还有一种对神奇菌类的激情。美味的自制意面撒上分量十足的松露末，最后你可以再来一份浇着松露蜜的意式奶油布丁。这里的伊斯特拉葡萄酒看起来也很有吸引力。

Restaurant Mol 海鲜 €€

（051-236 008; Rovenska 1; 主菜 65~140KN; 10:00至午夜）从鱼汤或章鱼沙拉等开胃菜，到海鲈鱼或烤鱿鱼等主菜，这个极好的家庭餐馆烹制美味海鲜。记得早点预订海边的座位，否则这些座位早早地就被别的客人占了。

Saturn 酒吧

（Obala Maršala Tita bb; 8:00至次日2:00; ）这家十分有情调的小店是城内最好的酒吧，有面朝海港的餐桌，空中还回荡着西方音乐和克罗地亚音乐。周末或者克罗地亚足球国家队比赛期间，店内十分嘈杂。

蓝色世界

蓝色世界海洋研究和保护学院（Blue World Institute of Marine Research & Conservation; www.blue-world.org）是一个旨在保护亚得里亚海海洋环境的非政府组织，创建于1999年，总部设在大洛希尼。除了从事实践研究和保护工作（包括管理小洛希尼的海龟救助中心；见192页）之外，它还通过演讲、媒体展示和组织一年一度的**海豚日**活动来提高人们对环境保护的认识。每年7月1日在大洛希尼举办的海豚日活动非常盛大，包括摄影展、生态环境展、街头表演、水球比赛和寻宝游戏，届时将展出数百幅儿童绘画作品。

作为亚得里亚海海豚项目（Adriatic Dolphin Project）的一部分，蓝色世界研究在洛希尼–茨雷斯岛频繁出现的宽吻海豚。他们给每只海豚都起了名字，并根据其背鳍上的天然标记的照片对海豚进行分类。

20世纪六七十年代，这里曾经允许猎杀海豚，当时每杀一只海豚都会得到当地政府的奖励——渔民们能得到海豚的尾巴。对海豚的保护始于1995年，但根据记载，1995年至2003年之间，宽吻海豚的数量急剧下降。后来，蓝色世界建立了洛希尼海豚保护区（Lošinj Dolphin Reserve）。

据信目前海豚的数量已经趋于稳定，大概有一万只。偶尔也会看到其他种类的海豚，包括纹海豚，甚至还有人看见过巨大的姥鲨（basking shark）。

洛希尼岛海豚面临的最大威胁就是过往的船只带来的噪声和干扰。在7月和8月，海豚从不靠近海岸，也避开了它们主要的觅食区——鳕鱼集中的茨雷斯岛以南和以东海域。过度捕捞也是一个严重的问题，这导致可供海豚捕食的猎物大大减少。

你可以收养一只海豚（€30起）或当志愿者来支持亚得里亚海海豚项目。从5月到9月，你有机会参加一个为期10天的志愿者项目，包括食宿在内，每人收费最低€900（学生打折）。

实用信息

Palma Tourist Agency（☎051-236 179；www.losinj.com；Vladimira Nazora 22）这里能提供信息、兑换货币，可以上网，还出租私人住宅。

Turist（☎051-236 256；www.island-losinj.com；Obala Maršala Tita 17）组织到苏沙克岛和伊洛维克岛（650KN）的短途旅行，还出租私人住宿，兑换外币，还出租自行车和小型摩托车。

Val Tourist Agency（☎051-236 604；www.val-losinj.hr；Vladimira Nazora 29）这里可以预订私人住宿、组织短途旅行，还能上网，并且可以出租自行车和小型摩托车。

到达和离开

大洛希尼有长途汽车开往下列城市：

茨雷斯城 65KN，1小时30分钟，每天最多7趟

小洛希尼 12KN，12分钟，每天13趟

内雷济内 37KN，40分钟，每天最多8趟

奥索尔 40KN，45分钟，每天最多8趟

里耶卡 154KN，4小时，每天最多4趟

夏季，如果驾车过来，就得在海湾上方停车，然后沿狭窄的鹅卵石街道往下走。

克尔克岛（KRK ISLAND）

克尔克岛（意大利语为Veglia）由一座收费的桥梁与大陆相连。它是克罗地亚最大的岛屿，也是最繁忙的岛屿之一——夏季，几十万中欧人纷纷涌入这里的度假屋、露营地和酒店。虽然它算不上是树木最茂盛、风景最美丽的岛屿，但它地形多样，西边是森林，东边则是被太阳炙烤的山脊。东海岸的弗尔布尼克（Vrbnik）是个游人罕至的迷人村庄。岛屿的西北海岸地势陡峭，布满岩石，冬季寒冷的东北风（bura）肆虐，因此人烟稀少。西南部气候比较温和，而东南部则非常炎热。

你会发现游览克尔克岛非常轻松，这里有便利的交通和完善的基础设施。里耶卡机场就在该岛最北端，但只有在4月至10月航班才在此降落。

历史

克尔克岛最早的已知居民是伊利里亚利比里亚部落（Illyrian Liburnian tribe），随后罗马人在北海岸定居。后来克尔克岛被并入拜占庭帝国，之后，对它的统治权在威尼斯和克罗地亚—匈牙利国王之间更迭。

11世纪，克尔克岛成为保护格拉哥里字母（见201页）的主要中心，最初的斯拉夫文字是由圣西里尔（St Cyril）和圣美多德（St Methodius）在9世纪引入的。当时罗马教会要求克罗地亚教会礼拜时使用拉丁文字和语言，克尔克岛的牧师进行了短暂的抵抗。最终，罗马人还是允许一些克罗地亚教区继续使用本地语言（在20世纪60年代改革之前，这在天主教是非常罕见的）和格拉哥里字母，并一直持续到19世纪。

1358年，威尼斯将该岛的统治权授予克尔克公爵，即后来的弗兰克潘家族，它是克罗地亚最富有、最有权势的家族之一。虽然该岛附属于威尼斯，但实际上是一个独立王国，直到1480年，该家族的最后一个成员将克尔克岛归还给威尼斯。

如今旅游业是克尔克岛的支柱产业，除此之外，还有两个小型造船厂[在布诺德（Punat）和克尔克]，农业和捕鱼业也为居民带来了部分收入。

到达和离开

渡轮抵离Valbiska码头，开往茨雷斯岛和拉布岛。

长途汽车跨过大桥从里耶卡开往马林斯卡（50KN，1小时，每小时至少1趟）、克尔克城（64KN，1小时45分钟，每小时1趟）、布诺德（71KN，1小时45分钟，每天11趟）和巴什卡（84KN，2小时15分钟，每天7趟）。

每天都有长途汽车从萨格勒布开往马林斯卡（105KN，3小时，每天12趟）、克尔克城（105KN，3小时，每天8趟）、布诺德（115KN，3小时30分钟，每天6趟）和巴什卡（115KN，4小时，每天6趟）。

有长途汽车从马林斯卡开往茨雷斯城（79KN，1小时15分钟，每天2~3趟）和小洛希尼（129KN，2小时30分钟，每天3趟）。

马林斯卡（Malinska）

☎051/人口 3471

马林斯卡过去是克尔克岛木材输出的主要港口，如今，一大群色彩缤纷的度假公寓围

绕着一个小码头。这里风平浪静，年均260个晴天，在奥匈帝国末期曾经是深受威尼斯贵族青睐的一个度假目的地。现在整洁的花园和井井有条的公寓吸引着大批退休人士。在Dubašnica周围散落着许多宁静的小村庄。

虽然它离岛上的主要景点有点儿远，也不如岛上其他城镇那么迷人，但乘坐茨雷斯岛到里耶卡的长途汽车非常方便，离渡轮码头和机场也不远。

食宿

Villa Haya 公寓 €€

（☎051-604 021；www.villahaya.com；Linardići 28/4, Linardići；公寓 480~950KN；P ❄ 📶 🏊）这个住宅区由9个公寓楼组成，坐落在介于马林斯卡和渡轮港口之间的一座偏僻的村庄中。如果你自己有车的话，这里是一个物超所值的休闲大本营。这里有铺着蓝色瓷砖的小游泳池，但距离海滩稍远，步行需要40分钟。

Pinia 酒店 €€€

（☎051-866 333；www.hotel-pinia.hr；Poratbb；双 含半膳 950~2000KN；P ❄ 📶 🏊）这座流线型建筑位于海港以西4公里处，可以俯瞰海滩上的一个餐厅露台和翠绿的草坪。酒店的房间非常舒适，还可以享用室内游泳池和水疗中心。所有房价均包含半膳。

★ **Bistro Bukarica** 新派欧洲菜 €€

（☎051-859 022；www.bistrobukarica.com；Nikole Tesle 61；主菜 70~180KN；⏲11:00~23:00）这家餐厅隐藏在一座小山上，所处的街道不像是住宅区，菜品很有新意，值得一试。餐厅在欧洲菜肴中融入了亚洲风味，菜品均使用最好的克罗地亚食材是这里的亮点。甜品口感柔滑。

实用信息

旅游办事处（☎051-859 207；www.tz-malinska.hr；Obala 46；⏲7月和8月 周一至周六 8:00~21:00，周日 9:00~13:00和17:00~20:00，其他月份工作时间缩短）

到达和离开

马林斯卡堪称岛上的长途汽车枢纽。目的地

> ### 海滩巡游
>
> 要想在克尔克岛上找到最心仪的海滩，就去岛上任意一家旅游办事处拿份全彩小册子《海滩和海湾》（*Plaža & Uvale*）。小册子里有克尔克岛31个海滩和5个迷人海湾的照片，还附带GPS定位数据。

包括下列城镇：

茨雷斯城 79KN，1小时15分钟，每天2~3趟

克尔克城 32KN，20分钟，夏季每小时1趟

小洛希尼 129KN，2小时30分钟，每天3趟

里耶卡 50KN，1小时，每天6~15趟

克尔克城（Krk Town）

☎051/人口 6281

克尔克城位于该岛的南部海岸，古老的中心城区有围墙的庇护，新城区延伸至周围的山丘和海湾，包括一个港口以及诸多海滩、露营地和酒店。夏季的海滨大道游人如织，来这里度周末的克罗地亚人涌进狭窄的鹅卵石街道，正是这些街道为老城区增色不少。

忽略人群，这座石头迷宫是克尔克城的亮点。从前的罗马人定居点的部分古城墙和大门仍然保留着，这里还有一座宏伟的罗马式大教堂和一座12世纪的弗兰克潘城堡（Frankopan castle）。

参观这些景点并不需要太长时间，以克尔克城为大本营，游览岛屿的其他地方也很方便。

景点

圣母升天大教堂 主教座堂

（Cathedral of the Assumption, Katedrala Uznešenja；Trg Sv Kvirina；⏲复活节至9月 9:00~13:00和17:30~19:30，10月至次年复活节 8:30~12:30和17:00~18:30）**免费** 这座壮观的罗马式建筑建于12世纪，原址是罗马人的公共浴室和一座早期的基督教堂。进入大教堂内部，留意紧邻后殿的第一根圆柱上罕见的早期基督教雕刻，画面是两只鸟吃一条鱼。左边的中殿是一座哥特式小教堂，建于15世纪，有弗兰克潘公爵的盾徽，这里曾经是他们做礼拜的

地方。它的旁边是一座美丽的18世纪钟楼，顶端有一个洋葱形的穹顶和一尊天使雕塑。

隔壁的圣季理诺教堂（St Quirinus' Church）也是罗马风格的教堂，用白色石材建造，供奉着克尔克岛的守护圣人。在珍宝库内保存的艺术品和法衣之中，有一幅创作于1477年的银制祭坛画，画的是圣母玛利亚。

城堡 要塞

（Kaštel；☎098 726 884；www.kastel-krk.com；Trg Kamplin；成人/儿童 22/15KN；⊙6月至8月 周一至周六 9:00~21:00，其他月份开放时间缩短）这座摇摇欲坠的海滨要塞曾经保护老城免遭海盗的袭击。看看院子里陈列的刻着利比里亚和罗马文字的石头，然后登上新近维修过的12世纪塔楼，它曾经是弗兰克潘的审判室。登塔很累，但很值得，因为在塔顶能俯瞰美景。

活动

在旅游办事处拿份岛屿地图，骑自行车探访克尔克城的大街小巷。长途汽车站那里有几个出租自行车的地方，日租金100KN上下。

Cable Krk Wakeboard Center 水上运动

（☎091 26 27 303；www.wakeboarder.hr；每小时/每天 104/230KN；⊙5月至9月 10:00至黄昏）追求刺激的人不妨乘坐650米长的索道，以每小时32公里的速度体验滑水和水上滑板运动。该中心就在海湾最前端的主路旁边（还没到通往布诺德的岔路）。这个综合设施包括一家餐馆、酒吧和出售滑水板的商店。

Fun Diving Krk 潜水

（☎051-222 563；www.fun-diving.com；Braće Juras 3；一日游含2次潜水活动 433KN；⊙复活节至10月）这家德国公司教授潜水课程，并组织在克尔克岛周围潜水。最佳潜水地点包括Peltastis号沉船（一条60米长的希腊货船）、Punta Silo和卡梅尼亚克（Kamenjak）的礁石区，那里有丰富的海洋生物，例如海螺和章鱼。

节日和活动

克尔克集市 文化节

（Krk Fair；⊙10月8日至10日）这个受威尼斯人启发而举办的活动为期3天，届时还将在克尔克举办音乐会，人们会身着中世纪服装参加活动，集市上还有大约200个出售传统食物和手工艺品的摊档。

食宿

Hotel Marina 酒店 €€€

（☎051-221 128；www.hotelmarina.hr；Obala Hrvatske Mornarice 8；标单/双 850/1350KN起；P ❄ 📶）这是老城唯一的酒店，四星级，条件不错。它地处海滨，位置优越，有10个豪华套间（订一个带露台的房间能看到最美的风景），全都朝向大海，装修时尚但低调，还带有漂亮的浴室。附设一间极好的餐厅。

★Konoba Nono 克罗地亚菜 €€

（☎051-222 221；www.nono-krk.com；Krčkih Iseljenika 8；主菜 35~150KN；⊙11:00至深夜）这家乡村餐馆位于老城外，以其克尔克式烹饪闻名，同时它也生产自己的橄榄油，巨大的传统榨油机就是明证。餐桌围绕在榨油机周围。店家自己制作熏火腿，并用于菜肴之中。菜肴分量大，侍者学识渊博、彬彬有礼，来这里吃饭简直物超所值。

老城有家比较小的分店，叫作Mali Nono。

Citta Vecchia 克罗地亚菜 €€

（☎095 50 63 179；JJ Strossmayera 36；主菜 49~160KN；⊙正午至23:00）旅客为这家餐馆疯狂，因为烤海鲜和肉类菜肴太美味了，服务太热情了，当地产葡萄酒太好喝了，花园太宜人了。这是城里最好的就餐去处之一。

饮品和夜生活

★Volsonis 酒吧、夜店

（☎051-880 249；www.volsonis.hr；Vela Placa 8；⊙周日至周四 7:00至午夜，周五和周六至次日1:00）这个黑黢黢的、洞穴般的时髦夜店有一个户外露台，还有台球桌和美丽的秘密花园，这里甚至还有许多在翻新店铺时发现的考古文物。周末夜晚有现场乐队和DJ助兴，你也可以在露台上透透气，安静地喝杯咖啡或鸡尾酒。

Caffettaria XVIII st. 酒吧

（Vela Placa 1；⊙5月至9月 7:00至次日2:00，

10月至次年4月 至午夜；)这家店就在主广场上，即老市政厅从前的入口处，是躲在树荫里观察往来行人、品尝美味咖啡的好地方。这里有网速不错的Wi-Fi，还有舒适的沙发，可供你小憩片刻。

实用信息

Aurea（051-221 777；www.aurea-krk.com；Vršanska 26l；8:00~14:00和15:00~20:00）一家当地代理商，组织岛上的短途旅行，并代为预订私人住宅。

医院（051-221 224；Vinogradska bb）

旅游办事处（051-220 226；www.tz-krk.hr；JJ Strossmayera 9；6月 8:00~21:00，7月和8月 至22:00，其他月份工作时间缩短）提供非常有用的岛屿信息。

到达和离开

长途汽车站离海边很近，在老城西侧仅350米处。目的地包括下列城镇：

巴什卡 37KN，45分钟，夏季每天12趟

马林斯卡 32KN，20分钟，夏季每小时1趟

布诺德 28KN，15分钟，夏季每小时至少1趟

里耶卡 64KN，1小时30分钟，每天12趟

布诺德（Punat）

051/人口 2010

小小的布诺德位于克尔克东南6公里处，有一条满是冰激凌店的迷人步行街，还有一个深受游艇主人喜爱的码头，郊区有美丽的海滩。这里的主要景点是修道院小岛科什尔于恩（Košljun），布诺德距离小岛只有10分钟的船程。布诺德是一个标准的克罗地亚海滩小镇，只是过于安静了。

景点

科什尔于恩方济各会修道院 修道院

（Franjevački Samostan Košljun；051-854 017；www.kosljun.hr；20KN；周一至周六9:30~17:00，周日 10:30~12:30）袖珍小岛科什尔于恩上有一座16世纪的方济各会修道院，它是在一座12世纪本笃会修道院旧址上修建的。计程船等候在布诺德港口边，准备接送前往小岛的客人（往返25KN）。夏季这里有许多有趣的聚会，你可以跟参会人员同乘一条船。游客应当衣着得体。

这里的亮点包括一幅巨大的画作《最后的审判》（*Last Judgment*），它创作于1653年，被保存在修道院教堂内。此外，这里还有一个小型博物馆，陈列着宗教题材的绘画作品、民族文化的收藏品和一份托勒密的《地图册》（*Atlas*），它是16世纪末在威尼斯印刷的，非常珍贵。多留点时间在植被茂盛的小岛上转转，这里的植物多达400种。岛上没有海滩或者游泳的地方。

到达和离开

长途汽车从布诺德开往下列城镇：

巴什卡 36KN，30分，夏季每天12趟

克尔克城 28KN，15分钟，夏季每小时至少1趟

马林斯卡 37KN，40分钟，夏季每小时至少1趟

里耶卡 71KN，1小时30分钟，每天4~9趟

弗尔布尼克（Vrbnik）

051/人口975

令人陶醉的中世纪村庄弗尔布尼克坐落在一处48米高的悬崖上，俯瞰大海，城中陡峭的街道呈拱形。虽然它并不是一个隐秘的所在（时不时有旅游团经过），但在全年大部分时间里都是平静从容的。

弗尔布尼克曾经是使用格拉哥里字母的主要中心，这里保存了许多格拉哥里手稿。神职人员使这座村庄保持了活力，许多年轻人为了躲避在威尼斯帆船上服役而从事神职工作，他们中的许多人都住在村里。

如今，游客可以在这里观赏狭长的街景，品尝周边地区出产的žlahtina白葡萄酒。逛完紧凑的鹅卵石小巷之后，还可以去下面的海滩游泳。

景点和活动

沿高低不平的鹅卵石小巷散步，悠然忘我。往山上走，去往钟楼（见200页）。克罗地亚语和英语讲解牌会介绍附近那些重要性不及钟楼的建筑。

在不远处，路标指向被称为全世界最狭窄街道的Klančić[但这个称呼官方上属于德国罗伊特林根（Reutlingen）的一条街道]。

另辟蹊径

斯塔拉巴什卡(STARA BAŠKA)

克尔克岛最好的海滩许多都被过度开发,夏季人潮汹涌。要寻找安静的所在,就从布诺德沿荒凉的公路向南,前往斯塔拉巴什卡[不是东南方向的巴什卡(Baška)]吧。沿途道路凹凸不平,还要越过陡峭而炎热干燥的山冈,所以需要高超的车技。斯塔拉巴什卡本身并无特色,到处都是度假屋和房车停车场,但如果你在距离第一个露营地500米处停下来,就会发现一连串由鹅卵石和细沙铺就的美丽小海湾,那里特别适合游泳。你必须将车停在路上,然后沿着布满岩石的小路向下走,5分钟即可到达海岸。

钟楼 历史建筑

(Bell Tower)这座钟楼位于山顶,入口上方刻有格拉哥里文字,说这座塔建于1527年,曾被用作监狱。

Katunar 葡萄酒

(☎091 53 21 224; www.kucavina-ivankatunar.com; Braće Trinajstić 3; ⏰需预约)前店后厂,属于本地区最出名的家庭葡萄酒酿酒厂之一Ivan Katunar。可以安排品酒和葡萄园团队游,也可以按照客人的需求出售瓶装酒。

Toljanić-Gospoja 葡萄酒

(☎051-857 201; www.gospoja.hr; Frankopanska 1; ⏰正午至18:00)这家本地葡萄酒厂是城里最好的品尝当地产爽口白葡萄酒žlahtina的地方。还可以尝尝其他克罗地亚葡萄酒,甚至当地品牌葡萄酒。

住宿

★Hotel-Vinotel Gospoja 酒店 €€€

(☎051-669 350; www.gospoja.hr; Frankopanska 1; 双 1025KN起)房间装饰有品位,墙壁和天花板画着葡萄酒主题的图案,看起来非常时尚。每个房间都以一种克罗地亚葡萄酒命名。酒店属于不断成长的Gospoja葡萄酒集团。非常优雅,餐厅也很不错。

★Luce 精品酒店 €€€

(☎091 28 57 083; www.konoba-luce.hr; Braće Trinajstić 15; 房间 960KN)在弗尔布尼克,四星级标准姗姗来迟,但这家酒店赶上了。裸露的砖墙、大量采用鲜艳的颜色和惊人的现代摄影照片,房间令人称奇。附设的小餐馆兼餐厅也不错。夏季店方有最少入住两晚的要求。

就餐

★Gospoja – Konoba Žlahtina 克罗地亚菜 €€

(☎051-857 142; www.gospoja.hr; Trg Pred Sparov zid 9; 主菜 50~110KN)这家优雅的餐馆属于Gospoja葡萄酒集团,烹制常见的烤鱼和肉类菜肴,还有一流的海鲜焗饭。此外也供应当地特色菜肴,例如šurlice(面条)炖羊肉或牛肉,以及夹熏火腿片和奶酪、搭配无花果酱和团子的西冷牛排。

★Restaurant Nada 克罗地亚菜 €€

(☎051-857 065; www.nada-vrbnik.hr; Glavača 22; 主菜 60~180KN; ⏰4月至10月 11:00至午夜)这里是品尝克尔克羊肉或匈牙利红烩牛肉卤面条等当地特色美食的好地方。这里有两个迷人的就餐露台:一个阴凉,一个可以俯瞰大海。这里还有一个地下室,你可以在葡萄酒桶堆里吃熟食。该店还有一些雅致的石头房屋可供出租。

购物

★AurA 食品和饮品

(Placa Vrbničkog Statuta 1; ⏰9:00~18:00)这家优秀的小店在老城内,出售当地产葡萄酒、格拉巴、橄榄油和松露、以及自制白兰地和果酱。每件产品都着重使用有机原料。

实用信息

Mare Tours(☎051-604 400; www.mare-vrbnik.com; Pojana 4; ⏰周一至周六 8:00~20:00, 周日 9:00~16:00)该旅行社提供旅游信息,并出租私人住宅。

旅游办事处(☎051-857 479; Placa Vrbničkog Statuta 4; ⏰10:00~16:00)规模很小,别指望它按官方时间工作。

到达和离开

从弗尔布尼克出发的长途汽车开往下列城镇:

克尔克城 32KN，30分钟，每天2班

马林斯卡 37KN，40分钟，每天2班

如果你自驾前来，车得停在老城，停车费每小时5KN。

巴什卡（Baška）

☎051/人口1674

驾车前往克尔克岛南端，要经过一个肥沃的山谷，四周都是被风化了的群山，非常壮观。道路最终消失在巴什卡，那里有一片美丽的新月形海滩，镶嵌在贫瘠的小山脚下。巴什卡正对着陆地上的高峰，四周是高耸的高原，大海看上去就像是一个高山湖泊。

但你要充分考虑到，夏季，随着游人纷至沓来，这个美丽的鹅卵石海滩将会失去往日的平静，成为骄阳下人们争夺一席之地的战场。

16世纪的老城中心虽然不大，但很宜人。该地区的旅游开发比较适度，威尼斯洋房周围是现代化的住宅区和普通餐馆。这里设施齐全，有很多美丽的徒步小路一直延伸到周围山区，城东是比较偏僻的海滩，步行或乘坐水上出租车都能到达。

景点

圣露琪亚教堂 教堂、博物馆

（St Lucy's Church，Crkva Sv Lucija；25KN；⏲6月至8月 9:00~21:00，9月至次年5月10:00~17:00）圣露琪亚教堂不仅是一座村庄教堂，而且是克罗地亚最重要的文物——11世纪的巴什卡石碑（Baška Tablet）的发现地。该石碑是1851年在教堂地板下面被发现的，上面有用格拉哥里字母刻写的极具参考价值的信件，这是最早的克罗地亚语，信件是写给一位克罗地亚国王的。游客在参观教堂之前，会受邀观看一段讲述巴什卡碑发现过程及其最终翻译内容的视频，很吸引人。

早期的罗马式教堂建在一座4世纪别墅的地基上，门廊里有一根罗马圆柱和墓碑。真正的石碑如今被保存在萨格勒布的斯特罗斯马约古典大师美术馆（见82页）内，原来的位置摆放着一个复制品，那里曾经有一道圣坛屏。在圣露琪亚节（12月13日），阳光会照在提及圣人的铭文上。留意圣露琪亚雕像：一位天使将挖出的双眼放在盘子里，并用手托着，这代表可怕的殉难。

该教堂位于Jurandvor村，靠近巴什卡就能看到清晰的路标。它距离城镇只有2公里，

格拉哥里字母

格拉哥里文字被普遍认为是已知最古老的斯拉夫文字，9世纪由来自塞萨洛基尼（Thessaloniki）的拜占庭僧人创造。起初是用于传教：将斯拉夫语言用书面形式记录下来，他们希望这种方式能够更加成功地说服当地人改变信仰。13世纪，教皇赐予塞尼（Senj）主教一个不同寻常的特权，允许他用当地语言做弥撒，但几百年后这却成了反抗的象征——当地的天主教会声明，他们打算用当地语言、而不是拉丁语祈祷。

格拉哥里字母表最初有41个字母，但后来简化到30个。它和希腊语字母表相似度极高。也就是说，它们与希腊语字母是形同而音不同。语言学家也找出了格拉哥里字母与希伯来字母和亚美尼亚字母的渊源。

已知最早的格拉哥里文字铭文出自11世纪的**巴什卡石碑**（Baška Tablet）。这块石碑重800公斤，上面记载了茨冯尼尔（Zvonimir）国王将土地捐赠给拜占庭社区，并描述了教堂的修建过程。原件藏于萨格勒布的斯特罗斯马约古典大师美术馆。有视频介绍石碑出土的教堂，即克尔克岛上巴什卡的圣露琪亚教堂。从克尔克通往巴什卡的山谷被认为是坚定地使用格拉哥里文字的"根据地"，一直持续至19世纪，而当时这种文字在其他地方早已消失多时。在Zipline Edison旁边，顶部尖尖的格拉哥里字母"A"标志着公路从此处开始下降。其他能看到这种文字的地方包括瓦伦的圣马可教堂（St Mark's Church）、扎达尔附近的小村尼恩（Nin）和弗尔布尼克（Vrbnik）的钟楼（Bell Tower）。小城弗尔布尼克也是另一个坚定使用格拉哥里文字的"根据地"。

步行即可轻松到达。

巴什卡海滩 海滩

(Baška Beach)巴什卡海滩环绕着主街南侧的海岸，往内陆看过去，景色不错。夏季海滩上人头攒动，但通常能找到地方放毛巾。

活动

几条热门小路的起点都在Camping Zablaće周围，包括一条通往斯塔拉巴什卡的路径，这条路全长8公里，要越过贫瘠的石灰岩丘陵。沿途你会看到花朵形状的石头围栏，听说是用来把羊群聚集在里面剪羊毛的。该地区还有两个攀岩地点。

Zipline Edison 户外

(☎098 626 061; www.zipline-edison-krk.com; 2小时 390KN; ⏰10:00~19:00)这个地方在通往巴什卡的山谷起点，旁边是以顶部尖尖的格拉哥里字母"A"雕塑为地标的瞭望台。高空滑索长达2公里。全年都能玩，但夏季需要预订。

住宿

Naturist Camp Bunculuka 露营地 €

(☎051-656 223; www.bunculuka.info; 露营每个成人/露营点 85/200KN，房间 1650KN起; ⏰4月至10月; P @ 📶 🏊)这个阴凉的裸体主义者聚集的营地位于一片可爱的海滩上，有400个露营点。从海港向东，越过小山走15分钟即可到达。这里有完善的儿童设施，包括迷你高尔夫球场和游乐场，此外还有餐厅、果蔬市场、面包房和网吧。夏季营房有最少入住5晚的要求。

Camping Zablaće 露营地 €

(☎051-656 223; Zablača 40; 露营每个成人/露营点 80/230KN起，移动房屋 950KN; ⏰4月至10月中旬; P ❄ 📶)2015年被票选为克罗地亚最佳露营地之一，这家露营地设施齐全。营地沿着长长的鹅卵石海滩铺排开来，配有一流的淋浴和洗衣设施，时髦的移动房屋带有烧烤工具。

★Heritage Hotel Forza 酒店 €€€

(☎051-864 036; www.hotelforza.hr; Zvonimira 98; 房间 1400KN起; P ❄ @ 📶)品质一流。房间铺着木地板，有些房间的石墙裸露，比真人还大的艺术品显得既有个性又有格调。

Hotel Tamaris 酒店 €€€

(☎051-864 200; www.baska-tamaris.com; Emila Geistlicha bb; 房间 900KN起; ⏰复活节至9月; P ❄ @ 📶)这家经营有方的小酒店就在镇子西侧的海滩上，修建之初是奥匈帝国的军营。皇帝的军队一去不复返，现在这些铺着地毯的小房间和小公寓由游客享用。晚餐价格非常合理，只需另收100KN，但早餐要65KN，性价比就不那么高了。

就餐

★Bistro Francesca 克罗地亚菜 €€

(☎099 65 47 538; www.bistrofrancesca.com; Zvonimira 56; 主菜 59~180KN; ⏰正午至15:30和18:00至午夜)提供优质海鲜菜肴，黑色的海鲜焗饭堪称当地一绝。尝尝扇贝配花椰菜泥和海鲜什锦。服务友好。

Cicibela 克罗地亚菜 €€€

(☎051-856 013; www.cicibela.hr; Emila Geistlicha 22a; 主菜 55~235KN; ⏰3月至10月 9:00至午夜)这家海洋主题的餐馆是巴什卡最好的餐馆，位于海滨大道的中心，离亚得里亚海咫尺之遥。有现代风格的座椅和品种丰富、令人垂涎欲滴的海鲜和肉菜。如果你按重量点鱼，记得提前询问价格，避免发生令人不愉快的意外。

实用信息

PDM Guliver(☎051-864 007; www.pdm-guliver.hr; Zvonimira 98)该旅行社出租私人住宅和公寓。

Primaturist(☎051-856 132; www.primaturist.hr; Zvonimira 98)这个代理商可以代为预订私人住宅和公寓。

旅游办事处(☎051-856 817; www.tz-baska.hr; Zvonimira 114; ⏰6月至8月 周一至周六 8:00~21:00, 9月至次年5月 周一至周五 至14:00)从长途汽车站沿街道往前走，就在海滩和港口之间。步行者应该直奔这里，拿一份徒步小径地图。员工会说多种语言。

到达和离开

巴什卡有长途汽车开往下列城镇：

克尔克城 37KN，45分钟，夏季每天12班
马林斯卡 44KN，1小时15分钟，夏季每天10班
布诺德 36KN，30分钟，夏季每天12班
里耶卡 84KN，2小时15分钟，每天4~7班

东克瓦内尔湾海岸 （EAST KVARNER COAST）

从里耶卡往南，海岸公路会穿过几个有趣的古镇。

茨里克韦尼查（Crikvenica）

☎051 / 人口 11,400

沿海岸公路快速行驶时，你很容易就会错过茨里克韦尼查。但在此停车，来到海边，你将看到克罗地亚沿海发展最快却又最迷人的城市之一。海滨地区和街道有各种可爱的石头建筑、五颜六色的店面和新艺术风格的大楼。往陡峭的山坡上走，也非常有趣。在鹅卵石海滩上远眺克尔克岛，城里有来自国内外的游客。作为游览克瓦内尔湾海岸的大本营，这里是极好的选择。

活动

Paragliding Kvarner 滑翔伞

（☎095 85 49 995；www.paragliding-kvarner.com）该公司提供串联飞行项目，从克瓦内尔湾上方770米的高处起飞。你可以选择15分钟的全景飞行（€90）或30分钟的热气流滑翔活动（€140）。

住宿

Guesthouse Barica 客栈 €€

（☎091 298 63 59；www.pansion-barica.com；Dolac 29；房间 770~1150KN，公寓 1500KN起；P ❄ 📶）这个安静的客栈在城市上方的山顶，对于游客而言，服务友好，大多数房间能看到不错的景色。地势高，意味着面朝大海的房间还能远眺到克尔克岛，而且景色一览无余。房间配备深色木质家具，与相似价位的住处相比，这里很有个性。

Hotel Crikvenica 酒店 €€€

（☎051-505 800；www.hotel-crikvenica.com；Strossmayerovo Šetalište 8；标单/双 600/915KN；P ❄ @ 📶）这家多层楼的海滨酒店童心未泯。房间时髦，有温馨的大地色调和低调的时尚感，但也大量运用了鲜艳的颜色。特别舒适，井井有条，是个不错的选择。

就餐

Restaurant Dida Crikvenica 克罗地亚菜 €€

（☎051-761 070；www.facebook.com/restaurantdida；Šetalište Vladimira Nazora 77；主菜 70~180KN；⏲正午至23:00）这个家庭餐馆在一个美丽的花园里，因此你可以边吃一流的牛排和海鲜，边喝当地产葡萄酒，同时透过树林欣赏大海。

Gostionica Zrinski 克罗地亚菜、海鲜 €€

（☎051-241 116；Kralja Tomislava 43；主菜 50~160KN；⏲11:30~23:00）就餐区域比常见的克罗地亚餐馆更有个性（后者往往用菜肴弥补没有海景的劣势）。海鲜摆盘颇有艺术感，这家餐馆是就餐的绝佳选择。

实用信息

旅游信息中心（Tourist Information Centre；☎051-241 051；www.rivieracrikvenica.com；Trg Stjepana Radića 1c；⏲6月至9月中旬 8:00~21:00，其他月份工作时间缩短，而且周日关闭）提供多种小册子和当地住宿信息。

到达和离开

长途汽车从茨里克韦尼查开往里耶卡（47KN，45分钟，每小时至少1班）、克尔克城（62KN起，2小时45分钟，每天至少4班）、萨格勒布（105KN，3~4小时，每小时至少1班）和希贝尼克（182KN，5~6小时，每天至少4班）。

塞尼（Senj）

☎053 / 人口 7200

带城墙的古镇塞尼是里耶卡和扎达尔之间最大的沿海城镇。16世纪，它成为Uskoks人（流亡的克罗地亚人）的一个基地，奥斯曼土耳其人的入侵使这些克罗地亚人背井离乡，组成了一支令人闻风丧胆的军队，不断骚扰土耳其人和威尼斯人的船只。他们有自己的海

盗舰队，船只都刷成红色和黑色，即鲜血和死亡的颜色。他们的城堡是游客在去往其他城镇的公路上于此地驻足的主要原因。

如果你乘坐长途汽车游览达尔马提亚海岸，务必在塞尼游玩几个小时，因为这里是最受欢迎的咖啡小憩地点。

景点

Nehaj Castle 城堡

（Tvrđava Nehaj；www.muzej-senj.hr；成人/儿童 20/10KN；7月和8月 10:00~21:00，5月、6月、9月和10月 至18:00）这座城堡讲述着Uskoks人的故事。它的位置非常醒目，一座坚固的石头结构立方体矗立在南边的一座62米高的小山上，俯瞰城镇。它由奥地利国王资助，于1558年建成，目前的建筑大部分是在1970年重建的。登上护墙，你可以眺望海岸和远处的克尔克岛。

市政博物馆 博物馆

（Municipal Museum；053-881 141；www.senj.hr/muzej；Milana Ogrizovića 5；成人/儿童 20/10KN；7月和8月 周一至周五 7:00~15:00和18:00~20:00，周六 10:00至正午和18:00~20:00，周日 10:00至正午，其他月份 周一至周五 7:00~15:00）本地博物馆，位于一栋15世纪由塞尼中世纪最高贵的Vukasovićs家族建造的哥特—文艺复兴风格的宫殿内，展品介绍了两千年来当地历史的方方面面。斯拉夫年代部分最有趣的展品包括当时用格拉哥里文字印刷宗教课本的印刷室，而人类学部分陈列着五颜六色的民间服装。

就餐

Kod Veska 克罗地亚菜、海鲜 €€

（053-884 056；Ruminja Vrata；主菜 39~155KN；正午至23:30）喝完超级美味的鱼汤，再吃烤鱼或烤肉，吃完之后心满意足。服务热情，装修宜人，位置好，就餐体验一流。

实用信息

旅游办事处（053-881 068；www.visitsenj.com；Stara 2；6月至9月中旬 8:00~21:00，其他月份工作时间缩短，而且周日关闭）关于城市和周边地区的有用信息。

到达和离开

塞尼是里耶卡—斯普利特路线上的一站，通常人们会在这里喝咖啡。从塞尼出发的长途汽车开往下列城镇：

里耶卡 73KN，1小时30分钟，每天13班

斯普利特 206KN，6小时30分钟，每天7班

扎达尔 114KN，2小时45分钟至3小时30分钟，每天7班

萨格勒布 130KN，2小时45分钟至4小时30分钟，每天5班

拉布岛（RAB ISLAND）

极受喜爱的拉布（意大利语为Arbe）是克瓦内尔湾地区风景和地貌最多样的地方，2008年，它成为地质公园。

岛上西南海岸人口比较稠密，有茂密的松树林和沙滩，而东北海岸则受大风侵袭，地广人稀，悬崖高耸，看上去一派荒凉。岛内土地肥沃，群山挡住了冷风，适合种植橄榄树、葡萄和蔬菜。洛帕尔半岛（Lopar Peninsula）有最好的沙滩。

该岛的文化和历史亮点是迷人的拉布城，4座优雅的钟楼矗立在古老的石板路上方，极具特色。夏季旅游高峰期，岛上游人如织，尽管如此，当你漫步在老城，或逃往船程不远、近乎荒凉的海滩时，仍然有一种探险的感觉。

历史

继罗马之后，拉布经历了拜占庭帝国和克罗地亚的统治，后来在1409年与达尔马提亚一起被卖给威尼斯。农业、渔业、葡萄园和制盐业是该岛的经济支柱，但大部分收入都归威尼斯所有。15世纪的两场瘟疫几乎令岛上的人口消失殆尽，并造成了经济的停滞。

1797年威尼斯陷落之后，在1805年法国人到来之前，该岛曾一度处于奥地利的统治之下。1813年拿破仑战败，统治权重新回归到偏爱意大利精英生活方式的奥地利人手中，直到1897年，克罗地亚语才成为官方语言。这里的旅游业于19世纪末20世纪初开始兴起。

1918年奥匈帝国分裂之后，拉布岛最终成为南斯拉夫王国的一部分。20世纪40年代，

它先后被意大利和德国军队占领，于1945年解放。在铁托统治时期，洛帕尔半岛不远处的Goli Otok（即巴伦岛）成了臭名昭著的监狱，关押法西斯主义者、斯大林主义者和其他政敌。

如今，旅游业是拉布岛的主要经济来源。即使在20世纪90年代战争期间，仍然有德国和奥地利游客到访。

到达和离开

船

亚德罗里尼亚公司（Jadrolinija；☎051-666 111；www.jadrolinija.hr）每天有一班往返于里耶卡（80KN，1小时45分钟）和帕格岛诺瓦利亚（Novalja；45KN，45分钟）之间的双体船在拉布城停靠。这家公司还有载车渡轮连接克尔克岛上的Valbiska和洛帕尔（成人/儿童/小汽车37/19/225KN，1小时30分钟），10月至次年5月每天2班，旺季每天4班。

Rapska Plovidba（☎051-724 122；www.rapska-plovidba.hr）有载车渡轮往返于岛屿东南端的Mišnjak和内陆的Stinica（成人/儿童/小汽车17/7/98KN，15分钟）之间，即使是在冬季每天也有12班船，高峰期船次增加近一倍。此外，还有一趟从拉布城开往帕格岛上Lun的客船，一周3班（6月至8月每天1班）。

长途汽车

有从里耶卡（125KN，3小时，每天2趟）和塞尼（74KN，1小时30分钟，每天5趟）开往拉布城的长途汽车，从扎达尔前往拉布城要在塞尼换乘。旺季每天有4趟从萨格勒布开往拉布（230KN，5~6小时）的直达客车，这是一条繁忙的线路，要提前订票。

当地交通

每天有11班（周日9班）长途汽车往返于拉布城和洛帕尔（22KN，15分钟）之间，有的时间正好与Valbiska到洛帕尔的渡轮同步。

计程船可以将你送到所有岛屿沙滩。

拉布城（Rab Town）

☎051/人口8027

被围墙环绕的拉布城是亚得里亚海北部最美的景点之一。它依偎着一个狭窄的半岛，4座醒目的钟楼高高耸立在一堆红顶的石头建筑上方，就好像感叹号一样。迷宫般的街道通向上城，那里有古老的教堂和壮观的瞭望点。拉布城风景如画，蔚蓝的海水波光粼粼，袖珍港口背靠青山，正是这些小山挡住了冷风（bura），营造了一个平静的海湾。沉浸于小城氛围之中，你可以去远足，也可以跳上计程船前往拉布岛周边美丽的海滩。

从老城向北走5分钟就是陈旧、破败的商业中心，那里有许多店铺和公共汽车站。建筑物林立的郊区沿海岸扩张，包括南边的Banjol和Barbat以及北边的Palit和Kampor。

历史

公元前360年左右，伊利里亚利比里亚人在此定居，他们是岛上最早的居民。公元前10年，罗马皇帝奥古斯都（Augustus）宣布拉布为城市，并下令修建了最早的城墙。公元70年，老普林尼（Pliny the Elder）将这座城市称为Arba（意为“黑暗、昏暗或绿色”），该城第一次被写进历史书。后来它又被称为Felix Arba（意为“快乐的Arba”）。

景点

无论是在拉布城古老的窄巷中漫步，还是探索海滨、上城和公园，都会给人带来一种喜悦感。拉布的主要景点、古老的教堂和钟楼，都集中在狭窄的Gornja（上街）上，它与Srednja（中街）和Donja（下街）平行。大部分教堂一般只在早晚弥撒期间开放，但即使是教堂关闭期间，你也能透过铁栏杆向里窥探一二。

整个拉布城被绵长的鹅卵石海滩环绕，因此在游览完景点之后，带上毛巾去海滩吧——但是要当心海胆！

★圣玛丽钟楼 塔

（St Mary's Campanile, Toranj Sv Marije; Ivana Rabljanina bb; 15KN; ⏲5月至9月 9:30~

> **值得一游**
>
> **圣伊里加（SVETI ILIJA）徒步**
>
> 拉布城有一条小径向东北方向延伸，通往圣伊里加顶峰，步行只需30分钟左右，沿途风景极佳。

Rab Town 拉布城

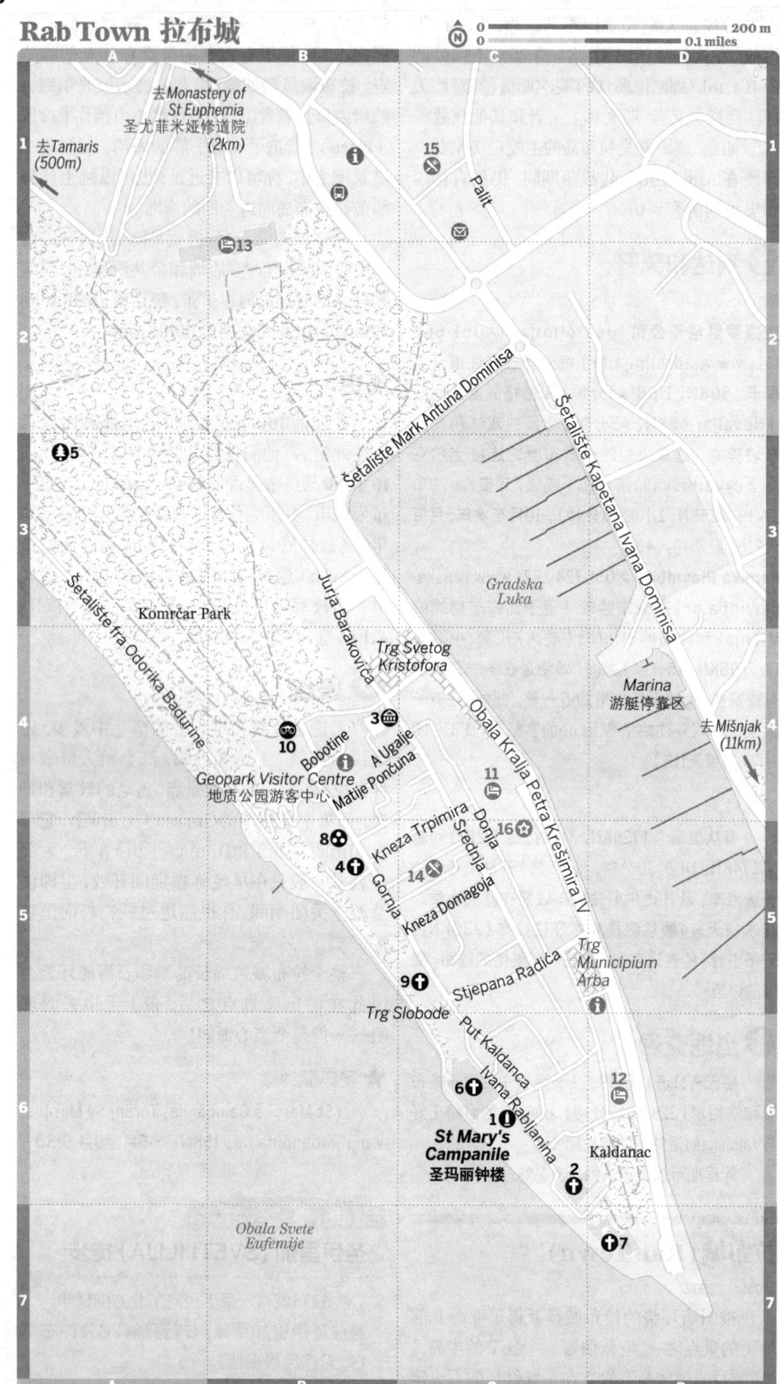
0 200 m
0 0.1 miles
去Monastery of St Euphemia 圣尤菲米娅修道院 (2km)
去Tamaris (500m)
15
Palit
13
5
Šetalište Mark Antuna Dominisa
Šetalište Kapetana Ivana Dominisa
Gradska Luka
Jurja Barakovića
Komrčar Park
Šetalište fra Odorika Badurine
Trg Svetog Kristofora
Marina 游艇停靠区
去Mišnjak (11km)
3
10
Bobotine
A Ugalje
Matije Pončuna
Geopark Visitor Centre 地质公园游客中心
Obala Kralja Petra Krešimira IV
11
16
8
4
Kneza Trpimira
Donja
Srednja
14
Gornja
Kneza Domagoja
Trg Municipium Arba
9
Stjepana Radića
Trg Slobode
Put Kaldanca
12
6
Ivana Rabljanina
1
St Mary's Campanile 圣玛丽钟楼
Kaldanac
2
7
Obala Svete Eufemije

Rab Town 拉布城

◎ 重要景点

1 圣玛丽钟楼 C6

◎ 景点

2 圣母升天教堂 C6
3 多米尼斯宫 B4
4 圣十字教堂 B5
5 科姆尔查尔公园 A3
6 圣安德鲁修道院 C6
7 圣安东尼修士教堂 D7
8 圣约翰福音教堂 B5
9 圣杰斯汀教堂 C5
10 观景点 B4

住宿

11 Hostel Rab International C4
12 Hotel Arbiana D6
13 Valamar Imperial Hotel B2

就餐

14 Konoba Rab C5
15 Restaurant Velum C1

娱乐

16 Dock 69 .... C5

13:00和19:00~21:00）圣玛丽钟楼建于12世纪，是拉布最高的钟楼，也是整个克罗地亚海岸最美的钟楼之一。塔高26米，顶端有一个八角形金字塔，周围是罗马式栏杆。塔上有1个十字架和5个小球，还有几位圣人的圣骨匣。爬上极为陡峭的木楼梯，俯瞰老城的屋顶和大海，非常壮观。

观景点　　观景点

（Viewpoint）要想登高远眺，纵览拉布全城（包括4座钟楼），就去老城的西北角寻找一个小院，内有残存的古迹。那里的石阶通向城墙和瞭望台——照顾好孩子，因为坡度很陡，而且围栏不高。

圣十字教堂　　教堂

（Holy Cross Church, Crkva Sv Križa; Gornja bb）该教堂建于13世纪，它现在的名字源于顶端的耶稣受难像。据说1556年，耶稣像因拉布城人的不道德行为而哭泣。可惜，这个神奇的十字架在20世纪初丢失了。如今，在拉布音乐晚会（Rab Musical Evenings）期间，这座教堂是夏季音乐会的举办地。

圣安德鲁修道院　　教堂

（St Andrew's Monastery, Samostan Sv Andrije; Ivana Rabljanina bb）这座至今仍在使用的本笃会修道院创立于1018年，院内有拉布最古老的钟楼（建于1181年），里面的钟仍然可以使用（建于1396年）。透过围栏窥视教堂的三重中殿，有些灰泥已经剥落，露出原来的石料。附近有一个修士们开办的修道院商店，出售油和蜜。

圣母升天教堂　　教堂

（Church of the Assumption, Crkva Uznesenjca; Ivana Rabljanina bb）自从1828年教区解散以来，这里就没有一座大教堂，但当地人仍然将他们这座最宏伟的教堂当作主教座堂（katedrala）。它的外观非常醒目，采用了粉色条纹和米黄色石材，大门上方以哥特式的圣母怜子图作装饰。内部的主要看点包括15世纪的唱诗班席位和褪色的柱子。多年以来，它已经被改造得面目全非，但通过从这里发现的镶嵌画可以看出，自4世纪或5世纪以来，它一直是基督教徒做礼拜的地方。

开放时间不定，但通常可以透过金属隔栅往内窥视。

圣安东尼修士教堂　　教堂

（St Anthony the Abbot's Church, Crkva Sv Antuna Opata; Ivana Rabljanina bb）该教堂位于老城东端，隶属一个仍在运营的方济各会女修道院，镶嵌着许多大理石的圣坛上，还有一幅圣安东尼坐像做装饰。这里是拉布的圣马林（St Marin）的长眠之地，他的塑像坐落在下方一个美丽的公园内，它是炎热的夏日里休息的好地方。

科姆尔查尔公园　　公园

（Komrčar Park; Banjol/Obala Kralja Petra Krešimira IV）这座占地8.3公顷的公园紧邻老城，沿海岸向Palit的码头延伸。这里最早是放牛的地方，但在19世纪遍植树木，此举曾令当地村民惊慌失措。夏季，公园内绿树成荫，凉爽宜人，在港口的超市买些野餐食物，坐在草坪上享受一两个小时的美好时光。近港口那端还有个很不错的儿童游乐场。

多米尼斯宫 历史建筑

（Dominis Palace；Srednja bb）这座建筑是在15世纪末，为了一个显赫的贵族家庭修建的，该家族曾在此教授公众读书、写字。这座建筑的外观引人注目，窗户是文艺复兴风格的，门口以家族盾徽作为装饰。

圣约翰福音教堂 遗迹

（St John the Evangelist's Church，Crkva Sv Ivana Evanđelista；Gornja bb）据说，这座部分由于气压导致毁坏的罗马式教堂建于5世纪。如今，残垣断壁之间只剩下几根圆柱和经过修复的12世纪钟楼。

圣杰斯汀教堂 教堂

（St Justine's Church，Crkva Sv Justine；Gornja bb）这座半废弃的教堂有一座建于1672年的钟楼。它坐落在美丽的Trg Slobode旁边，那里有一棵圣栎树，还有迷人的海景。下方是一片鹅卵石和水泥混杂的海滩，轻松好走，或者也可以划着小船欣赏风光。

值得一游

圣尤菲米娅修道院（MONASTERY OF ST EUPHEMIA）

从拉布老城沿海滨大道向北走2.5公里，即可来到圣尤菲米娅修道院（Samostan Sv Eufemije；Kampor；成人/儿童 20/10KN；⊙周一至周六 10:00至正午和16:00~19:00）。这个宁静的方济各会修道院建于13世纪。修道士们在这里建有一座小博物馆，展出过去的手稿和宗教绘画。你可以参观宜人的回廊和巴洛克风格的圣贝尔纳教堂（Church of St Bernardine）内图案优雅的天花板，该天花板与小礼拜堂内哥特式晚期木制耶稣受难像所刻画的临死前的挣扎形成了鲜明的对比。别忘了留意出自维瓦里尼（Vivarini）兄弟之手的15世纪的多联画屏。

活动

在拉布岛，100公里有标记的徒步小径和80公里的骑行小径纵横交错，其中许多都可以从拉布城出发。在旅游办事处（见209页）拿一份《骑车和徒步》（*Biking and Trekking*）地图或前往地质公园游客中心（Geopark Visitor Centre；见209页）咨询新的“地质小路”（geotrails）信息。许多旅行社都出租自行车。

Mirko Diving Centre 潜水

（☎051-721 154；Barbat 710；2次潜水450KN起）这家潜水中心总部设在附近的Barbat，提供课程，还会组织有趣的潜水活动和潜水之旅，包括前往罗萨号（Rosa）沉船和一个受保护的紧邻Sorinj海岬的双耳细颈椭圆土瓶沉积地点。

团队游

许多旅行社组织乘船海岛一日游，行程包括中途停下来游泳和游览附近的岛屿，例如Sveti Grgur和声名狼藉的Goli Otok（巴伦岛，曾用作监狱），团费为200~275KN，包含午餐。你也可以直接和船长攀谈，安排旅行，因为晚上游艇都在主要港湾停靠。你也可以前往洛希尼岛和克尔克岛。

节日和活动

拉布音乐晚会 音乐节

（Rab Musical Evenings，Rapske Glazbene Večeri；⊙6月中旬至9月中旬）一流的古典音乐节，以每周四晚上的音乐会会场为中心，举办地包括圣十字教堂。

拉布集市 宗教狂欢节

（Rab Fair，Rapska Fjera；⊙7月）见证拉布城穿越回中世纪。居民身穿当时的服装，有鼓手、游行、焰火、中世纪舞蹈和射箭比赛。

夏季音乐节 音乐节

（Summer Festival；⊙8月初）8月初，克罗地亚流行歌手和国际DJ将齐聚老城。

住宿

Hostel Rab International 青年旅舍 €

（☎051-602 000；Obala Kralja Petra

Krešimira IV 4；铺 225KN；P 📶）这个只有5间房的青年旅舍就在半岛正中央，宿舍房间缺乏个性，但很宽敞，铺位干净，铺着亚麻床单，卫生间一尘不染。某些房间面朝海港，但不提供厨房设施。作为拉布唯一算得上是青年旅舍的住处，床位往往很早就被预订一空。

Tamaris 酒店 €€

（☎051-724 925；www.tamaris-rab.com；Palit 285；标单/双 575/850KN；P ❄ 📶）从拉布城向北走10分钟就是这家井井有条的小酒店，它靠近大海，提供细致入微的服务和安静的住宿环境。房间简洁，但相当舒适，有强化木地板和柔软的床上用品，有些房间的阳台上都能看到海景。

Valamar Imperial Hotel 酒店 €€

（☎052 465 000；www.valamar.com；Šetalište Mark Antuna Dominisa 9；房间 640～1035KN；P ❄ 📶 🏊）这家酒店位置很好，在科姆尔查尔公园的树林内，新近彻底翻修过，旧貌换新颜。设施包括网球场、健身房、水疗和非常迷人的室外泳池。房间舒适，刷成具有现代感的铁灰色。

Hotel Arbiana 精品酒店 €€€

（☎051-725 563；www.arbianahotel.com；Obala Kralja Petra Krešimira IV 12；房间1150～2220KN；P ❄ 📶）这家历史悠久的酒店创办于1924年，仍然保留着当年的许多特征和优雅感，是拉布城最有品位的地方。27个房间都维护良好，设施都很现代化，有21世纪的电视、厚重的书桌和高质量的仿古家具。大多数房间带阳台。即使你不在这里下榻，酒店餐厅也值得尝尝。

✕ 就餐

Restaurant Velum 海鲜 €€

（☎051-774 855；www.velum.hr；Palit 71；主菜 60～170KN）牛排、比萨、烤肉和烤鱼，菜单上没什么出奇的，但菜肴品质可靠，服务一流，厨房能用野芦笋制作出奇妙的食物。

Konoba Rab 克罗地亚菜 €€

（☎051-725 666；Kneza Branimira 3；主菜 75～130KN；⏲周一至周六 10:00～14:00和17:00～23:00，周日 17:00～23:00）要想品尝地道的乡村风味（虽说多层建筑只能算是仿乡村风格的环境），这个地方就是不二之选。找一张角落的座位，点一份烤肉和烤鱼主菜，或者预订用圆盖烤炉烹制的羔羊肉。鱼类按照公斤计价。

☆ 娱乐

Santos Beach Club 夜店

（☎051-724 145；www.sanantonio-club.com；Pudarica Beach；⏲6月末至9月初 10:00至次日黎明）这家只在夏季营业的海滩夜店距离拉布城大约10公里，远离所有居民区，很偏僻，靠近Mišnjak载车渡轮站（往返船只晚上运行）。DJ为活跃的人群打碟，此外还有现场音乐会和时装表演。白天它是海滩上的一个休息场所，有躺椅，还能打排球。

Dock 69 酒吧、夜店

（Obala Kralja Petra Krešimira IV；⏲周日至周四 8:00～15:00和19:00至午夜，周五和周六 至次日3:00）这家漂亮的休闲酒吧有一个面向港口的露台和俱乐部似的室内环境，周末室内有DJ活跃气氛。

ℹ 实用信息

旅游办事处和长途汽车站附近都有免费Wi-Fi。

地质公园游客中心（Geopark Visitor Centre；Bobotine bb；⏲周一、周二和周四至周六 10:00～17:00，周日 15:00～20:00）提供"地质小路"的相关信息，探索岛屿独特的地质。这里还有互动式信息屏和许多当地岩石样本。

Numero Uno（☎092 16 94 399；www.numero-uno.hr；Banjol 30）预订私人住宅、出租自行车，并组织徒步旅行、划皮划艇和自行车团队游。

邮局（☎072 303 304；www.posta.hr；Mali Palit 67；⏲6月至9月 周一至周六 7:30～21:00，10月至次年5月 周一至周五 7:00～20:00，周六 至14:00）

Stay in Rab（☎051-724 495；www.stayinrab.com；Šetalište Markantuna Dominisa 5）预订私人住宅，货币兑换，出租自行车，组织乘船远足游，团队游甚至可以组织去往普利特维采湖群国家公园等比较远的目的地。

旅游办事处（☎051-724 064；www.rab-visit.com；Trg Municipium Arba 8；⏲复活节至10月 周一至周

六 8:00~21:00，周日 至13:00，11月至次年复活节周一至周五 8:00~15:00）这是一个组织有序的办事处，工作人员乐于助人，提供大量有用的地图、宣传册和宣传单。夏季，它在**长途汽车站**（Banjol）附近设有一个**分局**（⏲6月至9月 8:00~15:00）。

洛帕尔（Lopar）

☎051/人口 1288

位于岛屿北端的海滨小镇洛帕尔仍然处于半乡村的状态，这里有很多园地，还有一些正在开垦中的玫瑰花园。尽管在6月初它还是一个沉寂的地方，但每逢学校假期，中欧家庭就会涌入小镇，因为这里的海水很浅，非常适合小孩。1500米长的天堂海滩（Paradise Beach）位于Crnika Bay海湾，就在城中心，你几乎可以从那里涉水前往一个离岸小岛。

半岛周围有22片被松林环抱的沙滩，包括Livačina海滩和撒哈拉海滩（Sahara Beach）。

景点

★天堂海滩 海滩

（Paradise Beach; Rajska Plaža）克罗地亚最好的海滩之一，位于洛帕尔南侧，是这里最主要的景点。从迷你高尔夫到冰激凌小摊，你能找到一切迷人的海滩要素，是家庭度假的理想去处。平缓的沙滩延伸向温暖的亚得里亚海。一个近海小岛很适合作为游泳或皮划艇目的地。

Livačina海滩 海滩

这个火爆的海滩在洛帕尔城东边。游人很多，但城里面积最大的海滩人更多。海滩背后是松树林，水域也被围起来了，所以很受家庭游客欢迎。

撒哈拉海滩 海滩

撒哈拉海滩所在的海湾既浅又美，是一个热门的裸泳地点。留意路标，在到达天堂海滩之前离开主路。你可以从洛帕尔步行1.8公里（半小时）前往海滩，或者驾车沿一条狭窄的小巷行驶，然后从停车场步行15分钟即可到达。

住宿

Hotel Epario 酒店 €€

（☎051-777 500; www.epario.net; Lopar 456a; 含半膳 标单 266~488KN，双 415~976KN; P❄📶）洛帕尔唯一真正算得上“酒店”的地方，气氛慵懒，所在的现代建筑位于通往天堂海滩的主路上，面向田野。酒店里的所有房间都配有书桌、阳台和一流的浴室。到海滩和附近十字路口的大型Konzum超市只需步行几分钟。

餐饮

Gostionica Laguna 地中海菜 €€

（☎051-775 177; www.laguna-lopar.com; Lopar 547; 主菜 85~190KN; ⏲正午至22:00; P❄📶）这家热情的酒馆被植被环绕，拥有木质屋顶的露台是迄今为止岛屿这端最好的就餐地点。特色菜包括坑烤乳猪以及用圆盖烤炉烹制的羊肉或章鱼，此外，这里也有多种意面、超大份比萨、烤肉和鱼。室内有个室内游乐场，父母们就餐时，孩子们可以在那里结识外国小朋友。

Bamboocho 酒吧

（Rajska Plaža; ⏲正午至深夜）这家露天海滩酒吧在天堂海滩东端的松树林内，由金属板和大段的竹子搭成。是日落时分小酌的好去处。

实用信息

Sahara Tours（☎051-775 633; www.sahara-lopar.com; Lopar 53）有许多私人住宅和公寓可供预订。在网球场对面。

旅游办事处（☎051-775 508; www.lopar.com; Lopar 248; ⏲7月和8月 周一至周六 8:00~22:00，周日 至14:00，9月至次年6月 周一至周五 至11:00）这个小小的旅游办事处在Konzum超市隔壁，提供有用的信息。

达尔马提亚北部

包括 ➡

最佳餐饮

- Pelegrini（见240页）
- Mediteran（见241页）
- Kaštel（见229页）
- Pet Bunara（见229页）

最佳住宿

- Art Hotel Kalelarga（见228页）
- Maškovića Han（见233页）
- Boutique Hostel Forum（见228页）
- Medulic Palace Rooms & Apartments（见240页）
- Boškinac（见222页）

为何去

这里有古老的城镇、宝石般晶莹清澈的海水、高低起伏的石灰岩山脉、阳光明媚的小岛、温暖宜人的气候和地中海美食，这些元素交织在一起，使这个地区成为度假者梦想中的天堂。只不过更偏南的城市和岛屿游客较多，相比之下，达尔马提亚北部显得有点儿冷清。旅行者可以驾驶游艇在未被开发的无人小岛之间穿梭，领略地中海风光；徒步者可以踏上熊和狼出没的人迹罕至的小路，去探访克罗地亚最令人印象深刻的3个内陆国家公园。

扎达尔（Zadar）是一座充满文化气息的城市，城里有博物馆、古罗马遗址、餐馆和时髦的酒吧。夏季，来自世界各国的夜店爱好者被兹尔采海滩（Zrće Beach）和提斯诺（Tisno）牢牢吸引，陶醉在克罗地亚首屈一指的夏季夜店风情中。

何时去

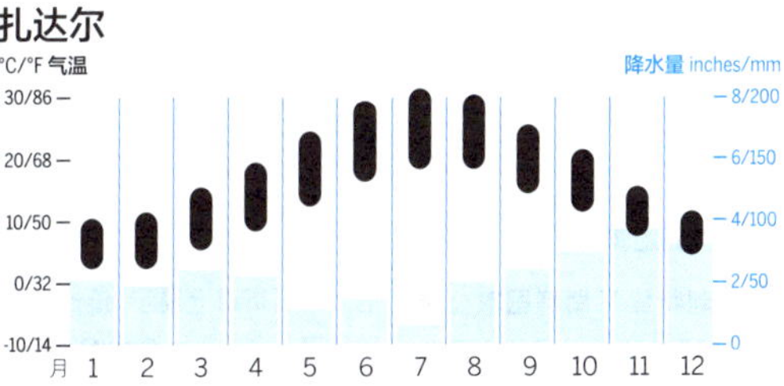

4月至6月 天气暖和，物价相对便宜。

7月和8月 兹尔采和提斯诺最热闹的时候，也是海滩上人最多的时候。

9月和10月 欣赏普利特维采湖群国家公园和克尔卡国家公园内的色彩变化。

达尔马提亚北部亮点

❶ **普利特维采湖群国家公园**（见213页）欣赏美丽的宝蓝色湖泊和奔腾的瀑布。

❷ **克尔卡国家公园**（见235页）沿着小溪散步，跳进瀑布湖里游泳，顺便拜访古代修道院。

❸ **扎达尔**（见223页）在老城里的大理石街道上漫步，流连于古罗马遗址、有趣的博物馆、美味的小餐馆和时髦的酒吧之中。

❹ **希贝尼克**（见237页）在中世纪街道上闲逛，抬头欣赏著名的圣詹姆斯大教堂。

❺ **帕格岛**（见219页）这里有灿烂的阳光、一流的美酒、乡村美食、气味刺鼻的奶酪和全天派对，让人尽情开怀。

❻ **科尔纳提国家公园**（见234页）乘船游览无人居住的小岛，那里的地中海景色几千年来未曾改变。

里卡（LIKA）

这个地区位于达尔马提亚北部的内陆，在沿海山脉和与波斯尼亚边境之间，地广人稀。这里既有植被丰茂的农场和森林，也有棱角分明的高山峭壁。如果你看够了海滩和海岛，这里是一个值得探索的地区。喀斯特地貌将这里打造成了一个地下乐园，布满洞穴、峡谷、湖泊和瀑布。自然景色之中最壮观的是普利特维采湖区国家公园，它也是克罗地亚最不容错过的景点之一。

历史

里卡从7世纪初开始就是克罗地亚腹地的一部分，16世纪遭到奥斯曼土耳其人的进攻，成为奥斯曼帝国的vojna krajina（军事前线）。经过哈布斯堡王朝的允许，被奥斯曼土耳其人驱逐的瓦拉几（Vlach）和塞尔维亚难民来到里卡定居，条件是难民们要随时准备为他们的新家园——哈布斯堡王朝——作战。1910年的人口调查表明，该地人口基本上不是东正教教徒，就是天主教教徒，在东部许多地区，塞尔维亚人是当地人口数量最多的民族。

第二次世界大战期间，里卡的塞尔维亚人遭到乌斯塔沙（Ustaše）政权的迫害。1991年，随着克罗地亚宣布独立，克拉伊纳（Krajina）地区的塞尔维亚人宣布成立自治共和国，而里卡就是打响这场战争第一枪的地方。当地的克罗地亚人被迫逃离家园。1995年，克罗地亚军队夺回该地区的控制权，大多数塞尔维亚人逃离这里。之后，有些塞尔维亚人选择返回这里，如今该地区的人口组成比例为：克罗地亚人占86%，塞尔维亚人占12%。

普利特维采湖群及周边（Plitvice Lakes & Around）

☎053

普利特维采湖群既是克罗地亚首屈一指的自然景点，也是克罗地亚亚得里亚海内陆绝对的亮点，林木茂密的山丘和宝蓝色的湖泊令人心醉神迷——1979年它成为世界遗产时，联合国教科文组织就是这样描述的。但湖群的名字有点误导性，因为湖的数量并没有那么多，湖泊之间却有数以百计的瀑布。就好像是克罗地亚为了挣门票钱而把国内所有的瀑布都集中在一起似的。

这个公园非比寻常的自然之美值得你欣赏一整天，你也可以从扎达尔或萨格勒布（Zagreb）来此进行半日游。要游遍整个湖群，你必须具备长距离步行的体力。

历史

为了保护普利特维采湖群，1896年，一个保护协会（成立于1893年）于此修建了第一家酒店。1951年划定国家公园的边界后，湖区成为一个主要的旅游景点，直到内战爆发（普利特维采开战的确切日期是1991年3月31日，当时暴乱的塞尔维亚人控制了公园的主要区域）。克罗地亚警官Josip Jović在公园里被杀，成为这场战争的第一个牺牲者。整个内战期间，塞尔维亚人占据着这里，把酒店变成了兵营。1995年8月，克罗地亚军队夺回公园。随后，公园内的设施被完全修复。

景点

★普利特维采湖群国家公园 国家公园

（Plitvice Lakes National Park；☎053-751 015；www.np-plitvicka-jezera.hr；成人/儿童 7月和8月 250/110KN，4月至6月、9月和10月 150/80KN，11月至次年3月 55/35KN；⏲7:00~20:00）在这个基本被森林完全覆盖的国家公园内，小瀑布和叠层瀑布连接了16个清澈的湖泊。富含矿物的湖水流过岩石，沉积的石灰华积聚起来，呈现出千变万化的形态。沿着公园边缘和在水面上搭建起的木板路总长度达18公里，成群的蝴蝶在木板路上方翩翩飞舞。

步行游览这些湖泊需要6小时，乘坐公园的免费船和公共汽车（4月至10月每隔30分钟发一班）只需2小时。从公园2号门进入，在海拔比较高的湖边乘坐公共汽车，前往公园内最大的湖科济亚克（Kozjak，南北跨度约4公里）岸边。船只带你从这里前往海拔比较低的湖，航程的亮点是著名的Veliki Slap，它是克罗地亚最大的瀑布（落差达78米）。从那里通往公共汽车站的路（景色美，适合拍照）变得陡峭起来，到了公共汽车站后，你可以乘坐公共汽车返回公园2号门。

如果你赶时间，海拔比较高的湖花2小时就能看完。海拔较低的湖有3个，最好先乘公共汽车，再乘船，这样就不必走那段陡峭的山路了。

公园内所有湖泊都禁止游泳。

食宿

国家公园经营的4家酒店乏善可陈，客房所在的楼都是四四方方的建筑，但位置便利，就在公园的边界上（详情见公园网站www.np-plitvicka-jezera.hr）。周围村庄里也有步行离公园不远的客栈。说到有气氛的酒店，Korana村的私人房间特别好，那个小村子旁边有一条流水潺潺的小溪，景色很美，Korana桥北侧有一条狭窄的公路可以通往村子。

Plitvice Backpackers 青年旅舍 €

（☎053-774 777; www.plitvicebackpackers.com; Jezerce 62, Jezerce; 铺/双床 150/340KN; 📶）位于离湖群最近的Jezerce村，离普利特维采湖群国家公园2号门仅3公里。这家青年旅舍井井有条，位于主公路边一栋大房子内。房间干净，储物柜很大，厨房设施齐全。店主对客人很照顾，甚至开车接送他们去公园和当地超市。

★House Župan 客栈 €€

（☎047-784 057; www.sobe-zupan.com; Rakovica 35, Rakovica; 标单/双 250/370KN; P❄📶）这家客栈在公园北边11公里处的Rakovica小镇上，挨着公路。老板娘格外热情，房间干净、时尚、价格合理，是个非常好的落脚点。甚至还有客用厨房。一整天的徒步结束后之后，如果你想放松，店内还提供多种文娱活动。

Plitvice Mirić Inn 客栈 €€

（☎098 93 06 508; www.plitvice-croatia.com; Jezerce 18/1, Jezerce; 标单/双 550/780KN; ⏲4月至10月; P❄📶）房东一家人性格开朗，客栈里摆满鲜花。这家客栈位置便利，距离普利特维采湖群国家公园2号门仅1.5公里，两座相邻的建筑内共有13间打理得井井有条的客房，新楼内的房间较大，所有房间都很舒适。有机会的话，不妨尝尝房东自家烤的面包。

House Tina 客栈 €€

（☎047-784 197; www.housetina.com;

普利特维采奇妙的自然景观

普利特维采湖群有海拔较高的湖，也有海拔较低的湖。海拔较高的湖在一条白云石峡谷内，周围是茂密的森林，湖泊之间由几条水花飞溅的瀑布相连。海拔较低的湖泊比较小，水位也较浅。湖水主要来自Bijela River（白河）和Crna River（黑河），这两条河在Prošćansko湖南边汇合，也有部分湖水来自地下泉水。因此，某些地方的湖水消失在石灰岩地表下，然后从其他地方重新流出地表。最终，全部湖水都流入Sastavci瀑布附近的Korana河。

海拔较高的湖被大块白云石隔开，石块上遍布苔藓和水藻，河水流经喀斯特地形时，白云石和石头上的植物吸收了水中的碳酸钙。植物在石块上重叠生长，形成石灰华，横亘在水流中间，从而形成瀑布。海拔较高的湖水流下来，填满空空的洞穴，形成海拔较低的湖。后者的形成过程与前者相似，石灰华不断形成，又不断地和新石灰华结合成新的形状，因此地貌总是在变化。这种独特的水、岩石和植物的互相影响从上一个冰河时期就开始了。

湖水的颜色也一直在变。大多时候湖水是奇妙的宝蓝色，但根据河水水量、降雨量和光线角度的变化，湖水会呈现出不同的蓝色。有时候，湖水颜色还会偏翡翠绿或铁灰色。

国家公园里的树木有山毛榉、冷杉、云杉和白皮松。白面子树、鹅耳枥和开花植物在秋天会呈现出不同颜色。

公园内的明星哺乳动物是熊（据估计约有50只）和狼，园内也有鹿、野猪、野兔、狐狸和獾，还有很多种鸟类，包括鹰、猫头鹰、布谷鸟、翠鸟、野鸭和苍鹭，有时也能看到鹳和鱼鹰。

Grabovac 175, Grabovac；房/平房 560/875KN；P ❄ 📶）这家大型的家庭经营的客栈看起来可爱时尚，又不乏乡村情趣。主楼和院子里有两栋乡村风格的木头大平房，里面有客房，房间很适合全家人入住。客栈与普利特维采湖群国家公园1号门相距9公里，但店主能以相对便宜的价格安排接送。

Villa Lika 客栈 €€€

（☎053-774 302；www.villa-lika.com；Mukinje 63, Mukinje；房间 950KN起；⏲4月至10月；P ❄ 📶 🏊）就在Mukinje村的公共汽车站旁边，两栋大房子内共有15个房间。房间的墙壁刷得雪白，挂着浅色窗帘，铺着浅色地砖。房间环绕着一个很漂亮的泳池，新开业的餐厅提供国际和克罗地亚风味（食物分量少）。

Hotel Degenija 酒店 €€€

（☎047-782 143；www.hotel-degenija.com；Selište Drežničko 57a, Selište Drežničko；标单/双 700/990起；P ❄ 📶）这个有20间客房的路边酒店在普利特维采湖群国家公园1号门北侧4公里处，看起来非常新。整洁而漂亮的客房布置符合国际标准，餐厅（主菜55~140KN；⏲7:00~23:00；📶）很迷人。

★ Lička Kuća 克罗地亚菜 €€

（☎053-751 024；Rastovača；主菜 70~195KN；⏲3月至11月 11:00~22:00）建于1972年，2012年被大火夷为平地，3年后按照传统石墙风格重新建造。旺季时这家餐馆主要接待游客，生意非常火爆，但食物美味可口。特色菜包括慢炖羊肉、干熏本地火腿和红点鲑，是达尔马提亚北部内陆品尝传统菜肴的最佳去处之一。

实用信息

公园的两个主要入口都有停车场（每小时/每天 7/70KN），信息咨询处提供大量小册子和地图。最大的公园**办公室**（☎053-751 014；www.np-plitvicka-jezera.hr；Josipa Jovića 19, Plitvička Jezera）在Plitvička Jezera。

到达和离开

公园的两个入口都有长途汽车站，2号门附近的车站有个小售票处。长途汽车的目的地包括：

何时来

虽然这个公园全年都很漂亮，但春秋两季是来此游览的最佳季节。春天和初夏瀑布水量充足，秋天树叶呈现出各种颜色，冬季的景色也很壮观，但降雪可能会对公路交通造成影响，而且公园内的免费交通工具可能会停运。7月和8月最不适合游览，因为瀑布水量很少，几乎成了涓涓细流，停车也成问题。游客数量的剧增导致步行小路上人满为患，公园周边运载游客的公交车和船只也需要排长队等候。

希贝尼克 118KN，4小时，每天3班

斯普利特 174KN，4小时30分钟，每天6班

扎达尔 95KN，2小时30分钟，每天7班

萨格勒布 89KN，2小时，每天多班

戈斯皮奇（Gospić）

☎053 / 人口 6575

河边小镇戈斯皮奇是达尔马提亚北部最美丽的城镇之一，被该地区常见的嶙峋山峰包围。来这儿的主要原因是参观附近的尼古拉·特斯拉纪念中心（Nikola Tesla Memorial Centre），但小镇本身也值得逛逛。陶瓦屋顶和美丽的教堂尖顶跟可爱的建筑相映成趣。它是南北旅程之间一个很好的小憩之地，也可以从海边绕行过来。

历史

这里关于人类定居的最早记载始于1263年，但直到17世纪初才有了“戈斯皮奇”这个名字。它在20世纪声名狼藉：“二战”期间，附近建造了一个纳粹支持的集中营，据说有超过42,000人死在那个集中营。

凡是留存下来的都值得一看——1991年，因为克罗地亚军队为控制支持塞尔维亚克拉伊纳共和国（Republic of Serbian Krajina）的塞尔维亚部队而频繁轰炸小镇。直到1995年才恢复和平。

景点

尼古拉·特斯拉纪念中心 博物馆

（Nikola Tesla Memorial Centre；☎053-746

530; www.mcnikolatesla.hr; Smiljan; 成人/儿童 50/20KN; ⏲4月至10月 周二至周日 8:00~20:00, 11月至次年3月 周二至周日 9:00~15:00)当代最伟大的头脑之一竟然诞生在戈斯皮奇以西5公里处安静隐蔽的小村庄Smiljan, 真是不可思议。尼古拉·特斯拉把电带入人类日常生活中并发明了无线电, 他就出生在这里。这个迷人的博物馆内有关于他生平的展览, 还有一些演示模型, 展示了他最著名的发明。

特斯拉的父亲是一个塞尔维亚东正教牧师, 可悲的是, 20世纪90年代的战争将他的住宅、谷仓和教堂夷为平地。今天所看到原址上的建筑是由克罗地亚政府出资建造的复制品。

食宿

Hotel Stara Lika

酒店 €€

(☎053-658 160; www.hotelstaralika.hr; Dr Franje Tudjmana 1; 房/套 355/460KN起; P❄📶)位于一栋安静而优雅的建筑内, 是个极好的住处。房间是古典风格的, 配备木桌和皮面扶手椅。冬季暖和, 非常舒适, 服务一流。如果你对夏季海边的物价已经习以为常了, 那么这家酒店的性价还是挺高的(实际也是如此)。

Bistro Travel

法式小馆 €€

(☎099 779 00 59; www.facebook.com/bistrowinetravel; Smiljanska 32; 主菜 50~130KN; ⏲正午至23:00)隐藏在背街小巷之中的珍宝, 提供一流的比萨, 此外也有美味的内陆食物(牛排尤其好吃)和一些所在地区(沿海)特产的海鲜菜肴。服务人员特别友好。

实用信息

旅游信息中心(Tourist Information Centre; ☎053-560 754; www.visitgospic.com/hr; Karlovića 1; ⏲7:00~15:00)

到达和离开

每天各有1班长途汽车从戈斯皮奇分别开往希贝尼克(135KN, 3小时15分钟)、萨格勒布(115KN, 3小时30分钟)和斯普利特(189KN, 5小时)。

帕克莱尼察国家公园 (Paklenica National Park)

韦莱比特山脉(Velebit Range)绵延145公里, 形成了克罗地亚内陆和海岸之间的天然屏障, 山峰陡峭, 蔚为奇观。**帕克莱尼察国家公园**(Paklenica National Park; ☎023-369 155; www.np-paklenica.hr; 成人/儿童 6月至9月 60/30KN, 3月至5月和10月 40/20KN, 11月至次年2月 20/10KN; ⏲入口亭 6月至9月 6:00~20:30, 10月至次年5月 7:00~15:00)由这些石灰岩山峰组成, 占地95平方公里, 拥有克罗地亚最壮观的高山地貌。这里是峡谷徒步的好地方, 还可以攀岩, 哪怕只是沿着公园内诸多溪流的其中之一散步也很不错。

公园内最大的两个景点是大帕克莱尼察(Velika Paklenica, Great Paklenica)峡谷和小帕克莱尼察(Mala Paklenica, Small Paklenica)峡谷, 峭壁高达400米, 直冲蔚蓝色的天空。沿途有可能见到的动物包括金雕、雕和游隼, 特别幸运的人还有可能看到猞猁和熊。岩羚羊聚集在公园入口附近。

景点

马尼塔佩奇

洞穴

(Manita Peć; 成人/儿童 30/15KN; ⏲7月至9月 10:00~13:00, 4月至6月和10月有时不开放)这是帕克莱尼察国家公园里唯一向游客开放的洞穴, 洞中有大量钟乳石和石笋, 主洞(长40米、高32米)的关键位置安装了电灯。若想入洞参观, 只能参加30分钟的团队游。

这个洞穴距离公园1号门有90分钟的步行路程。连接1号门和马尼塔佩奇的小路一直通往大帕克莱尼察峡谷。当你穿过右手边一个与小溪相连的岩石瀑布时, 说明你已经身在半圆形的绿色高原Anića Luka上了, 再往前走1公里, 就有一条陡峭向上的小路直通洞穴。

活动

徒步

公园里的徒步活动大多需要一整天, 徒步者以公园的两个主要入口[海边的老镇—帕克莱尼察(Starigrad-Paklenica)有道路通往这里]为起点, 也有从山间小木屋开始徒步

在帕克莱尼察安全徒步

在帕克莱尼察国家公园内地势较高的区域，20世纪90年代遗留的地雷仍然是潜在危险。请遵循清晰的徒步指示标志活动，如果你想尝试不同寻常的路线，请先与公园办公室沟通。

的。考虑到地形变化，在公园内徒步极具挑战性，不过新手们可以走比较短的路线。你不妨去帕克莱尼察国家公园办公室（见218页）咨询一下，看看哪条线路适合你。公园网站上列出了9条最受欢迎的徒步线路，其中既有一个半小时的轻松线路，也有垂直落差达1250米的7小时艰苦线路。

攀岩

从初学者级别到“自杀”级别，帕克莱尼察的攀岩路线多种多样。坚硬、偶尔棱角凸出的石灰岩很适合攀岩，不同的岩壁被分成了不同等级，共有短途线路72条，长途线路250条。公园入口处有新手线路，那里的峭壁高40米，但阿尼查库克（Anića Kuk）的岩壁最好，也最具有挑战性。大多数线路有固定好的螺栓。

Mosoraški（350米）、Velebitaški（350米）和Klin（300米）是这里最受欢迎的3个岩壁。

春季是攀岩的最佳季节，夏季很热，而冬季风太大。这里也提供救援服务。详情可查阅Boris Čulić的攀岩者指南《帕克莱尼察》（*Paklenica*），公园办公室有售。

食宿

公园内有几个为徒步者和攀岩者服务的简陋住处，但大多数人更希望在比较舒适的老镇—帕克莱尼察过夜。这个小村子在公园入口附近，与海滨公路平行，尽管叫作“老镇（starigrad）”，但它既不是很老（stari），也算不上一个镇（grad）。这里有小路通往海边，游客们在公园里玩了一天，感到疲惫时，可以去海里游游泳。

国家公园

热衷于艰苦跋涉的旅行者可以考虑住在公园里3个简陋的免费山间小屋里：Ivine Vodice、Struge和Vlaški Grad。屋里没电，你得自带睡袋，但每个屋子外都有一条小溪，除非你正赶上枯水的仲夏，否则水源可靠的溪水完全可以满足你的需求。动身前记得先询问公园办公室或Planinarski Dom Paklenica。

Planinarski Dom Paklenica 小屋 €

（☎023-301 636；www.pdpaklenica.hr；铺100KN；⏲全年 周六和周日，6月中旬至9月中旬 每天）这个山间小屋由4个房间、50张床位组成，这里居然有自来水、厕所和电，真是“奢侈”啊！此外，还有一个厨房和餐室。客人需要自带睡袋。小屋距离大帕克莱尼察峡谷有2个小时的步行路程。夏季周末最好提前订房。

老镇—帕克莱尼察（Starigrad-Paklenica）

Camp ‘National Park’ 露营地 €

（☎023-369 155；www.paklenica.hr；每人40KN，每用一顶帐篷多付 35KN；⏲3月中旬至11月中旬）这个简陋的露营地位于公园行政建筑旁边的砂砾海滩上，能容纳100人，深受攀岩者和其他来帕克莱尼察国家公园的石灰岩峡谷探险的人喜爱。在这里游泳很棒。不接受预订。

Pansion Kiko 客栈 €€

（☎023-369 784；www.pansion-kiko.com；Ante Starčevića bb, Seline；房813KN；P ❄ 📶）这个极好的客栈就在老镇—帕克莱尼察外面的海滨小村Seline内，有12个带阳台的房间、私属海滩和还算不错的餐厅。热情的房东一家人竭尽全力让客人住得舒适，探索帕克莱尼察国家公园的人可以把这里当作大本营。

Buffet Dinko 克罗地亚菜 €€

（☎091 51 29 445；www.dinko-paklenica.com；Paklenička 1；主菜 59~135KN；⏲7:00~23:00）这个生意火爆的餐馆在海滨公路和老镇那条通过帕克莱尼察国家公园1号门的公路交会处。露台上种着植物，菜肴以烤肉和海鲜为主，分量通常很大。店主还有几个房间（☎098 402 007；Selina 10；房 260KN，公寓295~370KN）出租。

实用信息

克罗地亚登山协会（Croatian Mountaineering Association；见37页）提供最新信息，并发行一份实用的公园地图。该协会的办公室在萨格勒布。

帕克莱尼察国家公园办公室（Paklenica National Park Office；☎023-369 155；www.paklenica.hr；DrFranjeTuđmana 14a，Starigrad-Paklenica；⊙周一至周五 7:00~15:00）出售小册子和地图。《帕克莱尼察国家公园》（*Paklenica National Park*）这本指南中对公园和步行活动做了详细的介绍。根据季节不同，攀岩许可证价格为60~80KN。攀岩者应该在公园办公室咨询向导的建议。最大的办公室在老镇，其他办公室在公园各入口处。

老镇旅游局（Starigrad Tourist Office；☎023-369 245；www.rivijera-paklenica.hr；Trg Tome Marasovića 1，Starigrad-Paklenica；⊙7月和8月 8:00~21:30，6月和9月 至20:00，10月至次年5月 周一至周五 至14:00）位于老镇中心，就在小码头的对面。

到达和当地交通

沿海滨公路行驶的长途汽车大多经停老镇-帕克莱尼察。这些长途汽车是从里耶卡（135KN，3小时45分钟，每天5班）、扎达尔（28KN，1小时，

另辟蹊径

里卡的秘密瑰宝

除了普利特维采湖群之外，里卡其他地区几乎都能够用“世外桃源”这个词形容。如果你有自己的车，又不介意多花时间四处走走，探访这里能使你受益良多。

库特利沃熊救助站（Kuterevo Bear Refuge；☎053-799 001；www.kuterevo-medvjedi.org；Pod Crikvon 109，Kuterevo；门票任捐；⊙时间不定）这座熊救助站成立于2002年，站方与村民携手，保护因交通事故、狩猎和偷猎而失去妈妈的熊孤儿。从春季到深秋，志愿者很乐意带你去大型熊喂养笼看看，讲解每只熊的故事，并且泛泛地谈论一些关于熊的话题。日落之前的一两个小时最有可能看到自由活动状态的熊。

库特利沃村在韦莱比特山脉北部，塞尼东南方向48公里处的D23和D50路边。网站是克罗地亚语的，但工作人员可以用英文回复邮件。

“当心熊出没”高空滑索（Zipline Beware of the Bear；☎095 846 41 71；www.ziplineplitvice.com；Rudopolje-Vrhovine；成人/儿童 6月至9月 280/140KN，10月至次年5月 240/120KN；⊙10:00~19:00）“当心熊出没”高空滑索长达1700米，是欧洲最长的单轨高空滑索。风力条件适宜的时候，从海拔80米处往下冲，时速可以达到120公里。感觉真的像是在飞翔。

这个高空滑索在Rudopolje-Vrhovine，即普利特维采湖群国家公园1号门以西44公里处的公路边。你得有自己的车才能到这儿。

Linden Tree Retreat & Ranch（☎053-685 616；www.lindenretreat.com；VelikaPlana 3，Velika Plana；房 每人590~900KN）这个偏僻的农场在戈斯皮奇西北方向27公里处的韦莱比特山脉之中，有气氛十足的锥形帐篷和小木屋。这里最精彩的活动是骑马（2小时390KN，一日游1280KN），不过，你也可以坐着马车，跟随导游探索附近的洞穴、骑山地车、爬山。

格拉布瓦察洞穴公园（Grabovača Cave Park，Pećinski Park Grabovača；☎053-679 233；www.pp-grabovaca.hr；Perušić；团队游 成人/儿童 50/35KN；⊙6月 10:00~18:00，7月和8月 至21:00，4月、5月、9月和10月 9:00~17:00，11月 8:00~15:00，12月至次年3月关闭）最大的洞穴Samograd由4个美丽的石室组成，其中最大的足够举行每年复活节星期一的音乐会。如果参加团队游，你可以走下480级的人工台阶，进入洞穴深处（幼儿不宜），每天具体的发团时间，请查询官网。记得穿上保暖的衣物和合适的鞋子。位于戈斯皮奇以北12公里处的小镇Perušić。

Perušić也以美丽的穹顶教堂和完美的棋子形状的土耳其城堡闻名。

每天5班）、斯普利特（118KN，4小时，每天5班）和杜布罗夫尼克（221KN，9小时，每天3班）。

老镇里通常没有出租车。有些酒店会去公园入口接送住店客人。

帕格岛（PAG ISLAND）

帕格岛就好像从20世纪50年代米开朗琪罗·安东尼奥的电影里走出来的：光秃秃、遍地岩石、深褐色而又大量留白的土地。但帕格岛周围的亚得里亚海颜色湛蓝，每当风暴来临，岛上就会出现全克罗地亚最令人震惊的景色。在两道山梁、成片灌木丛和数十个小村落之间，是如同月球表面般凸凹起伏的喀斯特地貌。

如今的帕格岛既传统又时尚。岛上的奶酪和葡萄酒制作传统历史悠久，paški sir（帕格奶酪）是克罗地亚最出名的出口食品，产地Kolan村除了出产奶酪之外平平无奇。同克罗地亚许多城镇一样，布局杂乱无章的帕格城也有城墙。诺瓦利亚（Novalja）是个派对小镇，帕格岛已经成为夜店胜地，夏季的兹尔采海滩（Zrće Beach）是夜生活热点。

到达和离开

船

由**亚德罗里尼亚公司**（Jadrolinija；☎在里耶卡 051-666 111；www.jadrolinija.hr）运营的双体船每日从诺瓦利亚前往拉布（40KN，55分钟）和里耶卡（60KN，2小时45分钟）。

亚德罗里尼亚公司的载车渡轮定点发船，连接位于帕格岛东北海岸的Žigljen和位于大陆的Prizna（成人/儿童/小汽车 14/7/80KN，15分钟）。这些船大约每90分钟一班，7月和8月每小时一班。如果你从北边来，乘船要比乘车过桥节省至少1.5小时。

长途汽车

连接诺瓦利亚和帕格城与扎达尔的长途汽车全年运营，而开往希贝尼克、斯普利特、里耶卡和萨格勒布的长途汽车仅夏季发车。

当地交通

帕格城和诺瓦利亚之间每天有3~11班长途汽车往来（39KN起），单程40分钟。

帕格城（Pag Town）

☎023 / 人口3700

古老的帕格城呈长条形，地处被太阳炙烤着的两座山丘中间，东边地势平坦，边缘有个湛蓝色的海湾，西边是亮闪闪的盐滩。城里的小巷纵横交错，略显破败，鹅卵石海滩附近的石头房子也很单调。

历史

15世纪初，高利润的盐业（帕格的盐如今在任何超市都能买到）兴起，旁边的老城无法容纳剧增的人口，于是人们兴建了帕格城。威尼斯统治者派了当时最好的建筑家尤拉·达马提亚（Juraj Dalmatinac）来设计新城。第一块奠基石于1443年埋下。城中心的广场上有一座大教堂、一座公爵宫殿和一座尚未完工的主教宫殿。1499年，达马提亚开始修建城墙，但是现在仅存的只有北侧墙角，上面还有城堡的部分废墟。

景点

圣母升天大教堂 教堂

（Collegiate Church of the Assumption，Zborna Crkva Marijinog Uznesenja；Trg Kralja Petra Krešimira IV；⏲5月至9月 9:00至正午和17:00~19:00，10月至次年4月仅弥撒时间开放）免费 尤拉·达马提亚设计的哥特式教堂与主广场周围的建筑交相辉映。门廊上方的弦月窗图案是圣母与穿着中世纪服装、戴着中世纪发饰的帕格妇女在一起，旁边是两排未完成的圣人雕像。这个教堂在16世纪竣工，但在18世纪修缮过，内部的巴洛克式天花板图案就是修缮时留下的。

帕格蕾丝花边博物馆 博物馆

（Pag Lace Gallery，Galerija paške čipke；Trg Kralja Petra Krešimira IV；门票 10KN；⏲7月和8月 9:00至正午和19:00~22:00，6月和9月 9:00至正午，5月 10:00~13:00，10月至次年4月 致电旅游办公室开门）尤拉·达马提亚设计的公爵宫殿（Kneževa Palača）经过翻修后成了帕格蕾丝花边博物馆，馆内收藏了一些相当精致的蕾丝设计。照片和信息板生动地展示了帕格的蕾丝编织历史以及蕾丝编织工业对这个城市

帕格奶酪

Paški sir（帕格奶酪）特征鲜明，独一无二。尝起来又咸又涩，令人一下就想起它的出产地。海风吹过帕格岛低处的山坡，薄薄的盐分沉淀在地面，并被植物吸收。帕格岛上自由放牧的35,000只绵羊恣意咀嚼含盐分的青草和植物，于是它们的肉和奶中都有了咸味。

收集帕格奶酪的原料奶的时间是5月，因为此时奶中的盐度值最大。20升绵羊奶才能做成一块奶酪，而每只绵羊每天只能产半升奶。羊奶不用巴氏法灭菌，因此发酵过程中产生了一种比较刺鼻的气味。等到羊奶最终发酵结束，人们用海盐擦刮它，裹上橄榄油，放置6个月至2年的时间使之熟成。熟成之后，这种刺鼻而坚硬的奶制品，变成了芬芳、干燥而易碎的奶酪。作为开胃菜，它被切成薄片，跟黑橄榄一起吃，但也可以代替帕尔马干酪，压碎后撒在菜肴上面。它是克罗地亚人婚礼上最受欢迎的食物，人们就着它吃熏火腿、喝克罗地亚葡萄酒。

帕格岛的奶酪师获奖无数。最近一次获奖是在2017年，Sirana Gligora的帕格奶酪第三次获得英国国际奶酪奖（International Cheese Awards）的“最佳硬质羊奶酪奖”（Best Hard Sheep Cheese）金奖。

类似里科塔（ricotta）奶酪的skuta也值得尝尝。skuta是一种口味微妙（但回味并不丰富）的软奶酪，在许多餐馆都能吃到，包括诺瓦利亚附近的Boškinac（见222页）。

岛上出售奶酪的店铺不计其数，包括Kolan村的**Sirana Gligora**（☎023-698 052；www.gligora.com；Figurica 20；⊙7:30~20:00）和**Sirana Mih**（☎023-698 011；www.siranamih.hr；Stanić 29；⊙8:00~20:00），以及帕格城的**Paška Sirana**（☎023-600 810；www.paskasirana.hr；Zadarska 5；⊙周一至周六 7:00~15:00）和**Siroteka**（Vela 12；⊙周二至周六 10:00~17:00，周日 9:00~14:00）。**Sirana Gligora**（Figurica 22；每人 84KN；⊙周一至周五需预约）还提供极好的团队游和品尝活动。

达尔马提亚北部 帕格城

的重要意义。

团队游

★ Pag Tours 团队游

（☎091 42 28 868，023-318 593；www.pagtours.hr；Petra Rumore）组织的团队游稍稍有些另类，例如探寻帕格城蕾丝花边、盐业和石头遗产建筑的周五团队游（每人100KN），或周二的“骑车游帕格”活动（100KN）。其他项目包括不明飞行物（UFO）团队游、观鸟游或岛上美食游。还能安排租用皮划艇和船。

节日和活动

帕格狂欢节 文化节

（Pag Carnival；⊙7月最后一个周末）帕格狂欢节已经有80年历史了，是观看传统kolo（一种活泼的斯拉夫圈舞）和欣赏复杂的帕格传统服装的好机会。主广场上挤满了舞者和音乐家，戏剧表演者们表演着民俗剧《帕格的女奴》（*Paška Robinja*）。

食宿

Camping Šimuni 露营地 €

（☎023-697 441；www.camping-simuni.hr；Šimunibb；露营地 成人/儿童/露营点 89/60/215KN，套 880KN起；P ❄ 📶）从帕格城沿着通向诺瓦利亚的公路前行约12公里，就来到了这个露营地，位于美丽海湾边的沙砾海滩上。这里的气氛很好，还有各种活动。所有的本地公交车都经过这里。

Hotel Pagus 酒店 €€€

（☎023-611 310；www.hotel-pagus.hr；Ante Starčevića 1；房 1380KN起）这家四星级酒店建筑不高，房间迷人，配备皮革扶手椅，面朝大海的房间能看到美景。从酒店步行进城的距离不远，也相当惬意。服务人员专业而殷勤。

★ Trapula Wine & Cheese Bar 克罗地亚菜 €€

（☎099 27 19 014；www.facebook.com/TrapulaWineAndCheeseBar；Trg Kralja Petra

Krešimira IV；西班牙小吃 40KN起；⏲8:00~22:00）通常要避免在一个城市主广场上的小餐馆吃饭，因为这种餐馆不担心客流量，所以没必要像其他餐馆那样致力于提高菜品，但这家位于主广场上的餐馆却有极好的当地葡萄酒（按"杯"或"瓶"出售）和多种西班牙小吃。点一份包含当地产帕格奶酪和熏火腿在内的小吃拼盘。真美味！

购物

如果不买帕格蕾丝花边就走，那实在太遗憾了，因为帕格蕾丝花边价格不贵，而且你花在它上面的钱能挽救这种传统手艺。直径10厘米的圆形或星形图案需要整整24个小时来编织。如果你沿着Kralja Tomislava或Kralja Dmitra Zvonimira散步，可以通过蕾丝编织工人直接购买，这里的价格都是固定的。

实用信息

Mediteran Pag（☎023-611 238；www.mediteranpag.com；Golija 43；⏲时间不定）提供各种私人住处和远足游。

Meridian 15（☎023-612 162；www.meridijan15.hr；AnteStarčevića 1；⏲时间不定）组织岛上远足游和包括帕克莱尼察国家公园（见216页）在内的国家公园之旅，也能帮你订房。

旅游局（☎023-611 286；www.tzgpag.hr；Velabb；⏲7月和8月 8:00~22:00，6月和9月 周一至周五 8:00~20:00，周六和周日 至13:00，10月至次年5月 周一至周五 8:00~15:00）提供少量小册子以及关于帕格城和帕格岛的信息。

兹尔采海滩（Zrće Beach）

☎053

兹尔采海滩在诺瓦利亚东南方向约3公里处，号称"克罗地亚的伊比沙岛"（Ibiza of Croatia），但与伊比沙岛不同的是，在兹尔采，夜店和酒吧就在海滩上，不过就规模而言，这里跟伊比沙岛还差得远。大的夜店有3家，中间是一连串酒吧，这些场所的营业时间都是从6月末到9月中旬。最低消费取决于是否有活动：旺季开始时晚上经常免费，到了8月中旬，如果有大牌DJ表演，票价可高达€40。

兹尔采海滩本身是一个没有树木的新月形鹅卵石沙滩，位于帕格岛东部的高处，背后是从内陆延伸过来的山丘。你得租个遮阳伞。旺季一过，海滩上就会空无一人。

节日和活动

Hideout 音乐节

（www.hideoutfestival.com；⏲6月末或7月初）在6月末或7月初举办的Hideout音乐节期间，兹尔采海滩上的酒吧和夜总会都播放电子舞蹈音乐（EDM）。届时大牌DJ将来此表演，每个晚上都有狂欢活动。

索努斯 音乐节

（Sonus；www.sonus-festival.com；⏲8月中旬）在兹尔采举办的EDM音乐节，持续5天5夜。前几年，John Digweed和Laurent Garnier等著名音乐人都来参加过这个音乐节。

饮品和夜生活

★**Papaya** 夜店

（www.papaya.com.hr；⏲6月至9月 10:00至次日6:00）被评为全球最佳夜店之一[2017年《玛格DJ》（*DJ Mag*）榜单第六名]，是兹尔采夜店的中流砥柱，除了棕榈树和瀑布，舞池上方的屋顶还是贝壳形状的。最热闹的夜晚，店内能挤进来5000人。

Kalypso 夜店

（www.kalypso-zrce.com；⏲6月至9月 10:00至次日6:00）Kalypso是兹尔采海滩上看起来最酷的夜店，位于海滩北端的一个小海湾，金字塔形状的小屋子被棕榈林环绕。白天可以躺在小泳池旁边的日光浴桌上乘凉，晚上DJ打碟，播放的浩室音乐吸引着品位高雅的客人。

Aquarius 夜店

（www.aquarius.hr；⏲6月至9月）多次当选全球最佳夜店一百强，这家夜店面积很大，有个性十足的花园和露天区域，能看到美丽的海景。店里有顶级DJ、热闹的活动和俊男靓女。

到达和离开

夏季，穿梭大巴连接诺瓦利亚和兹尔采海滩

(12KN)。如果你想步行或骑自行车，诺瓦利亚镇中心和兹尔采海滩相距4.1公里。

诺瓦利亚（Novalja）

☎053 / 人口 3961

在一个有许多安静度假村的国家里，诺瓦利亚走在潮流尖端。这里的酒吧和夜店在克罗地亚算得上是疯狂的了，因此吸引了大批年轻人。这个地方可以是天堂，也可以是地狱，这取决于你的年龄是否超过了35岁。附近兹尔采海滩上的夜店有些文化气息，但这里没有历史景点。这里的海滨步道在夏季很热闹，附近也有不错的海滩。冬天，这里会变成寒冷且实际上无人居住的穷乡僻壤。

食宿

最好的酒店大多离镇中心有点儿远。旺季（夏天）时很难找到空房，尤其是在重大活动期间，因此你一定要预订。

Big Yellow Hostel 青年旅舍 €

（☎053-663 539；www.bigyellowhostel.com；Lokunje 1；铺/房间 含早餐 230/550KN起；P @ 📶）在为迎合年轻的派对爱好者们而建造的众多青年旅舍中，这家最好。这里气氛悠闲而慵懒，早餐免费，宿舍有4~8个床位，陈设简单。有些宿舍房间带阳台，能看到美丽的海景。离兹尔采海滩长途汽车站不远。虽然不算奢华，但很吸引人。

Barbati 酒店 €€

（☎091 12 11 233；www.barbati.hr；Vidalići 39；房间/公寓 720/1800KN起；P ❄ @ 📶 🏊）位于兹尔采对面海湾边的一栋海滩公寓楼内，距离诺瓦利亚6公里。这个小酒店有精心设计的房间、一个小小的有棚游泳池和一家迷人的水边酒吧兼餐厅。

★ Boškinac 酒店 €€€

（☎053-663 500；www.facebook.com/hotel.boskinac；Škopaljska 120；房 1750KN；P ❄ 📶 🏊）这家酒店无疑是帕格岛上最高级的住宿和餐饮场所，位于葡萄种植园内，酒店里有8间超大客房和3间套房。即使你不在这儿住，也一定要来尝尝葡萄酒（酒窖开放时间为中午至次日凌晨1点），或者在著名的餐厅里吃顿饭（主菜 70~160KN）。

这个酒窖混合了赤霞珠和美乐的红葡萄酒很不错，这里也是世界上唯一一个种植Gegić并用这种葡萄酿酒的地方。Gegić是帕格特有的葡萄，用于酿造一种口感香醇的白葡萄酒。这家酒店在诺瓦利亚以北约3公里处，沿着路标往Stara Novalja方向走即可到达。

Starac i More 海鲜 €€

（☎053-662 423；Braće Radić bb；主菜 49~120KN；⏲正午至23:30）要想在诺瓦利亚体验地道的克罗地亚美食，就直奔这家个性十足的小餐馆（店名意为“老人与海”）。它位于海岸对面，店内摆放着渔民的家什（和奇怪的大鱼）。海鲜菜肴是镇里最好的。侍者会推荐跟菜肴搭配的葡萄酒。

实用信息

Aurora（☎053-663 493；www.aurora-novalja.com；Slatinska 9；⏲9:00~20:00）这是一家管理得井井有条的机构，可以代为租赁公寓和预订房间，还组织远足游。

Sunturist（☎053-661 211；www.sunturist.hr；SilvijaStrahimiraKranjčevićevabb；⏲时间不定）预订私人酒店并组织旅游。

旅游局（☎053-661 404；www.visitnovalja.hr；Trg Brišćić 1；⏲6月至9月 8:00~20:00，10月至次年5月 周一至周五 至15:00）提供各种免费城市地图、船只和长途汽车时刻表。

尼恩（NIN）

☎023 / 人口 2825

作为扎达尔腹地最可爱的城镇之一，古城尼恩坐落在同名小岛的中央。历史上这里曾是主教和国王坐镇之地，他们还为达尔马提亚留下来两座最美丽的教堂。尼恩既有怡人的海滨美景，也有文化积淀。城里一些比较古老的建筑上有格拉哥里铭文（见201页）。

历史

大约3000年前，在如今老城的位置出现了第一个村庄。公元前9世纪之后的几百年里，尼恩成为罗马人和希腊人的贸易中心，在该地区被发现的古罗马别墅说明这里是一个繁荣兴盛的贸易地点。除了具有战略重要性，尼恩还是主要的盐产地。

公元7世纪，尼恩处于克罗地亚统治之下，公元900年之前它是克罗地亚主教的居住之所。据说这里是第一个克罗地亚皇家小镇。1409年尼恩落入威尼斯人之手，由于其战略位置太重要了，因此与奥斯曼争战的威尼斯人不想把它留给土耳其人，宁可在1571年和1646年两次将小镇夷为平地。

景点

圣十字教堂 教堂

（Church of the Holy Cross, Crkva Svetog Križa; Petra Zoranića 8; ⏲6月至8月 6:00~21:00，其他月份开放时间缩短）**免费** 这个迷人的前罗马时代白色小教堂经常被称为“全世界最小的主教座堂”，因为公元9世纪之前它曾是主教的居所。14世纪前，它用作皇家小礼拜堂，但它并没有因此而增加装饰。窗户设计巧妙，阳光射进室内，教堂便可以充作日晷。

盐博物馆 博物馆

（Museum of Salt, Solana Nin; ☎023-264 021; www.solananin.hr; Ilirska 7; 团队游 成人/儿童 65/20KN; ⏲8:00~22:00）尼恩的盐在古代广受好评，因为含碘量高，所以无论食用还是药用都很抢手。这家小博物馆用多媒体手段带你了解这个小镇的产盐历史。制盐业如今重新流行起来，这里又能买到本地盐了。45分钟的团队游整点发团，从倾颓的罗马入口进入，边听专业讲解边参观盐池。

圣尼古拉斯教堂 教堂

（Church of St Nicholas, Sveti Nicola; Prahulje; ⏲时间不定）这个非同寻常的早期罗马风格教堂位于尼恩西南方向、紧邻Rte 306的山顶。美丽的小教堂建于11世纪末或12世纪初，房顶的垛口反映出它在古时候的重要战略意义——有7位克罗地亚皇帝在此加冕[教堂因此有“加冕教堂”（Coronation Church）的俗名]。教堂兼有防御工事的功能，以抵抗奥斯曼的入侵，战时还可以作为瞭望塔。

食宿

Mendula Zadar Eco Village 酒店 €€€

（Žerava 1; 公寓 2100KN; P ❄ 📶 🏊）离扎

> **另辟蹊径**
>
> **卢恩（LUN）的橄榄园**
>
> 安静的卢恩村在帕格岛北端附近，从这里开始，公路地势逐渐向下。这个石头村子延续着古代种植橄榄的传统，石头篱笆和石头房子之间有标识清晰的步行小径。指示牌标出了一些比较珍贵的橄榄树（最老的一棵有1600岁！），而几百年历史的墙壁完好无损，一点灰泥都没掉。村里还有个圆形露天剧场，供偶尔的演出使用。夏季你或许能遇到出售橄榄油和其他橄榄产品的当地人。

达尔几乎跟离尼恩一样近（都是9公里）。这家迷人的酒店位于安静的乡村，去两个城镇都很方便。公寓房间个性而时尚，有裸露的砖头天花板、水泥地面和可爱的绘画墙壁。大多数房间面朝泳池。通过旅行社或订房网站预订。

Konoba Bepo 海鲜、克罗地亚菜 €€

（☎023-280 336; www.konoba-bepo.hr; Dražnikova 76; 主菜 45~160KN; ⏲5月至9月 正午至23:00）露台面朝大海，海鲜新鲜，Konoba Bepo沿袭了经久不衰的克罗地亚主题。服务迅速而友好，食物——各种烤海鲜和烤鱼、意面以及其他沿海家常菜——值得信赖。

实用信息

旅游信息中心（☎023-265 247; www.nin.hr; Trg Braće Radića 3; ⏲6月至8月 8:00~20:00，其他月份工作时间缩短）提供城镇和住宿信息。

到达和离开

要来尼恩，通常需要有自己的车辆，公共交通班次不多，但聊胜于无。

扎达尔（ZADAR）

☎023 /人口75,437

扎达尔是一座迷人的城市，古罗马遗址、中世纪教堂、时尚的咖啡馆和一流的博物馆都聚集在这个小小的半岛上。城市人口不多，城里两个独一无二的景点——大型声光表演“海之风琴”（Sea Organ）和“向太阳致敬”

(Sun Salutation)简直令人难以置信，不可不看。

不管从哪个角度看，扎达尔都谈不上“风景如画”，古老的废墟、哈布斯堡王朝留下的优雅建筑、临海的位置和不太美观的高楼向山上延伸，让这座城镇看起来十分独特。扎达尔不是杜布罗夫尼克，但它也不是博物馆城市，这是一个生机勃勃的地方，居民和游客都很享受这里的生活。

扎达尔也是一个重要的交通枢纽，四通八达的渡轮开往周边岛屿。

历史

早在公元前9世纪，伊利里亚的利比里亚部落就在扎达尔定居了。公元前1世纪，扎达尔成为罗马帝国的一个小殖民地。6世纪和7世纪，斯拉夫人在这里定居，后来，扎达尔被克罗地亚—匈牙利皇帝统治。

12世纪中叶，威尼斯共和国的兴起为扎达尔带来了灾难。接下来的200年里，扎达尔人民举行了不计其数的起义，但该市最终于1409年与达尔马提亚其他地区一起被威尼斯人占据。

威尼斯和土耳其之间的频繁交战促使扎达尔在16世纪修建了著名的城墙，部分城墙建在更早的古罗马要塞遗址上。1797年，随着威尼斯共和国的衰亡，扎达尔被奥地利统治者控制，他们在亲意大利贵族的协助下统治这座城市。意大利对扎达尔的影响一直持续到20世纪，根据1922年签署的《拉帕洛条约》(*Treaty of Rapallo*)，第一次世界大战结束时，被意大利占领的扎达尔（意大利语为Zara）正式割让给意大利。

1943年，意大利向同盟国投降，扎达尔被德国人占领，随后遭到同盟国轰炸，老城将近60%的地区被毁。如今的城市是按照当年的街道布局重建的。

1991年11月，历史重演，南斯拉夫军队包围扎达尔长达3个月。但是现在城中几乎看不到战争的痕迹了，扎达尔也已经成了克罗地亚最有活力的城市之一。

景点

★海之风琴 纪念碑

(Sea Organ, Morskeorgulje; IstarskaObala) 免费 这个令人惊奇的“海之风琴”纪念碑由本地建筑师Nikola Bašić设计，非常独特。它坐落在多孔的石头台阶上，而台阶一路向下通向海边，有一排管子和汽笛，每当海风吹过，就会发出深沉的叹息声，颇有催眠效果。如果船只或渡轮经过，悦耳的“叹息声”就会变大。你可以从紧邻步道的台阶下去，在海里边游泳边倾听大海的“叹息”。

★向太阳致敬 纪念碑

(Sun Salutation, PozdravSuncu; Istarska Obala)这是Nikola Bašić（设计附近 “海之风琴”的当地建筑师）的另一个杰作。这个22米宽的圆形纪念碑位于人行道上，由300层玻璃板组成，白天可以收集太阳能，加上让“海之风琴”发出声音的海浪动能，这个纪念碑从日落到日出都上演着令人眼花缭乱的声光秀，而这其实是在模仿太阳系。它收集到的能量足以支持整个海港的照明系统。

每天晚上，这个地方都挤满了游客、兴奋的孩子和当地人，尤其是日落前后，美丽的海景和被照亮的人行道构成了壮观的景象。

古代玻璃博物馆 博物馆

(Museum of Ancient Glass, Muzejantičkog-stakla; ☎023-363 831; www.mas-zadar.hr; Poljana Zemaljskog Odbora 1; 成人/儿童 30/10KN; ⏲5月至9月 周一至周六 9:00~21:00, 10月至次年4月 至16:00)令人困惑不解的是，像玻璃这种易碎材料，历经地震和千年接连不断的战火竟然能够完好无损地保存至今。这座宏伟的博物馆里收藏了数千件玻璃制品：高脚杯、罐子、药瓶、珠宝和护身符。许多比较大的玻璃瓮是从当地的罗马墓地搬来的，古人曾在瓮里焚烧尸体。展厅布局很不错，展品放在大灯箱里，展厅里还播放着空灵缥缈的背景音乐，使游客在参观的时候心情舒畅。

圣西梅翁教堂 教堂

(St Simeon's Church, Crkva SvŠime; Poljana Šime Budinića bb; ⏲5月至10月 周一至周五 8:30至正午和17:00~19:00, 周六 8:30至正午)这座17世纪的巴洛克风格教堂本身很漂亮，但它内部的东西才是真正值得一看的。主祭坛上方的圣西梅翁石棺是中世纪金器工艺的典范之作。这个1377年制作的棺材以雪松木为主体，棺盖里外都有精美的镀金银浮雕。

人民广场 广场

（People's Square; Narodnitrg）这个美丽的小广场一直是公众生活的中心，广场上的许多咖啡馆兼酒吧是人们闲聊的地方。西侧是晚期文艺复兴风格的**城市避难**（City Guard）建筑，它建于1562年，钟楼是1798年奥地利占领期间增建的。对面的**凉廊**（loggia；建于1565年）曾经是宣读声明和审判结果的地方，现在那里主要展示艺术品。

考古博物馆 博物馆

（Archaeological Museum, Arheološki Muzej; ☎023-250 516; www.amzd.hr; Trg Opatice Čike 1; 成人/儿童 30/15KN; ⏰6月和9月 9:00~21:00，7月和8月 至22:00，4月、5月和10月 至15:00，11月至次年3月 周一至周五 9:00~14:00 周六 至13:00）这座迷人的博物馆内收藏着大量史前、古代和中世纪文物，它们主要来自扎达尔及其周边地区。展品中的亮点包括一尊2.5米高的奥古斯都大理石像（1世纪）和一个古代会场复原模型。

罗马会场 遗迹

（Roman Forum; Zelenitrg）扎达尔的迷人之处很多，最迷人的一点是古罗马遗址遍布街头，其中比较显眼的就是这个建于公元前1世纪至公元3世纪的古罗马会场。会场的一侧被圣多纳徒斯教堂（St Donatus' Church）占据，在罗马时代，这里是市民和宗教活动的中心。

神庙和柱廊废墟之中有一根完好无损的罗马柱，它在中世纪时用作耻辱柱，做坏事的人被绑在上面，接受公开的羞辱。附近还有很多古罗马遗迹，包括神话人物太阳神朱庇特（Jupiter）和女妖美杜莎（Medusa）的祭坛和浮雕。柱子顶部有凹陷处，用来盛放牺牲动物的鲜血。考古学家相信，早在公元前1世纪，这里曾经是一个供奉朱庇特、朱诺（Juno）和弥涅尔瓦（Minerva）的神庙。

圣多纳徒斯教堂 教堂

（St Donatus' Church, Crkva Sv Donata; Šimuna Kožičića Benjebb; 20KN; ⏰5月至9月 9:00~21:00，10月至次年4月 至16:00）这座罕见的圆形拜占庭风格教堂建于9世纪初，以下令建造该教堂的主教之名命名。作为少有的经受过13世纪蒙古人入侵而保留下来的早期克罗地亚王国建筑之一，这座教堂具有特别重要的文化意义。教堂内部陈设简单，只有从古罗马会场搬来的两根完整的罗马柱。铺地面的石板也是从会场搬来的，最初的地板被挪走后，就用这些石板来代替。

这座教堂已经有200多年没有举办过宗教活动了，如今它作为音乐厅，经常举办音乐会或展览。

另辟蹊径

锡尔巴岛（SILBA ISLAND）

锡尔巴岛在群岛外缘，位于达尔马提亚北部的亚得里亚海中。如果你急于逃离喧闹的人群（尽管这种情况只出现在夏季），就不妨改道锡尔巴岛。这个岛只有15平方公里，地势平坦，非常安静，但景色优美，仅仅偶尔有机动车驶过，可爱又幽静。美丽的海滩不计其数，**Vele Stene**（大岩，Large Rocks）格外陡峭嶙峋，**Dobre Vode**的沙滩底部很浅，**Nozdre**的岩石形状奇特，面积比较大。

别错过岛上唯一的城镇**托列达**（Toreta）。那座外面有旋转台阶的狭窄圆柱形石塔有一个动人的当地传说：一位水手为了等他归来的心上人修建了这座塔，但心上人却厌倦了等待，嫁给了别人。站在塔顶能看到美丽的景色。

待一日游游客离岛之后，如果你想留下来住宿、租船或者干点儿别的，可以通过网站www.silba.org了解详细信息。

只能乘坐**亚德罗里尼亚公司**（www.jadrolinija.hr）的渡轮，从扎达尔（成人/儿童 31/15.50KN，4小时，每天1班）和小洛希尼（成人/儿童/小汽车 31/15.50/170KN，2小时30分钟，每天1班）前往锡尔巴岛。

Zadar 扎达尔

圣安纳斯塔西亚大教堂 主教座堂

（St Anastasia's Cathedral, Katedrala Sv Stošije; Trg Sv Stošije; ⏲周一至周五 18:30~19:00, 周六 8:00~9:00, 周日 8:00~9:00和18:00~19:00）免费 扎达尔的大教堂建于12世纪和13世纪，立面雕花很精美，教堂内部有3座中殿，十分宏伟，东侧的半圆壁龛中还有残存的壁画。第二次世界大战期间，该教堂遭到轰炸，后来又被修复。教堂内部左侧壁龛的祭坛上有一个大理石石棺，棺内是圣安纳斯塔西亚的遗骨。唱诗班会在雕刻精美的小隔间里表演。如果大教堂不开放（经常如此），你可以透过玻璃前厅窥视教堂内部。

你还可以登上**钟楼**（bell tower; Široka; 门票 15KN; ⏲6月至8月 周一至周六 9:00~22:00, 其他月份开放时间缩短）俯瞰老城风光。

幻觉艺术博物馆 博物馆

（Museum of Illusions, Muzej Iluzija; ☎023-316 803; www.zadar.muzejiluzija.com; Poljana Zemaljskog Odbora 2; 成人/儿童 60/40KN; ⏲6月至9月 9:00至午夜，4月、5月、10月和11月 10:00~20:00，12月至次年3月 10:00~16:00）这个有趣的博物馆专门展示视觉和其他错觉，有涡轮隧道、全息图片、镜屋和大量互动展品，让人想破了头也想不明白其中的原理。

宗教艺术博物馆 博物馆

（Museum of Religious Art; Trg Opatice Čikebb; 成人/儿童 30/10KN; ⏲周一至周六 10:00~13:00和17:00~19:00, 周日 10:00~13:00）这座大型博物馆在一个本笃会女修道院内，馆藏圣骨匣、雕塑、刺绣和绘画。威尼斯大师Paolo Veneziano和Vittore Carpaccio的作品尤其值得一看。

Zadar 扎达尔

重要景点

1 海之风琴 A1
2 向太阳致敬 A1

景点

3 考古博物馆 C2
4 钟楼 B2
5 方济各修道院 A2
6 古代玻璃博物馆 D3
7 幻觉艺术博物馆 D3
8 宗教艺术博物馆 C2
9 人民广场 C3
10 罗马会场 B2
11 圣安纳斯塔西亚大教堂 B2
12 圣多纳徒斯教堂 B2
13 圣西梅翁教堂 D3

活动、课程和团队游

Zadar Walking Tours （见9）

住宿

14 Almayer - Art & Heritage Hotel B1
15 Apartments Donat B2
16 Art Hotel Kalelarga C3
17 Boutique Hostel Forum B2
18 Hotel Bastion B1

就餐

19 4 Kantuna C3
Corte Vino & More （见14）
20 Foša D4
Gourmet Kalelarga （见16）
Kaštel （见18）
21 Kornat B1
22 Mlinar C3
23 Pet Bunara D3

饮品和夜生活

24 Cogito Coffee C2
25 Garden Lounge B1
26 La Bodega C3

娱乐

27 Arsenal B1

购物

28 Gligora C2
29 Natura Zara C2

方济各修道院 修道院

(Franciscan Monastery, Franjevački Samostan; www.svetifrane.org; Trg Sv Frane 1; 成人/儿童 10/5KN; ⌚9:00~18:00)凭这座古老修道院的门票可以参观一座漂亮的文艺复兴风格的回廊、哥特式教堂(建于1280年，是达尔马提亚同类教堂中最古老的)、圣器收藏室(1358年就是在这里签署了协议，威尼斯人把达尔马提亚的所有权交给了克罗地亚—匈牙利皇帝卢多维克)和一个小宝库。

小宝库的亮点包括一个很大的12世纪彩绘木头十字架、一个来自乌格连岛(Ugljan)的15世纪三联画屏和一幅16世纪由亚卡波·巴萨诺(Jacopo Bassano)创作的死亡基督徒画像。

活动

老城南边的海滨步道上有一个小公园和一家咖啡馆，游泳区域还配有跳板。从陆地之门出发，沿着公路走，然后随公路右转，走到Kralja Dmitra Zvonimira。步道将带你前往Hotel Kolovare门口的海滩，之后，步道继续沿海边向前蜿蜒约1公里。

团队游

当地旅行社推出前往泰拉什奇查湾(Telašćica Bay)和科尔纳提群岛的游轮之旅。团队游通常包括午餐和在海里或盐湖里的游泳活动。在Liburnska Obala(游船停泊的地方)打听一下，或者联系Aquarius Travel Agency(☎023-212 919; www.aquariuszadar.com; Nova Vrata bb; ⌚时间不定)。前往帕克莱尼察国家公园、克尔卡国家公园和普利特维采湖群国家公园的团队游也很受欢迎，因为这样一来，游客就无须为自己没有交通工具而苦恼了。

Zadar Walking Tours 团队游

(☎091 32 79 777; www.zadarwalkingtour.com; 每人 100KN; ⌚10:00、正午和18:00)100分钟的团队游是你了解城市及其历史的极佳方式。导游一流，知道许多扎达尔的传说和典故以及历史细节。提前预订，或者在发团时间之前10分钟赶到位于人民广场灯柱下的出发地点。

节日和活动

圆月节 文化节

（Full Moon Festival, Noć Punog Miseca; ⏲7月末）这一天（7月的月圆之夜），扎达尔的码头被火把和蜡烛照得亮如白昼，小摊出售当地甜食，码头上一字排开的船只成了水上鱼市。

圣多纳徒斯音乐晚会 音乐节

（St Donatus Musical Evenings, Glazbene večeri u Sv Donatu; ☎023-627 762; www.donat-festival.com; ⏲7月末和8月初）来自世界各国的杰出音乐家在圣多纳徒斯教堂演奏古典音乐。

住宿

Windward Hostel 青年旅舍 €

（☎091 62 19 197; www.facebook.com/windward.hostel.zadar; Gazića 12; 铺/双 112/450KN; ❄📶）距离老城只有1.5公里，这个有20张床位的游艇主题青年旅舍由一位热情的水手经营。房间整洁，配备大储物柜、电动窗帘和私人阅读灯。附近有超市和面包房，员工能安排帆船团队游和帆船课程。

Drunken Monkey 青年旅舍 €

（☎023-314 406; www.themonkeytroophostels.com; Jure Kastriotica Skenderbega 21; 铺/房间 175/450KN起; ❄@📶🏊）这家氛围友好的小青年旅舍隐藏在城市郊区，这里气氛欢快悠闲，有色调明快的房间、一个小游泳池、一个客用烧烤场地和无处不在的时尚氛围。员工能安排前往普利特维采湖群和克尔卡国家公园的游览。如果这里客满，附近还有一家档次和房价都相似的姊妹店Lazy Monkey。

★ **Boutique Hostel Forum** 青年旅舍 €€

（☎023-253 031; www.hostelforumzadar.com; Široka 20; 铺/双/套 155/665/725KN起）有五颜六色的宿舍房间、个性十足的黑白相间双人房和套房。有些房间视野很好，能看到部分海面，因此它成为老城中心最好的青年旅舍兼中档酒店。位置再好不过了，房价性价比高。

Apartments Donat 公寓 €€

（☎095 82 56 390; www.apartmentsdonat.com; Nadbiskupa Mate Karamana 12; 公寓 700KN起）迷人的现代化套房位于黄金地段，因此是你住宿的好选择。有几个房间在阁楼上，大多数房间要么墙上画着艺术图案，要么是时髦的裸露砖墙。

★ **Art Hotel Kalelarga** 酒店 €€€

（☎023-233 000; www.arthotel-kalelarga.com; Majke Margarite 3; 标单/双含早餐 1515/1810KN; ❄📶）由于地处老城内，施工和设计都要严格遵守保护条例。这家有10间客房的精品酒店低调而奢华，裸露的石墙和蘑菇色使宽敞的房间别具魅力。早餐很美味，就餐地点是酒店自己的咖啡厅Gourmet Kalelarga。

另辟蹊径

纳丁（NADIN）

小村纳丁位于扎达尔以东32公里处，如果你对橄榄油和葡萄酒感兴趣的话，村里有一两个景点值得驻足。

Uljara Nadin（☎023-663 114, 091 569 97 82; www.uljara-nadin.hr; Nadin 58b, Nadin; 团队游和品尝 75KN起; ⏲需预约）提供橄榄油品尝活动（包括告诉你如何分别优质和劣质橄榄油），带领客人参观产品加工过程，店铺内出售真正的好橄榄油。这里是了解这种克罗地亚名产的好地方。

Vinarija Škaulj（☎091 389 14 21; www.vinarija-skaulj.hr; Nadin; ⏲需预约）紧邻E71公路，虽然到这儿来是绕路，但团队游、品酒和现场销售让人觉得值了。这家有机酿酒厂以红葡萄酒（赤霞珠、美乐和西拉子）最为知名，但也务必要尝尝maraština，这种白葡萄酒仅出产于达尔马提亚沿海和内陆。最好跟酿酒厂预约一下品酒活动——直接来也行，但可能没人带你参观。

★ Almayer - Art & Heritage Hotel
遗产酒店 €€€

（☎023-335 357；www.almayer.hr；Braće Bersa 2；双/套 1745/2200KN；P ✱ @ 📶）这家优雅的酒店坐落在老城半岛北端附近，经典的客房位于一栋美丽的石墙遗产建筑内。周到的服务和美妙的早餐都是其魅力所在。

★ Hotel Bastion
酒店 €€€

（☎023-494 950；www.hotel-bastion.hr；Bedemi Zadarskih Pobuna 13；房 1320~2730KN；P ✱ 📶）这家精致的酒店建在一个威尼斯要塞废墟上，散发着独特的魅力。23个房间和5间套房有20世纪初的感觉，经典又不失时尚。楼顶有一个餐厅，地下室有水疗区。老牌酒店，位置绝佳。

就餐

Mlinar
面包房 €

（☎091 23 88 620；www.mlinar.hr；Široka 1；小吃 8KN起；⏲周一至周五 6:30~23:00，周六和周日 7:00~23:00）这家全国连锁的面包房是城里最好的面包房，购买小吃和早餐的好地方。出售全麦面包、羊角包、甜馅饼和burek（填满肉、菠菜或奶酪的馅饼）。

★ Kaštel
地中海菜 €€

（☎023-494 950；www.hotel-bastion.hr；Bedemi Zadarskih Pobuna 13；主菜 70~190KN；⏲7:00~23:00）这家Hotel Bastion的一流餐厅供应用经典克罗地亚配方烹制的现代菜肴（炖章鱼、鱿鱼塞肉、帕格奶酪）。也有法国和意大利风味的食物，特别是甜品。你可以坐在铺着亚麻台布的室内餐桌边就餐，也可以去能俯瞰港口的城垛上享用，度过难忘的一晚。

★ Pet Bunara
达尔马提亚菜 €€

（☎023-224 010；www.petbunara.com；Stratico1；主菜 65~160KN；⏲正午至23:00）这家古色古香餐厅的室内有裸露的石壁，可爱的天台上种着橄榄树，这里是品尝达尔马提亚风味汤和炖菜、家常意大利面以及章鱼和火鸡等本地美食的好去处。你还可以留点儿肚子吃传统的扎达尔无花果蛋糕或樱桃奶油蛋糕。

4 Kantuna
意大利菜、各国风味 €€

（☎091 31 35 382；www.restaurant4kantuna.com；Varoshka 1；比萨 48~63KN，主菜 68~175KN；⏲11:00~23:00）小巷座位区很酷，室内就餐区也很有个性。食物虽然简单，但做得用心，无须多花钱就能享受到一流的服务和优质的美食。供应比萨、意面、焗饭和十几种精选的肉类和鱼类主菜。

Gourmet Kalelarga
咖啡馆 €€

（☎023-233 000；www.arthotel-kalelarga.com/gourmet；Široka 23；早餐 28~60KN，主菜 59~155KN；⏲7:00~22:00）这个可爱的小咖啡馆在Art Hotel Kalelarga楼下，是吃早餐或喝咖啡的最佳去处。到了中午，店家会把早餐撤掉，供应多种达尔马提亚风味的食物。服务非常好。

Restaurant Niko
海鲜 €€

（☎023-337 888；www.hotel-niko.hr；Obala Kneza Domagoja 9；主菜 70~170KN；⏲正午至午夜）这家酒店（双 1140KN；P ✱ 📶）餐厅的烤鱼及其他海鲜特别受欢迎，不过菜单上也有红肉和蔬菜。餐厅就在城区近Borik一侧的边缘，你一定要来尝尝。

★ Corte Vino & More
各国风味 €€€

（☎023-335 357；www.facebook.com/cortevinomore；Braće Bersa 2；主菜 80~180KN；⏲正午至14:30和19:00~22:30）在这家餐馆吃饭是扎达尔最经典的就餐体验之一。位于Al Mayer Heritage Hotel内，环境高雅，服务殷勤，食物一流（随季节更换），这家餐馆正在引导克罗地亚传统菜肴走上创新之路。此外还有极好的葡萄酒单和学识渊博的侍者。

Foša
海鲜 €€€

（☎023-314 421；www.fosa.hr；Kralja Dmitra Zvonimira 2；主菜 130~270KN；⏲正午至次日1:00）这家经典餐馆看起来非常有品位：美丽的天台就在港口上方，用21世纪风格装饰的古代石墙显得很时髦。大厨Damir Tomljanović注重使用新鲜的亚得里亚海海鱼，可以烤制，也可以腌制。以烧烤或盐烤的方式烹制。菲力牛排配松露也是一道明星菜肴。再试试亚得里亚海虾配熏贻贝面团。

Kornat 地中海菜 €€

（☎023-254 501；www.restaurant-kornat.hr；Liburnska Obala 6；主菜 120~190KN；⏲周一至周六 正午至午夜）这个优雅的地方是扎达尔最好的餐馆之一，它位置显眼，面朝港口。厨师将克罗地亚新鲜农产品、多种法式酱汁和大量意大利调料相结合，烹制出美味佳肴。本书调研之际，该餐馆翻修歇业。

饮品和娱乐

扎达尔的酒吧分为很多种，气氛十分活跃，很多顾客都是学生。你可以直奔位于老城西南侧的Varoš社区，那里的小咖啡馆兼酒吧富有艺术气息，很是有趣。

★ La Bodega 葡萄酒吧

（☎099 46 29 440；www.labodega.hr/zadar；Široka 3；⏲周日至周四 7:00至次日1:00，周五和周六 至次日1:30）这里是扎达尔最小资的酒吧之一，半工业风格的装饰显得既时尚又古怪。吧台上方挂着一排火腿和大蒜，地板是葡萄牙风格的，大门直通街道。这里按杯出售的克罗地亚葡萄酒种类很多，按瓶出售的葡萄酒种类更多。你可以边喝酒边吃帕格奶酪（见220页）和熏火腿。

Podroom 夜店

（☎099 74 98 451；www.podroom.club；Marka Marulića bb；⏲周五 午夜至6:00，周六 1:00至6:30）扎达尔最大的夜店之一，大牌克罗地亚和国际DJ定期来店里表演，尤其是夏季。与老城相距不算太远，凌晨2点左右最为热闹。舞台上还有现场音乐表演。门票价格不固定，取决于请到的是哪位嘉宾。

Cogito Coffee 咖啡馆

（Poljana Pape Aleksandra III B；⏲周二至周日 8:00~16:00）许多当地人发誓说，这家咖啡馆是老城里最好的。也自制鸡尾酒和精酿啤酒，因为离游客集中的区域远，所以感觉像一个社区咖啡馆。

Garden Lounge 酒吧

（☎023-250 631；http://thegarden.hr/the-garden-lounge；Liburnska Obala 6；⏲5月末至10月 10:00至次日1:00）这个超酷的花园酒吧兼夜店在老城的城墙上，看起来特别有伊比沙岛的感觉。它面朝港口，能看到海景，还有躺椅、安静的单间、软软的纺织品和劲爆的电子音乐。超炫，超酷。

Arsenal 演出场所

（☎023-253 821；www.arsenalzadar.com；Trg Tri Bunara 1）这个音乐厅的前身是造船厂的仓库，现在主要用作举办音乐会和艺术展，还有些其他私人用途。你可以通过其网站查询最新的演出信息。

购物

★ Natura Zara 食品和饮品

（☎098 888 585；www.facebook.com/Naturazara；Brne Karnarutića 7；⏲3月至10月 8:00~21:00）这家奇妙的小店隐藏在老城一条安静的街边，出售优质的克罗地亚葡萄酒、橄榄油、松露和烈酒，产品全部来自小型家庭工厂，都出自原产地。

Gligora 食品和饮品

（☎023-700 730；www.gligora.com；Hrvoja Vukčić Hrvatinića 5；⏲周一至周五 7:00~20:00，周六和周日 至14:00）帕格岛出产的羊奶酪是著名的克罗地亚传统美食。这家位于扎达尔的店铺出售多次获奖的奶酪、橄榄油、葡萄酒和其他商品。

实用信息

旅游办事处（☎023-316 166；www.zadar.travel；Jurja Barakovića 5；⏲5月至7月和9月 8:00~23:00，8月 至午夜，10月至次年4月 周一至周五 8:00~20:00，周六和周日 9:00~14:00）发行彩色地图，向参加城区半自助团队游的客人出租语音导游器（40KN）。

扎达尔综合医院（Zadar General Hospital，Opća Bolnica Zadar；☎023-505 505；www.bolnica-zadar.hr；Bože Peričića 5）

到达和离开

飞机

新近扩建的**扎达尔机场**（Zadar Airport；☎023-205 800；www.zadar-airport.hr）在镇中心以东12公里处。克罗地亚航空公司的航班从萨格勒布飞往扎达尔。这个机场也有飞往布鲁塞尔、都柏林、伦敦、慕尼黑、巴黎、华沙和其他许多城市的国际航线，通常有廉价航班。

船

G&V Line（www.gv-zadar.hr）每天有3班客轮开往长岛，途中经停萨利（25~40KN，45分钟）和Zaglav（25~40KN，40分钟）。

亚德罗里尼亚公司（☎023-254 800；www.jadrolinija.hr；Liburnska Obala 7）的渡轮直接泊入老城，大型国际船只停靠在Istarska Obala，比较小的船只停靠在Liburnska Obala（那里还有个售票处）。6月至9月，每周6班载车渡轮往返于扎达尔与意大利的安科纳（Ancona），7月和8月增加到14班（乘客/小汽车 407/510KN起）。

当地渡轮 从萨利驶往小洛希尼（成人/儿童/小汽车59/30/250KN，6小时45分钟，7月和8月每天1班）、长岛的Brbinj（30/15/176KN，1小时15分钟，每天2~3班）和乌格连岛的普莱科（18/9/103KN，25分钟，每天11~17班）。只载客的双体船还开往长岛的波扎瓦（Božava；40KN，1小时15分钟，每天3班）。

长途汽车

长途汽车站（☎060 305 305；www.liburnija-zadar.hr；Ante Starčevića 1）在老城东南方向约1公里处。除了常规长途汽车，还可以试试FlixBus（www.flixbus.com）。

国内目的地包括下列城镇：

杜布罗夫尼克 182KN，8小时，每天最多6班

里耶卡 156KN，4小时30分钟，每天12班

希贝尼克 43KN，1小时30分钟，每小时最少1班

斯普利特 86KN，3小时，每小时1班

萨格勒布 110KN，3小时30分钟，每小时1班

ℹ 当地交通

抵离机场

公共汽车（单程25KN）的运营时间与克罗地亚航空公司航班的起飞时间相吻合，始发站在机场到达大厅门外。返回机场的车辆从老城（Liburnska Obala）和长途汽车站出发，发车时间是航班起飞之前1小时。

从机场去老城或Borik，乘坐出租车的费用分别是150KN左右和180KN。

自行车

Calimero（☎023-311 010；www.rent-a-bike-zadar.com；Zasjedanja Zavnoh 1；每小时/每天40/120KN起；⊙周一至周五 8:00~20:00，周六至13:00）扎达尔最好的自行车出租店。从老城走过来很近。

公共汽车

本地公司**Liburnija**（www.liburnija-zadar.hr）运营10条公交线路，这些线路都经过长途汽车站。上车后买票需10KN，上车前在报摊（tisak）购买则是两张16KN。5路和8路（通常有"Puntamika"标记）公交车定时抵离Borik。

长岛（DUGI OTOK）

☎023 / 人口 1625

长岛是扎达尔地区最大的岛，看起来很原始，未经人为破坏的自然之美令人心旷神怡。这个岛之所以叫"长岛"（Long Island），是因为它最窄的地方宽度只有4公里，而从西北至东南长43公里。东南海岸以陡峭的山峰和悬崖为主，北边部分地区有葡萄种植园、果园和山羊养殖场，东南海岸和北部之间是喀斯特地貌的山丘，岛上的最高点Vela Straža（海拔338米）就在其中。

历史

岛上的遗址显示这里曾先后有伊利里亚人、罗马人和早期基督徒定居，但这个岛直到10世纪中期才出现在文献记载中，后来它成为扎达尔修道院的财产。16世纪土耳其人的入侵使沿海其他地区的人迁居到这里，扩大了岛上村庄规模。

随着扎达尔先后落入威尼斯人、奥地利人和法国人之手，长岛趁机积累了大笔财富，但当达尔马提亚北部被割让给墨索里尼时，长岛却被留给了克罗地亚。老人们还能想起当年的苦日子：那时候最近的医疗和行政中心都在希贝尼克，坐船要好久才能到。

淡水资源的匮乏制约了经济发展，饮用水只能依靠降雨或者用船从扎达尔运来。最近几十年，这里人口逐渐减少，只有那些最坚强的人留下来忍受夏季的炎热和冬季的寒风。

ℹ 到达和离开

G&V Line（☎023-250 733；www.gv-zadar.com）每天有3班载客渡轮从扎达尔出发，经停萨利（25~40KN，45分钟）和Zaglav（25~40KN，1小时）。

亚德罗里尼亚公司（www.jadrolinija.hr）每天有双体船从扎达尔开来，往来于波扎瓦（Božava；40KN，1小时15分钟）和Brbinj之间（40KN，1小时45分钟）。该公司也有开往波扎瓦（成人/儿童/小汽车 30/15/176KN）的载车渡轮，夏季每天3班。

当地交通

长岛上唯一的公交车连接波扎瓦和北部的Brbinj，运营时间与船只出发和到达时间相呼应。你在萨利和波扎瓦都能租到轻便摩托车。如果想在岛上转转，你得有自己的交通工具——自行车或者小汽车。

大拉特和普恩塔比延查（Veli Rat & Punta Bjanca）

人口62

美丽的村庄大拉特接近长岛的西北端，村边的海湾有个码头。除了逛逛商店、泡泡酒吧，这里没什么好玩的。但是，如果你沿着岛的北端继续前行3公里，就会看到美丽的普恩塔比延查（Punta Bjanca）灯塔。

景点

普恩塔比延查灯塔 灯塔

（Punta Bjanca Lighthouse）普恩塔比延查灯塔（建于1849年）位于长岛北端附近。塔高42米，是亚得里亚海域附近同类灯塔中最大的一个。旁边是一个供奉圣尼古拉斯（St Nicholas；水手的保护神）的小礼拜堂。灯塔几乎面朝正西，不难想象，在塔顶能看到无与伦比的日落美景。

住宿

Camp Kargita 露营地 €

（098 532 333；www.camp-kargita.hr；成人/儿童/露营点 70/42/155KN；4月至10月）这个小露营地几乎就在灯塔下方，附近是一个岩石海滩，看起来很荒僻。因为是新开业的，所以设施状态良好。

波扎瓦（Božava）

人口125

安静的小村庄波扎瓦被一个可爱的天然海港环抱，几十年来，这里已经从渔村发展为度假胜地。村子里种了许多开花的树，海边的步行小路绿树成荫。当地经济主要依赖旅游业，收入来自波扎瓦“游客村”里的4家酒店和几家海边餐馆。

夏天旅游旺季时，有一趟小火车（10KN）往返于酒店和萨卡伦湾（Sakarun Bay）之间。萨卡伦湾有一片带状的鹅卵石沙滩，这也是岛上最美的海滩之一，但是这里树荫不多，而且海水过浅（却非常适合带幼童的家庭）。如果你驾车从波扎瓦前往这里，驶入岛上的主路后右转，3公里后走左侧的岔路就到了。

住宿

Hotel Maxim 酒店 €€€

（023-291 291；www.hoteli-bozava.hr；Božava 46；单/双 775/1550KN起；P ❄ @ 🏊）这家四星级酒店是波扎瓦最高档的住处。房间和公寓里都有卫星电视、冰箱和能俯瞰大海的阳台。此外，这里还有一个迷人的天台小游泳池、灯光照明网球场和一个规模不大的水疗中心。

实用信息

旅游办事处（023-377 607；www.dugiotok.hr；Božava bb；6月至9月 周一至周五 9:00~13:00和17:00~20:00，周六 至14:00）就在小港口上方，可以代租自行车、轻便摩托车和小汽车，还能帮助你找到私人住处。

萨利（Sali）

人口750

作为长岛上最大的小镇，萨利跟散落于岛上的其他村庄相比简直就是一个国际大都市。“萨利”这个名字来自一个如今已经停产的盐场，小镇看起来乱糟糟的，却很有生活气息。港口是一个仍在运作的渔港。夏季港口泊满了小型客船和游艇，这些是前往泰拉什奇查湾和科尔纳提群岛（或从那里返回）的船只，经过萨利时补充一些供给品。

活动

Tome 划船

（023-377 489；www.tome.hr）组织前往

另辟蹊径

弗兰斯科湖自然公园(VRANSKO LAKE NATURE PARK)

可爱的弗兰斯科湖是克罗地亚最大的天然湖，也是地中海保存最完好的湿地之一。观鸟是这里的一大亮点，有纪录的被观测到的鸟类多达261种，8月至10月，这里还会飞来上万只鹭、鸬鹚、鹬、鹈鹕和莺等湿地候鸟。湖的北端专门被辟为鸟类保护区，保护区内有木板路、鸟类栖息地和徒步小径。也可以骑自行车、骑马和划皮艇。

弗兰斯科湖自然公园办公室(Vransko Lake Nature Park Office; ☎023-383 181; www.pp-vransko-jezero.hr; Kralja P Svačića 2, Biograd Na Moru; ⏲时间不定)位于门户小镇Biograd Na Moru，能安排向导和其他活动。弗兰斯科湖位于小镇东南边缘。

小村Vrana紧邻湖的东北角，村里的Maškovića Han(☎023-333 230; www.maskovicahan.hr; Marina 1, Vrana, Pakoštane; 房 890KN; P ❄ @ 📶)是达尔马提亚最好的住处之一。酒店位于一栋经过修复的有370年历史的砂岩大宅内，拥有小博物馆、极妙的餐厅和怡人的房间。

泰拉什奇查湾和科尔纳提群岛(2500KN；最多6人)的一日乘船游，价格包含食物和公园门票。你也可以租一条船，自己制定航线(1500KN)。这里还能安排钓鱼之旅(2500KN起)。

✕餐饮

Spageritimo 克罗地亚菜 €€

(☎023-377 227; Sali bb; 主菜 45~135KN; ⏲11:00~22:00)这家港口小餐馆是萨利最好的就餐之处，专营刚从渔船卸下来的新鲜当地海鲜。服务一流，店主自制橄榄油，但有旅行者抱怨菜的分量少。

Maritimo 酒吧

(Obala Petra Lorinija bb; ⏲11:00至次日1:00)这个酒吧是萨利的灵魂，无论下雨还是晴天，店里都很热闹。长条吧台是木质的，墙上贴着昔日的照片，显得很有格调。天台上适合喝鸡尾酒、咖啡或生啤。

ℹ实用信息

旅游办事处(☎023-377 094; www.dugiotok.hr; Obala Kralja Tomislava bb; ⏲7月和8月 周一至周六 8:00~20:00，周日 11:00~13:00，9月至次年6月 周一至周五 8:00~15:00)位于港口正前方。

ℹ当地交通

Louvre(☎098 650 026; Obala Kralja Tomislava bb)出租轻便摩托车和山地自行车。

泰拉什奇查湾(Telašćica Bay)

长岛的东南顶端被锯齿形状的泰拉什奇查湾(Park prirode Telašćica; www.telascica.hr; 25KN)分成两半。泰拉什奇查湾有5个小岛和5个更加袖珍的小岛，这里海水湛蓝，是亚得里亚海最大、最美丽、最原始的自然港之一，有许多游艇。

科尔纳提群岛(Kornati Islands; 见234页)的边缘几乎挨着泰拉什奇查湾，群岛中的两个岛地形完全相同，光秃秃的白色石灰岩之间点缀着片片灌木丛。西端朝向大海，海风和海浪造就了166米高的陡峭悬崖。长岛的西岸没有城镇、村庄或公路。

👁景点

米尔湖(Mir Lake) 湖

咸水湖米尔湖的湖水来自流经石灰岩汇入大海的地下水，这里栖居着的一种鳗鱼，是当地特有品种。这片湖被松林环绕着，湖水十分清澈，但底部全是淤泥，湖水比海水暖和得多。与大多数地区非比寻常的淤泥一样，这里的湖泥对人的皮肤很有益处。

ℹ到达和离开

从萨利到泰拉什奇查湾只有两种方式：乘船或步行(徒步约3公里)。萨利的**Adamo Travel**(☎023-377 208; www.adamo.hr; Obala Kralja Tomislava bb; ⏲周一至周六 8:00~18:00)经营前来这里的游览路线。

希贝尼克-克宁地区（ŠIBENIK-KNINREGION）

因为夹在更大、更热闹的城市扎达尔和斯普利特之间，希贝尼克-克宁总是被人们忽视。其实这里有许多有趣的景点，包括惊人的希贝尼克中世纪老城和两个国家公园——位于科尔纳提群岛具有原始风貌的国家公园和内陆沼泽乐园克尔卡国家公园。

提斯诺和穆尔泰尔岛（Tisno & Murter Island）

023 / 人口5220

提斯诺是一个可爱的小镇，位于穆尔泰尔岛和大陆之间的小岛上。近年来，提斯诺因主办一系列高调的音乐节而相对出名，虽然这跟它安静的魅力很不相称。

岛上最大的村庄是穆尔泰尔村（Murter village），这里是想去科尔纳提群岛的游客的大本营。穆尔泰尔岛西南部陡峭的海岸呈锯齿状，海边有许多小的海蚀洞，其中最有名的是非常适合游泳的斯拉尼查（Slanica）。

景点

★ **科兰谭海滩（Colentum Beach）** 海滩

免费 科兰谭海滩位于穆尔泰尔岛北部海岸，与Marina Hramina村北侧的格拉迪纳半岛（Gradina Peninsula）西缘平行，是达尔马提亚最不同寻常的海滩之一。2017年，科兰谭海滩（Colentum有时拼作Kolentum）对公众开放，200米长的弧形沙滩上有一个非常特殊的景点：南端海陆交会处坐落着公元1世纪的罗马别墅遗迹。景色看起来就令人发思古之幽情，沙滩很适合游泳。

住宿

Heritage Hotel Tisno 酒店 €€€

（022-438 182；www.hoteltisno.com；Zapadna Gomilica 8, Tisno；房间 500~1500KN；）这个19世纪末的房屋位于提斯诺的海边，被翻建成一个时尚的小酒店，看起来很壮观。房间设计很有年代感，挂着猩红色窗帘，装饰材料以木板为主，但气氛并不沉闷。

实用信息

旅游办事处（022-434 995；www.tzo-murter.hr；Butina2, Murter；6月至8月 8:00~22:00，9月至次年5月 至15:00）能提供一定的帮助。

到达和离开

沿海滨公路行驶的长途汽车都在通往提斯诺的岔路口停留（距离镇中心6公里）。每天最少有5班长途汽车往来于提斯诺和希贝尼克（19KN，25分钟）。否则，你得有自己的车。

值得一游

科尔纳提群岛（KNRNATI ISLANDS）

科尔纳提群岛是亚得里亚海最大、最密集的群岛，共有140个岛屿，其中89个构成了**科尔纳提国家公园**（022-435 740；www.np-kornati.hr）。由于是典型的喀斯特地貌，岛屿上遍布罅隙、海蚀洞、水下洞穴和悬崖峭壁。岛上曾经有常绿灌木和圣栎，但很久以前被火烧光了。这种光秃秃的景色并未削减群岛的美貌，反而使惊人的岩石形状更加引人注目，白森森的岩石与深蓝色的亚得里亚海水相得益彰，看起来既诡异又迷人。

两排面向开阔海域的岛屿构成了科尔纳提国家公园，因此它拥有壮观而崎岖的海岸线。科尔纳特（Kornat）是公园内最大的岛，长25公里，但宽度仅有2.5公里。岛屿及其周围的海域都属于保护区，为了让鱼群繁衍生息，渔业受到严格限制。皮什凯拉（Piškera）岛也在科尔纳提国家公园内，这里中世纪时曾有人类居住，是个钓鱼和储存鱼的地方。

科尔纳提国家公园办公室（Kornati National Park Office；022-435 740；www.kornati.hr；Butina 2, Murter；周一至周五 8:30~17:00）位于穆尔泰尔岛（Murter），能提供大量信息。

除非你有自己的船，否则你就只能参加从扎达尔、萨利、希贝尼克、斯普利特或其他沿海城市出发的团队游，你还可以在萨利（Sali）或穆尔泰尔岛安排私人行程。

克尔卡国家公园（Krka National Park）

☎022

73公里长的克尔卡河（Krka River）连接希贝尼克海岸附近的亚得里亚海和克罗地亚内陆的山区，克尔卡国家公园（☎022-201 777；www.npkrka.hr；成人/儿童 7月和8月200/120KN，4月至6月、9月和10月 110/80KN，11月至次年3月 30/20KN）与之平行。园内有瀑布和峡谷，河水的冲刷形成了一道200米深的喀斯特峡谷。人文景观也是该地区的主要景点，由于地处偏僻，吸引许多修士在这里建造了修道院。

公园有5个主要入口，分别是斯卡拉丁（Skradin）、洛佐瓦克（Lozovac）、罗什基斯拉普（Roški Slap）、克尔卡修道院（Krka Monastery）和伯纳姆（Burnum），这些入口小汽车都可以进入。

景点

★克尔卡修道院 修道院

（Krka Monastery，Manastir Krka；⏰10:00~18:00）不仅是克罗地亚最重要的塞尔维亚东正教修道院，也是整个东正教最重要的修道院之一。拜占庭和地中海式相结合的建筑风格非常独特，这座修道院地处克尔卡河和一个小湖上，所在之处很安静。6月中旬至10月中旬，国家公园随时都有导游可以带你前来参观。其他月份你可以参观教堂，或者在湖边小路上散散步。

这个专门供奉天使长米迦勒（Archangel Michael）的修道院建于1345年，修建者Jelena Šubić是当地一位克罗地亚贵族的妻子，也是塞尔维亚Dušan皇帝同父异母的姐妹。修道院原址之前曾经是一座历史悠久的基督教堂。教堂下面有一个利用天然洞穴建造的地下墓穴，里面有早期基督教徒的"涂鸦"，其历史或许可以追溯到1世纪。当地人传说，圣提多（St Titus）曾拜访过这座隐蔽的基督教堂，甚至连圣保罗（St Paul）可能也来过。参加带导游的团队游只能看到洞穴的一小部分，即"涂鸦"和人类骸骨，参观不到的洞穴部分长度至少有100米，甚至可能有一两公里。

20世纪90年代的战争期间，出于安全方面的考虑，修道院的宝物——包括价值连城的手稿和宗教物品，被搬到了贝尔格莱德。陈列这些宝物的新博物馆已经建成。修道院的建筑在战争期间受到联合国的保护。此外，这里还是塞尔维亚东正教最古老的神学院所在地。2001年，神学院重新开放，现在共有50名学生。

经预约，修道院可以安排从罗什基斯拉普（Roški Slap）开往克尔卡修道院的船只（2小时30分钟，仅4月至10月）。

斯卡拉丁斯基瀑布（Skradinski Buk） 瀑布

斯卡拉丁斯基瀑布是克尔卡国家公园的亮点，满是鱼群、碧绿清澈的河水中的小岛与公园内最大的瀑布之间，有一条1小时即可走完的环形木板路。斯卡拉丁斯基瀑布长800米，落差46米，奔腾直下汇入湖中，很多人在湖里游泳。附近一排古老的磨坊木屋被改建成工艺品作坊、纪念品商店和小吃店。夏季这里人头攒动，热闹极了。

在洛佐瓦克入口，穿梭巴士（持公园门票免费乘坐）载着游客从大型停车场（同样免费）沿着蜿蜒曲折的公路直奔斯卡拉丁斯基瀑布。11月至次年2月，免费摆渡船和穿梭巴士都停运了，但这几个月里你可以驾车直奔瀑布。

方济各慈悲圣母修道院 修道院

（Mother of Mercy Franciscan Monastery，Franjevački samostan Majke od Milosti；☎022-775 730）在斯卡拉丁斯基瀑布的上游，克尔卡河河面变宽，河水汇入Viskovac湖，湖边的芦苇丛和香蒲丛是沼泽鸟类的栖息地。这个被树木环绕的可爱修道院就在湖中央。14世纪，奥古斯丁修道士们建造了这个修道院，1445年，因奥斯曼帝国入侵波斯尼亚而逃到这里来的圣方济各教徒将其扩建。17世纪，这座教堂被大规模修缮，1728年还增建了一个钟楼。从斯卡拉丁斯基瀑布出发的乘船之旅包括30分钟在岛上游玩的时间。

斯卡拉丁（Skradin） 村庄

斯卡拉丁是个美丽的河滨小镇，主街上的石头房子有的颜色鲜艳，有的光秃秃的，主街上方是一个要塞废墟。从斯卡拉丁方向进入公园，除了能欣赏这个小镇的景色之外，还

提斯诺的节庆季

7月和8月间，提斯诺接连举办世界上最有名的几个电子音乐节，风格多样，音乐奇特，包括宇宙迪斯科、灵魂音乐、乡土音乐、民俗电子音乐、深浩室音乐和沙龙爵士乐等。这些音乐节的主办者都是在扎达尔的Garden Bar。

音乐迷们在哪里下榻是件大事。距离小镇仅1公里的私人沙滩上有80间公寓和一个豪华露营地——30平方米的印度式狩猎棉帐篷配备电扇、电灯、真正的床铺和蚊帐，甚至还有一间单独的更衣室。年轻的叛逆者们可以住在这里，既能尽情疯狂号叫，又不会影响当地人休息。那里有带树荫的凉爽区域和3个音乐区，有露天的Barbarella夜店、一辆较小的大巴车和水上出租车。你还可以去"臭名昭著"的Argonaughty船上派对（脚下就是波光粼粼的亚得里亚海）瞧瞧，那里简直疯狂极了。

本书调研之际，这里的活动一波接着一波，夏季活动时间安排详见www.thegarden.hr/events。

有一个好处：在这个入口买的门票包括穿过峡谷到达斯卡拉丁斯基瀑布的船票。坏处是夏季等待坐船的队伍很长。

罗什基斯拉普 瀑布

（Roški Slap；成人/儿童 7月和8月 100/55KN，4月至6月、9月和10月 60/40KN，11月至次年3月 30/20KN，持克尔卡国家公园门票可免费进入；⏰7月和8月 9:00~20:00，其他月份开放时间缩短）罗什基斯拉普瀑布长650米，落差23米，属于克尔卡河上十分耀眼的一部分。最高点十分狭窄，越往下水流越宽、分支越多。瀑布东边有个过去用来磨小麦的水力磨坊。有船只从斯卡拉丁斯基瀑布（成人/儿童 140/95KN，3小时30分钟）开来这里。

伯纳姆 遗迹

（Burnum；成人/儿童 40/30KN，持克尔卡国家公园门票可免费进入；⏰4月至6月、9月和10月 10:00~18:00，7月和8月 9:00~20:00）伯纳姆是克罗地亚唯一的古罗马军事露天竞技场，紧邻连接Kistanje和克宁的主路，从通往修道院的出口再往前走6公里即可到达。独特的椭圆形建筑由砖块砌成，驻扎于此的古罗马军队曾在竞技场中娱乐。沿着公路再往前走一点儿，留意高架渠遗址处的两扇优雅的白色拱门。伯纳姆附近还有两三个能看到瀑布的观景台。

住宿

Guest House Ankora 客栈 €€

（☎095 910 70 68；www.guesthouseankora.com；Mesarska 5a，Skradin；房/公寓 490/950KN）房间和公寓简单但整洁，位置好（在斯卡拉丁镇内），因此可以把这里当作探访克尔卡国家公园的大本营。石墙（部分房间）、露天热水浴缸和友好的服务都为这家客栈增色不少。夏季这里有最少入住3晚的要求。

Vila Barbara 公寓 €€€

（☎095 884 58 01；www.vilabarbara.com；Zagrađe 17，Skradin；公寓 1200KN；🅿📶）公寓房间五颜六色，甚至有点令人眼花缭乱，带安静的露台和热水浴缸。前台热情，位置好，离海边不远，感觉很不错。

实用信息

公园每个入口都设有信息办公室。

克尔卡国家公园办公室（Krka National Park Office；☎022-771 688；www.npkrka.hr；Skradin；⏰8:00~20:00）挨着斯卡拉丁的港口，提供很不错的地图和信息，还能安排远足游。

斯卡拉丁旅游办事处（Skradin Tourist Office；☎022-771 329；www.skradin.hr；Trg Male Gospe 3；⏰周一至周五 9:00~17:00）旅游总局在市政厅里，但复活节至10月期间，国家公园办公室旁边的小亭子里也有旅游办事处的员工办公。

到达和离开

能组织从希贝尼克、扎达尔和其他城市前往克尔卡远足游的旅行社不计其数，但你也可以自己前去游玩。夏季，**Autotransport Šibenik**（☎022-212 557；www.atpsi.hr）的长途汽车从希贝尼克开往洛佐瓦克和斯卡拉丁(28KN,25分钟),每天7班(周日仅3班)。冬季,长途汽车按照学生上学的时间运营。

希贝尼克(Šibenik)

☎022 /人口34,500

希贝尼克的郊区显得有点破破烂烂的,但驾车进城之后,就会看到壮丽的中世纪老城,在宁静的海水映衬下,老城微微闪烁着白光。坡度陡峭的石头街道和小巷像个迷宫,游览起来很享受。同时,希贝尼克也是前往克尔卡国家公园和科尔纳提国家公园的门户。

历史

与达尔马提亚许多沿海城镇不同,希贝尼克不是伊利里亚人、希腊人或罗马人建立的,而是11世纪由克罗地亚皇帝彼得·克雷希米尔四世(Petar Krešimir Ⅳ)建立的。1116年,这座城市被威尼斯人攻克,随后被威尼斯、匈牙利、拜占庭和波斯尼亚争夺不休,直到1412年,威尼斯最终赢得了控制权。16世纪和17世纪,奥斯曼土耳其人经常袭击这座城市,破坏了城市的贸易和农业发展。

1797年,威尼斯的统治结束,奥地利开始统治希贝尼克,一直到1918年。1895年,根据同胞尼古拉·特斯拉的发明,当地工程师和发明家(后来的市长)Ante 在克尔卡河上建造了世界上第一个水力发电厂,使希贝尼克成为全球第三个有交流电(AC)路灯系统的城市。

1991年,希贝尼克受到南斯拉夫联邦军队的进攻,屡遭轰炸,直到1995年在克罗地亚军队的"风暴行动"(Operation Storm)中才获得解放。如今几乎看不到战争的痕迹了,但当时城市的制铝业千疮百孔,失业率超过50%。近年来,希贝尼克的各方面已经开始复苏,旅游业逐渐成为当地经济的重要组成部分。

景点

希贝尼克许多美丽小教堂仅在弥撒时间前后开放。

★圣詹姆斯大教堂 主教座堂

(St James' Cathedral, Katedrala Svetog Jakova; Trg Republike Hrvatske; 成人/儿童 20KN/免费; ⌚9:30~18:30)尽管需要绕点儿远路,但达尔马提亚海岸的建筑瑰宝和世界遗产圣詹姆斯大教堂肯定是必看的景点,该教堂是著名设计师尤拉·达马提亚的代表作。整个教堂用采自布拉奇、科尔丘拉、拉布和克尔克的石头筑成,是全世界不用砖木支撑的最大石头教堂。建筑内部造型与外部同样独特。

达马提亚不是第一个(也不是最后一个)设计这座大教堂的建筑师。1431年,在雇用了10年威尼斯建筑师之后,这座城市选择了出生于扎达尔的达马提亚(Juraj Dalmatinac)来设计建造该教堂。他扩大了教堂的建筑面积,还改变了教堂的设计理念,使之呈现出过渡性的哥特式—文艺复兴风格。罕见的拱顶是在达马提亚去世后由Nikola Firentinac设计完

值 得 一 游

营救猛禽

索科拉尔斯基中心(Sokolarski Centre; ☎091 50 67 610; www.sokolarskicentar.com; Škugoribb; 成人/儿童 50/40KN; ⌚4月至11月 9:00~19:00)专门保护克罗地亚的肉食鸟类,开展各种营救活动,每年约有150只受伤的猛禽在这里接受康复治疗。该中心的主管Emilo Mendušić会为游客进行既有趣又有教育意义的展示,他用一只经过驯化的大雕和几只栗翅鹰来展示这些鸟儿的灵活性和技巧。被营救的当地鸟类不会参与这种表演,它们只是被中心喂养照顾,直到伤愈后返回野外。

中心内的病禽大多与克罗地亚的道路交通事故有关。它们面临的其他威胁包括非法毒鸟、枪击和杀虫剂。

索科拉尔斯基中心与希贝尼克相距约7公里,但二者之间不通公交。到这里来有些麻烦:先沿着通往克尔卡国家公园的公路走,在Bilice向东转,然后按着路标走就行了。

值得一游

奥邦詹岛(OBONJAN ISLAND)

小小的**奥邦詹岛**(☎英国 +44 203 808 7333; www.obonjan-island.com; ⌚7月末至9月初)与希贝尼克相距约10公里，是一个度假胜地，但又有所不同。岛上禁止机动车通行，住宿是游猎式帐篷，一些帐篷面朝亚得里亚海，能看到海对岸，但主要的“景点”是为期1月的文化项目，届时岛上人头攒动，DJ打碟、播放电影、开设工作室、举办交流会和艺术活动，甚至还有体育运动。岛上有4个餐厅、3个酒吧和免费瑜伽课程，还能乘船游览周边地区。

度假地开放期间，每天有3班船从希贝尼克开往这里。船票单程105KN。需要提前订票。如果你打算在岛上住宿，价格和优惠活动详见其网站。

工，后者用纯文艺复兴风格建造了大教堂的正面。整个建筑于1536年竣工。

这座大教堂最不同寻常的特征在于建筑背面外墙上有71个人头像的**带状雕刻**(frieze)。这些人像或平静，或苦恼，或滑稽，或骄傲，或恐惧，大多数看起来似乎很夸张，但确实是15世纪市民的真实面孔。建造大教堂耗费了巨额资金，据说谁更小气，谁的表情就更夸张。

北侧的**狮子门廊**(Lion's Portal)值得一看，它是达马提亚和Boninoda Milano共同创作的。两只狮子驮着两根分别雕刻有亚当和夏娃的柱子，两人看起来都为赤身裸体而感到极度羞愧。

进入教堂时拿一份小册子(有多种语言版本)，上面标明了自助游线路，这样一来游客就不会错过某些艺术品和教堂内部的建筑特色了。在后面的角落里，达马提亚设计的**洗礼堂**是一大亮点，天花板上雕刻的图案十分精美，圣洗池由3个天使托起。

教堂内部其他值得一看的艺术品还有Šižigorić主教之墓(由达马提亚设计，该主教支持修建这座大教堂)、圣法比安(St Fabian)和圣塞巴斯蒂安(St Sebastian)的祭坛画像(由Filippo Zaniberti设计)，以及一个极其可怖的15世纪哥特风格十字架(由Juraj Petrović设计)。

希贝尼克城市博物馆　　博物馆

(Šibenik City Museum, Muzejgrada Šibenika; ☎022-213 880; www.muzej-sibenik.hr; Gradska Vrata 3; 成人/儿童 30/10KN; ⌚周二至周五 8:00~20:00，周六和周日 10:00~20:00)这个博物馆位于17世纪的主教宫(Rector's Palace)内，布局整齐，主要收集来自城区及其周边的物品，永久性展品按照4个阶段清晰地介绍从史前到威尼斯共和国末期的历史。所有展品都有英文说明，有些还配备视频展示。

圣米迦勒要塞　　要塞

(St Michael's Fortress, Tvrđava Sv Mihovila; 成人/儿童 40/20KN; ⌚8:00~22:00)来到山顶这座宏伟的中世纪要塞，你可以在城垛上俯瞰希贝尼克城、克尔克河以及亚得里亚海中诸岛(日落时景色尤为壮观)。要塞的部分建筑建于13世纪，但残存的外壳由光滑的水泥支撑物支撑着，变成了夏季的表演舞台。

圣弗朗西斯教堂　　教堂

(St Francis' Church, Crkva Sv Frane; Trg Nikole Tommasea 1; ⌚7:30~19:30)这座圣方济各会修道院的宏伟教堂始建于14世纪末，教堂内有精美的壁画和一排威尼斯巴洛克风格绘画，不过这里的亮点是1674年的木质彩绘天花板。这里是St Nikola Tavilić的主要圣地，这位圣方济各会牧师于1391年在耶路撒冷殉道，成为克罗地亚的第一位圣人。隔壁院子里有介绍教堂历史的展览。

胜利博物馆　　博物馆

(Victory Museum, Muzej Pobjede Šibenik; Fra Nikole Ružića 1; ⌚周一至周六 10:00~13:00和17:00~19:00)这座博物馆也叫“达尔玛利亚胜利和解放博物馆”(Museum of Victory and Liberation of Dalmatia)，收藏达尔马提亚反法西斯的档案和文件。这里于2016年启用，是克罗地亚同类博物馆的第一家，用克罗地亚语和英语多媒体和图片记录“二战”，还有一些有趣的历史影片。

住宿

★Indigo　　青年旅舍 €

(☎022-200 159; www.hostel-indigo.com;

Šibenik 希贝尼克

Šibenik 希贝尼克

重要景点

1 圣詹姆斯大教堂 B3

景点

2 希贝尼克城市博物馆 B3
3 圣弗朗西斯教堂 D5
4 圣米迦勒要塞 B1
5 胜利博物馆 C3

住宿

6 Hostel Mare C2
7 Indigo C4
8 King Kresimir Heritage Hotel C3
9 Medulic Palace Rooms & Apartments C3

就餐

10 Konoba San Antonio C4
11 Pelegrini A2

Jurja Barakovića 3; 铺 129KN; ❄📶)这家氛围友好的小青年旅舍有一间4张床位的宿舍，铺位是松木制成的。旅舍有4层，每层都提供可以上锁的抽屉。在顶层的天台还能俯瞰大海。在这里随处可见奇特的蓝色牛仔布装饰物。凡是在这里住过的人，没有不称赞它的。可惜没有厨房。

Hostel Mare 青年旅舍 €

(☎022-215 269; www.hostel-mare.com; Kralja Zvonimira 40; 铺 100~159KN，房间 330~450KN; ❄📶)繁忙的公路边有一扇通往鹅卵石庭院的大门，门后面就是这个凉风习习的青年旅舍。这里的装修风格清新、明快，类似宜家(IKEA)的现代风格。宿舍房间有双肩包大小的储物柜，旅舍还有一间带独立卫生间的双人房。提供早餐(另收费)。可以存自行车。

★ Medulic Palace Rooms & Apartments 公寓 €€

(☎095 53 01 868; www.medulicpalace.com; Ivana Pribislavića 4; 房 310~630KN，公寓 365~815KN; ❄📶)这家公寓位置好，有裸露的石墙或砖墙，感觉很奇妙。标间缺乏个性，但公寓房间和豪华房性价比高，不妨在这个可爱的地方住上一两晚。

King Kresimir Heritage Hotel 历史酒店 €€€

(☎022-427 461; www.hotel-kingkresimir.com; Dobrić 2; 房 1075KN起; ❄@📶)位于主广场上一栋哥特和巴洛克风格杂糅的大宅内，房间豪华而安静。一些房间配备四柱床，另外一些面朝大海。整体感觉非常优雅，服务专业。

就餐

★ Pelegrini 地中海菜 €€

(☎022-213 701; www.pelegrini.hr; Jurja Dalmatinca 1; 主菜 79~185KN，3/4/5道主菜的套餐 440/570/700KN; ⏲正午至午夜)这家一流的餐馆提升了希贝尼克的美食档次，烹制从日本到法国的世界各地美食，但这里最拿手的还是地中海风味菜品。酒水单上有多种达尔马提亚葡萄酒。提前致电，你可以预订一张室外餐桌。

Konoba San Antonio 克罗地亚菜 €€

(☎098 16 42 141; Dobrić 1; 主菜 40~160KN; ⏲8:00~23:00)这个小餐馆在老城内，有个怡人的露台，精心准备的海鲜、鱼和烤肉菜肴一直品质稳定，尝尝三文鱼生鱼片。店主Antonio为人热情，活力四射。

实用信息

希贝尼克综合医院(General Hospital Šibenik, Općabo Inica Šibenik; ☎022-641 641; www.bolnica-sibenik.hr; Stjepana Radića 83)

旅游办事处(☎022-214 411; www.sibenik-tourism.hr; Obala Palih Omladinaca 3; ⏲5月至10月 8:00~21:00，11月至次年4月 周一至周五 至16:00)位于老城中心，工作人员非常乐于助人。

到达和离开

希贝尼克的**长途汽车站**(☎060 368 368; Draga 14)有多班长途汽车，而且距离老城步行没多远。

目的地包括下列城镇：

杜布罗夫尼克 148KN，6小时30分钟，每天最少2班
里耶卡 200KN，6小时30分钟，每天最少4班
斯普利特 48KN，1小时30分钟，每天12班
扎达尔 43KN，1小时30分钟，每小时最少1班
萨格勒布 132KN起，5~7小时，每小时最少1班

普里莫什滕(Primošten)

☎022 / 人口 3050

美丽的小城普里莫什滕位于希贝尼克以南28公里处，原本只是一个紧邻海岸的袖珍小岛。16世纪，面临着土耳其人的威胁，岛上修建了防御工事，土耳其人走后，连接小岛和大陆的吊桥就被堤道取代了。

普里莫什腾冬天死气沉沉，夏天就会活跃起来，乐队在主广场上演奏，有趣的商店出售自制的家居用品，兴奋的孩子们在鹅卵石街道上赛跑。浪漫主义者走到山顶的圣乔治教堂(St George's Church)欣赏日落，天黑后沿半岛的边缘散步。普里莫什腾是周边海岸地区最可爱的小城之一。

食宿

Golden Rays Luxury Resort 度假村 €€€

(☎099 20 62 404; www.goldenrays.hr;

Tepli bok 69b；公寓 2365KN起；P ❄ @ 📶 🏊）装修时尚，落地窗能将亚得里亚海风光一览无余，因此这家度假村是个不错的住处。多层泳池、高舒适度和专业服务使房价显得物有所值。

★ **Mediteran** 地中海菜 €€€

（☎022-571 780；www.mediteran-primosten.hr；Briga 13；主菜 95~250KN；⌚13:00至午夜）位于一栋可爱的古老石头建筑内，夏季桌椅摆放到院子里和露台上。大厨Pero Savanović的菜肴沿袭达尔马提亚传统，但采用时尚手法，亮点在于使用当地农产品。伊斯特拉松露上市的季节来吃顿饭吧，真是一种享受——尝尝松露酱鮟鱇鱼。

实用信息

旅游办事处（☎022-571 111；www.tz-primosten.hr；Trg biskupa Josipa Arnerića 2；⌚7月和8月 8:00~21:00，其他月份工作时间缩短）

到达和离开

从希贝尼克开往普里莫什腾的长途汽车每小时最少1趟（18KN，30分钟），通常还继续开往斯普利特（38KN，1小时）。

罗戈兹尼察（Rogoznica）

☎022 / 人口 2450

罗戈兹尼察是一个被保护得很好的港口，位于希贝尼克以南38公里处公路旁边的半岛上，气氛悠闲慵懒，懂行的亚德里亚游艇主和寻找世外桃源的游客最喜欢来罗戈兹尼察。城里有鹅卵石沙滩、幽静而古老的街道和几家美食餐馆，因此只要你不介意缺乏城市生活的熙熙攘攘之感，可以把这里当作探索希贝尼克地区的怡人的大本营。罗戈兹尼察也是克罗地亚气候最好的地区之一，与大多数海滨城镇相比，这里一年之中晴朗的日子比较多。

景点

★ **龙眼湖** 湖

（Dragon's Eye Lake，Zmajevo Oko）椭圆形的龙眼湖是达尔马提亚北部最惊人的自然景观之一，面积为10,000平方米，周围是4米至24米高的峭壁。湖水深15米，通过地下隧道与海水相通，波浪冲击着湖边的石灰岩。该湖的不同寻常之处在于湖底释放二氧化硫——虽然游泳是安全的，但越往下潜水越觉得热。湖水"开锅"的时候，盐分和热水在湖面咕嘟咕嘟翻开了花。

食宿

Hotel Life 酒店 €€€

（☎022-558 128；www.hotel-life.hr；Rtić 12e；房 1500KN；P ❄ 📶 🏊）这个家庭经营的小酒店位于罗戈兹尼察和普里莫什腾之间的Zečevo湾（Zečevo Bay），时髦的极简风格房间在一个安静的鹅卵石海滩附近。房间刷成21世纪风格的灰白色系，附设一间餐厅。室内小泳池很适合晨练。

Atrium 克罗地亚菜、海鲜 €€

（☎098 170 92 73；www.restaurantatrium.com；Miline 44；主菜 65~190KN；⌚正午至午夜）旅行者一直推荐这家餐馆的热情服务和美味食物，菜肴虽然简单，但做得很好，包括烤鱿鱼、烤海鲈鱼和烤蔬菜（简直可以烤一切），所有食物都烤得完美。其他选择包括章鱼沙拉和金枪鱼生鱼片。

实用信息

旅游办事处（☎022-559 253；www.loverogoznica.eu；Obala kneza Domagoja 56）工作人员乐于提供帮助，网站上信息量尤其大。也提供周边村庄的信息。

到达和离开

长途汽车从罗戈兹尼察开往希贝尼克（26KN，45分钟，每小时最少1趟）和斯普利特（36KN，1小时，每天最少8趟）。

斯普利特和达尔马提亚中部

☎021

包括 ➡

最佳餐饮

- ➡ Konoba Marjan（见257页）
- ➡ Vinotoka（见277页）
- ➡ Konoba Fetivi（见256页）
- ➡ Zoi（见255页）
- ➡ Pojoda（见293页）

最佳住宿

- ➡ Korta（见253页）
- ➡ Apartments Magdalena（见253页）
- ➡ Heritage Hotel Antique Split（见252页）
- ➡ Villa Split（见252页）

为何去

达尔马提亚中部是克罗地亚最令人激动、最多样化的地区，这里有美丽的岛屿、安静的港口、崎岖的山脉、不计其数的城堡和生机勃勃的餐饮业，以及3处联合国教科文组织世界遗产：斯普利特的戴克里先宫、特罗吉尔的中世纪围墙小镇和赫瓦尔岛上的斯塔里格勒带状平原。此外，海拔1500米高的迪纳拉山脉也为海岸线提供了壮观的背景。

热门景点包括熙熙攘攘的地中海风情城市斯普利特和美丽的小赫瓦尔城，亚德里亚海最迷人的派对岛屿上鱼龙混杂。如果你喜欢休闲，海岛周边也有空旷的沙滩和鹅卵石小海湾。

最棒的是达尔马提亚的气温通常比伊斯特拉或克瓦内尔湾高一些。从5月中旬一直到9月末，你都可以跳入清澈的亚得里亚海中畅游。

何时去

斯普利特

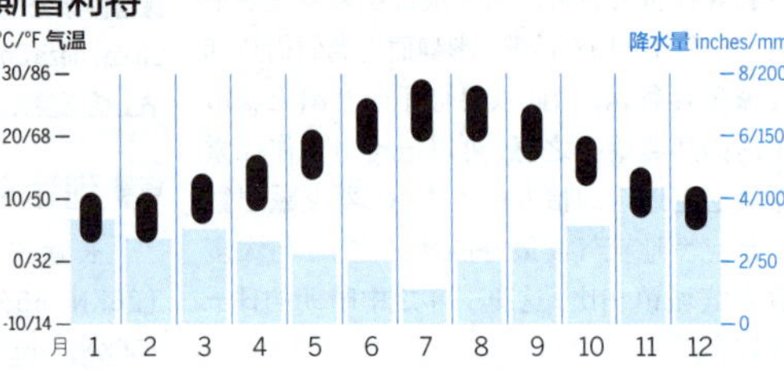

5月 天气晴朗，游客少，海水很温暖，可以游泳了。

6月至8月 气候最佳，一系列节庆纷至沓来，无论你走到哪儿都能赶上丰富的活动，但游客也很多。

9月 夏天成群结队的游客已经离开，此时海水温暖，物价比夏季更便宜。

斯普利特(SPLIT)

人口178,000

克罗地亚第二大城市斯普利特(意大利语为Spalato)是体验达尔马提亚人生活的好地方，当地生活气息十分浓郁。在这座生机勃勃的城市里，总是那么喧嚣，传统与现代刚好达成平衡。走进戴克里先宫(Diocletian's Palace；被联合国教科文组织列为世界遗产，是世界上最壮观的古罗马遗址之一)，你会看到许多酒吧、餐馆和店铺置身于有着独特文化氛围的古城墙中，斯普利特人的生活已经在这里延续了数千年。

最重要的是，斯普利特位置特殊，雄伟的沿海山脉恰如亚得里亚海蓝绿色海水背后的舞台布景，只是城郊几十栋破破烂烂的高层公寓楼有些破坏美感。完全生活化的斯普利特永远无法像杜布罗夫尼克那么奇幻，但或许这样更接地气。

历史

斯普利特成名于罗马皇帝戴克里先(245~313年)在位期间，这位皇帝以其对帝国的重建和对早期基督教徒的迫害以及于295~305年在此修建他退位后居住的宫殿而闻名。在他离世之后，这座雄伟的石头宫殿仍然是罗马统治者的度假胜地。7世纪，附近的殖民地萨洛纳(Salona；即今天的索林)被废弃，许多罗马化了的居民逃至斯普利特，躲在高高的宫殿围墙后，从此他们世世代代生活在这里，直到今天。

该地区先后受到拜占庭帝国和克罗地亚统治，但从12世纪到14世纪，斯普利特在很大程度上享有自治权，这大大促进了它的发展。从那时起，老城西部Narodnitrg周围成了城市生活的焦点地区，而宫墙内的区域仍然是教会中心。

1420年，威尼斯人占领斯普利特，使其慢慢走向衰落。17世纪，为了抵御奥斯曼土耳其人的入侵，城市周围修建了坚固的城墙。1797年，奥地利人来到这里，他们的统治一直持续到了1918年。

景点

永远人满为患的海滨大道的正式名称为Obala Hrvatskog narodnog preporoda(克罗地亚国家复兴海滨，Croatian National Revival Waterfront)，但通常被称为Riva(海滨大道)，它是你在斯普利特最好的中心参照物。东侧，过了码头就是巴克维斯(Bačvice；见304页)、Firule(见304页)、Zenta和Trstenik海湾。树木茂盛的马尔延山(Marjan Hill)占据着城市的西端，山脚下的海滩甚至更好。

老城

★戴克里先宫 古迹

(Diocletian's Palace；见254页地图)这座非比寻常的宫殿占据了港口的显著位置，是现存最壮观的古罗马建筑之一，也是斯普利特游览最耗时的景点。不要以为它是一座宫殿或博物馆，其实它是城市跳动的心脏：迷宫般的街道上人头攒动，酒吧、商店、餐馆鳞次栉比。它既是一座军事要塞，也是一座皇家居所，还是一座牢不可破的城池，宫殿南北长215米，东西宽181米。

几千年来这里的建筑一直在进行扩建，这座宫殿显得更加迷人了。宫殿建于4世纪，建筑所用的光亮的白色石材从布拉奇岛运来，工程持续了10年。戴克里先不惜代价，从意大利和希腊进口了大理石，而圆柱和12座狮身人面像则来自埃及。

每面墙的正中央都有一扇以金属命名的大门：北端是金门(Zlatna Vrata；见254页地图；Diolecijanova bb)，南端是铜门(Brončana Vrata；见254页地图；Obala hrvatskog narodnog preporoda bb)，东边是银门(Srebrna Vrata；见254页地图)，西边是铁门(Željezna Vrata；见254页)。宫殿的南边是皇家寝宫，有华丽的房间和庙宇，而北侧则是士兵和仆人的住处，在东门和西门之间有一条笔直的道路(Krešimirova，也被称为Decumanus)，将两者分隔开来。

在宫殿的边界内有220座建筑，约3000人住在这里。狭窄的街道上隐藏着通道和庭院，有的荒凉、怪诞，有的则传来酒吧和咖啡馆里的巨大音乐声，头顶上是居民晾晒的衣物，小孩子们往古城墙上踢足球，老奶奶坐在窗边看着下面的风景。

斯普利特和达尔马提亚中部亮点

❶ **戴克里先宫**（见243页）探访**斯普利特**（见243页）的古老中心戴克里先宫，这里不分昼夜，始终是那么热闹。

❷ **维斯岛**（见291页）品尝美食，游览美丽的海滩，它是克罗地亚最偏僻的岛屿之一。

❸ **尖角海滩**（见278页）克罗地亚风景最优美的海滩，位于可爱的**博尔**城。

❹ **赫瓦尔城**（见281页）尽享海滩魅力，日落时喝鸡尾酒，聆听小巷内传来的摇滚音乐。

❺ **比奥科沃自然公园**（见273页）徒步登上山顶，远眺亚得里亚海对岸的意大利。

❻ **特罗吉尔**（见263页）在这个世界文化遗产之星小城参观保存完好的罗马风格和文艺复兴风格古建筑。

❼ **布拉奇岛**（见274页）探访岛屿内陆的历史村庄和海边的安静小镇。

0 20 km
0 10 miles
BOSNIA AND HERZEGOVINA
波斯尼亚和黑塞哥维那
Šuica
Livno
利夫诺
Dinara
Cetina
采蒂纳河
Glavice
Sinj
Otok
Brnaze
Stipaniči
Buško Jezero
Trilj
Aržano
Raško Polje
Dugopolje
Klis Fortress
克利斯城堡
V Kabal (1339m)
Stobreč
斯多布莱奇
Istrana
施塔纳
Lovreć
Imotski
Omiš
奥米茨
Jesenice
Dugi Rat
Cetina
采蒂纳河
Supetar
苏佩塔尔
Bračkí Channel 布拉奇海峡
Postira
Škrip
齐克里普
Dol
Brela
布雷拉
Baška Voda
Zagvozd
Sv Jure (1762m)
Biokovo Nature Park
比奥科沃自然公园
Humac
Pučišća
普奇察加
Brač
布拉奇岛
Vidova Gora
维多瓦山
(778m)
Makarska
马卡尔斯卡
Biokovo
Brač Airport
布拉奇机场
Selca
Buba
布拉海滩
Kotišina Botanical Garden
科蒂伊纳植物园
Dragon's Cave
龙洞
Bol 博尔
Sumartin
苏马尔丁
Tučepi
Zlatni Rat 尖角海滩
Podgora
Hvarski Channel 赫瓦尔海峡
Vrgorac
Igrane
Živogošće
Stari Grad
斯塔里格勒
Vrboska
沃尔博斯卡
Drvenik
德尔韦尼克
Milna 米尔纳
Jelsa
耶尔萨
Sućuraj
Sv Nikola (626m)
Dubovica
Zavala
Hvar
赫瓦尔岛
Šćedro
Point Lovišće
Korčulanski Channel
科尔丘拉海峡
Pelješac Peninsula
佩列沙茨半岛
Korčula
科尔丘拉岛

Split 斯普利特

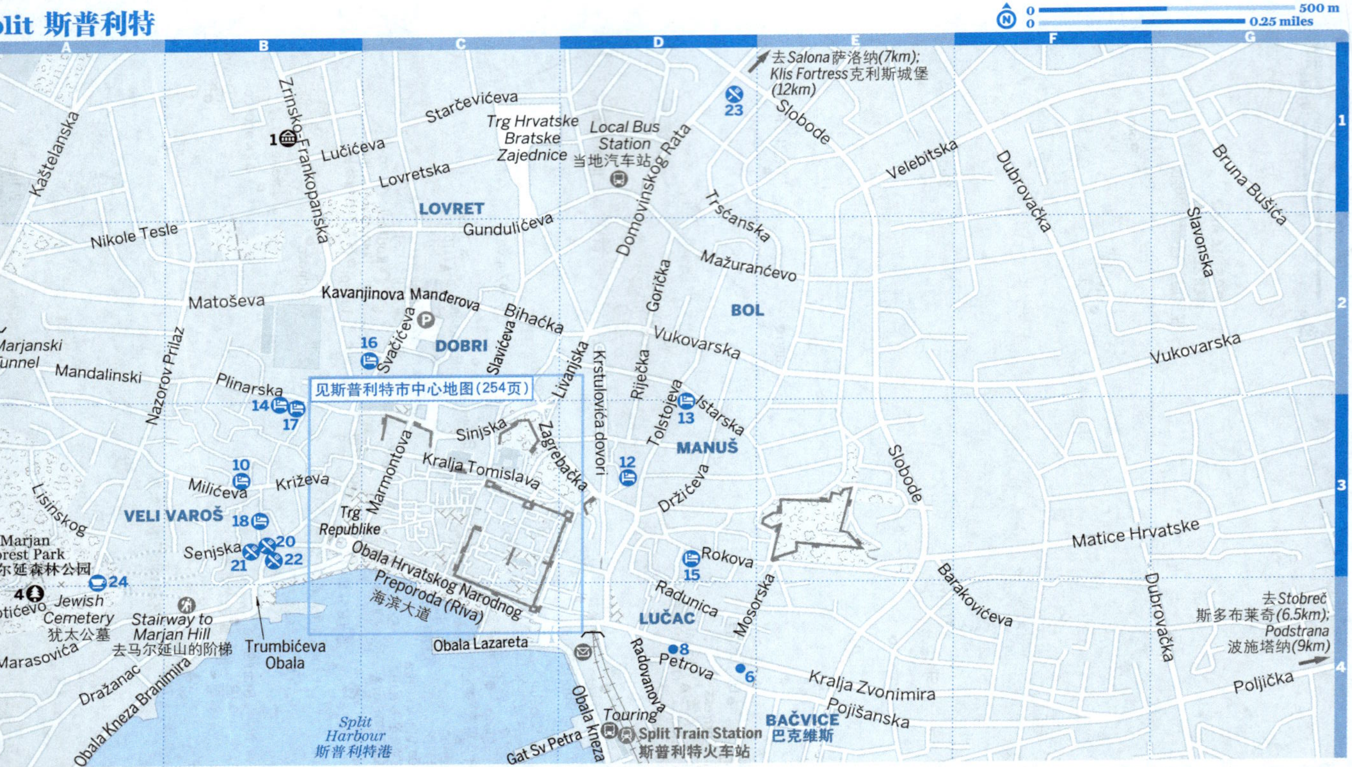
500 m
0.25 miles
去Salona萨洛纳(7km); Klis Fortress克利斯城堡(12km)
去Stobreč斯多布莱奇(6.5km); Podstrana波施塔纳(9km)
见斯普利特市中心地图(254页)
Kaštelanska
Zrinsko-Frankopanska
Starčevićeva
Lučićeva
Lovretska
Trg Hrvatske Bratske Zajednice
Local Bus Station 当地汽车站
Domovinskog Rata
Slobode
Velebitska
Dubrovačka
Bruna Bušića
Slavonska
LOVRET
Nikole Tesle
Gundulićeva
Trščanska
Mažurančevo
Gorička
BOL
Matoševa
Kavanjinova Manđerova
Bihaćka
Marjanski Tunnel
Mandalinski
Nazorov Prilaz
Svačićeva
DOBRI
Slavićeva
Livanjska
Krstulovića dovori
Vukovarska
Plinarska
Riječka
Tolstojeva
Istarska
Sinjska
MANUŠ
Marmontova
Kralja Tomislava
Zagrebačka
Miličeva
Križeva
Držićeva
Lisinskog
VELI VAROŠ
Trg Republike
Matice Hrvatske
Marjan Forest Park 马尔延森林公园
Senjska
Obala Hrvatskog Narodnog Preporoda (Riva) 海滨大道
Rokova
Barakovićeva
Jewish Cemetery 犹太公墓
Botićevo
Stairway to Marjan Hill 去马尔延山的阶梯
Radunica
Mosorska
LUČAC
Marasovića
Trumbićeva Obala
Obala Lazareta
Radovanova
Petrova
Kralja Zvonimira
Poljička
Dražanac
Obala Kneza Branimira
Pojišanska
BAČVICE 巴克维斯
Split Harbour 斯普利特港
Gat Sv Petra
Obala kneza
Touring
Split Train Station 斯普利特火车站

Split 斯普利特

景点

1	考古博物馆	B1
2	巴克维斯	E5
3	Firule	F6
4	马尔延森林公园	A4
5	Ovčice	F6

活动、课程和团队游

6	CroActive & Adventure	D4
7	Nautika Centar Nava	A5
8	Red Adventures	D4
9	Ultra Sailing	A6

住宿

10	Apartments Magdalena	B3
11	Beach Hostel Split	E5
12	CroParadise Green Hostel	D3
13	Hostel Emanuel	D3
14	Korta	B3
15	Splendida Palace	D3
16	Tchaikovsky Hostel	C2
17	Vila Baguc	B3
18	Villa Varoš	B3

就餐

19	Dvor	F5
20	Konoba Fetivi	B3
21	Konoba Marjan	B3
22	Konoba Matejuška	B3
23	Konoba Stare Grede	D1

饮品和夜生活

24	Vidilica	A3
25	Zenta	G6

Peristil

（见254页地图）这个景色如画的古罗马列柱廊庭院位于戴克里先宫的正中央。夏季在这里总是能看到穿着军装的身材魁梧的当地小伙子，为庭院平添了几分硬朗之气。注意看坐在大教堂附近柱子之间的黑色花岗岩狮身人面像，可追溯至公元前15世纪，是建造宫殿时从埃及劫掠来的12座狮身人面像之一。

戴克里先宫的地下部分

（Diocletian's Palace Substructure, Supstrukcije Dioklecijanove palače；见254页地图；www.mgst.net；Obala hrvatskog narodnog preporoda bb；成人/儿童 42/22KN；⏲4月至9月 8:30~21:00，10月周日 至17:00，11月至次年4月 周一至

周六 9:00~17:00，周日 至14:00）戴克里先宫的铜门起初是直接通向与宫殿地下室平齐的水面的，这样一来，就可以直接在地下室装卸并储存货物。现在，这道过去商人们用的入口成为从Riva（海滨大道）方向进入宫殿的主要通道。虽然如今地下部分的中央变成了两边是纪念品小摊的大道，但进入两侧的宫室是需要购票的。

虽然除了古怪的石棺和几根柱子之外，地下部分几乎空空荡荡，但古色古香的地下室房间和走廊还是值得买票进来看看的。如果你是《权力的游戏》影迷，就能发现，这里是"龙母"丹妮莉丝·坦格利安（Daenerys Targaryen）在弥林（Meereen）时养龙的地方。

★ 圣杜金大教堂

（Cathedral of St Domnius, Katedrala sv Duje；见254页地图；Peristil bb；教堂/钟楼35/20KN；⌚6月至9月 8:00~20:00，5月和10月 7:00至正午和17:00~19:00，11月至次年2月 7:00至正午，3月和4月 8:00~17:00）斯普利特的八边形大教堂是保存最完好的古罗马建筑之一，至今仍屹立不倒。它最初是最后一位著名的基督教徒迫害者戴克里先大帝的陵墓，他于公元311年被葬在这里。到了5世纪，笑到最后的基督教徒们毁坏了皇帝的石棺，把他的陵墓改建成供奉死在他手里的殉道者的教堂。注意：大教堂的门票包含参观地宫、珍宝馆和洗礼池（朱庇特神庙，Temple of Jupiter）。

大教堂周围有24根圆柱，如今几乎保存完整。多年后增加的罗马风格**钟楼**是13世纪至16世纪之间建造的，垮塌后又于1908年重建。想到楼顶俯瞰老城房顶的人要单买钟楼的门票。你得不恐高才行，因为陡峭的石头台阶没有多长，很快就被悬空的薄金属片台阶取代了。

夏季时，游客需要从大教堂右边附属建筑内的圣器收藏室进入教堂。大教堂的**珍宝馆**也在附属建筑内，馆内陈列着大量圣骨匣、圣像、教堂的长袍、手稿和格拉哥里语文稿（见201页）。淡季时，游客从前门进，珍宝馆不对公众开放（珍宝馆关闭时，门票便宜10KN）。

大教堂内部，圆形穹顶下方有两排柯林斯圆柱和一个展现戴克里先大帝及其皇后形象的落地雕带，令人惊叹。主祭坛左侧的St Anastasius（Sveti Staš；1448年）圣坛出自尤拉·达马提亚之手，其"鞭打基督"的浮雕是那个时代达尔马提亚最精美的雕刻作品之一。

13世纪的罗马式唱诗班坐席是达尔马提亚最古老的座椅。其他亮点包括13世纪的讲坛——右边的圣坛是Boninoda Milano在1427年雕刻的，圣坛上方的拱顶以Dujam Vušković的壁画作为装饰。离开时，看看木门上反映耶稣生平的场景雕刻。它是13世纪由安德里亚·不温纳（Andrija Buvina）雕刻的，这些场景呈现在28个方格中，两边各为14个，让人想起当时流行的罗马式微缩模型。

别忘了参观**地宫**，从教堂右侧外面的门走下去。现在它是供奉圣露西（St Lucy）的小礼拜堂，这个宫室有一种奇异的安静感，即使是最炎热的时候室内也保持着低温。

如果你对建筑的技术层面感兴趣，可以看看主入口对面建筑内的**New Research on Split Cathedral**（Nova istraživanja Splitske katedrale；见254页地图；Peristil bb；⌚周二至周日 10:00~13:00和17:00~20:00）**免费**展览。

朱庇特神庙

（Temple of Jupiter, Jupiterov hram；见254页地图；10KN，持大教堂门票免费；⌚5月至10月周一至周六 8:00~19:00，周日 12:30~18:30，11月至次年4月 至17:00）虽然现在是大教堂的洗礼池，但这个保持原样的建筑最初是供奉众神之王的古罗马神庙。最初的桶形拱顶和装饰雕带还保留着，但过去摆放朱庇特像的地方现在摆放的是伊万·梅什特罗维奇创作的施洗约翰（St John the Baptist）大铜像。圣洗池是用拆掉的13世纪的大教堂雕花圣坛隔板建造的。

过去支撑门廊的圆柱如今只剩下一根。无头的黑色花岗岩狮身人面像守卫着神庙的大门，它是3世纪修建神庙时从埃及运来的。运来之前，这座狮身人面像就已经有着相当悠久的历史了。早期的基督教徒认为它是异教崇拜物，所以把它的面部破坏了。

斯普利特人种学博物馆

（Split Ethnographic Museum, Etnografski Muzej Split；见254页地图；☎021-344 161；www.etnografski-muzej-split.hr；Iza Vestibula 4；

当地知识

水上排球

跟当地人一起，在海滩上玩一玩颇具达尔马提亚风格的picigin（水上排球），非常有趣。规则很简单：站在齐膝或齐腰深的水中，用手掌拍击的方式将一个壁球大小的球传给其他人。关键是球不能掉下去接触到水。你不可避免地要奋力飞身救球，要求你有充沛的体力和正确的运动姿势。周围所有人都会被你扑打起来的水花淋湿。

看看www.picigin.org的水上排球"总部"网页，YouTube也有水上排球玩法（斯普利特、克尔克和沿海其他城镇玩法各异）的演示视频。如果自认为够有水平，可以参加特别在元旦前夜举办的水上排球赛，或者6月份在名字颇具讽刺意味的**世界锦标赛**（World Championship，Prvenstvo Svita u Piciginu；⊙6月）期间观看最高水平的比赛。

成人/儿童 20/10KN；⊙6月至9月 周一至周六 9:30~20:00，周日 至13:00，10月 周一至周五 9:30~18:00，周六和周日 10:00~14:00，11月至次年5月 周一至周五 9:30-16:00，周六 至14:00）这个博物馆很有意思，建筑前身是一座修女院，而戴克里先皇帝的寝殿原址就在修女院内。楼下是临时展览区，其他展室陈列传统服饰、珠宝、蕾丝花边、武器、玩具和工具。一定要从重建的罗马楼梯拾阶而上，来到环绕前厅顶部的文艺复兴风格阳台，这里的美景一定会让你觉得不虚此行。

➡斯普利特城市博物馆

（Split City Museum，Muzej grada Splita；见254页地图；www.mgst.net；Papalićeva 1；成人/儿童 22/12KN；⊙4月至9月 8:30~21:00，10月至次年3月 周二至周六 9:00~17:00，周日 至14:00）Papalić Palace是15世纪尤拉·达马提亚（Juraj Dalmatinac）为住在老城里的一位贵族修建的，这座宫殿被视作晚期哥特式建筑的典范，雕刻着精美图案的大门宣告着它的原主人地位显赫。宫殿内部经过彻底修复后变成了一座博物馆，有趣的展品向人们介绍戴克里先宫（见243页）和城市的发展。

展品说明都是克罗地亚语，而墙上的展板则用多种语言介绍了中世纪雕塑、17世纪武器、精美家具、硬币、文件和绘画等展品的历史背景。

格古尔·宁斯基像 塑像

（Grgur Ninski Statue；见254页地图；Kralja Tomislava bb）10世纪的克罗地亚主教格古尔·宁斯基曾为了争取在礼拜仪式上用古老的克罗地亚语代替拉丁语的权利而不懈斗争。他的雕像出自伊万·梅什特罗维奇之手，极富感染力，是斯普利特最具代表性的形象之一。注意，雕像的左脚大脚趾已经被磨得发光了——据说摸摸他的脚趾会有好运，而且保证你会再次来到斯普利特。

艺术画廊 美术馆

（Gallery of Fine Arts，Galerija umjetnina Split；见254页地图；☎021-350 110；www.galum.hr；Kralja Tomislava 15；成人/儿童 40/20KN；⊙周二至周五 10:00~18:00，周六和周日 至14:00）画廊所在的建筑曾经是这座城市的第一家医院（1792年），这里陈列着400件艺术品，时间跨度700年。楼上是永久性展览，按时间顺序排列，最开始是宗教圣像，然后是Paolo Veneziano、Albrecht Dürer和Guido Reni等早期绘画大师的作品，接下来是Vlaho Bukovac、伊万·梅什特罗维奇和Cata Dujšin-Ribar等当代克罗地亚艺术家的作品。楼下的现代展品每隔数月更换一次。

周边

考古博物馆 博物馆

（Archaeological Museum，Arheološkimuzej；见246页地图；☎021-329 340；www.armus.hr；Zrinsko-Frankopanska 25；成人/儿童 20/10KN；⊙6月至9月 周一至周六 9:00~14:00和16:00~20:00，10月至次年5月 周六下午和周日关闭）这个一流的博物馆是古典雕塑和马赛克画的宝库，位于市中心北侧，步行几分钟就到了。展品大多出土自斯普利特的古罗马村庄和邻近的萨洛纳（Salona；见266页；又名索林，Solin），还有来自维斯岛的一些希腊陶瓷。有珠宝和硬币展，一间展厅摆满了从旧石器时代到铁器时代的文物。

许多有趣的展品，包括比较大的塑像和石棺，都放在外面的回廊里。

梅什特罗维奇美术馆 美术馆

（Meštrović Gallery, Galerija Meštrović；☎021-340 800；www.mestrovic.hr；Šetalište Ivana Meštrovića 46；成人/儿童 40/20KN；⏲5月至9月 周二至周日 9:00~19:00，10月至次年4月 周二至周日 至16:00）在这个明星美术馆里，你能看到一个内容全面、布展合理的伊万·梅什特罗维奇作品展，他是克罗地亚最重要的现代雕塑家，这座大宅建于20世纪30年代，最初是他的私人住宅。虽然梅什特罗维奇原本打算退休后住在这里，但他还是在“二战”结束不久之后就移居美国了。门票包含进入附近的Kaštilac，那座城堡里陈列着梅什特罗维奇的其他作品。

安康圣母教堂 教堂

（Our-Lady-of-Health Church, Gospa od zdravlja；见254页地图；☎021-344 988；www.gospa-od-zdravlja.com；Trg Gaje Bulata 3；⏲7:00至正午和17:00~20:00）这座惊人的现代主义风格教堂竣工于1937年，以建筑线条简单明快闻名。它附属于一个建于1723年的修道院，后者是从土耳其人控制下的波斯尼亚逃到这里的方济各会教徒建造的。教堂内部，高大的镶花岗岩饰条方柱支撑着高高的天花板，Ivo Dulčić在1959年创作的壁画填满了整面后墙。画面比较程式化，描绘基督从一群穿着平民服装的农夫中间冉冉升起，背后是亚德里亚海岸轮廓。

马尔延森林公园 公园

（Marjan Forest Park, Park-šuma Marjan；见246页地图；www.marjan-parksuma.hr）这个自然保护区位于斯普利特城西缘178米高的山坡上，在斯普利特人心中具有十分重要的地位。俯瞰全城和周边岛屿，景色格外迷人，树荫遮蔽的小路是避开夏季炽热和大群游客的好去处。小路穿过芬芳的松树林，通往观景台、16世纪的犹太墓地、中世纪小礼拜堂和基督教隐士曾经住过的穴居。半岛顶端附近的峭壁，是攀岩者的好去处。

Meštrović Crikvene-Kaštilac 博物馆

（☎021-340 800；www.mestrovic.hr；Šetalište Ivana Meštrovića 39；成人/儿童 40/20KN，持梅什特罗维奇美术馆门票免费；⏲5月至9月 周二至周日 9:00~19:00）这座16世纪的带防御工事的民居坐落在梅什特罗维奇美术馆附近的橄榄园内，1939年伊万·梅什特罗维奇把它买下来，翻建后小礼拜堂内收藏着他的传世杰作——木质浮雕《耶稣生平》（*Life of Christ*）。博物馆中间的大石像名叫“启示录的作者”（*Author of the Apocalypse*），它的对面是一个可爱的四方院子。

团队游

Connecto Tours 团队游

（☎021-312 594；www.connectotours.com；⏲4月至10月）组织前往克尔卡国家公园（€27）、博尔（€49含野餐）、杜布罗夫尼克（€67）、莫斯塔尔和默主歌耶（Međugorje；€67）、科尔纳提群岛（€69）、普利特维采湖群（€65）、特罗吉尔和扎达尔（€79）、蓝洞和赫瓦尔（€125）以及兹尔采（€89；通宵）的私人团队游和定期一日游。也提供塞蒂纳河漂流（€45）、越野四轮车（€90）和直升飞机游猎之旅（€130）。

Portal 团队游

（见254页地图；☎021-360 061；www.split-excursions.com；Trg Republike 1；⏲5月至9月 7:00~21:00，10月至次年4月 周一至周五 8:00~15:00，周六 至13:00）预订远足和各种活动的本地一站式旅行社，能安排漂流（320KN）、独木舟（350KN）、越野四轮车（350KN）、潜水（300KN）和乘游船前往蓝洞（940KN）。乘坐大巴车的旅行团前往希贝尼克和克尔卡（450KN）、杜布罗夫尼克（500KN）、莫斯塔尔和默主歌耶（500KN）以及普利特维采湖群（710KN）等目的地。还提供经普利特维采湖群至萨格勒布的接送服务（140KN），很受欢迎。

Ziggy Star 团队游

（见254页地图；☎099 54 97 385；www.pubcrawlsplit.net；自由散步 €15；⏲10:00开始）顾名思义，正如那位已经功成名就的传奇攀岩手，这家旅行社为你提供挑战极限的机会，

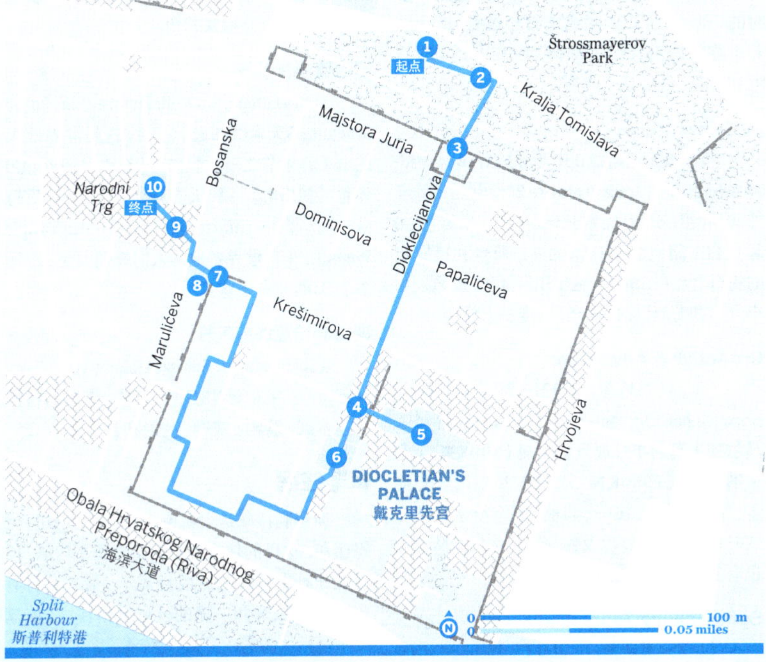

城市漫步
斯普利特老城

起点：阿纳里奥斯小礼拜堂(Chapel of Arnerius)

终点：Narodni Trg

距离：500米

需时：1小时

从戴克里先宫保存完好的西北角楼出发，曾经属于圣尤菲米娅教堂的❶**阿纳里奥斯小礼拜堂**遗址就在那里。透过防护玻璃，你能看见圣坛板和由文艺复兴早期的大师尤拉·达马提亚雕刻的石棺。

直奔高大的❷**格古尔·宁斯基像**（见249页），停下来摸一摸它的大脚趾，这会给你带来好运。沿台阶往下，走到戴克里先宫最宏伟的大门❸**金门**（见243页）。它曾经是仪仗队进入宫殿的主门，以雕塑、柱子和拱顶装饰，至今仍能看到这些残迹。

进入宫殿，沿南北向的主街Dioklecijanova步行，来到位于皇家寝宫入口处的庆典宫殿❹**Peristil**（见247页）。Peristil后面是宏伟的戴克里先墓，即今❺**圣杜金大教堂**（见248页）。

走到远端，沿台阶向上，来到保存完好的❻**前厅**（见259页），它是一个洞穴状的露天穹顶大房间，曾是逊位皇帝私人寝宫的正式入口。穿过前厅，直奔右手边远处的小广场，然后右转进入Andrije Alješija。街道像迷宫一般，两侧是中世纪建筑，其中一些改建成斯普利特最好的酒吧。一直走到宫殿的东西向主轴Krešimirova。

左转，穿过高高的拱顶❼**铁门**（见243页）离开宫殿。穿过双层城门的外门时，马上就能看到建于1394年的罗马末期风格❽**Ciprianis-Beneditti Palace**出现在你左手边——看到角落里的圣安东尼隐士（St Anthony the Hermit）浮雕就知道是它了。

现在你身处❾**Narodni Trg**，自中世纪起就是斯普利特最主要的市民广场。广场四周曾经是威尼斯人的哥特风格建筑，但唯一保留下来的只有建于15世纪的❿**老市政厅**（Old City Hall, Vjećnica）。

让你在向导的带领下通宵找乐。在起初一小时的"加油时间"内喝鸡尾酒和烈酒，然后沿着小路依次前往位于Riva（海滨大道）的酒吧和夜店，最后是吃早餐。

Red Adventures 探险

（见246页地图；☎091 79 03 747；www.red-adventures.com；Kralja Zvonimira 8）专营远足等户外活动，组织海上皮划艇（€38起）、攀岩（€50起）、自主路线徒步（€30起）和斯普利特周边的骑行之旅（€35起）。也出租自行车、皮划艇、小汽车和游艇，提供接送，安排私人住宿。

CroActive & Adventure 户外

（见246页地图；☎021-277 344；www.croactive-holidays.com；Kralja Zvonimira 14）经营马尔延半岛的半日观景皮划艇（300KN）、塞蒂纳河漂流（350KN，另加125KN接送）、徒步、攀岩、骑行、溪降、帆船、高空滑索和站立式帆板冲浪之旅，以及葡萄酒和美食团队游。也有多日的远足线路。

Split Walking Tours 团队游

（见254页地图；☎099 82 15 383；www.splitwalkingtour.com；Dioklecijanova 3）徒步团队游在会说英语、西班牙语、意大利语、德语或法语的导游带领下，从金门出发，每天数次（具体时间详见其网站）。你可以选择75分钟的戴克里先宫团队游（100KN）或2小时的斯普利特步行团队游（160KN），后者包含参观宫殿和中世纪老城。也提供皮划艇、潜水、骑行团队游以及乘船旅行和远足。

节日和活动

Sudamja 宗教

（⊙5月）这个纪念斯普利特守护圣人圣杜金（St Domnius，Sv Duje）的节日从5月初开始。活动包括音乐会、念诗会、展览和划船比赛。5月7号（又名"斯普利特节"，Split Day），Riva（海滨大道）有宗教游行、弥撒和集市，晚上还会燃放烟火。

Summer Colours of Split 音乐节

（Splitski litnji koluri；⊙6月中旬至9月中旬）Riva（海滨大道）晚上有现场音乐表演，戴克里先宫门口有音乐会，周末演奏电子音乐和摇滚乐，以及"戴克里先宫日"：连续3天人们在戴克里先宫穿短祭袍、宽长袍、军队制服或者打扮成衣衫褴褛的角斗士。

超级欧洲音乐节 音乐节

（Ultra Europe；www.ultraeurope.com；Poljud Stadium；3天票€129起；⊙7月）这是世界最大的电子音乐节之一，每逢7月，在市里的Poljud体育场演出3天，第4天去海岛上举办，前后持续一周（即Destination Ultra Croatia Music Week）。来自世界各地的人们蜂拥而至，跟随著名DJ的节奏狂欢。

斯普利特夏季音乐节 表演艺术

（Split Summer，Splitsko Ljeto；www.splitsko-ljeto.hr；⊙7月中旬至8月中旬）这个节日的特色是艺术展、歌剧、戏剧、芭蕾和音乐会。

住宿

斯普利特既是大城市，又是旅游枢纽，可想而知，这里的住宿价格高于全国平均值，但又低于杜布罗夫尼克或赫瓦尔。斯普利特有多种青年旅舍和一流的公寓风格住宿，能满足中端市场的需求。

老城

★Heritage Hotel Antique Split 历史酒店 €€€

（见254页地图；☎021-785 208；www.antique-split.com；Poljana Grgura Ninskog 1；房€267起；❄📶）这家精品酒店是真正的宫殿，有8个时尚的房间，墙壁是石头的，卫生间很大。一些房间能俯瞰绝美的城堡景色。

★Villa Split 民宿 €€€

（见254页地图；☎091 40 34 403；www.villasplitluxury.com；Bajamontijeva 5；房€215起；P❄📶）这家精品民宿跟戴克里先宫共用一堵罗马人建造的墙。只有3个房间，其中最好的是位于阁楼上的比较大的房间。如果你只想要中世纪的古色古香，不介意房间老旧，那么主广场上一栋10世纪建筑内还有6间比较大的客房。

周边

Hostel Emanuel 青年旅舍 €

（见246页地图；☎021-786 533；

hostelemanuel@gmail.com; Tolstojeva 20; 铺222KN; ❄@📶) 这个小小的青年旅舍位于一栋郊区的公寓大楼内，内部时尚，五颜六色，气氛悠闲。共有两个宿舍房间（分别能住5人和10人），每张铺位都配备大储物柜、遮帘、阅读灯和插座。

Tchaikovsky Hostel 青年旅舍 €

（见246页地图；☎021-317 124; www.tchaikovskyhostel.com; Čajkovskoga 4; 铺170~240KN; ❄@📶）隐藏在Dobri街区一栋住宅大楼内，由公寓翻建而成，4个整洁的宿舍房间配备木头上下铺，床铺有嵌入式架子。只有1个卫生间，还有1个小厨房。

Beach Hostel Split 青年旅舍 €

（见246页地图；☎092 17 67 599; www.facebook.com/splitbeachhostel; Viška 9; 铺197~205KN; ⏲4月至10月; @📶）这家温馨的青年旅舍离巴克维斯（Bačvice）海滩（见252页）一步之遥，由一个热情的挪威人经营，人称Ladybird，是这里的灵魂人物。店内提供免费咖啡和茶，墙上画着五颜六色的卡通画，还有一个备有吉他的露台。

CroParadise Green Hostel 青年旅舍 €

（见246页地图；☎091 44 44 194; www.croparadise.com; Čulića Dvori 29; 铺 200KN，房500KN，不带卫生间 460KN; ❄@📶）这家受到大众好评（2016年度至2018年度Hostelworld网站评选“最受欢迎奖”得主）的青年旅舍提供多种颜色明快的宿舍房间和几间小公寓房，这些房间分散在Manuš街区中央的3栋公寓楼内。每个宿舍房间在入口处设有储物柜，还附设小厨房。其他设施包括洗衣机以及出租自行车和轻便摩托车。

★ Korta 公寓 €€

（见246页地图；☎021-571 226; www.kortasplit.com; Plinarska 31; 公寓 €94起; ❄📶）这些简单但优雅的公寓房间坐落在古老的Veli Varoš街区内一个庭院周围，卫生间铺着石砖地面，白墙上挂着大电视和克罗地亚乡村风景照片。许多房间带阳台。

★ Apartments Magdalena 公寓 €€

（见246页地图；☎098 423 087; www.magdalena-apartments.com; Milićeva 18; 公寓465~611KN; ❄📶）只要你在这家公寓顶层房间的窗口看过老城风光，或许就再也不愿意离开了。3间公寓舒适、设施齐全，房东住在别处，但非常热情：冰箱里有啤酒和果汁，卫生间柜子里有备用牙刷，甚至提供一部有余额的手机。

Villa Varoš 客栈 €€

（见246页地图；☎021-483 469; www.villavaros.hr; MiljenkaSmoje 1; 单/双/套 €50/80/121起; ❄📶）房东是一个住在纽约的克罗地亚人。房间简单但干净，配备木质家具，带独立卫浴和电视。客栈位于闹中取静的位置。还有几辆自行车出租。

★ Splendida Palace 精品酒店 €€€

（见246页地图；☎021-838 485; www.splendidapalace.com; Rokova 26; 房 含早餐 €239起; ⏲4月至10月; P❄📶🏊）赶快订房，因为这个家庭经营的精品酒店只有10个房间。建筑是一栋19世纪的大宅，位于一条安静的小巷里。房间以斯普利特的地标建筑命名，为强调主题，房间的墙上还挂着对应的巨幅黑白照片。早餐是自助式，后院有个小泳池。

Vila Baguc 民宿 €€€

（见246页地图；☎021-770 456; www.baguc.com; Plinarska 29/2; 房 €145起; ❄📶）这座经过修复的150年历史的老宅位于Veli Varoš，古色古香，4个房间分布在4层楼上，设施现代，但混搭了复古的细节，比如有外露的石墙。隐藏在一条小巷内，但步行到市中心只需5分钟。

就餐

老城

Kruščić 面包房 €

（见254页地图；☎099 26 12 345; www.facebook.com/Kruscic.Split; Obrov 6; 烘焙 6~15KN; ⏲8:00~14:00）斯普利特最好的面包房，供应美味面包、馅饼和比萨。重点在于，滋味不仅是甜，而且很香。当然了，也有甜品。

Villa Spiza 达尔马提亚菜 €€

（见254页地图；Kružićeva 3; 主菜 50~100KN; ⏲周一至周六 正午至午夜）这个当地人

Central Split 斯普利特市中心

最爱的餐馆位于戴克里先宫的墙外，非常低调，供应达尔马提亚主流菜肴，菜单每日一换，包括鱿鱼、意大利调味饭和牛肉，价格合理。店内五颜六色，但只有一张餐桌和几张长条凳，因此要做好排队等位的心理准备。

Trattoria Bajamont 达尔马提亚菜、海鲜 €€

（见254页地图；☎099 54 26 675；www.trattoriabajamont.fullbusiness.com；Bajamontijeva 3；主菜 60~150KN；⊙周一至周六 8:00~23:00）这家地处戴克里先宫墙内的小店有点儿像祖

母的客厅，将老式缝纫机作为餐桌。门上没有标志，每日菜单都是用马克笔写上去的，特色是brujet（白酒、洋葱和草药炖海鲜，配玉米粥）等传统海鲜菜肴。在小巷的另一边还有一个附楼。

★ Zoi

地中海菜 €€€

（见254页地图；☎021-637 491；www.zoi.hr；Obala hrvatskog narodnog preporoda 23；主菜120~180KN；⊙18:30至午夜）从海滨大道上的一道小门进去，楼上的这家餐馆供应色香味俱全的地中海菜肴。装修既优雅又极度时尚，裸露的戴克里先宫墙壁与鲜艳的洋红色相调和，达到了平衡。直奔天台，那里是斯普利特最令人难忘的就餐空间之一。

★ Portofino

意大利菜 €€€

（见254页地图；☎091 38 97 784；www.facebook.com/portofinosplit；Poljana Grgura Ninskog 7；主菜 95~250KN；⊙17:00~23:00）位于戴克里先宫中心一个出奇安静的小广场上，热情的服务、优雅的装修、令人满意的前菜和美味意面菜肴会让你喜出望外。其他特色包括牛排和海鲜。

Zinfandel

欧洲菜 €€€

（见254页地图；☎021-355 135；www.zinfandelfoodandwinebar.com；Marulićeva 2；主菜 140~270KN；⊙周一至周六 8:00至午夜）气氛更像一个高级葡萄酒吧，但食物的确一流。菜单上有美味焗饭、自制意面配新鲜松露、汉堡包、牛排以及鱼类，还有多种按杯售卖的当地葡萄酒。啤酒种类也很多。

Chops.Grill

烧烤 €€€

（见254页地图；☎091 36 50 000；www.chops-grill.com；Tončićeva 4；主菜 90~250KN；⊙8:00至午夜）肉排、牛排、鸡胸、鸭胸、金枪鱼、海鲈鱼、龙虾、深海螯虾——凡是你叫得上名的，都能烤着吃。别忘了吃掉配菜，松露泥很美味。煤气灯给这个简单但时尚的餐馆增添了鲜艳的颜色和灵动感。

Brasserie on 7

新派欧洲菜 €€€

（见254页地图；☎021-278 233；www.brasserieon7.com；Obala hrvatskog narodnog preporoda 7；主菜 早餐 68~94KN，午餐 88~150KN，晚餐 105~240KN；⊙4月至9月 7:30~23:30，10月至次年3月 8:00~16:00）Riva（海滨大道）最好的小餐馆，室外餐台地势绝佳，是欣赏过往人群的最佳位置。早晨来这里吃一顿热乎早餐，晚上来这里喝一杯鸡尾酒，白天吃轻食午餐

Central Split 斯普利特市中心

重要景点
1 圣杜金大教堂 E5
2 戴克里先宫 E4

景点
3 铜门 D5
戴克里先宫地下部分 （见3）
4 艺术画廊 E3
5 金门 E4
6 格古尔·宁斯基像 E3
7 铁门 D4
8 New Research on Split Cathedral E5
9 安康圣母教堂 C1
10 Peristil E5
11 银门 F5
12 斯普利特城市博物馆 E4
13 斯普利特人种学博物馆 E5
14 朱庇特神庙 D4

活动、课程和团队游
15 Portal B3
16 Split Rent Agency E6
17 Split Walking Tours E4
18 Summer Blues B3
19 Ziggy Star C6

住宿
20 Heritage Hotel Antique Split E4
21 Villa Split D4

就餐
22 Brasserie on 7 B5
23 Chops.Grill B2
24 Gušt D1
25 Kruščić C3
26 Luka B1
27 Makrovega A3
28 Portofino E4
29 Trattoria Bajamont D4
30 Villa Spiza D3
31 Zinfandel D4
32 Zoi E6

饮品和夜生活
33 Academia Ghetto Club D5
34 D16 E4
35 Fabrique A4
36 Fluid D5
37 Galerija E4
38 Luxor E5
39 Marcvs Marvlvs Spalatensis F4
40 Paradox A4
41 St Riva D5

娱乐
42 斯普利特克罗地亚国家大剧院 B1
43 斯普利特城市木偶剧院 B3

购物
44 Arterija E4
45 Bag & Co E3
戴克里先宫地下室 （见3）
46 鱼市场 B4
47 绿市场 F6
48 Studio Naranča E3
49 Think Pink C4
50 Think Pink D4
51 Uje D4

和大分量的晚餐，或者品尝葡萄酒配奶酪。服务也极好。

周边

Gušt 比萨 €

（见254页地图；☎021-486 333；www.pizzeria-gust.hr；Slavićeva 1；比萨 40~62KN；⏰周一至周六 9:00~23:00）这家餐馆既便宜，又非常本地化，用那不勒斯风格的韧性面饼制作美味比萨。斯普利特的比萨爱好者极其信赖这里。冬季，挨着石砖墙坐，感觉很温馨。

Makrovega 素食 €

（见254页地图；☎021-394 440；www.makrovega.hr；Leština 2；主菜 60~75KN；⏰周一至周五 10:00~22:00，周六 至17:00；📶）这家素食餐馆隐藏在小巷内一个庭院后面，供应养生、全素、半素和一些生食。意面、咖喱和沙拉里加入麸质和豆腐，蛋糕也很不错。如果非要找什么缺点，就是这里有点缺点儿气氛。

Luka 甜点 €

（见254页地图；Svačićeva 2；甜点 8~12KN；⏰周一至周六 8:30~23:00，周日 10:00~23:00；📶）这家小店十分甜美，所在之处是一个游客稀少的内城广场，为本地人提供玛芬、蛋糕和咖啡。夏季，人们在门外排长队等着购买自制冰激凌。

★ **Konoba Fetivi** 达尔马提亚菜、海鲜 €€

（见246页地图；☎021-355 152；www.

facebook.com/KonobaFetivi; Tomića stine 4; 主菜 70~95KN; ⏲周二至周日 正午至23:00)一个非正式的家庭经营餐馆，角落里的电视播放着体育赛事，虽然店名里有"konoba"（小餐馆）字样，但感觉更像个客栈。尽管如此，食物却是一流的。主要经营海鲜菜肴。强烈推荐乌贼玉米粥，但全鱼菜肴也非常新鲜。

★ Konoba Matejuška 达尔马提亚菜、海鲜 €€

（见246页地图；☎021-814 099；www.konobamatejuska.hr; Tomića Stine 3; 主菜 75~140KN; ⏲4月至10月 正午至23:00，11月至次年3月 周三至周一 至21:00）这家温馨纯朴的小餐馆位于离海滨只有几分钟步行路程的小巷内，专营精心制作的海鲜——从双人份的鱼类菜肴即可见一斑。烤鱿鱼也很不错，吃的时候搭配典型的达尔马提亚配菜blitva（唐莴苣和轻微碾碎的土豆，浸泡在橄榄油中）。记得提前订位。

Dvor 欧洲菜 €€

（见246页地图；☎021-571 513；www.facebook.com/Dvor.Split; Firula 14; 早餐 30~35KN，午餐 70~90KN，5道菜的晚餐 170KN；⏲8:00至午夜）这是一家高级餐馆，花园露台能俯瞰Firule海滩（见252页），早上在这里喝咖啡、吃煎蛋卷，是在斯普利特开始一天生活的最佳方式。但是，精美的晚餐食物更加出名，例如牛里脊、油焖猪腩和香脆海鲈鱼。

Konoba Stare Grede 达尔马提亚菜 €

（见246页地图；☎021-643 901；Domovinskograta 46; 主菜49~145KN; ⏲周一至周五 9:00~23:00，周六和周日 正午至23:00；📶）位于距离繁忙主街1公里处的城外。蓝领工人喜欢来这里吃marenda——达尔马提亚午餐。陈旧的横梁、木头长椅和石墙营造出一种乡村氛围。

★ Konoba Marjan 达尔马提亚菜、海鲜 €€€

（见246页地图；☎098 93 46 848；www.facebook.com/konobamarjan; Senjska 1; 主菜 84~160KN; ⏲周一至周六 正午至23:00；📶）这家友好的小餐馆位于Veli Varoš，提供优质达尔马提亚美食，每天的特色菜包括乌贼brujet（口感丰富的海鲜炖菜；强烈推荐）、gregada（土豆炖鱼）和大虾意面。葡萄酒单也不错，包括一些当地精品酒庄的产品。室外通往马尔延山的街边也摆放了桌椅。

饮品和夜生活

斯普利特的夜生活丰富多彩，尤其是在春季和夏季。周五和周六的晚上，宫墙内通常音乐声大作，你可以漫步在迷宫一样的街道上，探寻新的地方。皇宫内所有酒吧（和住在宫墙内的人们）在凌晨1点安静下来，但东边的海滩酒吧和夜店却一直营业至清晨。

老城

★ Marcvs Marvlvs Spalatensis 葡萄酒吧

（见254页地图；www.facebook.com/marvlvs; Papalićeva 4; ⏲6月至8月 11:00至午夜，9月至次年5月 周一至周六 至23:00；📶）前身是15世纪"克罗地亚但丁"（Dante of Croatia）Marko Marulić的哥特风格故居，现在被恰到好处地改建成"图书馆爵士乐酒吧"。小房间里塞满书籍，常有优雅的小资、愤怒的诗人和聪慧的学者来访。提供奶酪、国际象棋、扑克牌和雪茄，而且经常有现场音乐表演。

★ Paradox 葡萄酒吧

（见254页地图；☎021-787 778；www.paradox.hr; Bana Josipa Jelačića 3; ⏲8:00至午夜；📶）这个独具风格的葡萄酒和奶酪吧有个迷人的天台，还有多种克罗地亚葡萄酒（超过120种，其中40种按杯出售）和下酒的当地奶酪。服务生知识渊博，对葡萄酒很在行，大多数周末店内有现场音乐表演。

D16 咖啡馆

（见254页地图；☎091 79 00 705；www.d16coffee.com; Dominisova 16; ⏲周一至周六 7:00~19:00，周日 9:00~19:00；📶）D16的咖啡师认真制作咖啡，而且经验丰富。这家时髦的小咖啡馆隐藏在戴克里先宫后面的小巷里，澳式白咖啡、冷萃或加杏仁奶的浓咖啡都不会让你失望。只不过价格是本地风格咖啡馆的两倍。

Academia Ghetto Club 酒吧、夜店

（见254页地图；☎099 67 18 308; Dosud 10; ⏲16:00至午夜；📶）斯普利特最小资情调的酒吧，有古罗马墙壁、带滴水喷泉的大庭院、用枝形吊灯装饰的钢琴天井和红墙夜店空间（墙上写着诗句）。音乐很棒，但服务糟糕得惊人。

Fluid 酒吧

（见254页地图；☎095 67 00 002；www.facebook.com/fluid.split；Dosud 1；⏲6月至8月 9:00至次日1:00，9月至次年5月 周五和周六 18:00至次日1:00）一家时髦的小酒吧，座椅摆放在街边，是喝鸡尾酒、欣赏人群来来往往的好去处。

Galerija 咖啡馆、酒吧

（见254页地图；Vuškovićeva3；⏲周一至周六 8:00至午夜，周日 10:00至午夜）本地人来这里和朋友们谈天，因为店里没有爆棚的音乐——但周末DJ打碟时间段除外。而且出售此地罕见的豆奶。室内温馨优雅，铺着有印刷图案的垫子，摆放着有趣的艺术品，还有枝形吊灯、曲线木椅和棉绒沙发椅。夏季，门外的小广场上也有座位。

St Riva 酒吧

（见254页地图；Obala hrvatskog narodnog preporoda 18；⏲7:00至午夜；📶）电子音乐和鸡尾酒都不怎么样，但这些都无法阻止St Riva成为一个极好的去处。在戴克里先宫城墙内一个狭窄的露台上找个座位，俯瞰下方Riva（海滨大道）上的人来人往。深夜，俊男靓女们聚集在酒吧内小小的夜店区域。

Fabrique 酒吧

（见254页地图；☎098 17 51 271；www.fgroup.hr；Trg Franje Tuđmana 3；⏲5月至10月 9:00至次日2:00，11月至4月 至午夜；📶）大、明亮、时尚，这家工业风格酒吧有拱形砖顶（天花板上固定着奇怪的灯饰）和优雅的小桌椅，斯普利特精英们喝着啤酒吃烧烤。酒水单上的种类很多，主要以当地生啤为主，也有各种特色的金酒和汤力水。晚上，随着夜色越来越沉，店里越来越有气氛。

Luxor 咖啡馆

（见254页地图；☎021-341 082；www.facebook.com/Lvxor1700；Peristil bb；⏲8:00至午夜；📶）没错，是面向游客的，但这家位于戴克里先宫接见厅中央的咖啡馆兼酒吧确实是喝咖啡、吃蛋糕的好地方。台阶铺上垫子就是座位，每晚都有现场音乐表演。

周边

Zenta 夜店

（见246页地图；☎099 33 51 979；www.zenta split.com；Uvala Zenta 3；20~80KN；⏲23:00开始，每天时间不同）斯普利特顶级夜店，有滨水露台和两层的面积，夏季有好几项一流的活动，例如周一的Trash之夜和周五的Recesija之夜（饮品便宜，有R & B、电子音乐和巴尔干流行乐）。

Vidilica 咖啡馆、酒吧

（见246页地图；Nazorov Prilaz 1；⏲8:00至午夜；📶）日落时分，穿过古老的Veli Varoš区，登上石头台阶，来到这家山顶咖啡馆的露台上，观赏迷人的城市、港口和山区风光。

☆ 娱乐

夏季斯普利特举办多场免费演出，问询旅游局，看看在你逗留期间，城里有什么娱乐活动。斯普利特有几个优秀的剧院，但大多数演出都是克罗地亚语的。

斯普利特克罗地亚国家大剧院 剧院

（Croatian National Theatre Split，Hrvatsko narodno kazalište Split；见254页地图；☎021-306 908；www.hnk-split.hr；Trg Gaje Bulata 1）这座大剧院建于1891年，上演戏剧、歌剧、芭蕾和音乐会。在售票处或网上购票。

斯普利特城市木偶剧院 剧院

（Split City Puppet Theatre，Gradsko kazalište lutaka Split；见254页地图；☎021-395 958；www.gkl-split.hr；Tončićeva 1）虽然演出主要是克罗地亚语，但婴幼儿都能看得津津有味。

购物

斯普利特市中心充斥着面向游客和本地富人的商店。Marmontova是主要的购物街，大牌林立，但戴克里先宫周边散落着一些有趣的本地精品店。

Arterija 时装和饰品

（见254页地图；☎091 54 77 141；Vuškovićeva 5；⏲5月至10月 10:00~21:00，11月至次年4月 周一至周五 10:00~14:00和16:00~20:00，周六 10:00~14:00）这家小店展示本地设计师Gorana Gulišija的作品以及该地区其他设计师的佳作，出售大量女性服装、珠宝和鞋子。

Bag & Co 时装和饰品

（见254页地图；☎091 51 43 126；www.bagbyag.com；Majstora Jurja 17；⏲4月至11月 9:00~

21:00）致电这家小店，问询Ana Gjivoje设计的颜色鲜艳的带图案手袋、托特包和单肩包是否有货，其中许多是用可回收材料制作的。

Think Pink 时装和饰品

（见254页地图；Zadarska 4；⊙9:00～21:00）土生土长的本地设计师为小资女性设计的服装和珠宝。街角那里还有一家分店（见254页地图；Marulićeva 1；⊙9:00～21:00）。

Uje 食品

（见254页地图；☎021-342 719；www.uje.hr；Marulićeva 1；⊙周一至周五 8:00～20:30，周六至14:00）这么小的店铺竟然储存了这么多种类的优质克罗地亚橄榄油、当地果酱、意面酱、rakija（格拉巴葡萄酒）、葡萄酒、肥皂和木质产品。

Studio Naranča 设计

（见254页地图；☎021-344 118；www.studionaranca.com；Majstora Jurja 5；⊙周一至周六 10:00～19:00，5月至9月 周日至14:00）展示当地艺术家Pavo Majić的作品，出售艺术原作以及非常酷的T恤衫、托特包和印有他设计的图案的明信片。

戴克里先宫地下室 市场

（Diocletian's Cellars；见254页地图；Obala hrvatskog narodnog preporoda bb；⊙9:00～21:00）穿过戴克里先宫地下室的主通道两侧是出售珠宝、布拉奇石头做成的礼品、围巾、T恤衫、手工肥皂和印刷品的摊位。作为一个面向游客的纪念品购物区，这里的商品质量实际上很不错。

鱼市场 市场

（Fish Market，Ribarnica；见254页地图；Obrov 5；⊙6:30～14:00）如你想象一般，腥味扑鼻，喧闹嘈杂。斯普利特的鱼市场既有室内部分，也有露天区域，看起来很有趣。当地人来这儿购买每天的食材，跟叼着烟头的相熟摊贩讨价还价。上午11点就接近尾声了，只剩一地鱼鳞。

绿市场 市场

（Green Market；见254页地图；Hrvojeva bb；⊙6:30～14:00）这个露天市场是购买水果、蔬菜和鲜切花的好去处。早晨最繁忙，夏季有几家向游客出售浆果和草莓的店铺一直营业到下午。

> **为小合唱鼓掌！**
>
> 来过达尔马提亚的游客多少都对悦耳的klapa（小合唱）着迷。这是一种合唱传统，一群壮汉围成一圈，吟唱着关于爱情、背叛、爱国、死亡、美丽和其他与人生有关的主题，多声部和谐悦耳，听之令人动容。
>
> 在斯普利特，听这种小合唱的最好的地方是戴克里先宫的圆形前厅（vestibule；Peristil bb）**免费**，在宫殿城墙内、Peristil（见247页）南侧。

实用信息

医疗服务

KBC Split（Klinički bolnički centar Split；☎021-556 111；www.kbsplit.hr；Spinčićeva 1）医院。

旅游信息

斯普利特的旅游局提供免费的**斯普利特卡**（Split Card），该卡有效期72小时，持卡可免费或优惠参观景点，租小汽车、就餐、购物和看戏都能享受优惠。4月至9月，如果你在斯普利特逗留超过4晚，其他月份在指定旅馆居住超过2晚，就有资格领取该卡。

Peristil旅游局（见254页地图；☎021-345 606；www.visitsplit.com；Peristil bb；⊙6月至9月 8:00～21:00，4月、5月和10月 周一至周六 8:00～20:00，周日 至17:00，11月至次年3月 周一至周五 9:00～16:00，周六 至14:00）

Riva旅游局（见254页地图；☎021-360 066；www.visitsplit.com；Obala hrvatskog narodnog preporoda 9；⊙6月至9月 8:00～21:00，4月、5月和10月 周一至周六 8:00～20:00，周日 至17:00，11月至次年3月 周一至周五 9:00～16:00，周六 至14:00）

旅行社

Daluma Travel（☎021-338 424；www.daluma-travel.hr；Obala kneza Domagoja 1）可以预订远足和乘船游，安排私人住宿，出租小汽车、轻便摩托车和自行车。

Turistički Biro（☎021-347 100；www.turistbiro-split.hr；Obala hrvatskog narodnog preporoda 12）

安排远足和私人住宿。

到达和离开

长途汽车、火车和渡轮码头都集中在港口东侧，离老城很近。

飞机

斯普利特机场（Split Airport, Zračna luka Split; ☎021-203 555; www.split-airport.hr; Dr Franje Tuđmana 1270, Kaštel Štafilić）位于斯普利特市中心西北方向24公里处的卡什泰拉（Kaštela）。夏季，几十个航空公司的航班从这里飞往全欧洲[包括奥地利航空、英国航空、易捷航空（easyjet）、挪威航空（Norwegian Air Shuttle）和北欧航空]。下列航空全年有航班在此起降：

克罗地亚航空公司（Croatia Airlines; ☎021-203 305; www.croatiaairlinescom）国家航空公司，全年有航班飞往萨格勒布、罗马、慕尼黑和法兰克福。夏季，还有飞往杜布罗夫尼克和奥西耶克的国内航线，以及飞往许多欧洲城市的国际航线。

欧洲之翼（Eurowings; www.eurowings.com）全年有航班飞往科隆/波恩、杜塞尔多夫和斯图加特，季节性航班飞往其他德国和奥地利城市。

Trade Air（www.trade-air.com）航班飞往杜布罗夫尼克、普拉和里耶卡。

船

斯普利特的渡轮码头极度繁忙，不会等迟到的旅客，因此你最好早点到。大多数国内渡轮从Gat Sv Petra（三个主要码头之中的第一个）发船，码头上都有亚德罗里尼亚和Kapetan Luka两家渡轮公司的售票亭。大型国际渡轮从Gat Sv Duje（三个主要码头之中的第二个）发船，**渡轮站**（ferry terminal; 见246页地图）大楼内有各主要渡轮公司的售票处。

7月和8月以及其他月份的周末，如果要搭乘载车渡轮，通常要在出发前几个小时赶到，排队等候汽车上船。淡季买票几乎不成问题，也无须长时间等待。

亚德罗里尼亚公司（☎021-338 333; www.jadrolinija.hr; Gat Sv Dujebb）运营大多数往来于斯普利特和各海岛的渡轮（见261页），也经营开往意大利**安科纳**（Ancona）的夜间渡轮。

Kapetan Luka（Krilo; ☎021-645 476; www.krilo.hr）运营下列高速双体船线路：

➡ 6月至9月，每天一班开往**赫瓦尔**（90KN，1小时），每天2班开往**科尔丘拉**（130KN，2小时30分钟）。

➡ 4月至10月，每天增开1班到**赫瓦尔**的船；5月至9月每天2班。

➡ 5月至10月中旬，每天1班开往**布拉奇的米尔纳**（40KN，25分钟）、**赫瓦尔**、**科尔丘拉**（130KN，2小时15分钟）、**姆列特的波梅纳**（Pomena; 140KN，3小时）和**杜布罗夫尼克**（210KN，4小时15分钟）。

➡ 6月至9月，每天1班开往**布拉奇的博尔**（80KN，50分钟）、**马卡尔斯卡**（100KN，1小时30分钟）、**科尔丘拉**（130KN，2小时45分钟）、**姆列特的索布拉**（Sobra; 140KN，4小时）和**杜布罗夫尼克**（210KN，5小时）。

Bura Line（☎095 83 74 320; www.buraline.com; Obala kralja Zvonimira bb; 成人/儿童 35/18KN）小型船只往返于斯普利特和特罗吉尔，5月至9月每天4~6班。

SNAV（www.snav.it）4月至10月，有夜间载车渡轮往来于斯普利特和意大利**安科纳**（€34起，11小时）。

长途汽车

大多数城际和国际长途汽车从港口旁边的**长途汽车总站**（Autobusni Kolodvor Split; 见246页地图; ☎060 327 777; www.ak-split.hr; Obala kneza Domagoja bb）出发。夏季，最好提前购买对号入座的车票。如果你需要存放行李，附近有一个**行李寄存处**（left-luggage office; Obala kneza Domagoja 12; 第一个小时 5KN，此后每小时 1.50KN; ⏲5月至9月 6:00~22:00）。

国内目的地包括萨格勒布（157KN，5小时，每小时最少1趟）、普拉（300KN，10小时，每天5趟）、里耶卡（244KN，8小时，每天8趟）、扎达尔（90KN，3小时，每小时最少1趟）和杜布罗夫尼克（127KN，4小时30分钟，每天最少11趟）。需要注意的是，斯普利特—杜布罗夫尼克的长途汽车行程中间有一小段路程要穿过波斯尼亚的领土，所以在跨越边境的时候要随身携带护照。

Touring（见246页地图; ☎021-338 503; www.touring.hr; Obala kneza Domagoja 10; ⏲周一至周五 8:00~20:00，周六和周日 9:00~15:00）在长途汽车站附近，是Deutsche Touring公司的办公室，出售开往德国城市的长途汽车票。

小汽车

各汽车租赁公司在机场都设有柜台，包括**Dollar Thrifty**（☎021-399 000; www.subrosa.hr;

Trumbićeva obala 17)，这家租车公司在城里也有一个办公室。还可以通过**Daluma Travel**（见259页）和**Split Rent Agency**（见254页地图；☎091 59 17 111；www.split-rent.com；Obala Lazareta 3）租汽车、轻便摩托车和摩托车。

火车

火车从萨格勒布（194KN，6小时30分钟，每天4趟）和克宁（Knin；65KN，2小时15分钟，每天3趟）开往**斯普利特火车站**（Split Train Station，Željeznica stanica Split；☎021-338 525；www.hzpp.hr；Obala kneza Domagoja 9；⏲6:00~22:00）。火车站内有储物柜（每天15KN），能放下不同大小的行李箱，但寄存不能过夜。附近街对面还有一个**行李寄存处**（☎098 446 780；Obala kneza Domagoja 5；每天15KN；⏲7月和8月 6:00~22:00，9月至次年6月 7:30~21:00）。

当地交通

抵离机场

机场大巴（Airport Shuttle Bus；☎021-203 119；www.plesoprijevoz.hr；单程 30KN）连接机场和斯普利特长途汽车总站（1号月台），单程30分钟，每天最少14趟。

37路和38路公交车 斯普利特—特罗吉尔公交线路在机场附近有一站，每隔20分钟左右1趟车。从位于Domovinskog Rata的公交站（见262页）开到机场需要50分钟，比机场大巴慢，但也比机场大巴便宜（从斯普利特开往机场17KN，从特罗吉尔开往机场13KN）。

出租车 从机场乘出租车至斯普利特市中心，车费为250~300KN。

亚德罗里尼亚公司从斯普利特驶出的船只

注意，这些渡轮时刻表都是从6月到9月的。其他时间船次减少。

载车渡轮

目的地	价格（每人/车，KN）	船程（小时）	班次
安科纳（意大利）	300/440起	11	每周3~4班
小德尔韦尼克（Drvenik Mali）	30/150	2.25	每周1班
大德尔韦尼克（Drvenik Veli）	30/150	2	每周1班
罗加奇（绍尔塔岛）	33/154	1	每天5~6班
斯塔里格勒（赫瓦尔）	47/310	2	每天5~7班
苏佩塔尔（布拉奇）	33/154	0.75	每天12~14班
乌比里（Ubli；拉斯托沃）	68/470	4.5	每天1班
韦拉卢卡（科尔丘拉）	60/470	2.75	每天2班
维斯（维斯）	54/340	2.25	每天2~3班

双体船

目的地	价格（KN）	船程（小时）	班次
博尔（布拉奇）	55~80	1	每天2班
杜布罗夫尼克	210	6	每天1班
赫瓦尔（赫瓦尔）	55~110	1~2	每天4~8班
耶尔萨（赫瓦尔）	55	1.5	每天1班
科尔丘拉（科尔丘拉）	160	3.75	每天1班
米尔纳（布拉奇）	40	0.5	每周1班
乌比里（拉斯托沃）	70	3.25	每天1班
韦拉卢卡（科尔丘拉）	60	2.25	每天1班
维斯（维斯）	55	1.5~2.5	每天1班

公共交通

Promet Split（☎021-407 888；www.promet-split.hr）运营斯普利特的**本地公交车**，线路四通八达（单次乘坐11KN），最远开到克利斯（Klis；13KN）、索林（Solin；13KN）、卡什泰拉（17KN）、特罗吉尔（17KN）和奥米茨（22KN）。可以在车上买票，但如果你在公交车站或报摊买票，可以在市中心乘坐两次的车票（即往返票，称为duplo）只要17KN。公交车的运行时间是5:30至23:30，每15分钟左右发1趟车。

斯普利特周边（AROUND SPLIT）

卡什泰拉（Kaštela）

人口38,700

如果你想寻找隐蔽而安全的位置，前有海、后有山，应该就是最理想的地方了。至少达尔马提亚贵族在面对15世纪和16世纪奥斯曼土耳其人入侵时是这么认为的。富人家庭前赴后继地来到这块位于特罗吉尔和斯普利特之间20公里长的海岸，建造坚固结实的大宅。总计建造了17座城堡和塔楼，其中一些周边还有兼作防御工事的村庄。但土耳其人根本没来过这里，许多城堡留存至今。

卡什泰拉如今是一个自治市，由7个单独的小港口城镇组成，每个城镇以一个城堡的名字命名，构成了斯普利特-达尔马提亚县（Split-Dalmatia County）的第二大城市。从斯普利特到特罗吉尔，七个村庄依次为Kaštel Sućurac、Kaštel Gomilica、Kaštel Kambelovac、Kaštel Lukšić、Kaštel Stari、Kaštel Novi和Kaštel Štafilić。

景点和活动

主要公路穿过卡什泰拉的工业区边缘，那里景色平平，但公路转向海滨之后，你将看到一个景色截然不同的卡什泰拉——那是紧挨着岩石海湾的古老城镇之一。令人发晕的是，七个城镇的名字跟各自城中古城堡的名字并不完全对应。有些城里有不止一座城堡，而另外一些城里的城堡早就没了。

如果你只能游览一个城镇，就去Kaštel Lukšić，因为卡什泰拉最大、保存最完好的城堡Dvorac Vitturi就在那里。现在城堡里面有博物馆和旅游局。村里还有一座巴洛克大教堂和看上去一点都不像城堡的Kaštel

值得一游

在克利斯追龙

克利斯城堡（Klis Fortress, Tvrđava Klis；☎021-240 578；www.tvrdavaklis.com；Klis bb；成人/儿童 40/15KN；⏲9:30~16:00）占据了通往斯普利特的山谷，位于高达385米的石灰岩峭壁上。城堡呈狭窄的长方形（长304米，宽53米），几千年来一直在扩建。在城堡内部，你可以登上所有的防御工事，并参观小博物馆，馆内陈列着刀剑和服装，详细地讲述了该城堡的残酷历史。

克利斯真正的历史（简单地说）是这样的：公元前2世纪由伊利里亚人建造，后被罗马人占领，中世纪克罗地亚君主特尔皮米尔在位期间成为要塞，抵抗了25年之后于1537年落入土耳其人手中，1596年被夺回，最终于1648年被威尼斯人占据。《权力的游戏》的剧迷们或许能认出这个城堡是剧中弥林城（Meereen）的原型，即第四季中"龙母"（丹妮莉丝·坦格利安，Daenerys Targaryen）把所有可恨的奴隶主钉死在十字架上的地方。如果你没看出来，城堡内一间展厅里的演出会唤起你的记忆。

克利斯位于城中心东北方向12公里处，可以乘坐从Trg Gaje Bulata或斯普利特公交车站方向开来的22路公交车（13KN）前往这里。

克利斯以肉叉烤羊肉餐馆出名，从1877年开始，斯普利特居民只要想吃油腻的蒜味烤肉，就去Restoran Perlica（☎021-240 004；www.restoran-perlica.hr；Trg Grlo 1, Klis；主菜50~150KN；⏲9:00~22:00；P📶👪）。从城堡出发，沿着主路往远离斯普利特的方向走1.7公里（步行约20分钟）即达餐馆。点一份"Plata Perlica"，盘子里羊肉、土豆和蔬菜堆成了小山。

Rušinac，后者是一栋带花园的私人房屋，被坚固厚实的高墙包围着。

Kaštilac 城堡

（Kaštel Gomilica）这个四方形的防御小岛位于Kaštel Gomilica中心的海边，一道桥将它与大陆相连。它是为本笃会修女团体建造的，现在变成了私人住宅。《权力的游戏》影迷们能够认出来，它在影片中布拉佛斯城（Braavos）的外景地。岛屿四周是浅浅的沙滩。

卡什泰拉城镇博物馆 博物馆、城堡

（Kaštela Town Museum；Muzej grada Kaštela；☎021-260 245；www.muzej-grada-kastela.hr；Lušiško Brce 1，Kaštel Lukšić；成人/儿童15/5KN；⏲6月至9月 周一至周五 9:00~20:00，周六 18:00~21:00，周日 9:00~13:00，10月至次年5月 周一至周五 9:00~16:00，周六 至13:00）Dvorac Vitturi建于15世纪末、16世纪初，在1943年之前一直是Vitturi家族的宅邸，之后被翻建成学校。现在它是一个小博物馆，楼上的展厅专门陈列考古发现（包括罗马硬币、珠宝和陶瓷），其他的展厅展示当地贵族的生活方式（家具、武器和服装等展品）。

Kaštel Sućurac 老城

Kaštel Sućurac有一条位于海边的街道，街道上密集地分布着咖啡厅，15世纪的哥特风格主教宫遗址周边是老城。钟楼是16世纪教区教堂仅存的部分——1943年，同盟国的炸弹炸毁了该教堂，并炸死67人。

Kaštel Štafilić 老城

Kaštel Štafilić的海边有两个低矮的防御工事：Kaštel Štafileo-Rotondo（1508年）和Nehaj Fort（1558年）。村里有一座文艺复兴时期的大教堂，小巷里（紧邻Sv Lucije）还有一棵1500年树龄的橄榄树。

Putalj Winery 葡萄酒

（☎092 37 41 545；www.putalj.com；Putaljski，Kaštel Sućurac；每人 €80）这个家庭经营的葡萄酒厂位于山坡高处（能俯瞰美景），提供黄昏时出发的3小时团队游，先是参观葡萄园和生产设施，然后坐在葡萄藤环绕的露台上，品尝葡萄酒和橄榄油（佐以面包、熏火腿和奶酪）。报价包含往返于斯普利特的接送费用。也能安排市场团队游和烹饪课程。

ℹ 实用信息

旅游局（☎021-227 933；www.kastela-info.hr；Dvorac Vitturi，Lušiško Brce 5，Kaštel Lukšić；⏲6月至10月 周一至周五 8:00~20:00，周六 8:00至正午和17:00~20:00，周日 8:00至正午）

ℹ 到达和离开

连接斯普利特和特罗吉尔的37路公交车在卡什泰拉所有的小镇都设有站点，每20分钟一趟车。卡什泰拉最适合步行或骑行游览，因为街道狭窄，停车很难，而且道路标识不清楚。

特罗吉尔（Trogir）

人口 13,200

美丽的特罗吉尔（威尼斯人统治时期称为Trau）置身于小岛上的中世纪城墙内，有桥分别与大陆和远处比较大的岛屿Čiovo Island相连。夏季的夜晚，所有人都在海滨大道散步，海滨大道两边是酒吧、咖啡馆和游艇，迷宫般的大理石街道在老式路灯的照明下发出神秘的微光。

老城拥有许多完好无损的13世纪至15世纪建筑。1997年，恢宏的罗马风格和文艺复兴风格的大教堂成为世界遗产。

从斯普利特出发到特罗吉尔一日游很容易，但如果前往其他大城市，也可以把特罗吉尔当作大本营，住上几晚。

历史

坐落于城墙之内的特罗吉尔北靠高山，四面临海，是一个很有吸引力的定居之地。公元前3世纪，希腊人在这里建立的村庄，后来落入罗马人之手。有利的防御地位使得特罗吉尔在克罗地亚和拜占庭帝国统治时期始终拥有一定程度的自治权，贸易和附近的矿产资源又保证了它的经济发展。

13世纪，雕塑和建筑艺术的繁荣反映出一种生机勃勃、富有活力的文化。1409年威尼斯买下了达尔马提亚，特罗吉尔拒绝接受新的统治者，威尼斯人随即炮轰城市使其就范。在威尼斯人的统治下，达尔马提亚的其他地方全都死气沉沉，而特罗吉尔却产生了许多伟大的艺术家，为这座城市增光添彩。

Trogir 特罗吉尔

Trogir 特罗吉尔

重要景点

1 圣劳伦斯大教堂 C2

景点

2 大奇皮科宫 C2
3 卡梅尔伦戈城堡 A3
4 神圣艺术博物馆 C2
5 圣尼古拉斯修女院 C3
6 圣塞巴斯蒂安教堂 C2
7 市政厅 C2
8 城市凉廊 C2
9 特罗吉尔城镇博物馆 C2

住宿

10 Apart Hotel Bellevue A1
11 Hotel Pašike A2
12 Hotel Tragos B2
13 Villa Moretti C4
14 Villa Tudor C4

就餐

15 Konoba Trs C2
16 Pizzeria Mirkec B3

购物

17 小凉廊 C3

景点

★圣劳伦斯大教堂 主教座堂

（St Lawrence's Cathedral, Katedrala svetog Lovre; ☎021-881 426; Trg Ivana Pavla II; 25KN; ⊙6月至8月 周一至周六 8:00~20:00，周日 正午至18:00，9月至次年5月 至18:00）这座由3座教堂正厅组成的威尼斯大教堂是特罗吉尔首屈一指的景点，也是克罗地亚最杰出的建筑之一，

它建于13~15世纪。罗马式大门是1240年由艺术大师拉多万(Radovan)雕刻的,门两侧是站在狮子背后的裸体亚当和夏娃。柱廊尽头也有一座精美的雕塑——Andrija Aleši在1464年雕刻的洗礼池,画面上到处都是胖胖的小天使。

在教堂内部,别错过雕刻精美的15世纪伊凡·奥尔西尼礼拜堂(Chapel of Blessed Ivan Orsini),伊凡·奥尔西尼是特罗吉尔第一位主教,你可以在礼拜堂左侧墙壁的中间位置看见他的容貌。一定要看看珍宝馆,那里有一座象牙三拼浮雕和许多银质圣物箱。你甚至可以爬上47米高的大教堂钟楼,俯瞰整个老城。

神圣艺术博物馆 博物馆

(Sacred Art Museum, Muzej sakralne umjetnosti; ☎021-881 426; Trg Ivana Pavla II 6; 10KN; ⏲6月至9月 周一至周六 8:00~20:00,周日11:30~19:00)这个小博物馆的亮点包括插图手稿,贝利尼(Bellini)的大幅圣杰罗米(St Jerome)和施洗约翰(St John)像,色彩艳丽、真人大小的画*Crucifix with Triumphant Christ*,以及曾用于装饰大教堂祭坛的13世纪圣像碎片。

圣尼古拉斯修女院 女修道院

(St Nicholas' s Convent, Samostansvetog Nikole; ☎021-881 631; Gradska 2; 成人/儿童10/5KN; ⏲6月至9月 10:00~13:00和16:15~17:45,其他月份凭预约)这座本笃会修道院内珍存着一尊3世纪希腊机会之神凯霍斯(Kairos)的浮雕,它由橘色大理石雕刻而成,光彩夺目。

Okrug Gornji 海滩

(Šetalište Stjepana Radića bb)Okrug Gornji[又名科帕卡巴纳(Copacabana)]是特罗吉尔最火的海滩,位于老城以南1.7公里处的Čiovo岛上,可以沿公路或乘船前往。鹅卵石海滩长2公里,两边是咖啡馆兼酒吧、卖冰激凌的小亭子和度假公寓。

Medena Beach 海滩

这片海滩位于老城以西4公里处的Seget Riviera,海滩上有一条长长的大道,两边是酒吧、网球场、迷你高尔夫球场、卖冰激凌的小亭子以及出租水上飞机、皮划艇和冲浪帆板的小店。虽然海滩属于年华老去的大型度假村Hotel Medena,但它对公众开放,海滩上就有停车场。

特罗吉尔城镇博物馆 博物馆

(Trogir Town Museum, Muzej grada Trogira; ☎021-881 406; www.muzejgradatrogira.blogspot.com; Gradska vrata 4; 成人/儿童 20/15KN; ⏲7月和8月 10:00~13:00和18:00~21:00, 6月和9月 周一至周六 10:00~13:00和18:00~21:00, 10月至次年5月 周一至周五 9:00~14:00)前身是Garagnin-Fanfogna的豪宅,馆内陈列特罗吉尔各历史时期的书籍、档案、绘画和服饰。

大奇皮科宫 宫殿

(Grand Cipiko Palace, Velika palača Cipiko; Gradska 41)这座宫殿般的豪宅在大教堂对面,15世纪的时候曾是一个显赫家族的居住场所。现在不对公众开放,但你可以驻足欣赏雕刻精美的哥特式拱廊,正面是Andrija Aleši的雕刻作品,四周有窗户。

市政厅 历史建筑

(TownHall, Gradska Vijećnica; Trg Ivana Pavla II 1; ⏲周一至周五 7:00~19:00)这座15世纪的建筑在大教堂旁边,有一个哥特式的庭院,以盾徽作为装饰,楼梯气势恢宏。一尊保存完好的飞狮圣马克(威尼斯共和国盾徽)格外醒目。

圣塞巴斯蒂安教堂 教堂

(St Sebastian' s Church, Crkva Sv Sebastijana; Trg Ivana Pavla II)这座教堂建于1476年,现已不再使用,只是保存死于20世纪90年代战争的当地人的石棺和照片。教堂顶部有一个蓝色表盘的文艺复兴风格大钟。

城市凉廊 历史建筑

(Town Loggia, Gradska loža; Trg Ivana Pavla II)这个13世纪的通透式建筑位于主广场,有趣的浮雕出自著名克罗地亚雕塑家伊万·梅什特罗维奇之手。

卡梅尔伦戈城堡 城堡

(Kamerlengo Castle, Kaštel Kamerlengo; Hrvatskog proljeća 1971 bb; 成人/儿童 25/20KN; ⏲9:00~19:00)1420年左右由威尼斯人建造,这座城堡曾经与城墙相连。内部基本上空空

荡荡，但你可以登上城堡，沿城墙走一圈。特罗吉尔之夏音乐节期间会在这里举办音乐会。

马尔蒙特亭 历史建筑

（Marmont' s Gloriette, Marmontov glorijet）这个优雅的眺望台位于特罗吉尔岛西端，是拿破仑占领达尔马提亚期间由法国人修建的。当时它的下方是一个泥泞的潟湖，马尔蒙特元帅（Marshal Marmont）曾经坐在四面环水的亭子里打牌。

节日和活动

特罗吉尔之夏 音乐节

（Trogir Summer, Trogirsko ljeto；⏲7月和8

值得一游

漫步罗马古城

古城萨洛纳（Salona；☎021-213 358；Don Frane Bulića bb, Solin；成人/儿童 30/15KN；⏲周一至周六 9:00~19:00，周日 至14:00）遗址坐落在斯普利特东北侧的山脚下，是克罗地亚考古学领域最重要的地方。进入古城，需要在保护区北门附近的图斯库鲁姆（Tusculum）购买门票。1898年，首位发掘遗址的考古学家蒙席弗朗·布丽（Monsignor Frane Bulić）建造了图斯库鲁姆作为研究基地。现在，罗马风格的客厅里陈列着早期在这里出土的考古学发现。

公元前119年，萨洛纳作为伊利里亚部落的中心首次被提及，据信当时就已经有城墙了。公元前78年，这里被罗马人攻占，在奥古斯都大帝的统治下它成为达尔马提亚省的行政总部。3世纪末，戴克里先大帝在斯普利特修建皇宫，也正是看中了它距离萨洛纳较近。7世纪，入侵的阿瓦尔人（Avars）和斯拉夫人将城市夷为平地，古城的辉煌因此中断。居民纷纷逃往有城墙的戴克里先宫和周边岛屿，萨洛纳从此衰落。

虽然萨洛纳的古代文物大多收藏在斯普利特的考古博物馆（见249页）内，但原址这边也保留着数量惊人的文物。停车场和博物馆之间被称为Manastirine的区域散落着大量石棺。这里是基督教合法化之前基督教殉教者的长眠之地，也是众多早期小教堂的遗址所在地。

一条两边种着柏树的小路以图斯库鲁姆为起点，往南通向萨洛纳的北城墙。站在北城墙上，能同时看到组成教会中心（Episcopal Centre）的那些建筑的地下部分，包括有三条通道和一个八边形的洗礼池，以及何诺利斯主教（BishopHonorius）的长方形基督堂遗址，它建造于公元5世纪，其平面图是一个四臂长度相等的十字架。公共浴室（Thermae）在长方形基督堂背后的狭窄小巷对面。

从宗教建筑群继续往前走，偏右一点的地方是建于1世纪的东城门Porta Caesarea，后来被向东扩张的城市吞没。如今在大门下方的石板路上仍然能够看见古时车轮留下的车辙，还能看到与城墙顶部平行的被包起来的高架渠遗迹。后者可能修建于公元1世纪，将亚德罗河（Jadro River）河水运输到萨洛纳和戴克里先宫。

古城最初的西端是建于2世纪的大型罗马圆形露天竞技场，17世纪威尼斯人为了防止它成为土耳其入侵者的避难所而将其拆毁。它当时能够容纳18,000名观众，由此可见萨洛纳古时的规模和重要性。

通往罗马圆形露天竞技场的主路与古城墙平行。主路右侧（即城墙外）是另一块早期基督教墓地，在竞技场里被杀害的基督教徒葬在那里，为纪念他们而建的五烈堂（Five Martyrs Basilica, Kapljuč basilica）遗址也在那里。

主路左侧的葡萄园和果园内也有一些更多的遗址，包括所剩无几的罗马会场（Forum）遗迹以及附近一座剧场和一座狄俄尼索斯神庙（Temple of Dionysus）遗址。

在斯普利特乘坐1路公交车前往萨洛纳很方便（单程/往返 13/22KN），公交车从Trg Gaje Bulata发车，半小时1趟，直达停车场。

月）一年一度的特罗吉尔之夏音乐节期间，教堂、广场和要塞都将举办古典音乐和民间音乐演奏会。音乐活动的招贴广告遍布全城。

住宿

Hostel Marina Trogir 青年旅舍 €

（021-883 075；www.hostelmarina-trogir.com；Cumbrijana 16；铺 175KN；5月至10月；）这个极好的青年旅舍由一对德国侨民夫妇经营，只有4个宿舍房间，每间能住7人或8人。木头上下铺是定制的，床底有行李箱大小的储物柜，下铺配备阅读灯和私密拉帘（但上铺没有）。此外还有公用厨房和分开的男女卫生间。

Villa Moretti 历史酒店 €€

（021-885 326；www.villamoretti.com；Lučica 1；房 €90~120；P）从1792年起，就由同一个家族经营。这栋17世纪的豪宅内有5个摆满古董的宽敞房间，从宽阔的大理石和铁艺台阶进入。两个房间通往朝后的露台，但所有房间能看到老城的美景。卫生间很大，但略旧。

Villa Tudor 酒店 €€

（091 25 26 652；www.facebook.com/VillaTudorTrogir；Obala kralja Zvonimira 12；房/公寓 €104/171起；P）裸露的石头搭配浅蓝色的墙壁，打造出个性十足的卧室。这家小酒店非同一般，你在房间里能看到特罗吉尔最美的海边老城景色。位于餐饮娱乐集中的地带，也是这家酒店的优点。

Hotel Tragos 历史酒店 €€

（021-884 729；www.tragos.hr；Budislavićeva 3；房 €105起；5月至10月；）这是一座经过精心修复的中世纪住宅，外露的石材营造出复古的氛围。12间装潢漂亮的现代房间带电视和迷你酒吧。即使你不住在这里，也可以到酒店餐厅品尝美味的家常菜（主菜55KN起），不妨尝尝trogirska pašticada（特罗吉尔风味的炖牛肉）。

Vila Tina 酒店 €€

（021-888 001；www.vila-tina.com；Domovinske zahvalnosti 63, Arbanija；房 €85起；P @）位于特罗吉尔以东5公里处一个海边小村内，适合那些喜欢出房门就是游泳池的自驾游客。房间宽敞整洁，有些房间带面朝大海的大阳台。此外酒店里还有热水浴缸和红外线桑拿。

ApartHotel Bellevue 酒店 €€

（021-492 000；www.bellevue.com.hr；Alojzija Stepnica 42；房/公寓 €116/139起；4月至10月；P）酒店大楼位于特罗吉尔近大陆的一侧，20世纪90年代风格的外观会令人不由得皱眉。房间和公寓房间宽敞，配备简单的家具。有些房间带有弯曲的阳台，能俯瞰老城，但后面的房间更加安静，只是看到的特罗吉尔城景不够迷人。

Brown Beach House 酒店 €€€

（021-355 400；www.brownhotels.com；Gradine 66；单/双 €208/260起；5月至10月；P）同名小型连锁集团在以色列之外的第一家豪华酒店，名字不起眼，但装修要时髦得多。你根本想象不到这栋巨大的石头建筑最初是个烟草工厂。42个房间各具特色，面积都很大。方格瓷砖游泳池和私属海滩为酒店增添了高级感。

Hotel Pašike 历史酒店 €€€

（021-885 185；www.hotelpasike.com；Sinjska4；房 €143起；）这家怡人的酒店位于一座15世纪的建筑内，房间里铺着深色木地板，摆放着古董家具和精美的大床。热情的员工穿着传统服装，颇有历史韵味。你可以直奔小小的屋顶天台，俯瞰整个老城。

Hotel Palace 酒店 €€€

（021-685 555；www.hotel-palace.net；Gradine 8；标单/双 €125/165；P @）桃粉色的豪宅位于Čiovo岛，前台花里胡哨的，有黄铜柱子和明亮的天花板。好在房间的装饰比较内敛。酒店还有小型水疗中心和健身房。

就餐

Pizzeria Mirkec 比萨 €€

（021-883 042；www.pizzeria-mirkec.hr；Budrislavićeva 15；主菜 45~180KN；9:00至午夜）这家休闲餐厅在街角，但几十张餐桌在海滨大道上一字排开，出售美味柴火烤比萨以及煎蛋卷、牛排、意面和烤鱼，如果提前预订，还能吃到传统的peka（圆盖烤炉）慢炖菜。早餐套餐性价比高（50KN）。

Konoba Trs 达尔马提亚菜 €€€

（☎021-796 956；www.konoba-trs.com；Matije Gupca 14；主菜 105~230KN；⊙周一至周六 11:00至午夜，周日 17:00至午夜）这个乡村风格的小酒馆外观十分传统，店内有长条木凳和古老的石墙，葡萄藤为迷人的庭院遮挡阳光。菜单上除了达尔马提亚经典菜肴，还有时尚美食，特色包括裹面包糠的炸章鱼爪、招牌鱼以及跟咸味煎饼同食的肉豆蔻pašticada（炖）羊肉。

购物

小凉廊 市场

（Small Loggia，Mala loža；Obala Bana Berislavića 11；⊙5月至9月9:00~21:00）这个古老的露天市场就在城墙下面，至今仍被街头小贩占用，只不过他们如今主要售卖珠宝。这里是购买用当地石头和珍珠做成的有趣小物件的好地方。

实用信息

Atlas Trogir（☎021-881 374；www.atlas-trogir.hr）这家旅行社能安排私人住宿，组织短途旅行，出租小汽车、轻便摩托车、自行车和船。

Portal Trogir（见42页）安排私人住宿，出租自行车、轻便摩托车和皮划艇，并组织短途旅行和探险运动（四驱车游猎、潜水、独木舟）。

旅游局（☎021-885 628；www.tztrogir.hr；Trg Ivana Pavlall 1；⊙5月至9月 8:00~20:00，10月至次年4月 周一至周五 9:00~17:00）在市政厅内，提供城市地图。

到达和离开

船

Bura Line（见260页）有一只小船，往来于特罗吉尔和斯普利特，5月至9月每天4~6班。

亚德罗里尼亚公司（见260页）每天有3班载车渡轮（乘客/小汽车 16/150KN）从特罗吉尔开往大德尔韦尼克岛（Drvenik Veli；1小时），然后继续开往小德尔韦尼克岛（Drvenik Mali；另需20分钟）。

长途汽车

长途汽车站（☎021-882 947；Kneza Tripimira bb）位于大陆、邻近通往特罗吉尔的桥，城际长途汽车停靠这里。目的地包括萨格勒布（148KN，6小时30分钟，每天10班）、里耶卡（230KN，7小时30分钟，每天3班）、扎达尔（73KN，2小时30分钟，每天11班）、斯普利特（20KN，30分钟，车次频繁）和杜布罗夫尼克（137KN，5小时30分钟，每天5班）。

斯普利特的37路公交车（17KN）沿海岸公路行驶，穿过卡什泰拉，每20分钟1班，中途在机场也有一站。它比城际长途汽车慢，因为后者走高速公路。

当地交通

夏季，小型客轮从Hotel Concordia门口的Obala Bana Berislavića发船，开往Okrug Gornji海滩（25KN）和Medena海滩（20KN）。单程大约45分钟。

绍尔塔岛（Šolta Island）

这个可爱的小岛（59平方公里）林木茂密，是斯普利特居民最喜爱的避暑胜地。罗马人称之为Solentia（意为“太阳”），但它首次进入历史记载是在公元前4世纪，当时它使用希腊名字Olynthia。

绍尔塔岛的主要入口是**罗加奇**（Rogač），从斯普利特开来的渡轮停靠在这个大港口的边缘。海湾周边的公路通往几个小海湾，那里有岩石海滩，还有一条路通往山上的小岛行政中心**格罗霍特**（Grohote）。

马斯利尼察（Maslinica）是岛上最美丽的村庄，由近海的7个小岛组成。**斯托莫尔斯卡**（Stomorska）也是一个美丽的村庄，避风海港泊满了游艇。岛屿内陆有几个值得看看的家庭经营的农庄“农家乐”，游客可以品尝和购买橄榄油、rakija（格拉巴酒）和葡萄酒。

淡季时岛上的商店几乎都关门，很难租到小汽车，也找不到能吃饭的地方。

景点

Agroturizam Ktelanac 葡萄酒厂

（☎098 385 376；www.agroturizamkastelanac.com；Duga gomila 7，Gornje Selo；⊙6月至10月 8:00~22:00，11月至次年5月需要预约）给这家位于Gornje Selo（上村，Upper Village）

的家庭农场打电话预约，你可以过来尝尝优质橄榄油和岛上特有的酿造红葡萄酒的品种dobričić，边喝边吃自制的面包和橄榄拼盘。

食宿

Martinis Marchi 酒店 €€€

（☎021-572 768；www.martinis-marchi.com；Sv Nikole 51, Maslinica；套 €311起；⏰4月至9月；❄🏊）建于1703年的海边城堡被改建成这家豪华的历史酒店，除了7间套房，还有花园、小码头、露台餐厅和水疗中心。

Konoba Momčin Dvor 达尔马提亚菜 €€

（Šoltanskih žrtava 18, Grohote；主菜 110KN；⏰10:00~14:00和18:00~22:00；📶）从一条鹅卵石小巷进来，这家古色古香的小餐馆非常传统，拥有一批忠实的本地人拥趸。没有菜单，选择也有限，只有两三道菜而已。尝尝跟blitva（配菜）一起吃的烤鱼或者圆盖烤炉烤羊肉。

实用信息

马斯利尼察旅游局（☎021-659 220；www.visitsolta.com；Briga bb；⏰6月至9月周日至周三8:00~15:00，周五和周六 15:00~21:00）

罗加奇旅游局（☎021-654 491；www.visitsolta.com；Obala Sv Terezije 1；⏰6月至9月周四至周二8:00~14:00，周三 至12:30）

斯托莫尔斯卡旅游局（☎021-658 192；www.visitsolta.com；Riva Pelegrin 8；⏰6月至9月周一、周五和周六 8:00~14:00，周三、周四和周日14:30~21:00）

到达和当地交通

亚德罗里尼亚（☎021-654 664；www.jadrolinija.hr；Obala Sv Tereze bb）公司每天有4~6班载车渡轮往来于斯普利特和罗加奇（乘客/小汽车33/154KN，1小时）。每天有3趟长途汽车经Gornje Selo连接罗加奇和斯托莫尔斯卡，另外还有3趟连接罗加奇和马斯利尼察（两条线路都是12KN）。

斯多布莱奇和波施塔纳（Stobreč & Podstrana）

这两个相邻的村庄位于斯普利特半岛的山脚下，从西北往东南方向看，是海岸沿线一连串村庄的起点。两个村庄分列于一个避风海港的两侧，被扎尔诺夫尼察河（Žrnovnica River）隔开。

斯多布莱奇相对来说更为漂亮，有一个小码头和部分是沙子的海滩。从公元前3世纪起，这里就有希腊人居住，当时村子名叫Epetion。波施塔纳的缺点是海岸公路径直穿过村内，但村里也有几块还不错的海滩。

食宿

Camping Stobreč 露营地 €

（☎021-325 426；www.campingsplit.com；Sv Lovre 6, Stobreč；每个 成人/儿童/露营点 60/33/74KN起，小屋 418KN起；@📶🐾）位于斯多布莱奇尽头的海滨，占据了一块有松树遮蔽的地点。这个露营地设施齐备，有两块海滩、数个酒吧、一个餐厅、一个商店和一个游乐场，附近有多项体育和娱乐活动。这里好在不仅离斯普利特很近，而且全年开放（跟大多数克罗地亚露营地不同）。

Le Méridien Lav 酒店 €€€

（☎021-500 500；www.lemeridienlavsplit.com；Grljevačka 2a, Podstrana；房/套 €248/478起；P❄@📶🏊）这家五星级酒店占据了800米长的海滩，五幢相连的建筑内拥有381个中性装修风格的房间、一个小码头、一个赌场和青翠的花园。面朝斯普利特的房间能看到很不错的景色。

Kaša Grill & Bar 克罗地亚菜 €€

（☎021-325 083；www.facebook.com/kasagrillbar；Alojzija Stepinca 17, Stobreč；主菜 50~120KN；⏰正午至15:00和18:00至午夜；📶）这个友好的家庭餐馆位于斯多布莱奇海边住宅区的街道边，招牌菜是烤肉。此外也有奇特的当地混搭风味，例如塞有奶酪和熏火腿的牛排搭配羊肉块、牛肝、鸡排和汉堡包。

实用信息

波施塔纳旅游局（☎091 33 38 440；www.visitpodstrana.hr；Jurasova 2；⏰7月和8月周一至周六8:00至正午和16:00~20:00，9月至次年6月周一至周五 8:00~16:00）

斯多布莱奇旅游局（☎021-324 016；www.visitstobrec.com；Sv Lovre 4；⏰4月至10月 8:00~21:00，11月

至次年3月周一至周五 9:00~16:00，周六 至14:00）

到达和离开

25路公交车定点开往波施塔纳，发车站在斯普利特绿市场外面。

奥米茨（Omiš）

人口15,000

传说中的海盗巢穴奥米茨是达尔马提亚沿海最壮观的地点之一。它位于塞蒂纳河入海口一个风景如画的峡谷的末端，背靠险峻山峰下方的斑驳灰色峭壁。

随着海岸公路逐渐变窄，变成两侧种着橡树的主街，车辆也放缓了速度。近大陆一侧有迷宫般的古老街道，街道中间有个小城堡。砂石海滩向两侧伸展，夏季许多人带孩子来海滩上玩。

景点和活动

奥米茨的位置得天独厚，因此这里有多种活动。最为舒缓的活动是乘坐游船，沿河谷去往美丽的Radmanove Mlinice（Radman's Mills；约100KN）。小船在桥两侧排成行，客满发船。徒步、漂流和高空滑索也很受欢迎。

圣米迦勒教堂　教堂

（St Michael's Church，Župna crkva sv Mihovila；Trg Sv Mihovila；⌚时间不定）奥米茨的教区教堂建于17世纪初，位于老城中心阳光灿烂的广场上，装饰华美的大门是用布拉奇的石头雕刻而成的，以有趣的鱼图案装饰的柯林斯石柱也是如此。教堂内部只有一个大厅，拱形天花板很高，大厅里有一个镀金圣坛和一些美丽的绘画。

米拉贝拉要塞　城堡

（Mirabela Fortress，Tvrđava Mirabela；20KN；⌚5月至10月 9:00~21:00）这个小塔又名Peovica，建于13世纪，位于一幢9世纪的拜占庭建筑地基之上。沿陡峭的台阶走上去，城堡内部空空荡荡，但你可以登上内部的台阶（最后一段是梯子），来到塔顶俯瞰全城风光。

高空滑索　探险运动

（☎095 82 22 221；www.zipline-croatia.com；Josipa Pupačića 4；乘坐 400KN）8条滑索位于塞蒂纳峡谷的空中——确切地说是150米高空。最长的滑索长700米。报价包含从奥米茨到此的接送费用。

食宿

Hotel Plaža　酒店 €€€

（☎021-755 260；www.hotelplaza.hr；Trg kralja Tomislava 6；房 €122起；P❄📶）这家现代化大酒店就在海滩上，房间五颜六色，许多房间带阳台，能看到海景。设施包括餐厅、小健身房和水疗中心，热情的员工能安排在当地的活动。

La Fabbrica　美食小酒馆 €€

（☎091 89 00 212；www.facebook.com/lafabbricaomis；Fošal 19；主菜 50~120KN；⌚周日至周四 9:00至午夜，周五和周六 至次日2:00；📶）奥米茨最时髦的小餐馆，除了pašticada（红烧牛肉）、意面和烤鱼等传统菜肴以及诸如松露卡布奇诺汤这样的创新食物，也有汉堡和牛排之类。气氛休闲，很像酒吧，夏季定期有现场音乐表演。

饮品和夜生活

Lix　酒吧

（Ivana Katušića 5；⌚9:00至午夜）石墙的室内和大理石小巷边都有座位，奥米茨的小

塞蒂纳河漂流

塞蒂纳（Cetina）河是达尔马提中部最长的河流，长105公里，源头是同名村庄。它流经第纳尔（Dinara）的群山，穿过塞尼周边的田野，沿途汇聚多条小溪，最后汇入新塞拉（Nova Sela）附近的发电厂。蓝色的河水清澈透明，岸边有高大的石墙和茂盛的植被，景色格外优美。春季至秋季，漂流从河上游的奥米茨（Omiš）出发，但大雨过后水流可能会变得非常湍急。夏季最适合漂流新手。

漂流团队游从奥米茨桥的老城一侧的河边出发。比较好的漂流旅行社收费200KN以上。有些旅行社便宜些，但服务没那么好。

资人群被这个小小的老城酒吧吸引，来到这里秀晒炫。

Turjun 酒吧

（Fošal 9；⏲5月至9月 7:00至次日2:00，10月至次年4月 至22:00；📶）古城门现在仅存一个小塔，当地人聚集在这里喝酒，或者下午在门口的人行道上晒太阳。

实用信息

旅游局（☎021-861 350；www.visitomis.hr；Fošal 1a）

到达和离开

斯普利特的60路公交车直达奥米茨，每半小时一趟（22KN）。其他目的地包括马卡尔斯卡（32KN，45分钟，每小时1趟）、杜布罗夫尼克（121KN，4小时，每天4趟）、希贝尼克（62KN，2小时30分钟，每天2趟）和萨格勒布（140KN，6小时，每天9趟）。

马卡尔斯卡里维埃拉（MAKARSKA RIVIERA）

马卡尔斯卡里维埃拉是比奥科沃山（Biokovo mountain）脚下一段58公里长的海岸，在这里，一连串美丽的卵石滩背靠连绵起伏的悬崖和山脊。山麓地带不受寒风侵袭，包括松树、橄榄树和果树在内的地中海植物在此生长茂盛。

如果你对海滩度假感兴趣，不希望被过多的历史景点干扰，那么这里清澈见底的海水无疑充满了诱惑。这里也是达尔马提亚海岸最发达的地区之一，深受旅游团喜爱。注意，在7月和8月，整个里维埃拉到处都是前来度假的游客，许多酒店都要求最少住7晚。

布雷拉（Brela）

人口1710

达尔马提亚最长、可能也是最美的一段海岸线穿过度假小镇布雷拉。6公里长的鹅卵石海滩曲曲折折，沿小海湾延伸，那里松林茂密，海水清澈，日落的美景更是令人陶醉。阴凉的海滨大道两旁到处都是酒吧和咖啡馆，小镇的两侧是一个个海湾。最好的海滩Punta Rata是一段迷人的鹅卵石海滩，位于市中心西北大约300米处。

食宿

Sentido Bluesun Berulia 酒店 €€€

（☎021-603 599；www.brelahotelberulia.com；Frankopanska 66；房 €212起；⏲5月至10月；P❄📶🏊）这家大型四星级酒店刚刚翻新过，有199个房间和露天泳池。位于镇中心以东300米处，离海滩仅几米远。

Del Posto 达尔马提亚菜 €€

（☎021-604 890；Obala Sv Nikole 71，Baška Voda；主菜 50~90KN；⏲7:00~23:00；📶）如果你想美餐一顿，就步行20分钟，沿着海岸走到下一个小镇，来到这个位于Baška Voda的时髦酒店Hotel Slavia露台上的优雅餐厅兼葡萄酒吧。考虑到气氛之幽静，食物性价比相当高。

实用信息

BeruliaTravel（☎021-618 519；www.beruliatravel-brela.hr；Frankopanska 111）代为寻找私人住宿，兑换货币，预订短途旅行并安排机场接机。

旅游局（☎021-618 455；www.brela.hr；Trg Alojzija Stepinca bb；⏲5月至9月8:00~20:00，10月至次年4月 周一至周五 8:00~15:00）提供小镇地图和地区骑车地图。

到达和离开

沿公路行驶的长途汽车大多数都在转往布雷拉的路口设有一站。那个路口距离镇中心1公里。目的地包括萨格勒布（170KN，6小时15分钟，每天9趟）、希贝尼克（66KN，3小时，每天2趟）、斯普利特（35KN，1小时，每小时1趟）、马卡尔斯卡（18KN，20分钟，每小时1趟）和杜布罗夫尼克（110KN，3小时30分钟，每天4趟）。

很难碰到免费停车位，即便淡季也是如此。

马卡尔斯卡（Makarska）

人口13,900

马卡尔斯卡是一个海滩度假胜地，背靠雄伟的比奥科沃山脉，自然环境优美。虽然郊区有点破旧，但长长的海滨大道很可爱，市中心的石灰岩房屋在夕阳的余晖中呈现出美丽的桃粉色。体育运动爱好者在附近徒步、攀岩、玩滑翔伞、骑山地车、风帆冲浪和游泳。此地交通也很便利。

波斯尼亚游客对马卡尔斯卡情有独钟，一到夏季他们就蜂拥来到城里的鹅卵石长滩上。

旺季时这里非常喧嚣，有许多热闹的夜生活场所，同时也有许多适合孩子们的活动。如果你对逛沙滩酒吧和夜店以及打沙滩排球和参加海滩休闲活动感兴趣，就一定会喜欢马卡尔斯卡。旺季以外的其他时间这里还是非常安静的。

景点和活动

马卡尔斯卡的港口和老城位于一个大海湾，东南方与CapeOsejava毗邻，西北方与SvetiPetar半岛相连。长长的**城市海滩**（town beach）沿线布满了酒店，从Sveti Petar公园沿海湾向西北方向延伸。要想感受派对氛围，就向前，经过城市海滩后来到Hotel Rivijera附近的**布巴海滩**（Buba），夏季那里全天都有劲爆的音乐声。东南方向的海滩石头更多，形状也更可爱，例如**努加尔**（Nugal），深受裸体主义者的欢迎。

马卡尔斯卡城市博物馆 博物馆

（Makarska Municipal Museum，Gradski muzej Makarska；☎021-612 302；Obala kralja Tomislava 17；10KN；⏲周一至周六 9:00~13:00）下雨的日子，来这家博物馆看看照片、古老的石头和航海遗迹，了解这个城市的历史。

方济各修道院和贝壳博物馆 修道院

（Franciscan Monastery & Shell Museum，Franjevački samostan & Malakološki muzej；☎099 88 52 165；Franjevački 1；博物馆 15KN；⏲博物馆 5月至9月 10:00至正午，10月至次年4月需要预约）修道院教堂的后殿有一块巨幅的现代细瓷镶嵌画。展品丰富的**贝壳博物馆**在教堂后面（从Alkarska进入），这些贝壳是一位已故修士的藏品。

Wine Club Croatia 葡萄酒

（☎091 57 70 053；www.wineclubcroatia.com；作坊 300KN）热情而迷人的葡萄酒专家Daniel Čečavac在公园和Osejava的酒店（以及Baška Voda和斯普利特）举办极好的品酒活动，可以品尝5种顶级产品，搭配当地小食。他还组织私人的葡萄酒、美食和观光团队游（2~8人），前往佩列沙茨半岛（Pelješac Peninsula；1650KN）、Vrgorac（1250KN）和Imotski（850KN）。

住宿

Vintage Hostel Makarska 青年旅舍 €

（☎021-615 372；www.hostelmakarska.

值得一游

图彻皮的美味

图彻皮（Tučepi）在马卡尔斯卡东南方向，如果你有车，村子上方的山里有几家很不错的餐馆。

Jeny Restaurant（☎091 58 78 078；www.restaurant-jeny.hr；Čovići 1，Gornji Tučepi；菜单含/不含葡萄酒 780/600KN；⏲5月中旬至9月 18:00至午夜；☎）这家正餐馆位于比奥科沃山坡上，专注于烹制略带法国风味的地中海菜。没有菜单，只有一种7道主菜的套餐，素食者或对某些食材过敏的人可以定制（预订时告知店家）。餐厅装修马马虎虎，但是令人心醉的山间美景足以弥补这个缺点。

Konoba Ranč（☎021-623 563；www.ranc-tucepi.hr；Kamena 62，Tučepi；主菜 90~200KN；⏲4月至9月 18:00至次日1:00）一家纯朴的餐馆，远离游客集中的地区，值得你驾车10分钟从马卡尔斯卡过来一趟，按照路标指示，沿公路往上坡开。坐在橄榄树下的圆木椅子上就餐，享用烤肉和烤鱼、预订的圆盖烤炉（peka）烤肉或烤海鲜以及招牌红酒，偶尔还有小合唱（见259页）表演。

com; Prvosvibanjska 15; 铺120KN, 房280KN起, 不带卫生间260KN起; ⊙5月至9月; P ❄ 📶)大规模翻修之后, 这个早已深受背包族喜爱的住处成为达尔马提亚沿海最时髦的青年旅舍。新的豪华房墙上挂着蜡纸艺术品, 卫生间用时尚的黑白双色装饰。宿舍房间男女分开, 每个房间能住8人。小酒吧兼作早餐室。一定要跟可爱的小狗"雅典娜"(Athena)打个招呼。

★ **Maritimo** 酒店 €€€

(☎021-679 041; www.hotel-maritimo.hr; Cvitačke 2a; 房930KN起; P ❄ 📶)这家酒店就在海滩上, 员工友好, 现代化的房间配备冰箱和保险柜, 卫生间很不错, 在阳台上能看到海景。早餐在水边的露台吃, 令人感觉神清气爽。

餐饮

Konoba Kalalarga 达尔马提亚菜 €

(Kalalarga 40; 主菜50KN起; ⊙周二至周日9:00至次日2:00; 📶)这家传统的达尔马提亚酒馆灯光昏暗, 以深色实木家具作为装饰, 还有户外长椅。它隐藏在一条小巷里, 小巷的另一端是马卡尔斯卡的主广场。这里的食物如同baba(外婆)烹饪的味道, 传统达尔马提亚美食包括pašticada(红烧牛肉, 跟自制意面同食)。没有菜单, 侍者会向你介绍特色菜。

Grabovac 葡萄酒吧

(Kačićevtrg 11; ⊙4月至10月9:00至次日2:00; 📶)这家店就在城市教堂前面的主广场上, 是Imotski(葡萄酒产区, 就在山后、波斯尼亚边境上)一家著名葡萄酒酿酒厂的零售店。自产的葡萄酒按杯出售, 外加下酒吃的当地奶酪和pršut(意大利熏火腿)。

Deep 夜店

(www.facebook.com/deepmakarska; Šetalište dr fra Jure Radića 5a; ⊙6月至9月中旬 9:00至次日5:00; 📶)这家夜店在**Hotel Osejava**(☎021-604 300; www.osejava.com; Šetalište dr fra Jure Radića bb; 单/双€159/189起; P ❄ 📶 🏊)附近的山洞内, 吸引着超级时尚的人群, 人们在后院里一边喝鸡尾酒一边欣赏DJ打碟, 曲目都是最新的。23:00之后有最低消费。

实用信息

旅游局(☎021-612 002; www.makarska-info.hr; Obala kralja Tomislava 16; ⊙8:00~20:00)发行一本实用的带地图的城市指南。

到达和离开

船

亚德罗里尼亚(☎021-679 515; www.jadrolinija.hr; Obala kralja Tomislava 15)每天有3班载车渡轮开往布拉奇的苏马尔丁(Sumartin; 乘客/小汽车30/150KN, 1小时), 6月和9月增加到4班, 7月和8月增加到5班。

6月至9月, **Kapetan Luka**(见260页)每天各有1班高速双体船开往杜布罗夫尼克(160KN, 3小时15分钟)、姆列特的索布拉(140KN, 2小时15分钟)、科尔丘拉城(130KN, 1小时)、布拉奇的博尔(90KN, 35分钟)和斯普利特(100KN, 1小时30分钟)。

长途汽车

从港口往山坡上走300米就是**长途汽车站**(☎021-612 333; Ante Starčevića 30; ⊙5:00~22:30), 长途汽车从这里开往杜布罗夫尼克(105KN,3小时, 每天8趟)、斯普利特(50KN, 1小时15分钟, 每小时最少1趟)、希贝尼克(100KN, 3小时, 每天最少4趟)、里耶卡(275KN, 7小时, 每天2趟)和萨格勒布(175KN, 6小时, 每天10趟)。

比奥科沃自然公园(Biokovo Nature Park)

马卡尔斯卡背倚巨大的比奥科沃石灰岩丘陵, 山间有多条观景徒步线路。你也可以驾车, 沿23公里长的崎岖不平的单车道公路前往比奥科沃的最高峰Sveti Jure(1762米)。进公园要买门票, **比奥科沃自然公园**(Park Prirode Biokovo; www.biokovo.com; 成人/儿童50/25KN; ⊙5月中旬至9月 7:00~20:00, 4月至5月中旬和10月至11月中旬 8:00~16:00)的售票亭在Biokovska(通往山上的主要公路的起点)。

景点和活动

徒步者可以从马卡尔斯卡出发, 步行或驾车到达公园大门。在马卡尔斯卡旅游局咨询适合你体力水平的线路。带上足量的水、防晒霜、遮阳帽和防水衣裤——山里的气候说变就变。多家旅行社提供带向导的步行和乘车游览项目。

科蒂伊纳植物园 自然保护区

(Kotišina Botanical Garden, Botanički vrt Kotišina) 免费 就在科蒂伊纳村上方的山坡上，它不是传统意义上的植物园，而是一个占地16.5公顷的山野，本土原产植物被贴上标签。这个保护区海拔350~500米，能眺望到布拉奇岛和赫瓦尔岛风光。岩石小路经过一个建在山洞里的城堡和一个高处的山谷。必须穿山地徒步鞋。

住宿

自然公园网站上列出了各山区小木屋的联系方式，这些小木屋主要供挑战自我的徒步者和攀岩者使用。或者，可以住在马卡尔斯卡，来这里一日游。

到达和离开

从马卡尔斯卡出发，往东南方向，在通往Vrgorac的路口下公路。6公里后，在左手边寻找公园入口。

布拉奇岛（BRAČ ISLAND）

人口14,500

布拉奇岛因两样东西而闻名：一个是光彩熠熠的白石，斯普利特的戴克里先宫和华盛顿的白宫（信不信由你）都是用它建造的；另一个是长长的鹅卵石海滩尖角海滩（Zlatni Rat），它位于博尔（Bol），缓缓伸入亚得里亚海，克罗地亚90%的旅游海报上都是它的照片。

布拉奇岛是达尔马提亚中部最大的岛屿，岛上有几个城镇和村庄，陡峭的悬崖、漆黑的海水和茂密的松林构成了一幅壮观的地中海风景画。岛屿内部到处都是成堆的岩石——几百年来，劳动妇女不辞辛劳地将岩石集中起来，留出空地用来开垦葡萄园和果园。

岛上生活条件艰苦，许多人迁往大陆找工作，所以岛内几近荒芜。

两个主要的中心城镇苏佩塔尔（Supetar）和博尔风格迥异：苏佩塔尔平易近人，而博尔则别具特色，更有吸引力。

> **一价全包**
>
> **Sensimar Adriatic Beach Resort**
>
> (☎021-681 400; www.sensimaradriaticbeach.com; Porat 136, Živogošće; 单/双全包价 €217/288起; ⏲5月至9月; P❄📶🏊) 是最好的食宿全包酒店之一，有一个能俯瞰海滩的泳池以及多个酒吧和餐厅。大多数房间能看到景观，许多房间带阳台，甚至还有开门就是小泳池的“游泳房间”。客人约90%是英国人，10%是北欧人。房费包含早、中、晚三餐。

历史

苏佩塔尔附近的Kopačina洞穴内发现了新石器时期人类居住的痕迹，但最早有文字记载的居民是伊利里亚人，他们在齐克里普（Škrip）修建了一个要塞抵御希腊人的入侵。公元前167年，罗马人来到这里，立即开始开采齐克里普附近的石头，并在岛屿周围修建起避暑豪宅。

从11世纪开始，该岛依次被威尼斯、拜占庭、匈牙利、克罗地亚、威尼斯（第二次）、拜占庭（第二次）、奥米茨、威尼斯（第三次）、波斯尼亚、杜布罗夫尼克统治，最后又被威尼斯占据，他们的统治从1420年持续到1797年。在此期间，内陆村庄瘟疫肆虐，居民纷纷迁往沿海“更加健康”的地方，为苏佩塔尔、博尔、苏马尔丁和米尔纳（Milna）等城市注入了活力。在拿破仑的短暂统治之后，布拉奇岛又落入了奥地利人手中。葡萄种植园不断扩大，直到19世纪末20世纪初，葡萄根瘤蚜疫情爆发，岛上的葡萄树被毁，人们开始移居北美和南美，尤其是智利。“二战”期间，布拉奇岛经历了一场噩梦，德国和意大利军队洗劫、烧毁村庄，监禁并屠杀居民。

虽然20世纪90年代中期这里的旅游业遭到打击，但现在已经得到恢复，如今岛上夏季游人如织。

到达和离开

飞机

布拉奇**机场**（Brač Airport, BWK; ☎021-559

另辟蹊径

布拉奇安静的世外桃源

如果你从马卡尔斯卡方向往布拉奇，苏马尔丁（Sumartin）就在进城的入口处。这个安静的港口有几块岩石海滩，没什么好看、好玩的，但与繁忙的游客中心博尔和苏佩塔尔相比，苏马尔丁算是一个不错的世外桃源。如果你打算在这里过夜，位于城中心、渡轮和长途汽车站隔壁的小旅游局（☎021-648 209；www.touristboard-selca.com；Porat 1；⏰7月和8月8:00~21:00，9月和10月周一至周五 8:00~15:00，周六 至13:00，11月至次年6月周一至周五 8:00~15:00）有私人住处提供者名单。

位于布拉奇北岸的普奇察加（Pučišća；试着在喝完一杯水果白兰地之后快速念三遍这个名字！）是个安静的海边小村。小村围绕港口而建，村里有许多雪白的老房子。15世纪的Palača Dešković（☎021-778 240；www.palaca-deskovic.com；Trg Sv Jeronima 4，Pučišća；单/双 €154/206起；P ❄ 📶）是其中之一，它已经被翻建成一个特别有气氛的酒店。附近的另一栋老房子如今是旅游局（☎021-633 555；www.tzo-pucisca.hr；Trg Hrvatskog skupa 1；⏰5月和10月周一至周五 8:00至正午，6月和9月周一至周六 至14:00，7月和8月每天 至20:00）。

布拉奇的齐克里普（Škrip）村是个比较有趣的地方。它是岛上最古老的村庄，位于苏佩塔尔东南方向约8公里处。这个要塞原本是古代伊利里亚人的避难所，公元前2世纪被罗马人占领，之后被萨洛纳（斯普利特附近）逃难者占据。布拉奇岛博物馆（Island of Brač Museum，Brački otoka muzej；☎091 63 70 920；Škrip；成人/儿童 20/10KN；⏰9:00~19:00）在Kaštil Radojković内，后者是建于威尼斯—土耳其战争期间的塔楼，它与古伊利里亚城墙和保存完好得惊人的罗马陵墓构成一组建筑。

丹吉胡马齐（Donji Humac）在苏佩塔尔以南8公里处，有一个采石场和一个有趣的洋葱顶教堂塔楼。但是，来这儿的主要原因是在Konoba Kopačina（☎021-647 707；www.konoba-kopacina.com；Donji Humac 7，Donji Humac；主菜40~140KN；⏰周一至周四 10:00~22:00，周五和周六 至午夜；📶 ✍）边吃vitalac（串烤羊肉包羊肉糜）等传统布拉奇美食，边欣赏一览无余的山谷景色。

米尔纳（Milna）港在苏佩塔尔西南方向20公里处，是个可爱的原始渔村，同类渔村换作是全世界其他地方，早已挤满了旅行团。不过到目前为止，来这个村子的主要是豪华游艇。17世纪的小村位于天然深水港边缘，戴克里先皇帝曾用这个港口把建造宫殿的石头运送到斯普利特。港口周边有许多小路，路旁有许多带岩石海滩的小海湾。一片如画的风景之中，有高高尖塔的18世纪天使报喜教堂（Church of the Annunciation；Riva bb，Milna；⏰时间不定）的尖塔很是美丽，教堂正面是巴洛克风格布，内部有彩绘天花板和装饰性大理石圣坛。

711；www.airport-brac.hr）位于博尔东北14公里、苏佩塔尔东南38公里处。

该机场仅5月中旬至9月有商业航班起降。目的地包括萨格勒布、卢布尔雅那、伯尔尼（Bern）、卢森堡、布鲁塞尔和鹿特丹。

船

亚德罗里尼亚（☎021-631 357；www.jadrolinija.hr；Hrvatskih velikana bb）公司的载车渡轮运营下列线路：

斯普利特至苏佩塔尔（乘客/小汽车 33/154KN，50分钟）6月至10月每90分钟左右（其他月份每2小时左右）发1班。终点是苏佩塔尔市中心，离长途汽车站几步之遥。

马卡尔斯卡至苏马尔丁（乘客/小汽车 30/150KN，1小时）每天3班，6月和9月增加至4班，7月和8月增加至5班。注意：从苏马尔丁开来的长途汽车班次很少。

亚德罗里尼亚公司还经营下列高速双体船线路：

- 周三，船从**斯普利特**（40KN，30分钟）和**维斯**（55KN，55分钟）开往**米尔纳**（Milna）。
- 每天有船从**斯普利特**（55KN，1小时）和**赫瓦尔**

的耶尔萨（35KN，20分钟）开往**博尔**。提前买票，因为旺季船票很快就会售罄。

➡ 6月至9月，增开1班从**斯普利特**（80KN，1小时）、**赫瓦尔**（80KN，50分钟）、**科尔丘拉**（130KN，2小时15分钟）和**杜布罗夫尼克**（210KN，4小时45分钟）开往**博尔**的船。

Kapetan Luka（见260页）公司也运营高速双体船：

➡ 5月至10月中旬，每天1班船从**杜布罗夫尼克**（210KN，3小时45分钟）、**姆列特的波梅纳**（140KN，2小时30分钟）、**科尔丘拉**（130KN，1小时45分钟）、**赫瓦尔**（70KN，30分钟）和**斯普利特**（40KN，25分钟）开往**米尔纳**。

➡ 6月至9月，每天1班船从**杜布罗夫尼克**（210KN，4小时）、**姆列特的索布拉**（140KN，3小时）、**科尔丘拉**（120KN，1小时45分钟）、**马卡尔斯卡**（90KN，35分钟）和**斯普利特**（80KN，50分钟）开往**博尔**。

当地交通

➡ 机场到苏佩塔尔不通公交，因此你需要乘坐出租车，车费300KN左右（到博尔150KN）。

➡ 苏佩塔尔是该岛的公交车枢纽。目的地包括米尔纳（30KN，30分钟，每天5趟）、齐克里普（24KN，15分钟，每天3趟）、普奇察加（Pučišća；30KN，35分钟，每天5趟）、博尔（43KN，1小时，每天5趟）和苏马尔丁（43KN，1小时15分钟，每天3趟）。夏季车次增加，周日车次减少。

➡ 从博尔出发的公交车非常少。除了开往苏佩塔尔，也有开往普奇察加（30KN，35分钟，每天3趟）的。

➡ 要想游览岛上比较小的村庄，小汽车很有用。如果你想省下用渡轮载车的费用，上岛后在苏佩塔尔或博尔的旅行社租小汽车或轻便摩托车很容易。

苏佩塔尔（Supetar）

人口4080

作为一个迷人的小镇，虽然常被人们用来跟更加时尚的博尔比较，但苏佩塔尔自有其魅力。古老的石头街道四散开来，港口有一座宏伟的教堂。对于克罗地亚的家庭而言，这里是一个很受喜爱的度假胜地，鹅卵石海滩与镇中心很近，步行不远就到了。回望海对岸的斯普利特及其背后的山峰，总体景色很不错。

景点

苏佩塔尔墓地 墓地

（Supetar Cemetery, Groblje Supetar; Banj bb）这个迷人的墓地是苏佩塔尔出人意料的亮点，墓地里随处可见惊人的纪念石碑。其中最壮观的是巨大的贝特里诺维奇家族墓（Petrinović family mausoleum）。这座墓建于1924~1927年，由布拉奇岛白石建成，包括5个拜占庭式拱顶、1个装饰性铜门和1幅维也纳分离派（Vienna Secession）风格的精美浮雕。从钥匙孔向里面窥视，能看到一个大十字架。

墓地大门外侧是6世纪的罗马villa rustica（乡村住宅）遗址。

天使报喜教堂 教堂

（Church of the Annunciation, Crkva Navještenja Marijina; Radnička 4; ⏲时间不定）这座优雅的巴洛克教堂建于18世纪，35米高的钟楼矗立在苏佩塔尔镇中心的古老港口上。教堂内有3个大厅，装饰性大理石圣坛饰以柔和的淡绿色和柠檬黄色。教堂左边的人行道上有一块罗马细瓷镶嵌画，那里曾是一座纪念圣彼得的早期基督堂的地面。苏佩塔尔的名字就来自那座基督堂。

活动

鹅卵石海岸两头都有可以游泳的海滩。弗里洛（Vrilo）在镇中心以东约100米处。往西走，首先是弗拉契查（Vlačica）海滩，然后是巴尼（Banj）海滩。曲线型的巴尼海滩面积很大，朝东，海滩两侧是松树和海滩酒吧。再往前，经过墓地后，是特里莫斯塔（Tri Mosta）和比利拉特（Bili Rat）。继续往前，经过下一个转弯后，是位于平静海湾内的韦拉卢卡（Vela Luka）。

住宿

Hotel Osam 酒店 €€€

（☎021-552 333; www.hotel-osam.com; Vlačica 3; 房/套€138/183起; ❄📶🏊）时髦的酒店，不接待儿童，因此客人们可以在露台泳池

周围的休闲吧享受相对和谐的环境。别忘了要一间带阳台、能看到海景的房间。在天台酒吧回望斯普利特和群山，景色无以伦比。

餐饮

★Vinotoka　达尔马提亚菜 €€

（☎021-630 969；Jobova 6；主菜70~150KN；⏰4月至9月 正午至22:00；📶）坐在石墙餐室的开放式火炉旁边，或者（天暖和时）坐在街边，或者去街对面的全落地玻璃大露台就餐。海鲜一流，尝尝绿色的意大利宽面条搭配贝类。不过你要知道，这里也烹制peka（圆盖烤炉）烤羊肉或章鱼。

Konoba Luš　达尔马提亚菜 €€

（☎099 80 33 646；www.facebook.com/konobalus；Glavna bb；主菜 60~145KN；⏰5月至10月 17:00~23:30）位于通往Mirca的主要公路边的山坡上，这个质朴的家庭餐馆供应美味传统食物，不仅服务热情，还能看到美景。在橄榄树下的露台找个座位，大吃串烤章鱼、串烤鱼，或者（如果你提前订好）圆盖烤炉烤肉、烤鱼和烤章鱼，或者坑烤羊肉。

Punta　克罗地亚菜 €

（☎021-631 507；www.vilapunta.com；Punta 1；主菜 75~110KN；⏰4月至10月 8:00至午夜）这个位置极佳的餐馆有一个可以俯瞰大海的海滩露台。除了达尔马提亚美味（鱼和章鱼之类），还有多种克罗地亚内陆风味的烤肉。分量极大。

Beer Garden　小酒馆

（☎095 55 67 225；www.facebook.com/beergardensupetar；Petra Jakšića 1；⏰5月至10月 8:00至午夜）这个石头院子小酒馆远离人头攒动的海滨大道。来这里听听独立音乐，喝喝各种本地和进口的啤酒，尝尝野猪肉和鹿肉汉堡等快餐。

实用信息

Adriatic Experience（www.adriaticexperience.com）组织系列定制体验活动，包括帆船、骑行（去石匠的工坊）、寻找葡萄酒和岛上荒野团队游。

另辟蹊径

冬宫和维多瓦山

布拉奇最非凡的两个景点坐落在Nerežišća和南部海岸之间的山区。如果你有自己的交通工具，一天之内游览这两个景点很轻松。注意看Nerežišća东南方向4公里处主路上的岔路标志。

两个景点之中，**冬宫**（Blaca Hermitage，Pustinje Blaca；☎091 51 64 671；成人/儿童 40/10KN；⏰7月和8月周二至周日 9:00~17:00，9月至次年6月周二至周日 至15:00）是重头戏。先是驾车沿狭窄的未铺装道路行驶，然后步行2.5公里到达陡峭小路的起点（建议穿登山鞋）。

1551年，当一小队传教士和他们的仆从为逃离奥斯曼土耳其人而来到这个偏僻的山谷时，往山顶爬似乎没有那么难。起初他们住在山洞里（至今在“厨房”里还能看到围墙），每天从山洞去那边建造修道院。你可以参加时长30分钟的冬宫团队游，边参观边听讲解。冬宫内还保留着最初的家具、工具和珍稀的手稿。

到18世纪末，修道院对3个偏僻的村庄提供帮助，传教士把一个房间作为学校。1963年，学校在修道院最后一位常驻神父逝世后关闭。这位非同寻常的神父叫Fr Nikola Miličević，也是享有国际声誉的诗人兼天文学家。

如果你没有自己的交通工具，可以乘坐从博尔开到山谷底部的船，然后步行比较长的一段路上山。或者，问问旅游局（见278页）有没有团队游。

去**维多瓦山**（Vidova Gora）交通便利，一条路况很好的铺装公路穿过松林即达。或者可以步行（2小时）或骑山地自行车从博尔来这里，但是很累。维多瓦山高778米，是亚得里亚海诸岛的最高点，在山顶俯瞰，景色美不胜收。从这里看向赫瓦尔岛，整个岛像地图一样展开，而维斯岛、佩列沙茨半岛的群山和比奥科沃就在地平线的尽头。

Atlas Supetar（☎021-631 105；www.atlas-supetar.com；Porat 10；⏰周一至周五 8:00~15:00）可预订短途旅行，安排私人住宿。同时也出租小汽车，兑换外币。

旅游局（☎021-630 551；www.supetar.hr；Porat 1；⏰7月和8月 8:00~22:00，5月、6月、9月和10月 至18:00，11月至次年4月周一至周五 至15:00）在渡轮站附近，提供活动和景点的信息，提供私人住处名单，以及最新的汽车和渡轮时刻表。

博尔（Bol）

人口1630

博尔老城是个迷人的地方，以小小的码头为中心，石头小屋鳞次栉比，蜿蜒的街道上点缀着粉色和紫色的天竺葵。虽然没什么拿得出手的景点，但许多建筑贴着介绍其文化和历史意义的铭牌。

博尔真正的亮点是尖角海滩，这个安静的鹅卵石海滩深入亚得里亚海，每到夏季，游泳和风帆冲浪爱好者就蜂拥而至。一条长长的海滨大道连接着海滩和老城，大道两边有松树、雕塑和花园。夏季的博尔是一个热闹非凡的地方，这里也是克罗地亚人最爱的地方之一，常年游人如织。

景点

★尖角海滩（Zlatni Rat） 海滩

克罗地亚最上镜的海滩像一条舌头，长400米，最后汇入海中。虽然游人如织，但这个"黄金角"（golden cape）的确是一个十分非常美丽的地方。海滩由光滑的白色鹅卵石铺就，海风和海浪轻吻着海岸。松树为它带来了阴凉，而岩石峭壁则高高耸立在海滩后面，形成了达尔马提亚最美丽的风景。海角西侧有一小块天体海滩。

> **另辟蹊径**
>
> **龙洞**
>
> 从Murvica步行前往**龙洞**（Dragon's Cave，Zmajeva špilja；☎091 51 49 787；每人50KN，若不足4人须付最低消费 200KN）需要大概1小时。这个奇怪的洞穴在博尔以西5公里处，非同寻常的浮雕据说是由15世纪的一位极富想象力的修道士雕刻的。基督教和克罗地亚异教符号混合在一起，墙壁上雕刻着天使、动物和巨龙作为装饰。要游览龙洞，必须参加导览游，要么直接致电Zoran Kojdić，要么在旅游局（见275）问询。需要穿适合步行的鞋子。

Stina 葡萄酒厂

（☎021-306 220；www.stina-vino.hr；Riva bb；品酒 75~295KN；⏰4月 11:00~19:00，5月和10月 至21:00，6月至9月 至午夜）当地的葡萄酒厂，时髦的现代化品酒室在海边的First Dalmatian Wine Co-op仓库（建于1903年）内。致电预约17:00开始的30分钟团队游，细细地品尝优质葡萄酒，例如用本土克罗地亚葡萄波斯普（pošip）、乌加瓦（vugava）、tribidrag和小兰珍珠（plavac mali）酿成的葡萄酒。这里环境清幽，因此即便只是路过，也可以买一杯葡萄酒喝。

Branislav Dešković Art Gallery 美术馆

（Galerija umjetnina Branislav Dešković；☎021-637 092；Trg Sv Petra 1；成人/儿童 15/5KN；⏰7月和8月周二至周日 9:00至正午和18:00~23:00，9月至次年6月周二至周六 9:00~15:00）这个画廊位于海滨，在一座文艺复兴—巴洛克风格的联排别墅内，里面陈列着20世纪克罗地亚艺术家的绘画和雕塑。这样一个小城，竟然拥有众多的著名艺术作品，令人讶异。藏品包括雕塑家伊万·梅什特罗维奇和印象派画家Ignjat Job的作品。该美术馆的名字来自出生于布拉奇的Dešković（1883~1939年），他以细腻的动物雕刻出名——庭院里有他的作品《挠痒痒的狗》（*Scratching* Dog）。

卡梅尔圣母教堂 教堂

（Our-Lady-of-Carmel Church，Župna crkva Gospe od Karmela；Uz pjacu bb；⏰时间不定）博尔最大的教区教堂是一栋建于1668~1788年的漂亮巴洛克建筑。厚重的石墙上有波浪形的三角墙，门上方有一座时钟、一扇有精美玫瑰花雕刻的窗户和一座手里托着维罗妮卡（Veronica）面纱的天使石像。教堂内有装饰性巴洛克风格圣坛和纤细的大理石讲坛。

多明我会修道院 修道院

（Dominican Monastery，Dominikanski

在博尔玩帆板

在博尔玩风帆冲浪，大部分活动都集中在城市以西的海滩上。虽然4月到10月都有maestral（强劲而稳定的西风），但风帆冲浪的最佳时间是在5月底和6月初以及7月底和8月初。风一般在下午早些时候最大，然后渐渐平息。

samostan; Šetalište Anđelka Rabadana 4; ⏲时间不定）这座修道院位于一个漂亮鹅卵石海滩的尽头。它建于1475年，但绝非此地最古老的建筑——海滩旁边的小礼拜堂是9世纪或10世纪时建在6世纪的建筑地基上的。教堂的圣坛画出自威尼斯大师丁托列托（Tintoretto）之手，值得一看（虽然修道院经常关闭）。这里还有一个博物馆，陈列罕见的手稿、硬币、礼拜仪式使用的物件和考古发现。

活动

博尔是一个风帆冲浪的热门地点。如果你想尝试挑战自我的**徒步**，可以用两小时攀登**维多瓦山**（Vidova Gora），或者用4小时走到冬宫（Blaca Hermitage）。此外还有许多山地车小路通往山上。当地旅游局（见280页）提供建议和简单的地图。

Big Blue Diving 潜水

（✆098 425 496; www.big-blue-diving.hr; Hotel Borak, Zlatnog rata 42; 潜水 含/不含装备330/220KN; ⏲4月中旬至10月9:00~19:00）提供初级课程，也为有资格证的潜水者组织前往珊瑚礁、海蚀洞和水下罗马村庄遗址（能看到细瓷镶嵌画）等地点的日间潜水活动。

Nautic Center Bol 乘船

（✆098 361 651; www.nautic-center-bol.com; Zlatnog rata 9a; ⏲6月至10月）在Bretanide Hotel门前的海滩上，出租船只，组织滑翔伞活动，以及前往赫瓦尔、科尔丘拉和比舍沃（Biševo）蓝洞的远足游。

节日和活动

依梅纳文化节 文化节

（Imena Culture Festival; ⏲6月）一年一度的盛会，为期3天，作家、艺术家和音乐家齐聚博尔，参加展览、阅读和音乐会等活动。

博尔夏节 文化节

（Bol Summer Festival, Bolsko lito; ⏲6月至9月）博尔夏节每年从6月中旬一直持续到9月下旬，届时有来自全国的音乐家和舞蹈家在教堂和露天场所演出，此外还有艺术展和美食活动。

Destination Ultra Regatta 音乐节

（www.ultraeurope.com; ⏲7月）争先恐后来到这个所谓"赛舟"节的，大多是电子音乐迷们。斯普利特的超级欧洲音乐节（见252页）之后的星期一，海滩派对在尖角海滩（见278页）举办。

Bolska Fjera 文化节

（⏲8月5日）博尔人纪念博尔的保护神雪中圣母（Our Lady of the Snows）的节日，他们身穿传统服饰游行，街上还有音乐演出和盛宴。

住宿

老城和尖角海滩之间的海滨大道两侧是成排的大型度假村风格酒店，其中大多曾是国营酒店，现在由Bluesun集团（www.bluesunhotels.com）经营。有些酒店提供一价全包（含三餐）或半包（含早餐和晚餐）服务。比较小的酒店、客栈和公寓分散在老城的扇形街道上。本地旅行社可以安排私人住宿。

Villa Ana 公寓 €

（✆021-635 022; www.villa-ana-bol.com; David 55a; 公寓 €51起; P ❄ 📶 🏊）位于博尔东郊，房东一家人出租若干套公寓。走进公寓，你将受到房东热情的欢迎。公寓房间设施简单而齐全，位于两栋公寓内，这两栋公寓楼之间有小泳池和户外按摩浴缸。

Pansion Ivan & Ivana 客栈 €

（✆021-635 262; www.pansionivanandivana.com; Novi 10; 房/公寓 €47/71起; P ❄ 📶）一对名字极为相似的年轻夫妇住在楼下，出租楼上3间宽敞的卧室，这栋带卫浴的公寓有一个朝后的露台。楼上的每个房间都有独立卫生间（在走廊对面）。

Hostel Bol 青年旅舍 €€

（☎091 50 32 271; www.facebook.com/HostelBol; Podan glavica 1d; 铺/房156/466KN起; ⏲5月至9月; P❄📶≋）这家青年旅舍在老城中心，经营有方，就连宿舍房间也有独立卫生间。一些客房能看到海景，店里甚至还有一个室内小泳池，露台上有个露天厨房。

Hotel Bol 精品酒店 €€€

（☎021-635 660; www.hotel-bol.com; Hrvatskihdomobrana 19; 房/公寓 €137/215起; P❄📶≋）一家现代化的精品酒店，橄榄树主题贯穿整个建筑：不仅颜色是橄榄绿，阳台上也有橄榄树，墙上还挂着大个儿的橄榄。非常时尚，有时髦的客房、桑拿和小健身房。

就餐

Ranč 达尔马提亚菜 €€

（☎021-635 635; Hrvatskih domobrana 6; 主菜 55~190KN; ⏲18:00~23:30）这家餐馆能用简单的食材做出一流的菜肴，例如美味的自制面包和传统鱼汤。提前致电，预订坑烤羊肉，或者圆盖烤炉烤羊肉、牛肉或章鱼。

Taverna Riva 达尔马提亚菜 €€€

（☎021-635 236; www.tavernariva-bol.com; Frane Radića 5; 主菜 95~370KN; ⏲3月至10月正午至15:00和18:00~22:00; ✎）博尔最高级、最贵的餐馆，供应法式做法的达尔马提亚菜肴，包括美味鱼汤、奶油海鲜意面、加入松露和龙虾的粉团以及各种牛排。尽量留点肚子吃核桃雪糕。餐馆位于riva（海滨大道）正上方的露台上。

饮品和夜生活

Varadero 鸡尾酒吧

（☎091 23 33 471; www.facebook.com/Varadero.Bol; Frane Radića1; ⏲5月至11月 8:00至次日2:00; 📶）在这个位于海滨的露天鸡尾酒吧里，白天你可以在稻草遮阳伞下喝咖啡或橙汁，晚上你可以窝在沙发和扶手椅里享用绝妙的鸡尾酒和欣赏DJ音乐。

Marinero 酒吧

（☎021-635 579; www.facebook.com/marinerobol; Rudina 46; ⏲8:00至次日2:00; 📶）这里是一个受到博尔当地人追捧的聚会场所，摆满绿植的露台下方就是广场。室内非常高档，电视里播放着足球比赛，音响里是邦·乔维（Bon Jovi）的歌。晚上定期有现场音乐表演，形形色色的客人在此狂欢。

实用信息

旅游信息

旅游局（☎021-635 638; www.bol.hr; Porat Bolskih Pomoracabb; ⏲7月和8月 8:30~22:00，6月和9月 8:30~14:00和16:00~20:00，5月和10月 周一至周六 8:30~14:00和16:00~20:00，11月至次年4月 周一至周五 8:30~14:00）位于一栋15世纪的哥特式联排别墅内，提供有关城市节庆、景点和活动的信息，能够为旅行者提供帮助。

旅行社

博尔有许多旅行社，都出租小汽车和轻便摩托车（有时还出租自行车和船），也都能安排团队游、私人住宿和上门接送。下面是其中几家：

AdriaBol（☎021-635 966; www.adria-bol.hr; Bračka 10; ⏲6月至9月 8:00~21:00，10月至次年5月 周一至周五 至20:00）

BolTours（☎021-635 693; www.boltours.com; Vladimira Nazora 18; ⏲5月至9月 10:00~13:00和17:00~20:00）

More（☎021-642 050; www.more-bol.com; Vladimira Nazora 28; ⏲5月至9月）

赫瓦尔岛（HVAR ISLAND）

人口 11,080

赫瓦尔岛狭长纤细，形状有点像一个斜躺在日光躺椅上的度假者——这跟它作为克罗地亚阳光最充足的地方（2724小时的年日照时数）和最豪华的海滩度假胜地很相称。

赫瓦尔城（Hvar Town）随处可见时尚的酒店和优雅的餐馆，总而言之，如果你想要观看风景并且被人观看，那么这就是你要寻找的地方。跟时髦游艇站在一起的数以百计的年轻人都是派对常客，他们在城里的传奇海滩酒吧尽情热舞。北部海滨城市斯塔里格勒（Stari Grad）和耶尔萨（Jelsa）则要安静得多，也低调得多。

赫瓦尔岛内部隐藏着废弃的古老村庄，

高耸的山峰、葡萄园和该岛得以出名的薰衣草田。岛屿南端的海边有赫瓦尔岛最美丽、最荒芜的小海湾，这些小海湾都值得你花一天时间去游览。

到达和离开

赫瓦尔岛有两个主要的载车渡轮港：一个在斯塔里格勒附近，另一个在岛东端的Sućuraj。两个码头都有**亚德罗里尼亚公司**（☎021-765 048；www.jadrolinija.hr；Trajeknto pristanište 1）的船只，路线如下：

➡ **斯普利特至斯塔里格勒**（乘客/小汽车 47/310KN，2小时，每天最少3班）

➡ **德尔韦尼克（Drvenik）至Sućuraj**（16/108KN，35分钟，每天最少6班）

注意：抵/离Sućuraj的长途汽车班次极少。

➡ 8月，一些连接斯普利特和安科纳（意大利）的周末渡轮经停**斯塔里格勒**。

亚德罗里尼亚公司也运营下列线路的高速双体船：

➡ 每天有船从**斯普利特**（55KN，1小时30分钟）和布拉奇的博尔（35KN，20分钟）开往耶尔萨。

➡ 每天有船从斯普利特（55KN，1小时）、科尔丘拉的韦拉卢卡（Vela Luka；40KN，55分钟）和拉斯托沃的Ubli（55KN，2小时）开往**赫瓦尔城**。

➡ 连接斯普利特（55KN，1小时15分钟）和维斯（40KN，50分钟）的渡轮仅周二经停**赫瓦尔城**。

➡ 5月至9月，每天最多有5班船往来于**赫瓦尔城**和斯普利特（110KN，1小时）之间。

➡ 6月至9月，每天有船从斯普利特（110KN，2小时）、博尔（80KN，50分钟）、科尔丘拉（120KN，1小时30分钟）和杜布罗夫尼克（210KN，3小时30分钟）开往**赫瓦尔城**。

Kapetan Luka（见256页）也运营开往**赫瓦尔城**的双体船：

➡ 每天有船从斯普利特（90KN，1小时）和科尔丘拉（110KN，1小时15分钟）开来。6月至9月每天2班。

➡ 4月至10月，每天有船从斯普利特开来。5月至9月每天2班。

➡ 5月至10月中旬，每天有船从杜布罗夫尼克（210KN，3小时）、姆列特的波梅纳（140KN，1小时45分钟）、科尔丘拉（110KN，1小时）、布拉奇的米尔纳（70KN，30分钟）和斯普利特开来。

当地交通

公共汽车与多数停泊在斯塔里格勒附近码头的渡轮会合，开往赫瓦尔城（27KN，20分钟）、斯塔里格勒市中心（13KN，10分钟）和耶尔萨（33KN，40分钟）。也有从赫瓦尔城到斯塔里格勒（30KN，30分钟，每天9趟）和耶尔萨（33KN，50分钟，每天8趟）以及从斯塔里格勒到耶尔萨（30KN，25分钟，每天13趟）的公交车。淡季车次减少。

赫瓦尔城（Hvar Town）

人口 4260

赫瓦尔城是岛屿的中心，也是最繁忙热闹的旅游目的地，据估计，在旺季期间，来这里的游客每天大约2万人。不可思议的是，所有人都能适应这个海湾小城。13世纪的城墙环绕着装饰精美的哥特式宫殿和车辆禁行的大理石街道。游客漫步在主广场上，沿着曲折的石头街道观光，在这里为数众多的海滩附近游泳，或者匆匆前往帕克莱尼群岛享受裸泳，不过最重要的还是晚上的聚会。赫瓦尔被称为克罗地亚首屈一指的派对城市，不是浪得虚名。

这里有许多不错的餐馆、酒吧和酒店，但由于该岛吸引了许多有钱人，所以物价奇高。如果你预算有限，也不要担心，因为这里有私人住宿和多家青年旅舍面向比较年轻且更加多样化的群体。

景点

赫瓦尔是一座小城，一切尽在掌握之中，直到最近街道才有了名字，但没人会真正使用这些街名。老城部分以Trg Sv Stjepana（圣斯蒂芬广场，St Stephen's Sq）为中心，禁止机动车进入，因此中世纪小巷保持着安静。长长的海滨大道沿着海岸向双方向延伸，旁边星罗棋布散落着岩石小海湾、酒店、酒吧和餐馆。

福第卡城堡 要塞

（Fortica，Tvrđava Španjola；见284页地图；☎021-742 608；Biskupa Jurja Dubokovica bb；成人/儿童 40/20KN；⏲4月至10月 8:00~21:00）在城中拔地而起，晚上在灯光照射下金光闪耀。

Hvar Town 赫瓦尔城

Hvar Town 赫瓦尔城

景点

1 方济各修道院 C3

住宿

2 Apartments Ana Dujmović B1
3 Apartments Ivanović D2
4 Apartments Komazin D3
5 Kapa D3
6 Luka's Lodge D2
7 Villa Skansi D3
8 Violeta Hvar B2

饮品和夜生活

9 Falko A2
10 Hula-Hula Hvar A2

这座中世纪城堡原址是公元前500年古伊利里亚人建造的村庄。在城堡顶部俯瞰赫瓦尔岛和帕克莱尼岛，景色壮观，因此虽然要穿过老城的街道才能过来，即使累也值了。从绿树成荫的山坡去城堡，城墙的地势略有升高，你也可以驾车到达城堡顶部（乘坐出租车100KN）。

6世纪，拜占庭在这里修建了一个要塞，威尼斯人在1278年开始建造如今这座城堡。1551年，城堡得以加固，1571年土耳其人袭击他们的城市时，赫瓦尔居民因此获救。奥地利人在19世纪翻建了城堡，增建了营房。城堡内部陈列着从海底找到的古代双耳细颈椭圆土罐，还开了一个露台咖啡厅。

圣斯蒂芬广场 广场

（St Stephen's Square, Trg Svetog Stjepana; 见284页地图）这座矩形的广场在港口和大教堂之间，连接二者，是将一个伸入海湾的入口填平而形成的。它的面积为4500平方米，是达尔马提亚最大的古老广场之一。赫瓦尔城的围郭老城建于13世纪，占据了北边的山坡。城市在15世纪才开始向南扩张。

寻找隐藏在大教堂周边餐厅阳伞下面的水井，它建于1520年，铸铁井盖是1780年的。

圣斯蒂芬大教堂 主教座堂

（St Stephen's Cathedral, Katedrala Svetog Stjepana; 见284页地图; Trg Sv Stjepana bb; ⌚时间不定）这座巴洛克风格大教堂高耸于广场上方，成为一个迷人的背景。大教堂建于16至17世纪，正值达尔马提亚文艺复兴的鼎盛时期，它矗立的地方原来也是一座大教堂，后来被土耳其人所毁。老教堂原有的局部样貌在中殿和雕刻着图案的15世纪的唱诗班席位内仍然依稀可见。建筑最显著的特点是高高的矩形钟楼，每层都比低一层增加一扇突出的窗户，因此看起来头重脚轻。

教会博物馆 博物馆

（Episcopal Museum, Biskupski Muzej；见284页地图；☎021-743 126；Trg Sv Stjepana 26；10KN；⏲6月至9月周一至周五 9:00至正午和17:00~19:00，周六 9:00至正午）这座“宝库”毗邻大教堂，收藏银质容器、刺绣礼拜长袍、不计其数的圣母像、1座13世纪的圣像和1副雕刻精美的石棺，此外居然还有邮票展。亮点是15世纪的金圣餐杯，它是波斯尼亚末代国王赠送的礼品。

兵工厂 历史建筑

（Arsenal；见284页地图；Trg Sv Stjepana）兵工厂建于1611年，取代了被奥斯曼土耳其人毁坏的一座建筑。在威尼斯人的文献中，它被称为“整个达尔马提亚最漂亮、最有用的建筑”，这座兵工厂曾经是一个大型战斗帆船的修理和改装站。虽然不能从优雅的拱顶大门进入，但你可以登上台阶，在顶部俯瞰赫瓦尔的美丽海港。

楼上的剧院古色古香，以壁画和巴洛克风格凉廊装饰。它在1612年开放，据说是欧洲第一座同时对平民和贵族开放的剧院。几百年来，它始终是一个地区文化中心，直到2008年。

2016年，地板下方发现了1世纪的罗马建筑遗迹。到目前为止，整个建筑已经因维修关闭多年了，部分建筑修缮完毕，偶尔用于特殊活动。

本笃会修女院 女修道院

（Benedictine Convent, Muzej Hanibal Lucić；见284页地图；☎021-741 052；Kroz Grodu bb；10KN；⏲5月至10月 周一至周六 10:00~14:00和17:00~19:00）1485年，剧作家兼诗人Hanibal Lucić在这栋联排住宅内出生，但房子从1664年起成为本笃会修女团体所在地。几百年来，修女们不断完善蕾丝编织技术，不辞辛劳地用干龙舌兰叶子练习编织。该传统现已成为联合国非物质文化遗产。小博物馆内陈列着修女们的手工作品以及绘画和礼拜仪式所用的物品。

方济各修道院 修道院

（Franciscan Monastery, Franjevački samostan；见282页地图；Šetaliste put Križa 15；博物馆 30KN；⏲5月至10月 周一至周六 9:00~15:00和17:00~19:00）这座15世纪的修道院位于一个美丽的海湾上方，优雅的钟楼是一个来自科尔丘拉的著名石匠家族在16世纪修建的。文艺复兴风格的回廊（Renaissance cloister）通向一个餐厅，里面收藏着饰带、圣像、航海图和珍贵的文献，例如1524年印刷的《托勒密地图集》（*Ptolemy'sAtlas*）。你的目光会在片刻之间被《最后的晚餐》（*The Last Supper*）所吸引。这幅长8米、宽2.5米的巨作是由威尼斯画家Matteo Ingoli在16世纪末创作的。

附近的慈善圣母教堂（Our Lady of Mercy）内收藏着更多精美的绘画，例如弗朗西斯科·达·桑塔克罗齐（Francesco da Santacroce）在1583年创作的三联画，它代表了这位画家的最高水平。

活动

Hvar Adventure 探险运动

（见284页地图；☎021-717 813；www.hvar-adventure.com；Jurja Matijevića 20；⏲4月至9月）这家机构为旅客提供一站式服务，组织皮划艇、帆船、骑行、攀岩、徒步、跳伞、四驱车游猎、铁人三项训练以及比较轻松的——葡萄酒团队游。

游泳

海滨大道市中心以西路段的游泳地点大多是小小的岩石海湾，其中一些安装了引起争议的水泥阳光浴平台。沿着海滨大道散步，选择自己最喜欢的海滩，但在躺椅上坐下之前，先问清楚价格，因为有些地方价格贵得离谱（例如，古老的Bonj Les Bains海滩俱乐部收费每天325KN）。

如果你不介意长距离步行，反方向有比较大的鹅卵石沙滩。往南走30分钟，然后从市中心往东，你将来到最大的沙滩**Pokonji Dol**。从那里出发，沿一条景色不错但崎岖不平的岩石小路继续步行25分钟，到达空无一人的**梅基采维查**（Mekićevica）。

或者，乘坐水上计程船前往帕克莱尼岛，

Central Hvar Town
赫瓦尔城中心

或者海岸东边更远处的**米尔纳**和**Zaraće**等海滩。强烈推荐**Dubovica**：这片美丽的海滩上有不少石头房子和几家咖啡馆兼酒吧。白色的鹅卵石和明亮的蓝绿色海水交相辉映，十分耀眼。如果你自驾，可以把车停在公路边（转向内陆、通往隧道的路口附近），然后沿一条起伏不平的石头小路前往Dubovica。

徒步和骑行

岛上有120公里的徒步路线和96公里有路标的自行车路线，从赫瓦尔城可轻松进入这些小路。详情咨询旅游局（见288页）。

节日和活动

赫瓦尔夏季音乐节 音乐

（Hvar Summer Events, Hvarske ljetne priredbe; www.hvarsummerfestival.hr; ⌚6月至9月）持续整个夏季的音乐和文化节，圣斯蒂芬广场和方济各修道院的回廊将会举行音乐会。

Central Hvar Town 赫瓦尔城中心

Ultra Beach 音乐

（www.ultraeurope.com；票 €99；⏲7月）这个泳池大派对属于Destination Ultra的一部分，斯普利特的电子音乐—舞蹈—音乐节——超级欧洲音乐节（见252页）——结束之后的一周在Hotel Amfora举办。每天，人们在CarpeDiem尽情狂欢。

住宿

赫瓦尔岛是亚得里亚海最热门的目的地之一，不要指望在这里找到许多廉价住处。夏季，就连青年旅舍也超出了经济型的价位，房费相当于中档酒店。尽管岛上有几个大酒店、不计其数的青年旅舍和许多家庭经营的度假公寓，但每到7月和8月，床位极度紧张。

Kapa 青年旅舍 €

（见282页地图；☎091 92 41 068；karmentomasovic@gmail.com；Martina Vučetića 11；铺/房€28/60起；⏲5月至10月；P❄📶）这家青年旅舍在城南端，优势是占地面积大，周边宽敞，能看到日落美景。经营者是一对年轻的兄妹，他俩住在一栋很大的家庭住宅里。宿舍房间能住4～6人，双人房带独立卫生间。

Jagoda & Ante Bracanović House 客栈 €

（见284页地图；☎021-741 416；www.hvar-jagoda.com；Šime Buzolića Tome 21；房/公寓380/560KN）这座私人大宅位于一个非常安静的住宅区街边（挨着墓地），出租3个整洁的房间和1套公寓。每个房间和公寓都有冰箱、阳台和卫生间，还提供客用厨房。

Hvar Out Hostel 青年旅舍 €

（见284页地图；☎021-717 375；Kroz Burak 32；铺 200KN起；⏲5月至10月中旬；❄📶）这家热闹的背包族旅馆离港口几步之遥，宿舍房间能住4～12人，设施齐全，配备储物柜，有1个公用小厨房，顶层的露台能眺望海景。通过网站www.hostelworld.com订房。

Hostel Marinero 青年旅舍 €

（见284页地图；☎091 41 02 751；www.hostel-marinero-hr.book.direct；Sv Marka 7；铺 €33～37；⏲5月中旬至9月；❄📶）这个青年旅舍位于赫瓦尔的派对区域，有6个简单但干净的房间，储物柜很大。没有公用厨房，但楼下的餐厅是结识新朋友的好地方。做好心理准备，噪声有点大，因为隔壁就是Kiva Bar。

Apartments Ana Dujmović 公寓 €€

（见282页地图；☎098 838 434；www.visit-hvar.com/apartments-ana-dujmovic；Biskupa Jurja Dubokovića 36；公寓 €65起；P❄📶）舒适的度假公寓隐藏在一个橄榄园后面，离市中心只有10分钟步行路程，离海滩和Hula-Hula酒吧只有5分钟路程。提前致电，讨人喜欢的房东可以去市中心接你。

Apartments Komazin 公寓 €€

（见282页地图；☎091 60 19 712；www.croatiahvar-apartments.com; Nikice Kolumbića 2; 房/公寓€80/110起; ❄📶)算得上是最好的私人公寓了,6套明亮的公寓和两个独立的房间共用一个厨房。虽然公寓缺乏个性,但好在面积很大,足以弥补这个缺点,并且房东特别热情。

Apartments Ivanović 公寓 €€

(见282页地图; ☎021-741 332; www.ivanovic-hvar.com; Ivana Buzolića 9; 房/公寓 €87/90起; P❄📶)这栋现代化的三层大房子内有1间双人房和5套公寓房间供出租,所有房间都带阳台和卫生间。老板娘能说流利的英语,会请客人们去葡萄藤遮荫的大露台上喝饮料表示欢迎。

Violeta Hvar 公寓 €€

(见282页地图; ☎099 33 44 779; ursa.lavanda@gmail.com; Biskupa Jurja Dubokovića 22; 房/公寓 €110/156起; ❄)这栋个性十足的公寓大楼在城区的山坡上,墙壁是单调的白色,但挂着大幅的海岛风景图片。所有的房间和公寓都带大阳台,顶层能看到海景。

Helvetia House 青年旅舍 €€

(见284页地图; ☎091 34 55 556; rino.hajduk@gmail.com; Grge Novaka 6; 铺/双床/公寓190/460/760KN起; ⏲4月至9月; ❄📶)这个青年旅舍由一位热情的岛民经营,旅舍就位于海滨后面,在他家住的老石屋内,只有几间宿舍和私人房间。其亮点是巨大的屋顶露台,客人们可以在那里眺望安静的港口和帕克莱尼群岛。

VillaSkansi 青年旅舍 €

(见282页地图; ☎021-741 426; hostelvillaskansi1@gmail.com; Domovinskog rata 18; 铺/房 190/700KN起; ⏲6月至9月; ❄@📶)赫瓦尔最大的青年旅舍,有浅颜色的宿舍房间、精心设计的浴室、一个能观赏海景的露台和一个酒吧,还提供图书交换和洗衣等服务,并出租轻便摩托车和船。私人房间在隔壁那栋单独的大楼内,周围是橘子树、石榴树和九重葛。房间不错,但价格过高。每晚都有烧烤菜肴或小酒馆食物。

Luka's Lodge 青年旅舍 €€

(见282页地图; ☎021-742 118; www.lukalodgehvar.hostel.com; Šime Buzolića Tome 75; 铺/房 €43/69起; P❄@📶)热情的老板Luka将他的客人照顾得无微不至,让人有种宾至如归的感觉。从这儿到港口步行只有5分钟路程。所有房间都配有冰箱,有的还带阳台。店内有一个客厅、两个露台、一个露天厨房和洗衣服务。如果Luka有空,他会去渡轮码头接站。

Old Town Hvar Apartments 公寓 €€€

(见284页地图; ☎097 78 03 700; ivanaukic@net.hr; Matije Ivanića 10; 公寓 €150; ❄📶)这个家庭经营的公寓隐藏在赫瓦尔的围郭老城内,出租3个公寓房间。1号和2号公寓共用一楼的露台,3号公寓带一个独立的大露台,在屋顶能看到绝美的景色。

Adriana 酒店 €€€

(见284页地图; ☎021-750 200; www.suncanihvar.com; Obala Fabrika 28; 房/套 €380/643起; ⏲4月至12月; ❄📶🏊)这家高档温泉酒店在2018年经过彻底翻修,俯瞰大海和中世纪老城,所有房间都明亮、豪华。设施包括Sensori水疗中心、一个极好的屋顶游泳池、一个鸡尾酒吧和多个餐厅。

就餐

赫瓦尔的餐饮业生机勃勃、丰富多彩,但和酒店一样,餐馆面向有钱人。一定要尝尝hvarska gregada(该岛的传统炖鱼),在一些餐馆,需要预订才能吃到。

Lola 街头食物 €€

(见284页地图; Sv Marak 10; 主菜 59~119KN; ⏲10:00~14:00和18:00至次日2:00; 📝)直奔这家热热闹闹的苍蝇馆子,享用一流的鸡尾酒和全球风味的美味快餐:从肉馅卷饼和汉堡,到猪肉馅包子和咖喱羊肉,应有尽有。在靠近小巷边找个座位,饱览街景。

Mizarola 比萨 €€

(见284页地图; ☎098 799 978; www.facebook.com/mizarolahvar; Vinka Pribojevića 2; 主菜 55~180KN; ⏲正午至午夜; 📶)Mizarola有一批忠实的本地拥趸者,部分原因在于它是淡季时此地唯一营业的餐馆,但主要原因是广受好评的那不勒斯风味比萨。这里也出售其他食物（意面、汤粉、焗饭、烤肉、鱼），但比萨才是王牌。直奔屋顶天台享用美食。

Fig 咖啡馆 €€

（见284页地图；☎099 26 79 890；www.figcafebar.com；Ivana Frane Biundovića 3；主菜65~100KN；⊙5月至10月 10:00~22:00；📶✎）一家极好的小店，店主一个是澳大利亚裔克罗地亚人，一个是美国人。出售美味填馅大饼（无花果和里科塔奶酪、梨和干酪、布里奶酪和熏火腿）以及素咖喱，强烈推荐赫瓦尔风格早餐：香料煮蛋。这里甚至还提供素食，这在该地区十分罕见。

Dalmatino 达尔马提亚菜 €€€

（见284页地图；☎091 52 93 121；www.dalmatino-hvar.com；Sv Marak 1；主菜 80~265KN；⊙4月至11月周一至周六 11:00至午夜；📶）这家餐馆自称"牛排和鱼之家"，总是宾客如云，部分原因在于英俊的侍者和免费rakija（格拉巴葡萄酒）。好在食物也很不错，尝尝gregada（鱼片加浸泡在浓汤里的土豆）。

Grande Luna 达尔马提亚菜 €€€

（见284页地图；☎021-741 400；www.grandeluna.hr；Petra Hektorovića 1；主菜 75~180KN；⊙11:00~14:30和17:00~22:30；📶）这家餐馆的屋顶天台本身看不到什么风景，但很适合你欣赏周围石头建筑上方的达尔马提亚星空。气氛怡人，让人不由得想要尝尝传统菜肴，例如hvarska gregada（炖鱼）和crni rižoto（乌贼墨汁焗饭）。服务也很好。

饮品和夜生活

赫瓦尔的夜生活在亚得里亚海沿岸数一数二，大多数场所都集中在港口。人们来到这里纵情狂欢，傍晚有许多相当不错的活动。寻欢作乐下午就开始了，部分原因在于海滩酒吧Hula-Hula在日落之前数小时开门营业。

Hula-Hula Hvar 酒吧

（见282页地图；☎095 91 11 871；www.hulahulahvar.com；Šetalište Antuna Tomislava Petrića 10；⊙4月至10月 9:00~23:00）一边观赏日落，一边欣赏电子音乐和浩室音乐，Hula-Hula以其后海滩聚会（下午4点到9点）而闻名，似乎赫瓦尔时尚的年轻人都喜欢在日落后来这里喝鸡尾酒。人们情不自禁就会在桌子上热舞起来。

Kiva Bar 酒吧

（见284页地图；☎091 51 22 343；www.facebook.com/kivabar.hvar；Obala Fabrika 10；⊙4月至12月 21:00至次日2:00）这家酒吧在紧邻海滨的小巷里，夜晚店内挤满了玩漂流的人，小巷内外也全是做漂流项目的旅行社。DJ为客人播放受欢迎的老式舞蹈音乐、流行乐和经典嘻哈音乐。

3 Pršuta 葡萄酒吧

（见284页地图；Petra Hektorovića5；⊙4月至10月 18:00至次日2:00）赫瓦尔最棒的葡萄酒小酒吧十分低调，位于主广场后面的一条小巷内。窝在酒吧的沙发里，感觉就像是在当地人家的客厅里，你可以品尝岛上最好的葡萄酒，再配上达尔马提亚小吃。

Nautica 酒吧

（见284页地图；www.nautical-bar.com；Obala Fabrika8；⊙17:00至次日2:00）慢热的酒吧，形形色色的客人在海边享用鸡尾酒，Hula-Hula关门谢客、Kiva挤满客人之后，这家酒吧就成了赫瓦尔夜猫子们的必去之地。从电音和嘻哈，到欧洲迪斯科，DJ能播放各种音乐。

Carpe Diem 鸡尾酒吧

（见284页地图；☎021-742 369；www.carpe-diem-hvar.com；Obala Riva bb；⊙5月中旬至9月 9:00至次日2:00）不要再寻觅了，你已经找到了克罗地亚海岸酷炫夜店之母。从一顿让你醉醺醺的早餐到（价格不菲的）深夜鸡尾酒，在这个时尚的地方，白天转瞬即逝。经驻店DJ处理的浩室音乐十分流畅，本店供应各种饮品，顾客都是富贵一族。

Central Park Club 酒吧

（见284页地图；☎021-718 337；www.klubparkhvar.com；Bankete bb；⊙4月至10月 7:00~次日2:00，11月至次年3月 至23:00）位于海边的凤尾竹林后面，这家露台大酒吧是赫瓦尔主要的现场音乐表演场所。夏季，从爵士乐到灵魂音乐，从老式摇滚到放克乐，整晚都能听到各种音乐。鸡尾酒也不错。

Falko 海滩酒吧

(见282页地图; ☎095 23 35 296; www.facebook.com/falkohvar; Šetalište Tonija Petrića 22; ⊙5月中旬到9月中旬 10:00~20:00; 📶)步行走到海滨大道的尽头,来到这家隐藏在海滩山坡上的松林后面的可爱酒吧。与靠近城市的那些浮华场所相比,这里非常低调,有低调慵懒的氛围、吊床和喜静的客人。服务有点慢。

购物

薰衣草、薰衣草,还是薰衣草,它们被插在瓶子、花瓶或长颈瓶里,或被制成香囊出售。根据一年中的不同时间,港口一带有1~50个摊位出售薰衣草产品,空气中都弥漫着它的香气。此外,这里还出售各种草药油、药水、护肤霜和药膏。

实用信息

紧急医疗门诊(Emergency Clinic; Dom Zdravlja; ☎021-717 099; Biskupa Jurja Dubokovića 3)在城中心以西约400米处。

Fontana Tours(☎021-742 133; www.happyhvar.com; Obala Riva 18)可以为游客寻找私人住宿,组织海岛团队游,预订水上计程船,并且出租小汽车、轻便摩托车和自行车。

Pelegrini Tours(☎021-742 743; www.pelegrini-hvar.hr; Obala Riva20)可以为游客寻找私人住宿,代售Kapetan Luka渡轮公司船票,组织短途旅行(帕克莱尼群岛一日游很受欢迎,还有去维斯岛蓝洞和绿洞的远足),并出租自行车、轻便摩托车、小汽车和船只。还能安排海岛团队游(€60左右,含品尝葡萄酒)和持证向导带领下的步行团队游(420KN起)。

旅游局(见284页地图; ☎021-741 059; www.tzhvar.hr; Trg Sv Stjepana 42; ⊙7月和8月 8:00~22:00, 6月和9月周一至周六 8:00~20:00, 周日 8:00~13:00和16:00~20:00, 10月至次年5月周一至周五 8:00~14:00, 周六 至正午)就在Trg Svetog Stjepana的兵工厂大楼内。

旅游局信息点(见284页地图; ☎021-718 109; Trg Marka Miličića 9; ⊙6月至9月周一至周六 8:00~21:00, 周日 9:00~13:00)在长途汽车站内,是旅游局的分支,仅夏季办公。

帕克莱尼群岛(Pakleni Islands)

来赫瓦尔城的游客大多是奔着清澈的海水、隐秘的海滩和帕克莱尼群岛(Pakleni otoci)的荒凉环礁湖而来的。帕克莱尼群岛由一连串林木覆盖的小岛组成,起点就在赫瓦尔城前面。虽然Pakleni Islands经常被译成"地狱群岛"(Hell's Islands),但Pakleni这个词其实源于paklina,它是一种岛上从前盛产的松脂,用于船体防水。

离赫瓦尔最近的小岛是Jerolim,岛上的海滩穿不穿泳衣皆可。第二座是Marinkovac,它以Stipanska湾的狂热海滩夜店出名。Marinkovac尽头对面是美丽的Ždrilca和类似环礁湖的Mlini。两个岛上都有季节性餐馆和四五家石头农庄。

目前群岛中最大的岛是Sveti Klement,5平方公里的面积中有3个村庄。Palmižana位于一个美丽的马蹄形海湾内,有繁忙的码头、住处、餐馆和一个小小的沙滩。

住宿

Palmižana Meneghello 别墅 €€€

(☎021-717 270; www.palmizana.hr; Palmižana, Sveti Klement; 房/公寓 €160/180起; ❄📶)美丽的精品别墅和平房由艺术家Meneghello一家人经营,房屋散落在丰茂的热带花园之中。设有两个餐厅和一个艺术画廊,而且经常举办音乐独奏会。

餐饮

Zori 欧洲菜 €€€

(☎091 32 22 227; www.zori.hr; Palmižana 19, Palmižana, Sveti Klement; 主菜150~380KN; ⊙4月至10月 11:30~23:00)这家高级餐馆主要面向把游艇泊在Palmižana湾的富人,供应当代欧洲美食,包括pašticada(红烧牛肉配意面)和gregada(土豆大蒜鱼汤)等达尔马提亚特色,章鱼沙拉特别好吃。客人们坐在棕榈树遮凉的露台上就餐,因为服务的有条不紊,装饰的富丽堂皇,让你不由得忘了食物价格很贵这件事。

Carpe Diem Beach 酒吧、夜店

（☎099 49 68 534；www.carpe-diem-hvar.com；Stipanska，Marinkovac；⏲6月至9月中旬 10:00~19:00和23:00至次日5:00）洋溢着寻欢作乐的气息，这个海滩白天适合带孩子的游客，入夜后变成通宵狂欢的派对场所。船从赫瓦尔城Carpe Diem门外的码头开往这里，门票价格不定，具体取决于每晚的活动。

到达和离开

水上计程船定点从赫瓦尔城的兵工厂门口开往群岛。去比较近的小岛大概50~60KN，去位于Sveti Klement岛的Palmižana大概70~80KN。

或者租一条船，用两个小时游览完比较近的几个岛屿，价格约550KN。

斯塔里格勒（Stari Grad）

人口 2790

斯塔里格勒位于赫瓦尔岛北岸，与时尚、迷人的赫瓦尔城相比，它更加安静文雅，也更加朴素。如果你不追求悸动的夜生活和旺季时街上人挨人、人挤人的感觉，就来这里，在更加从容的节奏中感受赫瓦尔岛。也就是说，小城内的景点用半天时间就能轻松逛完。

Stari Grad的意思是"老城"，名副其实，它是公元前384年由古希腊人建立的，当时人们称之为Pharos。周边的田野在古代就被划定了界线，至今仍是分成一块块的。

斯塔里格勒坐落在一个纵深港口的尽头，老城区的狭窄小巷延伸至南侧。海滨大道沿着北侧海岸铺设，直到一个小海滩。

景点

Tvrdalj 花园

（☎021-765 068；Trg Tvrdalj Petra Hektorovića 11；15KN；⏲5月至10月 10:00~13:00和17:00~21:00）16世纪的坚固城堡Tvrdalj由贵族兼作家Petar Hektorović（1487~1572年）修建。城堡中间是一个青翠可爱的文艺复兴风格花园，花园中央是一个绿水池塘，水中有许多胭脂鱼——这些都跟Hektorović的时代一模一样。它们都反映在他的诗歌《钓鱼和渔夫的闲聊》（*Fishingand Fishermen's Chat*；写于1555年）里。

这位作家的诗句以拉丁文和克罗地亚文刻在了城堡的围墙上。"卫生间"（当时罕有的奢侈设施）上方的诗句是：知道你是什么，你才能为之骄傲。这句诗在入口大厅的角落里，是建筑内部唯一对公众开放的部分。

多明我会殉教者圣彼得修道院 修道院

（Dominican Monastery of St Peter the Martye，Dominikanski Samostan sv Petra Mučenika；☎021-765 442；Kod Sv Petra 3；门票 20KN；⏲5月至10月 9:30~12:30和16:00~18:30）这座修道院创办于1482年，1571年被土耳其人所毁，后来又修建了一座塔楼对其进行加固。回廊

值得一游

沃尔博斯卡（VRBOSKA）

一条孤零零的运河和几座古老的砖桥竟为可爱的小村沃尔博斯卡（www.vrboska.info）赢得"克罗地亚威尼斯"的美誉。这里跟威尼斯并无相似之处，但神秘的倾颓建筑和与那条运河相连的弯弯曲曲的港口确实值得一看。

城南的山上有两座有趣的教堂。**圣劳伦斯教堂**（St Lawrence's，Crkva sv Lovre；Vrboska bb；⏲时间不定）建于15世纪，教堂内有大量珍贵的艺术品，包括圣坛上方的三联画，据信是委罗内塞（Veronese）的作品。山顶是极为奇特的**慈悲圣母教堂要塞**（Our-Lady-of-Mercy Church-Fortress，Crkva-tvrđava sv Marije；Vrboska bb；⏲时间不定）。教堂外观很像城堡，只有屋顶的十字架和三口钟才能显示出它是一座教堂。慈悲圣母教堂要塞建于小镇被土耳其人洗劫一空的4年之后，即1575年。

在**Vina Carić**（☎098 16 06 276；www.vinohvar.hr；Vrboska 211，Vrboska；⏲5月至10月周一至周六 正午至19:00，周日 16:00~19:00）品尝葡萄酒和小吃，结束这次的旅程。这家餐馆位于运河河畔、第二座桥旁边。

花园里有棕榈树、橘子树以及盛开的八仙花和薰衣草，小博物馆里陈列着化石、古希腊碑文、希腊和罗马钱币以及16~18世纪的美丽宗教圣像。但亮点是引人深思的16世纪丁托列托的绘画作品《哀悼基督》（*Lamentation of Christ*）。

圣斯蒂芬教堂 教堂

（St Stephen's Church, Crkva sv Stjepana; Trg Sv Stjepana; ⏲时间不定）这座大教堂建于1605年，前面是巴洛克风格，内部有浅绿色、蓝色和灰色的绘画，但受潮被毁。注意看圣坛的仿大理石色泽效果、1702年的高高的威尼斯祭坛和落地洛可可风琴台。独立的钟楼建于1753年，部分石材来自古希腊时代的城墙。留意一下面朝街道的罗马石刻爱神浮雕，就在教堂右侧。

食宿

Apolon 精品酒店 €€€

（☎021-778 320; www.apolon.hr; Šetalište Don Šime Ljubića 7; 房/套 €169/249起; ⏲5月至10月; P ❄ 📶）店名出自房顶上的阿波罗陶像，1887年为埋葬一位当地名流而建造了这栋宏伟的建筑，他被埋葬在隔壁的拱顶陵墓内。建筑现在成为一家优雅的精品酒店，套房宽敞，配备古典家具和四爪浴缸。即使你不住，也应该尝尝餐厅的食物。

Jurin Podrum 达尔马提亚菜 €€

（☎091 75 57 382; Duolnjo kola 9; 主菜60~90KN; ⏲周一至周六 17:00~23:00）古老的石墙、柳条编织的灯罩和室外小巷边的两三张餐桌令"乔治的地窖"（George's Cellar）气氛十足。菜单上除了牛肝和鸡肉，还有意面、汤粉、焗饭和烤鱼。

实用信息

旅游局（☎021-765 763; www.stari-grad.eu; Obala drFranjeTuđmana 1; ⏲6月至9月 8:00~20:00，10月至次年5月周一至周五 8:00~14:00）提供很好的本地地图。

到达和离开

➡ 虽然亚德罗里尼亚公司（见281页）的渡轮大多都连接赫瓦尔岛和斯塔里格勒，但斯塔里格勒的城区实际上在岛屿主要渡轮站东边几公里之外。

➡ 长途汽车站（没有行李寄存处）在海湾山脚下。长途汽车开往渡轮（13KN，10分钟，每天7趟）、赫瓦尔城（30KN，30分钟，每天9趟）和耶尔萨（30KN，25分钟，每天13趟）。

耶尔萨（Jelsa）

人口3590

港口小城耶尔萨整洁干净，四周是茂密的松林和高高的白杨。虽然它并没有赫瓦尔城那些文艺复兴风格的建筑，但私密的街道、广场和公园同样怡人，附近还有适合游泳的地点。不建议在这里过夜，但它不失为一个短途出行的好去处。

景点

天使报喜教堂 教堂

（Church of the Assumption; Trg Križonoše; ⏲时间不定）耶尔萨的教区教堂，正面是优雅的巴洛克风格，钟楼是文艺复兴风格，教堂内部的天花板有壁画，还有一个高高的精美大理石圣坛。几百年来，这个教堂一直在修修补补，但建筑主体部分建于1535年。

Vina Tomić 葡萄酒厂

（☎021-768 160; www.bastijana.hr; Jelsa 874a; ⏲6月至8月 9:00~20:00，9月至次年5月周一至周五 7:00~15:00）当地葡萄酒厂，人们坐在位于Mina湾上方的古老石头酒窖内品酒。

节日和活动

"跟随十字架"游行 宗教

（Za Križen; ⏲3月或4月）这个有500年历史的游行活动已经成为联合国非物质文化遗产。游行在耶稣升天节（Holy Thursday）当晚的10点开始，从耶尔萨及其周边的5个村庄出发。参加者跟随一位背负着十字架的人，用8个小时步行走完25公里长的环线，沿途经停所有的教区教堂。

就餐

Flying Pig 汉堡包 €

（☎095 55 41 179; www.facebook.com/flyingpigjelsa; Obala Ćire Gamulina bb; 汉堡包 60~80KN; ⏲6月至9月 正午至午夜）经营团队一年中

的其他月份在萨格勒布经营法式小馆Beštija，但夏季时这些时尚的年轻人回到耶尔萨，只卖简单的食物：美味多汁的汉堡包和生啤。

Konoba Nono 达尔马提亚菜 €€

（☎021-761 933；Braće Batoš bb；主菜 70~150KN；⏲4月至10月 18:00至午夜）这个迷人的家庭经营小餐馆供应传统海岛美食。

ℹ 实用信息

旅游局（☎021-761 017；www.tzjelsa.hr；Strossmayerovo šetalište bb；⏲7月和8月周一至周六 8:00~22:00，周日 10:00至正午和19:00~21:00，5月、6月、9月和10月周一至周六 8:00~13:00和17:30~20:00，周日 9:30至正午，11月至次年4月周一至周五 8:00至正午）提供景点和活动方面的信息，预订私人住处和酒店。

维斯岛（VIS ISLAND）

人口 3620

在克罗地亚所有的有人居住的海岛之中，维斯岛是离海岸最远的，也是最神秘的。在它的近代史中，大部分时间都作为一个南斯拉夫军事基地，从20世纪50年代到1989年，一直禁止外国游客进入。由于该岛一直处于隔离状态，没有得到开发，许多居民不得不去其他地方寻找工作，因此多年来岛上始终人烟稀少。

和地中海其他处于贫困中的岛屿一样，作为一个旅游目的地，缺少开发反而成了维斯岛最吸引人的地方。如今来自国外和国内的游客纷纷涌入维斯岛，寻找真实、自然和美食带来的快乐以及那份平静和安宁。2018年的《妈妈咪呀！我们又来了》（*Mamma Mia!Here We Go Again*）在该岛取景，上映之后游客越来越多。

维斯岛出产一种岛上特有的葡萄——vugava，这种白色的葡萄从古代起就有种植。

历史

维斯岛最早有人居住是在新石器时期，公元前1000年，古伊利里亚人将它带入了铁器时代。公元前390年，岛上形成了希腊殖民地，当时被称为Issa，希腊统治者Dionysiusthe Elder以此为中心控制着亚得里亚海的其他领地。最终该岛变成了一个强大的城邦，并在科尔丘拉（Korčula）以及特罗吉尔和斯多布莱奇（Stobreč）建立了自己的殖民地。伊利里亚战争期间，它与罗马结盟，但还是失去了自治权，并在公元前47年成为罗马帝国的一部分。

10世纪时，斯拉夫部落已经在此定居。1420年，维斯岛和达尔马提亚的其他城市一起被卖给了威尼斯（威尼斯称维斯岛为Lissa）。为了躲避达尔马提亚海盗，居民从沿海迁往内陆。

随着1797年威尼斯帝国的灭亡，维斯岛先后由奥地利、法国、英国统治，后来又依次落入奥地利、意大利和前南斯拉夫之手。“二战”期间各方势力纷纷争夺这一亚得里亚海

值得一游

乡村美食

维斯岛的美食餐馆并不是全都集中在主城内。岛的内陆和空旷的海湾逐渐成为美食家的梦想之地。近年来，许多农户开始提供当地自制食物，值得前去品尝。

Konoba Stončica（☎021-784 7188；www.konoba-stoncica.com；Stončica 11；主菜 60~140KN；⏲5月至10月 13:00~23:00）这个悠闲的小餐馆位于一块美丽的砂石海滩上，供应一流的烤章鱼和烤鱼，客人们坐在棕榈树、松树和木头凉亭下就餐。点一份加橄榄油和大蒜的土豆泥配菜——这是维斯岛特色配菜。

Roki's（☎098 303 483；www.rokis.hr；Plisko Polje 17，Plisko Polje；圆盖烤炉每人 150KN；⏲5月至10月 19:00至午夜）这家酒庄餐馆在维斯城以南8公里处的农田之中，是品尝传统peka（圆盖烤炉）菜的最佳去处之一。烤菜需要4个小时，因此你要提前致电，点羊肉、牛肉、章鱼或鱼。餐馆免费提供4人及以上团队接送服务。

的战略要地，随后它被意大利占领。战争期间，维斯是铁托游击队的一个重要军事基地。铁托在胡姆（Hum）山的一个山洞里建立了他的大本营，并在那里协调与盟军的军事和外交行动。

到达和离开

➡ **亚德罗里尼亚公司**（☎021-711 032；www.jadrolinija.hr；Šetalište stare Isse 2，Luka）每天有2~3班大型载车渡轮连接维斯城和斯普利特（乘客/小汽车 54/340KN，2小时15分钟）。

➡ 也有一艘双体船（55KN，1小时30分至2小时30分钟，每天1班）走这条线路，周二经停赫瓦尔城（40KN，50分钟），周三经停米尔纳（布拉奇岛；55KN，55分钟）。

➡ 维斯岛上的售票处在每班船发船之前90分钟开始售票。

当地交通

连接科米扎和维斯城的长途汽车（25KN）发车时间与渡轮到达时间呼应。

维斯城（Vis Town）

人口1940

古城维斯在一个宽阔的马蹄形海湾旁边。海滨大道、斑驳沧桑的17世纪联排别墅、从海滨沿着缓坡蜿蜒而上的狭窄小巷构成了一座平静的城市，而渡轮的到来则给这里注入了活力。

城里有两个村庄：渡轮码头所在地、19世纪的Luka（意为“港口”），以及位于马蹄形曲线对面的中世纪小村Kut。一条风景优美的海滨大道连接两个村庄。希腊墓地、罗马浴池和英国要塞等古迹说明维斯拥有漫长而复杂的历史。

景点

海滨大道沿途有许多小海滩，但最忙碌的城市海滩位于海港北侧，就在Hotel Issa的前面。离它较远的一边是天体浴小海湾和一系列野泳地点。在另一侧，经过Kut和英国海军墓地后，是美丽的鹅卵石海滩Grandovac，那里有一家海滩酒吧（偶尔有午夜派对），一小段鹅卵石海滩和一连串岩石海滩分列两侧。

伊萨考古博物馆 博物馆

（Issa Archaeological Museum，Arheološkog muzeja；Šetalište viški boj 12，Kut；成人/儿童 20/10KN；⏲6月至9月周一至周六 9:00~13:00和17:00~21:00）位于一座19世纪的奥地利要塞内，这个小博物馆有着克罗地亚规模最大的希腊文物展，包括希腊陶器、珠宝和雕塑，亮点是一个精美的公元前4世纪的女神阿尔忒弥斯（Artemis）铜首。庭院另一侧的展厅陈列从沉船里找到的古代文物。

活动

在维斯周围潜水很棒。水里有很多鱼和沉船残骸，还有一个聚集了大量双耳细颈椭圆土瓶的区域和一架“二战”飞机等待你

值得一游

维斯岛最佳海滩

虽然维斯城和科米扎（Komiža）周边有许多海滩，但最好的几个海滩要坐船或轻便摩托车才能前往。最原始纯朴的海滩在岛的南部和东部。有些海滩需要步行沿陡峭的下山路前往，因此要穿舒适的鞋子。

斯提尼瓦（Stiniva）小小的斯提尼瓦是维斯最美丽的海湾，海滩上铺满又大又圆的鹅卵石，在蔚蓝色海水的映衬下，白得眩目。

斯莱布尔纳（Srebrna）斯莱布尔纳拥有大块的白色鹅卵石和清澈的海水，背后是一个自然保护区。

米尔纳和扎格拉夫（Zaglav）砂质海滩米尔纳拥有蓝得迷人的海水，海中还有几个田园风光的小岛。旁边的扎格拉夫也是砂质海滩，更漂亮，也更安静。

蓝色的魔力

蓝洞（Blue Cave, Modra špilja；成人/儿童 9月至次年6月 70/35KN，7月和8月 100/50KN）位于比舍沃岛（Biševo），紧邻维斯岛西南端，是该地区最著名的自然景观。上午11点至正午之间的一个小时是游览蓝洞的最佳时间，阳光穿过水下的洞口，洞内被渲染成神秘的蓝色。清澈的海面下，岩石在16米深的海底闪着银色和粉色的微光。参加从科米扎出发的团队游是去蓝洞最简单、最快、最好的方式。

近年来游客数量暴增，游览蓝洞变得不那么令人愉快了，而且船只不能再停留在洞口，也不允许人跳下去游泳。尽管门票很贵，但等候进洞的船只还是排成长队，许多旅行团甚至都没打算看看蓝洞最美丽的样子。冬季时人就会变少了，可是冬季很难找到船，而且由于jugo（南风）太大，海浪很高，船只很难进洞。

夏季，团队游从维斯岛各个城镇、周边岛屿甚至斯普利特前往蓝洞。从科米扎出发的团队游时长介于1小时和90分钟之间，具体取决于进洞前要排队多久。除了门票之外，团队游价格大约100KN（含午餐140KN），包括乘坐简陋的充气快艇。

去探索。但是，在最好的潜水水域需要一定的技术，因此你应该具备一定资质的潜水技能。

团队游

城里的旅行社大多数都能提供团队游，项目基本上差不多。最有趣的团队游是游览1992年被南斯拉夫人民军废弃的绝密军事景点（top-secret military sights）。行程包括参观火箭弹掩体、碉堡、武器存储空间、潜水艇停靠处、铁托洞（Tito's Cave；"二战"期间游击队长铁托就住在这里）以及作为南斯拉夫情报机关通信总部的核弹掩体。这些遗址占据着岛上最美丽的部分，直到最近才对公众开放。

其他团队游包括探洞、徒步以及美食和品酒，离岛团队游前往蓝洞（Bule Cave；见本页）、**绿洞**（Green cave, Zelena špilja；成人/儿童 7月和8月 70/35KN，5月、6月、9月和10月 50/25KN）和偏远的海滩。

住宿

Apartments Kuljiš 公寓 €€

（☎098 460 937；vkuljis@inet.hr；Petra Svačića 41, Kut；公寓 €82起；P❄📶）房东热情，位置好（离Kut村中心只有很短的步行距离），有4套高性价比的舒适公寓，是你下榻的好选择。所有的公寓都带小厨房和阳台/露台。

Villa Vis 民宿 €€€

（☎098 94 87 490；www.villaviscroatia.com；Jakšina 11, Kut；房 995KN；⏲6月至10月；❄📶）个性十足的传统联排别墅内有4间不同颜色主题的房间，装修都很时尚。位置极好，挨着餐馆和酒吧，步行去海滩也不远。

Hotel San Giorgio 酒店 €€€

（☎021-607 630；www.hotelsangiorgiovis.com；Petra Hektorovića 2, Kut；单/双 €151/168KN起；⏲5月至9月；❄📶）这家豪华酒店归意大利人所有，10个色彩鲜艳的漂亮房间和套房分布在两座建筑中。房间摆满有趣的艺术品，铺着木地板，床铺舒适，并且具备一切高档设施。最好的是1号房，有面朝大海的大露台和热水浴缸。

就餐

维斯有几家不错的餐馆，它们分散在Luka和Kut周边。有几样当地特色菜肴值得一试，包括viškapogača（装满咸鱼和洋葱的烤饼）和viški hib（磨碎的干无花果与香草的混合物）。

★ **Pojoda** 达尔马提亚菜、海鲜 €€

（☎021-711 575；Don Cvjetka Marasovića 10, Kut；主菜 50~115KN；⏲3月至10月 正午至次日1:00，11月至次年2月 18:00~22:00）了解内情的本地人对这家海鲜餐厅情有独钟。阴凉的院子里点缀着竹子、橘子树和柠檬树。冬天，用pojorski bronzinić（章鱼、扁豆和大麦做成的农家炖菜）让身子暖和起来。春夏两季的招牌菜是用粒粒面、豌豆和虾烹制的orbiko。

Lola 地中海菜 €€€

（☎095 56 33 247；www.lolavisisland.com；Matije Gupca 12, Luka；主菜140~170KN；⏲5月至10月 18:00至午夜）Lola以墙上的一个老式自行车作为标志，藏身在一个美丽的花园庭院中，院子里有古朴的石头墙壁和梅什特罗维奇设计的喷泉。克罗地亚大厨和他的西班牙妻子提供款式虽少但十分富有创意的菜肴，其中还融入了许多西班牙特色。红酒单和服务同样一流。

饮品和夜生活

Fort George 酒吧

（☎091 26 56 041；www.fortgeorgecroatia.com；Utvrda Sv Juraj bb；⏲5月至10月正午至次日1:00）古老的城堡是1811年由英国人修建的（试试找到入口上方的石头英国国旗），这个酒吧就在城堡的露台上，服务虽然有些怠慢，但它确是夏季欣赏日落的最佳地点。

Lambik 酒吧

（☎095 22 24 221；www.facebook.com/Lambik Bar Bistro；Pod Ložu 2, Kut；⏲6月至10月 8:00至次日2:00）Kut最好的酒吧，广场上和被葡萄藤遮蔽的石头走廊（在16世纪房屋的柱廊下方）里都有露天座位。晚上有时有原声乐队和歌手表演。

实用信息

Ionios Travel Agency（☎021-711 532；www.facebook.com/ionios.vis；Sv Jurja 37, Luka；⏲4月至10月；📶）可以为游客寻找私人住宿，出租汽车、自行车、轻便摩托车，组织短途旅行。旺季（5月至9月）时，在Kut小村的Pod Ložu 5设有分店。

Navigator（☎021-717 786；www.navigator.hr；Šetalište stare Isse 1, Luka；⏲每天8:00~14:00和16:30~19: 30）预订团队游和潜水游，出租小汽车、轻便摩托车和船。

旅游局（☎021-717 017；www.tz-vis.hr；Šetalište stare Isse 5；⏲6月至9月 8:00~14:00和17:00~20:00，10月至次年5月周一至周五 8:00~14:00）在亚德罗里尼亚公司渡轮码头附近。

科米扎（Komiža）

人口1530

小城科米扎位于胡姆山脚一个风景如画的海湾里，拥有一批忠实的克罗地亚拥趸者，他们喜欢它那放荡不羁、无拘无束的氛围。

狭窄的小街道上排列着17~18世纪的石头联排住宅，从港口沿小山向上蜿蜒伸展，早在12世纪渔民们就在这里居住了。

科米扎和维斯城之间存在良性竞争。后者历史上与贵族有关，前者以渔民阶层的遗产和海盗传说而骄傲。

科米扎有几块小鹅卵石沙滩，但大多数游客来这儿是为了坐船前往附近比舍沃岛上的蓝洞（见293页）。当地任何一家旅行社都能安排船只，但你也可以沿港口步行过去。

景点

港口南端是建于1585年的文艺复兴风格大城堡**Kaštel**（Riva Sv Mikule）。进城之前在路东侧会看到一个像城堡似的教堂，那座教堂建于17世纪，现在属于**本笃会修道院**（Benedictine Monastery；Benediktinaca bb）。

小城最受欢迎的**海滩**位于科米扎北端，就在Hotel Biševo的下面。海滩被松树环绕，背后是有3间正厅的Gospa Gusarica教堂。

团队游

Alter Natura 团队游

（☎021-717 239；www.alternatura.hr；Hrvatskih mučenika 2）Alter Natura专营探险旅游，包括滑翔伞、探洞、皮划艇和绳降。它还组织军事团队游以及前往蓝洞（见293页）、绿洞（见293页）和偏远海滩的乘船游。

食宿

Villa Nonna 公寓 €€

（☎098 380 046；www.villa-nonna.com；Ribarska 50；公寓€60~120；❄📶）可爱的联排

别墅内有7个修缮一新的公寓，每个都铺着木地板，有一个厨房，有的公寓还有阳台或露台。隔壁也是一座漂亮的老宅CasaNono，有4间卧室、3个卫生间、1个美丽的花园、1个石壁裸露的客厅以及供客人们自己做饭的设施。

Slastičarnica Cukar

面包房 €

（☎098 92 94 888; www.facebook.com/cukar.komiza; Hrvatskih mučenika 8; 蛋糕 8~17KN; ⏲6月至10月 8:00~14:00）直奔这个小小的蛋糕店，用美味的甜品犒劳自己。

Konoba Bako

达尔马提亚菜 €€

（☎021-713 742; www.konobabako.hr; Gundulićeva 1; 主菜70~155KN; ⏲6月至8月 16:00至次日2:00，9月至次年5月 17:00至午夜）专营海鲜（但烤羊肉也非常美味），有一个能看到海景的露台，餐室的墙壁是石头的，室内摆放着希腊和罗马古董。来这里尝尝本地化的特色菜komiška pogača（类似馅饼的凤尾鱼馅面包），很不错。

实用信息

Darlić & Darlić（☎021-713 760; Hrvatskih mučenika 8）组织远足游，出租小汽车、轻便摩托车和自行车。

旅游局（☎021-713 455; www.tz-komiza.hr; Riva Sv Mikule 1; ⏲7月和8月周日至周五 8:00~21:00，周六 9:00~15:00，5月、6月、9月和10月 8:00至正午和17:00~19:00，11月至次年4月周一至周五 8:00~14:00）

1

ZM_PHOTO/SHUTTERSTOCK ©

2

4

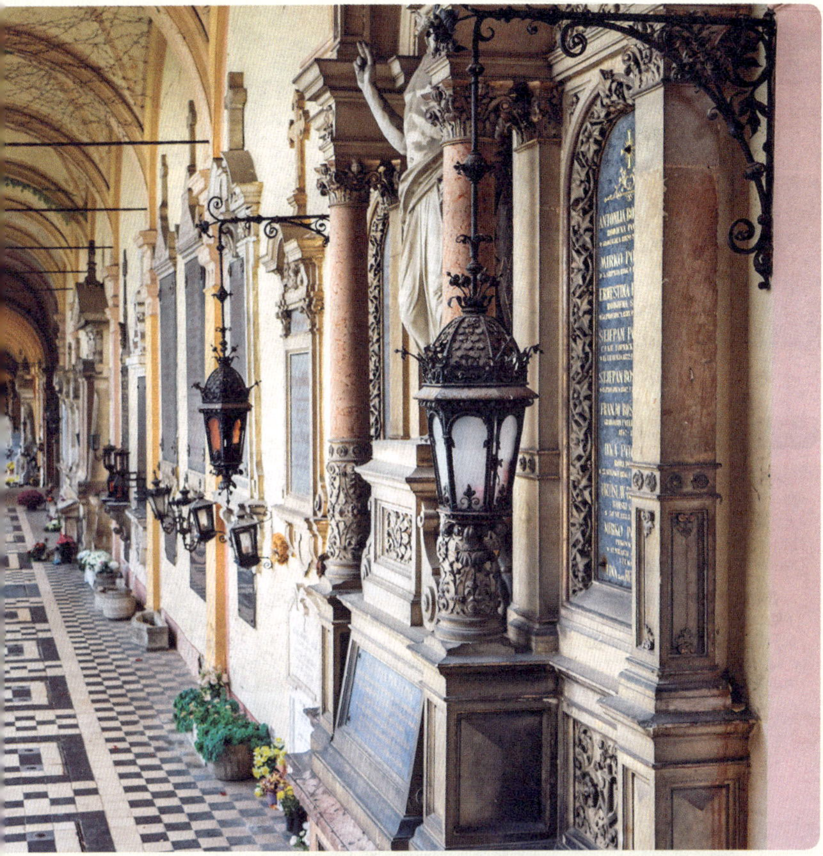

DARIOZG/SHUTTERSTOCK ©

圣凯瑟琳耶稣会教堂（见75页）

圣凯瑟琳耶稣会教堂建于1620~1632年，是精美的巴洛克式风格建筑典范。

美乐高（见71页）

欧洲最美的墓地之一，里面小径纵横交错，雕塑和设计精巧的坟墓点缀其中。

失恋博物馆（见71页）

这个奇特的博物馆收藏失恋后留下的纪念物。

多拉茨市场（见74页）

位于萨格勒布市中心的农产品市场，来自克罗地亚各地的摊贩在此兜售自家产品。

HIDEAKI TSUDA/500PX ©

SIMONE SIMONE/GETTY IMAGES ©

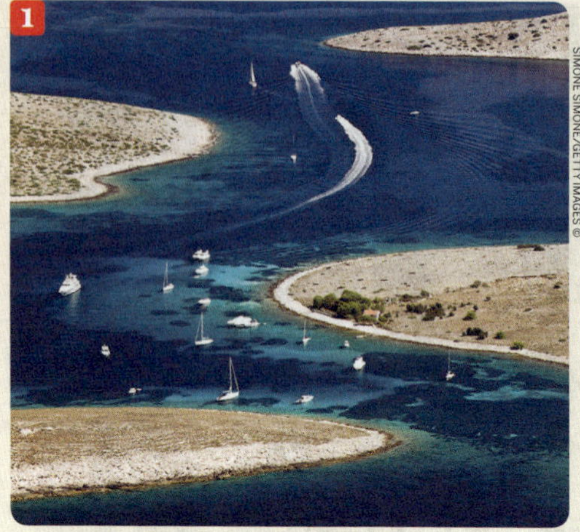

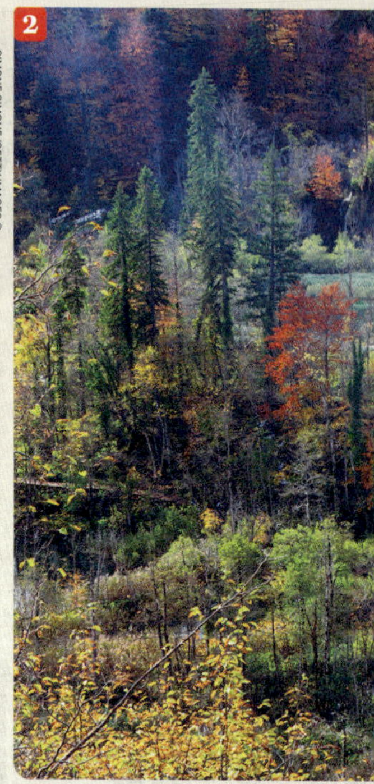

1. 科尔纳提国家公园(见234页)
科尔纳提群岛是亚得里亚海最大、最密集的群岛区域，共有140个岛屿，其中的89个岛屿组成了科尔纳提国家公园。

2. 普利特维采湖群国家公园(见213页)
位列联合国教科文组织世界遗产，美丽的宝蓝色湖泊被一连串大小瀑布环抱。

3. 奶酪(见220页)
帕格岛特有的paški sir(帕格奶酪，Pag Cheese，见219页)很有特色。

4. 圣詹姆斯大教堂(见237页)，希贝尼克
这处联合国教科文组织世界遗产是当地建筑师兼雕塑家尤拉·达马提亚(Juraj Dalmatinac)最伟大的作品。

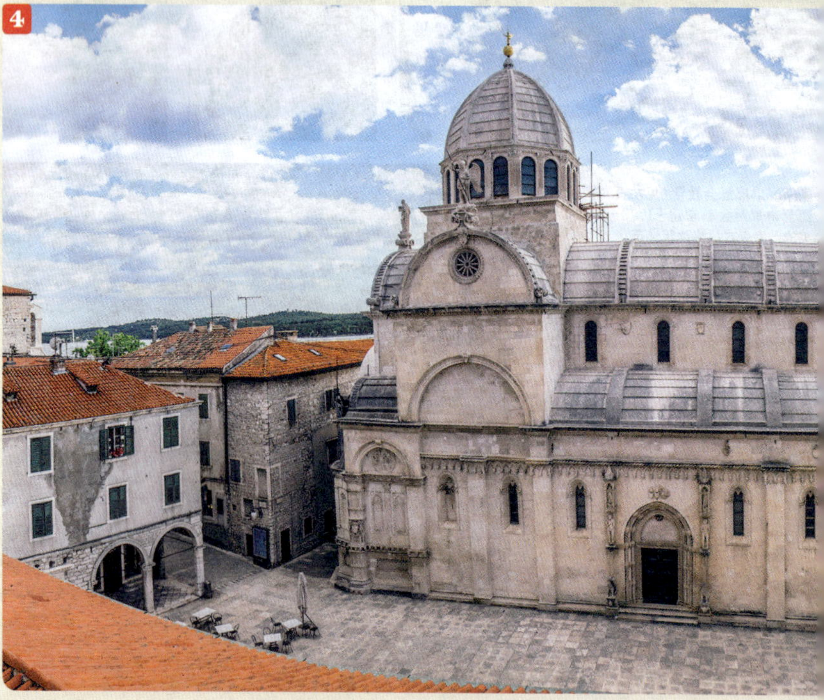

FESUS ROBERT/SHUTTERSTOCK ©

ISA_OZDERE/SHUTTERSTOCK ©

3

LAURA EDWARDS/LONELY PLANET ©

杜布罗夫尼克老城

第一眼看到杜布罗夫尼克老城时，你一定会大吃一惊。从远处看，蜂蜜色的城墙围绕着紧凑如鸟巢般的陶瓦屋顶，探入蔚蓝的大海，令人震撼。当你进入古老的城门、走在大理石小路上的时候，这种震撼的感觉也丝毫不会减弱。

WITR/GETTY IMAGES ©

CSE2010/SHUTTERSTOCK ©

1. 明采塔城堡（见317页）
这座大型建筑位于城墙最高处，由尤拉·达马提亚设计，1464年竣工。

2. 俯瞰老城（见310页）
在瞭望台上眺望老城和亚得里亚海，景色迷人。

3. 屋顶（见317页）
在1991~1992年南斯拉夫军队的炮击之后，杜布罗夫尼克许多受损的屋顶换上了新的赤陶瓦片。色彩柔和的旧瓦片只占少数。

4. 街头餐馆（见325页）
选一家旧城餐厅，在户外餐桌前坐下来好好放松一下，品尝当地美食。

ANDREY OMELYANCHUK/500PX ©

在萨格勒布悠闲度日

如果你看够了教堂和博物馆，逛够了商店，萨格勒布随处都有可以坐下来发呆的地方，让你充分感受城市的氛围，更美妙的是还能享用一杯饮料。鱼与熊掌兼得，纯属巧合。

咖啡消遣

每当萨格勒布人有点空闲时间，出现在咖啡馆的概率最大。要体验这种萨格勒布全民喜爱的消遣，就直奔市中心的špica——周六11:00~14:00是喝咖啡的传统，在那之前或之后还得逛逛多拉茨市场。在Bogovićeva、Preradovićeva和Tkalčićeva沿线，人们竞相占领位置最好的人行道咖啡座，炫耀最新款时装、手机，聊聊八卦。

将精酿啤酒一饮而尽

精酿啤酒在萨格勒布越来越火，专营当地和外国精酿啤酒的地方不计其数。在Opatovina挨家尝试精酿啤酒最方便。这条街上有大把的酒吧，出售多种品牌的精酿啤酒。我们最喜欢的酒吧包括Craft Room（见92页）、Garden Brewery（见95页）、Hop Inn（见95页）、Pivnica Medvedgrad（见94页）及其姊妹店Pivnica Mali Medo（见92页）。

1. Tkalčićeva的咖啡馆
2. Garden Brewery（见95页）的精酿啤酒
3. Bogovićeva的咖啡馆

POSZTOS/SHUTTERSTOCK ©

VIGO-S/SHUTTERSTOCK ©

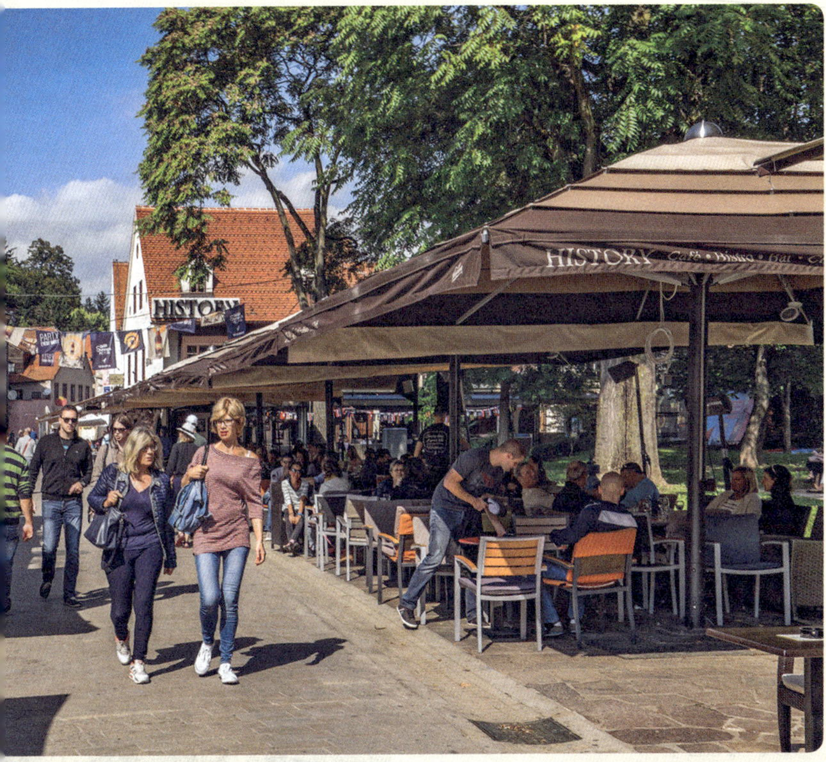
HISTORY
HISTORY

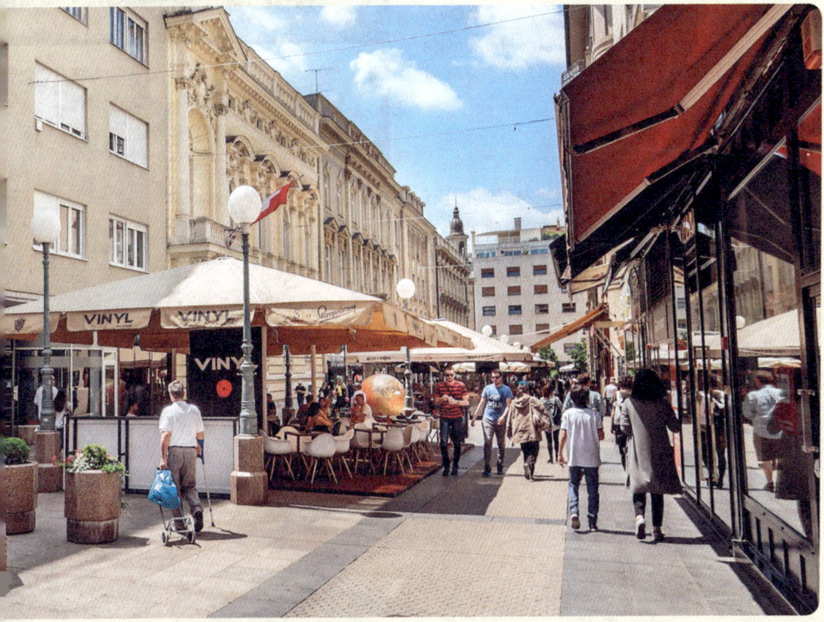
VINYL
VINYL

在斯普利特悠闲度日

KAŠJUNI

Kašjuni（Šetalište Ivana Meštrovića bb）是斯普利特最迷人的海滩，主要原因在于周围有绿地和高档海滩酒吧。长距离步行穿过马尔延森林公园（Marjan Forest Park；见250页）后到达，虽然很累，但值得。懒人也可以乘坐出租车前来。

巴克维斯（BAČVICE）

砂砾海滩**巴克维斯**（见246页地图）是斯普利特最热闹的海滩，海滩两侧是餐馆、酒吧、营业至深夜的夜店和一排水泥大楼。看人们在浅滩扑腾，用手掌拍击并传递一个小球（颇具达尔马提亚风格的水上排球；见249页）——这里是斯普利特花花公子们"秀晒炫"的场所。

OVČICE

沿着海边大道往前，第二个海滩是**Ovčice**（见246页地图；Šetalište Petra Preradovića bb）。这个海滩上水泥建筑不多，有一家海滩酒吧，鹅卵石踩起来很舒服。

FIRULE

马蹄形的小海湾**Firule**（见246页地图）有一块极好的沙质海滩，海滩远端有家酒吧。海滩面积不大，但峭壁和松树林为巴克维斯的"水泥丛林"构成了美丽的背景。

MRAK.HR/SHUTTERSTOCK ©

ALEX RINKUS/SHUTTERSTOCK ©

1. 巴克维斯
2. 马尔延森林公园（见250页）
3. Kašjuni

夏季，斯普利特人离开挤满游客的老城，直奔毗连城郊的海滩，在那里交际和避暑。年轻人晚上会回到城里，在酒吧和夜店狂欢。

在杜布罗夫尼克悠闲度日

圣雅各布海滩（SVETI JAKOV BEACH）

步行经过杜布罗夫尼克最宏伟的建筑，来到杜布罗夫尼克最“本地化”的海滩、位于海滨地带东端的**圣雅各布海滩**（Vlaha Bukovca bb, Viktorija）。午后在清澈的海水中游泳，傍晚在海滩酒吧的露台上欣赏老城日落风光。

贝尔维尤海滩（BELLEVUE BEACH）

这个鹅卵石小**海滩**（见320页地图；Montovjerna）在Hotel Bellevue下方，被高大的峭壁环绕着，有胆子大的人从峭壁往海里跳。下午，峭壁也为海滩提供了阴凉。非住店客人可以走紧邻Kotorska的陡峭台阶前往该海滩。

丹采海滩（DANČE BEACH）

这个岩石小**海滩**（见320页地图；Don Frana Bulića bb, Pile）拥有宝蓝色的海水和一连串日光浴晒台。位于格拉达克公园山脚下一座古代修道院下方，即派勒城门以西600米处。

巴尼耶海滩（BANJE BEACH）

巴尼耶海滩是离老城最近的海滩，从布洛采城门出去，过了17世纪的Lazareti（前检疫站）就是。虽然许多人从海滩夜店租太阳椅和遮阳伞，但只要你能找到空地儿，随便铺一块毛巾也没问题。

拉帕德湾（LAPAD BAY）

拉帕德湾（Uvala Lapad；见320页地图；Lapad；👪）是个热闹的鹅卵石海滩，一边是森林覆盖的Petka山，另一边是Babin Kuk的最高峰，有海滨酒店和步行街。这里有许多游玩项目，还有一个儿童游乐场以及大量咖啡馆和酒吧。

1 

GORAN JAKUS/SHUTTERSTOCK ©

2 

MARTIN CHARLES HATCH/SHUTTERSTOCK ©

1. 巴尼耶海滩
2. 拉帕德湾
3. 圣雅各布海滩

如果夏季的暑热打消了你对观光的热情，去海滩上玩玩显然是个补救方案。这几个海滩是我们最喜欢的。

杜布罗夫尼克和达尔马提亚南部

☎020

包括 ➡

最佳餐饮

- Restaurant 360°（见326页）
- Bugenvila（见333页）
- Nautika（见327页）
- Pantarul（见327页）
- Kapetanova Kuća（见339页）

最佳住宿

- Villa Lukas（见332页）
- Karmen Apartments（见324页）
- MirÓ Studio Apartments（见325页）
- Korčula Royal Apartments（见345页）

为何去

从西北部的科尔丘拉岛到东南部梦幻般的科那弗勒（Konavle）平原，达尔马提亚南部是一个令向往海滩的人们、葡萄酒爱好者和历史迷们全都情有独钟的地区。

达尔马提亚南部有一个公认的美丽的地方，那就是迷人的杜布罗夫尼克老城。老城矗立在蔚蓝色的大海边，四周环绕着坚固的城墙，将中世纪地中海之奇幻集于一身，是克罗地亚的旅游亮点。与众不同的杜布罗夫尼克如同被施了魔法一般令人着迷，每天都有成千上万的游客漫步在它那大理石街道上，凝神驻足，感慨赞叹，满心欢喜地拍照留念。

杜布罗夫尼克面临过度旅游开发的威胁，但只要乘船或乘公交十几分钟，马上就会来到一个截然不同的安静世界。在阴凉的特尔泰诺植物园（Trsteno Arboretum）放松一下，如果还觉得不过瘾，人口稀少、出产美酒和牡蛎的佩列沙茨半岛（Pelješac Peninsula）必定能让你满意。

何时去

杜布罗夫尼克

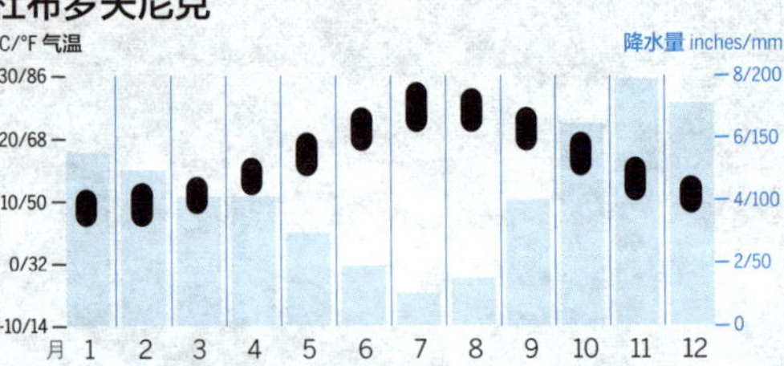

5月至6月 天气温暖，阳光和煦，没有仲夏的炙烤和人潮。

7月至8月 闻名遐迩的杜布罗夫尼克夏节能满足你文化之旅的需求。

9月至10月 天气依然很暖和，适合游泳，海滩上的人也没那么多了。

杜布罗夫尼克和达尔马提亚南部亮点

❶ **杜布罗夫尼克**（见310页）沿着古老厚重的城墙走一走，然后乘坐缆车来到塞德山顶，俯瞰令人陶醉的美景。

❷ **科尔丘拉城**（见342页）在城墙环绕的科尔丘拉城的大理石街道上感受中世纪氛围。

❸ **姆列特岛**（见335页）在岛的东端寻找空无一人的海滩，跟着人群前往国家公园里的美丽湖泊。

❹ **洛克卢姆岛**（见318页）在离杜布罗夫尼克最近的幽静小岛上探索花园、森林和海滩。

❺ **佩列沙茨半岛**（见338页）直接去酒窖品尝克罗地亚最好的红葡萄酒。

❻ **察夫塔特**（见331页）沿着海滨大道散步，停下来在Bugenvila吃点东西，在海岬周边找个小海湾游游泳。

❼ **斯通**（见338页）在小斯通（Mali Ston）吃牡蛎，然后沿着壮观的13世纪城墙前往山坡上的斯通。

杜布罗夫尼克（DUBROVNIK）

人口2.85万

无论你是第一次来到杜布罗夫尼克，还是曾经多次到访，每当你的目光聚焦到美丽的老城，敬畏之心就会油然而生。很难想象有人会对城内的石灰石街道、巴洛克式建筑和一望无际、波光粼粼的亚得里亚海心生厌倦，古老的城墙几百年来保护着高度文明、先进富有的共和国。漫步其中，不免令人浮想联翩。

1991年，杜布罗夫尼克遭到炮击，震惊世界，如今它已经从创伤中恢复过来，重新以其活力吸引着游客。你可以为光线照在古老石头建筑上呈现出的美景赞叹，徜徉在博物馆的艺术珍品当中，感受杜布罗夫尼克的兴衰沉浮，或者乘坐缆车到达塞德山（Mt Srđ）山顶，也可以沿着陡峭狭窄的小巷散步，筋疲力尽之际跳入蔚蓝的大海，畅游一番。

历史

杜布罗夫尼克的故事始于7世纪，当时斯拉夫人入侵罗马城市Epidaurum[今天的察夫塔特（Cavtat）]，居民纷纷逃往他们所能找到的最安全的地方，即岩石小岛拉古萨（Ragusa），一条狭窄的水道将其与大陆分隔开来。面对入侵的威胁，修建城墙是当务之急。到了9世纪的时候，这座城市已经相当坚固了，当时它抵御撒拉逊人的入侵长达15个月之久。

与此同时，对面的大陆出现了另外一个定居点，被称为杜布罗夫尼克，以该地区极为常见的dubrava（圣栎）命名。12世纪，这两个定居点合二为一，将它们分隔开来的水道也已经被填平。

12世纪末，杜布罗夫尼克已经成为亚得里亚海海岸上一个重要的贸易中心，也是地中海与巴尔干半岛（Balkan）国家之间的重要纽带。杜布罗夫尼克在1205年以后处于威尼斯的统治之下，最终于1358年再度摆脱了它的控制。

到了15世纪，拉古萨共和国（Respublica Ragusina）的边界不断扩张，涵盖了从斯通（Ston）到察夫塔特的整个沿海地带，还包括拉斯托沃岛（Lastovo Island）、佩列沙茨半岛（Pelješac Peninsula）和姆列特岛（Mljet Island）。此时它已经成为一股不可忽视的力量。它转向海上贸易，并建立了自己的船队，前往埃及、黎凡特、西西里岛、西班牙、法国和伊斯坦布尔。通过精明的外交手段，该城邦与所有国家都保持着良好的关系，甚至包括奥斯曼帝国——16世纪，杜布罗夫尼克开始向它进贡。

几个世纪的和平与繁荣使其艺术、科学和文学得到了蓬勃发展，但在1667年的大地震中，城内文艺复兴时期的艺术品和建筑毁坏殆尽，5000人在这场灾难中罹难，城市一片狼藉。古代建筑之中，只有神圣救世主教堂（Holy saviour Church）、斯庞扎宫（Sponza Palace）和主教宫（Rector's Palace）得以幸存。地震后，城市经济也开始走向衰落。

拿破仑给了杜布罗夫尼克致命一击，1808年，他的军队进城，宣布共和国终结。1815年，维也纳会议（The Vienna Congress）将杜布罗夫尼克割让给奥地利，尽管它仍然维系着航运业的运营，但社会解体已成定局。“一战”后，城市的旅游业逐渐发展起来，慢慢变成南斯拉夫的主要景点。

1991年克罗地亚宣布独立后，杜布罗夫尼克被卷入战争。只因未知的军事或战略原因，杜布罗夫尼克就在1991年和1992年连续遭到南斯拉夫军队大约2000枚炮弹的攻击，居民生命和财产损失惨重。如今所有被毁建筑都得到了修复。

景点

如今，杜布罗夫尼克是克罗地亚最繁荣、优雅、奢华的城市。在许多方面，它仍然像是一个城邦，无论在地理上还是在历史上都与其他地方迥然不同。对游客而言，它的吸引力是如此之大，甚至有传闻说要限制老城（机动车禁入）的游客数量，因为游船在同一时间卸客常导致主要街道拥挤不堪。

老城

城墙和堡垒（City Walls & Forts） 要塞

见316页。

★战争照片艺术馆 美术馆

（War Photo Limited；见312页地图；☎020-322 166；www.warphotoltd.com；Antuninska 6；

成人/儿童 50/40KN; ⏲5月至9月 10:00~22:00, 4月和10月周三至周一 至16:00)这将是一次令人震撼的经历。画廊上这些引人注目的展览的策展人是20世纪90年代曾经在巴尔干工作的新西兰摄影记者韦德·戈达德(Wade Goddard)。这些展览旨在"揭露战争神话的真相……通过聚焦战争冲突给无辜者和参战者带来的伤害,让人们看清战争原始、唯利是图、可怕的本质"。楼上有一个永久性展览,专门展示南斯拉夫战争的方方面面,不断变换的展品涵盖大量战斗的场面。

★主教宫 宫殿

(Rector's Palace, Knežev dvor; 见312页地图; ✆020-321 497; www.dumus.hr; Pred Dvorom 3; 成人/儿童 80/25KN, 含多家博物馆在内的通票成人/儿童 120/25KN; ⏲4月至10月 9:00~18:00, 11月至次年3月 至16:00)这座哥特式与文艺复兴风格相融合的宫殿是在15世纪末为当选的杜布罗夫尼克主教而建的,包括主教的办公室、私人居室、大礼堂、管理机构和一个地牢。他在1个月的任期里,不经参议院的允许不得离开这座建筑。如今,这座宫殿已经变成了**文化历史博物馆**(Cultural History Museum),通过精心修复的房间、肖像、盾徽,向人们展现了拉古萨的光辉历史。

大欧诺佛喷泉 喷泉

(Large Onofrio Fountain,Velika Onofrijeva fontana; 见312页地图; Poljana Paska Miličevića)杜布罗夫尼克最著名的地标之一,这个圆形喷泉建于1438年,作为供水系统的一部分,它将12公里外的泉水引入城内。最初这座喷泉上有装饰性的雕塑,但在1667年的地震中严重受损,只有16个雕刻面具保存了下来。可饮用的水从它们口中流出,流入一个排水池内。华丽的**小欧诺佛喷泉**(Little Onofrio Fountain)位于Stradun另一端的卢扎广场(Luža Square)。

方济各修道院和博物馆 基督教修道院

(Franciscan Monastery & Museum, Franjevački samostan i muzej; 见312页地图; ✆020-321 410; Placa 2; 30KN; ⏲4月至10月 9:00~18:00, 11月至次年3月 至14:00)在坚固的石墙内有一座14世纪中期的修道院、一个古老的药房和一座小型博物馆,馆内收藏着一系列遗物和圣餐仪式用品,包括圣餐杯、绘画、金饰,以及包括实验室设备和医学书籍在内的制药工具。

进入修道院之前,先停下来欣赏一下教堂大门上方引人注目的圣母怜子像,是当地大师Petar和Leonard Andrijić在1498年雕刻的。令人遗憾的是,这座雕刻精美的教堂在1667年的大地震中被毁,只有这座大门得以保存。后建的巴洛克风格教堂内有华丽的圣坛,圣坛顶部是大幅绘画。

经过连接修道院教堂和神圣救世主教堂的小过道,进入回廊和博物馆。这个回廊是达尔马提亚最漂亮的晚期罗马式建筑之一。注意:在每个纤细的双圆柱顶端都有一个不同的形象,刻画着人头、动物和植物。中心是一个小广场花园,橘子树和棕榈树成荫。

再往里走是一个药房的原址——该药房从1317年开始营业,是欧洲现有的第三古老的药房,可能也是欧洲第一家对公众开放的药房。这间屋子现在属于修道院博物馆的一部分,与药物有关的展品挂在墙上,其他地方摆放宗教文物和艺术品。亮点包括Blaž Jurjev Trogiranin的大幅圣坛十字架绘画(1428年)和Vlaho Bukovac的*The New Ring*(1892年),后者是藏品中少有的珍品之一。

从原址迁出后,又经过数次搬动,如今**药房**(Ljekarna kod Mala Braća; 见312页地图; ✆020-321 411; www.ljekarna-dubrovnik.hr; Placa 2; ⏲周一至周五 7:00~19:00, 周六 7:30~15:00)在博物馆售票处前面、修道院入口旁边。

犹太教堂和犹太博物馆 犹太教堂

(Synagogue & Jewish Museum, Sinagoga i Židovski muzej; 见312页地图; Žudioska 5; 50KN; ⏲10:00~17:00)从14世纪起这座教堂就举行宗教仪式,据说它是欧洲仍在使用的第二古老的犹太教堂,也是最古老的西班牙系犹太人教堂。教堂位于一条曾经是犹太人聚居区的街道上,教堂内还有一个小博物馆,展示宗教遗物和当地犹太人的文献资料,包括"二战"期间他们遭到迫害的记录。

多明我会修道院和博物馆 基督教修道院

(Dominican Monastery & Museum, Dominikanski samostan i muzej; 见312页地图; ✆020-321

Dubrovnik Old Town 杜布罗夫尼克老城

423; www.dominicanmuseum.hr; Sv Dominika 4; 成人/儿童 30/20KN; ⏲9:00~17:00）它是一个建筑亮点，属于从哥特式向文艺复兴过渡时期的风格，非常壮观，其中大量的艺术作品令人叹为观止。它与城墙防御工事同样建于14世纪，其质朴的外观就像是一座堡垒而非宗教建筑。内部有一条优雅的15世纪回廊，是由当地工匠按照意大利佛罗伦萨建筑师Masodi Bartolomeo的设计修建的。

这座巨大的单殿教堂有许多明亮的现

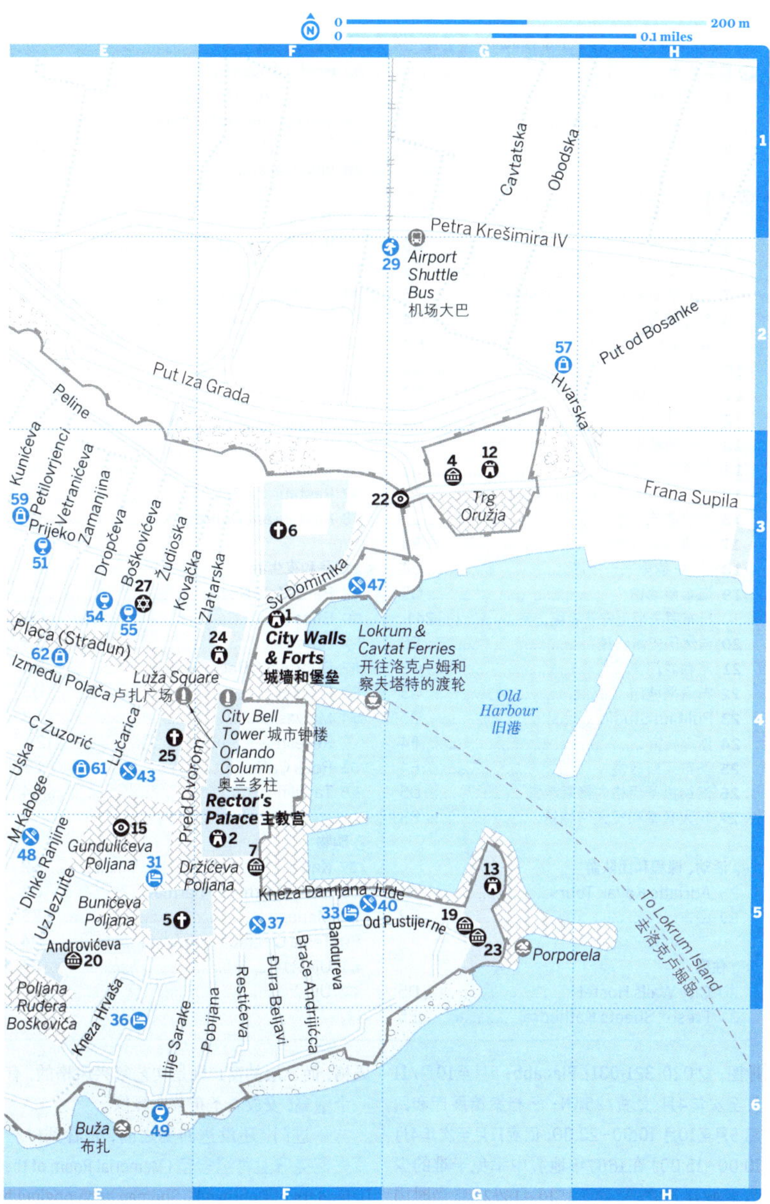

代风格的彩色玻璃，一侧的圣坛上有Vlaho Bukovac的画作[《圣多明我的奇迹》(*St dominic's Miracle*)，1911年]。其他价值连城的艺术珍品悬挂在回廊周围的房间内，包括15世纪和16世纪Lovro Dobričević和Nikola Božidarević的作品，以及威尼斯杰出画家提香创作的刻画圣布莱斯和抹大拉的马利亚的绘画(约1550年)。

斯庞扎宫

宫殿

(Sponza Palace, Palača Sponza；见312页

Dubrovnik Old Town 杜布罗夫尼克老城

重要景点

1 城墙和堡垒 F3
2 主教宫 F5
3 战争照片艺术馆 D3

景点

4 考古博物馆 G3
5 圣母升天大教堂 E5
6 多明我会修道院和博物馆 F3
7 Dulčić Masle Pulitika Gallery F5
8 人种学博物馆 C4
9 博卡城堡 B4
10 圣劳伦斯城堡 A4
11 明采塔城堡 D2
12 拉弗林城堡 G3
13 圣约翰城堡 G5
14 方济各修道院和博物馆 C3
15 Gundulićeva poljana E5
16 大欧诺佛喷泉 C3
17 爱情故事博物馆 A3
18 马林·德里采奇故居 D4
19 海事博物馆 G5
杜布罗夫尼克守卫者纪念室 (见24)
20 自然历史博物馆 E5
21 派勒城门 C3
22 布洛采城门 G3
23 Pulitika Studio G5
24 斯庞扎宫 F4
25 圣布莱斯教堂 E4
26 洛约拉圣伊格内修斯教堂 D5
27 犹太教堂和犹太博物馆 E3

活动、课程和团队游

28 Adriatic Kayak Tours B1
29 缆车 G2

住宿

30 City Walls Hostel D5
31 Fresh* Sheets Kathedral E5
32 Hostel Angelina D2
33 Karmen Apartments F5
34 MirÓ Studio Apartments A3
35 Rooms Vicelić D3
36 Villa Sigurata E6

就餐

37 Bota Šare Oyster & Sushi Bar F5
38 Dolce Vita D3
39 Fast Food Republic D3
40 Konoba Ribar F5
41 Nautika B3
42 Nishta D3
43 Oliva Pizzeria E4
44 Peppino's D4
45 Pink Shrimp D3
46 Proto D4
47 Restaurant 360° F3
48 Restaurant Dubrovnik E5

饮品和夜生活

49 Bard Mala Buža E6
50 Buža D6
51 Buzz Bar E3
52 Dubrovnik Beer Factory D4
53 D' vino D3
54 Malvasija E3
Revelin (见12)
55 Rock Caffe Exit E3
56 Tavulin C4

购物

57 Kawa G2
58 Little Brothers Pharmacy C3
59 Medusa E3
60 Terra Croatica Dubrovnik D4
61 Uje分店 E4
62 Uje E4

地图；☎020-321-031；Placabb；5月至10月/11月至次年4月 免费/25KN；⊙档案馆展厅和回廊 5月至10月 10:00~22:00，回廊11月至次年4月 10:00~15:00）在1667年地震中幸免于难的少数老城建筑之一，建于1516~1522年，当时用作海关，后来分别被用作造币厂、国库、武器库和银行。这座华丽的16世纪宫殿将哥特式和文艺复兴风格融为一体，首先映入眼帘的是一座精致的文艺复兴风格的柱廊，由6根柯林斯圆柱支撑。一层的窗户属于晚期哥特式风格，而二层的窗户则是文艺复兴风格的，有一个壁龛，安放着圣布莱斯雕像。

一进门，还没进回廊之前，先看到**杜布罗夫尼克守卫者纪念室**（Memorial Room of the Defenders of Dubrovnik, Spomen soba poginulih Dubrovačkih branitelja；见312页地图；⊙5月至10月 10:00~21:00，11月至次年4月 10:00~15:00）免费，里面陈列着一系列令人心碎的黑白照片，多数是在1991~1995年丧生的年轻人的照片。

一层和二层是国家档案馆（State Archives），保存着近千年来的珍贵手稿。虽然档案馆不对公众开放，但底楼的展厅陈列着最珍贵、最重要的文档的复印件。展品有英文说明，但展品不太有趣。

圣布莱斯教堂

教堂

（St Blaise's Church, Crkva Sv Vlahe；见312页地图；Luža Sq；⏲周一至周六 8:00至正午和16:00~17:00，周日 7:00~13:00）这座格外美丽的巴洛克式教堂是1715年为纪念城市的守护神而建的。教堂内格外引人注目的是大理石圣坛和一尊15世纪的圣布莱斯镀银雕像，他在高高的圣坛内，手中擎着一个按比例制作的地震前的杜布罗夫尼克模型。还要注意看由本地艺术家Ivo Dulčić在1971年设计的彩绘玻璃窗。

圣母升天大教堂

主教座堂

（Cathedral of the Assumption, Katedrala Marijina Uznesenja；见312页地图；Držićeva poljana；珍宝馆 20KN；⏲复活节至10月周一至周六 8:00~17:00，周日 11:00~17:00，11月至次年复活节周一至周六 9:00至正午和16:00~17:00）杜布罗夫尼克的大教堂最初是在一座7世纪会堂的旧址上修建的，12世纪被扩建，据说是得到了英国狮心王理查一世（King Richard Ⅰ）的资助，他在附近洛克卢姆岛的一次海难中幸免于难。不久，第一座大教堂毁于1667年的大地震，于是又在它的基础上修建了一座巴洛克风格的替代品，于1713年竣工。

这座大教堂以其精致的圣坛，尤其是以紫色大理石建造的St John of Nepomuk圣坛而闻名。在它的宗教绘画作品当中，最引人注目的是挂在主圣坛后面的《圣母升天》（*Assumption of the Virgin*）三联画，它出自16世纪威尼斯画家提香（Titian）笔下。

主圣坛左边是大教堂的**珍宝馆**。馆内藏有金银珍宝，包括圣布莱斯的遗物以及其他150多个圣徒的圣骨匣，大部分都是在11~17世纪由杜布罗夫尼克的金匠打造的。

洛约拉圣伊格内修斯教堂

教堂

（StIgnatius of Loyola Church, Crkva Sv Ignacija Lojolskoga；见312页地图；☎020-323 500；Poljana Ruđera Boškovića 6；⏲7:00~19:00）坐落在一段宽台阶的顶端，非常醒目。（下接321页）

杜布罗夫尼克博物馆通票

也许你能想出妙计进入城市中较小的博物馆，但要想参观杜布罗夫尼克的九大景点，必须买一张博物馆通票（成人/儿童 120/25KN），尽管其中只有主教宫（见311页）是必看景点，也是唯一能单买票的景点（成人/儿童 80/25KN）。

如果你对一流的现代艺术博物馆（见321页）感兴趣，那么博物馆通票就值得买。其他博物馆可以忽略，但如果想在有限的时间里最大限度地利用这张通票，我们建议你按照以下顺序进行参观：**海事博物馆**（Maritime Museum, Pomorski muzej；见312页地图；☎020-323 904；www.dumus.hr；Tvrđava Sv Ivana；⏲4月至10月 周二至周日 9:00~18:00，11月至次年3月 至16:00）、**考古博物馆**（Archaeological Museum, Arheološki muzej；见312页地图；☎020-324 041；www.dumus.hr；Fort Revelin, Sv Dominika 3；⏲周四至周二 10:00~16:00）、**Dulčić Masle Pulitika Gallery**（见312页地图；☎020-612 645；www.ugdubrovnik.hr；Držićeva poljana 1；⏲周二至周日 9:00~20:00）、**自然历史博物馆**（Natural History Museum, Prirodoslovni muzej；见312页地图；☎020-324 888；www.pmd.hr；Androvićeva 1；⏲6月至10月周一至周六 10:00~18:00，11月至次年5月周一至周五 至17:00，周六 至14:00）、**人种学博物馆**（Ethnographic Museum, Etnografski muzej；见312页地图；☎020-323 056；www.dumus.hr；Od Rupa 3；⏲周三至周一 9:00~16:00）、**Pulitika Studio**（Atelijer Pulitika；见312页地图；☎020-323 104；www.ugdubrovnik.hr；Tvrđava Sv Ivana bb；⏲周二至周日 9:00~15:00）和**马林·德里采奇故居**（Marin Držić House, Dom Marina Držića；见312页地图；☎020-323 242；www.muzej-marindrzic.eu；Široka 7；⏲6月至9月周一 10:00~18:00，周二至周日 9:00~22:00，10月至次年5月周二至周日 9:00~20:30）。

重要景点

城墙和堡垒

围绕老城一圈的高大城墙是杜布罗夫尼克的标志性建筑。从海上看过来，灰粉色石头和湛蓝的海水交相辉映，令人迷醉。从上方俯瞰，教堂尖顶和赤陶瓦屋顶鳞次栉比，组成了童话般的迷宫——至少，HBO在这里取景，拍摄了《权力的游戏》。

城墙的作用

杜布罗夫尼克起初是个岛，岩石峭壁构成了天然防护，7世纪逃难者从罗马城镇Epidaurum（今察夫塔特）来到这里定居。

第一组城墙建于9世纪，非常结实，撒拉逊人包围了15个月都没攻打下来。14世纪中叶，人们以15座正方形堡垒对1.5米厚的防御工事进行了加固。15世纪，来自土耳其的威胁促使城市对现有的堡垒进行强化，并增建新的防御工事，于是，整座旧城就置身于周长2公里、25米高的石头堡垒当中。陆地一侧的城墙更厚，达到了6米，临海的一侧城墙厚度在1.5米到3米之间。

城门

历史上该城有两道精美的城门：西侧的派勒城门（Gradska vrata Pile；见312页地图）和东侧的布洛采城门（Ploče Gate, Vrata od Ploča；见312页地图）。两道城门都有吊桥，日落时升起，城门落锁，钥匙交给主教。第三道城门布扎城门（Buža Gate）是1907在北城墙上增建的，位于Boškovićeva街上方。

不要错过

- 在城墙上步行
- 派勒城门（Pile Gate；见图片）
- 劳伦斯城堡（Fort Lawrence）

实用信息

- Gradske zidine
- 见312页地图
- ☎020-638 800
- www.wallsofdubrovnik.com
- 成人/儿童 150/50KN
- ⏲4月至10月8:00～18:30，11月至次年3月9:00～15:00

三者之中最壮观的是建于1537年的派勒城门，至今仍是老城的主要入口。注意看圣布莱斯像（Statue of St Blaise），它被安放在文艺复兴风格门廊上方的壁龛内，手里托着城市模型。这位4世纪的亚美尼亚殉道者是杜布罗夫尼克的守护圣人，类似的图案在城墙上和所有主要入口随处可见。穿过外城门后，进入一个大庭院，坡道和台阶通往建于1460年的内城门，内城门顶上有一座由克罗地亚雕塑界领军人物伊万·梅什特罗维奇（Ivan Meštrović；1883~1962年）创作的圣布莱斯像。

在城墙上步行

有3个需要购票才能进入的城墙入口，分别在派勒城门、布洛采城门和海事博物馆附近。为了避免拥挤，游客在城墙上必须按照逆时针方向走。人多的时候，人群移动得很慢。但不要望而生畏，即使人多得令你沮丧，但俯瞰老城和眺望亚得里亚海能看到优美的景色，值了。

步行最诱人之处是能看到老城边缘住宅区内隐秘的花园和庭院（但杜布罗夫尼克的居民早就受够了）。从布洛采城门进来，很快就走到面对旧港（Old Harbour）和拉弗林城堡（Fort Revelin）的圣卢克塔（St Luke's Tower；建于1467年）。北侧的城墙最高，西北角的明采塔城堡（Fort Minčeta，Tvrđava Minčeta；见312页地图）周围的城墙是最高点。巨大的城堡竣工于1464年，是尤拉·达马提亚设计的，他也是著名的希贝尼克大教堂的设计者。在顶部的城垛俯瞰老城的屋顶，景色迷人。

穿过派勒城门之后开始下坡，往老城西南角的博卡城堡（Fort Bokar，Tvrđava Bokar；见312页地图）走，道路变窄，成为单行道。沿着城墙往海的方向走，会经过一两家咖啡馆、酒吧和纪念品店，终点是位于杜布罗夫尼克旧港入口的圣约翰城堡（Fort St John）。

圣劳伦斯城堡

圣布莱斯像在城墙顶部俯瞰着这座独立的大型堡垒（Tvrđava Lovrjenac；见312页地图；www.citywallsdubrovnik.hr；Pile；50KN，持城墙步行票免费；⊙4月至10月8:00~18:30，11月至次年3月9:00~15:00）。圣劳伦斯城堡建在与老城毗邻的37米高的海岬上，目的是警戒通过陆路或海路从城西入侵的敌人。城堡的城墙厚达4~12米。城堡里面没什么可看的，但站在城垛上俯瞰老城和大院子（夏季经常举办戏剧和音乐会），景色不错。

《权力的游戏》（GAME OF THRONES）

杜布罗夫尼克的城墙和堡垒在HBO剧集《权力的游戏》中多次出现。魁尔斯（Qarth）的不朽之殿（House of Undying）外观借用了明采塔城堡，黑水河之战（Battle of the Blackwater）期间提利昂·兰尼斯特（Tyrion Lannister）下达保卫君临（King's Landing）命令的地方是在面朝大海的城墙上，如果你忽略所有CGI特效，就会认出红堡（Red Keep）的核心建筑是圣劳伦斯城堡。

离派勒城门最近的城墙入口游客最多。从布洛采城门上城墙，不仅能避开长长的队伍，还能避开最初那段极陡的台阶。

战争的破坏

看看老城内的民居屋顶，1991年至1992年南斯拉夫军队轰炸杜布罗夫尼克造成的破坏会让你印象深刻：屋顶铺着鲜艳的新赤陶瓦的房子遭受过炮击，不得不换新瓦片。色泽柔和的旧瓦片只占少数。

重要景点

洛克卢姆岛（LOKRUM ISLAND）

乘坐渡轮，只需10分钟就来到与喧闹的杜布罗夫尼克老城截然不同的地方。这个森林覆盖的岛上生活着150多种鸟类。整个岛都是受保护的自然保护区，长满圣栎、黑梣木、松树和橄榄树。这里是非常受欢迎的游泳胜地，尽管海滩上布满岩石。

船

夏季，船只从杜布罗夫尼克的旧港（见312页地图）出发，每小时左右1班（7月和8月半小时1班）。一定要看清楚末班返程船的发船时间。白天最后几班船乘客很多，要保证有座位，就一定得早点去码头。任何人不允许在岛上过夜。

本笃会修道院和花园

岛上最主要的景点是这个中世纪本笃会修道院，它离渡轮码头不远。人们认为修士们最初来到这个岛是在公元10世纪初，但文献中首次确切提及该修道院是在1023年。最后一位修士在1799年被赶走，因为囊中羞涩的共和国决定卖岛

别错过

- 回廊花园（Cloister garden；见图片）
- 植物园（Botanical Garden）
- 《权力的游戏》展览

实用信息

- ☎020-311 738
- www.lokrum.hr
- 成人/儿童含乘船 150/25KN
- ⏲4月至11月

筹款。传说修士们诅咒了小岛未来的买家。

小岛最终落入下场悲惨的奥地利大公、未来的墨西哥皇帝马克西米利安·斐迪南（Maximilian Ferdinand）之手，19世纪60年代初，他将一座夏季别墅建在修道院内。是马克西米利安让美丽的回廊花园和广阔的植物园（巨大的龙舌兰和异国棕榈树是其特色）重新焕发生机。

修道院的一栋建筑目前作为展室，陈列与该岛历史和电视剧集《权力的游戏》相关的展品。游客有机会大摇大摆地坐上铁王座，而回廊花园就是电视剧中龙母在魁尔斯的“客厅”。

罗亚尔城堡（Fort Royal）

圆形的罗亚尔城堡位于岛中心附近，是岛上的最高点（海拔97米）。1806年，拿破仑的军队占领杜布罗夫尼克之后不久就开始修建这座城堡。直奔城堡顶部，远眺杜布罗夫尼克老城。

游泳地点

该岛四周以岩石海岸为主，几乎没有海滩，大多数游客觉得能找到一个安静的角落游游泳就很满足了。修道院南边被称为“死海”（Dead Sea）的小咸水湖是另一个受欢迎的游泳地点。

岛的东南端附近有一个天体区域：从渡轮下来，往左，按照“FKK”路标指示走。天体区域远端的岩石部分是杜布罗夫尼克事实上的男同性恋海滩。

Dubrovnik 杜布罗夫尼克

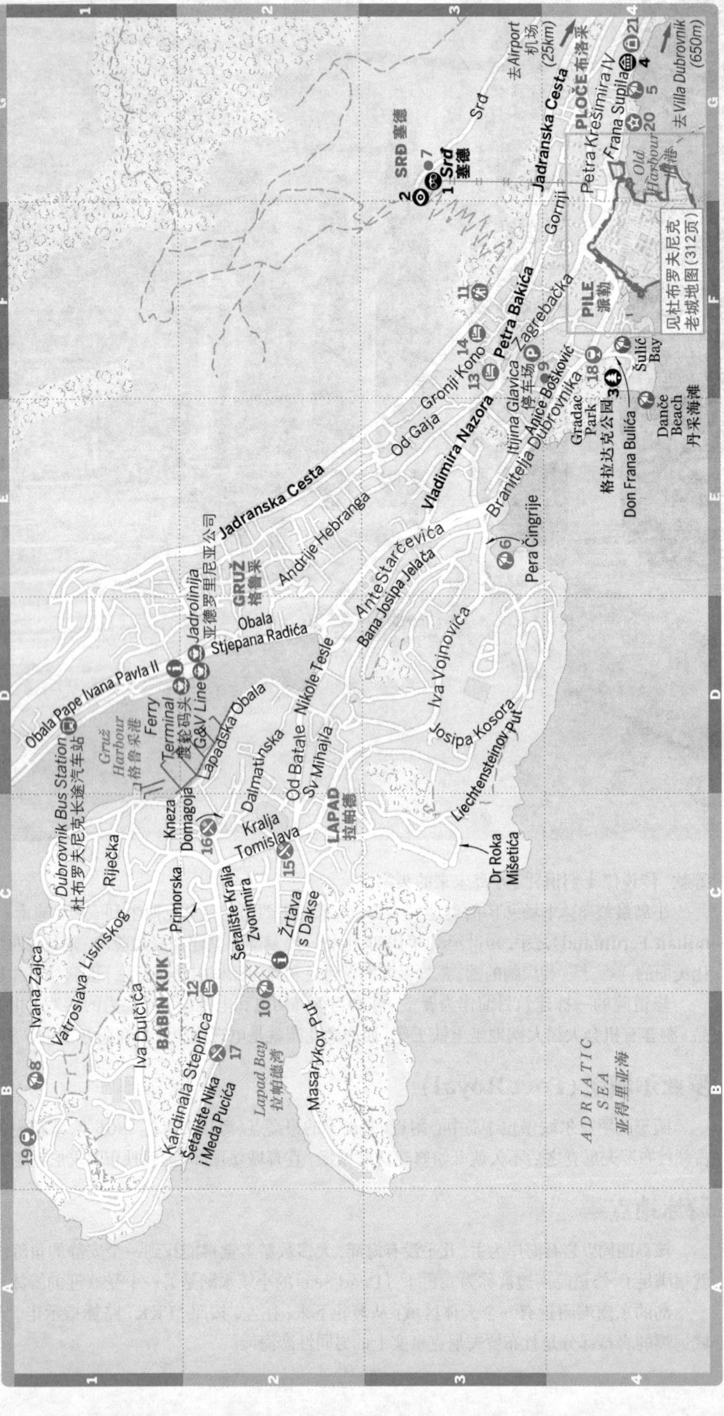

Dubrovnik 杜布罗夫尼克

（上接315页）这座犹太教堂是按照主教堂的巴洛克风格修建的，1699年动工，1725年竣工。教堂内的宏伟壁画取材于耶稣会创始人圣伊格内修斯的生平。与之毗邻的是前耶稣会学院Collegium Ragusinum，现在是Diocesan Classical高中。

周边

★ 塞德 观景台

（Srđ；见320页地图；Srđ bb）站在412米高的山顶向下看，杜布罗夫尼克老城显得更加梦幻，看起来就像童话书插图里的城堡。整个杜布罗夫尼克和洛克卢姆一览无余，天际线尽头是艾拉菲提群岛。非凡的有利地势使得塞德在20世纪90年代的战争中成为关键性战场。位于山顶的帝国要塞（Fort Imperial）内的**“内战期间的杜布罗夫尼克”**（Dubrovnik During the Homeland War, Dubrovnik u Domovinskom ratu；见320页地图；☎020-324 856；Fort Imperial；Srđ；成人/儿童 30/15KN；⏲8:00~22:00；Ⓟ）展出了这段历史。

乘坐**缆车**（Žičara；见312页地图；☎020-414 355；www.dubrovnikcablecar.com；Petra Krešimira IV bb，Ploče；成人/儿童 往返 140/60KN，单程 85/40KN；⏲6月至8月 9:00至午夜，9月 至22:00；4月、5月和10月 至20:00，11月至次年3月 至16:00）是最快最简单的登顶方式。也可以驾车（按照路标往Bosanka开），或者沿**Way of the Cross**（Križni put；见320页地图；Jadranska cesta，Srđ）步行登顶，或者在派勒（Pile）站乘坐17路公交车，在Bosanka下车，这样只需步行1.5公里。

洛克卢姆岛 岛

见318页。

现代艺术博物馆 画廊

（Museum of Modern Art, Umjetnička galerija；见320页地图；☎020-426 590；www.ugdubrovnik.hr；Frana Supila 23，Ploče；含多家博物馆在内的通票，成人/儿童 120/25KN；⏲周二至周日 9:00~20:00）这个极好的画廊在老城以东一座醒目的现代主义建筑中，展品分布在3个楼层，包括克罗地亚艺术家的画作，尤其是来自附近察夫塔特的画家VlahoBukovac的作品。你可以前往雕塑露台欣赏迷人的风景。

爱情故事博物馆 博物馆

（Love Stories Museum；见312页地图；www.lovestoriesmuseum.com；Od Tabakarije 2，Pile；成人/儿童 50/35KN；⏲5月至9月 9:00~22:00，11月至次年4月 10:00~18:00）跟萨格勒布最火的失恋博物馆（见71页）截然相反，这家不同寻常的博物馆旨在扣动心弦。展品大多是爱情歌曲、当地历史和传说的浪漫故事，以及以杜布罗夫尼克为背景拍摄的电影、电视剧的浪漫场景（去掉血腥场面的《权力的游戏》）。但是该博物馆真正的迷人之处在于由普通人捐

《权力的游戏》外景地

对于大多数人来说，杜布罗夫尼克是个奇妙的城市，但《权力的游戏》影迷们更有理由对这里着迷，因为超火的电视剧集就是在这里拍摄的。虽然斯普利特和希贝尼克也是取景地，但杜布罗夫尼克是取景最多的地方，君临和魁尔斯两个城市的部分都是在杜布罗夫尼克拍摄的。如果你也想在特斯特洛（Westeros）的街道上"游街示众"（walk of shame），下面是几个关键地点：

圣劳伦斯城堡（见317页）君临城著名的红堡。瑟曦（Cersei）跟女儿弥赛拉（Myrcella）在城堡下面的小港口道别。

城墙（见316页）黑水河之战期间，提利昂·兰尼斯特在面朝大海的城墙上宣布保卫君临城。

明采塔城堡（见317页）魁尔斯不朽之殿的外观。

主教宫（见311页）天井是魁尔斯香料王（Spice King）的宫殿——电视剧画面中甚至连雕像都没除去！

Sv Dominika街 多明我会修道院（Dominican Monastery；见278页）外面的街道和台阶出现在不同的君临城集市画面中。

Uz Jezuite 连接洛约拉圣伊格内修斯教堂（见315页）和**Gundulićeva poljana**（Gundulićeva Square；见312页地图）的台阶是瑟曦·兰尼斯特（Cersei Lannister）裸体赎罪游街的起点。从这里开始，游街沿着Stradun继续进行。

格拉达克公园（Gradac Park；见320页地图；Don Frana Bulića bb, Pile）紫色婚礼（Purple Wedding）盛宴的举办地点，乔弗里王（King Joffrey）终于在这里遭到了报应。

人种学博物馆（见315页）小指头（Littlefinger）的妓院。

洛克卢姆岛（见318页）修道院的回廊是龙母在魁尔斯城的"客厅"。

特尔泰诺植物园（Trsteno Arboretum；见332页）红堡的花园，第三季和第四季中提利尔（Tyrell）家族的人终日在这里交谈和密谋。

赠的具有情感价值的物品，每件物品背后都有温馨的故事。

活动

见"在杜布罗夫尼克悠闲度日"（见306页）了解杜布罗夫尼克的海滩。

Outdoor Croatia 皮划艇

（☎020-418 282；www.outdoorcroatia.com；一日游 440KN）出租皮划艇，组织艾拉菲提群岛一日游，还有多日远足以及皮划艇–自行车组合游。

团队游

Insider Holidays 葡萄酒

（☎099 47 73 701；www.insiderholidays.eu）这家旅行社由一个餐馆老板和她的作家丈夫经营，专门组织葡萄酒和美食团队游。试试在步行穿过老城的途中品尝葡萄酒（2小时30分钟，品6种葡萄酒，560KN），在佩列沙茨半岛多家酒庄品酒（5小时30分钟，2家葡萄酒厂，715KN），或者按客人要求定制的老城或杜布罗夫尼克地区线路。

Buggy Safari Dubrovnik 探险

（见320页地图；☎098 16 69 730；www.buggydubrovnik.com；缆车终点，塞德；1人/2人400/600KN；⏲3月至11月）乘坐四轮摩托车穿过塞德地区的低地山区，沿途游览城堡和一处农庄。回来时可能会一身尘土。

Dubrovnik Boat Rentals 游轮

（见320页地图；☎095 90 45 799；www.

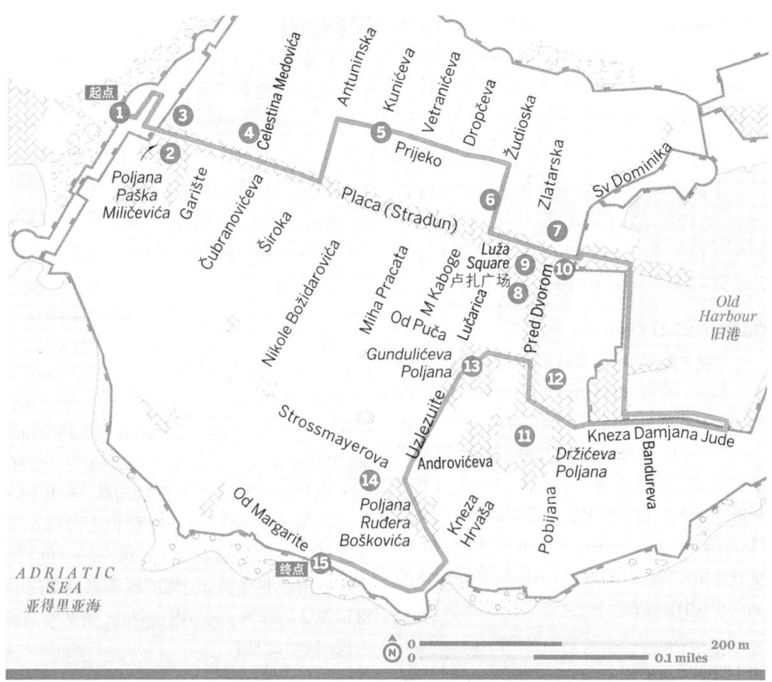

城市漫步
杜布罗夫尼克老城

起点： 派勒城门

终点： Buža酒吧

长度： 1.2公里；1小时

穿过❶**派勒城门**（见316页），来到杜布罗夫尼克的大理石主街Placa（又名Stradun）的起点。这条街道大概位于曾将小岛拉古萨（Ragusa）跟大陆分开的狭窄水道原址上。此时右手边是❷**大欧诺佛喷泉**（见311页），而对面是建于16世纪的❸**圣救主教堂**（Holy Saviour Church）。

继续往前，走过❹**方济各修道院**（见311页）后左转，走任意一条小巷皆可。在第一条小街❺**Prijeko**右转，那条街两侧的餐馆良莠不齐。右转进入杜布罗布尼克的前犹太人聚居区Žudioska，14世纪的❻**犹太教堂**（见311页）是欧洲尚在使用的最古老的西班牙系犹太人教堂。

回到Placa，继续前往卢扎广场（Luža Square），周围有许多美丽的建筑，例如❼**斯庞扎宫**（见313页）和❽**圣布莱斯教堂**（见141页）。教堂中心的❾**奥兰多柱**（Orlando Column）曾是颁布法令、宣告节日庆典和公开裁决的地点。这根石柱雕刻于1417年，展现了一个中世纪骑士的形象，骑士的小臂是共和国官方的长度单位，即杜布罗夫尼克长度（51.2厘米）。

矮下身子，从❿**城市钟楼**（City Bell Tower）下方的拱门穿过去，左转，然后在通往旧港的拱门处右转。直奔远端城墙下的树荫，然后回头欣赏布洛采城门防御工事的景色。

快速穿过城墙上的洞，右转，正前方是⓫**圣母升天大教堂**（见315页），斜对面是⓬**主教宫**（见311页）。沿购物街Od Puča往前走，穿过繁忙的⓭**Gundulićeva poljana**（见322页）街市场。这条街的名字来自位于街心的诗人塑像。

往远处走，直奔⓮**洛约拉圣伊格内修斯教堂**（见315页）的耶稣会台阶（Jesuit Stairs）。穿过广场，来到教堂的另一侧，沿着跟城墙内侧平行的弯曲小巷散步。看到金属门的时候，就在⓯**Buža酒吧**（见327页）那里出城。

dubrovnikboatrentals.com; Anice Bošković 6, Pile)组织半天或全天的私人快艇之旅(价格请垂询),前往洛克卢姆、察夫塔特、艾拉菲提群岛、姆列特岛和科尔丘拉岛。

Dubrovnik Boats 游轮

(☎098 757 890; www.dubrovnikboats.com; ACI Marina Dubrovnik, Na Skali 2, Komolac)前往艾拉菲提群岛的私人快艇团队游(价格请垂询),最远能到姆列特和科尔丘拉。

Dubrovnik Day Tours 团队游

(☎098 17 51 775; www.dubrovnikdaytours.net)私人一日游(价格请垂询)在持证导游的带领下,最远可到科尔丘拉、斯普利特、科托尔(Kotor)、布德瓦(Budva)、莫斯塔尔和萨拉热窝,此外也有在杜布罗夫尼克周边的观光游和《权力的游戏》主题团队游。还能以Dubrovnik Shore Tours(www.dubrovniksshoretours.net)的名义,针对游轮乘客提供定制的小型团队游。

Adriatic Kayak Tours 皮划艇、骑车

(见312页地图; ☎020-312 770; www.adriatickayaktours.com; Zrinsko Frankopanska 6, Pile; 半天 280KN起; ⏲4月至10月)提供海上皮划艇之旅(从半天到一周不等)、徒步和骑行团队游,还能去黑山境内的度假胜地(包含漂流)。

节日和活动

圣布莱斯节 文化节

(Feast of St Blaise; ⏲2月3日)纪念该城的守护圣人,以盛会和游行(因为一千年来几乎没有变过,所以成为联合国非物质文化遗产)为标志,举城欢庆。

杜布罗夫尼克夏节 文化节

(Dubrovnik Summer Festival, Dubrovačkeljetneigre; ☎020-326 100; www.dubrovnik-festival.hr; ⏲7月至8月)从7月10日到8月25日,是克罗地亚最负盛名的夏节,届时在全市的露天舞台会上演戏剧、歌剧、音乐会和舞蹈。可以在线购票,也可以去紧邻Placa的节日办公室买票,还可以在表演开始之前,提前1小时在现场购票。

住宿

杜布罗夫尼克是克罗地亚物价最高的城市,因此同样的住宿条件在这里要多花钱(就连青年旅舍的价位也相当于其他地方的中档酒店了),而且你应该尽早订房,尤其是夏季。老城很小,床位有限。如果你想将海滩度假与城市住宿结合起来,不妨考虑一下绿树成荫的拉帕德(Lapad)半岛,位于市中心以西4公里处。

老城

Hostel Angelina 青年旅舍 €

(见312页地图; ☎091 89 39 089; www.hostelangelinaoldtowndubrovnik.com; Plovani skalini 17a; 铺 €49起; ❄📶)这家可爱的小青年旅舍隐藏在老城一个安静的角落,有上下铺的宿舍和小小的客用厨房,屋顶天台被九重葛遮蔽,往下看,能看到令人难忘的景色。每次出门沿小巷往前走,你的腿部肌肉都能够得到很好的锻炼。老城内还有3处地点提供私人房间(€110起)。

★ Karmen Apartments 公寓 €€

(见312页地图; ☎020-323 433; www.karmendu.com; Bandureva 1; 公寓 €95起; ❄📶)这4个迷人的公寓位置极佳,距离布洛采港仅咫尺之遥。它们全都个性十足,富有艺术气息,色彩鲜丽,布置得很有品位,还有可供阅览的图书。2号公寓有一个小阳台,1号公寓能欣赏到迷人的海港风光。须提前订房。

City Walls Hostel 青年旅舍 €€

(见312页地图; ☎091 79 92 086; www.citywallshostel.com; Sv Šimuna 15; 铺/房 €46/104起; ❄@📶)位于城墙内,这家经典的背包族旅舍热情洋溢,气氛活跃。楼下是小厨房和社交空间。楼上是简单干净的宿舍房间和一间能看到海景的温馨双人房。

Rooms Vicelić 客栈 €€

(见312页地图; ☎095 52 78 933; www.rooms-vicelic.com; Antuninska 10; 房间 €80~120; ❄📶)位于老城一条坡度很陡的街道上,由家庭经营,气氛友好,有4个带石头墙壁的房间,有独立浴室。客人可以使用一个配有微波炉和水壶的公共厨房。往前走两条街,那里

还有一个单间小公寓出租。

Villa Sigurata 客栈 €€€

（见312页地图；☎091 57 27 181；www.villasigurata.com；Stulina 4；单/双 €110/160）隐藏在大教堂背后一条难以找到并且安静得惊人的小巷内，17世纪的大宅内有8个古色古香的房间，石墙裸露，家具颇有品位。由于临街、建筑密集，因此房间里缺少光线，但到了夏天你会欣赏这个“缺点”的。老城内还有两处地点也提供床位。

Fresh* Sheets Kathedral 客栈 €€€

（见312页地图；☎091 89 67 509；www.freshsheetskathedral.com；Bunićeva poljana 6；房 €188起；❄📶）沿着破旧的台阶，穿过用宗教艺术品装饰的走廊，走进这家位于餐饮区中心的友好小客栈。房间优雅，除一间客房的卫生间在走廊对面外，其余全部配备独立卫浴。我们最喜欢9号房，在房里能远眺Gundulićeva poljana。有客用厨房。

周边

Villa Klaić 民宿 €€

（见320页地图；☎091 73 84 673；www.villaklaic-dubrovnik.com；Šumetska 9，Pile；房 €120起；P❄📶🏊）紧邻主海滨公路，高踞老城上方，这是一个出类拔萃的客栈，房间舒适现代，老板Milo Klaić殷勤有礼。另外，这里还有一个小型游泳池，提供欧式早餐和免费接站服务（针对长期入住的客人），还有免费啤酒！

Apartments Silva 客栈 €€

（见320页地图；☎098 244 639；Kardinala Stepinca 62，Babin Kuk；房 660KN起；P❄📶）这家可爱的客栈在山坡上，从拉帕德海滩往山上走，很快就到了。郁郁葱葱的地中海植物围绕着露台，房间舒适，价格合理，但宽敞的顶层公寓房间（能住5人）性价比最高。客栈没有网站，但在主要订房网站上都能找到这家客栈。

Guest House Biličić 客栈 €€

（见320页地图；☎098 802 111；Privežna 2，Pile；房 740KN起；❄📶）这家老牌客栈的主要魅力来自美丽的亚热带花园，露台上还有客用厨房。卧室简单而整洁，但是要去卫生间得穿过走廊。没有自己的网站，但在主要订房网站上都能找到这家客栈。

★ MirÓ Studio Apartments 公寓 €€€

（见312页地图；☎09942 42 442；www.mirostudioapartmentsdubrovnik.com；Svđurđa 16，Pile；公寓 €145~200；❄📶）这座优雅的建筑位于海边一个安静的住宅区内，介于老城城墙和劳伦斯城堡（Fort Lawrence）之间，绝对堪称精品。公寓的装潢将古老的石头墙壁和带有图案的白色房梁结合起来，一些装潢设计颇具特色，比如向上照射的灯、现代浴室和可推拉的玻璃隔断。

Villa Dubrovnik 精品酒店 €€€

（☎020-500 300；www.villa-dubrovnik.hr；Vlaha Bukovca 6，Viktorija；房/套 €720/1260起；P❄📶🏊）这家优雅的精品酒店位于海滨，默默凝望着老城和洛克卢姆岛。楼层不高，白光与蜂蜜色的岩石相映成趣。通过推出和收回窗户，室内泳池变成露天泳池，但喜欢晒太阳的人可以躺在海边的躺椅上，或者在房顶的酒吧（供应熏火腿和葡萄酒）找张日光浴床。

就餐

在杜布罗夫尼克吃饭必须认真选择，因为有些餐馆太一般了。许多地方都是基于这样一种假设来经营的：你在这里只待一天（许多游船乘客的确如此），不会再回来了。这里的价格也是克罗地亚最高的。话虽如此，老城、拉帕德和格鲁采（Gruž）还是会有一些不错的餐馆。

老城

Dolce Vita 甜品 €

（见312页地图；Nalješkovićeva 1a；冰激凌/煎饼 11/22KN起；⏲11:00至午夜）这家甜品店出售十几种精致的奶油冰激凌，此外蛋糕和煎饼种类也很多。这家店铺很好找，它在紧邻Stradun的狭窄小巷内，店内有明黄色的座椅，门口是做成冰激凌蛋筒形状的灯。

Fast Food Republic 快餐 €

（见312页地图；www.facebook.com/RepublicDubrovnik；Široka 4；主菜 39~100KN；

⌚10:00至午夜；📶）店主和经营者是一群年轻人，这个小汉堡柜台出售多种美味汉堡包、三明治、比萨切片和热狗。章鱼汉堡包是本地特色。

Peppino's 冰激凌 €

（见312页地图；www.peppinos.premis.hr；Od Puča 9；单球 14KN起；⌚11:00至午夜）从标准的巧克力口味，到用热门糖果或蛋糕做成的奇特口味，这家店出售20多种诱人的美味冰激凌。头牌（Premium）冰激凌口感更丰富，也提供无麸的Bio蛋筒。

Pink Shrimp 海鲜 €

（见312页地图；www.facebook.com/PinkShrimpStreetFood；Kunićeva 2；菜肴 44~86KN；⌚10:00至午夜）这家街边小餐馆将店名（意为"粉虾"）发扬光大，用十多种方法烹制这种重要的达尔马提亚食材，包括虾挞、天妇罗、油炸、沙拉和放在意式烤面包片上。红酒种类不多，但都很不错，因此这家餐馆是你吃顿清淡午餐或晚餐小吃的好去处。留点肚子吃巧克力慕斯。

Nishta 素食 €€

（见312页地图；☎020-322 088；www.nishtarestaurant.com；Prijeko bb；主菜 98~108KN；⌚周一至周六 11:30~23:30；✎）这家老城餐馆生意火爆，不仅因为克罗地亚少见素餐馆和严格素食餐馆，更是因为这家餐馆烹制的素食既有创意，摆盘又很美观。菜单每天更换，提供单独的熟食和生食套餐。

Konoba Ribar 达尔马提亚菜 €€

（见312页地图；☎020-323 194；KnezaDamjanaJudebb；主菜 85~130KN；⌚10:00~23:00；📶）这个家庭经营的小餐馆以当地价格、当地人喜欢的方式供应当地美食——这在老城很是罕见。他们从不做华而不实的尝试，只供应大份的传统风味，例如意大利调味饭和橄榄油大蒜鱿鱼。位于夹在城墙中间的一条小巷内。

Oliva Pizzeria 比萨 €

（见312页地图；☎020-324 594；www.pizza-oliva.com；Lučarica 5；主菜 74~105KN；⌚10:00~23:00；📶✎）菜单上有几道象征性的面食，但这家迷人的小店最擅长的其实是比萨。这里的比萨的确值得关注。在街上找一个座位尽情享用吧。

Bota Šare Oyster & Sushi Bar 寿司 €€

（见312页地图；☎020-324 034；www.bota-sare.hr；Od Pustijerne bb；主菜 62~120KN；⌚正午至午夜）说实话，大部分克罗地亚人对亚洲风味都不太感兴趣，但他们对海鲜还是相当认可的，这家小店的经营情况恰好证明了这一点。你可以在露台上选一张能看到大教堂的餐桌，品尝斯通牡蛎（鲜牡蛎或天妇罗）以及好得出奇的寿司和生鱼片。

★ Restaurant 360° 各国风味 €€€

（见312页地图；☎020-322 222；www.360dubrovnik.com；Sv Dominika bb；2道/3道/5道主菜 520/620/860KN；⌚4月至9月周二至周日 18:30~22:30；📶）这家杜布罗夫尼克最豪华的餐厅提供最好的美食，富有创意的菜肴色香味俱全，葡萄酒种类齐全，服务贴心专业。环境更是无与伦比，餐桌就摆放在城墙的顶端，你可以透过城垛眺望海港。

Proto 海鲜 €€€

（见312页地图；☎020-323 234；www.escu laprestaurants.com；Široka 1；主菜 225~356KN；⌚10:30~23:00）这个优雅的餐馆以其味道清淡的鲜鱼以及浓郁的老城氛围而闻名。说它是家"老店"一点儿都不过分，早在1886年它就开张营业了，爱德华八世（Edward Ⅷ）和华里丝·辛普森（WallisSimpson；温莎公爵夫人）都是它的顾客。菜单上是达尔马提亚和伊斯特拉美食，包括新鲜意面、烤鱼和几种代表性的肉菜。

Restaurant Dubrovnik 欧洲菜 €€€

（见312页地图；☎020-324 810；www.restorandubrovnik.com；Marojice Kaboge 5；主菜 110~230KN；⌚正午至午夜；📶）杜布罗夫尼克最高档的餐馆之一，位于老城石头大宅的室内天台，环境幽雅。菜单上列出多种法式美味佳肴，例如焖鸭肉和恰到好处的牛排。

周边

Slatki Kantun 汉堡包、甜品 €

（见320页地图；☎020-494 200；www.

facebook.com/SlatkiKantun；Hotel More，Nika i Meda Pucića 13，Babin Kuk；甜品 30~45KN；⏲10:00~22:00）这个"馅饼和鸡尾酒吧"位于Hotel More的露台泳池边，提供多种美味甜品，包括加入森林野果的招牌白巧克力套餐（视觉效果惊人）。17:00之前也出售汉堡包、炸鱼薯条和沙拉（75~85KN）。

Shizuku　日本菜 €€

（见320页地图；☎020-311 493；www.facebook.com/ShizukuDubrovnik；Kneza Domagoja 1f，Batala；主菜 70~85KN；⏲周二至周日 17:00至午夜；📶）这是一家极受欢迎的餐馆，位于格鲁采港（Gruž Harbour）和拉帕德湾（Lapad Bay）之间的住宅区内。餐厅线条明快，有现代感，殷勤的当地服务生领你找到座位。店主是日本人，他在厨房里制作正宗的寿司、刺身、乌冬面、唐扬炸鸡和日式饺子。你可以一边吃一边喝日本啤酒或清酒。

Konoba Bonaca　达尔马提亚菜 €€

（☎020-450 000；www.konoba-bonaca.info；Sustjepanska Obala 23，Sustjepan；主菜 42~130KN；⏲9:00至午夜；✍）这个家庭风格的小餐馆位于港口北侧的小海湾内，你需要乘坐公交车或者出租车过来。远离游客，意味着你不用花那么多钱，就能吃到本地美食，例如烤鱿鱼、乌贼墨汁焗饭和比萨。隔壁的小教堂很漂亮，如果恰好在开放时间前来，值得一看。

★Nautika　欧洲菜 €€€

（见312页地图；☎020-442 526；www.nautikarestaurants.com；Brsalje 3，Pile；主菜 290~360KN；⏲4月至10月 18:00至午夜）Nautika自称"杜布罗夫尼克最好的餐馆"，事实上也相当接近。环境一流，能俯瞰大海和城墙，侍者穿正装，打黑领结，态度友好，服务无懈可击。至于食物，虽然比较保守，但相当精致，用经典方式加工最优质的本地农产品和海鲜。点一份盐壳烤鱼，会让你最大化地享受到银质服务的惊喜之处。

★Pantarul　地中海菜 €€€

（见320页地图；☎020-333 486；www.pantarul.com；Kralja Tomislava 1，Lapad；主菜 108~180KN，5道菜的品鉴套餐 390~410KN；⏲周二至周日 正午至16:00和18:00至午夜；🅿📶）这家法式小馆的菜单随季节的变化而变换，自制面包、意面和焗饭特别出名，此外也有牛排、牛脸、汉堡包和多种鱼类菜肴。

🍷饮品和夜生活

老城

★Bard Mala Buža　酒吧

（见312页地图；Iza Mira 14；⏲5月至10月 9:00至次日3:00）悬崖上有两家酒吧，这家比较高档，也比较时髦，紧挨着近海一侧的城墙。这家也比另一家地势低，有个树荫遮蔽的露台，你可以坐在露台上从容地欣赏亚德里亚海风光，一天的时间不知不觉就过去了。

Buža　酒吧

（见312页地图；紧邻Od Margarite；⏲6月至8月 8:00至次日2:00，9月至次年5月 至午夜）找到这家矗立在悬崖上摇摇欲坠的酒吧，感觉就像是迷失在城墙内终于发现了隧道入口一样。但大家都知道，这家酒吧宾客如云，尤其是日落前后。在水泥平台上排队等位，喝一杯塑料杯装的冷饮，享受这里的气氛和景色。

D' vino　葡萄酒吧

（见312页地图；☎020-321 130www.dvino.net；Palmotićeva 4a；⏲3月至11月 9:00至午夜；📶）如果你对品尝顶级克罗地亚葡萄酒感兴趣，这个欢乐的小酒吧能满足你的需求。这里的葡萄酒数量众多，品种丰富，又酷又懂行的侍者为你端来品尝用的葡萄酒（3种葡萄酒55KN起）。此外也提供美味早餐、快餐和小吃。坐在室外，感受真正的老城气氛，但别忘了看看室内墙上的碑文。

Malvasija　葡萄酒吧

（见312页地图；Dropčeva 4；⏲17:00至次日1:00；📶）这个小酒吧以附近科那弗勒地区生产的白葡萄酒命名，是品尝当地葡萄酒的好地方。该店还提供奶酪和橄榄佐酒。在物价很高的老城，这家酒吧的美味奶酪和熟食（80KN）可以当作清淡且价格亲民的一餐。服务很好，侍者学识渊博。

Dubrovnik Beer Factory　生啤

（见312页地图；www.facebook.com/

dubrovnikbeerfactory; Miha Pracata 6; ⏲9:00至次日1:00; 📶)店名或许会误导你：实际上它不是酿酒厂，但店内克罗地亚生啤种类很多，足以匹配店名。同样，巨幅壁画、拱顶天花板、古老的石墙和后面的大啤酒花园也是迷人之处。供应食物，还有现场音乐表演。

Rock Caffe Exit 酒吧

（见312页地图；Boškovićeva 3; ⏲18:00至次日2:00）当地的摇滚乐和重金属乐爱好者最喜欢这家位于楼上的木头小酒吧，这里定期举办现场音乐表演。其他时候，店里也给人一种意外的惊喜，因为远离主要的旅游地带，因此你可以安静地喝上一杯。

Tavulin 葡萄酒吧

（见312页地图；☎099 88 54 197; www.facebook.com/TavulinArtWine; Za Rokom 11; ⏲10:30~22:00; 📶）位于老城内一个相对安静的角落，这家可爱的"葡萄酒和艺术酒吧"有来自克罗地亚的多种葡萄酒，按杯出售。

Buzz Bar 酒吧

（见312页地图；☎020-321 025; www.thebuzzbar.wixsite.com/buzz; Prijeko 21; ⏲8:00至次日2:00; 📶）店如其名，这家人声鼎沸的小酒吧气氛悠闲，主要卖生啤和鸡尾酒，老烟枪们在角落里吞云吐雾。

Revelin 夜店

（见312页地图；www.clubrevelin.com; Sv Dominika 3; ⏲6月至9月 每天 23:00至次日6:00，10月至次年5月周六）在拉弗林城堡（Fort Revelin）巨大的拱形房间内，是杜布罗夫尼克最令人难忘的夜店，夏季有国际著名DJ打碟。

周边

Art Cafe 酒吧

（见320页地图；☎020-311 097; www.facebook.com/ArtCafeDubrovnik; Branitelja Dubrovnika 25, Pile; ⏲5月至9月 9:00至次日2:00，10月至次年4月周一至周四 至午夜，周五和周六 至次日2:00; 📶）杜布罗夫尼克最小资的咖啡馆兼酒吧，座椅架在浴缸上，桌子是用洗衣机的滚筒做的，墙壁颜色艳丽，播放超酷的音乐，前后都有露台。白天出售咖啡和奶昔，周末的晚上变身热闹的夜店，人们在这里开派对。

Cave Bar More 酒吧

（见320页地图；www.hotel-more.hr; Šetalište Nika i Meda Pucića bb, Babin Kuk; ⏲6月至8月 10:00至午夜，9月至次年5月 至22:00）这家海滩小酒吧位于拉帕德湾，为躺在海边晒太阳的人提供咖啡、小吃和鸡尾酒，但这并不是它的全部：酒吧主体其实是在一个洞穴里，上方是倒挂的钟乳石，玻璃地板下面是一个充满水的洞穴。

Coral Beach Club 酒吧

（见320页地图；www.coral-beach-club.com; Ivana Zajca 30, Babin Kuk; ⏲5月至9月中旬 9:00~21:00; 📶）这家时髦的海滩酒吧在一片鹅卵石海滩上，桌椅一字排开。出租豪华躺椅，并为躺椅上被晒成棕色的游客提供鸡尾酒。

☆ 娱乐

夏季，古老的城堡和教堂举办古典音乐会、戏剧和舞蹈演出，注意看城里的标识，或者垂询任何一家旅游局。晚上，老城内许多酒吧有现场音乐表演。

Lazareti 艺术中心

（见320页地图；www.arl.hr; Frana Supila 8, Ploče）建筑前身是检疫中心，现在举办电影之夜、俱乐部之夜、现场音乐表演、民间舞蹈、艺术展览等活动，这些活动很多都是城里最好的。

购物

★ Kawa 礼品和纪念品

（见312页地图；☎091 89 67 509; www.kawa.life; Hvarska 2, Ploče; ⏲10:00~20:00）从葡萄酒和生啤，到珠宝、服装和家居用品，这个非常酷的设计小店出售各种"克罗地亚人制造的好货"，甚至还开发了"Happy Ćevapi"品牌的系列产品。服务周到，购物体验很好。

Terra Croatica Dubrovnik 礼品和纪念品

（见312页地图；☎020-323 209; www.facebook.com/terracroatica.dubrovnik; Od Puča 17; ⏲9:00~21:00）在一排出售纪念品和《权力的游戏》周边商品的店铺之中，Terra Croatica

骄傲地挂出“正宗克罗地亚纪念品”证书。橄榄油、葡萄酒、松露和美味巧克力等食物以礼品盒大小的分量出售，此外还有手工陶瓷、石头研钵、化妆品和达尔马提亚烹饪书。

Medusa 礼品和纪念品

（见312页地图；☎020-322 004；www.medusa.hr；Prijeko 18；⏲4月至10月 9:00~22:00，11月至次年3月 10:00~17:00）自称“美人逛的靓铺”，出售地产香皂、调味盐、rakija（格拉巴葡萄酒）、领带、用布拉奇岛石头做成的物件、艺术画、巧克力和化妆品。

Studio Aplika 艺术设计

（见320页地图；☎099 21 23 469；Frana Supila 27，Ploče；⏲4月至11月 9:00~14:00和17:00~22:00）出售印着有趣图案的T恤衫、包包、珠宝、陶器和艺术品，其中一些就是在店里现场制作的。

Uje 食品和饮品

（见312页地图；☎020-321 532；www.uje.hr；Placa 5；⏲1月至3月11:00~18:00，4月、5月和10月至12月 9:00~21:00，6月至9月 9:00~23:00）Uje专营橄榄油，此外还有多种其他地产美食，包括美味的果酱、腌酸豆、当地的草药和香料、蜂蜜、蜜制无花果、巧克力、葡萄酒以及rakija（格拉巴葡萄酒）。街角那里还有一个**Uje分店**（见312页地图；☎020-324 865；Od Puča 2；⏲9月至次年6月 9:00~21:00，7月和8月至午夜）。

实用信息

杜布罗夫尼克的旅游局（www.tzdubrovnik.hr）在**派勒**（见312页地图；☎020-312 011；Brsalje 5；⏲8:00~20:00）、**格鲁采**（见320页地图；☎020-417 983；Obala Pape Ivana Pavla II 1；⏲6月至10月8:00~20:00，11月至次年3月周一至周五 8:00~15:00，周六 至13:00，4月和5月周一至周五 8:00~20:00，周六和周日 至14:00）和**拉帕德**（见320页地图；☎020-437 460；Dvori Lapad，Masarykov put 2；⏲7月和8月 8:00~20:00，4月至6月、9月和10月周一至周五 8:00至正午和17:00~20:00，周六 9:00~14:00）设有办公室，提供地图、信息和建议。

杜布罗夫尼克综合医院（Dubrovnik General Hospital，Opća bolnica Dubrovnik；☎020-431 777，emergency 194；www.bolnica-du.hr；Dr Roka Mišetića 2，Lapad）公立医院，有24小时急诊科。

Marin Med Clinic（☎020-400 500；www.marin-med.com；Dr Ante Starčevića 45，Montovjerna；⏲周一至周五 8:00~20:00，周六 至13:00）大型私人医疗保健中心，有会说英语的医生。

Travel Corner（Avansa Travel；☎020-492 313；www.dubrovnik-travelcorner.com；Obala Stjepana Radića 40，Gruž；上网 每小时 25KN，行李寄存 每2小时/1天 10/40KN）这家一站式商店有行李寄存服务，还能上网，很方便。同时也提供旅游信息、预订远足和出售Kapetan Luka公司渡轮票。

到达和离开

飞机

杜布罗夫尼克机场（Dubrovnik Airport，代码DBV，Zračna luka Dubrovnik；☎020-773 100；www.airport-dubrovnik.hr）位于杜布罗夫尼克东南方向19公里处的Čilipi。克罗地亚航空公司（Croatia Airlines）、英国航空公司、伊比利亚航空公司（Iberica）、土耳其航空公司（Turkish Airlines）和伏林航空公司（Vueling）全年都有飞往杜布罗夫尼克的航班。夏季，它们和其他许多航空公司一起运营季节性线路和包机服务。

克罗地亚航空公司还有往返于萨格勒布（全年）、斯普利特和奥西耶克（此两地仅5月至10月）的国内航班。Trade Air有季节性航班飞往里耶卡和斯普利特。

船

渡轮码头（见320页地图；Obala Papelvana PavlaII 1）位于格鲁采，在老城西北3公里处。开往**洛克卢姆岛**（见318页）和**察夫塔特**（见331页）的渡轮从旧港（Old Harbour）出发。

亚德罗里尼亚公司（见320页地图；☎020-418 000；www.jadrolinija.hr；Obala Stjepana Radića 40，Gruž）每天有4班渡轮开往科洛切普（Koločep；23KN，30分钟）、洛普德（Lopud；23KN，55分钟）和希潘的萨度拉德（Suđurađ；23KN，1小时15分钟）。另外，每周还有7~10个增开的班次前往萨度拉德（23KN，1小时），其中几班途中经停洛普德（23KN，1小时）。6月至9月，每天还有1班双体船开往科尔丘拉（130KN，2小时）、赫瓦尔（210N，3小时30分钟）、博尔（210KN，4小时45分钟）和斯普利特（210KN，6小时）。4月至10月，每周有1~4班载车渡轮连接杜布罗夫尼克和意大利的巴里（乘客/小汽车 €44/59起，10小时）。

G & V Line（见320页地图；☎020-313 119；www.gv-line.hr；Obala Ivana Pavla II 1，Gruž）每天有双体船开往的希潘（Šipan）的希潘斯卡卢卡（Šipanska Luka；35KN，50分钟）和姆列特的索布拉（55KN，1小时15分钟）。5月的周二和周四增开1班，直达索布拉后继续开往拉斯托沃的Ubli（95KN，4小时）。6月，这班船每天开往索布拉和姆列特的波拉切（Polače；70KN，1小时45分钟），周二和周四继续开往Ubli。7月和8月，每周有4班中途经停科尔丘拉（90KN，2小时30分钟）。发船时间之前30分钟（7月和8月提前1小时）在港口的售票亭买票。少量船票网上出售，但必须将船票打印出来才能上船。

Kapetan Luka（Krilo；☎021-645 476；www.krilo.hr）5月至10月中旬每天有快船抵离姆列特的波梅纳（Pomena；80KN，1小时15分钟）、科尔丘拉（130KN，1小时45分钟）、赫瓦尔（210KN，3小时）、布拉奇岛的米尔纳（210KN，3小时45分钟）和斯普利特（210KN，4小时15分钟）。6月至9月，每天还有1班船开往姆列特的索布拉（80KN，55分钟）、科尔丘拉（130KN，2小时）、布拉奇岛的博尔（210KN，4小时）和斯普利特（210KN，5小时）。

长途汽车

从**杜布罗夫尼克长途汽车站**（Dubrovnik Bus Station，Autobusni kolodvor；见320页地图；☎060 305 070；www.libertasdubrovnik.hr；Obala Pape Ivana Pavla II 44a，Gruž；⏲4:30~22:00；📶）出发的长途汽车人满为患，因此夏季要网上订票或提前买票。车站里有卫生间和行李寄存处（garderoba）。其网站上有详细的发车时刻表。

国内目的地包括马卡尔斯卡（104KN，3小时，每天8班）、斯普利特（127KN，4小时30分钟，每天11班）、扎达尔（182KN，8小时，每天5班）、里耶卡（248KN，12小时30分钟，每天1班）和萨格勒布（259KN，11小时45分钟，每天10班）。连接斯普利特和杜布罗夫尼克的长途汽车将有一小段途经波斯尼亚和黑塞哥维那领土，因此你需要随身携带护照以备过境时使用。

国际目的地包括科托尔（Kotor；黑山；145KN，2小时，每天4班）、布德瓦（Budva；黑山；160KN，3小时，每天4班）、莫斯塔尔（Mostar；波黑；125KN，3小时15分钟，每天3班）、马里博尔（Maribor；斯洛文尼亚；340KN，13小时，每天3班）和维也纳（Vienna；奥地利；390KN，17小时30分钟，每天3班）。

ℹ 当地交通

抵离机场

Atlas运营**机场大巴**（见312页地图；☎020-642 286；www.atlas-croatia.com；单程/往返40/70KN），根据航班的时间安排车辆。去往杜布罗夫尼克的巴士在派勒城门和长途汽车站停车；去往机场的巴士从缆车附近的公共汽车站发车，在长途汽车站搭载乘客。

11路、27路和38路公交车也在机场设有一站，但车次少，而且车速慢（28KN，每天7趟，周日不运营）。

乘坐出租车到杜布罗夫尼克要280KN。Dubrovnik Transfer Services（www.dubrovnik-transfer-services.com）有开往城里（€30）和察夫塔特（€16）的定价出租车，最远还有去萨格勒布、萨拉热窝、波德戈里察（Podgorica）和地拉那（Tirana）的出租车。

小汽车和摩托车

整个老城都是步行区，公交发达，而且停车费很贵，因此你最好不要租车在老城里开，在打算离开杜布罗夫尼克的时候再租车吧。5月至10月，老城周边所有停车场都有计费表（每小时40KN）。远一些的地方，停车费会降至每小时20KN，甚至10KN。

从室内的**Ilijina Glavica停车场**（见320页地图；☎020-312 720；Zagrebačka bb，Pile；每小时/天/周 40/480/2400KN；⏲24小时）前往老城，是一段很短的下坡路，但返回时要爬坡，会比较辛苦。注意："每天"和"每周"费率只适用于提前缴费，机器计价并不能保证如此，我们曾经亲眼看到很多人因此付出了高额费用。

所有常见的租车公司在机场都能找到，大部分都在城里设有分部。

公共交通

杜布罗夫尼克的公共汽车服务极好，车辆班次频繁，而且准时。夏季主要旅游线路一直运营到凌晨2点以后，所以如果你住在拉帕德，没必要急着赶回去。从司机那里买票，票价为15KN，如果你在tisak（报亭）买票，票价为12KN。登录www.libertasdubrovnik.hr查询时刻表。

从长途汽车站去老城，可乘坐1a路、1b路、3路、8路公共汽车。要去拉帕德，可乘坐7路公共汽车。

从**派勒城门长途汽车站**（见312页地图）前往拉帕德，可乘坐4路、5路、6路、9路公共汽车。

杜布罗夫尼克周边（AROUND DUBROVNIK）

杜布罗夫尼克是前往周边地区，甚至是去黑山、波斯尼亚和黑塞哥维那等周边国家一日游的理想大本营。你可以去艾拉菲提群岛（见334页）享受一天安静的日光浴，也可以逛特尔泰诺（见332页）的植物园，或前往察夫塔特观光和游泳。

察夫塔特（Cavtat）

人口2150

古城察夫塔特（发音为tsav-tat）坐落在被两个海港包围的小小半岛上，有一条漂亮的海滨大道，大道两侧是餐馆、鹅卵石海滩和形形色色的艺术景点。

没有察夫塔特就没有杜布罗夫尼克，当初正是察夫塔特（罗马语为Epidaurum）的难民在614年建立了杜布罗夫尼克。从远处就能看到城墙，两个城市之间有船和长途汽车往来，因此既可以把察夫塔特当作一日游目的地，也可以用它代替杜布罗夫尼克，作为比较安静（物价也比较便宜）的大本营。

历史

公元前6世纪，这里是希腊人的村庄，当时叫作埃皮达鲁斯（Epidaurus）。公元前228年左右成为罗马的殖民地Epidaurum。7世纪，阿瓦尔人和斯拉夫人入侵，城池被毁。中世纪在拉古萨共和国（Republic of Ragusa，即杜布罗夫尼克）时期重建，它与附近的首都共享文化和经济生活。

景点

圣尼古拉斯教堂 教堂

（St Nicholas' Church，Crkva svetog Nikole；Obala Ante Starčevića bb；时间不定）看看这座15世纪的教堂里面壮观的木制圣坛和大师布科瓦茨（Bukovac）的杰作：圣坛四面各有一幅福音传教士画像。作为察夫塔特的地标，教堂内有大量艺术珍品，包括19世纪的Carmelo Reggi的祭坛装饰和墙上的《苦路十四处》（*Stations of the Cross*）画像。

布科瓦茨故居 博物馆

（Bukovac House，Kuća Bukovac；020-478 646；www.kuca-bukovac.hr；Bukovčeva 5；30KN；4月至10月周一至周六 9:00~18:00，周日 至14:00，11月至次年3月周二至周六 10:00~18:00，

值 得 一 游

越境之旅

从杜布罗夫尼克乘坐大巴前往**黑山**的新海尔采格（Herceg Novi）、佩拉斯特（Perast）、科托尔（Kotor）和布德瓦（Budva）非常方便。这4座城市都有迷人的历史中心、曲折的大理石街道和壮观的建筑。如果你想要花时间游览该地区，就应该租一辆车，但是乘坐长途汽车或参加团队游也可以。夏季通过检查站非常慢，乘坐长途汽车前往新海尔采格需要两个小时，前往科托尔时间更长。中国游客持有效申根签证、美国多次入境签证可以免签进入黑山30天，否则需另外申请签证。

开往**莫斯塔尔**的长途汽车让你有机会看一眼它那标志性的大桥，并进入波斯尼亚和黑塞哥维那的疆域。你可以乘坐公共交通前往，但参加有组织的一日游，乘坐私人小巴（大约380KN）前往更加便捷，你可以去当地旅行社咨询。一日游8:00左右出发，途经美丽的拥有防御工事的村庄Počitelj，11:30左右到达莫斯塔尔。跟随导游参观（通常很简短）完毕之后，15:00前你可以自行安排时间，其实那样就没有多少余下的时间吃午饭和游览城市了。莫斯塔尔仍然被分为克罗地亚和波斯尼亚两部分（以河为界），但多数历史名胜都在波斯尼亚那边。

周日 9:00~13:00）这里曾经是察夫瓦特人、画家弗拉霍·布科瓦茨（Vlaho Bukovac；1855~1922）出生和成长的地方，如今经过改造，成为一个有趣的小型博物馆，专门展示他的作品。这座19世纪初的建筑为他的遗物、画像和作品提供了一个恰当的背景。

雪中圣母修道院 修道院

（Our-Lady-of-the-Snow Monastery, Samostan Gospe od snijega；☎020-678 064；www.franjevacki-samostan-cavtat.com；Šetalište Rat 2；⏲7:00~21:00）这座方济各修道院（建于1484年）的附属教堂值得一看，内部有部分文艺复兴早期绘画，在圣所入口的上方有一幅布科瓦茨的杰作，画面上圣母和圣子正凝视着晚霞中的察夫塔特地平线。回廊定期举办音乐会。

Račić Family Mausoleum 纪念碑

（Mauzolej obitelji Račić；www.migk.hr；Groblje sv Roka, Kvaternikova bb；20KN；⏲4月至10月周一至周六 10:00~17:00）这座漂亮的白石墓碑建于1920~1921年，是克罗地亚卓越的雕塑家伊万·梅什特罗维奇的杰作。内部有大量天使的面孔低头凝视圣人的画像。它所在的城市公墓位于一个树木茂盛的区域，靠近半岛北端。

住宿

★ Villa Lukas 公寓 €€

（☎098 549 916；www.villalukas.com；Stjepana Radića 2a；公寓 762KN起；P❄📶🏊）这栋现代化大楼被刷成粉色，优雅的白色石阶通往12间迷人的带有阳台、能看到海景的公寓。如果你厌倦了在蓝色瓷砖小泳池边晒太阳，地下室还有健身房和桑拿房。

Castelletto 酒店 €€

（☎020-479 547；www.dubrovnikexperience.com；Frana Laureana 22；房 €99起；P❄@📶🏊）这家打理得井井有条的家庭经营酒店由一座别墅改造而成，有13个宽敞干净的房间。所有的房间都配备茶和咖啡机、冰箱和卫星电视，一些房间带阳台，能看到开阔的海湾。酒店还提供免费的机场接送服务。

Villa Ivy 公寓 €€€

（☎020-478 328；www.villaivy-croatia.com；SS Kranjčevića 52；公寓 960KN起；P❄🏊）位置不算太好，在城市最高处一个脏兮兮的街区内，但当你在泳池露台上看到大海时，就会觉得那些都不重要了。何况这里还很安静。杏黄

值得一游

特尔泰诺（TRSTENO）

无论哪个季节前往，特尔泰诺植物园（Trsteno Arboretum；☎020-751 019；成人/儿童 50/30KN；⏲5月至10月 7:00~19:00，11月至次年4月 8:00~16:00）都很美丽。这个位于杜布罗夫尼克西北方向14公里处的植物园是克罗地亚此类植物园中年代最久远的。文艺复兴时期，杜布罗夫尼克的贵族阶级开始格外关注他们花园的外观。1494年，Ivan Gučetić在这里播下了第一粒种子，开启了这个潮流。此后的几百年间他的子孙后代一直维护着这座花园。这块地最终由南斯拉夫科学和艺术学院（Academy of Sciences & Arts）接管，并将其变成了一座公共植物园。

这座花园的布局属于文艺复兴风格，以淡紫色的薰衣草、绿色的迷迭香、灯笼海棠和三角梅等植物塑造出一套几何图形，空气中弥漫着柑橘的芬芳。花园中央是一栋石头别墅（建于1500年前后），别墅前面有一座斜檐亭子，后面有一个小礼拜堂。园内还有一个树篱围成的小迷宫、漂亮的棕榈树区[包括山棕（Chinese windmill palms）]和一座美丽的池塘，一尊海神雕像高耸于池塘的上方，池内有白色的荷花、几十只牛蛙和金鱼。这些只是它的冰山一角，植物园的大部分植物都是野生的。

在特尔泰诺村的村口有两棵巨大的法国梧桐，每一棵都是树龄500年以上的古树，高约50米，是欧洲同类树中最大的。

要前往特尔泰诺的话，可在杜布罗夫尼克的长途汽车站乘坐12路、15路、21路、22路或35路汽车，或者乘坐开往斯普利特的任何一辆城际客车。

色的楼里有4个公寓房间，都非常时尚舒适。7月和8月只接待入住一周以上的客人。

就餐

Peco 面包房、咖啡馆 €

（Kneza Domagoja 2；馅饼 20~30KN；⏰5月至9月6:00 至午夜，10月至次年4月 至20:00；📶）本地很少有咖啡馆出售食物，有座位的面包房更是少之又少，因此Peco显得格外令人欣喜。在柜台前挑选，然后在全落地玻璃的台子上找个座位，点一份甜品或咸味馅饼，边吃边喝早安咖啡。中午再来吃一个三明治或迷你比萨。

★ **Bugenvila** 欧洲菜 €€€

（☎020-479 949；www.bugenvila.eu；Obala Ante Starčevića 9；主菜 90~275KN；⏰正午至16:00和18:30~22:00；📶✍）它不仅是察夫塔特海滨最酷的地方，还是达尔马提亚海岸餐饮界的潮流引领者，选用当地食材进行大胆创新，摆盘颇有艺术感。你可以在午餐时间来品尝三道特价菜（180KN）。如有需要，还能提供单独的素食菜单。

购物

Škatulica 礼品和纪念品

（☎020-773 505；www.skatulica.weebly.com；Obala Ante Starčevića 36；⏰6月至9月 9:00~22:00，10月至次年5月 至20:00）在杜布罗夫尼克方言中，škatulica的意思是"小宝盒"。这家小店环境不错，出售当地最好的小玩意。寻找用布拉奇岛石头做成的物件、有艺术性的纪念品以及从果酱到葡萄酒的多种美食。

实用信息

旅游局（☎020-479 025；https://visit.cavtat-konavle.com；Zidine 6；⏰4月至10月周一至周六 8:00~20:00，周日 至14:00，11月至次年3月周一至周五 至15:00）有各种宣传册和一张不错的免费地图。

到达和离开

船

旅游旺季期间，至少有3家渡轮公司有船从杜布罗夫尼克的老港开往察夫塔特（单程/往返 100/60KN，45分钟），最少每半小时发1班船。冬季，船次减少至每天3~5班，具体视天气而定。

长途汽车

10路汽车大约每半小时1班从杜布罗夫尼克的长途汽车站开往察夫塔特（25KN，30分钟）。离老城最近的站点在缆车终点站隔壁。

科那弗勒（Konavle）

在经历了杜布罗夫尼克干燥、崎岖的海岸之后，看到科那弗勒翠绿的田野和整齐的葡萄园着实令人惊喜。在察夫塔特以东，克罗地亚、波斯尼亚和黑塞哥维那、黑山三国交界处的这个隐秘的角落里，巍巍群山掩映着肥沃的农田。它以malvasija而闻名，这种当地特有的葡萄酿造的白葡萄酒特别好喝。

景点

Pasjača 海滩

Pasjača是达尔马提亚最美丽的海滩之一，它隐藏在高高的悬崖下方，蓝绿色的海水拍击着鹅卵石海岸。有点不好找——直奔Popovići，然后闻着海水味转入狭窄的乡村公路，注意寻找途中为数不多的指路牌。停车场那里有条小路穿过峭壁，途中经过几个从岩石上开凿出来的隧道。

索科尔堡 城堡

（Sokol Grad；☎020-638 800；www.citywallsdubrovnik.hr；Dunave；成人/儿童 70/30KN；⏰4月至10月 10:00~18:00，11月 10:00~16:00，12月至次年3月 正午至15:00）这个童话般的城堡坐落在25米高的峭壁顶部，名字的字面意思是"猎鹰之城"，因为能俯瞰科那弗勒。索科尔堡是为保卫通往黑塞哥维那山区的小路而建，所在之处史前就有人居住，后来被罗马人、拜占庭和许多中世纪强权轮流侵占，直到最后杜布罗夫尼克得到控制权。城堡经过修复，部分建筑被重建，现在里面陈列着中世纪武器，还有对城堡历史的介绍，展览很有趣。

就餐

★ **Konoba Koraćeva Kuća** 达尔马提亚菜 €€

（☎020-791 557；www.koracevakuca.com；Gruda 155；主菜 75~165KN；⏰4月中旬至5月周一至周五 16:00~22:00，周六和周日 正午至22:00，6月至10月中旬 16:00~22:00；🅿📶）要看风景，没有比

这家餐馆的露台更好的地方了。这个与众不同的家庭餐馆专营经过现代改良的达尔马提亚传统菜肴。提前打电话安排用圆盖烤炉慢火烤制的羔羊肉或小牛肉，也可以直接进店看看菜单上都有些什么。建筑有300年历史了，楼上是6间带独立卫浴的舒适客房(€70起)。

到达和离开

该地区最好自驾或骑自行车游览，因为公共交通很少。11路和38路公交车从杜布罗夫尼克开往Gruda(每天3~4班)，31路公交车从察夫塔特开往Gruda(每天3~5班)。要去索科尔堡，可以在杜布罗夫尼克乘坐25路公交车(每天3班)。

艾拉菲提群岛(Elafiti Islands)

前往杜布罗夫尼克西北方的这个群岛进行一日游，可以避开夏季的人潮。14个海岛之中，只有3座最大的岛屿——科洛切普岛(Koločep)、洛普德岛(Lopud)和希潘岛(Šipan)——有永久性居民。有一个办法可以在一天之内游遍这3座岛屿，那就是参加"Three Islands & Picnic"团队游，杜布罗夫尼克老港的许多运营商都组织此类旅游(价格250~300KN，含饮品和午餐)。

景点

科洛切普(Koločep) 岛

科洛切普是艾拉菲提群岛中离杜布罗夫尼克最近的岛屿，这个可爱的小岛上只有163名居民。小岛被生长数百年的松林覆盖，还有橄榄种植园，以及种满橘子树和柠檬树的果园。一片沙滩从主村延伸至大海，中间经过一个大型度假村风格的酒店。继续往前，你将来到一个美丽但多岩石的天体主义区域。

洛普德(Lopud) 岛

洛普德岛禁止车辆通行，岛上有艾拉菲提群岛最美丽的村庄，石头房屋围绕着异国风情的花园，山上还有城堡遗址。村里有个小海滩，但你最好徒步穿过岛脊来到美丽的舒尼(Šunj)沙滩，那里有一个小酒吧供应各种鱼类菜肴。步行需要25分钟左右，你也可以搭乘高尔夫球车，费用约20KN。

船只进港时，你第一眼看到的是巨大的防波堤和洛普德15世纪的方济各修道院(Franciscan Monastery, Franjevački samostan; ⏲时间不定)30米高的钟楼。修道院唯一定期对公众开放的部分是山洞圣母教堂(St Mary-of-the-Cave Church)，它建于1483年，教堂内16世纪的祭坛装饰和雕刻精美的唱诗班座椅值得一看。

沿海边大道往前，来到绿树成荫的Đordić-Mayneri Park(Obala Iva Kuljevana 31)，这个公园是19世纪末由杜布罗夫尼克末代主教的曾孙女建造的。园中植物来自世界各地，包括北美海枣、南美木兰和塔斯马尼亚桉树。

为纪念水手的守护圣人而建的圣尼古拉斯教堂(St Nicholas' Church, Crkva Sv Nikole; Obala Iva Kuljevana bb; ⏲时间不定)见证了洛普德作为重要航海中心的历史。这座教堂建于1482年，坐落在海滨，面积不大，但教堂内微风习习，十分安静。

Your Black Horizon Art Pavilion(www.TBA21.org/lopud; ⏲6月至9月10:00~19:00) 免费 也值得看看，在村头的果园内，被柏树、豆角和橄榄树围绕。形形色色的当代艺术品和建筑起初于2005年在威尼斯双年展(Venice Biennale)展出，后来被搬到这里。室内的灯光装置利用环形LED显示设备，将地平线24小时的光线变化压缩成15分钟进行展示。

希潘(Šipan) 岛

面积16平方公里的希潘岛是艾拉菲提是群岛中最大的岛屿，也是杜布罗夫尼克贵族的最爱，他们在这里建造房屋。渡轮大多泊在Suđurađ，那个小港口两边有石头房屋、带防御工事的大别墅Skočibuha和建于16世纪的塔(不对公众开放)。在岛的另一端，希潘斯卡卢卡(Šipanska Luka)村有一座罗马别墅和一座15世纪哥特式公爵宫的遗址。

有公共汽车连接两个村庄，发车时间大多与渡轮到达时间对应。

食宿

★Hotel Božica 酒店 €€€

(☎020-325 400; www.hotel-bozica.hr; Ulica 13 1d, Suđurađ, Šipan; 房/公寓/套 €160/290/390起; ⏲5月至10月; P❄📶≋)如果你追求平和安静，希潘岛上这家有30间客房的现

代化酒店最适合你。泳池和海滩露台之间有班车接送，你只要坐上车就好，除了想想吃什么之外，别的什么都不用想。店方还出租皮划艇和自行车。

Obala 达尔马提亚菜 €€€

（☎020-759 170；www.obalalopud.com；Obala Iva Kuljevana 18，Lopud；主菜120~165KN；⏲4月 10:30~18:00，5月至9月 至午夜）洛普德岛上最好的餐馆，从1938年起就以海鲜美食出名。价格与服务和食物一样令人满意，但更棒的是气氛和环境，能令人忘却一切——座位离海非常近，你的脚几乎就在海水里。如果不知道点什么菜，就点本地特色菜：盐烤鲜鱼。

到达和离开

除了不计其数的乘船团队游，杜布罗夫尼克的格鲁采港还有定期渡轮开往艾拉菲提。

亚德罗里尼亚公司（www.jadrolinija.hr；见329页）每天有4班渡轮开往科洛切普（23KN，30分钟）、洛普德（23KN，55分钟）和希潘的Suđurađ（23KN，1小时15分钟）。此外，每周还有7~10班载车渡轮开往Suđurađ（23KN，1小时），途中经停洛普德（23KN，1小时）。

G&VLine（见330页）每天各有1班双体船连接希潘斯卡卢卡（希潘岛）和杜布罗夫尼克（35KN，50分钟）以及希潘斯卡卢卡和姆列特岛的索布拉（30KN，35分钟）。

姆列特岛（MLJET ISLAND）

人口 1090

姆列特岛是亚得里亚海最诱人的岛屿之一，岛上大部分地区被森林所覆盖。1960年，在岛屿西端建立了国家公园，该岛从此在旅游界崭露头角。但岛上并未过度开发，

另辟蹊径

维德（VID）

小村维德位于安静的诺林河畔（Norin River）山中，所在之处是植被茂密、地势平坦的内雷特瓦河（Neretva River）谷。它原名纳罗纳（Narona），曾是一个繁华的罗马村庄，后来被内雷特瓦海盗占领。如今它安居达尔马提亚南部一隅，旅游业不发达，经济上依赖农业。

作为从杜布罗夫尼克出发的世外桃源游览目的地，或者斯普利特和莫斯塔尔的替代，维德为游客提供了与附近达尔马提亚沿海城镇截然不同的体验。小村生活节奏缓慢，当你围着考古博物馆慢慢溜达，或者安静地划船游览周边湿地时，你才能感受到这里的特色。

纳罗纳考古博物馆（Narona Archaeological Museum，Arheološki muzej Narona；☎020-691 596；www.a-m-narona.hr；Naronski trg 6；成人/学生 40/20KN；⏲6月至9月周二至周日 9:00~19:00，10月至次年5月周二至周六 至16:00，周日 至13:00）1995年，考古学家在维德发掘出了一座建于公元前10世纪左右、专门供奉罗马皇帝的奥古斯都神庙（Augusteum）。除了一块单色细瓷砖镶嵌的地板，他们还找到了17尊皇室成员的大理石像，公元4世纪神庙被毁，所有石像的头都在那时被砍掉了。遗址现在被笼罩在一栋庞大的现代建筑内，陈列神庙文物和其他与该地区历史有关的亮点展品。

Đuđa i Mate（☎020-687 500；www.djudjaimate.hr；Velika Riva 2；主菜 60~100KN；⏲9:00~23:00）25年前由一对好伙伴创建，这个地标餐馆以内雷特瓦地区特色菜出名，尤其是青蛙和鳗鱼。尝尝用煎、烤或neretva brudet（加玉米的香喷喷炖菜）等方法制作的青蛙和鳗鱼。店方还提供45分钟的"游猎"之旅，乘坐一种叫作trupa的传统浅底船沿诺林河观光。

到达和离开

走海岸公路D8主路，按照路标指示转入通往Metković的E73公路。到Metković后左转，过内雷特瓦河上的桥，然后根据标识前往维德。

没有开往维德的常规长途汽车，但许多城际长途汽车在与维德相距3.5公里的Metković设有一站，你可以在那里换乘出租车去维德。

游客大多集中在旅游飞地波梅纳（Pomena）周边。岛上的纯朴环境令人想起奥德修斯（Odysseus）被该岛迷惑了7年的传说。

历史

古希腊人称该岛为“Melita”或“蜜”，因为森林中有许多嗡嗡作响的蜜蜂。希腊水手似乎曾来岛上躲避风暴，汲取泉水以补充淡水供给。那时岛上住着伊利里亚人，他们修建山寨，与大陆进行贸易往来。公元前35年，土著人被罗马人征服，他们修建了一座宫殿，还建造了一些浴室和仆人住所，将定居点扩大至波拉切（Polače）周围。

6世纪，该岛落入拜占庭帝国的控制之中，7世纪又遭到斯拉夫人和阿瓦尔人的入侵。在经历了几个世纪的地区统治之后，13世纪姆列特岛由本笃会控制。1410年，杜布罗夫尼克正式吞并该岛。

虽然从那时起，姆列特岛的命运就与杜布罗夫尼克联系在一起，但岛上居民仍然保持着他们传统的农业、葡萄种植和航海的生活方式，这些在今天仍然是其主要行业。

实用信息

索布拉旅游办事处（Sobra Tourist Office；☎020-746 025；www.mljet.hr；⏰5月至9月 周一至周六 9:00~14:00和16:00~19:00，周日 9:00~14:00，10月至次年4月周一至周五 9:00~14:00）在渡轮港的亚德罗里尼亚公司售票处后面。

到达和离开

姆列特有3个港口：岛中心附近的索布拉以及国家公园内的波拉切和波梅纳。3个港口都有双体船往来，但载车渡轮仅停靠索布拉（Sobra）。

➡ **亚德罗里尼亚公司**（☎020-746 134；www.jadrolinija.hr；Zaglavac bb）的载车渡轮速度最快，它们从大陆的普拉普拉特诺（Prapratno）开往索布拉（乘客/小汽车 28/140KN，45分钟，每天4~5班）。

➡ **G&V Line**（见330页）每天有1班双体船连接索布拉和杜布罗夫尼克（55KN，1小时15分钟），途中第一站停靠希潘斯卡卢卡（30KN，35分钟）。5月的周二和周四另有1班从杜布罗夫尼克直达索布拉、然后继续开往Ubli的船次（70KN，3小时）。6月，这艘船每天开往索布拉和波拉切，每周2次继续前往Ubli。7月和8月，船每周4次停靠科尔丘拉（80KN，55分钟）。

➡ 5月至10月中旬，**Kapetan Luka**（见330页）每天各有1班船分别从杜布罗夫尼克（80KN，1小时15分钟）、科尔丘拉（80KN，30分钟）、赫瓦尔（140KN，1小时45分钟）、米尔纳（140KN，2小时30分钟）和斯普利特（140KN，3小时）开往波梅纳。6月至9月，每天还各有1班船分别从杜布罗夫尼克（80KN，55分钟）、科尔丘拉（80KN，55分钟）、马卡尔斯卡（140KN，2小时15分钟）、博尔（140KN，3小时）和斯普利特（140KN，4小时）直达索布拉。

当地交通

➡ **Mini Brum**（☎099 61 15 574；www.rent-a-car-scooter-mljet.hr；⏰9:00~19:00）出租基本款小汽车（5/12/24小时 280/320/390KN起）和轻便摩托车（5/12/24小时 190/220/250KN起），在索布拉渡轮港和波拉切都设有租车处。

➡ 在波拉切和波梅纳租自行车很容易（每小时20KN左右）。

➡ 乘出租车往返于索布拉和波拉切，单程费用约300KN。

➡ 岛上的公交车每天只有1班，破晓时分从岛的两端对开，终点是索布拉。晚上返回。

姆列特国家公园（Mljet National Park）

虽然**姆列特国家公园**（Mljet National Park, Nacionalni park Mljet；☎020-744 041；www.np-mljet.hr；Pristanište 2；成人/儿童 6月至9月 125/70KN，11月至次年5月 70/50K；⏰办公室 4月至10月 8:00~20:00）占据了姆列特岛的整个西部，覆盖的陆地和海洋面积达到54平方公里，但谈及它的时候，大多数人指的是需要持票才能进入的小一部分园区，即美丽的咸水湖泊Malo Jezero（小湖，Little Lake）和Veliko Jezero（大湖，Big Lake）。两个湖由一个短水渠连接，但大湖经长长的索林水渠（Soline Channel）注入大海，因此两个湖都有潮汐。

公园的主要枢纽是小村波梅纳和波拉切，夏季两个村庄内挤满游客，但等船只离开之后，村里就恢复了平静。两个村的售货亭都出售公园门票。从波梅纳出发，沿一条森林小路，走400米到达小湖；从波拉切出发的话，门票里包含前往位于大湖的Pristanište的交通费用，那里有个公园信息中心。

景点

圣玛丽岛（Sveta Marija） 岛

小小的圣玛丽岛在大湖上，离大湖南岸不远，公园开放时间段内，有船分别从Mali Most（这座桥在连接两个湖的水渠附近）和Pristanište开往圣玛丽岛，船费含在公园门票内，至少每小时1班。岛上的本笃会修道院（Benedictine monastery）建于1198年，但后来被数次重建，原本的罗马建筑上增加了文艺复兴和巴洛克风格特征。

罗马宫殿 遗迹

（Roman Palace，Rimska palača；Polače）这座位于波拉切海边的建筑非常显眼，建筑大到连公路都是从它中间穿过去的。这座宫殿般的住宅建于5世纪左右，长方形，建筑前面左右两个塔被一个码头隔开。村里还有其他古代遗迹，包括一座建造年代稍晚的古堡和一座早期的基督教堂。

活动

国家公园内步行和骑行小路纵横交错，很多地方都能租到自行车。骑行是个很不错的游览方式，但要注意：波梅纳和波拉切被一座陡峭的山隔开。湖边的自行车小路比较轻松好走，景色也很美。

小湖可以步行走一圈，但大湖不行，因为索林水渠上没有桥。如果你打算在大湖里游泳，要记住：水流可能很急。

就餐

Konoba Galija 达尔马提亚菜 €€€

（☎095 91 12 588；Pomena 7a；主菜80~220KN；⏰正午至23:00）Galija是波梅纳海边一连串海鲜餐馆中的一家，这些餐馆每家都有游艇码头和养着龙虾的海水箱。如果你不介意吃一脸，就点龙虾通心粉。一份足够两人吃，而且极度美味。或者点烤鱼、brodet（炖鱼）、章鱼和常见的鱼类菜肴。

实用信息

波拉切旅游办事处（Polače Tourist Office；☎020-744 186；www.mljet.hr；⏰6月至9月周一至周六 9:00~13:00和16:00~19:00，周日 9:00~13:00；10月至次年5月周一至周五 8:00~13:00）

奥库科杰（Okuklje）

人口30

基本上就是苍翠山峰环绕的圆形海湾内的一排房子，奥库科杰是那种你一眼看到就会爱上的地方。除了在港口看看书、喝喝酒，或者步行去小小的圣尼古拉斯教堂（St Nicholas' Church）俯瞰海滩和回望佩列沙茨半岛，几乎没别的事情可做，你可以放下打卡式旅行的负累。

食宿

Lampalo 公寓 €

（☎099 62 38 833；Okuklje 8；公寓 €39起；P ❄ 📶）虽然英语说得不太好，但迷人的房东为人热情，甚至有可能为刚到达的客人端上一杯啤酒。他们会生起炭火，在上面烤些食物作为晚餐。只有两个简单的公寓房间出租：一个是单间公寓，另一个是宽敞的双卧公寓。

Konoba Maestral 达尔马提亚菜 €€€

（☎098 428 890；www.okukljerestaurantmaestral.com；Okuklje 47；主菜 110~150KN；⏰4月中旬至10月中旬 13:00至午夜；📶）Maestral是个迷人的家庭餐馆，店主家的幼童在门口帮忙，长子挥汗如雨地往peka（烤羊肉或章鱼的圆盖烤炉）里加炭。一定要尝尝章鱼生鱼片，我们觉得怎么赞美都不过分。

萨普伦纳拉（Saplunara）

人口70

小村萨普伦纳拉位于姆列特岛的最东端，看起来极度荒凉，但能远眺杜布罗夫尼克的灯火。一流的餐馆和三个沙滩是这里的王牌。如果你觉得第一个（Velika Saplunara）或第二个（Mala Saplunara）海滩美得令人驻足不前，那么第三个（Blace）海滩的魅力就更令人无法抵挡了——虽然水很浅，但这个半圆形的小海湾是岛上最美的海滩。

食宿

Villa Mirosa 民宿 €€

(☎099 19 96 270; www.villa-mirosa.com; Saplunara 26; 房 €116起; ⏰3月至12月; P ❄ 📶 🏊)迷人的不规则形状屋顶泳池使这个客栈成为姆列特岛上最为人熟知的住处。房间特别怡人，前面的露台餐厅被葡萄藤环绕，后面有路通往一个岩石小海湾。

Stermasi 达尔马提亚菜 €€

(☎098 93 90 362; www.stermasi.hr; Saplunara 2; 主菜 70~190KN; ⏰8:00至午夜; 📶)有11间明亮、现代的公寓(€65起)，每个公寓都有露台或私人阳台。但它最吸引人的是餐馆，供应地道的达尔马提亚风味菜肴，厨师不仅技艺高超，而且是用爱在烹饪。本店的特色菜肴包括蔬菜、章鱼或用圆盖烤炉烹制的小山羊肉，还有汤团炖野猪肉和姆列特风味brodet(炖鱼)。

佩列沙茨半岛 (PELJEŠAC PENINSULA)

佩列沙茨半岛宛若纤细的手指，是克罗地亚沿海最悠闲的地方。这里有崎岖的山脊、宽阔的山谷、田园牧歌般的海湾和上好的葡萄酒，这样美妙绝伦的地方相信一定会令你感到不虚此行。两座老城——斯通(Ston)和奥雷比奇(Orebić)——分别占据半岛两端，二者之间有一条蜿蜒的观景公路，十分怡人。驾车用1小时可以走完，如果你想在途中品酒，就要留出更多时间。半岛上第三大的村庄是位于北部海岸的特尔帕尼(Trpanj)，这个美丽的小村庄内有成排的松树，渡轮从这里驶向布洛采(Ploče)。

> **绕过波斯尼亚**
>
> **亚德罗里尼亚公司**(☎020-743 911; www.jadrolinija.hr; Ribarska obala 1)运营布洛采—特尔帕尼的载车渡轮(乘客/小汽车 32/138KN，每天4~7班)。如果你从北方来(或去往北方)，乘坐这趟渡轮能省大约90分钟的车程，但要花1小时渡海。乘船还能避免进入波斯尼亚领土。开往姆列特岛索布拉(Sobra)的载车渡轮从普拉普拉特诺(Prapratno)发船，而开往科尔丘拉城的则从奥雷比奇发船。

斯通和小斯通 (Ston & Mali Ston)

人口690

斯通和小斯通位于连接佩列沙茨和大陆的地峡两侧，出名之处有3点：盐、牡蛎和二者之间长达5.5公里的防御性围墙。

前两项在罗马时代就是此地盛产之物。Ston这个名字来自它的拉丁名字Stagnum，意思是"近似沼泽的陆地"，这种陆地适宜产盐。这项产业对拉古萨共和国(即杜布罗夫尼克)有重要的经济意义，因此1333年建造了欧洲最长的防御工事之一，径直穿过地峡。

在围墙内的斯通有一个中世纪时期建造的城中心，街道上阳光灿烂，机动车禁入。小斯通本身是一个美食胜地，以贻贝和扁平的大牡蛎闻名，这两种贝类在分隔半岛和大陆的狭窄海峡中大量生长。

景点

斯通围墙 要塞

(Ston Walls, Stonske zidine; 成人/儿童 70/30KN; ⏰4月至10月 8:00~18:30，11月至次年3月 9:00~15:00)尤拉·达马提亚(Juraj Dalmatinac，最为人熟知的作品是希贝尼克大教堂)等著名建筑师都参与了这个14世纪防御工程的设计和建造。伟大的斯通围墙起初共有40座塔和5座城堡，长7公里。如今仅存20座塔和5.5公里长的围墙，它们随斯通和小斯通之间的山势起伏而连绵逶迤。可以用15分钟时间，步行走完斯通部分的围墙，继续往前走，沿着城墙翻过山去小斯通一侧需要30分钟，山路难行，你将挥汗如雨。

持门票可以进入大体上经过重建的**圣杰罗姆城堡**(Fort St Jerome, Tvrđava sv Jeronima)，这座方形城堡位于斯通的东南侧，每个角上都有一个塔。

普拉普拉特诺(Prapratno) 海滩

离斯通最近的海滩，这个宝石般的小海

佩列沙茨葡萄酒小路

当人们沿着佩列沙茨半岛蜿蜒的公路行驶的时候，可能并没有意识到他们正穿过克罗地亚的红酒之王plavacmali的领地。

plavacmali作为crljenak kaštelanski [通常被称为仙粉黛（zinfandel或primitivo）]和鲜为人知的dobričić的后代，这种蓝色（plavac）的小（mali，“小”和“蓝”加起来就是克罗地亚红酒之王的名字）葡萄可以酿造出醇香的葡萄酒。越荒凉的地方生长的葡萄香味越浓郁，这就是为什么最好的plavacmali产自半岛南岸贫瘠、炎热的**Dingač**和**波斯图普**（Postup）山坡。葡萄藤很难接近，但所有葡萄必须手工摘取。如今这两个地方是被公认的产区，受“原产地标志”保护。

要想品尝地道的乡村美酒，再也找不到比**Taverna Domanoeta**（☎091 56 01 591；⊙7月和8月 9:00至次日1:00）更地道的地方了。这个用石头围起来的地下室酒吧位于半岛正中心的小村庄**Janjina**。在阳光明媚的日子里，你可以去花园里选一张桌子，点一些plavacmali，以当地奶酪和pršut（意大利熏火腿）佐酒。

再往远一点儿，传奇人物、纳帕溪谷（Napa Valley）的红酒酿造商Mike Grgich创建的**Grgić Vina**（☎020-748 090；www.grgic-vina.com；Trstenik 78；品酒 40KN；⊙6月至8月 9:00~21:00，9月至次年5月周一至周五 至17:00）在通往**Trstenik**村的岔路口。给酒厂打电话，品尝并购买获过奖的plavac mali和pošip（原产于科尔丘拉的葡萄品种）。冬季要提前致电。

主路继续向前，穿过山谷通往**波托姆杰**（Potomje）村，经过400米长的隧洞后，来到著名葡萄酒产地Dingač的山坡上。在波托姆杰众多葡萄酒厂之中，**Matuško**（☎020-742 393；www.matusko-vina.hr；Potomje 5a；⊙3月至12月8:00~20:00）是最值得参观的，坐下来免费品酒之前可以先去看看巨大的酒窖。

如果上述品酒活动仍不能满足你，就去**Peninsula**（☎020-742 503；www.peninsula.hr；Donja Banda；⊙4月至10月9:00~23:00；）吧。这个路边葡萄酒吧出售40多种优质当地产的葡萄酒，还有种类齐全的rakija（格拉巴葡萄酒）和烈酒，位于**Donja Banda**，靠近半岛主路上的特尔帕尼（Trpanj）岔路口。

湾有沙子海滨和安静清澈的海水，带孩子的当地人最喜欢来这里。位于斯通西南方向4公里处，附近是开往姆列特岛的渡轮码头。

食宿

Ostrea 酒店 €€

（☎020-754 555；www.ostrea.hr；Mali Ston；标单/双 €83/111起；P ❄ ）这座镶着绿色百叶窗的古建筑在石头围墙后面，优雅的房间里铺着锃亮的木地板，带独立浴室，工作人员热情专业。酒店离小斯通美丽的港口很近。

★ **Kapetanova Kuća** 达尔马提亚菜、海鲜 €€

（☎020-754 264；www.ostrea.hr；Mali Ston；主菜 95~140KN；⊙9:00至午夜）“船长之家”是这一地区最受尊崇的海鲜馆之一。你可以在阴凉的露台上品尝斯通牡蛎和烤鱿鱼，但尽量留点肚子吃Stonski makaruli——它是一种当地特色意面蛋糕，不常见，极为美味。

实用信息

旅游办事处（☎020-754 452；www.ston.hr；Pelješki put1，Ston；⊙6月至9月 8:00~19:00，10月至次年5月周一至周五 8:00~14:00）这里有宣传册和公共汽车时刻表，还可以帮助你寻找私人住宿。

到达和离开

长途汽车站在斯通的公路主路边。从这里走到小斯通只要15分钟。目的地包括奥雷比奇（51KN，1小时30分钟，每天2班）、杜布罗夫尼克（42KN起，1小时15分钟，每天5班）、斯普利特（105KN，3小时15分钟，每天1班）、扎达尔（174KN，6小时，每天1班）和萨格勒布（247KN，9小时30分钟，每天1班）。

奥雷比奇(Orebić)

人口1980

奥雷比奇位于佩列沙茨半岛的南岸，这里有一连串可爱的小海滩——这些海滩被柽柳和松树林环绕，有些是细沙滩，有些是鹅卵石海滩。海边是一排房屋和异国风情的花园，它们是18世纪一位船长建造的，那位船长为这个小城带来了繁华和财富。奥雷比奇距海对面的科尔丘拉城仅2.5公里，特别适合一日游，或作为备选的大本营。

海滩休闲之后，你可以充分利用伊里加山(Mt Ilija；海拔961米)提供的绝佳机会，徒步上山或在周边转转，也可以去参观教堂和博物馆。伊里加山为城市挡住了凛冽的北风，所以才有这么茂盛的植被。这里的温度通常比科尔丘拉高几度，春天到得早，夏天走得晚。

历史

1333年，塞尔维亚卖掉佩列沙茨半岛，它成为杜布罗夫尼克的一部分。在16世纪之前，这座城市一直被称为Trstenica(其东部海湾的名字)，是一个重要的航运中心。奥雷比奇这个名字源自一个富有的航海家族，他们于1658年修建了一座城堡以抵御土耳其人的入侵。

18世纪和19世纪，奥雷比奇的航海业达到顶峰，当时最大的公司之一Associazione Marittimadi Sabbioncello的总部就在这里。随着航运业的衰落，奥雷比奇的经济重心开始转向旅游业。

景点和活动

奥雷比奇非常适合徒步，你可以去旅游办事处拿一份步行路径地图。一条以Hotel Bellevue为起点的小路穿过松林一直延伸至15世纪的**方济各修道院**(Franciscan monastery)，它坐落在海平面上方152米处的一座山脊上。杜布罗夫尼克巡逻队利用这一有利地势密切关注着停泊在科尔丘拉的威尼斯船只，一旦发现异常情况，就立刻向当局报告。

以修道院附近的**Karmen**村为起点，可步行前往风景如画的上部村庄，或攀登险峻的**伊里加山**(Mount Ilija)，这座光秃的灰色山丘耸立在奥雷比奇的上方。登上山顶能看到整个海岸。

卡梅尔圣母教堂(Our Lady of Carmel Church)矗立在修道院东边的一座小山上，附近有几棵参天巨柏，还有一座巴洛克式的凉廊和一座公爵城堡的废墟。

Plaža Trstenica 海滩

码头西侧有一处细长的海滩，但最好的海滩在码头以东约700米处的Trstenica。细沙和精巧的鹅卵石铺就了一段长长的美丽的新月形海滩，周围环绕着参天大树和绿松石般的海水。

Korta Katarina 葡萄酒厂

(☎020-713 817；www.kortakatarinawinery.com；Bana Josipa Jelačića 3；⏲5月至9月 9:00~21:00，4月和10月 至16:00)提前致电这个大型葡萄酒厂，让厂方安排品酒。基本项目包括团队游和品尝3种葡萄酒(100KN)，VIP项目额外增加一种陈酿和小吃(300KN)，品鉴型品酒则包含5道菜的餐食及其搭配的葡萄酒(700KN)。

住宿

Glavna Plaža 露营地 €

(☎098 513 634；www.glavnaplaza.com；Šetalište Kneza Domogoja 49；露营地成人/儿童/露营点/汽车 €5/2/4/4起，公寓 €44起；⏲6月至9月；P 📶)这个家庭经营的小型露营地位于奥雷比奇尽头的Trstenica沙滩。除了露营地之外，还有4座简单的公寓(3个单人公寓和1个能容纳6人的公寓)。

Mimbelli 民宿 €€

(☎020-713 636；www.peljesac-mimbelli.hr；Trg Mimbelli 6；房 €100起；P 📶)这个迷人的小客栈位于古色古香的18世纪船长住宅内，有5间浪漫的客房，楼下是有名的餐馆。每个房间都有不同的乡村主题(橄榄油、葡萄藤、薰衣草等)，摆放着品位高雅的家具。

Hotel Adriatic 酒店 €€€

(☎020-714 488；www.hoteladriaticorebic.com；Šetalište kneza Domagoja 8；房 €180~210；❄ 📶)这个由船长豪宅改造而成的酒店就在海边，6个房间豪华舒适，内部有裸露的石墙、木地板和宽敞的浴室，还能看到海景。客人们可以在海滨露台上享用丰盛的早餐。谢绝儿童入住。

Hotel Indijan 酒店 €€€

(☎020-714 555; www.hotelindijan.hr; Škvar 2; 标单/双 €110/190起; P ❄ ☎ ≋)在这家精心设计的酒店里弥漫着现代的气息。房间时尚，设施齐全，部分房间有阳台，在阳台上还能看到远方的科尔丘拉。循环加热的小型游泳池有一个可折叠的玻璃屋顶，所以全年皆可使用。

就餐

Croccantino 咖啡馆 €

(☎098 16 50 777; www.facebook.com/CroccantinoCRO; Obala Pomoraca 30; 小吃 8~18KN; ⊙7:00~23:00)这家凉爽的咖啡馆在海滨大道边，买一份果子馅饼、蛋糕或自制冰激凌，满足自己对甜品的渴望。

La Casa 比萨 €€

(☎020-713 847; Obala Pomoraca 40; 主菜43~145KN; ⊙正午至22:00; ☎ ✎)位于一栋古老的大房子里，楼下是一个奇怪的花园酒吧，但你可以直奔楼上的露台，欣赏美丽的海景，享用美味的那不勒斯风味比萨。也供应意面、焗饭、牛排和烤鱿鱼。

Konoba Andiamo 达尔马提亚菜 €€

(☎098 98 38 614; Šetalište kneza Domagoja 28; 主菜 50~120KN; ⊙6月至10月 13:00至午夜; ✎)这家凉风习习的餐馆在离海水咫尺之遥的木头露台上，背后是一幅城市街道的壁画，令人感觉时空错乱。我们衷心推荐双人份的海鲜拼盘，里面有虾、贻贝、小龙虾和两种鱼。提前预订的话，店家还能用peka(圆盖烤炉)烤羊肉、猪肉、牛肉或章鱼。

实用信息

旅游办事处(☎020-713 718; www.visitorebic-croatia.hr; Zrinsko Frankopanska 2; ⊙7月和8月 8:00~22:00, 5月、6月、9月和10月周一至周六 至20:00, 11月至次年4月周一至周五 至13:00)这里有很好的半岛徒步地图、自行车骑行地图。

到达和离开

从科尔丘拉驶来的**亚德罗里尼亚公司**(☎020-714 075; www.jadrolinija.hr; Obala pomoraca 32)的载车渡轮(每人/车 16/76KN, 15分钟)就停靠在旅游办事处和长途车站的旁边。

长途汽车往返斯通(51KN, 1小时30分钟)、杜布罗夫尼克(81KN, 2小时45分钟, 每天2班)、斯普利特(121KN, 4小时30分钟, 每天1班)、扎达尔(194KN, 7小时15分钟, 每天1班)和萨格勒布(258KN, 10小时45分钟, 每天1班)。

科尔丘拉岛 (KORČULA ISLAND)

人口15,600

葡萄园、橄榄树和小村庄簇拥着一座雄伟的老城，科尔丘拉岛是亚得里亚海诸岛中的第六大岛，长近47公里。岛上松林茂密，以至于希腊移民称其为Korkyra Melaina(黑科孚, Black Corfu)岛。安静的海湾和小沙滩点缀着陡峭的南部海岸，而北部海岸则比较平坦，海滩上也有更多鹅卵石。

科尔丘拉如今仍然保持着传统风俗，向源源不断的游客展示古老的宗教仪式、民族音乐和舞蹈。它的葡萄酒吸引着品酒行家们慕名而来。克罗地亚最好的白葡萄酒是用原产本地的pošip葡萄酿造而成的，这种葡萄有一部分来自Čara村和Smokvica村周边地区。卢姆巴尔达周围种植的grk葡萄也能酿造出优质的干白葡萄酒。

岛上最好的沙滩是位于南边海岸的Pupnatska Luka。

历史

位于岛屿西端韦拉卢卡(Vela Luka)附近一个新石器时期的洞穴(韦拉斯皮拉, Vela Spila)表明一个史前部落的存在，但最早是希腊人在公元前6世纪前后开始在岛上扩散开来。他们最重要的定居点在今天的卢姆巴尔达地区，大概出现在公元前3世纪。

1世纪，罗马人占领了科尔丘拉，6世纪和7世纪依次被拜占庭和斯拉夫人占据。公元1000年前后，该岛先后落入多个中世纪城邦之手，在1420年再度回归威尼斯，直到1797年。在威尼斯的统治下，该岛以其石材而闻名，人们对石材进行开采和切割，并用于出口。另外，它的造船业也很发达。

在1797年拿破仑占领威尼斯之后，科尔丘拉的命运就与该地区紧紧地联系在一起，其主权不断地在法国、英国、奥匈帝国和意大利之间易手，直到1921年，它成为前南斯拉夫的一部分。今天，科尔丘拉是克罗地亚最富庶的岛屿之一，它作为文化之都吸引着越来越多的游客。

到达和离开

船

该岛有3个主要进入港：科尔丘拉城的西港（West Harbour）、Dominče（位于科尔丘拉城以东3公里处）和韦拉卢卡（Vela Luka）。

亚德罗里尼亚公司（☎020-715 410；www.jadrolinija.hr；Plokata 19 travnja 1921 br 19）有载车渡轮连接奥雷比奇和Dominče（乘客/小汽车16/76KN，15分钟），每半小时发1班（10月至次年5月每90分钟发1班）。6月至9月，每天有双体船从科尔丘拉城开往杜布罗夫尼克（130KN，2小时）、赫瓦尔（120KN，1小时30分钟）、博尔（130KN，2小时45分钟）和斯普利特（160KN，3小时45分钟）。

亚德罗里尼亚公司每天有2班载车渡轮从韦拉卢卡开往斯普利特（乘客/小汽车 60/470KN，2小时45分钟），每天最多还有3班开往拉斯托沃的Ubli（乘客/小汽车 32/180KN，1小时45分钟）。每天还有1班双体船走同样的线路，在斯普利特（60KN，2小时15分钟）和Ubli（40KN，55分钟）之间往来途中经停赫瓦尔（40KN，55分钟）。

Kapetan Luka（见330页）运营从科尔丘拉城开往赫瓦尔（110KN，1小时15分钟）和斯普利特（130KN，2小时30分钟）的双体船，每天最少1班。5月至10月中旬，每天还有1班船抵离杜布罗夫尼克（130KN，1小时45分钟）、姆列特岛的波梅纳（80N，30分钟）、赫瓦尔（110KN，1小时）、布拉奇岛的米尔纳（130KN，1小时45分钟）和斯普利特（130KN，2小时15分钟）。6月至9月，还有1班船开往杜布罗夫尼克（130KN，2小时）、姆列特岛的索布拉（80KN，55分钟）、马卡尔斯卡（130KN，1小时）、博尔（120KN，1小时45分钟）和斯普利特（130KN，2小时45分钟）。

7月和8月，**G&V Line**（见330页）每周有4班双体船从杜布罗夫尼克（90KN，2小时30分钟）以及姆列特岛的索布拉（60KN，1小时30分钟）和波拉切（50KN，55分钟）开往科尔丘拉城。后两班继续开往Ubli（60KN，1小时15分钟）。

长途汽车

大陆与科尔丘拉城之间的长途汽车使用奥雷比奇载车渡轮。目的地包括斯通（63KN，2小时，每天2班）、杜布罗夫尼克（97KN，3小时，每天1班）、斯普利特（129KN，5小时，每天1班）、扎达尔（202KN，7小时45分钟，每天1班）和萨格勒布（269KN，11小时15分钟，每天1班）。夏季需预订。

当地交通

长途汽车从科尔丘拉城开往卢姆巴尔达（15KN，15分钟，每天最少5班）和韦拉卢卡（43KN，1小时，每天最少3班）。周日车次很少。

科尔丘拉城（Korčula Town）

人口2860

科尔丘拉城魅力十足。这座历史悠久的沿海要塞被壮观的防御工事所环绕，城内的大理石街道上有许多文艺复兴和哥特风格的建筑。

其巧妙的鱼骨式布局保证了居民居住的舒适和安全。西部笔直的街道可以让夏季凉爽的maestral（强烈而稳定的西风）进入城市，而东部的街道则是曲折的，可以减弱冬季bura（寒冷的东北风）的强度。

从圆形的防御塔和一连串密集排列着的红顶住宅群上可俯瞰这座城市所环抱的海港。沙沙作响的棕榈树随处可见，几处海滩相隔不远，步行即可轻松到达。

历史

虽然据文献记载，早在13世纪这里已经有了一座有围墙的城市，但现在的这座城市是在15世纪建立的。当时岛上的石刻技术已经达到了顶峰，因此建筑和街道的样式非常特别。16世纪，石匠们又在建筑的外立面增加了繁复的装饰，例如华丽的圆柱和盾徽，为最初的哥特式风格平添了一抹文艺复兴的韵味。

17~18世纪，随着入侵威胁的减少，居民开始在老城以南修建住宅。新“郊区”的狭窄街道和石头房屋吸引着商人和艺术家，如今这里依然是商业最活跃的地方。

景点和活动

科尔丘拉周边有一些极好的骑行和徒步

剑舞

Moreška剑舞是科尔丘拉城最有趣的传统之一，自15世纪起一直延续至今。虽然它可能源于西班牙，但科尔丘拉城是现在世界上唯一跳剑舞的地方。传说两位国王——白国王（身穿红衣）和黑国王——为争夺一位被黑国王掳走的公主而战。在旁白介绍中，公主宣称她爱的是白国王，但黑国王不肯放手，于是双方军队拔剑，在乐队的伴奏下跳起一种复杂的舞蹈。虽然传统上，人们只在科尔丘拉的城市日（7月29日）跳剑舞，但整个夏季**Moreška Cultural Club**（www.moreska.hr; Ljetno kino, Foša 2; 100KN; ⏲演出 7月和8月周一和周四21:00，6月和9月周四21:00）都有剑舞表演。

晚上去Pupnat村、Smokvica村、Blato村、Čara村和韦拉卢卡镇观看Kumpanija舞蹈也很有趣，但需要自己准备交通工具。这些舞蹈以mišnice（类似风笛）和鼓声为伴奏，表现的也是两军对垒，当展开一面大旗的时候，舞蹈达到高潮。Moštra也是一种剑舞，在žrnovo村表演，但仅在圣母升天节（8月15日）当晚才有表演。

小路，在旅游办事处（见348页）拿一份岛屿地图。夏季，可乘坐水上计程船前往巴迪亚岛（Badija Island），那里有一座15世纪的方济各会修道院、一个餐馆和一处天体海滩。

★圣马可大教堂 主教座堂

（St Mark's Cathedral, Katedrala svetog Marka; Trg Sv Marka; 教堂 10KN，钟楼成人/儿童20/15KN; ⏲7月和8月 9:00~21:00，9月至次年6月时间不定）这座宏伟的15世纪大教堂坐落在科尔丘拉中心的小广场上，它由科尔丘拉本地的石灰石建造而成，属于哥特式和文艺复兴相融合的风格，由意大利艺术家和当地艺术家共同设计。外立面的雕刻非常迷人，尤其是门柱上方裸体的亚当、夏娃蹲坐像，以及最顶端三角形的山形墙檐口上的双尾美人鱼和大象。**钟楼**顶端的栏杆和装饰华丽的炮塔都由Korčulan Marko Andrijić精心雕刻。

内部的本堂高30米，双柱廊内有石材裸露的石灰石圆柱。祭坛的天盖也是由Andrijić雕刻的，它后面的祭坛画是丁托列托（Tintoretto）的作品《三圣人》（*Three Saints*）。出自丁托列托或其工作室的另一幅作品《天使报喜》（*The Annunciation*）在巴洛克风格的圣安东尼（St Anthony）圣坛旁。

其他重要的艺术作品包括北侧通道圣坛旁的一尊出自伊万·梅什特罗维奇之手的圣布莱斯铜像，以及南侧通道后殿内的一幅威尼斯画家亚卡波·巴萨诺（Jacopo Bassano）的绘画。此外，还有**洗礼池**内的现代雕塑。

离开广场前，留意大教堂对面装饰优雅的**Arneri Palace**，它在一条同名窄街的拐角处。

城市防御工事（City Defences） 要塞

当你从海上靠近这座城市的时候，科尔丘拉的塔楼和残存的城墙看上去尤为壮观，它们在警告海盗，这座城市固若金汤。最初修建这些防御工事可能更多的是出于一种预感，12座防御塔和20米高的城墙组成一个完整的石头屏障抵御入侵者。

通过南边陆地上的**韦利基拉弗林塔**（Veliki Revelin Tower, Trg kralja Tomislava）大门可进入老城。这座防御工事建于14世纪，后来经扩建，以威尼斯总督和科尔丘拉总督的盾徽作为装饰。这里最初有一座木头吊桥，18世纪被拆毁，取而代之的是宽阔的石头阶梯，为入口平添了一种庄严之感。从此向西是防御城墙保存最好的部分。

西侧，圆锥形的**大总督塔**（Large Governor's Tower; Obala dr Franje Tuđmana bb; 1483年）和**小总督塔**（Small Governor's Tower; 1449年）在西港保护着港口、船只和曾经与市政厅相邻的总督宫。沿着老城半岛的边缘，按照顺时针方向继续绕行，可以看到小小的**海门塔**（Sea Gate Tower; Sv Barbare bb）上有一段1592年的拉丁文铭文，说明科尔丘拉城是在特洛伊陷落之后建立的。接着会来到经过翻新的**卡纳弗利奇塔**（Kanavelić Tower; Sv Barbare bb），它呈半圆形，顶端有城垛。然后是一座比较小的塔楼Zakerjan Tower，如今它被改造成了鸡尾酒酒吧**Massimo**（Šetalište Petra

Korčula Town 科尔丘拉城

Kanavelića 1; ⏲5月至10月15:00~23:00)。

圣像博物馆 博物馆

(Icon Museum, Muzej ikona; Trg Svih Svetih; 15KN; ⏲5月至9月周一至周六 9:00~14:00)这个低调的博物馆内藏有少量绘于镀金木上的拜占庭式圣像，是17~18世纪的宗教仪式用品，非常有趣。真正的亮点是能够进入隔壁的15世纪的**诸圣堂**(All Saints' Church, Crkva Svih Svetih)。这座美丽的巴洛克式教堂内有一个17世纪的彩绘克里特岛十字架、一幅罕见的18世纪晚期的桃木雕刻圣母怜子图，以及Blaž Jurjev在1439年雕刻和绘画的三联画圣坛装饰。Blaž Jurjev来自特罗吉尔，这幅作品被认为是克罗地亚的杰作。

科尔丘拉城市博物馆 博物馆

(Korčula Town Museum, Gradski muzej Korčula; ☎020-711 420; www.gm-korcula.com; Trg Sv Marka 20; 成人/儿童 20/8KN; ⏲7月至9月 9:00~21:00, 10月至次年6月 10:00~13:00)这座博物馆占据着16世纪的Gabriellis Palace，通过馆内展品，人们可以了解各个时期的历史和文化。展品涵盖石雕艺术、造船、考古、艺

Korčula Town 科尔丘拉城

重要景点
1 圣马可大教堂 C2

景点
2 城市防御工事 C4
3 圣像博物馆 D3
4 卡纳弗利奇塔 C1
5 科尔丘拉城市博物馆 C3
6 大总督塔 B3
7 海门塔 B2
8 小总督塔 B3
9 圣马可修道院珍宝馆 C3
10 韦利基拉弗林塔 C4

住宿
11 Guest House Korunić B5
12 Korčula Royal Apartments A4
13 Lešić Dimitri Palace D2

就餐
14 Aterina B3
15 Cukarin B5
16 LD Terrace D2
17 Marco's C3

饮品和夜生活
18 Massimo C1
19 Vinum Bonum B5

娱乐
20 Moreška Cultural Club B3

购物
21 Kutak Knjiga A4

术、家具、纺织和科尔丘拉传统服饰。一些有趣的古董分散在它的4层楼上，包括一块记录着公元前3世纪希腊人在岛上出现的碑。

圣马可修道院珍宝馆 博物馆

（St Mark's Abbey Treasury, Opatska riznica svetog Marka; Trg Sv Marka; 含大教堂 25KN; ⏰5月至11月周一至周六 9:00~19:00）这座14世纪的Abbey Palace宫内珍藏着重要的圣像和达尔马提亚宗教艺术品。其中最杰出的作品是特罗吉尔的Blaž Trogiranin在1431年创作的四联画《圣母、圣子和诸圣》（*Virgin & Child with Saints*）。20世纪精品的代表是一副伊万·梅什特罗维奇的素描和一副Đuro Pulitika的绘画。此外，馆内还有一些礼拜仪式用品、珠宝、钱币、家具和介绍科尔丘拉历史的古代文献。

住宿

Apartments De Polo 客栈 €

（☎020-711 621; www.family-depolo.com; Sv Nikole 28; 房 330KN起; P ❄ 📶）这里是一个极好的平价选择，4个房间简单但舒适，带独立卫生间，其中的一个房间还有露台，能看到迷人的风景。夏季短期住宿收取30%附加费。

Korčula Royal Apartments 公寓 €€

（☎098 18 40 444; www.korcularoyalapartments.com; Trg Petra Šegedina 4; 公寓 €90~115; ⏰5月至9月; ❄ 📶）这些设施齐全的漂亮公寓地处一座古老的石头别墅中，对面是一个海滨小广场，就在老城外，环境极佳。

Guest House Korunić 客栈 €€

（☎020-715 108; www.guesthousekorunic.com; Hrvatske bratske zajednice 5; 房 €80; ❄ 📶）这是一家小客栈，房东的住宅楼上有3间整洁的带独立卫浴房间，其中一间还带小厨房。房间不大，但如果你想伸伸懒腰，在可爱的屋顶天台能看到别人家的屋顶。

Lešić Dimitri Palace 公寓 €€€

（☎020-715 560; www.ldpalace.com; Don Pavla Poše 1-6; 公寓 €446起; ❄ 📶）这个独一无二的地方有5个完美的"住处"，分布在18世纪的主教宫内。所有公寓都以马可·波罗游记为主题，如中国、印度等，而原始的特征（包括石材裸露的房梁、石墙和石板）则与其身处老城的特征相呼应。

Hotel Korsal 酒店 €€€

（☎020-715 722; www.hotel-korsal.com; Šetalište Frana Kršinića 80; 标单/双 €147/194起; ⏰5月至10月; ❄ 📶）这家酒店有18个舒适的房间，分布在码头附近3座相邻的建筑中。其中两座老楼被彻底翻新过，都是海景房，而新楼则在后面，只有部分房间能看到海景。

值得一游

乡村美食

在科尔丘拉周围的小村庄能获得最好的就餐体验。如果你自己有车，以下地点值得探寻：

Konoba Mate（☎020-717 109；www.konobamate.hr；Pupnat 28；主菜 60~118KN；⏰5月至9月 周一至周六 11:00~14:00和19:00至午夜，周日 19:00至午夜）是整座岛上我们最喜欢的餐馆，它位于安静的Pupnat村，位于科尔丘拉城以西11公里处。店内菜品不多，但很诱人，他们对传统菜肴进行了非同寻常的改良，包括用圆盖烤炉烹制的小羊肉。开胃菜拼盘极好。店名"mate"的发音是ma-teh。

Konoba Belin（☎091 50 39 258；www.faceboo.com/RestoranBelin；Žrnovo Prvo Selo 50；主菜 50~130KN；⏰5月至10月 周一至周六 10:30~13:30和18:00~23:30，周日 18:00~23:30）所有的一切都与烧烤有关（老爸牢牢地掌控着一切），这家家庭经营的餐馆氛围友好，位于Žrnovo老街区，位于科尔丘拉城以西2.5公里处。店内经营各种烤鱼、烤肉。

Konoba Maslina（☎020-711 720；www.konobamaslina.com；Lumbarajskacesta bb；主菜 65~120KN；⏰周一至周六 11:00~22:00，周日 至16:00；）所有乡村konoba（简单的家庭小餐馆）有的，这里都有。这个传统的地方主打当地特色菜，例如Žrnovski makaruni（自制肉酱意面）和pašticada（牛肉浓汤）。出城沿着通往卢姆巴尔达的公路走大约3公里即达。

餐饮

Cukarin 熟食 €

（☎020-711 055；www.cukarin.hr；Hrvatske bratske zajednice bb；蛋糕 10KN起；⏰4月至10月 周一至周六 8:30至正午和17:00~19:30）这个类似熟食店的地方烘烤甜蜜蜜的科尔丘拉点心，例如klajun（核桃酥）和amareta（一种圆形的杏仁蛋糕）。它还出售产自本岛的葡萄酒、果酱和橄榄油。

Marco' s 达尔马提亚菜 €€

（☎098 275 701；www.marcoskorcula.com；Kaparova 1；主菜 65~115KN；⏰4月中旬至10月中旬 9:00至午夜，3月至4月中旬和10月中旬至12月 周一至周六 18:00~23:00）吧台上悬空的灯泡和桌子上方的黄铜大家具使这家餐馆成为科尔丘拉最新鲜、最有趣的餐馆之一。菜单上也有些派对气息，除了汉堡包和粗麦粉沙拉之外，还提供传统特色菜，例如žrnovskimakaruni（手卷意面）。

LD Terrace 达尔马提亚菜 €€€

（☎020-601 726；www.ldrestaurant.com；Šetalište Petra Kanavelića bb；主菜 190~240KN；⏰4月至10月 8:00至午夜；）LD代表Lešić-Dimitri，科尔丘拉最优雅的住处当然应该拥有最好的餐厅。这里的环境无可挑剔，有一间精致的楼上餐厅和一个浪漫的户外餐区，餐桌就摆放在海水之上。现代的达尔马提亚菜肴与精选葡萄酒完美地搭配在一起。

Aterina 地中海菜 €€€

（☎091 98 61 856；www.facebook.com/aterinakorcula；Trg Korčulanskih klesara i kipara 2；主菜 80~180KN；⏰5月至10月 正午至午夜）不仅是欣赏日落的绝佳去处，还供应极好的意大利风味海鲜菜肴。每天的特色菜用粉笔写在黑板上，都是用当天的新鲜渔获烹制的。

Vinum Bonum 葡萄酒吧

（☎091 47 70 236；Punta Jurana 66；⏰5月至10月 18:00至午夜；）酒吧隐藏在海港边的一条小步行街上，气氛轻松，在这里你能品尝到岛上最好的葡萄酒和rakija（格拉巴葡萄酒），边喝边吃开胃小菜。

购物

Kutak Knjiga 书

（☎020-716 541；http://kutak-knjiga.blogspot.co.nz；Kovački prolaz bb；⏰5月至10月周一到周五 9:30~20:00，11月至次年4月 至13:30）不可思议的是，这么小的地方竟然储存了这么

多克罗地亚语、英语、法语、西班牙语、捷克语、意大利语、德语、波兰语、瑞典语和汉语的书。

实用信息

医疗中心（Health Centre, Domzdravlja; ☎020-711 700; www.dom-zdravlja-korcula.hr; ul 57 br 5）

旅游办事处（☎020-715 701; www.visitkorcula.eu; Obala dr Franje Tuđmana 4; ⏰6月至8月 8:00~20:00, 5月、9月和10月周一至周六 8:00~15:00, 11月至次年4月周一至周五 8:00~14:00）

卢姆巴尔达（Lumbarda）

人口 1220

卢姆巴尔达是一座悠闲的城市，它位于科尔丘拉岛的东南端，以一座海港为中心。这里的沙质土壤特别适合葡萄生长，酿酒用的grk葡萄就是卢姆巴尔达最著名的特产。16世纪，来自科尔丘拉的贵族在此修建夏季别墅，如今，与更加都市化的科尔丘拉城相比，这里仍然是一个比较安静的度假胜地。城市海滩很小但是沙量充足。

实用信息

旅游办事处（☎020-712 005; www.tz-lumbarda.hr; Prvi žal bb; ⏰6月至9月中旬 8:00~21:00, 9月中旬至次年5月周一至周五 至15:00）

韦拉卢卡（Vela Luka）

人口 4140

港口小城韦拉卢卡坐落在一个可爱的天然海港内，周围是遍植橄榄树的山丘，但城里没什么景点。城市周围有适合游泳的小海湾，但没有真正的海滩。小船可以带你去田园诗般的Proizd岛和Osjak岛。

经济支柱是生产并销售科尔丘拉最著名的橄榄油。旅游业和捕鱼业也是主要产业。

如果你只想待在海滩上无所事事，那么位于科尔丘拉岛西北的**Proizd**岛再好不过了。岛上没什么可玩的，只有一家夏季营业的餐馆，但蔚蓝的清澈海水和雪白的石头非常耀眼。带上足够的防晒装备，因为海滩上几乎没有树荫。在旅游旺季的时候，小船从韦拉卢卡开往这里。单程40分钟，每人50KN左右。

Camp Mindel（☎020-813 600; www.mindel.hr; Stani 192; 成人/儿童/帐篷/小汽车 35/15/30/25KN; ⏰5月至10月; P 📶）位于城市西北方向5公里处的橄榄园内，面积不大，价格不贵，服务友好，如果你想在乡村散步，这里是最理想的大本营。10分钟步行路程之外就是海滩。没有到这里的公共汽车。

实用信息

旅游办事处（☎020-813 619; www.tzvelaluka.hr; Obala 3 br 19; ⏰7月和8月周一至周六 8:00~21:00, 周日 9:00~14:00, 其他月份办公时间缩短）

拉斯托沃岛（LASTOVO ISLAND）

小小的拉斯托沃岛是克罗地亚有人居住的海岛之中最偏远、最不发达的岛屿之一，位于科尔丘拉岛以南、姆列特岛以西，非常安静。与同样偏远的维斯岛相似，拉斯托沃岛在南斯拉夫时代也曾被用作军事基地，并禁止外国游客上岛。

现在它开放了，成为游艇最喜欢前往的目的地，游艇到达之后停泊在甜美的小海湾里。对于住在大陆的游客而言，岛上没什么好玩的。主要的景点是拉斯托沃城（Lastovo Town），城里有一大片石头房子和古老的教堂，这些建筑紧挨着，聚集在城内一处山坡上。

拉斯托沃及周边的几十个小岛组成了拉斯托沃群岛自然公园（Lastovo Archipelago Nature Park），栖息着尖嘴鸥、珊瑚、海绵、龙虾、罕见的海蛞蝓、海豚以及赤蠵龟和绿海龟。

活动

岛上的骑行和徒步小径综合交错。在旅游办事处咨询适合你的兴趣和体力的线路。

唯一最像海滩的地方，是深深嵌入**Skrivena Luka**湾的Restaurant Porto Rosso下方的小鹅卵石地带。

食宿

或许是因为许多游客在船上过夜，因此岛上很难找到合适的住处。美丽的Pasadur村横跨两个小岛（中间有小桥相连），村里有拉斯托沃唯一的酒店和几个简陋的度假公寓。联系旅游办事处，获取私人住处提供者的详情。

Triton 达尔马提亚菜、海鲜 **€€**

（☎020-801 161；www.triton.hr；Zaklopatica 15；主菜 60~100KN；⌚5月至9月 11:00~22:00）位于可爱的马蹄形小海湾Zaklopatica中央，这个极好的家庭经营海鲜餐馆供应用新鲜鱼和龙虾制作的美味。

实用信息

旅游办事处（☎020-801 018；www.tz-lastovo.hr；Pjevor 7, Lastovo Town；⌚周一至周六 8:00~14:00和16:00~20:00）

到达和离开

渡轮港在岛西端的Ubli。

亚德罗里尼亚公司（☎020-805 175；www.jadrolinija.hr；Ubli bb）每天最多有3班载车渡轮开往科尔丘拉岛的韦拉卢卡（乘客/小汽车32/180KN，1小时45分钟），其中1班继续开往斯普利特（乘客/小汽车 68/470KN，4小时30分钟）。每天还有1班双体船走这条线路，途中经停韦拉卢卡（40KN，55分钟）、赫瓦尔（55KN，2小时）和斯普利特（70KN，3小时15分钟）。

5月至8月每周二和周四，**G&V Line**（见330页）有双体船抵离姆列特岛的索布拉（70KN，3小时）和杜布罗夫尼克（95KN，4小时）。从6月开始，这些船也停靠姆列特岛的波拉切（70KN，2小时15分钟），而7月和8月再增加一个停靠点：科尔丘拉城（60KN，1小时15分钟）。

当地交通

工作日有7趟公交车连接拉斯托沃城和Ubli（周末5趟），其中4趟继续开往Pasadur。

了解克罗地亚

今日克罗地亚

近千年以来，克罗地亚一直处于布达佩斯、威尼斯、维也纳或贝尔格莱德的控制之下。如今，它的命运掌握在自己手中。2018年，政府想必是松了一口气，因为克罗地亚队超常发挥打进世界杯决赛，由此带来的激动情绪让人们暂时把高迁出率、边境纠纷、腐败、极右翼民族主义等严重问题抛在了脑后。

最佳书籍

Girl at War（Sara Nović著，2015年）以国内战争及战争结束之后的几年为故事背景。

《黑羊与灰鹰》（*Black Lamb and Grey Falcon*; Rebecca West著，1937年）重温了作者1941年在巴尔干地区的旅行。

《南斯拉夫的覆灭》（*The Fall of Yugoslavia*, Misha Glenny著，第3版，1996年）解释了南斯拉夫解体的原因。

《克罗地亚的冬去春来》（陈秀玲、蓝乃才著，2007年）两位香港人记录下了他们在克罗地亚脱离南斯拉夫之际的一次旅行。

最佳影片

《会唱歌的男人不会伤害人》（*One Song a Day Takes Mischief Away*, Tkopjevazlo ne misli，1970年，Krešo Golik导演）以20世纪30年代的萨格勒布为背景，这部喜剧被认为是有史以来最好的克罗地亚电影。

《战争是如何在我的岛上开始的》（*How the War Started on My Island*，1996年，Vinko Brešan导演）黑色幽默，好评如潮。

Cyclops（Kiklop，1982年，Antun Vrdoljak导演）改编自1965年的同名小说，原著作者是Ranko Marinković。

加入欧盟

经过全民公投（以二比一的优势通过），克罗地亚于2013年7月正式加入欧盟，这是一个重要的里程碑。然而人们对加入欧盟是否能带来好处仍持有种种疑虑，尤其是年轻的一代。

克罗地亚的农场主和制造商不能再享受与曾经的南斯拉夫邻居之间的关税豁免，而欧洲其他国家的进口商品又加剧了竞争。外国公司对地中海南部的传统生活方式也有影响，早睡早起、一家人准时共进午餐和午睡这些习惯正在慢慢消失。

成为欧盟成员的后果之一，是年轻人口的严重流失，他们去其他欧盟成员国寻找薪酬更高的工作。据统计，大约20万人离开了克罗地亚，其中一些直奔德国、爱尔兰和瑞典。克罗地亚的失业率因此骤降，只有9.6%，是1996年以来最低点。年轻人的失业率现在降至25%以下，而加入欧盟之前的失业率超过40%。

20世纪末的全球经济危机使克罗地亚遭受重创，国内生产总值下降12.5%。从那之后，GDP的增长主要依靠强势发展的旅游业支撑。

急速发展的旅游业

克罗地亚的旅游业呈爆炸式持续增长。2017年，克罗地亚接待游客数量达到1850万人（2015年1410万人，2013年不到1300万人）。按照游客与居民的数量比，克罗地亚是全球过度旅游最严重的国家之一。世界旅游业理事会（World Travel & Tourism Council）估计，2017年，旅游业为克罗地亚GDP直接贡献了10.9%，总贡献达到25%，旅游业直接雇用的人数为138,000，从事与旅游业相关工作的总人数达到320,000。

游客数量有望继续增长，克罗地亚政府期冀他们带来更多的税收和工作岗位。但如何在开发旅游业的同时保护自然和文化遗产是个挑战，正是这些自然和文化遗产使克罗地亚成为一个吸引人的目的地。当地人极力避免地中海其他地方那种过度开发的现象。目前对旅游开发有严格的规定，全国有444个特别保护区，包括8个国家公园。

音乐节数量增加，这个消息喜忧参半。音乐节吸引着来自欧洲等地的大量青年游客，但节日主要集中在夏天的旅游旺季，而且大多在游客本来就很多的海滨地区举办。

克罗地亚政府正在尝试鼓励游客在平季或淡季前来，并把游览目的地从沿海转向美丽的内陆城市，尤其是斯拉沃尼亚的扎戈列。但是，由于夏季挣钱多，当地餐馆和酒店不愿意在冬天营业。就连杜布罗夫尼克和赫瓦尔城这样的热门旅游目的地，绝大多数餐馆、酒店和景点都会在冬季停业和关闭。

边境问题

克罗地亚和斯洛文尼亚曾同属南斯拉夫，南斯拉夫解体后仅此两国加入了欧盟，本应是“好兄弟”的关系，但是关于亚德里亚海岸边一小条土地归属问题，造成两国之间的紧张局势。

克罗地亚停止了与海牙国际常设仲裁庭（Permanent Court of Arbitration）的对话，后者裁定争议领土和水域属于斯洛文尼亚。克罗地亚拒绝承认这个裁定，坚持通过双边对话来解决争端。结果，斯洛文尼亚威胁要封锁克罗地亚与申根国家之间的开放边境。

对于斯洛文尼亚而言，海域边境线的划定最为重要，那意味着该国渔民捕鱼的地区范围扩大，而且能使意大利和克罗地亚之间的海上走廊接入开放海域。

与此同时，克罗地亚和塞尔维亚均表示要积极解决多瑙河沿岸136公里长的边境争端。克罗地亚与波斯尼亚和黑山就一些小半岛的归属也有争议。换言之，在克罗地亚的邻国中，匈牙利是唯一跟它没有领土争端的国家。

人口：430万

人均国内生产总值：23,400美元

GDP增长率：2.8%

通货膨胀率：1.1%

失业率：9.6%

如果克罗地亚有100人

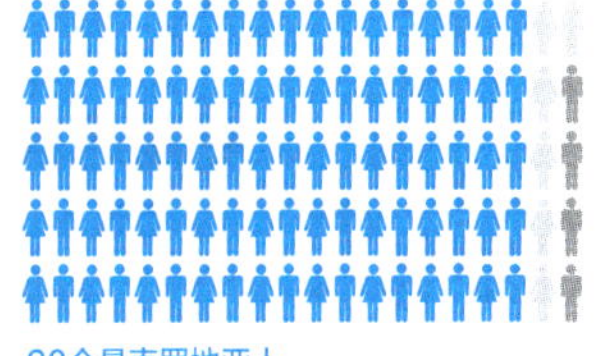

90个是克罗地亚人

6个是其他民族

4个是塞尔维亚人

信仰体系（占人口百分比）

每平方公里人口数

历史

克罗地亚的历史曲折、复杂，它曾经历过多次强敌入侵，主权在各帝国间更迭，分裂之后又以不同的形态统一。在这里，不论是对既有环境，还是对现状和未来的任何潜在严肃讨论里，历史的影响无处不在。

早期居民

亚得里亚海（Adriatic，克罗地亚语为Jadran）一词被认为与威尼斯附近的伊特鲁利亚古城亚得里亚（Adria）有关，抑或源于伊利里亚语中的"水"一词。

大约在3万年前，克罗地亚就有尼安德特人（Neanderthal，早期的人类）出没，他们行走于斯拉沃尼亚的山间。萨格勒布的克罗地亚自然历史博物馆（Croatian Natural History Museum）内陈列着来自那个遥远时代的遗迹，克拉皮纳（Krapina）的克拉皮纳尼安德特人博物馆（Museum of the Krapina Neanderthal）则向人们展示了尼安德特人生活的真实画面。到最后一个冰河时代结束时（大约在18,000年前），像科尔丘拉（Korčula）岛上的韦拉斯皮拉（Vela Spila）洞穴这样的地方已经有现代人居住了。

公元前1000年前后，伊利里亚人（Illyrian）占据了该地区的中心，如今这一地区包括斯洛文尼亚、克罗地亚、塞尔维亚、科索沃、黑山和阿尔巴尼亚。现代阿尔巴尼亚语是一种与其他语言都没有关联的奇怪语言，源于古伊利里亚语。经常交战的部落在山上修建了堡垒，并用琥珀和铜制作独特的饰品。最后，他们建立了一个松散的部落联盟。

公元前6世纪，希腊人在亚得里亚海沿岸的埃皮达鲁斯（Epidaurus，今察夫塔特）和科尔丘拉建立了贸易殖民地，公元前4世纪又在维斯岛（Vis）和赫瓦尔岛（Hvar）同样建立了贸易殖民地，伊利里亚人不得不与之交战。同时，北方的凯尔特人（Celts）也步步紧逼。

公元前3世纪，伊利里亚阿尔迪安（Ardiaei）部落的Teuta女王犯了一个致命的错误——试图征服各个希腊殖民地。吃了亏的希腊人向罗马寻求

大事年表

公元前6世纪

希腊人在科尔丘拉岛和埃皮达鲁斯[今天的察夫塔特（Cavtat），位于杜布罗夫尼克以南]建立了殖民地，并称该地区已有的居民为伊利里亚人。

公元前4世纪

希斯特里（Histri，伊斯特拉的旧称）等伊利里亚部落和利比里亚人在巴尔干地区取得霸权，建立了几个王国并拥有了自己的海上势力。

公元前229年

多年来，希腊人一直受由国家资助的伊利里亚海盗的骚扰，继而寻求罗马的帮助，罗马应希腊人的请求与伊利里亚女王Teuta交战。Teuta女王战败后，伊利里亚人每年向罗马进贡。

军事支持，罗马人进入这一地区，并于公元前168年打败了伊利里亚最后一任国王格恩蒂乌斯（Gentius）。从此伊利里亚人逐渐被拉丁化了。

罗马时代

随着格恩蒂乌斯的战败，伊利里亚南部正式成为独立的罗马保护领地，被称为Illyricum。它后来成为罗马的一个行省，在潘诺尼亚战争中（Pannonian Wars），随着罗马向北推进，Illyricum的面积不断扩大。9世纪时，Illyricum被分割为两个罗马行省：潘诺尼亚（今天的斯洛文尼亚、克罗地亚北部和波斯尼亚，以及奥地利、斯洛伐克、匈牙利、塞尔维亚的部分地区）和达尔马提亚（Dalmatia；今天克罗地亚的其他地区、波斯尼亚、黑山，以及阿尔巴尼亚和塞尔维亚的部分地区）。

罗马的统治以萨洛纳[Salona，今天的索林（Solin），靠近斯普利特]的行政总部为中心，并最终为该地区带来了和平与繁荣。扎达尔（Zadar，Iader）、拉布城（Rab Town，Felix Arba）、克尔克城（Krk Town，Curicum）、里耶卡（Rijeka，Tarsaticae）、波雷奇（Poreč，Parentium）、普拉（Pula，Polensium）和锡萨克（Sisak，Siscia）这样的城市受到了罗马生活文化的全方位浸染，例如寺庙、浴室和圆形剧场。罗马人修建了一系列通往爱琴海、黑海和多瑙河的道路，以促进贸易往来，并进行文化扩张。这些道路还加速了后来基督教的传播。

这些行省甚至还诞生了罗马历史上的重要人物。244年前后，戴克里先（Diocletian）出生在萨洛纳附近，他是一名杰出的军事指挥官，285年成为皇帝。作为统治者，戴克里先试图简化庞大而笨重的帝国，将其一分为二，为后来罗马分裂为东、西两个帝国播下了种子。他在位期间对基督教徒进行了残酷地迫害。戴克里先于305年退位，居住在豪华的海滨宫殿里，这座宫殿是他为自己修建的，靠近他的出生地。今天，戴克里先宫是克罗地亚最宏伟的罗马遗址，构成了斯普利特老城的中心。基督教徒笑到了最后，他们将皇帝的尸体用草席裹着移出了陵墓，并将它改造成为一座大教堂。

基督教很早就传入这一地区。在《圣经》中，圣保罗（St Paul）在写给罗马人的信中提到他在Illyricum传道（写于56年前后），而他在给提摩太（Timothy）的第二封信中说起圣提多（St Titus）在达尔马提亚。在克尔卡国家公园（Krka National Park）塞尔维亚东正教修道院（Serbian Orthodox Monastery）的下面发现了早期基督教徒的陵墓，根据当地传

最佳古罗马遗址

达尔马提亚中部斯普利特的戴克里先宫（见243页）

斯普利特郊区的萨洛纳/索林（见266页）

伊斯特拉普拉的罗马圆形竞技场（Arena；见133页）

公元前168年

最后一任伊利里亚国王格恩蒂乌斯在其首都斯库台（Shkodra，今阿尔巴尼亚）附近被罗马人击败，罗马控制了整个达尔马提亚。

公元前11年

打败潘诺尼亚部落之后，罗马的Illyricum行省囊括了今天的达尔马提亚，扩展至多瑙河。新的行省囊括了除伊斯特拉之外的今克罗地亚全境。

公元9年

Illyricum被分为两个行省：南部的达尔马提亚和北部的潘诺尼亚。我们今天所称的克罗地亚就是从这两个省中分出来的。

257年

萨洛纳成为罗马达尔马提亚省的第一个教区，基督教会因此在该地区建立了一个立足点。仅仅用了30年，萨洛纳的主教就成为教皇。

说，提多（甚至可能还有保罗本人）访问过这里的社区。313年，在戴克里先死后两年，君士坦丁大帝（Emperor Constantine）承认基督教合法。380年，基督教成为狄奥多西大帝（Theodosius the Great）统治下唯一被接受的宗教。

狄奥多西大帝是统一的罗马帝国的最后一任领袖。在他死后的395年，帝国正式分裂成东西两部分。分界线在今天黑山的中部，克罗地亚在西半部，塞尔维亚在东半部。东半部成为拜占庭帝国，直到1453年。随着西哥特人（Visigoth）、匈奴人和伦巴第人（Lombard）等"蛮族"的入侵，西罗马帝国最终于476年灭亡。哥特人（Goths）控制着达尔马提亚，直到535年拜占庭皇帝查士丁尼（Justinian）将他们赶了出去。

你好，斯拉夫人；再见，阿瓦尔人

随着西罗马帝国的覆灭，各斯拉夫部落从他们原来的领地喀尔巴阡山（Carpathians）北部向南扩张。与此同时，阿瓦尔人（Avar，一个以残忍著称的中亚游牧民族）袭击了拜占庭帝国边缘的巴尔干地区。阿瓦尔人摧毁了前罗马城市萨洛纳和埃皮达鲁斯，那里的居民分别逃往戴克里先宫和拉古萨[Ragusa，杜布罗夫尼克（Dubrovnik）]避难。阿瓦尔人一路打到了强大的拜占庭帝国首都君士坦丁堡（今天的伊斯坦布尔），在那里他们遭到了重创，从此逐渐淡出历史舞台（"像阿瓦尔人一样消失"是巴尔干地区的一个谚语）。

虽然克罗地亚人很明显与其他斯拉夫民族有关，对他们的称呼"Hrvat"却并非源于斯拉夫语。一种理论认为，Hrvat源于波斯语，克罗地亚是斯拉夫的一个部落，曾经一度受来自中亚、讲波斯语的阿兰人（Alan）统治，这个名字就是他们强加给克罗地亚人的。

关于斯拉夫人在击败阿瓦尔人的过程中究竟起了怎样的作用，众说纷纭。一些人认为，拜占庭请求斯拉夫人帮助抵御阿瓦尔人的进攻，而另外一些人则认为，他们只是在阿瓦尔人消失之后填补了空缺。无论是哪种情况，可以肯定的是斯拉夫人迅速扩张，穿过巴尔干，并于7世纪初到达亚得里亚海。

亚得里亚海沿岸及内陆与斯拉夫人联系密切的两个部落是克罗地亚和塞尔维亚。克罗地亚人定居的区域大体上相当于今天的克罗地亚和波斯尼亚。8世纪时，他们已经形成了两个强大的部落实体，各由一位君主（knez）领导。克罗地亚公国包括今天的达尔马提亚大部分领土、黑山的部分领土和波斯尼亚西部，而潘诺尼亚公国则包括今天的斯拉沃尼亚、扎戈列和萨格勒布周边地区。拜占庭仍然控制着沿海的几座城市，包括扎达尔、斯普利特、杜布罗夫尼克、赫瓦尔岛和克尔克岛。

395年	614年	800年	845~864年
狄奥多西大帝死后，罗马帝国一分为二。斯洛文尼亚、克罗地亚和波斯尼亚归西罗马帝国，塞尔维亚、科索沃和马其顿地区归拜占庭帝国所有。	中亚的掠夺者阿尔瓦人洗劫了萨洛纳和埃皮达鲁斯。有人认为克罗地亚人和塞尔维亚人是跟随阿瓦尔人而来，也有人认为他们是应赫拉克利乌斯国王之邀帮忙抵御阿尔瓦人的。	由查理曼大帝领导的法兰克王国控制了达尔马提亚，并强行为异教徒克罗地亚人施洗。拜占庭帝国承认法兰克人的统治，但仍然控制着几座重要的沿海城市。	特尔皮米尔建立了第一个克罗地亚王朝。他不仅打败了强大的匈牙利，还战胜了拜占庭。克罗地亚的疆域扩展至今天的波斯尼亚。

基督教和克罗地亚国王

查理曼大帝（Charlemagne）的法兰克王国从西边逐步侵占欧洲中部。800年，他们占领了达尔马提亚，使从前的克罗地亚异教徒全部改信基督教。814年，查理曼大帝去世后，潘诺尼亚的克罗地亚人奋起反抗法兰克王国的统治，但因为没有达尔马提亚克罗地亚人的支持，起义以失败告终，后者的主要沿海城市仍然处于拜占庭帝国的控制之下。后来Duke Branimir起义反抗拜占庭的统治，并得到了教皇约翰八世（Pope John Ⅷ）的承认，克罗地亚人才取得重大突破。这也使他们离罗马教廷更近了，天主教得到了克罗地亚民族的认同。

人们普遍认为是特尔皮米尔（Trpimir，845~864年任君主）建立了第一个克罗地亚王朝，但他的孙子托米斯拉夫（Tomislav）才是第一位加冕的国王，他于925年登基，统一了潘诺尼亚和达尔马提亚。他的王国几乎包括了现代克罗地亚的全部地区，以及波斯尼亚的部分地区和黑山沿海。

好景不长。11世纪，塞尔维亚人、拜占庭人和威尼斯人纷纷染指达尔马提亚沿海地区，在北部出现了新敌人匈牙利人，他们向潘诺尼亚推进。克雷希米尔四世（Krešimir Ⅳ，1058~1074年在位）扭转了局势，重新控制了达尔马提亚。但克罗地亚的反弹只是昙花一现，克雷希米尔的继任者Zvonimir和Stjepan都没有继承人。匈牙利国王拉兹洛（Laszlo）看到了机会，他凭借自己是Zvonimir国王的遗孀Jelena王后的兄弟这一优势，要求继承王位。他成功地控制了克罗地亚北部的大部分地区，但还没来得及巩固在南部的势力就撒手人寰了。

贪婪的邻居：匈牙利和威尼斯

拉兹洛的弟弟克罗曼（Koloman）继任，成为匈牙利国王，并继续谋取克罗地亚的王位。1097年，他击败了竞争对手Petar Svačić，结束了克罗地亚本土国王的时代。1102年，他强制实施“协约”（Pactaconventa），表面上声明匈牙利和克罗地亚是匈牙利单一君主制下的两个独立实体，实际上，克罗地亚只保留了一个总督（ban）和一个议会（sabor），克罗地亚贵族逐渐被匈牙利人边缘化。在匈牙利的统治下，潘诺尼亚被称为斯拉沃尼亚，内陆城市萨格勒布、武科瓦尔（Vukovar）和瓦拉日丁（Varaždin）成为繁荣的贸易和文化中心。匈牙利国王对沿海地区觊觎已久，1107年，克罗曼说服达尔马提亚贵族，将沿海地区纳入自己的版图。

1116年，克罗曼死后，威尼斯对Biograd以及洛希尼岛（Lošinj）、帕格

869 年

遵照拜占庭帝国的命令，马其顿修道士美多德（Methodius）与西里尔（Cyril）发明了格拉哥里字母，加速了基督教在斯拉夫民族间的传播。

910 ~ 928 年

托米斯拉夫宣布自己为国王，与此同时他将领土扩张至匈牙利境内，并打败了位于今天波斯尼亚的保加利亚沙皇西米恩（Simeon）。

1000 年

威尼斯利用克罗利亚国内的动荡，开始蚕食达尔马提亚沿海地区。从此，威尼斯还与控制达尔马提亚的其他势力展开了争斗。

1058 ~ 1074 年

1054年，基督教分裂为东正教和天主教，教皇承认克雷希米尔四世为达尔马提亚和克罗地亚的国王。这将克罗地亚置于天主教的范围之内。

达尔马提亚狗被认为是最古老的品种之一，但没有确凿的证据证明它们源于达尔马提亚。有专家认为，这种狗可能是从罗马引入达尔马提亚的。

岛（Pag）、拉布岛和克尔克岛发起了新的攻势。同时，扎达尔已经成长为达尔马提亚地区最大、最繁荣的城市，并在12世纪90年代成功抵御了威尼斯海军的两次远征。但在1202年，一个威尼斯总督在报复心的驱使下，不顾教皇英诺森三世（PopeInnocent Ⅲ）禁止十字军攻击基督教国家的特别禁令，怂恿第四次东征的士兵洗劫了扎达尔。此后，他们继续推进，野蛮地洗劫了东正教的堡垒——君士坦丁堡。

1242年，蒙古大军重创克罗地亚内地，但在此之前，匈牙利国王贝拉四世（Bela Ⅳ）躲过了攻击，逃往特罗吉尔（Trogir）避难。威尼斯人趁乱巩固了他们对扎达尔的控制，并在1270年国王贝拉死后，将希贝尼克（Šibenik）和特罗吉尔据为己有。

而后，匈牙利的洛约什一世（Ludovic/Louis Ⅰ，1342~1382年在位）不仅重新控制了国家，甚至还说服了威尼斯放弃达尔马提亚。但在他去世后，新的冲突出现了。克罗地亚贵族团结在那不勒斯的拉迪斯拉斯（Ladislas）周围，1403年他在扎达尔加冕。由于缺少资金，1409年拉迪斯拉斯以10万达克特金币的价格将扎达尔卖给了威尼斯，从而放弃了他对达尔马提亚的权利。15世纪初，威尼斯加强了对扎达尔以南达尔马提亚沿海的控制，直至1797年拿破仑入侵。只有老谋深算的拉古萨保持了独立。

最佳哥特式建筑

- 圣詹姆斯大教堂（*St James' Cathedral*；见237页），希贝尼克
- 圣马可大教堂（*St Mark's Cathedral*；见343页），科尔丘拉
- 圣母玛利亚升天大教堂（*Cathedral of the Assumption of the Blessed Virgin Mary*；见74页），萨格勒布
- 圣安纳斯塔西娅大教堂（*St Anastasia's Cathedral*；见226页），扎达尔

奥斯曼帝国的进攻

当克罗地亚以残存的力量对抗威尼斯人、匈牙利人和其他势力的时候，东方有另一个威胁逐渐迫近。14世纪初，奥斯曼土耳其崛起于安纳托利亚（Anatolia），并迅速吞并了巴尔干半岛。

1389年塞尔维亚人在科索沃平原（Kosovo Polje）溃败，1396年发起的反土耳其十字军东征运动在匈牙利被扼杀，1463年波斯尼亚被征服。1493年，克罗地亚贵族终于在Krbavsko Polje直面奥斯曼土耳其人，他们也遭到重创。

尽管剩下的贵族家族匆匆联合起来对抗奥斯曼帝国，但在强攻之下，城市还是一座接一座地沦陷了。萨格勒布主教辖区的Kaptol大教堂在重兵把守之下安然无恙，但门户城市克宁（Knin）却在1521年沦陷了。5年后，奥斯曼土耳其人在Mohács与匈牙利人交战，再次获胜，匈牙利军队被消灭。土耳其人开始威胁亚得里亚海沿岸，但从未真正占领它，而拉古萨则在混战中始终保持独立。

土耳其人对巴尔干半岛的攻击造成了巨大的破坏。城镇被毁，人民遭

1091～1102年

匈牙利国王拉兹洛凭借与Zvonimir国王的姻亲关系，要求继承克罗地亚王位。他的继承人克罗曼打败了最后一任克罗地亚国王，并通过"协约"使克罗地亚处于匈牙利的控制之下。

1242年

蒙古人重创匈牙利和克罗地亚王室。贵族家族Šubić和弗兰克潘（Frankopan）独揽政治、经济大权长达几个世纪之久。

14世纪

匈牙利的安茹王朝在卡尔（Carl，Charles）和洛约什一世的统治下，重申在克罗地亚的王权，试图将一直控制着达尔马提亚的威尼斯人赶出去。

1358年

拉古萨（今杜布罗夫尼克）脱离了威尼斯的控制，成为一个独立的城市共和国。它发展成一个先进、自由的社会，与此同时巧妙地抵挡住了威尼斯人和土耳其人的进攻。

到奥斯曼帝国的奴役和强征，难民随处可见。

进入哈布斯堡时期

随着匈牙利帝国的崩溃，克罗地亚转而寻求奥地利人的保护。以维也纳为统治中心的哈布斯堡王朝充分吸纳了萨格勒布、卡尔洛瓦茨（Karlovac）和瓦拉日丁周围的狭长地域。哈布斯堡力图构建一个抵御奥斯曼帝国的缓冲带，建立了军事前线。这一地区由萨格勒布以南的一系列要塞组成，有一支以瓦拉几人（Vlach）和塞尔维亚人为主的常备军对抗土耳其人。

正好在被土耳其人打败100年以后，克罗地亚人成功逆袭。1593年，包括克罗地亚士兵在内的哈布斯堡军队在锡萨克终于挫败了土耳其人。1699年，奥斯曼帝国在Sremski Karlovci第一次乞和，土耳其人对欧洲中部的控制力有所减弱。波斯尼亚虽仍然归奥斯曼帝国所有，但威尼斯收复了沿海地区，将Neum周围的狭长陆地隔离开来，切断了奥斯曼帝国前往亚得里亚海的通路，在威尼斯和拉古萨之间形成了一个缓冲区。

不久，哈布斯堡王朝收复了斯拉沃尼亚，从而扩大了军事前线。这一时期农业生产恢复稳定，并有所进步，但克罗地亚的语言和文化失去了活力。

生于希贝尼克主教、发明家兼工程师的Faust Vrančić（1551~1617年）根据达·芬奇的粗略手稿，制作了第一个能够使用的降落伞。

拿破仑和伊利里亚省

哈布斯堡王朝支持法国君主制复辟激怒了拿破仑，他于1796年进攻意

威尼斯的束缚

威尼斯总督对克罗地亚海岸的控制、殖民和开发持续了将近800年。沿海和内陆城市，从北部的罗维尼到南部的科尔丘拉，至今仍然能在建筑、烹饪和文化方面看出威尼斯的影响。然而，与威尼斯的其他地区一样，那段时间并不好过。

威尼斯对达尔马提亚和伊斯特拉的统治是赤裸裸的经济剥削。威尼斯人蓄意砍伐森林，为他们建造船只提供木材。国家专营人为地降低橄榄油、无花果、葡萄酒、鱼和盐的价格，从而保证威尼斯买主以低价购得商品，而当地商人和生产者则越来越穷。造船业被有效地禁止，因为威尼斯不能容忍他们的船只有竞争对手。他们没有修建道路或学校，也从未投资当地产业。

1409年

那不勒斯的拉迪斯拉斯取得了克罗地亚的王位，但由于害怕朝中的争吵，他以10万金币的价格将扎达尔卖给了威尼斯，宣布放弃了对达尔马提亚的权利。

1493年

克罗地亚－匈牙利联军在Krbavsko Polje对阵土耳其人，但以失败告终，使克罗地亚完全暴露在土耳其人的攻势之下。土耳其人长驱直入，居民纷纷逃跑，饥荒随之而来。

1526～1527年

奥斯曼土耳其在Mohács之战中全歼匈牙利贵族，结束了匈牙利对克罗地亚的统治。匈牙利国王去世后没有继承人，从此奥地利的哈布斯堡王朝掌权。

1537～1540年

土耳其人攻占克罗地亚在达尔马提亚的最后堡垒克利斯（Klis），一直打到了萨格勒布以南的锡萨克。但不知为何，土耳其人从未推进至萨格勒布。

拉古萨共和国（THE REPUBLIC OF RAGUSA）

当达尔马提亚海岸的大部分地区在威尼斯的统治下苦苦挣扎的时候，拉古萨（今天的杜布罗夫尼克）却作为一个独立的共和国，过着无忧无虑的生活。其统治阶级具有超凡的经济头脑和外交手腕，确保这个小城邦能够以小博大，并在该地区及周边发挥重要的作用。

1371年，拉古萨人请求教皇允许他们与土耳其进行贸易往来，随后在整个奥斯曼帝国建立了贸易中心。蓬勃发展的贸易带来了艺术和科学的繁荣。拉古萨人在当时极为自由，在15世纪的时候就废除了奴隶贸易。他们在科学方面也很先进，1377年建立了检疫系统。

但由于拉古萨介于奥斯曼和威尼斯的利益之间，始终处于危险境地。1667年的一场地震对其造成了巨大的损失，从那以后，它再也没能完全恢复元气，最终于1808年被拿破仑吞并。

大利。在1797年攻克威尼斯后，双方签订了《康波福米奥条约》（*Treaty of Campo Formio*），拿破仑同意将达尔马提亚转让给奥地利以换取其他利益。克罗地亚人暗地里希望达尔马提亚能与斯拉沃尼亚统一，但随着哈布斯堡王朝明确表示这两个地区会保持独立，这一希望彻底破灭了。

罗宾·哈里斯（Robin Harris）所著的《杜布罗夫尼克：历史》（*Dubrovnik: A History*，2003年）一书全面、深刻地审视了这座伟大的城市，研究对这颗"亚得里亚海的明珠"建筑和文化方面产生过影响的事件、人物和运动。

奥地利对达尔马提亚的控制只持续到1805年，拿破仑在奥斯特里茨（Austerlitz）击败了奥地利和普鲁士的军队，迫使奥地利将达尔马提亚海岸割让给法国。拉古萨很快向法国军队投降，法国还吞并了今天黑山的科托尔湾（Bay of Kotor）。拿破仑将其战利品重新命名为"伊利里亚省"，并且迅速地改造了这一被忽略的地域。他实施了一个植树造林计划，在贫瘠的山丘上重新造林。他还修建道路和医院，引进新的作物。鉴于几乎所有人都是文盲，新政府建立了小学、初中和高中，甚至还在扎达尔建立了一所大学。然而法国政权仍然不受欢迎。

拿破仑在俄国战场上溃败之后，他的帝国也随之覆灭。1815年，维也纳会议承认达尔马提亚归奥地利所有，并将克罗地亚的其他地方置于奥地利匈牙利省的管辖之下。对达尔马提亚来说，新政权意味着回到以前的状态，从前的意大利精英再度执政，匈牙利人将匈牙利语言和文化强加给克罗地亚北部居民。

南斯拉夫意识

传统上，达尔马提亚上层社会讲意大利语，而克罗地亚北部贵族则讲德语或匈牙利语，但热衷于启蒙运动的拿破仑已经为南斯拉夫意识的形成

1593年	1671年	1699年	18世纪80年代
在代表着前奥斯曼帝国巅峰时代的锡萨克，哈布斯堡王朝首次重创土耳其人，标志着土耳其人将逐渐撤出欧洲中部。	Franjo Frankopan和Petar Zrinski率领的一个代表团旨在使克罗地亚摆脱匈牙利的控制，但活动被迫终止。两人被绞死，他们的土地也被哈布斯堡没收。	根据Karlovci条约，土耳其人放弃了对克罗地亚的一切权力。在此后的20年中，威尼斯和匈牙利收回了所有解放的土地。	哈布斯堡王朝开始了德国化进程，命令所有行政机关都以德国的方式进行管理。这在哈布斯堡王朝的非德国人当中激起了民族主义情绪。

埋下了伏笔。这种同一身份意识最终在19世纪30年代在主张恢复克罗地亚语言的“伊利里亚”运动中表露无遗。拿破仑的宏伟计划是扶植塞尔维亚文化，但塞尔维亚仍然被奥斯曼帝国占领着。

1834年创办的第一份伊利里亚报纸使用萨格勒布方言，它推动克罗地亚议会提议在学校教授斯拉夫语。

1848年巴黎革命之后，匈牙利人开始向哈布斯堡王朝施压。克罗地亚从中看到了重新控制并统一达尔马提亚、克拉伊纳（Krajina）和斯拉沃尼亚的机会。哈布斯堡王朝对克罗地亚人的情感只是在口头上应付了事，他们指派约西普·耶拉其恰（Josip Jelačić）为克罗地亚总督（ban）。耶拉其恰立即要求选举，并发布了一道命令，宣布对匈牙利煽动者开战，以博取哈布斯堡的欢心，但后者对他的自治要求置若罔闻。耶拉其恰战斗英姿的铜像以不朽的姿态留在了萨格勒布市中心。

1848年以后，克罗地亚人对统一基本上不抱什么希望了，随着1867年奥匈帝国的诞生，这一幻想彻底破灭。奥匈帝国将克罗地亚北部和斯拉沃尼亚置于匈牙利的统治之下，而达尔马提亚仍然归奥地利所有。克罗地亚在哈布斯堡王朝时期享有的有限自治也不复存在了。

Branka Maga的作品《克罗地亚历史》（*Croatia Through History*，2007年）是一部非常详细的历史作品，聚焦关键事件，清晰地勾勒出克罗地亚民族特征形成的脉络。

南斯拉夫的梦想

在接下来的一个世纪中，不满情绪催生了两股势力，左右着政治格局。以前的“伊利里亚”运动形成了国家党（National Party），由Bishop Josip Juraj Strossmayer控制。Strossmayer相信，哈布斯堡王朝和匈牙利人都强调塞尔维亚人与克罗地亚人之间的不同，只有通过Jugoslavenstvo（字面意思是“南斯拉夫主义”或南斯拉夫统一体）才能实现两个民族的愿望。Strossmayer支持塞尔维亚的独立斗争，但他更倾向于建立奥匈帝国统治下的南斯拉夫独立体，而非完全独立的国家。

领带是领结的派生物，它源于克罗地亚，是军装的一部分，17世纪被法国采用。“cravat”（领结）一词是Croat（克罗地亚）和Hrvat的变体。

相比之下，由激进的反塞人士Ante Starčević领导的正义党（Party of Rights）则设想建立一个由斯拉沃尼亚、达尔马提亚、克拉伊纳、斯洛文尼亚、伊斯特拉以及波斯尼亚和黑塞哥维那部分地区组成的独立的克罗地亚。同时，东正教教会鼓励塞尔维亚人基于他们的信仰形成民族认同。直到19世纪，克罗地亚的东正教居民仍然将自己视为瓦拉几人、Morlach人、塞尔维亚人、东正教信徒，甚至是希腊人。在Starčević的宣传攻势下，一种独立的塞尔维亚东正教信徒身份在克罗地亚发展起来。

在“分而治之”的理论下，匈牙利人指定的克罗地亚总督公然支持塞

1797～1815年

拿破仑终结了威尼斯共和国，威尼斯的领土最初由哈布斯堡王朝接管。1806年拿破仑占领了亚得里亚海沿岸，将其命名为伊利里亚省。

1830～1850年

南斯拉夫的民族意识被唤醒，旨在逆转哈布斯堡王朝统治下的匈牙利化和德国化。克罗地亚民族复兴（Croatian National Revival）是其中一个分支。

1867年

哈布斯堡改朝换代，成为奥匈帝国。克罗地亚领土被一分为二：达尔马提亚归奥地利，斯拉沃尼亚归匈牙利。

1905年

蓬勃发展的克罗地亚民族意识在《里耶卡决议》（Rijeka Resolution）中清晰可见，该决议要求加强民主，重新统一达尔马提亚和斯拉沃尼亚。

尔维亚人和东正教会，结果却适得其反。在达尔马提亚形成了第一次有组织的反抗。1905年，里耶卡的克罗地亚人和扎达尔的塞尔维亚人联合起来要求统一达尔马提亚和斯拉沃尼亚，保证塞尔维亚人拥有平等的地位。统一的意志如雨后春笋般发展起来，到1906年，克罗地亚-塞尔维亚同盟已经接管了达尔马提亚和斯拉沃尼亚的当地政府，对匈牙利的权力结构造成了严重的威胁。

第一次世界大战和第一个南斯拉夫

随着第一次世界大战的爆发，克罗地亚再次面临被瓜分的命运。由于感觉到将再度成为大国的棋子，一个被称为“南斯拉夫委员会”的克罗地亚代表团说服塞尔维亚政府建立议会君主制来管理两个国家。虽然许多克罗地亚人并不了解塞尔维亚人的意图，但他们清楚意大利人的打算——战后意大利会不失时机地夺取普拉、里耶卡和扎达尔。到底是将自己的命运交付给意大利还是塞尔维亚，经过反复权衡，他们选择了塞尔维亚。

1918年奥匈帝国灭亡，南斯拉夫委员会成为斯洛文尼亚、克罗地亚和塞尔维亚全国委员会。委员会很快协商成立了塞尔维亚-克罗地亚-斯洛文尼亚王国（1929年改名为南斯拉夫王国），以贝尔格莱德为首都。以前独立的黑山王国也被纳入其中，黑山的国王尼古拉（Nikola）在战争期间就已经逃往法国，法国拒绝让其离开，300年的佩特罗维奇（Petrović）王朝至此终结。

王国成立之后，问题接踵而至。在哈布斯堡王朝统治时期，克罗地亚人惯于缺乏自主性。货币改革使塞尔维亚人受益，克罗地亚人的利益却受到了损害。南斯拉夫和意大利达成协议，将伊斯特拉、扎达尔和几座岛屿送给意大利。新宪法废除了克罗地亚的议会，所有权力都集中在贝尔格莱德，而在新选区中克罗地亚代表严重不足。

著名历史学家Mark Mazower的作品《巴尔干半岛》（*The Balkans*，2000年）对该地区进行了简单的介绍，可读性强，从地理、文化以及历史方面对巴尔干半岛进行了清晰的阐述。

新政权的反对派领袖、克罗地亚人斯捷潘·拉迪奇（Stjepan Radić）支持成立南斯拉夫的想法，但希望将其转变为联邦制的民主国家。事实证明，他与塞尔维亚的斯韦托扎尔·普利比切维奇（Svetozar Pribićević）的联盟是对政权的巨大威胁。1928年，拉迪奇遭到暗杀。南斯拉夫国王亚历山大（Aleksandar）利用人们对内战的恐惧，宣布皇家独裁，废除政党，暂停议会政府，从而扼杀了一切民主变革的希望。与此同时，在20世纪20年代，南斯拉夫共产党崛起，1937年，约瑟普·布罗兹·铁托（Josip Broz Tito）成为南斯拉夫领导人。

1908年

奥匈帝国控制了波斯尼亚和黑塞哥维那，将巴尔干地区的斯拉夫穆斯林置于它的势力范围之内，创建了未来南斯拉夫联邦的核心。

1918年

第一次世界大战结束后，奥匈帝国解体，塞尔维亚、克罗地亚和斯洛文尼亚王国成立。塞尔维亚王子Aleksandar Karađorđević继承王位。

1920年

斯捷潘·拉迪奇（Stjepan Radić）建立了克罗地亚农民党（Croatian Republican Peasant Party），该党成为塞尔维亚统治下为克罗地亚人争取利益的主要力量。

1934年

乌斯塔沙和马其顿革命者策划暗杀了南斯拉夫国王亚历山大一世，他在对法国进行国事访问期间在马赛被枪杀。亚历山大一世死后，他11岁的儿子Petar继承了王位。

乌斯塔沙的出现和第二次世界大战

宣布皇家独裁一天后，波斯尼亚的克罗地亚人安特·帕韦利奇（Ante Pavelić）受墨索里尼的启发，在萨格勒布发起了乌斯塔沙克罗地亚解放运动（Ustaše Croatian Liberation Movement），其目标是建立一个独立国家，如果必要的话，会使用武力。由于害怕被逮捕，帕韦利奇最初逃往保加利亚的索非亚（Sofia），与反对塞尔维亚的马其顿革命分子取得联系。随后他来到意大利，在墨索里尼的支持下，为自己的组织建立了训练营。1934年，他和马其顿人在马赛刺杀了亚历山大国王，而意大利的回应是关闭训练营，并关押了帕韦利奇和他的许多追随者。

1941年4月6日，德国入侵南斯拉夫，流亡的乌斯塔沙运动很快得到德国人和意大利人的扶植，后者希望看到他们自己在达尔马提亚的领土目标得以实现。几天之内，以帕韦利奇为首的克罗地亚独立国（Nezavisna Država Hrvatska，NDH）颁布了一系列法令，旨在迫害和消灭政权的“敌人”，毫不掩饰地将目标指向犹太人、罗姆人和塞尔维亚人。1941~1945年，大部分犹太人被围捕并被送往集中营。

塞尔维亚人的遭遇也没好到哪儿去。乌斯塔沙提出：“对待塞尔维亚人要杀三分之一，驱逐三分之一，让剩下的三分之一皈依天主教。”他们以骇人听闻的暴行实施着这一计划。一些村庄自行屠杀塞尔维亚人，并建立了集中营，最臭名昭著的是亚塞诺瓦茨（Jasenovac，萨格勒布以南）集中营，在那里，塞尔维亚人、犹太人、罗姆人和反法西斯人士统统都被杀害。塞尔维亚受害者的具体人数还不能确定，而且存在争议，但可以肯定数量极多。

铁托和游击队

并不是所有克罗地亚人都支持这些政策，一些人公开反对。乌斯塔沙政权的支持者主要集中在里卡（Lika）地区、萨格勒布西南部和黑塞哥维那西部。帕韦利奇同意将达尔马提亚大部分地区割让给意大利，这一做法极不得人心，乌斯塔沙政权在该地区几乎没有支持者。同样，乌斯塔沙政权在萨格勒布知识分子中也没有市场。

德拉查·米哈伊洛维奇（Draža Mihailović）将军率领切特尼克（Četnik，南斯拉夫祖国军）对政权进行武装抵抗。这最初是一场反法西斯起义，但很快演变成了对乌斯塔沙的报复，他们在克罗地亚东部和波斯尼亚对克罗地亚人实施了大屠杀。

Ivan Vučetić（1858~1925年）出生于赫瓦尔岛，后移民阿根廷，让指纹鉴定法更加成熟。

1939年

纳粹德国入侵波兰，第二次世界大战爆发。南斯拉夫在摄政王保罗王子（Prince Paul）的领导下，试图保持中立。两年后，希特勒迫使其签订了一个条约，他在政变中下台。

1941年

德国入侵南斯拉夫。帕韦利奇宣布成立克罗地亚独立国（Nezavisna Država Hrvatska；NDH），这是纳粹的傀儡政权。他的乌斯塔沙追随者开始屠杀塞尔维亚人、罗姆人和犹太人。

1943年

铁托的共产党游击队取得了军事上的胜利，建立了深得人心的反法西斯战线。他们击退了意大利军队，收复领土。英国和美国给予了军事支持。

1945年

德国投降，游击队进入萨格勒布，南斯拉夫联邦人民共和国成立。克罗地亚是联邦内拥有选举权的6个国家之一。

铁托领导的人民解放游击队（National Liberation Partisan）进行了最有效的反法西斯斗争。游击队根植于被宣布为非法的南斯拉夫共产党，吸引了饱受折磨的南斯拉夫知识分子、厌恶切特尼克大屠杀的克罗地亚人、厌恶乌斯塔沙大屠杀的塞尔维亚人和反法西斯人士等各方力量。游击队早期设想战后的南斯拉夫是一个松散的联邦，这一展望使其赢得了广泛的支持。

虽然协约国最初支持塞尔维亚的切特尼克，但他们很快认清游击队在抵抗纳粹的战斗中更为专注，也更坚决。在丘吉尔和其他协约国政府的外交和军事支持下，人民解放游击队于1943年控制了克罗地亚的大部分地区。他们在占领区建立了地方政府，为后来的权力过渡奠定了基础。1944年10月20日，游击队和红军（Red Army）一起进入贝尔格莱德。1945年德国投降，帕韦利奇和乌斯塔沙政权溃逃，游击队进入萨格勒布。

克罗地亚独立国的残余部队千方百计地想从游击队手中逃脱，并试图进入奥地利。一支英军小分队遇上了撤退的主力军，但拒绝接受对方的投降。他们最终向游击队投降，随后经过多场大屠杀和被迫的艰苦行军，几万名（确切数字存疑，但据说超过5万）克罗地亚独立国的士兵和乌斯塔沙支持者失去了生命。

马库斯·塔纳(Marcus Tanner)所著的《克罗地亚：一个在战争中缔造的国家（2010年第3版）》[*Croatia: A Nation Forged in War* (3rd edition 2010)]清晰地讲述了从斯拉夫人到来至今几个世纪以来的复杂事件，生动地呈现了克罗地亚历史中的痛苦与磨难，可读性强。

第二个南斯拉夫

铁托试图继续控制意大利的里雅斯特（Trieste）和奥地利南部的部分地区，遭到了协约国的反对。但达尔马提亚和伊斯特拉的大部分地区成了战后南斯拉夫的永久组成部分。在创建南斯拉夫联邦人民共和国（Federal People's Republic of Yugoslavia）时，铁托决心建立一个民族平等的国家。克罗地亚、马其顿、塞尔维亚、黑山、波斯尼亚和黑塞哥维那、斯洛文尼亚这6个国家组成了紧密的联邦。然而铁托建立的一党制打破了这一微妙的平衡，他杜绝一切反对意见。

20世纪60年代，贝尔格莱德的集权情况变得越来越复杂，它将斯洛文尼亚和克罗地亚这些比较富裕的国家的财产拿去分给科索沃省以及波斯尼亚和黑塞哥维那这些比较穷的地方。这一现象在克罗地亚尤其明显，人们眼睁睁地看着自己从亚得里亚海沿岸旅游业中赚来的钱流入了贝尔格莱德。同时，塞尔维亚人在克罗地亚的政府、军队和警察机构中任职人数过多。

克罗地亚的动荡局面在1971年的“克罗地亚之春”（Croatian

1948年

铁托与斯大林决裂，南斯拉夫被开除出共产党和工人党情报局（Cominform）——一个由苏联控制的共产主义国家论坛。铁托开始小心地周旋于东西方阵营之间。

1956年

铁托积极推动不结盟运动——与盛行的冷战强国之间的关系截然不同的国家联盟。现在不结盟运动有120个成员国，占世界总人口的55%。

20世纪60年代

贝尔格莱德的集权导致了克罗地亚的动荡。用克罗地亚的钱去支援贫穷的省份以及塞尔维亚人在公共部门和军队中工作的人数过多引起了克罗地亚人的不满。

1971年

在“克罗地亚之春”中，共产党改革派、知识分子、学生和民族主义者要求克罗地亚在经济和宪法上获得更大的自治权。

约瑟普·布罗兹·铁托（JOSIP BROZ TITO）

1892年，约瑟普·布罗兹生于库姆罗韦茨（Kumrovec），其父亲是克罗地亚人，母亲是斯洛文尼亚人。第一次世界大战爆发时，他应征加入奥匈帝国的军队，结果被俄军俘虏。他在1917年俄国革命前逃走，成为一名共产党员，并加入了红军。1920年他返回克罗地亚，成为五金工会的组织者。

作为非法的萨格勒布共产党委员会的秘书，他的工作是统一政党，增加党员。1941年纳粹入侵，他改名铁托，并组织了一小股游击队，形成游击运动的核心。他所取得的胜利吸引了英美的军事支持，但同处共产主义阵营的苏联却多次拒绝了他的求援。

1945年，他成为新组成的南斯拉夫的总统。虽然仍然保持着共产主义意识形态，而且名义上忠于苏联，但铁托坚持独立。1948年，他与斯大林决裂，并与西方达成和解。

南斯拉夫民族间的对立是最让铁托头疼的难题，他压制一切争端，试图确保政府上层各民族代表的大体均衡。作为一个坚定的共产主义者，他难以接受民族争端的事实，因为他认为这偏离了对共同利益的追求。

但铁托也清楚地意识到南斯拉夫的民族矛盾正在悄然酝酿。20世纪70年代初，铁托开始准备连任，他打算在南斯拉夫各民族间达成权力平衡。他建立了轮换总统制，总统每年轮换，但这个体系被证明是不切实际的。后来发生的一切表明南斯拉夫对这位睿智、能力超凡的领袖是多么依赖。

1980年5月铁托逝世，他的遗体被从斯洛文尼亚的卢布尔雅那运至塞尔维亚的贝尔格莱德。无数哀悼者涌上街头，向这位艰难保持国家统一35年的伟人表示敬意。这是南斯拉夫各个倔强的民族最后一次流露出同一种情感。

Spring）中逐渐升温。在克罗地亚共产党内改革派的领导下，知识分子和学生要求削弱克罗地亚与南斯拉夫的联系。除了要求拥有更多的经济自主权和克罗地亚宪政改革之外，民族主义的元素也显现了出来。铁托予以还击，打击在南斯拉夫发展迅速的自由主义势头。塞尔维亚人将这一运动视为乌斯塔沙再生，被捕入狱的改革派则转而谴责塞尔维亚人自身有问题。这一切为民族主义的兴起和20世纪90年代的战争埋下了伏笔。

南斯拉夫的分裂

1980年5月铁托逝世，留下了一个动荡的南斯拉夫。经济上岌岌可危，再加上总统从6个国家中轮流产生，失去了铁托掌舵的南斯拉夫风雨飘摇。中央政府的权威随着经济的下滑而下降，南斯拉夫各个民族长期受

1980年

铁托逝世，全世界表示哀悼并向其致敬。南斯拉夫陷入通货膨胀、失业和外债的困境中。

1981年

就克罗地亚在南斯拉夫内的地位问题接受外国媒体采访之后，未来的总统弗拉尼奥·图季曼被判入狱3年。

1984年

南斯拉夫在萨拉热窝成功举办了冬季奥林匹克运动会，没有像1980年和1984年夏季奥运会那样遭到联合抵制。

1986年

斯洛博丹·米洛舍维奇成为塞尔维亚共产党的领导人。第二年，他在科索沃对塞尔维亚少数民族发表了激情澎湃的演讲，引起了公众的关注。

压制的不信任感浮出水面，塞尔维亚的民族主义者斯洛博丹·米洛舍维奇（Slobodan Milošević）就是在这个时候从政坛中崛起的。

1989年，对塞尔维亚科索沃省主要民族阿尔巴尼亚人的镇压再次触发了人们对塞尔维亚霸权主义的恐惧，最终导致南斯拉夫联邦的解体。随着东欧剧变，面对米洛舍维奇越来越频繁的发难，斯洛文尼亚走上了独立的道路。而克罗地亚仍然留在塞尔维亚人控制的南斯拉夫，失去了斯洛文尼亚这个保持平衡的砝码，克罗地亚更加难以立足了。

在1990年4月的克罗地亚大选中，弗拉尼奥·图季曼（Franjo Tuđman）领导的克罗地亚民主联盟（Croatian Democratic Union，Hrvatska Demokratska Zajednica，HDZ）以40%对30%的选票优势，大胜共产党，后者始终对塞尔维亚共产党以及伊斯特拉和里耶卡的选民保持忠诚。1990年12月22日，一部新的克罗地亚宪法改变了塞尔维亚人在克罗地亚的地位，从原来的"有选举权的民族"变成了"少数民族"。

该宪法没有保障少数民族的权利，导致大量从事公职的塞尔维亚人被解雇，促使在克罗地亚有60万人的塞尔维亚群体要求自治。1991年年初，克罗地亚境内的塞尔维亚极端分子寻衅滋事，迫使联邦军队介入。1991年5月，公民投票（遭塞尔维亚人联合抵制）的结果显示，93%的选民支持克罗地亚独立。1991年6月25日，克罗地亚宣布独立，塞尔维亚飞地克拉伊纳（Krajina）同时宣布从克罗地亚独立。

记者米夏·葛列尼（Misha Glenny）的《巴尔干：民族主义、战争和强国，1804~1999年》（*The Balkans: Nationalism, War & the Great Powers, 1804~1999*，2000年）探索了巴尔干半岛受到过的外来干涉。他早期的书《南斯拉夫的分裂》（*The Fall of Yugoslavia*，1992年）探究了引发20世纪90年代战争的政治、历史和文化因素。

克罗地亚内战

迫于欧盟的压力，克罗地亚宣布延期3个月独立，但在克拉伊纳、巴拉尼亚（Baranja）和斯拉沃尼亚爆发了激烈的战斗。克罗地亚人所说的国内战争（Homeland War）就此打响。由塞尔维亚人控制的南斯拉夫人民军以制止种族暴力为由，开始出面支持塞尔维亚人的非正规军。克罗地亚政府下令关闭克罗地亚共和国境内的联邦军事设施，南斯拉夫海军封锁了亚得里亚海沿岸，并围攻多瑙河的战略重镇武科瓦尔（Vukovar）。1991年夏，四分之一的克罗地亚领土被塞尔维亚民兵和塞尔维亚人领导的南斯拉夫人民军占领。

1991年年末，联邦军队和黑山民兵攻打杜布罗夫尼克，萨格勒布的总统府被南斯拉夫的火箭弹击中，这明显是打算刺杀图季曼总统。当3个月的延期结束之后，克罗地亚宣布彻底独立。不久，武科瓦尔沦陷，南斯拉夫军队进入城市，并展开了血腥的屠杀，这是南斯拉夫战争史上最残忍的行为

1989年

东欧剧变，图季曼（Franjo Tuđman）建立了南斯拉夫第一个非共产主义政党——克罗地亚民主联盟（HDZ，Hrvatska Demokratska Zajednica）。

1990年

斯洛文尼亚和塞尔维亚之间的分歧导致了南斯拉夫共产党的瓦解。克罗地亚共产党允许多党选举，克罗地亚民主联盟在选举中获胜。

1991年

克罗地亚议会宣布克罗地亚独立，而克拉伊纳在米洛舍维奇的支持下宣布从克罗地亚独立。克罗地亚人和塞尔维亚人之间爆发战争。

1992年

在联合国的斡旋下，第一个停火协议暂时生效。欧盟承认克罗地亚独立，克罗地亚加入联合国。邻国波斯尼亚爆发战争。

之一。在克罗地亚长达6个月的战争中，有1万人遇难，成千上万的人被迫逃亡，无数房屋被毁。

联合国介入

1992年1月3日，在联合国的斡旋下，双方达成了停火协议。联邦军队被允许从他们在克罗地亚的基地撤回，紧张局势得以缓解。与此同时，欧盟迫于德国的压力，承认克罗地亚的独立。随后克罗地亚又得到了美国的承认。1992年5月，克罗地亚加入联合国。

联合国在克拉伊纳的和平计划本打算解除当地塞尔维亚人准军事部队的武装，遣返难民，使该地区回归克罗地亚。结果却是保持现状，没有提出永久性的解决方案。1993年1月，克罗地亚军队突然对克拉伊纳南部发起攻击，将塞尔维亚武装压缩在某些地区，夺回了战略点。克拉伊纳的塞尔维亚人发誓绝不接受萨格勒布的统治，在1993年6月的投票中，同意加入波斯尼亚的塞尔维亚人占绝对优势，他们希望最终能形成大塞尔维亚。其余的克罗地亚人几乎全都被驱逐出克拉伊纳（Krajina）。

1995年7月，8000多名穆斯林男人和男孩在波斯尼亚的斯雷布雷尼察（Srebrenica）遭到波斯尼亚塞尔维亚军队屠杀。当时的联合国秘书长科菲·安南（Kofi Annan）将这一种族灭绝行为描述为"'二战'以来欧洲土地上最严重的屠杀行为"。

波斯尼亚和黑塞哥维那的麻烦

与此同时，面对塞尔维亚人的进攻，波斯尼亚和黑塞哥维那以及波斯尼亚的克罗地亚人起初和穆斯林站在一起。但1993年，双方闹翻，开始互斗。波斯尼亚的克罗地亚人得到了萨格勒布政府的默许，在波斯尼亚制造了许多暴力事件，包括屠杀平民和破坏清真寺，最出名的是破坏莫斯塔尔（Mostar）的一座老桥。双方的争斗直到1994年才平息下来，当时塞尔维亚人围攻萨拉热窝，国际社会再也不能作壁上观，于是在美国的扶植下，穆斯林-克罗地亚联邦形成。

当这些可怕的事件在波斯尼亚和黑塞哥维那上演的时候，克罗地亚政府开始悄悄设法从国外采购武器。1995年5月1日，克罗地亚军队和警察进入萨格勒布以东、被占领的斯拉沃尼亚西部，并在几天之内控制了该地区。作为回应，克拉伊纳的塞尔维亚武装炮轰萨格勒布，导致7人死亡、130人受伤。当克罗地亚军队巩固对斯拉沃尼亚西部的控制的时候，15万平民（其中许多家庭祖祖辈辈都生活在克拉伊纳，历史长达几百年）逃离该地区，尽管克罗地亚政府承诺他们不会遭到报复。

在整场战争中，贝尔格莱德始终保持沉默，表明克拉伊纳塞尔维亚人已经失去了赞助者的支持，这鼓舞了克罗地亚人继续前进。8月4日，他们向

1993年

波斯尼亚的克罗地亚人和穆斯林从前共同对抗波斯尼亚的塞尔维亚人，现在开始互相争斗。克罗地亚的声誉因屠杀穆斯林和塞尔维亚平民而遭到玷污。

1994年

在美国的斡旋下，波斯尼亚形成了穆斯林-克罗地亚联邦。教皇约翰·保罗二世（John Paul II）访问克罗地亚，号召摒弃民族主义，实现和平。

1995年

在Oluja战役中，克罗地亚部队收复了在克拉伊纳的失地，该地区的多数塞尔维亚人逃走。《代顿和平协定》带来了和平，并确认了克罗地亚边界。

2009年

克罗地亚正式加入北约。总理伊沃·萨纳德尔突然辞职，他的副手、前记者亚德兰卡·科索尔（Jadranka Kosor）继任，成为该国第一位女总理。

塞尔维亚反叛者之都克宁发动了一次军事进攻。塞尔维亚军队和15万世世代代生活在克拉伊纳的平民逃往波斯尼亚北部。军事行动很快就结束了，但在接下来的几个月里，该地区一直笼罩在恐怖当中，包括遭到大规模掠夺和塞尔维亚人的村庄被烧毁。

1995年12月，《代顿和平协定》(*Dayton Peace Accords*)在巴黎签署，承认克罗地亚在南斯拉夫时期的边界，并准备归还斯拉沃尼亚东部。过渡比较顺利，但两个民族之间仍然存在猜疑和敌意。

理查德·霍尔布鲁克(Richard Holbrooke)的《结束战争》(*To End a War*，1998年)记录了围绕《代顿和平协定》发生的事件。作为美国外交家，在他的调停下，交战双方来到谈判桌前，达成了一个和平协定。霍尔布鲁克在一个特殊的位置上对该地区的特征和政策做出了评价。

战后的克罗地亚

战后的克罗地亚在一定程度上恢复了稳定。和平协定的主要条款是克罗地亚政府保证推进帮助塞尔维亚难民的返回政策。虽然萨格勒布的中央政府根据国际社会的要求，将难民的返回作为头等大事，但这些努力遭到了地方当局的破坏，他们一心想在自己的地区保持民族的单一性。最近的人口普查(2011年)显示，塞尔维亚族占人口总数的4.4%，人数比10年前略低，还不到1991年的三分之一。

2005年，为了加入欧盟，克罗地亚将安特·戈托维纳(Ante Gotovina)将军被移交给海牙国际法庭。2011年，戈托维纳和前将军姆拉登·马尔奇(Mladen Markač)分别被判入狱24年和18年。但2012年11月，该判决被推翻，上诉法庭裁定他们的战争罪名不成立。

2008年春，在布加勒斯特举行的峰会上，克罗地亚被正式邀请加入北大西洋公约组织(NATO)，并于一年后正式加入。2012年，克罗地亚对是否加入欧盟进行全民公决，2013年，它正式成为欧盟的一员。2015年2月，科琳达·格拉巴尔-基塔罗维奇(Kolinda Grabar-Kitarović)接替伊沃·约西波维奇(Ivo Josipović)，并成为克罗地亚首位女总统。

2010年

斯洛文尼亚就与克罗地亚领土争议问题举行公民投票，以微弱优势支持妥协方案，为克罗地亚加入欧盟扫清了障碍。

2012年

克罗地亚就是否加入欧盟举行全民公决，支持与反对的比例是2∶1，但是投票率很低。2013年克罗地亚正式成为欧盟第28个成员国。

2015年

克罗地亚人选举科琳达·格拉巴尔-基塔罗维奇成为该国首位女总统。2017年，《福布斯》(*Forbes*)杂志将她列为全球最有权力的女性第39名。

克罗地亚人的思维和观念

北部受德国影响，南部具有地中海享乐主义倾向，克罗地亚人并非是一个模子里刻出来的。然而从这个国家的一端到另一端，也有一些东西是恒久不变的：无论走到哪里，家庭和宗教信仰都是最重要的，保守是常态，全国人民都热爱体育运动，而且咖啡消耗量巨大。

克罗地亚：西方还是东方？

绝大多数克罗地亚人都对西欧持有强烈的文化认同感，认为自己与东边的波斯尼亚、黑山和塞尔维亚这些邻国是有区别的。“过了克罗地亚就是东方土耳其人/东正教的地盘了”这种观点在各个阶层中都十分流行。如果把克罗地亚说成是东欧的一部分，你是不会受欢迎的。一些当地人甚至抵触“巴尔干”一词，认为它有负面含义。他们会很快指出，萨格勒布其实比维也纳更靠西，大部分人都信奉天主教而非东正教，他们使用拉丁字母，而非西里尔字母。

虽然使用的字母不同，克罗地亚语和塞尔维亚语更像是有关联的不同方言，而非两种独立的语言，但这并不能阻止双方强调彼此之间的差别。尤其是在克罗地亚，法国式的语言民族主义尤为明显，他们将南斯拉夫时期的词汇，例如“aerodrom”（机场）从路标中删除，取而代之的是源于克罗地亚语的“zračnaluka”（zrak译为air，luka译为port，但多数人讲话时仍然使用aerodrom）。在杜布罗夫尼克吃饭，如果你点菜的时候使用“hljeb”或“hleb”（分别为黑山语和塞尔维亚语，意为“面包”）而不是“kruh”，点菜过程就不会太顺利。

2014年，一份收集了50万个签名的请愿书呼吁进行公民投票，限制在克罗地亚公共标志上使用西里尔字母。目前，在塞尔维亚族人口超过30%的地区使用西里尔字母和拉丁字母，但该请愿书试图将这一比例提高到至少50%。法院驳回了这一诉求，指出这样的公投违反宪法。但是2015年，武科瓦尔（饱受战争摧残的城市，塞尔维亚族人口占34.8%）通过了一项法令，不再继续制作双语标识牌——克罗地亚总理、总统和欧洲委员会对此表示谴责。

这一切与塞尔维亚turbo民谣在克罗地亚的大行其道形成了鲜明的对比。在20世纪90年代战争期间，这种音乐不被喜欢，人们对其避之不及。看起来，紧张的种族关系现在已经得到一定程度的缓解，与巴尔干有关的元素再次以意想不到的方式出现在克罗地亚社会。

克罗地亚的性格分裂

由于首都在内地，而多数大城市在沿海，因此克罗地亚处于一种分裂的状态，萨格勒布、扎戈列和斯拉沃尼亚有比较严重的欧洲倾向（食物以肉食为主、建筑为奥地利风格、追求个人进步而非享乐），而沿海地区则是更加懒散和开放的地中海个性。伊斯特拉人受意大利影响很大，使用意大利语和克罗地亚语两种语言。相比之下，达尔马提亚人的意大利特征不那么明显，他们更加逍遥自在：许多单位到下午3点就下班了，因此人们有大把的时间在海滩上晒太阳，或在户外咖啡馆发呆。

大部分从事旅游业的人讲德语、英语和意大利语，在年轻人当中，英语更加普及。

家庭最重要

对克罗地亚人来说，家庭非常重要，人们重视并珍惜大家庭的关系。第一代表亲非常亲近，远房亲戚之间也保持着联系。

孩子们在长大成人之后仍然与父母生活在一起，这是传统，而且也相当普遍。尤其是生长在农村或小城市的男孩，结婚后，妻子通常也会搬到丈夫的父母家。对同性恋者或追求独立的人来说，想要结婚后开始独立生活特别困难。许多年轻人通过去外地读书在一定程度上实现了独立。

多数家庭都有自己的房子，在后共产主义时期，以前的国有房屋都以低价卖给了居住者。这些房产都是从祖父母、伯祖母和其他亲属那里继承来的。

日常生活

礼仪贴士

去教堂要穿着得体。

受到邀请才能直呼其名。

提出邀请（吃饭或喝酒）的人买单。

在咖啡馆和酒吧消磨时光是这里居民生活的重要组成部分。你经常会奇怪：这么多人闲着不去工作，国家是怎样运转的？然而人们一旦回到工作岗位，效率总是高得出奇，这也许正是咖啡的功效吧。

克罗地亚人喜欢美好的生活，他们总是自豪地炫耀最新款的时装和手机。无论男女都看重高端时尚品牌——越大牌越好。即使经济拮据，人们也会省下去餐馆吃饭和看电影的钱，去意大利或奥地利买新衣服。对年轻人来说，好看、穿着入时就是吹牛和炫耀的资本。克罗地亚男人觉得在公共场合做傻事很丢脸，所以虽然他们也喝酒，但不会喝醉，大部分当地妇女也不会喝太多酒。

在克罗地亚，明星崇拜蔚然成风——垃圾小报上充斥着所谓的明星以及关于他们最新闹剧的报道。

礼仪和言谈举止

克罗地亚人给人的印象是冷淡、粗鲁的（即使是那些在旅游部门工作的人），有些人觉得他们过于直接。说客套话就是会被认为是虚伪的，微笑和“祝你今天愉快”这样的祝福只留给他们真正在乎的人。对他们来说，给一个完全陌生的人写信，一上来就称“亲爱的”，或跟一个刚刚见面的人称兄道弟，都是不可思议的。

这就是克罗地亚人的行事方式，别把它放在心上，至少如此一来你可以对亲疏远近有准确判断。而一旦你从陌生人升级为朋友，你就会发现他们热情、合群、慷慨而且非常友好，你甚至可以和他们做一辈子的朋友。

如果你不想知道答案，千万别问克罗地亚人“最近好吗？”，他们不会简单地回答“很好”，达尔马提亚人更是夸张，他们会滔滔不绝地列举生活中的快乐或深深的绝望。总之，只要你问，你就好好地听下去吧。

宗教

最新的人口统计显示，在克罗地亚，天主教徒占86.3%，东正教徒占4.4%（正好与塞尔维亚人所占比例一致），其他宗教类别和未申报的占4%，无神论者占3.8%，穆斯林占1.5%。

区别克罗地亚人和塞尔维亚人的主要因素就是宗教：克罗地亚人基本上都信奉罗马天主教，而塞尔维亚人则与东正教有密切的联系。其区别的根源是4世纪末罗马帝国的分裂。西边的克罗地亚由罗马统治，东边的塞尔维亚受希腊影响，由君士坦丁堡（现在的伊斯坦布尔）统治。随着时间的推移，东西方基督教之间的差异越来越大，终于在1054年东西教会大分裂时达到顶峰，双方教会分道扬镳。除了各种教义上的差别之外，东正教徒崇拜圣像，允许牧师结婚，不接受教皇的权威。

说天主教塑造了克罗地亚的民族认同感并不为过。早在9世纪，克罗地亚人就承诺效忠罗马天主教，作为回报奖赏，他们有权用当地的格拉哥里字母做弥撒和发行宗教著作。教皇支持早期的克罗地亚君主，作为回报，克罗地亚人修建修道院和教堂，将天主教发扬光大。在克罗地亚受外国势力统治的漫长岁月里，天主教是建立国家认同感的统一元素。

教会在克罗地亚文化和政治生活中深受尊崇，同时它也是梵蒂冈特别关注的对象。教会和军队是克罗地亚最受信赖的机构。

无论在国内还是国外，克罗地亚人都为天主教输送了大量牧师和修女，补充了神职人员队伍。人们满怀激情地庆祝宗教节日，积极参加周日弥撒。

尼古拉·特斯拉（Nikola Tesla，1856~1943年）是无线电和交流电之父，生于克罗地亚的Smiljan村，父母是塞尔维亚人（他的父亲是一位东正教牧师）。克罗地亚和塞尔维亚都尊他为民族英雄。

克罗地亚的平权情况

尽管克罗地亚女性仍然面临一些障碍，但情况正在改善。在铁托领导下的社会主义时期，女性被鼓励参政，在克罗地亚议会中，女性代表增至18%。目前议会中的女性代表占19%，而且有一位女总统——这个国家有史以来的第一位女性总统。

与城市相比，生活在传统乡村的女性处境更糟。内战后，她们比男性受到的经济打击更大。许多工厂关闭，尤其是在女性工人比例很高的斯拉沃尼亚东部。

管理层的女性比例偏低，人们认为出去工作的女性回家后还是要做大部分家务。家庭暴力和工作中的性骚扰在克罗地亚非常普遍。克罗地亚于2013年签署了欧洲委员会旨在减少针对女性的暴力的公约，2018年批准生效。

虽然对待同性恋的态度在慢慢改变，但克罗地亚是一个对性高度保守的天主教国家。多数同性恋都藏得很深，害怕一旦暴露性取向会受到困扰或暴力对待。2013年，一个名为“Uimeobitelji”（以家庭的名义）的组织发起了一次全民投票，65%的投票者赞成宪法禁止同性婚姻。第二年，议会通过了一项法律，为同性伴侣创立了民事关系，并赋予他们与已婚夫妇相同

克罗地亚女性直到1945年才获得选举权。此次选举之后，南斯拉夫成为一党制国家。选举照例举行，但由共产主义者联盟选定候选人，有时选票上只有一个名字。

篮球

篮球是仅次于足球的第二受欢迎的运动，人们对它尊崇有加。斯普利特、扎达尔和萨格勒布的希伯纳队（Cibona）等球队享誉欧洲，但没有哪支球队能与20世纪80年代赢得欧洲冠军的那支希伯纳队（Cibona）媲美。

的权利(收养权利除外)。

擅长运动

2017年,克罗地亚在世界人均体育大国中排名第七。足球、篮球和网球都相当普及,热爱运动的克罗地亚为各个体育项目输送了大量世界级运动员。

足球

足球(克罗地亚语nogomet)是这个国家最受欢迎的体育运动。1998年,即脱离南斯拉夫并宣布独立之后的第七年,克罗地亚男足就以世界杯第三名的成绩震惊世界。

2018年,男足在教练兹拉特科·达利奇(Zlatko Dalik)的带领下杀入世界杯决赛,队长卢卡·莫德里奇(Luka Modric)获得金球奖最佳球员奖。虽然败给了法国队,但他们回国时受到凯旋英雄般的待遇。

对于克罗地亚的足球事业而言,这种激励来得恰是时候。莫德里奇的早期教练Zdravko Mamic、萨格勒布迪纳摩(Dinamo Zagreb)俱乐部前经理身负腐败丑闻,在因逃税和侵吞球员转会费被宣判监禁6年半之后,逃离克罗地亚。莫德里奇自己也被怀疑替Mamić做了伪证。

球迷的行为也是常见问题,种族主义者和法西斯主义者的呐喊和旗帜导致国家队受到谴责。萨格勒布迪纳摩队和老对手斯普利特海杜克队(Hajduk Split)的比赛经常发生暴力冲突。

克罗地亚最好的球员在欧洲各国的职业俱乐部效力。虽然拥有传奇般的球员达沃·苏克(Davor Švor)——2004年被球王贝利誉为活着的顶级球员之一、克罗地亚足球史上最有名的球员,但是目前的黄金一代很有希望将其超越。

当红的黄金一代足球明星有卢卡·莫德里奇(皇家马德里队)、伊万·拉基蒂奇(Ivan Rakitić,巴塞罗那队)、马里奥·曼祖基奇(Mario Mandžukić,尤文图斯队)、达尼耶尔·苏巴西奇(Danijel Subašić,摩纳哥队)、多马戈伊·维达(Domagoj Vida,贝西克塔斯队)、伊万·佩里西奇(Ivan Perišić,国际米兰队)、马提奥·科瓦季奇(Mateo Kovačić,皇家马德里队)、米兰·巴德勒(Milan Badelj,佛罗伦萨队)、西梅·福萨里科(Šime Vrsaljko,马德里竞技队)、马塞罗·布罗佐维奇(Marcelo Brozović,国际米兰队)和德扬·洛夫伦(Dejan Lovren,利物浦足球俱乐部)。

网球

克罗地亚诞生了——并且将继续诞生——许多伟大的运动员,在哪方面都是。

2001年,身高1.93米的戈兰·伊万尼塞维奇(Goran Ivanišević)在温网夺冠后,举国欢庆,尤其是在他的家乡斯普利特。这位魅力超凡的发球上网型运动员以其迷人的个性和球场上的滑稽搞怪赢得了超高的人气,在20世纪90年代的大部分时间里都位列前十名。伤病迫使他在2004年退役,但克罗地亚还是在身高1.93米高的伊万·柳比西奇(IvanLjubičić)和身高1.95米高的马里奥·安契奇(Mario Ančić)的带领下赢得了2005年的戴维斯杯。

克罗地亚排名最靠前的网球运动员是1.98米高的马林·西里奇(Marin Čilić,2018年世界排名第三),他在2014年的美网公开赛中首次夺得大满贯冠军。另一位在2018年进入男单排名的是22岁的Borna Ćorna。

女运动员中,生于萨格勒布的伊娃·马约莉(Iva Majoli)在1997年的法国网球公开赛中赢得了冠军。目前进入女单排名的克罗地亚人有4位:Mirjana Lučić-Baroni、Ana Konjuh、Donna Vekin和Petra Marti。

克罗地亚公开赛属于国际职业网球联合会(ATP)世界巡回赛的一部分,每年7月在乌马格(伊斯特拉)举办。在克罗地亚,网球不仅仅是一项观赏性运动。沿海地区有许多红土球场。

建筑

他们来了，他们看见了，他们征服了。这些克罗地亚的入侵者大多数占领这里的时间都非常久，因此留下了风格各异的建筑。从沿海地区带城墙的小城，到北方城市瓦拉日丁的巴洛克建筑，克罗地亚的建筑遗产既丰富又极其壮观，其中包括古罗马遗址、哥特式大教堂、文艺复兴风格的宫殿和维也纳风格的别墅。

丰富的罗马时期建筑

罗马人到来之前，这里几乎没有任何建筑留存。罗马人长达650年的统治为克罗地亚全境留下了星罗棋布的遗址，如完好无损的里耶卡市中心拱门、克尔卡国家公园（Krka National Park）内草皮覆盖的圆形竞技场和扎达尔古代会场的石柱。

但是，与今天全世界保存最完好的古罗马建筑遗址、位于斯普利特的戴克里先宫（Diocletian' s palace）相比，上述建筑都相形见绌了。这个超大规模的宫殿是退位的罗马皇帝于305年修建的，它后来被翻建成一个带围墙的小镇，并在将近2000年的时间里一直有居民居住，宫殿的某些部分就当时的建筑设计而言是十分具有前瞻性的。跟我们常见的古罗马废墟截然不同，原陵墓和朱庇特神庙甚至还保留着完整的屋顶。

斯普利特的圣杜金教堂（Cathedral of St Domnius，建于3世纪与4世纪之交）是全世界最古老的大教堂，因为位于戴克里先皇帝的陵墓中而保存至今。

克罗地亚另外两座亮眼的罗马时期建筑都在伊斯特拉。宏伟的普拉露天竞技场与罗马角斗场遥相呼应。这个建于1世纪的巨大竞技场还保持着最初近30米高的圆形围墙，这片曾经洒满鲜血的地方后来被用作公共娱乐场所。

在476年西罗马帝国衰败后，拜占庭（即东罗马）帝国最终统治了今克罗地亚的部分地区。那个时期现存的最伟大的建筑瑰宝是伊斯特拉波雷奇的尤弗拉西安教堂（Euphrasian Basilica）。这座早期基督教教堂建于6世纪，在多层古建筑的基础上修建而成，后殿用珍贵的马赛克装饰。

前罗马时期风格的教堂

7世纪初，斯拉夫人来到克罗地亚，开启了建筑学上的“古克罗地亚、前罗马时期。”由于大多数建筑都因13世纪蒙古人入侵被毁，这个时期的建筑遗留下来的并不多。幸存下来最好的前罗马时期风格建筑在达尔马提亚沿海，例如扎达尔的圣多纳徒斯教堂（St Donatus' Church）。这座建于9世纪的宏伟教堂坐落在古罗马会议厅遗址之上，教堂中心有一座别具一格的圆形建筑和三个半圆形后殿。

附近有两座虽然较小但同样美丽的教堂。位于Nin的圣十字教堂（Holy Cross Church）建于11世纪，为十字形结构，有两个后殿和一个在中心点上方的拱顶。小小的圣尼古拉教堂（St Nicholas）在Nin郊外，风景如画，这座看起来像城堡似的石头教堂坐落在小山顶上。

哥特式和文艺复兴

即使尖顶的哥特式风格已经风靡了整个欧洲，带半圆形拱门而且格局对称的中世纪罗马风格传统建筑仍在沿海地区流行了很久。13世纪，最早的哥特式建筑仍有罗马风格的影子。这个时期留下的最美的建筑是位于特罗吉尔的圣劳伦斯大教堂（St Lawrence's Cathedral），教堂内的雕刻作品是艺术大师Radovan在1240年创作的。萨格勒布的圣母玛利亚升天大教堂（Cathedral of the Assumption of the Blessed Virgin Mary）是克罗地亚北部第一座哥特风格建筑，虽然经过多次重建，但圣器收藏室内的13世纪壁画仍保存至今。

在同时代采用预切割石块技术修建的建筑中，希贝尼克的圣詹姆斯大教堂（建于1431~1535年）是唯一被保留下来的。

晚期哥特式风格建筑主要出自建筑师和雕塑家尤拉·达马提亚（Juraj Dalmatinac）之手，他于15世纪出生于扎达尔。他最杰出的作品是希贝尼克的圣詹姆斯大教堂（St James' Cathedral），它标志着教堂建筑从哥特式风格开始向文艺复兴风格过渡。达马提亚完全用石头建造了这座教堂，外墙装饰的雕刻图案是以当地人面孔作为蓝本。这个时期的另一个杰作是科尔丘拉的15世纪圣马可大教堂（St Mark's Cathedral）。

文艺复兴风格在独立的拉古萨（即杜布罗夫尼克）尤为盛行。在15世纪后50年里，文艺复兴风格（又回归古罗马建筑风格了）出现在哥特式晚期建筑上。斯庞扎宫（Sponza Palace）是这种混合风格建筑的典型代表。到了16世纪中叶，富有的贵族在拉古萨城里和周边兴建文艺复兴风格的宫殿和夏季住宅，文艺复兴式风格开始完全取代哥特式风格。不幸的是，这些建筑大多在1667年的地震中损毁。

从巴洛克风格到野兽派艺术

克罗地亚北部以巴洛克式建筑闻名，这种风格是17世纪由耶稣会牧师传入的。瓦拉日丁在17世纪和18世纪是地区首府，地理位置决定了它和北欧互有艺术家、工匠和建筑师来往。财富和创造力结合在一起，最终使瓦拉日丁成为克罗地亚首屈一指的巴洛克艺术之都。修复过的房屋、教堂，特别是宏伟的城堡，每个都有繁复甚至是浮夸的装饰，想无视都难。

今天的克罗地亚建筑风格多样。在20世纪90年代战争结束后的重建过程中，举办了不计其数的公开比赛，年轻的建筑师们突然有了展示才华的机会。科普里夫尼察的Gymnasium和罗维尼的Hotel Lone就是这些建筑师的著名作品。

在萨格勒布，上城区有巴洛克风格建筑，例如圣凯瑟琳耶稣会教堂（Jesuit Church of St Catherine）和经翻修后成为克罗地亚稚拙艺术博物馆（Croatian Museum of Naïve Art）的大宅。富裕人家在萨格勒布周边的乡村建造巴洛克式宅邸，包括Brezovica、Miljana、Lobor和Bistra。

奥匈帝国也对首都的建筑施加了影响，在宏伟的新古典主义公共建筑上尤为突出，而且面积较小的新艺术风格公寓和联排别墅也是这种影响的产物。其他范例包括里耶卡的总督宫，以及散落在奥帕蒂亚周边和附近岛屿的维也纳精英人士的度假豪宅。

在现代主义时期，克罗地亚的建筑风格与国际接轨。社会主义时期建造了许多优雅而美丽的住宅和其他民用建筑，特别是在萨格勒布新城等有整体规划的郊区地带。然而，这种曾经被认为是未来主义和现代主义风格、更接近野兽派的水泥建筑并不是人人都能欣赏的，许多建筑都荒废了。可悲的是，对20世纪70年代南斯拉夫的怀念并没能将与那个年代建筑风格相呼应的美丽旅馆保留下来。

自然环境

克罗地亚版图的形状像个回力镖，从北部肥沃的斯拉沃尼亚农田向南穿过克罗地亚中部的山区，延伸至伊斯特拉半岛，再往南是亚得里亚海沿岸地势起伏不平的达尔马提亚地区。大多数游客把注意力放在迪纳拉山脉（Dinaric Alps）脚下狭窄的沿海地带和海中不计其数的可爱岛屿上，但事实上克罗地亚内陆拥有更为广阔的迷人景色。

喀斯特、洞穴和瀑布

克罗地亚最显著的地质特征是蜂窝状石灰岩和白云岩受侵蚀后形成的喀斯特地貌，这种地貌从海边延伸至内陆，覆盖了内陆的大部分地区。喀斯特地貌形成的原因是酸性水腐蚀石灰岩表面，然后水渗入坚硬的石灰岩下面，形成了地下河，造就了罅隙和溶洞之后重新露出地表，又渗入另一个洞穴，最终汇入大海。

洞穴和泉水是喀斯特地貌常见的特征，这就解释了克罗地亚的帕津洞（Pazin Chasm）、普利特维采湖群（Plitvice Lakes）、克尔卡瀑布和马尼塔佩奇洞（Manita Pećcave，位于帕克莱尼察）形成的原因。石灰岩塌陷时，形成了盆地构造（称为polje），虽然这种构造难于渗水，而且很容易变成季节湖，但上述自然景观就是这样演变而来的。

国家公园

南斯拉夫解体后，8个最好的国家公园归属于克罗地亚。国家公园占这个国家总面积的1.3%，共计961平方公里，其中742平方公里是陆地，219平方公里是水域。克罗地亚国土面积约8%是受保护的地带，包括自然公园和类似的保护区。出色的“克罗地亚公园”（Parks of Croatia；www.parkovihrvatske.hr）网站列出了克罗地亚全部19个国家公园和自然公园。

亚得里亚海海水的温度变化很大，会从12月的平均7℃（45℉）上升到9月的23℃（73℉）。

大陆

8个国家公园中最受欢迎的是世界遗产普利特维采湖群国家公园（Plitvice Lakes National Park；见213页）。这个公园在波斯尼亚边境附近，位于萨格勒布和扎达尔之间。河水流经喀斯特地貌时在苔藓中留下了碳酸钙，形成了一连串风景如画的湖泊和瀑布，瀑布在春季水量最大。公园受欢迎程度之高也带来一个问题：旺季时，公园里主要的小路上总是人满为患。

克尔卡国家公园（Krka National Park；见235页）在希贝尼克以北的克尔卡河沿岸，公园内的湖泊和瀑布更多。公园主入口在斯卡拉丁斯基瀑就地质构造而言，亚得里亚海的海岸线在海平面以下。近海有1244个岛屿和小岛，其中仅50个岛有人居住。较大的岛屿包括：北边的茨雷斯岛、克尔克岛、帕格岛和拉布岛，中间的布拉奇岛、赫瓦尔岛、长岛和维斯岛，以及南边的科尔丘拉岛和姆列特岛。

布（Skradinski Buk），这也是园内最大的瀑布，流经距离长达800米。与普利特维采湖群一样，这个公园在7月和8月也挤满了游客，但公园内还是有一些游人较少的小路。这里还有重要的文化遗迹，例如一个塞尔维亚东正教堂和一个罗马天主教修道院。

壮观的喀斯特峡谷和峭壁使位于亚得里亚海岸扎达尔附近的帕克莱尼察国家公园（Paklenica National Park；见216页）成为受欢迎的攀岩胜地。大型溶洞和洞穴内随处可见钟乳石和石笋，因此探洞爱好者把这个公园当作一个有趣的目的地。公园内还有数十公里长的徒步小径。这里旅游设施完善，但仍有很大面积的区域未经开发。

在同一个山脉的另一端，地势崎岖的北韦莱比特山国家公园（Northern Velebit National Park）由森林、山峰、深谷和山脊组成。公园位于海岸边的内陆地区，对面就是拉布岛。

位于里耶卡东北方向的里斯尼亚克国家公园（Risnjak National Park；见179页）是游人最少的森林公园，部分原因在于它的气候：处于高纬度地区，不适宜旅游，7月的平均气温仅12.6℃。这里冬季漫长，降雪量大，但5月末至6月的初春时节，野花盛开。这个公园故意不修建旅游设施，理由是希望吸引真正的高山爱好者来此。在位于Crni Lug的主要入口处有一个汽车旅馆和信息咨询处。

岛屿

科尔纳提群岛（Kornati Islands）由140个植被稀疏的无人岛屿组成，珊瑚礁总面积超过300平方公里，其中89平方公里在科尔纳提国家公园（见234页）内。群岛上非比寻常的岩石构造使岛屿成了亚得里亚海的明珠。除非你有自己的船只，否则就只能参加从扎达尔或附近其他地点出发的旅游团。

姆列特国家公园（Mljet National Park；见336页）占据了同名岛屿的西北部分，公园内有两个被丰茂绿地环绕的锯齿形咸水湖。与地中海上的任何一个地方相比，姆列特岛上的灌木丛都长得更密、更高，因此这里成为许多动物的天然避难所。

布里俄尼群岛（Brijuni Islands；见140页）是开发最完善的国家公园，从19世纪末就被开发成了一个旅游度假区。这里曾是铁托的度假胜地，现在吸引着拥有私家游艇的富豪们。岛屿本身很可爱，不过岛上的动植物大多是从别处引进的。登岛有严格的限制，你只能参加旅游团。

体长95厘米的翘鼻蝰是欧洲最大、毒性最强的蛇。它喜欢栖息在岩缝里，身上有弯弯曲曲的条纹，鼻子上有显眼的鳞片“角”。如果你能看见这个“角”，说明你可能离它太近了。

野生动植物

动物

克罗地亚有59种哺乳动物，其中7种为易危物种，包括园睡鼠和6种蝙蝠。里斯尼亚克国家公园的密林内生活着大量赤鹿和狍子，还有岩羚羊、棕熊、野猫和欧亚猞猁（ris，公园即得名于该动物），偶尔也能看到灰狼或野猪。普利特维采湖群国家公园是重要的狼保护区。在普利特维采湖群国家公园和克尔卡国家公园，欧亚水獭也是受保护的动物。

帕克莱尼察国家公园内常见的毒蛇有两种：沙蝰和欧洲蝰。该公园和克尔卡国家公园还有无毒的斑点锦蛇、四线蛇、草蛇和蛇蜥。

洛希尼岛和茨雷斯岛周围的水域是亚得里亚海已知唯一的一处宽吻

观鸟

翼展长度可达2.6米的秃鹫在茨雷斯岛、克尔克岛和普尔维奇岛都有永久定居点。帕克莱尼察国家公园内有大量游隼、苍鹰、雀鹰、秃鹰和猫头鹰。克尔卡国家公园是苍鹭、野鸭、鹅、鹤等迁徙性水禽的重要冬季栖息地，还有珍稀的金雕和短趾雕。在克罗地亚东部，奥西耶克附近的科帕奇基利特自然公园（Kopački Rit Nature Park）是一个极其重要的鸟类保护区。

海豚栖息地。有时在这里也能见到条纹原海豚和姥鲨。小洛希尼岛建立了一个中心，专门用于治疗受伤的红海龟、棱皮龟和绿海龟。

植物

韦莱比特山属于迪纳拉山脉的一部分，靠近达尔马提亚中部海岸，有克罗地亚最丰富的植物种类。植物学家在此地发现了大约2700种植物和78种本地特有的植物，例如日渐濒危的高山火绒草。里斯尼亚克国家公园里也能看到高山火绒草，还能看到黑香草兰花、百合花和毛茸茸的阿尔卑斯山玫瑰（模样比听起来强多了）。沿海干燥的地中海气候特别适合灌木生长，它们沿海岸生长，在姆列特岛上长得尤为茂盛。海边还生长着夹竹桃、茉莉和杜松树，赫瓦尔岛上种植了薰衣草。地中海橄榄树和无花果树也有很多。

环境问题

因为缺少重工业，克罗地亚的森林、海岸、河流和空气未受污染，干净清新。但是，逐年增加的投资和开发导致了一系列环境问题。

随着旅游业的蓬勃发展，对鲜鱼和贝类的需求成倍增长。海鲈鱼、海鲷和金枪鱼（用于出口）的捕捞量大增，对沿海环境造成不小的压力。克罗地亚的金枪鱼养殖场在金枪鱼繁殖之前就把它们捕捞了起来，以至于野生金枪鱼的数量难以增加。

可以通过环境和能源保护部（Ministry of Environment & Energy; www.mzoip.hr）的网站了解克罗地亚环境方面的最新信息。

海边和岛上的森林也面临着一些特殊问题。数百年来森林保护的问题一直被忽视，先是被威尼斯人砍掉用来造船，然后是大量森林被当地人当作燃料，导致许多岛屿和海边的山峰变得光秃秃的。干旱的夏季和稳定而猛烈的西风（maestrals）增加了海边的火灾隐患。在过去的20年里，大火烧毁了克罗地亚7%的森林。

2014年，克罗地亚政府取得了亚得里亚海天然气和石油的开采权。两年后，环保主义者为人民的力量取得胜利而欢呼，因为政府迫于公众的压力而宣布暂停开采。

艺术

克罗地亚将自己定义为一个文化气息厚重的中欧国家，拥有欧洲最优雅的艺术传统和自己独特的民族风格，在先锋艺术方面也绝不落后半步。虽然克罗地亚的艺术家在国际榜上无名，但在国内广受关注。

文学

千百年来，克罗地亚语逐渐发展，并成为斯拉沃尼亚和达尔马提亚的语言。为了让斯拉夫人改信基督教，9世纪的希腊传教士西里尔（Cyril）和美多德（Methodius）学会了这种语言并把它变成书面文字。这就是格拉哥里（Glagolitic）文字。格拉哥里文字目前已知最早见于11世纪克尔克岛一座本笃会修道院的铭文（见201页）。

诗人和剧作家

来自拉古萨（杜布罗夫尼克）的Ivan Gundulić（1589~1638年）被公认为克罗地亚最伟大的诗人。在他之后可与之比肩的是Tin Ujević（1891~1955年），其作品至今仍极受欢迎。

克罗地亚的第一次文学繁荣发生在达尔马提亚，那里深受意大利文艺复兴的影响。来自斯普利特的学者兼诗人Marko Marulić（1450~1524年）至今仍深受克罗地亚人的爱戴。他的戏剧*Judita*是第一部克罗地亚作家用克罗地亚语写成的著作。Marin Držić（1508~1567年）的戏剧表达了文艺复兴时期的人文理念，特别是*Dundo Maroje*，至今仍在上演，在杜布罗夫尼克的场次尤其多。Ivan Gundulić（1589~1638年）的史诗《奥斯曼》（*Osman*）描写了1621年波兰抗击土耳其的胜利，这位住在杜布罗夫尼克的作家将这场胜利视为奥斯曼土耳其帝国走向衰亡的序幕。

20世纪90年代战争后，最重要的作家是抒情诗人（有时又是讽刺诗人）Vesna Parun。虽然政府经常因Parun的诗歌“颓废且充满资产阶级情调”而批评她，但《诗集》（*Collected Poems*）的出版为她赢得了年轻一代读者的青睐，她的“战争是愚蠢的”观点使这些年轻人得到了慰藉。

小说家

因为并不真心诚意地支持克罗地亚独立战争，获过大奖的作家Dubravka Ugrešić和另外4位女性作家被称为“女巫”。

克罗地亚的文学领军人物是20世纪的小说家兼剧作家Miroslav Krleža（1893~1981年）。因为力争塞尔维亚语和克罗地亚语作为文学语言的地位是平等的，政治上十分活跃的Krleža在1967年跟铁托产生分歧。他的小说关注处于变革中的南斯拉夫，其中最受欢迎的包括《菲利普·拉图诺维茨的回归》（*The Return of Philip Latinowicz*，1932年）和*Banners*（1963~1965年），后者是一部多卷巨著，描写了19世纪和20世纪之交的克罗地亚中产阶级生活。

伊沃·安德里奇（Ivo Andrić；1892~1975年）也值得一提，他因波斯尼亚历史三部曲《德里纳河上的桥》(*The Bridge on the Drina*)、《波斯尼亚编年史》(*Bosnian Chronicle*)和《女士》(*Gospođica*)而获得了1961年的诺贝尔文学奖。作为出生在波斯尼亚的克罗地亚天主教徒，这位作家说塞尔维亚方言，居住在贝尔格莱德，但自认是个南斯拉夫人。

Slobodan Novak(1924~2016年)的作品*Gold, Frankincense and Myrrh*最初于1968年在南斯拉夫出版，后来被译成英语。小说的背景放在拉布岛，讲述了一位垂死的老妇和她的看护(即叙述者)回顾生命、爱、国家、宗教和记忆的故事。

一些当代作家明显支持克罗地亚独立。Goran Tribuson用惊悚小说的形式探讨战后克罗地亚的社会变革。在小说*Oblivion*中，Pavao Pavličić用一个侦探故事探索了集体历史记忆的问题。定居加拿大的Josip Novakovich通过作品抒发对故乡克罗地亚的怀念。他最受欢迎的小说《四月愚人节》(*April Fool's Day*, 2005年)是对不久前发生在该地区的战争的讽刺之作。Slavenka Drakulić(生于1949年)写的小说和散文经常涉及政治和社会，文字充满智慧。你不妨读一读他的*How We Survived Communismand Even Laughed*(1992年)和*Café Europa: Life After Communism*(1999年)。

侨民作家Dubravka Ugrešić是一位在克罗地亚饱受争议的人物，在国际上也很有名。目前她把自己"流放"到了荷兰，她最出名的小说是*The Culture of Lies*(1998年)和*The Ministry of Pain*(2006年)。2016年，她成为诺伊施塔特奖(Neustadt Prize Laureate)得主。

出生于萨拉热窝但居住在克罗地亚的Miljenko Jergović是一位充满智慧、言辞犀利的作家，他的作品*Sarajevo Marlboro*(1994年)和*Mama Leone*(1999年)有力地描写了战前南斯拉夫的气氛。

电影

布兰科·拉斯蒂格(Branko Lustig，生于1932年)是克罗地亚电影界最知名的人物，他是奥斯卡金像奖电影《辛德勒的名单》(*Schindler's List*)和《角斗士》(*Gladiator*)的制片人。拉斯蒂格出生于奥西耶克，他的父母是犹太人，童年时期，他在奥斯维辛集中营幸存下来。他跟有相似经历的导演Branko Bauer(1921~2001年)合作，为国营制片厂Jadran Film工作。

兼做作家和导演的Veljko Bulajić是电影界的另一位名人，他的导演处女作《没有时间表的列车》(*Vlak bez voznog reda*)获得1959年戛纳电影节金棕榈奖提名，10年后，他的另一部电影《奈莱特瓦河战役》(*Bitka na Neretvi*)获得奥斯卡奖提名。

黑山后裔Dušan Vukotić(1927~1998年)出生在波斯尼亚，但一直在克罗地亚从事电影工作，1961年《代用品》(*Surogat*)获得奥斯卡最佳动画短片奖。

Vinko Brešan的电影《战争是如何在我的岛上开始的》(*Kako je počeo rat na mom otoku*, 1996年)和《铁托元帅的精神》(*Maršal*, 1999年)在克罗地亚广受好评。Goran Rušinović的电影*Mondo Bobo*(1997年)个性鲜明，是克罗地亚第一部独立制作的故事片，而他的*Buick Riv-iera*(2008年)在普拉电影节和萨拉热窝电影节上都得了奖。

在世界范围内，克罗地亚最有名的演员是参演美剧《巴比伦5号》(*Babylon 5*)和《迷失》(*Lost*)的米拉·弗兰(*Mira Furlan*)，以及参演美剧《急诊室的故事》(*ER*)和电影《龙文身的女孩》(*The Girl with the Dragon Tattoo*)的高兰·维斯耶克(Goran Višnjić)。克罗地亚裔演员还有John Malkovich、Eric Bana(出生于Banadinović)和乔·曼根尼罗(Joe Manganiello)。

音乐

民间音乐

可登录信息丰富的网站www.culturenet.hr了解克罗地亚的所有文化盛事。

虽然克罗地亚出过许多一流的古典音乐家和作曲家，但这个国家对世界音乐的贡献都源自其浓厚的民间音乐传统。这种音乐体现了多种元素的影响，其中许多可以追溯到中世纪，当时匈牙利人和威尼斯人正在争夺对这个国家的控制权。作曲家Franz Joseph Haydn（1732~1809年）出生在位于奥地利的克罗地亚飞地附近，他的作品深受克罗地亚民歌的影响。

克罗地亚民间音乐最常用到的乐器是tamburica，这是一种三弦或五弦的长颈鲁特琴（lute），可以拨，也可以弹。17世纪，土耳其人把这种乐器带到克罗地亚，很快就在斯拉沃尼亚东部流行起来，并几乎成为克罗地亚的民族乐器。直到南斯拉夫时期，tamburica还在婚礼和当地节庆活动上演奏。

声乐沿袭klapa传统。klapa的字面意思是"人群"，它是从教堂唱诗音乐演变而来的。这种音乐形式在达尔马提亚最流行，尤其是在斯普利特，最多可以用10个声部唱出爱、悲剧和失去等主题的歌曲。传统上，参与合唱的都是男性，但现在女性也参加进来，不过几乎没有男女混合合唱。

另一种流行的民间音乐深受邻国匈牙利的影响，发源于克罗地亚东北部的梅吉穆尔耶（Međimurje）地区。演奏这种民乐的主要乐器是齐特琴（citura）。旋律缓慢忧伤，常见的主题是痛失所爱。新一代艺术家为这种传统音乐注入了生机，其中就包括为振兴这种音乐做了许多工作并取得显著成效的女歌手Lidija Bajuk和Dunja Knebl。

流行、摇滚和其他音乐

涅槃乐队（Nirvana）的贝斯手Krist Novoselic生于加利福尼亚，但父母是克罗地亚人，他在扎达尔度过了少年时光。新西兰流行音乐巨星Lorde（真名Ella Yelich-O'Connor）也是克罗地亚裔，2017年她宣布荣幸地获得克罗地亚公民身份。

克罗地亚本土流行和摇滚音乐界涌现出大量才华横溢的人。"冰镇啤酒"（Hladno Pivo）是最出名的乐队之一，他们的朋克音乐活力四射，歌词俏皮，直指时政。独立摇滚乐队Pips, Chips & Videoclips的热卖单曲《足球，我爱你》（*Dinamo ja te volim*）暗指图季曼想要更改萨格勒布足球队的名字，但这支乐队此后的作品基本都与政治无关。

乐队Gustafi用伊斯特拉方言演唱，将美洲音乐与当地民间音乐相结合。来自里耶卡极度疯狂的Let 3乐队以古怪的旋律和现场表演闻名——乐队成员在演出时经常只着寸缕（没错，这是真的），这是为了表达受压抑的情感。TBF（The Beat Fleet）是斯普利特的嘻哈乐队，他们用斯普利特方言唱出时事、家庭矛盾、心碎和快乐时光。来自萨格勒布Elemental乐队的歌手Mirela Priselac Remi为克罗地亚女性高举嘻哈音乐旗帜。

爵士乐、流行乐与民间音乐相结合的风格在克罗地亚非常流行。来自

值得一听的民乐唱片

- *Croatie: Music of Long Ago* 从这张唱片入手，里面有各种类型的克罗地亚音乐。
- *Lijepa naša tamburaša* 用鲁特琴（tamburica）伴奏的斯拉沃尼亚歌曲集。
- *Omiš 1967–75* 收录了klapa（达尔马提亚语a capella）音乐。
- *Pripovid O Dalmaciji* 是一张很不错的klapa唱片，从中可以非常清楚地听出教堂唱诗音乐的影响。

伊斯特拉的Tamara Obrovac才华横溢，是这种音乐的领军人物。他用一种已经不再使用的古代伊斯特拉方言演唱歌曲。

Severina是克罗地亚的流行乐天后，她以美貌和复杂的私生活出名——被当地明星八卦杂志广泛报道。Gibonni也是一位非常受欢迎的歌手，对他影响最大的是传奇歌手、擅长伤感情歌的Oliver Dragojević（2018年死于癌症）。2017年，二人合作的Familija成为克罗地亚博灵（Porin）奖年度歌曲。

绘画和雕塑

15世纪画家Vincent of Kastav为伊斯特拉的教堂创作壁画，位于贝拉姆（Beram）附近规模不大的圣玛丽教堂（St Mary's Church）内就有他的作品，其中最出名的一幅是《死亡舞蹈》（*Dance of Death*）。John of Kastav是另一位出名的15世纪伊斯特拉画家，他的壁画作品遍及整个伊斯特拉，其中大多数集中在斯拉沃尼亚地区。

许多出生在达尔马提亚的艺术家在受到意大利文艺复兴风格影响的同时，也反过来影响了这种风格。15世纪，奥斯曼土耳其人逼近达尔马提亚地区，雕塑家Lucijan Vranjanin和Frano Laurana、微雕家Julije Klović以及画家Andrija Medulić离开故乡，前往意大利。伦敦、巴黎和佛罗伦萨的博物馆都收藏有他们的作品，而他们留在克罗地亚的作品极少。

Vlaho Bukovac（1855~1922年）是19世纪末最杰出的克罗地亚画家。在伦敦和巴黎工作过后，他于1892年前往萨格勒布，以活泼的笔法创作肖像画和历史题材绘画。20世纪初的著名画家有Miroslav Kraljević（1885~1913年）和Josip Račić（1885~1908年），但国际上最有名的艺术家是雕塑家伊万·梅什特罗维奇（1883~1962年），他创作了多幅克罗地亚主题的作品。Antun Augustinčić（1900~1979年）也是一位国际知名的雕塑家，纽约市联合国大厦门口的《和平纪念碑》（*Monument to Peace*）就是他的杰作。萨格勒布北边的克拉涅茨（Klanjec）有一个收藏他作品的小博物馆。

稚拙艺术

"一战"后的艺术家尝试抽象表现主义，但这个时期的稚拙艺术更值得一提。稚拙艺术起源于1931年的萨格勒布Zemlja（土地）展，Ivan Generalić（1914~1992年）和其他农民画家向公众展示了这种艺术。为了普及这种能让普通人了解并欣赏的艺术，Generalić同画家Franjo Mraz（1910~1981年）、Mirko Virius（1889~1943年）以及雕塑家Petar Smajić（1910~1985年）发起了一场运动，为稚拙艺术在艺术创作领域赢得了一席之地。

抽象艺术

抽象艺术在战后逐渐流行开来。Edo Murtić（1921~2005年）是最有名的当代克罗地亚画家，达尔马提亚和伊斯特拉的乡村为他提供了创作灵感。1959年，包括Marijan Jevšovar（1922~1988年）、Ivan Kožarić（生于1921年）和Julije Knifer（1921~2004年）在内的一群艺术家，成立了推广抽象艺术的Gorgona派。Đuro Pulitika（1922~2006年）以颜色丰富的

民间舞蹈

Drmeš是一种一小群人一起跳的急速波尔卡双人舞。Kolo是一种活泼的斯拉夫舞蹈，大家围成一圈，男女交替转圈，并有罗马风格的小提琴手伴奏。在达尔马提亚，Poskočica也是双人舞蹈，形式多种多样。

与民间音乐一样，克罗地亚的民间舞蹈也在地区和国内的音乐节上大放异彩。最好的表演是7月在萨格勒布举办的国际民间故事节（International Folklore Festival; 见86页）。如果你错过了这个节日，也不必担心。夏季，乐队和民间艺术团四处巡演，会经过大多数沿海和岛上的城镇。你可以在当地的旅游办事处获取最新的演出时刻表。

风景画知名，他与Antun Masle（1919~1967年）和Ivo Dulčić（1916~1975年）一样，都是备受好评的杜布罗夫尼克画家。

当代艺术

“二战”后流行的先锋艺术演变为装置艺术、极简主义、概念主义和视频艺术。值得注意的当代克罗地亚艺术家有洛武沃·阿尔特科维奇（Lovro Artuković，生于1959年）、视频艺术家萨尼娅·伊维克维奇（Sanja Iveković，生于1949年）和Dalibor Martinis（生于1947年）。洛武沃·阿尔特科维奇的高度现实主义绘画风格与超现实主义背景形成了鲜明对比。Andreja Kulunčić（生于1968年）的多媒体作品、Sandra Sterle（生于1965年）的装置艺术和住在萨格勒布的Renata Poljak（生于1974年）的视频艺术都引起了国际艺术界的注意。多媒体艺术家Slaven Tolj（生于1964年）出生于杜布罗夫尼克，其装置艺术和视频艺术作品获得国际好评。住在多伦多的摄影师Lana Šlezić（生于1973年）的大多数绝佳作品都是在克罗地亚取景的。

生存指南

出行指南

签证

中国公民去往克罗地亚需要申请签证。分以下几个情况:

1.如果持有申根国有效的两次及以上多次C类申根签证,则不用额外申请克罗地亚签证。(每6个月内可在克罗地亚停留不超过90天)

2.如果持有保加利亚、塞浦路斯、罗马尼亚的两次及以上多次签证,则不用额外申请克罗地亚签证。(每6个月内可在克罗迪亚停留不超过90天)

3.不符合上述要求的人士访问克罗地亚需要申请签证,需要注意的是克罗地亚签证并非申根签证,单独申请克罗地亚签证的游客如无其他有效申根签证的,旅行结束后需直接返回出发国。

申请签证需在线下载并填写申请表并按照所需文件列表整理文件,并递送至各地的签证申请中心。签证申请中心周末不办理业务。具体业务要求及申请中心地址请参阅网站:

https://www.vfsglobal.cn/croatia/china/index.html

香港特别行政区及澳门特别行政区公民可免签证入境克罗地亚,每6个月内可在克罗地亚停留不超过90天。

克罗地亚驻华使馆:

北京市朝阳区建国门外大街9号院齐家园外交公寓别墅5-2

邮编:100600;电话:+86 10 6532 6242

克罗地亚驻中国香港特别行政区领事馆:

香港湾仔皇后大道东183号合和中心64F

电话:+852 2528 4975

克罗地亚当局要求所有的外国人在到达克罗地亚后都要去当地警察局登记,但这种常规手续通常由酒店、青年旅舍、露营地或替你介绍私人酒店的机构代办。如果你住在其他住处(例如亲友家),主人应该帮你办理。

现金

货币

➡ 克罗地亚使用库纳(kuna,KN)。1库纳等于100利帕(lipa)。流通纸币的面值分为500、200、100、50、20、10库纳。5库纳、1库纳、50利帕、20利帕的硬币为银色,10利帕的硬币为黄铜色。

➡ 许多住宿提供者以欧元标房价。通常可以用欧元纸钞支付,但信用卡消费总是用库纳结算。

➡ 吃饭或小额服务费有时可以支付欧元,但汇率不划算。

➡ 国际航船以欧元标价,但你得用库纳支付。

自动柜员机

➡ 自动柜员机在克罗地亚随处可见,大多数接入国际网络,接受Cirrus卡和Maestro卡。银联卡于2015年1月首次登陆克罗地亚。萨格勒布经济银行(PBZ)旗下全部自动柜员机和其近3万台POS终端开始逐渐受理银联卡业务。

➡ 用信用卡可以在大多数自动取款机上取钱。注意:用信用卡取钱会即时产生借款利息,还要收取取现手续费。Privredna Banka通常有接受美国运通卡取现的自动取款机。

➡ 所有的邮局都可以让你用万事达卡或Cirrus卡取现。

中国境内没有直接兑换克罗地亚货币的手段,游客可以携带欧元去克罗地亚境内兑换（需要讲价或者注意有没有不合理的手续费），也可以持银联标准银行卡（借记卡、信用卡）在克罗地亚KB银行（克罗地亚国家银行）或者其他具有银联标识的取款机取款。取款时不同发卡行收取的手续费并不相同，相关费用出行前请咨询您的发卡银行。部分当地大型商场支持银联卡，保险起见最好准备一张维萨卡和万事达卡以备不时之需。

兑换现金

- 克罗地亚有不计其数的现金兑换处，包括旅行社和邮局，汇率都差不多。
- 大多数地方兑换现金时收取1%～1.5%的佣金，但有些银行不收。
- 旅行支票有可能仅可以在银行兑换。
- 只有银行才能把库纳兑换成外汇货币，而且你必须提交之前外币兑换库纳的交易收据。

信用卡

酒店普遍接受维萨卡和万事达卡，但私人住宿几乎都不接受。大来卡和美国运通卡接受程度相对较低，许多小餐馆和商店根本不接受信用卡支付。

小费

在克罗地亚，是否付小费完全由顾客自己决定，而且通常只有餐馆和咖啡馆兼酒吧才需要给小费。

餐馆 最高给10%的小费，但前提是服务一流。如果你不满意，一分钱小费都不要给。即使饭钱是用信用卡支付的，小费也得给现金。

咖啡馆和酒吧 留下面额最大的找零即可。

电源

克罗地亚插座为欧标，请准备插头转换器。

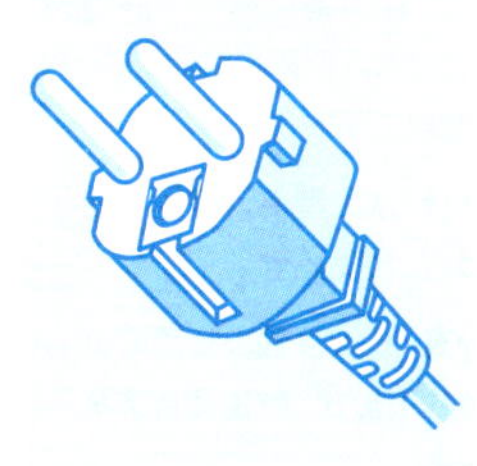

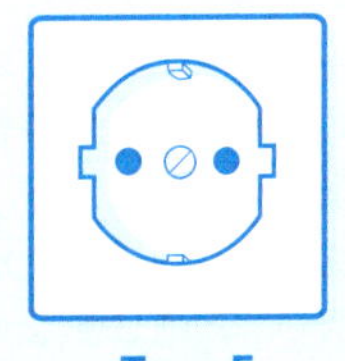

Type F
230V/50Hz

折扣卡

- 克罗地亚的博物馆、美术馆、剧院和节庆大多为学生提供高达50%的折扣。要了解青年旅行卡和下列优惠卡的详情，可联络**克罗地亚青年旅舍协会**（Croation YHA；见76页地图；☎01-48 29 294；www.hfhs.hr；Savska 5；⏲周一至周五 8:30～16:30）的旅行部。
- 国际学生证（ISIC；www.isic.org）是最好的、世界通用的学生身份证明。26岁以下人士，如果不是学生，可以使用国际青年旅行卡（International Youth Travel Card，IYTC）。

部分主要城市拥有自己的针对旅行者的优惠卡，通常包含多家主要博物馆并涵盖当地交通，有兴趣深度游览的游客可以选择。

- 萨格勒布卡：http://zagrebcard.com/?lang=en
- 杜布罗夫尼克卡：http://www.dubrovnikcard.com/
- 持**欧洲青年卡**（European Youth Card；www.eyca.org）在指定商店、餐馆、景点、青年旅舍和乘坐交通工具可享受折扣。

旅游信息

地区旅游局管理旅游业的发展。各地旅游办事处有免费小册子和介绍当地重大活动的信息。商业旅行社也发布旅游信息。

克罗地亚国家旅游局（Croatian National Tourist Board；www.croatia.hr）

Dubrovnik-Neretva County（www.visitdubrovnik.hr）

Istria County（www.istra.hr）

Krapina-Zagorje County（www.visitzagorje.hr）

Kvarner Rijeka（www.visitrijeka.hr）

Osijek-Baranja County（www.tzosbarzup.hr）

Primorje-Gorski Kotar（Kvarner）County（www.kvarner.hr）

Split-Dalmatia County（www.dalmatia.hr）

Zadar County（www.zadar.hr）

Zagreb County（www.tzzz.hr）

营业时间

克罗地亚人习惯早起，

7:00街上就有许多人，而且许多地方也已经开门做生意了。沿海地区的生活比较悠闲，商店和办公场所中午前后经常关闭，午休后在16:00左右重新开门。

沿海的旅行社旺季时每天8:00或9:00至21:00或22:00营业，随着游客的减少，营业时间也相应缩短。在克罗地亚内陆，大多数机构遵守规律的工作时间。

萨格勒布和斯普利特的夜店全年营业，但沿海许多地方仅夏季营业。

超市工作日8:00~20:00营业，有些超市周六14:00关门，但也有些营业至20:00。只有部分超市在夏季周日也营业。

节假日

克罗地亚人很重视假期。每到节假日，商店和博物馆关闭，船只班次减少。在宗教节日期间，教堂挤满了人——这可能是你欣赏教堂内艺术作品的好时机，因为有些教堂平时是关闭的。

新年 1月1日

主显节 1月6日

复活节周日和周一 3月/4月

劳动节 5月1日

圣体节 复活节之后60天

反法西斯斗争纪念日 6月22日

国家纪念日 6月25日

祖国感恩节 8月5日

圣母升天节 8月15日

独立日 10月8日

万圣节 11月1日

圣诞节 12月25日和26日

住宿

克罗地亚夏季人满为患，7月和8月要提前订房。6月和9月床位也非常紧张。

酒店 从大型海滨度假村到精品酒店，种类齐全。

公寓 私人度假公寓是常见的当地住宿形式，特别适合带孩子的游客。

客栈 通常是家庭经营的，出租空闲的房间，价格不贵，有些带独立卫浴，有些不带。

青年旅舍 多见于比较大的城市和受欢迎的海边度假地，提供宿舍房间，有些也提供独立房间。

露营地 帐篷和房车营地，通常相当简陋。

季节

旅游季节通常是复活节至10月，但酒店房价通常按照以下四个时间段变化（尤其是海边）：

7月和8月 绝对的旺季，房价最高，床位最紧张，要提前订房。许多酒店有最低入住3晚的要求，不够3晚的话要加收费用（约30%）。

6月和9月 平季，本身就是适合旅游的月份，因此房价高。

4月、5月和10月 也是平季，房价向中档酒店价格靠拢。

11月至次年3月 许多酒店停业，仍然营业的酒店房价是全年中最低的。

住宿价格范围

下列价格范围以7月和8月带卫生间的双人房为单位。

€ 低于450KN

€€ 450~900KN

€€€ 高于900KN

在线预订住处

通过http://lonelyplanet.com/hostel/阅读Lonely Planet的作者对其他住处的评论。网页上有独立评论以及最佳住处推荐。最棒的是，你还能在线订房。

登记和居留税（Sojourn Tax）

提供住宿者会按照克罗地亚当局的要求，去当地警察局帮旅行者登记，所以你在入住时需要提供护照。通常他们会记下所需的护照信息，复印照片，或者扫描相关护照页，然后就把护照还给你。

这样一来，就能按照天数收取“居留税”了。数额不多（通常10KN左右），无论你在哪种住处（包括船上）过夜，只要在克罗地亚逗留的每一天都要收取。通常你在支付房费时还要另交这笔钱。

地图

Freytag & Berndt出版一系列国家、地区和城市地图。如果你在克罗地亚、斯洛文尼亚、波斯尼亚、塞尔维亚、科索沃和黑塞哥维纳地区旅行，比例尺为1:600,000的国家地图特别有用。如果你只是在沿海住宿，比例尺1:200,000的《克罗地亚海岸》（*Croatia*

Coast）单页地图非常详细。

当地的旅游办事处通常免费提供实用的城镇地图。

邮政

邮政服务由Hrvatska pošta (www.posta.hr)经营，通常非常可靠。通过其网站查询最新邮资和邮局位置。

电话

➡ 从外国往克罗地亚拨打电话，先拨国际接入码，再拨385（克罗地亚国家代码），然后是地区代码和当地电话号码。

➡ 在克罗地亚拨打国内长途，先拨地区代码（首位是0，如果代码相同，就去掉首位的0）。

➡ 从克罗地亚打电话回中国（除港澳台地区），拨打"+86"加"区号"（去掉首位0）加"电话号码"，或拨打"+86"加"手机号码"。

➡ 前缀为060的电话号码要么是免费的，要么只收最低费用，看清楚吧，能打这种电话最好。

➡ 以09开头的是手机号码，拨打手机比打座机贵多了。

手机

➡ 如果你有未加锁的3G手机，可以花20~50KN买一张SIM卡，卡内含15~30分钟通话时长。克罗地亚有3家手机运营商供你选择：VIP（www.vipnet.hr）、Hratski Telekom（www.hrvatskitelekom.hr）和Tele2（www.tele2.hr）。

➡ 你也可以买一张专门针对游客的预付费SIM卡。旺季时（6月至9月）能买到这种卡，价格50~100KN，含一定数额的流量和/或通话时长。

克罗地亚手机制式为WCDMA，请出行前确认您的手机是否为全网通手机或支持相应制式。

中国三大运营商用户克罗地亚漫游费用详见本页表格。

更多资费标准及优惠信息请咨询运营商服务热线：

中国移动10086；中国联通10010；中国电信10000。

电话卡

➡ 打公共电话得用电话卡。许多配备英文服务按钮的电话亭在左侧上方有个旗子标记。

➡ 邮局和报摊都出售电话卡。

➡ 在邮局打电话不需要电话卡。

上网

➡ 克罗地亚的咖啡馆、餐馆和酒吧许多都有免费Wi-Fi，只要问到密码就行。

➡ 酒店和私人客栈几乎都提供Wi-Fi。

➡ 免费Wi-Fi取代了大部分网吧，但当地旅游办事处应该还保留着几台能上网的电脑。

运营商	语音（每分钟）	流量	短信（每条）
中国移动	0.99元	3元包3M	0.99元（发至中国）
中国联通	2.86元	5元包4M	1.26元（发至中国）
中国电信	2.99元	1元/MB	0.99元（发至中国）

就餐价格范围

下列价格以一道主菜的价格为标准。

€ 低于70KN

€€ 70~120KN

€€€ 高于120KN

厕所

➡ 大多数厕所是马桶的，但有时在比较老旧的渡轮或公共卫生间会遇到蹲厕。

➡ 公共卫生间不太常见，大多收取一点点费用。

➡ 如果内急，可以去咖啡馆/酒吧解决，但要有礼貌，至少买杯饮料。

时间

➡ 克罗地亚使用欧洲中部时间（GMT/UTC+1小时），比北京时间晚7小时（夏令时晚6小时）。3月的最后一个周日开始执行夏令时，即时钟拨快1小时。10月的最后一个周日夏令时结束。

➡ 克罗地亚采用24小时制。

旅行安全

街头暴力罕见，小偷小摸也不是很严重，但不管怎样你还是应该保持应有的警惕。

20世纪90年代，奥西耶克周边的斯拉沃尼亚东部地区和扎达尔南部的内陆腹地有超过100万枚地雷遗留至今。虽然政府投入了大量人力物力清雷，但工作进展缓慢。总体而言，雷区有清楚的黄颜色骷髅和骨头交叉标记，但你最好跟当地人问个清楚再涉足上述敏感地区。无论如何，一定不要贸然进入显然荒废已久的房屋。

法律事务

虽然你被警察骚扰的可能性极小，但你也要随时带着证件，因为警察有权要求你出示身份证。

根据国际惯例，被捕时你有权通知你国家的大使馆。大使馆和领事馆通常可以帮你指定一个会说英语的律师，但费用要你自己出。

必要时请联系中国驻克罗地亚大使馆：

地址：MLINOVI 132, 10000 ZAGREB, REPUBLIC OF CROATIA

领事部电话：003851-4693002

值班室电话：003851-4637011

外交部全球领事保护与服务应急呼叫中心：0086-10-12308/59913991

LGBTQ+旅行者

从1977年起，同性恋在克罗地亚成为合法，公众能够容忍，但并非普遍接受。同性情侣在公共场合示爱或许会招致敌意。

男同性恋场所在萨格勒布之外的地方几乎不存在。但是许多沿海城镇有非官方的男同性恋海滩，通常是天体海滩边缘的岩石地带。

萨格勒布同性恋大游行（Zagreb Pride; www.zagreb-pride.net）通常6月第二个周六举行。

斯普利特同性恋大游行（Split Pride; www.facebook.com/lgbt.pride.split）也是6月举行。

LORI（www.lori.hr）总部位于里耶卡的女同性恋组织。

约会app Grindr（www.grindr.com）和Planet Romeo（www.planetromeo.com）在当地男同性恋和男双性恋中间很流行。

无障碍旅行

克罗地亚老城内的鹅卵石街道和无穷无尽的陡坡令残障旅行者望而却步。大多数景点没有适合轮椅的坡道，视力和听力残障旅行者能获取的资源十分罕见。尽管如此，克罗地亚大量因战争致残的老兵已经引起社会对残障人士需求的日益关注。详情请联络**克罗地亚肢体残疾协会**（Croatian Association for the Physically Disabled, Hrvatski Savez Udruga Tjelesnih Invalida; 01-48 12 004; www.hsuti.hr; Šoštarićeva 8, Zagreb）。

➡ 公共汽车站、火车站、机场和大型公共场合的公共卫生间通常有残疾人设施。大型酒店有轮椅通道，但私人住宿有轮椅通道的极少。

➡ 萨格勒布、扎达尔、斯普利特和杜布罗夫尼克的长途汽车站和火车站有无障碍设施，但渡轮上没有。

➡ 通过http://lotravel.to/AccessibleTravel下载Lonely Planet的免费《无障碍旅游》指南。

摄影

军事设施可能不允许拍照。Lonely Planet的《旅行摄影指南》（*Guide to Travel Photography*）提供实用的旅行摄影建议。

志愿者服务

短期志愿者服务项目可以考虑位于韦莱比特山的**库特利沃熊救助站**（Kuterevo Bear Refuge; 053-799 001; www.kuterevo-medvjedi.org; Pod Crikvon 109, Kuterevo; 门票凭捐；时间不定）、希贝尼克附近保护猛禽的**索科拉尔斯基中心**（Sokolarski Centre; 091 50 67 610; www.sokolarskicentar.com; Škugori bb; 成人/儿童 50/40KN; 4月至11月 9:00~19:00）和洛希尼岛上的**洛希尼海事教育中心**（Lošinj Marine Education Centre; 051-604 666; www.blue-world.org; Kaštel 24; 成人/儿童 20/15KN; 7月和8月 10:00~21:00, 6月 至20:00, 5月至9月 周一至周五 10:00~18:00, 周六 至14:00, 10月至次年4月 周一至周五 10:00~14:00）。上述机构不接受"空降"志愿者，因此一定要提前跟他们联系。

健康指南

去之前

健康保险

确保有综合性旅行保险条款，能够覆盖医疗费用。阅读条款时，仔细看看，产生海外健康支出时，保险公司是直接支付还是之后报销。

推荐接种疫苗

前往克罗地亚不要求接种疫苗。

在克罗地亚

医疗保健的普及程度和花费

克罗地亚随处都可以找到

一流的医疗保健机构。欧盟成员国公民需要出示自己的欧盟健康保险卡(European Health Insurance Card, EHIC)才能享受公立医院的大幅度优惠(看医生10KN,住院每天100KN,最高2000KN)。如果不享受互惠协议(reciprocal agreement),跟医生预约一次,只是很短的时间就要支付250KN左右。药房能提供有价值的建议,小病的话直接去买药就行。

环境威胁

➡ 克罗地亚夏季炎热,山路上通常没有树荫。防止脱水和中暑,要多喝水。

➡ 当心海滩岩石周围的海胆。如果你的皮肤被海胆刺到,橄榄油有助于拔掉刺。如果不拔掉,伤口有可能会感染。预防的方法是,在岩石上行走或游泳时穿橡胶鞋。

➡ 要避免被蛇咬,就不要赤脚走路,也不要把手伸进洞穴或罅隙里。被毒蛇咬的案例中有一半实际上没有被毒液感染。如果被蛇咬,不要惊慌。用夹板(例如树棍)固定好被咬的肢体,像对待扭伤的关节一样紧紧地缠上绷带。不要使用止血带,也不要切开或者吮吸伤口。尽快找到医疗救助,需要时注射解毒血清。

传染病

蜱虫传播的脑炎是一种严重的脑传染病,经蜱虫叮咬后患病。前往高危地区且不能避免蜱虫叮咬的人(例如宿营者和徒步者)最好接种疫苗。2剂疫苗提供持续1年的免疫力,3剂药效可持续3~5年。

自来水

克罗地亚的自来水可以直接饮用。

实用信息

报刊 广泛发行的报纸包括*Večernji List*、*Jutarnji List*、24sata和*Slobodna Dalmacija*。

广播 听众最多的频道包括Narodni Radio(这个频道只播放克罗地亚音乐)、Antena Zagreb和Otvoreni Radio。克罗地亚公共广播(Public broadcaster Croatian Radio, Hrvatski radio)播出英语新闻,时间是每天20:05(HR1)。

吸烟 至少在理论上,禁止在公共交通、餐馆、大多数酒店房间、酒吧和咖啡馆吸烟(包括电子烟)。但是,禁令不总是被贯彻执行。人们通常允许去室外吸引,包括咖啡馆和酒吧的露台。

度量衡 克罗地亚使用公制单位。

交通指南

到达和离开

夏季，廉价航班和常规航班飞往多个城市，因此进入克罗地亚变得更加容易了。除此以外，还有长途汽车、火车和渡轮线路使度假者能够轻松进入这个国家。可通过www.lonelyplanet.com/bookings在线预订航班、团队游和租小汽车。

进入克罗地亚

由于经济上严重依赖旅游业，克罗地亚很明智地尽量不为难外国游客。

护照

护照必须是10年内签发的，而且有效期必须超过离开克罗地亚的日期3个月以上。

克罗地亚当局要求所有外国人在入境后，每到一个新地方就要去当地警察局登记，但这个程序通常由旅馆、青年旅舍、露营地或帮你联系私人住处的机构代办了。如果你在其他地方住宿（例如亲戚或朋友家），接待方应该帮你登记。

飞机

许多欧洲和中东城市全年都有直飞克罗地亚的航班，夏季增加几十条季节性航线和包机航线。中国没有直达克罗地亚的航班，可选择其他国际航空公司的航班经欧洲或亚洲城市中转，如俄罗斯航空、波兰航空、英国航空、卡塔尔航空、土耳其航空等。实时查询国际机票可登录天巡（www.tianxun.com）。

机场和航空公司

克罗地亚有8个能起降国际航班的机场，但其中一些大多起降季节性航班。克罗地亚航空公司（Croatia Airlines，OU；☎01-66 76 555；www.croatiaairlines.hr）是国家航空公司，也是星空联盟（Star Alliance）成员。

布拉奇机场（Brač Airport，BWK；☎021-559 711；www.airport-brac.hr）仅4月至9月前后运营。

杜布罗夫尼克机场（DBV，Zračna luka Dubrovnik；☎020-773 100；www.airport-dubrovnik.hr；Čilipi）克罗地亚航空公司、英国航空公司（British Airways）、伊比利亚航空公司（Iberica）、土耳其航空公司（Turkish Airlines）和伏林航空公司（Vueling）全年有航班在这里起降，旅游季节还有其他航空公司航班接驳。

奥西耶克机场（Osijek Airport；☎060 339339；www.osijek-airport.hr）威兹航空（Wizz Air）全年有航班从巴塞尔-米卢斯（Basel-Mulhouse）飞抵奥西耶克，欧洲之翼航空从科隆/波恩和斯图加特有季节性航班接驳。

普拉机场（PUY；☎052-550-926；www.airport-pula.hr）大多数国际航班是季节性的，但欧洲之翼航空公司（Eurowings）除外，这家航空公司全年有航班从杜塞尔多夫（Dusseldorf）飞往普拉。

里耶卡机场（Zračna Luka Rijeka；☎051-841 222；www.rijeka-airport.hr；Hamec 1,Omišalj）位于克尔克岛，欧洲之翼航空公司全年有航班飞往科隆-波恩，其他航空公司仅夏季有航班在此起降。

斯普利特机场（Zračna luka Split；☎021-203 555；www.split-airport.hr；Dr Franje Tuđmana 1270,Kaštel Štafilić）主要的国际机场，克罗地亚航空公司和欧洲之翼航空公司全年有航班起降，夏季还有许多其他航空公司的航班。

扎达尔机场（☎023-205 800；www.zadar-airport.hr）仅旅游季节有国际航班起降。

萨格勒布机场（☎01-45 62 170；www.zagreb-airport.hr；Rudolfa

Fizira 21,Velika Gorica）克罗地亚主要的航空枢纽，全年有来自欧洲所有国家和中东的航班。

陆路

克罗地亚的边境在跟斯洛文尼亚、匈牙利、塞尔维亚、波斯尼亚和黑塞哥维纳以及和黑山接壤处设有边界过境点。

长途汽车

直达长途汽车从克罗地亚开往所有邻国，最远到达挪威。在大多数情况下，过境时，护照在长途汽车上被收走，你通常无须下车，除非出现了需要解决的问题。实用的网站包括www.eurolines.com、www.buscroatia.com、ww.getbybus.com和www.vollo.net。

奥地利 有直达长途汽车从维也纳分别开往萨格勒布、瓦拉日丁、奥西耶克和斯普利特。

波斯尼亚和黑塞哥维纳 大多数克罗地亚城市都有直达萨拉热窝的长途汽车。达尔马提亚海岸跟莫斯塔尔（Mostar）和默主歌耶（Međugorje）等热门城市之间车次很多。

德国 长途汽车从柏林和慕尼黑直达瓦拉日丁和萨格勒布，也有从法兰克福开往斯普利特的车次。

匈牙利 布达佩斯和斯普利特之间有直达长途汽车。

意大利 长途汽车线路包括：帕多瓦（Padua）、威尼斯和的里雅斯特（Trieste）至罗维尼、帕津和普拉，的里雅斯特至斯普利特、马卡尔斯卡和杜布罗夫尼克，以及米兰至萨格勒布。

黑山 连接杜布罗夫尼克和科托尔湾（Bay of Kotor）的长途汽车定点发车。

北马其顿 直达长途汽车从斯科普里（Skopje）开往伊斯特拉。

塞尔维亚 长途汽车从贝尔格莱德开往武科瓦尔、奥西耶克、萨格勒布、罗维尼和普拉。

斯洛文尼亚 长途汽车从卢布尔雅那（Ljubljana）开往波雷奇、萨格勒布、斯普利特、马卡尔斯卡和杜布罗夫尼克，也有从马里博尔（Maribor）开往瓦拉日丁的车次。

瑞士 直达长途汽车连接苏黎世和奥西耶克。

火车

萨格勒布是克罗地亚主要的铁路枢纽，但也有国际列车开往奥谢耶克、里耶卡和普拉。在大多数情况下，护照在火车上接受检查。实用网站包括www.raileurope.com和www.eurail.com。

奥地利 维也纳至萨格勒布

德国 慕尼黑至萨格勒布

匈牙利 布达佩斯至萨格勒布

塞尔维亚 贝尔格莱德至萨格勒布

斯洛文尼亚 卢布尔雅那至萨格勒布、里耶卡和普拉，以及马里博尔至萨格勒布

瑞士 苏黎世至萨格勒布

海路

克罗地亚和意大利之间定期有渡轮往来。斯普利特是主要的全年运营的枢纽。

亚德罗里尼亚公司（Jadrolinija; www.jadrolinija.hr）全年运营斯普利特至安科纳（Ancona）的通宵渡轮，6月至9月有扎达尔至安科纳的渡轮，4月至11月有杜布罗夫尼克至巴里（Bari）的渡轮。

SNAV（www.snav.com）4月至10月有斯普利特至安科纳的通宵渡轮。

Venezia Lines（www.venezialines.com）5月至9月，渡轮依次连接威尼斯、皮兰（Piran）、波雷奇和罗维尼，6月至9月继续开往普拉，而7月和8月在乌马格增加一站。

当地交通

飞机

克罗地亚航空公司（OU; ☎01-66 76 555; www.croatiaairlines.

气候变化和旅行

任何使用碳基燃料的交通工具都会产生二氧化碳，这是人为导致气候变化的主要原因。空中旅行耗费的燃料以每公里人均计算或许比汽车少，但其行驶的距离却远很多。飞机在高空所排放的气体（包括二氧化碳）和颗粒同样对气候变化造成影响。许多网站提供"碳排量计算器"，以便人们估算个人旅行所产生的碳排量，并鼓励人们参与减缓全球变暖的旅行计划，以抵消个人旅行对环境所造成的影响。Lonely Planet会抵消其所有员工和作者旅行所产生的碳排放影响。

hr)是克罗地亚的国家航空公司，总部设在萨格勒布。国内航班飞往布拉奇(仅夏季)、杜布罗夫尼克、奥西耶克、普拉、斯普利特和扎达尔。上述地区的中心城市之间也通航，斯普利特和奥西耶克都有飞往里耶卡的航班。

Trade Air(TDR; ☎091 62 65 111www.trade-air.com)的航班从奥西耶克飞往萨格勒布、普拉和里耶卡，从里耶卡飞往斯普利特和杜布罗夫尼克，以及从斯普利特飞往普拉和杜布罗夫尼克。

自行车

沿海地区和岛上可以轻松地租到自行车，骑车也是游览岛屿的好方式。帕格和小洛希尼等岛屿地势比较平坦，骑行起车来最悠闲，但其他岛上的公路蜿蜒曲折，而且在山坡上，所以沿途景色壮美。在沿海和内陆骑车都要当心：大多数公路熙熙攘攘，而双车道公路不设自行车道。

有些旅游办事处可提供骑行路线地图，特别是克瓦内尔湾和伊斯特拉地区的旅游局，他们可以为你推荐当地的租车公司。

如果你会克罗地亚语，可以登录www.pedala.hr查询克罗地亚骑行线路的信息。

船

连接主要沿海中心城市及其周边岛屿的船只全年运营，旅游旺季班次增加。斯普利特是主要枢纽，其他主要港口包括杜布罗夫尼克、希贝尼克、扎达尔和里耶卡。

也可以租游艇自己去海上玩(带或不带船员皆可)。所有的主要沿海城镇都有当地租船公司，此外来自英国的Cosmos Yachting(www.cosmosyachting.com)在多个港口也设有门店。

渡轮公司

亚德罗里尼亚公司(☎021-338 333; www.jadrolinija.hr; Gat Sv Duje bb)最大的渡轮公司，有载车渡轮和双体创，渡轮线路共计35条。

Kapetan Luka(Krilo; ☎021-645 476; www.krilo.hr)快船每天往来于斯普利特、赫瓦尔和科尔丘拉之间。4月中旬至10月，还有连接杜布罗夫尼克和斯普利特的船只，中途经姆列特岛、科尔丘拉岛、赫瓦尔岛和布拉奇岛。6月至9月，增开杜布罗夫尼克至斯普利特线路(也经停马卡尔斯卡)。

G&V Line(见320页地图; ☎020-313 119; www.gv-line.hr; Obala Ivana Pavla II 1,Gruž)每天1班双体船从杜布罗夫尼克往希潘岛和姆列特岛。7月和8月船只继续开往科尔丘拉岛和拉斯托沃岛。

Rapska Plovidba(☎051-724 122; www.rapska-plovidba.hr)船只分别连接拉布和大陆，以及拉布和帕格。

乘渡轮旅行

- 当地人说的“渡轮”(ferry)仅指载车渡轮，“双体船”(catamaran)指的是速度比较快的载客渡轮。
- 渡轮全年运营，但旺季(6月至9月)班次增加，7月和8月船次最多。一些双体船线路仅夏季运行。
- 船比较舒适，设施比较齐全，有卫生间，船舱和甲板上均有座席。比较大的船上还有餐厅、咖啡厅和酒吧，但几乎每条船上都至少有一个零食柜台。大多数船只提供免费Wi-Fi。
- 除旺季之外，通常无须预订船票，在码头的售票亭买票即可。
- 在大多数情况下，你可以在网上买票，但未必总能买到当天的。预订不能保证买到你指定船次的票，因此旺季时应该早点去码头买票，尤其是如果你的车也要过海。
- 载车渡轮可以搭载自行车(双体船不可以)，要交额外的费用(13~45KN)。
- 与驾车相比，步行的乘客灵活程度高，花的钱也少一些。在大多数情况下，如果有需要，你可以到目的地之后再租小汽车、滑板车或自行车。

长途汽车

长途汽车服务好，票价相对便宜。每条线路都由不同的公司运营，因此票价相差很大。

放在行李舱的行李另外收费(每件10KN左右)。注意：连接斯普利特和杜布罗夫尼克的长途汽车要经过波斯尼亚领土，因此你需要把护照放在手边。

车票和时刻表

- 在大车站，汽车票必须去售票处买，不能从司机那里买。
- 要想保证有座位，特别是夏季，就得尝试提前订票。
- 汽车站各个窗口上贴出目的地名字，想买去哪儿的票就去相应的窗口。

➡ 在克罗地亚的汽车时刻表上，“vozi svaki dan”表示“每天”，“ne vozi nedjeljom i blagdanom”表示“周日和节假日停运”。

➡ 有些长途汽车连夜行驶，帮你省去一晚的住宿费。但别指望能睡得香甜，因为车内会开着灯，而且整晚音乐声响彻车厢。

➡ 当心，吃饭和途中休息（每隔2小时）时别被落下。

提供时刻表和订票服务的实用网站包括www.vollo.net和www.getbybus.com。

小汽车和摩托车

萨格勒布和斯拉沃尼亚以及萨格勒布和伊斯特拉（经里耶卡）之间都有高速公路。另一条主要的高速公路从萨格勒布通往达尔马提亚，中间有前往扎达尔、希贝尼克和斯普利特的出口。高速公路到达尔马提亚之后，继续向杜布罗夫尼克方向延伸，但只有110公里。虽然新修的公路路况极好，但服务站和服务设施很少。

克罗地亚汽车俱乐部（Hrvatski Autoklub, HAK, Croatian Auto Club; ✆24小时道路救援 01-1987,交通信息 07-27 77 777; www.hak.hr）提供帮助、建议和全国道路救援电话。

小汽车租赁

所有的大城市、机场和旅游地区都有租车公司。独立的地方租车公司通常比国际连锁公司便宜，但大公司提供单程租车服务。有时候从国外预订车辆，或者预订飞机+租车套餐，可以得到较低的价格。

租车人必须年满18岁，持有效驾照和主流信用卡（以保证能支付保险费用）。

车辆保险

租车时，法律规定要包含第三方责任险，如果你的旅行保险条款不包含这一项，你就必须确认租车价格内包括全车碰撞险，即所谓的“不计免赔”（CDW）。

驾照

只要是有效驾照（无论何种语言），就可以合法驾车和租车，没必要非得是国际驾照。

在路上

➡ 加油站通常7:00~19:00营业，夏季经常营业到22:00。出售欧标95号和98号汽油和柴油。

➡ 高速公路都收费，里耶卡至伊斯特拉的乌奇卡隧道、通往克尔克岛的大桥以及从里耶卡至代尔尼采的公路也都是收费的。在进入高速后遇到的第一排收费站拿票，下高速时把票给收费亭，对方用这张票计算出应交费用。

道路规则

➡ 克罗地亚靠右侧行驶，驾驶时必须系安全带。

➡ 除非特别标明，否则小汽车和摩托车的限速如下：建筑密集区50公里/小时，其他道路90公里/小时，主要干路（main highways）110公里/小时，高速公路（motorways）130公里/小时。

➡ 血液中酒精含量超过0.05%就是酒驾。

➡ 10月至次年3月，即使是在白天，也必须打开头灯。

➡ 所有的外国车辆都必须在车尾贴上表明国籍的不干胶贴，从车牌上就能看出欧盟国籍的车辆也要贴。

当地交通工具

地方交通的主要工具是公共汽车（但萨格勒布和奥西耶克还有完善的有轨电车体系）。

杜布罗夫尼克、里耶卡、斯普利特和扎达尔等大城市的公交车定点发车。乘坐公交车每次一般10~15KN，如果你在报摊买车票，还能享受小小的折扣。

团队游

Atlas Travel Agency（www.atlas-croatia.com）组织各种公共汽车团队游、游轮和克罗地亚全境的远足游。

Huck Finn（www.huckfinncroatia.com）专营冒险之旅，组织克罗地亚境内各种刺激的团队游：河流和海上皮划艇、漂流、独木舟、骑车、攀岩、徒步和帆船。

Islandhopping（www.islandhopping.com）这家德国公司将乘船和骑车结合起来，带领外国游客穿过达尔马提亚南部、伊斯特拉或克瓦内尔湾的群岛，每天都要骑行一段路。

Katarina Line（www.katarina-line.com）组织多种多日游，出发地点是奥帕蒂亚、斯普利特和杜布罗夫尼克。船只既有传统木船，也有大型豪华游艇。也有主题团队游（瑜伽、葡萄酒、男同性恋、裸体、"年轻人的乐趣"等主题）。

Oh! So Croatia（www.ohsocroatia.com）既不是导游带领的团队游，也不是随上随下的大巴游，这家旅行社提供一系列固定线路大巴游，起点是萨格勒布、扎达尔和斯普利特，终点是杜布罗夫尼克。价格包含青年旅舍住宿，但活动另收费。

Sail Croatia（www.sail-croatia.com）组织Contiki团队游风格的水上游览，一艘气氛十足的游轮从斯普利特开往杜布罗夫尼克，途中有20个景点，共计1周时间。此外也有适合中老年人的游览。

Southern Sea Ventures（www.southernseaventures.com）这家总部设在澳大利亚的机构提供克罗地亚10天海上皮划艇之旅。

火车

克罗地亚的火车线路不多，与长途汽车相比，火车班次较少。克罗地亚火车晚点是常有的事，有时一晚就是好几个小时。联络**HŽPP**（☎01-37 82 583；www.hzpp.hr）获取时刻表、票价和服务等方面的信息。

海边不通火车，跟萨格勒布有火车往来的沿海城市也只有几个而已。对游客而言，可能用得到的路线包括：萨格勒布—奥西耶克，萨格勒布—瓦拉日丁，萨格勒布—里耶卡—普拉，以及萨格勒布—克宁（Knin）—斯普利特（在克宁换乘开往扎达尔或希贝尼克的列车）。

行李 带行李上火车免费，大多数车站有行李寄存处。

等级 国内火车要么是"快车"，要么是"客车"（当地火车）。Lonely Planet列出的价格是无须预订的二等车厢座票价格。快车有一等车厢和二等车厢之分，票价比客车贵，最好提前订票。

通票 持有欧洲InterRail通票的游客可以在克罗地亚免费旅行。只在克罗地亚乘火车旅行的人就不划算了，因为不管怎么坐，都值不回票钱。

语言

克罗地亚语属于南斯拉夫语族的西支，与该语支的其他语言相似，如塞尔维亚语、波斯尼亚语和黑山语。

克罗地亚语的发音不难。在克罗地亚书写文字体系中，每个字母都发音，而且字母在不同的单词内发音没有区别。发音跟相对应的英语字母发音相当接近。注意：在本章的发音指南中，字母“n”的发音类似“canyon”里的“ny”，“zh”类似“pleasure”里的“s”。记住这些规则，然后用英语发音念出本指南的蓝色字部分，你就能说出让当地人听得懂的克罗地亚语。

克罗地亚语单词的重音也相对容易掌握。大多数情况下，重音落在单词的第一个元音上，克罗地亚语单词的最后一个音节永远不重读。本指南用斜体表示重读音节。

有些克罗地亚语单词分阳性和阴性，本章分别用“m”和“f”表示。有些敬语和非正式语分别用“pol”和“inf”标注出来。

基础用语

你好。	*Bog.*	bok
再见。	*Zbogom.*	zbo·gom
是。/不。	*Da./Ne.*	da/ne
请。	*Molim.*	mo·leem
谢谢。	*Hvala.*	hva·la
不客气。	*Nemanačemu.*	ne·ma na che·moo
请原谅。	*Oprostite.*	o·pro·stee·te
对不起。	*Žaomije.*	zha·omee ye

想了解更多？

如果想要深入了解更多的语言信息和常用短语，请查阅Lonely Planet的*Croatian Phrasebook*。你可以在**shop.lonelyplanet.com**找到这本书，也可通过苹果应用程序商店（Apple App Store）购买Lonely Planet的iPhone短语手册。

你好吗？

Kakoste/si? ka·koste/see(pol/inf)

很好，你呢？

Dobro. do·bro

Avi/ti? avee/tee (pol/inf)

我的名字是……

Zovemse... zo·vemse ...

你叫什么名字？

Kakosezovete/zoveš? ka·kosezo·ve·te/zo·vesh(pol/inf)

你会说（英语）吗？

Govorite/Govoriš li(engleski)? go·vo·ree·te/go·vo·reesh lee(en·gle·skee)(pol/inf)

我听得（听不）懂。

Ja (ne) razumijem. ya (ne) ra·zoo·mee·yem

住宿

有空房吗？

Imate li slobodnih soba? ee·ma·te lee slo·bod·neeh so·ba

（房价）含早餐吗？

Da li je doručak uključen? da lee ye do·roo·chak ook·lyoo·chen

基本句式

把想说的单词填入下列简单的句式，你就能用克罗地亚语交流了。

（明天的行程）是什么时候？

Kadaje (idući dnevni izlet)?	ka·daye (ee·doo·chee dnev·nee eez·let)

（市场）在哪里？

Gdjeje (tržnica)?	gdyeye (trzh·nee·tsa)

在哪儿（买票）？

Gdjemogu (kupitikartu)?	gdye mo·goo (koo·pee·teekar·too)

你（还）有……吗？

Imateli (kakvedruge)?	ee·ma·te lee (kak·vedroo·ge)

有（毯子）吗？

Imateli (deku)?	ee·ma·telee (de·koo)

我想吃（那道菜）。

Želim (onojelo).	zhe·leem (o·noye·lo)

我想（租辆小汽车）。

Želio/Željela bih (iznajmiti automobil).	zhe·lee·o/zhe·lye·la beeh (eez·nai·mee·tee a·oo·to·mo·beel) (m/f)

我可以（给你照张相）吗？

Moguli (vas/te slikati)?	mo·goolee (vas/te slee·ka·tee)(pol/inf)

请你（帮忙）好吗？

Molimvas, možeteli (mipomoći)?	mo·leemvas mo·zhe·te lee (mee po·mo·chee)

我需要（付款）吗？

Trebam li (platiti)?	tre·bamlee (pla·tee·tee)

（每晚/每人）多少钱？

Koliko stoji (za noć/poosobi)?	ko·lee·kosto·yee (za noch/poo·so·bee)

你有……	Imateli...	ee·ma·telee
房吗？	sobu?	so·boo
单人	jednokrevetnu	yed·no·kre·vet·noo
双人	dvokrevetnu	dvo· kre·vet·noo
露营地	kamp	kamp
客栈	privatni smještaj	pree·vat·nee smyesh·tai
旅馆	hotel	ho·tel
房间	soba	so·ba
青年旅舍	prenoćište zamladež	pre·no·cheesh·te za mla·dezh
空调	klima-uređaj	klee·ma·oo·re·jai
卫生间	kupaonica	koo·pa·o·nee·tsa
床	krevet	kre·vet
小床	dječji krevet	dyech·yee kre·vet
Wi-Fi	bežični internet	be·zheech·nee een·ter·net
窗户	prozor	pro·zor

方向

……在哪儿？

Gdje je...?	gdye ye ...

这个地址怎么走？

Koja je adresa?	ko·ya ye a·dre·sa

你能帮我（在地图上）指出来吗？

Možete li mi to pokazati (na karti)?	mo·zhe·te lee mee to po·ka·za·tee (na kar·tee)

在角落	nauglu	na oo·gloo
在红绿灯处	nasemaforu	na se·ma·fo·roo
……后面	iza	ee·za
……前面	ispred	ees·pred
离……很远	daleko (od)	da·le·ko (od)
左边	lijevo	lee·ye·vo
在……附近	blizu	blee·zoo
在……隔壁	pored	po·red
在……对面	nasuprot	na·soo·prot
右边	desno	de·sno
直走	ravno naprijed	rav·no na·pree·yed

餐饮

你有什么推荐的？

Što biste nam preporučili?	shto bee·ste nam pre·po·roo·chee·lee

那道菜是用什么做的?

Od čega se sastoji ovo jelo?	od *che*·ga se sa·sto·yeeo·voye·lo

好吃!

To je bilo izvrsno!	to ye *bee*·lo *eez*·vr·sno

请结账

Molim vas donesite račun.	*mo*·leem vas do·*ne*·see·tera·choon

我想预订一张……	*Želim rezervirati*	*zhe*·leem re·zer·vee·ra·tee
桌子	*stolza...*	stolza ...
(8)点	*(osam) sati*	(*o*·sam) *sa*·tee
(两)人	*(dvoje) ljudi*	(*dvo*·ye) *lyoo*·dee

我不吃……	*Ja ne jedem...*	ya ne *ye*·dem
鱼	*ribu*	*ree*·boo
坚果	*razne orahe*	*raz*·neo·ra·he
家禽	*meso od peradi*	*me*·sood *pe*·ra·dee
红肉	*crveno meso*	*tsr*·ve·no *me*·so

关键词

开胃菜	*predjelo*	*pre*·dye·lo
婴儿食物	*hrana za bebe*	*hra*·nazabe·be
酒吧	*bar*	bar
瓶	*boca*	*bo*·tsa
碗	*zdjela*	*zdye*·la
早餐	*doručak*	*do*·roo·chak
咖啡馆	*kafić/ kavana*	*ka*·feech/ *ka*·va·na
(太)冷	*(pre)hladno*	(*pre*·)*hlad*·no
晚餐	*večera*	*ve*·che·ra
鱼(食物)	*jelo*	*ye*·lo
食物	*hrana*	*hra*·na
餐叉	*viljuška*	*vee*·lyoosh·ka
玻璃杯	*čaša*	*cha*·sha
餐刀	*nož*	nozh
午餐	*ručak*	*roo*·chak
主菜	*glavno jelo*	*glav*·noye·lo
市场	*tržnica*	*trzh*·nee·tsa
菜单	*jelovnik*	*ye*·lov·neek
盘子	*tanjur*	*ta*·nyoor
餐厅	*restoran*	*re*·sto·ran
辣的	*pikantno*	*pee*·kant·no
调羹	*žlica*	*zhlee*·tsa
带/不带	*sa/bez*	sa/bez
素食	*vegetarijanski obrok*	ve·ge·ta·*ree*·yan·skeeo·brok

肉和鱼

牛肉	*govedina*	*go*·ve·dee·na
鸡肉	*piletina*	*pee*·le·tee·na
鱼	*riba*	*ree*·ba
羊肉	*janjetina*	*ya*·nye·tee·na
猪肉	*svinjetina*	*svee*·nye·tee·na
小牛肉	*teletina*	*te*·le·tee·na

水果和蔬菜

苹果	*jabuka*	*ya*·boo·ka
杏	*marelica*	*ma*·re·lee·tsa
(青)豆	*mahuna*	*ma*·hoo·na
卷心菜	*kupus*	*koo*·poos
胡萝卜	*mrkva*	*mrk*·va
玉米	*kukuruz*	*koo*·koo·rooz
樱桃	*trešnja*	*tresh*·nya
黄瓜	*krastavac*	*kra*·sta·vats
水果	*voće*	*vo*·che
葡萄	*grožđe*	*grozh*·je
扁豆	*leća*	*le*·cha
生菜/沙拉	*zelena salata*	*ze*·le·nasa·*la*·ta
蘑菇	*gljiva*	*glyee*·va
坚果	*orah*	*o*·rah
洋葱	*luk*	look
橘子	*naranča*	*na*·ran·cha
桃	*breskva*	*bres*·kva
梨	*kruška*	*kroosh*·ka
豌豆	*grašak*	*gra*·shak
李子	*šljiva*	*shlyee*·va
马铃薯	*krompir*	*kroom*·peer
南瓜	*bundeva*	*boon*·de·va
草莓	*jagoda*	*ya*·go·da
番茄	*rajčica*	*rai*·chee·tsa
蔬菜	*povrće*	*po*·vr·che
西瓜	*lubenica*	*loo*·be·nee·tsa

其他食品

面包	*kruh*	krooh
黄油	*maslac*	*ma*·slats
奶酪	*sir*	seer
鸡蛋	*jaje*	*ya*·ye
蜂蜜	*med*	med
果酱	*džem*	jem
油	*ulje*	oo·lye
意大利面	*tjestenina*	tye·ste·*nee*·na
胡椒	*papar*	*pa*·par
大米	*riža*	*ree*·zha
盐	*sol*	sol
糖	*šećer*	*she*·cher
醋	*ocat*	*o*·tsat

饮品

啤酒	*pivo*	*pee*·vo
咖啡	*kava*	*ka*·va
果汁	*sok*	sok
牛奶	*mlijeko*	mlee·*ye*·ko
（矿泉）水	*(mineralna) voda*	(*mee*·ne·ral·na) *vo*·da
茶	*čaj*	chai
（红/白）	*(crno/bijelo)*	(*tsr*·no/*bye*·lo)
葡萄酒	*vino*	*vee*·no

紧急情况

救命！

Upomoć! oo·po·moch

我迷路了。

Izgubio/Izgubila sam se. eez·goo·bee·o/eez·goo·bee·la sam se (m/f)

走开！

Ostavite me na miru! o·sta·vee·te me na *mee*·roo

发生事故了！

Desila se nezgoda! de·see·la se *nez*·go·da

叫医生！

Zovite liječnika! zo·vee·te lee·*yech*·nee·ka

叫警察！

Zovite policiju! zo·vee·te po·*lee*·tsee·yoo

我生病了。

Ja sam bolestan/bolesna. ya sam *bo*·le·stan/*bo*·le·sna (m/f)

这儿疼。

Boli me ovdje. *bo*·lee me ov·dye

我对……过敏。

Ja sam alergičan/alergična na ... ya sa ma·*ler*·gee·chan/a·*ler*·geech·na na ... (m/f)

标志

Izlaz	出口
Muškarci	男
Otvoreno	开放
Ulaz	入口
Zabranjeno	禁止
Zahodi	洗手间
Zatvoreno	关闭
Žene	女

购物和服务

我想买……

Želim kupiti... *zhe*·leem *koo*·pee·tee ...

我只是随便看看。

Ja samo razgledam. ya *sa*·mo *raz*·gle·dam

我能看一下吗？

Mogu li to pogledati? *mo*·goo lee to *po*·gle·da·tee

多少钱？

Koliko stoji? *ko*·lee·ko sto·yee

太贵了。

To je preskupo. to ye *pre*·skoo·po

有没有便宜点儿的？

Imate li nešto jeftinije? *ee*·ma·te lee *nesh*·to yef·tee·nee·ye

账单写错了。

Ima jedna greška na računu. *ee*·ma *yed*·na *gresh*·ka na *ra*·choo·noo

自动柜员机	*bankovni automat*	*ban*·kov·nee a·oo·*to*·mat
信用卡	*kreditna kartica*	*kre*·deet·na *kar*·tee·tsa
网吧	*internet kafić*	*een*·ter·net *ka*·feech
邮局	*poštanski ured*	*posh*·tan·skee *oo*·red

旅游办事处	*turistič kaagencija*	too·ree·steech·kaa·gen·tsee·ya

时间和日期

几点了?

Kolikojesati? ko·lee·koyesa·tee

(10)点。

(Deset) jesati. (de·set) yesa·tee

(10)点半。

(Deset) ipo. (de·set) eepo

早晨/上午	*jutro*	yoo·tro
下午	*poslije-podne*	po·slee·ye·pod·ne
晚上	*večer*	ve·cher
昨天	*jučer*	yoo·cher
今天	*danas*	da·nas
明天	*sutra*	soo·tra

周一	*ponedjeljak*	po·ne·dye·lyak
周二	*utorak*	oo·to·rak
周三	*srijeda*	sree·ye·da
周四	*četvrtak*	chet·vr·tak
周五	*petak*	pe·tak
周六	*subota*	soo·bo·ta
周日	*nedjelja*	ne·dye·lya

1月	*siječanj*	see·ye·chan'
2月	*veljača*	ve·lya·cha
3月	*ožujak*	o·zhoo·yak
4月	*travanj*	tra·van'
5月	*svibanj*	svee·ban'
6月	*lipanj*	lee·pan'
7月	*srpanj*	sr·pan'
8月	*kolovoz*	ko·lo·voz
9月	*rujanj*	roo·yan'
10月	*listopad*	lee·sto·pad
11月	*studeni*	stoo·de·nee
12月	*prosinac*	pro·see·nats

疑问词

怎么?	*Kako?*	ka·ko
什么?	*Što?*	shto
什么时候?	*Kada?*	ka·da
哪里?	*Gdje?*	gdye
谁?	*Tko?*	tko
为什么?	*Zašto?*	za·shto

交通

公共交通

船	*brod*	brod
公共汽车	*autobus*	a·oo·to·boos
飞机	*avion*	a·vee·on
火车	*vlak*	vlak
有轨电车	*tramvaj*	tram·vai

我想去……

Želim da idem u... zhe·leem da ee·dem oo...

在(斯普利特)有站吗?

Da li staje u (Splitu)? da lee sta·yeoo (splee·too)

几点发车?

U koliko sati kreće? oo ko·lee·ko sa·tee kre·che

几点到(萨格勒布)?

U koliko sati stiže u (Zagreb)? oo ko·lee·ko sa·tee stee·zhe oo (zag·reb)

到(竞技场)的时候能告诉吗?

Možete li mi reći kada stignemo kod (Arene)? mo·zhe·te lee mee re·chee ka·da steeg·ne·mo kod (a·re·ne)

我要在(杜布罗夫尼克)下车。

Želim izaći u (Dubrovniku). zhe·leem ee·za·chee oo (doob·rov·nee·koo)

一张……票	*Jednu... kartu.*	yed·noo ... kar·too
头等车厢	*prvorazrednu*	pr·vo·raz·red·noo
二等车厢	*drugo razrednu*	droo·go·raz·red·noo
单程	*jedno smjernu*	yed·no·smyer·noo
往返	*povratnu*	po·vrat·noo

数字

1	jedan	ye·dan
2	dva	dva
3	tri	tree
4	četiri	che·tee·ree
5	pet	pet
6	šest	shest
7	sedam	se·dam
8	osam	o·sam
9	devet	de·vet
10	deset	de·set
20	dvadeset	dva·de·set
30	trideset	tree·de·set
40	četrdeset	che·tr·de·set
50	pedeset	pe·de·set
60	šezdeset	shez·de·set
70	sedamdeset	se·dam·de·set
80	osamdeset	o·sam·de·set
90	devedeset	de·ve·de·set
100	sto	sto
1000	tisuću	tee·soo·choo

首班	prvi	pr·vee
末班	posljednji	pos·lyed·nyee
下一班	sljedeći	slye·de·chee
靠过道的座位	sjedištedo prolaza	sye·deesh·tedo pro·la·za
延误	uzakaš njenju	ooza·kash· nye·nyoo
取消	poništeno	po·neesh·te·no
站台	peron	pe·ron
售票处	blagajna	bla·gai·na
时刻表	redvožnje	redvozh·nye
火车站	željeznička postaja	zhe·lyez·neech·ka pos·ta·ya
靠窗的座位	sjedište doprozora	sye·deesh·te dopro·zo·ra

驾驶和骑车

我想租一辆……	Želim iznajmiti…	zhe·leem eez·nai·mee·tee …
四驱车	džip	jeep
自行车	bicikl	bee·tsee·kl
小汽车	automobil	a·oo·to·mo·beel
摩托车	motocikl	mo·to·tsee·kl

自行车打气筒	pumpa za bicikl	poom·paza bee·tsee·kl
儿童座椅	sjedaloza dijete	sye·da·loza dee·ye·te
柴油	dizel gorivo	dee·zelgo·ree·vo
头盔	kaciga	ka·tsee·ga
技师	auto-mehaničar	a·oo·to·me·ha·nee·char
汽油	benzin	ben·zeen
服务站	benziska stanica	ben·zeen·ska sta·nee·tsa

这条路是通往……的吗？

Je li ovo cesta za…? — ye lee o·vo tse·sta za …

我可以在这里停车吗（多久）？

(Koliko dugo) Mogu ovdje parkirati? — (ko·lee·ko doo·go) mo·goo ov·dye par·kee·ra·tee

小汽车/摩托车（在克宁）抛锚了。

Automobil/ Motocikl se pokvario (uKninu). — a·oo·to·mo·beel/ mo·to·tsee·kl sepok·va·ree·o (ook nee·noo)

轮胎没气了。

Imam probušenu gumu. — ee·mam pro·boo·she·noo goo·moo

没油了。

Nestalo mi je benzina. — ne·sta·lo mee ye ben·zee·na

钥匙丢了。

Izgubio/ Izgubila sam ključeve. — eez·goo·bee·o/ eez·goo·bee·la samklyoo·che·ve(m/f)

术语表

(s)表示单数，(pl)表示复数。

amphora(s)，**amphorae**(pl) —— 有两个提耳的大罐子，用来放葡萄酒或水

apse——教堂的祭坛区域

autocamps——有餐馆、商店和成排拖车的大型露营地

Avars——阿瓦尔人，即6～9世纪反抗拜占庭帝国的东欧人

ban——总督

bb——"bb"出现在某个地址中街道名字的后面（例如Placa bb），表示bezbroja（没有门牌号码），也就是说该建筑没有街道编号

bura——寒冷的东北风

cesta——公路

crkva——教堂

fortica——城堡，要塞

galerija——画廊，美术馆

garderoba——行李寄存处

Glagolitic——格拉哥里，古斯拉夫语，由希腊传教士西里尔和美多德变成书写文字

gora——山

HDZ——Hrvatska Demokratska Zajednica，克罗地亚民主联盟

Illyrians——伊利里亚人，亚得里亚海海岸的古代居民，公元前2世纪被罗马人打败

karst——喀斯特，多孔的石灰岩和白云石岩

klapa——由教堂唱诗班的歌唱发展而来

konoba——私密性强的小餐馆的传统说法，这种餐馆通常位于地下室。现在用来泛指各种餐馆，通常是简单的家庭经营餐馆

knez——公爵，君主

maestral——强劲而稳定的西风

mali——小的

maquis——茂密的常绿灌木和小树林

muzej——博物馆

nave——教堂两个过道中央的部分

NDH——Nezavisna Država Hrvatska，克罗地亚独立国

obala——瀑布

otok(s)，**otoci**(pl) ——岛

pansion——客栈

plaža——海滩

polje——崩塌的石灰岩地区，通常因风化导致

put——小路，小径

restoran——餐馆

rijeka——河

sabor——议会

šetalište——人行道

sobe——空房

sveti——神圣的

svetog——圣（所有格形式，例如"圣约瑟教堂"的"圣"）

tamburica——三根或五根弦的曼陀林

tisak——报摊

toplice——spa，水疗

trg——广场

turbofolk——电音版的塞尔维亚民乐

ulica——街道

uvala——海湾

velik——大

vrh——顶点，顶峰

zimmer——空房（德语）

幕 后

说出你的想法

我们很重视旅行者的反馈——你的评价将鼓励我们前行，把书做得更好。我们同样热爱旅行的团队会认真阅读你的来信，无论是表扬还是批评都非常欢迎。虽然很难一一回复，但我们保证将你的反馈信息及时交到相关作者手中，使下一版更完美。我们也会在下一版特别鸣谢来信读者。

请把你的想法发送到**china@lonelyplanet.com.au**，谢谢！

请注意：我们可能会将你的意见编辑、复制并整合到Lonely Planet的系列产品中，例如旅行指南、网站和数字产品。如果不希望书中出现自己的意见或不希望提及你的名字，请提前告知。请访问lonelyplanet.com/privacy了解我们的隐私政策。

声明

气象图表数据引用自Peel MC，Finlayson BL & McMahon TA（2007）'Updated World Map of the Köppen-Geiger Climate Classification'，*Hydrology and Earth System Sciences*，11，1633-44。

封面图片：姆列特岛，萨格勒布/Shutterstock ©。

本书部分地图由中国地图出版社提供，其他为原书地图，审图号GS（2019）4643号。

关于本书

这是Lonely Planet《克罗地亚》的第10版。本书的作者为彼得·德拉奇采维奇、安东尼·汉姆、杰西卡·李。

本书为中文第二版，由以下人员制作完成：

项目负责 关媛媛

项目执行 丁立松

翻译统筹 李昱臻

翻　　译 闵　楠

内容策划 隗平凡（本土化）

贾枢楠　涂　识

视觉设计 刘乐怡

协调调度 沈竹颖

责任编辑 林紫秋

编　　辑 戴　舒

地图编辑 刘红艳

制　　图 张晓棠

流　　程 孙经纬

终　　审 杨　帆

排　　版 北京梧桐影电脑科技有限公司

感谢向阳、张琳洁、廖恬、周喻对本书的帮助。

索 引

000 地图页码
000 图片页码

地图图例

景点

海滩
鸟类保护区
佛教场所
城堡
基督教场所
孔庙
印度教场所
伊斯兰教场所
耆那教场所
犹太教场所
温泉
神道教场所
锡克教场所
道教场所
纪念碑
博物馆/美术馆/历史建筑
历史遗址
酒庄/葡萄园
动物园
其他景点

活动、课程和团队游

人体冲浪
潜水/浮潜
潜水
皮划艇
滑雪
冲浪
游泳/游泳池
徒步
帆板
其他活动

住宿

住宿场所
露营地

就餐

餐馆

饮品

酒吧
咖啡馆

娱乐

娱乐场所

购物

购物场所

实用信息

银行
使领馆
医院/医疗机构
网吧
警察局
邮局
电话
公厕
旅游信息
其他信息

地理

棚屋/栖身所
灯塔
瞭望台
山峰/火山
绿洲
公园
关隘
野餐区
瀑布

人口

首都、首府
一级行政中心
城市/大型城镇
镇/村

交通

机场
过境处
公共汽车
缆车/索道
自行车路线
轮渡
地铁
单轨铁路
停车场
加油站
出租车
铁路/火车站
有轨电车
其他交通方式

路线

收费公路
高速公路
一级公路
二级公路
三级公路
小路
未封闭道路
广场
台阶
隧道
步行天桥
步行游览路
步行游览支路
小路

境界

国界
一级政区界
未定国界
地区界
军事分界线
海洋公园
悬崖
墙

水文

河流、小溪
间歇河
沼泽/红树林
暗礁
运河
水域
干/盐/间歇湖
冰川
珊瑚礁

地区特征

海滩/沙漠
基督教墓地
其他墓地
公园/森林
运动场
一般景点(建筑物)
重要景点(建筑物)

注：并非所有图例都在此显示。

我们的故事

一辆破旧的老汽车，一点点钱，一份冒险的感觉——1972年，当托尼（Tony Wheeler）和莫琳（Maureen Wheeler）夫妇踏上那趟决定他们人生的旅程时，这就是全部的行头。他们穿越欧亚大陆，历时数月到达澳大利亚。旅途结束时，风尘仆仆的两人灵机一闪，在厨房的餐桌上制作完成了他们的第一本旅行指南——《便宜走亚洲》(*Across Asia on the Cheap*)。仅仅一周时间，销量就达到了1500本。Lonely Planet 从此诞生。

现在，Lonely Planet在都柏林、富兰克林、伦敦、墨尔本、奥克兰、北京和德里都设有公司，有超过600名员工和作者。在中国，Lonely Planet被称为“孤独星球”。我们恪守托尼的信条：“一本好的旅行指南应该做好三件事：有用、有意义和有趣。”

我们的作者

彼得·德拉奇采维奇

伊斯特拉，达尔马提亚中部，达尔马提亚南部 彼得在祖国新西兰和澳大利亚都从事过报纸和杂志出版业，并获得成功，最终他辞掉原有的工作，改行进入大洋洲旅游业，前往欧洲寻根。十多年来，他为Lonely Planet编写了几十本指南，虽然这些国家完全不同，但都被他所热爱。后来，他重新在新西兰的奥克兰定居，但目前的工作意味着他经常去别处。本书的“计划你的行程”“了解克罗地亚”和“生存指南”章节也是彼得编写的。

安东尼·汉姆

克瓦内尔湾，达尔马提亚北部 为Lonely Planet写书之余，安东尼为澳大利亚、英国和美国的报刊杂志编写介绍西班牙、非洲和中东的文章并提供照片。2001年，周游世界多年的安东尼终于找到了他的精神归宿：第一次来到马德里就情不自禁地爱上了这里。10年后，安东尼说着马德里口音的西班牙语，娶了当地人，马德里成为他的第二故乡。现在，安东尼返回澳大利亚，继续为写书而环游世界。

杰西卡·李

萨格勒布，克罗地亚内陆 2011年，杰西卡将极限团队游领队的工作改为撰写旅行指南。此后她为Lonely Planet工作，走遍非洲、中东和亚洲，参与编写了《埃及》《土耳其》《塞浦路斯》《摩洛哥》《马拉喀什》《中东》《欧洲》《非洲》《柬埔寨》和《越南》。她的旅行文章还发表在*Wanderlust*杂志、《每日电讯报》(*Daily Telegraph*)、《独立报》(*Independent*)、《BBC旅行》杂志(*BBC Travel*)和Lonelyplanet.com网站上。从2007年起，杰西卡定居在中东。她的推特账号是jessofarabia。

克罗地亚

中文第二版

书名原文：*Croatia*（10th edition，Apr 2019）

本中文版由中国地图出版社出版

图书在版编目（CIP）数据

克罗地亚 / 澳大利亚 Lonely Planet 公司编；闵楠译. -- 2 版. -- 北京：中国地图出版社，2019.10
书名原文：Croatia
ISBN 978-7-5204-1328-2

Ⅰ. ①克… Ⅱ. ①澳… ②闵… Ⅲ. ①旅游指南－克罗地亚 Ⅳ. ① K954.39

中国版本图书馆 CIP 数据核字（2019）第 221263 号

出版发行	中国地图出版社
社　　址	北京市白纸坊西街 3 号
邮政编码	100054
网　　址	www.sinomaps.com
印　　刷	北京华联印刷有限公司
经　　销	新华书店
成品规格	197mm × 128mm
印　　张	13.25
字　　数	694 千字
版　　次	2019 年 10 月第 2 版
印　　次	2019 年 10 月北京第 3 次印刷
定　　价	89.00 元
书　　号	ISBN 978-7-5204-1328-2
审 图 号	GS（2019）4643 号
图　　字	01-2015-2552

如有印装质量问题，请与我社发行部（010-83543956）联系